Bruno Tietz

OPTIONEN BIS 2030

Bruno Tietz

OPTIONEN BIS 2030

Szenarien und Handlungsalternativen für Wirtschaft und Gesellschaft in der Bundesrepublik Deutschland

Ein Handbuch für Entscheidungsträger

Poller

CIP-Kurztitelaufnahme der Deutschen Bibliothek

Tietz, Bruno:
Optionen bis 2030 : Szenarien u. Handlungsalternativen für Wirtschaft u. Gesellschaft in d. Bundesrepublik Deutschland ; e. Handbuch für Entscheidungsträger / Bruno Tietz. – Stuttgart : Poller, 1986.
ISBN 3-87959-291-8

Horst Poller Verlag
September 1986
ISBN 3-87959-291-8

Umschlagentwurf: Reichert Buchgestaltung, Stuttgart
Satz: Fotosatz Herbert Buck, Kumhausen
Druck und Bindung: Kösel, Kempten

Inhalt

Fünftes Kapitel: Die Auswirkungen der Szenarien und die Handlungsalternativen für Gesellschaft und Wirtschaft der Bundesrepublik Deutschland 475

Sechstes Kapitel: Der Mensch als Betroffener und Gestalter des Wandels – Handlungszwänge und Handlungsoptionen

Anhang

Vorwort

Manche der hier vorgetragenen zukunftsorientierten Aussagen sind so gut wie sicher, andere sind dagegen mehr oder weniger spekulativ.

Da die Zukunftsgestaltung für Menschen durch Menschen ein Entdeckungsverfahren ist, dessen mögliche Alternativen sich mit zunehmender Entfernung des Zeithorizontes immer weiter auffächern, bleibt eine vernünftige und realitätsbezogene Spekulation schwierig. Dennoch gibt es mit hoher Wahrscheinlichkeit auf uns zukommende gesellschaftliche und ökonomische Zwänge, auf die wir uns vorbereiten müssen, wenn der Grad der Zunkunftsüberraschungen nicht über die Fähigkeit zu ihrer Bewältigung hinausgehen soll.

Bei allen möglichen Unsicherheiten und Selbstzweifeln an der Entwicklung in den nächsten knapp fünfzig Jahren zwingen die Langfristwirkungen von Einflußgrößen, die historisch in vergleichbarer Form bisher nicht wirksam gewesen sind, zu einem rechtzeitigen Nachdenken über zu erwartende Änderungen und zu bewußten Eingriffen in Entwicklungstendenzen, die sich ohne politische – vor allem gesellschafts- und wirtschaftspolitische – Beeinflussung ergeben würden. Wir müssen uns zwingen, unangenehme Realitäten zur Kenntnis zu nehmen, und bereit sein, uns darüber zu informieren sowie darauf zu reagieren.

Wir haben einige Probleme so stark anwachsen lassen, daß ihre Lösung keineswegs mehr in der Form eines leichtfüßigen Spaziergangs möglich sein wird. Ohne Anerkennung von Notwendigkeiten, ohne persönlichen Verzicht und ohne Gewinnung eines neuen Gemeinsinns werden wir in zunehmende Schwierigkeiten kommen.

Ein Blick in das Jahr 2030 soll das Auge für kurzfristig in Angriff zu nehmende Aufgaben schärfen. Je länger im Hinblick auf bestimmte Probleme gewartet wird, desto geringer sind die Aktionsmöglichkeiten oder mit desto größerer Wahrscheinlichkeit können nicht erwünschte Lebensbedingungen entstehen.

Die Wahl des Jahres 2030 soll gegenüber heute (1986) die Periode vorausgreifen, die rückwärts mit dem Beginn des Zweiten Weltkrieges (1939) im wesentlichen zu den Bedingungen auf der Welt geführt hat, wie sie heute bestehen. Der Zweite Weltkrieg brachte mit der Erfindung und dem Einsatz der Atombombe eine neue Dimension in das politische Gleichgewicht auf der Welt. Überdies prägten die Entkolonialisierung sowie das disproportionale Bevölkerungswachstum zwischen Industrie- und Nichtindustriestaaten die internationalen Machtverschiebungen, die noch keineswegs abgeschlossen sind.

Die hier vorgetragenen Überlegungen sollen zu einer transparenten Gesellschafts- und Wirtschaftspolitik anregen. Dazu gehört vor allem auch die weitere Ausreifung von neuen Gestaltungs- und Steuerungskonzepten der Informationsgesellschaft.

Sieht man einmal von den großen Utopien des 16. Jahrhunderts und der Blütezeit der Aufklärung mit Voltaire, Rousseau und Montesquieu in der Mitte des 18. Jahrhunderts ab, so hat keine historische Phase eine auch nur annähernd gleich intensive Befassung mit Zukunftsproblemen gekannt, wie die Zeit seit etwa 1960. Vor dem Erscheinen der ersten Publikation des Club of Rome[1)] waren vor allem solche Voraussagen im Bewußtsein der Öffentlichkeit, die von einer Fortsetzung und weiteren Ausbreitung des Bestehenden ausgingen. Seitdem werden nicht zuletzt aufgrund der Fortschritte der Zukunftsforschung sowie neuer Erkenntnisse über relevante Einflußgrößen gravierende Wandlungen der Lebensbedingungen angenommen – vor allem auch in Global 2000.[2)]

Die zukunftsorientierte Literatur und damit auch Zukunftsszenarien und Optionen werden bisher weitgehend von den USA bestimmt. Mit der hier gewählten Blickrichtung von Mitteleuropa aus sollen – auch vom Problemspektrum und dem Zeithorizont her – ungeeignete Analogien mit Nordamerika vermieden werden.

Im Mittelpunkt steht die Verknüpfung qualitativer und quantitativer gesellschaftlicher und wirtschaftlicher Entwicklungstendenzen. Dadurch werden qualitative Veränderungen mit einer Analyse ihrer quantitativen ökonomischen Wirkungen oder quantitative Projektionen mit den damit einhergehenden qualitativen Wandlungen erörtert. Vielleicht kann die hier gewählte Betrachtungsweise zu einer verstärkten Auseinandersetzung mit mittel- und langfristigen Zukunftsproblemen anregen.

---

1) Vgl. Meadows, Dennis, u.a.: Die Grenzen des Wachstums – Bericht des Club of Rome zur Lage der Menschheit, (Deutsche Verlags-Anstalt) Stuttgart 1972.

2) Vgl. Council on Environmental Quality and Ministry of Affairs (Hrsg.): The Global 2000 Report to the President, (U. S. Government Printing Office) Washington 1980; deutsche Ausgabe: Global 2000 – Der Bericht an den Präsidenten, 2. Aufl., (Verlag Zweitausendeins) Frankfurt a.M. 1980.

Eine mögliche Kritik an dem vorliegenden Buch möchte ich vorwegzunehmen versuchen. Man könnte mir Oberflächlichkeit, Unvollständigkeit und Einseitigkeit vorwerfen. Diesem Vorwurf hätte nur durch ein weitaus größeres Volumen entgangen werden können. Ergänzende kreative Prozesse beim Leser werden für manche Szenarienelemente zu mehr Klarheit führen.

Wenn man aus dem Buch eigene Optionen für eine bestimmte Institution oder ein Unternehmen ableiten will, muß man den für das jeweilige Problem geeigneten Einstieg wählen. Wer Fragen einer neuen Humanisierung nachgehen will, der könnte vom letzten Kapitel sozusagen nach vorn lesen und arbeiten. Wer sich dagegen für weltweite Probleme der Ernährung oder der möglichen Multinationalität unter alternativen Entwicklungstendenzen interessiert, der könnte sich zunächst den Weltmodellen zuwenden. Wer sich dagegen für bestimmte Aktivitätenfelder wie Bildung oder technischen Fortschritt interessiert, der wird sich mit den themenspezifischen Abschnitten in den einzelnen Kapiteln befassen.

Ein Gedanke trägt dieses Buch in besonderem Maße: Das Vertrauen in die Fähigkeit der Menschen, historische Prozesse bewußt zu gestalten. Diese Gestaltung ist abhängig von dem für die derzeitige historische Periode geeigneten Problembewußtsein und dem Problemlösungswillen. Die Problemdynamik, d.h. eine Veränderung der Probleme im Zeitablauf, gehört zur Natur und ist ein Element des menschlichen Lebens.

Das vorliegende Buch richtet sich vor allem an die jungen Menschen, die in den nächsten Jahrzehnten Entscheidungsträger in Wirtschaft und Gesellschaft werden. Es geht darum, ein ungeschminktes Bild der derzeitigen Situation zu vermitteln, Verantwortungsbewußtsein zu fördern, Handlungsspielräume und Prioritäten aufzuzeigen, auf Handlungszwänge hinzuweisen und damit die Freiheitsgrade der eigenen Lebensgestaltung zu analysieren.

Dabei wird deutlich werden, daß für eine Lösung der Probleme viel Gemeinsinn und viel Zivilcourage erforderlich sind und die Herausforderungen vermutlich höher eingeschätzt werden müssen als die des Wiederaufbaus nach dem Zweiten Weltkrieg. Es ist bei vielen Menschen auf vielen Lebensgebieten erforderlich, die Realität anders als bisher wahrzunehmen und andere Grundeinstellungen zu entwickeln. Blindes Vertrauen, daß es irgendwie schon weitergehen würde, dürfte bereits in absehbarer Zeit zu noch größeren Schwierigkeiten im Hinblick auf die Lösung der Probleme führen.

Saarbrücken, im August 1986 *Bruno Tietz*

Erstes Kapitel

Die Grundlagen

A. Zur Bedeutung der Zukunftsanalyse

Die Zukunftsgestaltung in Wirtschaft und Gesellschaft wird zunehmend aufgrund des Durchdenkens mehrerer möglicher Szenarien und darauf beruhender Optionen erfolgen. Dabei sind folgende Fragen zu beantworten:

1. Welche Ausgangsbedingungen bestehen?
2. Welche Ziele sollen angestrebt werden?
3. Mit welchen Mitteln können diese Ziele angestrebt werden?
4. Welche Erfolgswahrscheinlichkeiten bestehen?
5. Welche Nebenwirkungen sind zu erwarten?

Strategien müssen von dem Bestreben getragen sein, die Verpflichtung zur Sicherung einer transparenten Zukunftsoption für die künftige Generation wahrnehmen zu wollen.

Solche Investitionen in die Zukunft können – wie jeder Kapitalbildungsprozeß – Verzicht auf heutigen Konsum bedeuten.

Strategiebewußtsein

Das neue strategische Denken zur Lösung der gesellschaftlichen Probleme muß sich im Rahmen der folgenden Dimensionen bewegen:

1. Streben nach Langfristorientierung bei der Problemgewichtung;
2. Bewußtsein über die zeitlich teilweise eine Generation überschreitende Dauer der Realisierung von Lösungen, d.h. frühzeitige gedankliche Konfrontation mit aufkommenden Problemen;
3. Globalisierung der Betrachtung, d.h. Vorschläge zu weltweiten Lösungsansätzen mit allgemeinverbindlichem Charakter für alle Nationen;
4. Bewußtsein über die Einhaltung von Prioritäten;
5. Bewußtsein über Wissensdefizite bei der Lösung, d.h. fehlendes Know-how;
6. Bewußtsein über bevorstehende Entscheidungsprozesse sowie die Durchsetzungsnotwendigkeit getroffener Entscheidungen;
7. Streben nach breitem Konsens in der Bevölkerung, um eine Spaltung der Gesellschaft bei der Lösung der Probleme zu vermeiden;
8. permanente Wirkungskontrolle.

Viele Strategien werden nicht ernsthaft verfolgt, sondern tragen eher den Charakter unverbindlicher Vorschläge. Die erfolgreiche Durchsetzung von Strategien hängt nicht davon ab, ob die Inhalte fakultativ sind oder verbindlich, sondern von der Überzeugungskraft ihrer Inhalte und dem Willen, diese durchzusetzen.

Bei der heutigen Situation gibt es oft konzeptionsloses Agieren mit beliebiger Offenheit der Ergebnisse, nach dem Motto: Es kommt sowieso anders als man denkt.

Für Reformen müssen realistische Voraussetzungen geschaffen werden. Dazu gehören:

1. die Schaffung von Problembewußtsein und Bereitschaft zur Problemlösung;
2. die Schaffung geeigneter Rituale für die Verteilung von Entscheidungskompetenz und für die Entscheidungsfindung;
3. die Schaffung von Transparenz über die Wirkungen von Reformen;
4. die Entwicklung von Kriterien für die Lastenverteilung;
5. die Schaffung von Bereitschaft zu Vorleistungen und zum Verzicht.

Zur Erläuterung sei eine Skizze der Zukunftsprobleme des Stanford Research Institute wiedergegeben.

Übersicht 1.1

Die Struktur der am Zentrum für sozialpolitische Studien des Stanford Research Institute zusammengestellten Gesellschaftsprobleme

Ernährungsprobleme	– Unterernährung der 3. Welt, geistige Schäden in der Kindheit, instabile Gesellschaften; – Über- und Mangelernährung bei den reicheren Nationen, negativer Einfluß von Technologie und Werbung auf die Nahrungsproduktion; – „unsichtbare" Hungersnot auf dem Land;
Energieprobleme	– Holzknappheit, Entwaldung, Klimawechsel; – Ende des Erdöls, Verbrauch der Reserven und Verknappung, alternative Energien für arme Nationen zu teuer!
Energieprobleme	– da neue Energiequellen verzögert erschlossen werden, Konsumkontrolle, Rationierung und Verstaatlichung bei Energie;
Kulturprobleme	– Verlust kultureller Vielfalt, Kommunikations- und Transportmittel führen zu weltweiter Homogenisierung; – Subkultur der Informations-Armen; – gesellschaftlicher, politischer Einfluß der Medien, Manipulation statt Partizipation; – abnehmender Wert der Bildung als effiziente Lebensvorbereitung in

Übersicht 1.1 (Fortsetzung)

Kultur-probleme	technologisch weit fort-geschrittenen Gesell-schaften; – Erwachsene verlieren die Fähigkeit, sich in der Gesellschaft zu-rechtzufinden; – kulturelle Isolation der Alten;
Probleme der Einzel-personen	– Abhängigkeit von Alko-hol schon bei der Jugend; – Überwachung des ein-zelnen, Versehrtheit des Privatlebens durch mas-siven Datenbankeinsatz; – Computerabhängig-keit, Gefahren durch Verlust von Daten oder Fehlleitung von Daten; – wachsende Konflikte zwischen Schutz, be-rechtigter Kontrolle (z.B. vor Luftpiraten) und persönlicher Frei-heit. Bürgerrechte sind betroffen; – psychische Belastung bei kontinuierlichem Ausge-setztsein an technische Apparate;
Soziale Probleme	– ,,Erosion" des Sozialge-füges bei Gemeinden, Familien, Verlust von politischer und sozialer Zusammengehörigkeit; – Gewalt in Städten; – größere soziale Distanz zwischen Polizei und Bürger; – Kriminalität, Entfrem-dung durch zerbrochene Familien; – soziale Folgen der sich verändernden Rolle der Frau; – Zunahme des sozialen Stresses bei zunehmen-dem sozialen Wandel;
Problem der Gewaltver-hinderung	– privater Gebrauch von Waffen; – Vergiftung der Wasser-versorgung; – Konflikte, wenn Unge-rechtigkeit im Namen des Friedens verteidigt wird; – zu Katastrophen führen-de Experimente (Verhin-derung unbeabsichtigter Gewalt);
Probleme auf medizi-nischem und psychologi-schem Gebiet	– Lebensverlängerung, ge-netische Manipulation, Euthanasie; – ,,Bewußtseinstechnolo-gien", Parapsychologie, alternative Medizin, see-lische Beeinflussung;
Probleme der Technologie	– kumulative Effekte der Umweltverschmutzung; – mangelnde Technik-akzeptanz; – abnehmende Kapitalren-dite bei neuen Techno-logien; – Bedürfnis nach ange-paßten Technologien;
Probleme der Wirtschaft	– Kontrolle der Wirt-schaft und des Wachstums; – höheres berufliches Risi-ko von Unternehmen und Selbständigen we-gen der Haftung vor dem Gesetz und der Schadensmöglichkeiten; – Kluft zwischen Arm und Reich wird immer größer; – Theorien für sozio-ökonomische Systeme nicht ausgebildet; – chronische, versteckte Arbeitslosigkeit; – Grenzen der Steuerbar-keit komplexer (wirt-schaftlicher, politischer, sozialer) Systeme; – Die Lösung gesellschaft-licher Probleme stößt an Grenzen der Institu-tionen;

Die Bewältigung dieser Herausforderungen setzt generelle Lernbereitschaft und Anpassungsfähigkeit auch bei als negativ empfundenen persönlichen Einschränkungen voraus. Vor allem Diskussionen mit jungen Menschen zeigen immer wieder, daß aus der Wohlstandsübersättigung oder gar Wohlstandsverwahrlosung das Gefühl entsteht, es gäbe in der Gesellschaft nichts mehr zu tun, man könne sich ,,zur Ruhe setzen".

Es hat historisch wohl kaum eine Periode gegeben, in der die intellektuellen und menschlichen Anforderungen auch nur annähernd so hoch waren wie heute. Das Problem besteht nur darin, daß die Institutionen dieser Gesellschaft in Politik und Wirtschaft nicht die Kraft aufbringen, den Karren mit genügend Kraft anzustoßen und in die richtige Richtung in Bewegung zu setzen. Man redet oft nur über Probleme und tut dann so, als habe man sie damit bereits bewältigt.

Der folgende Spruch gilt uneingeschränkt:
,,Man stirbt zweimal, das erste Mal, wenn man aufhört zu lernen."

Erforderlich sind realistische Visionen für die nächsten Jahrzehnte. Zur Zeit verharrt Europa zu sehr auf einer Problemanalyse und deren Fortschreibung. Die Kraft zu unkonventionellen Problemlösungsansätzen fehlt.

Da bereits heute viele Investitionen geplant werden, die das Jahr 2030 erreichen sollen – z.B. Bauten, die Ende der achtziger Jahre oder Anfang der neunziger Jahre entstehen –, sind die relevante Option und damit das relevante Szenario für Unternehmen, Staat und private Haushalte von fundamentaler Bedeutung.

Das Bemühen, Zukunftsprobleme zu erörtern, trifft heute – mitbedingt durch Fehlprognosen – auf eine teilweise unnachgiebige Ablehnung. Futurologie sei Überheblichkeit, heißt es dann! Oder auch, Gott lasse sich nicht in die Karten schauen und die Menschen seien nicht in der Lage, die Zukunft zu erkennen und sie positiv zu gestalten. Hier muß die Gegenfrage gestellt werden: Was dann?

Wenn es heute Probleme gibt, die über eine oder mehrere Generationen gelöst werden müssen, erfordert dies zunächst deren Definition und damit deren Erkenntnis und dann auch den Versuch, sie zu lösen. Wenn eine Mehrheit der Entscheidungsträger den Zukunftsdiagnostiker mit seinen therapeutischen Vorschlägen als störend bei der Verfolgung der eigenen kurzfristigen Interessen betrachtet, dann geht zumindest kostbare Zeit verloren. Wenn man erst große soziale Brüche braucht, um erkenntnisbereit zu werden, verliert man in der Zwischenzeit u.U. viel von seiner Existenzgrundlage, und zwar nicht nur materiell.

Bei der heutigen Art, Probleme zu lösen, lassen wir die Dinge noch oft zu lange in die – erkannt! – falsche Richtung laufen, so daß man schließlich zu Maßnahmen greifen muß, die man zu einem früheren Zeitpunkt hätte vermeiden können. Man könnte dies auch als „Crash-Politik" im Gegensatz zu einer „sanften" Politik bezeichnen.

Als Gefahr muß man die teilweise antihumane und antikulturelle Einstellung der derzeitigen Entscheidungsträger in der Gesellschaft erkennen: Wir werden noch überleben – und nach uns die Sintflut!

Jahrzehntelang sind viele Probleme erkannt worden, ohne daß sich ein Problemlösungsdruck entwickelt hätte, d.h. ohne eine Neuorientierung des Verantwortungsbewußtseins gibt es auch künftig bei vielen Problemen keinen zwingenden Handlungsdruck. Eine wichtige Herausforderung ist daher die Notwendigkeit, naives Schicksalsvertrauen durch das Bewußtsein für Verantwortlichkeit und Handlungsnotwendigkeit abzulösen. Eng damit verbunden ist die Bereitschaft zu veränderten Formen der gesellschaftlichen und wirtschaftlichen Steuerung.

Man könnte die Auffassung vertreten, daß die Befassung mit möglichen Bedingungen in einem Zeitraum, der von heute mehr als eine Generation entfernt ist, eine Flucht vor der Lösung der derzeit anstehenden Probleme sei. Dem ist entgegenzuhalten, daß jetzt prognostiziert werden muß, was langfristig sein kann, und daß aus der Abschätzung möglicher langfristiger Entwicklungen bessere Entscheidungen in der Gegenwart möglich werden.

Die Sicht bis gegen die Jahrtausendwende – noch 15 Jahre – ist zur Lösung der Weltprobleme, wie auch vieler nationaler Probleme, zu kurzfristig. Vielleicht wird man sogar den Blick auf das Jahr 2030 noch als zu kurzfristig ansehen müssen.

Es geht zunächst darum, eine stärkere Zukunftssensibilisierung zu erreichen und dadurch ein verändertes Bewußtsein in Politik, Wirtschaft und sonstigen Institutionen der Gesellschaft herbeizuführen.

Quelle zu Übersicht 1.1 von Seite 18 und 19:

Quelle: Schwartz, P.: Die Ölkrise und 40 weitere Probleme, die die Welt erschüttern werden, in: Journal Zukunft, 1. Jg., Juli 1980, S. 81, zit. nach Ulrich, Erhard: Was kommt nach den technischen Revolutionen? – Soziale Innovationen, in: Mitteilungen aus der Arbeitsmarkt- und Berufsforschung, 17. Jg., 1984, Nr. 1, S. 19–27, S. 27.

B. Szenarien und Optionen

Szenarien sind Zukunftsentwürfe, die die Lebensbedingungen für Menschen zu einem bestimmten oder offen gelassenen zukünftigen Zeitpunkt beschreiben. Die Verständlichkeit der Szenarien wächst, wenn man die einzelnen Schritte analysiert und beurteilt, die auf dem Weg zu einem angestrebten, abgelehnten oder mindestens möglichen Zustand beschritten werden können, sollen oder müssen.

Die Tragfähigkeit der Szenarien

Man wird die Tragfähigkeit von nationalen Szenarien in Anbetracht der Tendenz zur Globalisierung bestreiten können. Dennoch hat ein solcher Versuch bei der Annahme einer insgesamt stark zunehmenden Weltbevölkerung mit differenziertem wirtschaftlichem Wachstum in den Weltregionen Sinn. Als große Unbekannte erweist sich dabei jedoch der erreichbare Grad der Supranationalisierung im Rahmen der Europäischen Gemeinschaft. Die Entwicklung der Bundesrepublik Deutschland wird in besonderem Maße von dem Grad der Integration und der demographischen und ökonomischen Freizügigkeit in der EG abhängig werden. Hier wird in Anbetracht der bisherigen Erfahrungen eine eher mittlere Integrationsentwicklung angenommen.

Die Robustheit der Szenarien

Ein zentrales Problem bleibt die Abschätzung der Robustheit bzw. der Sensitivität der Prognosen. Es geht dabei um die Frage, was an nicht erörterten Ereignissen eintreten kann, ohne die Prognose im Kern zu treffen oder zu ihrer grundsätzlichen Änderung bzw. zu einer Gegenrichtung der Entwicklung zu führen. Eine offene Frage dieser Art ist: Welche Impulse wären von einem gemeinsamen Europa zu erwarten? Für die Beantwortung dieser Frage müßten die Elemente der Gemeinsamkeit im einzelnen definiert und auf ihre zeitlichen Fernwirkungen hin untersucht werden. Der Realitätsgrad von Szenarien wird durch die robusten Szenarienelemente und Analogien bestimmt. Robuste Szenarienelemente bleiben auch im Rahmen einer sehr weiten Spannbreite der Entwicklung anderer Einflußgrößen tragfähig; dazu gehören z.B. die demographische Entwicklung und die Entwicklung des technischen Wissens.

Man wird fast auf jeder Seite der folgenden Erörterungen mit guten Gründen Einwendungen der folgenden Art machen können: Aber, was ist, wenn . . .

Dazu seien einige Beispiele gegeben:

. . . wenn sehr neuartige Konzepte der Internationalisierung des Waren- und Diensteverkehrs entstehen?

. . . wenn der Integrationsgrad Europas stark zunimmt?

. . . wenn sich über Stellvertreterkriege hinaus militärische Auseinandersetzungen zwischen den Supermächten doch nicht vermeiden lassen?

. . . wenn es zu einer Vereinbarung über einen Rüstungsabbau zwischen den Supermächten kommt und es eine weltweit funktionsfähige Rüstungskontrolle gibt?

. . . wenn eine enge wirtschaftliche Zusammenarbeit zwischen EG und Comecon eintritt?

Jedes dieser Ereignisse hätte auf die Wirtschaft und Gesellschaft der Bundesrepublik Deutschland weitgehende Auswirkungen. Jede dieser Entwicklungen würde die vorgelegten Szenarien kräftig beeinflussen. Es ist ausgeschlossen, sich mit der ganzen Vielfalt der realistischen Entwicklungstrends im Detail auseinanderzusetzen. Die vorgelegten Ansätze sind jedoch so konzipiert, daß man auch bei alternativen Ansätzen über Basisentwicklungen die vermutlichen Konsequenzen durchdenken kann.

Szenarien und Optionen: Szenarien grenzen ab, was unter bestimmten Bedingungen – wenn die Teilnehmer an einer Gesellschaft sich wie vorgesehen verhalten – mit großer Wahrscheinlichkeit eintreten wird.

Optionen kennzeichnen dagegen die bewußte Ausrichtung auf eine gewollte Zukunft. Optionen sind ein bewußt angestrebtes Szenario. Szenarien werden durch Optionen der Entscheidungsträger in einer Gesellschaft somit gefördert oder auch behindert.

Während man bei einem Szenario davon ausgeht, daß bestimmte Veränderungen eintreten werden, fragt man bei Optionen, was man tun muß, um eine gewollte Entwicklung sicherzustellen. Man fragt somit stärker nach den Entscheidungsprozessen zur Vorbereitung von Maßnahmen und nach den Strategien zur Durchsetzung von Entscheidungen.

Handlungsalternativen beschreiben konkret, was getan werden muß, um eine Option zu erreichen. Auch bei gleicher Option kann man sich für eine unterschiedliche Vorgehensweise entscheiden. Man strebt in einem solchen Falle ein bestimmtes Ziel auf unterschiedlichen Wegen an.

Wie gut oder schlecht eine Option Realität wird, hängt von der Qualität der Entscheidungen und der darauf beruhenden Maßnahmen ab. Änderungen in den Anpassungsbedingungen erfordern eine Anpassung der Maßnahmen. Wenn man sich mit der Option 2000 auseinandersetzt, fragt man zur Präzisierung der Handlungsalternativen im Jahre 1987: Was muß im Jahre 1990 oder 1995 erreicht gewesen sein, um die Realisierung der Option 2000 sicherzustellen?

So wird bei der Darstellung der Weltentwicklung und der Entwicklung in der Bundesrepublik Deutschland von Szenarien ausgegangen, und zwar von einem nur bei Anstrengung zu erwartenden Überlebensszenario mit einer Orientierung der Nationen, zur Überlebenssicherung bestimmte Entwicklungen zu fördern und auf andere zu verzichten, bzw. sie zu verhindern.

Bei der Erörterung der Gestaltungsmöglichkeiten für Unternehmen und für die Gesellschaft in der Bundesrepublik Deutschland wird dagegen wegen des hohen Bewußtheitsgrades über das, was man will oder nicht will, von Optionen und von Handlungsalternativen gesprochen.

Damit soll verdeutlicht werden, daß man die gesellschaftliche Entwicklung hinnehmen muß, so wie sie sich aus vielen Zufällen und Gruppeneinflüssen ergibt, oder daß man Klarheit darüber gewinnen muß, was man will.

Für Szenarien wie Optionen und Handlungsanweisungen ist die Konsistenz ein in der Darstellung schwer zu bewältigendes Problem. Wenn man bestimmten Elementen und deren Entwicklung Priorität einräumt, dann sind damit andere auf einen mehr oder minder engen Entwicklungskorridor eingeengt. So ist weltweit bei einem starken Bevölkerungswachstum eher eine defizitäre Ökologieproblembewältigung zu erwarten, bei geringer Bevölkerungsentwicklung bestehen eher gute Aussichten, den wünschenswerten Umweltschutz zu realisieren.

C. Das Problem der Beurteilung von Zukunftsaussagen

Man kann demographische, verhaltensmäßige oder technische Entwicklungen unterschiedlich beurteilen.

Dasselbe Ereignis oder ein- und dieselbe Veränderung können – je nach dem Beurteilungsstandpunkt – auf höchste Zustimmung oder totale Ablehnung stoßen. Eine derartige Polarisierung der Zukunftsbeurteilung führt durch den Mangel an Konsens zum Verzicht auf Handlungen und Maßnahmen. Ein zentrales Beispiel ist die Beurteilung der Entwicklung der Weltbevölkerung, z.B. durch die katholische Kirche mit einer totalen Ablehnung der Empfängnisverhütung und erst recht des Schwangerschaftsabbruchs einerseits oder durch die UNO mit Forderungen nach restriktiver Bevölkerungspolitik andererseits. Dabei ist zu beachten, daß viele UNO-Repräsentanten auch Katholiken sind.

Gleicherweise bestehen kontroverse Vorstellungen über den erforderlichen technischen Entwicklungsstand in Industrie- wie Entwicklungsländern oder auch über das Bildungswesen, genauer über Art und Intensität des Drucks, der auf die Jugend ausgeübt werden soll, sich an Ausbildungsmaßnahmen zu beteiligen. Hier liegt das Hauptproblem für eine bewußte Zukunftsgestaltung, hier liegen die Risiken, die Dinge einfach weiterlaufen zu lassen.

Auch die Auffassung zur demographischen Entwicklung in der Bundesrepublik Deutschland ist kontrovers. Es spricht alles dafür, daß es ost- wie westeuropäische Staaten gibt, die einen rapiden Bevölkerungsrückgang in der Bundesrepublik Deutschland begrüßen, weil sie sich davon eine relative Verbesserung der eigenen ökonomischen Position oder auch eine Minderung von Risiken militärischer Auseinandersetzungen versprechen. Andererseits könnte man die Auffassung verteten, daß gerade eine geschwächte europäische Mitte zusätzliche Risiken in sich birgt.

Auch in der Bundesrepublik Deutschland werden sich diametral entgegengesetzte Meinungen entwickeln. So werden die einen bei einer Verminderung der Bevölkerung mehr Menschlichkeit und neue, von ihnen positiv beurteilte soziale Kontakte erwarten, die anderen werden dagegen den Verlust an ökonomischer und machtpolitischer Kraft im Wettstreit zwischen den Nationen beklagen. Die einen werden sagen, man solle dem durch zwei Weltkriege gebeutelten Volk der Deutschen durch den Bevölkerungsrückgang eine etwa einhundert Jahre dauernde Ruhepause gönnen, um sich dadurch zu regenerieren, die anderen werden darin den Beginn eines endgültigen und irreversiblen Niedergangs sehen.

Bei starker Zuwanderung von Ausländern in das Gebiet der Bundesrepublik Deutschland werden die einen von einem Verrat an der Nation sprechen, die anderen werden darin einen langfristig unerläßlichen und positiv zu beurteilenden Prozeß erblicken.

Es dürften sogar Vorwürfe nicht ausbleiben, daß man überhaupt den Mut aufbringt, ein Szenario mit hoher Zuwanderung zu durchdenken.

Häufig werden optimistische, pessimistische und dazwischenliegende mittlere oder sogenannte realistische Szenarien herausgestellt. Dieser Vorgehensweise wird hier nur bedingt gefolgt, weil es auf den Beurteilungsstandpunkt ankommt, ob ein Phänomen optimistisch oder pessimistisch bzw. positiv oder negativ beurteilt wird. So kann man mit guten Gründen beide Meinungen vertreten: eine rückläufige Bevölkerungsentwicklung in der Bundesrepublik Deutschland sei wünschenswert, oder aber sie sei eine Katastrophe. Hier werden Inländer tendenziell anders urteilen als Einwanderer.

Das Hauptproblem der Zukunftsanalyse besteht in der Beurteilung von erwarteten Veränderungen,

1. wenn keine oder nur unerhebliche Entscheidungen getroffen und Maßnahmen ergriffen werden;
2. wenn gewünschte oder unerwünschte Ereignisse erhebliche Veränderungen der Entwicklung bewirken.

Man kann somit zwei gegensätzliche Szenarientypen unterscheiden, die sich nicht ganz eindeutig voneinander trennen lassen:

Bei linearen Szenarien geht man davon aus, daß sich Entwicklungen im Rahmen der bekannten und erkannten Trends verändern, z.B. die Annahme eines stabilen Geburtenverhaltens und eines Wertewandels im Rahmen des Bisherigen, d.h. ohne Umbrüche.

Bei nichtlinearen Szenarien werden wesentliche Veränderungen mindestens einer wichtigen Einflußgröße unterstellt, z.B. stark absinkendes oder steigendes Geburtenverhalten oder kräftiger Wertewandel, mit der Folge veränderter Zielsetzungen von Staat und Unternehmen, z.B. können der Staat oder Unternehmen versuchen, bestimmte Entwicklungen zu beschleunigen oder zu hemmen.

Hier ergibt sich bereits der Übergang zu Optionen im Sinne der von Entscheidungsträgern bewußt angestrebten Veränderungen. Zu unterscheiden sind einerseits Optionen, bei denen eine im Rahmen der Vergangenheit liegende Veränderung der gesellschaftlichen Ziele und Verhaltensweisen angenommen wird, und zum anderen Optionen mit einer kräftigen Wandlung von Zielen, indem auf Trends bewußt eingewirkt werden soll, um einen angestrebten gesellschaftlichen Wandel zu bewirken.

Erfahrung versus Paradigmen

Es ist in der Tat so, daß die Erfahrung der Vergangenheit zur Zukunftsbewältigung immer weniger weiterhilft. Mitte der sechziger Jahre waren wir bei ökonomischen Vorausschätzungen so gut wie sicher, weil die Wirtschaft nach einheitlichen Werten auf Wachstum ausgerichtet war. Heute gibt es divergierende Werte und Ziele, deren Wirkungen schwer abzuschätzen sind.

Die Art und Konzeption der Betrachtungsweise der Realität wird durch Theorien bestimmt. Man spricht bei den in einer gegebenen Zeitperiode vorherrschenden Theorien auch von Paradigmen. Ein wissenschaftliches Paradigma geht von einem bestimmten Wirkungsmechanismus aus; durch eine neue Sicht der Wirkungsmechanismen ändern sich die Paradigmen. In Anlehnung an Thomas Kuhn[1)], der im Jahre 1962 erstmalig auf das Phänomen des Paradigmenwechsels hingewiesen hat, wurde im Jahre 1980 von Marilyn Ferguson[2)] auf die Durchsetzungsgeschwindigkeit neuer Paradigmen in Wissenschaft und Gesellschaft hingewiesen.

Veränderungen in der Gesellschaft oder neue Erkenntnisse über die Gesellschaft zwingen zu einem Wechsel der Paradigmen.

Das erste Problem einer Zukunftsanalyse und -bewältigung ist somit die Anerkennung neuer Paradigmen und Theorien – oft ein Generationenproblem!

Der Unterschied zwischen etablierten und innovativen Paradigmen für Handlungsalternativen und damit auch Handlungsbedarf wurde von einem ungenannten Vertreter des MITI anläßlich einer Konferenz über Elektronik im Jahre 1985 dokumentiert:

„Wenn wir in Japan das Jahr 2000 diskutieren, dann sprechen wir vor allem von Visionen, die wir realisieren werden. Davon habe ich hier fast nichts gehört. Ihr Europäer besprecht bei diesem Zukunftsthema

---

1) Vgl. Kuhn, Thomas: Die Struktur wissenschaftlicher Revolutionen, (Suhrkamp Verlag) Frankfurt a.M. 1973.

2) Vgl. Ferguson, Marilyn: Die sanfte Verschwörung – Persönliche und gesellschaftliche Transformation im Zeitalter des Wassermanns, 3. Aufl., (Sphinx Verlag) Basel 1983, S. 29 ff.

vor allem eure heutigen Probleme und höchstens, wie die im Jahre 2000 aussehen könnten."

Die Wahrscheinlichkeit einer bestimmten Zukunftsentwicklung ist somit durch deren Wünschbarkeit begrenzt. Unterschiedliche Ideologien und Verhaltensweisen führen zu unterschiedlichen Entwicklungen. Daher wird die Gestaltbarkeit der Zukunft wesentlich von den jeweils vorherrschenden und auch angestrebten Basiszielen und Paradigmen mitbestimmt.

Zum Erkenntnisproblem

Von 1985 bis zum Jahre 2030 wird eine Zeitspanne abgegriffen, die nach rückwärts gesehen die erste Phase des Zweiten Weltkrieges, das Jahr 1940, erfaßt. Es wäre vermessen, für diesen langen Zeitraum alle wichtigen technischen Entwicklungen erfassen und berücksichtigen zu können. Der menschliche Erfindergeist wird bis zum Jahre 2030 die Informationsgesellschaft in vielen Ländern dieser Erde durchgesetzt haben. Man dürfte um 2030 vom Aufkommen der biogenetischen Gesellschaft mit spürbar veränderten Produktions- und Energiekonzepten sprechen – wie sich dies bereits heute andeutet.

Man muß in diesem Zusammenhang jedoch prüfen, welche Beiträge Westeuropa und die Bundesrepublik Deutschland zum technischen Fortschritt leisten und welche ökonomisch wirksame Teilhabe am technischen Fortschritt erreicht werden kann. Es spricht vieles dafür, daß Westeuropa zunächst eine längere „Durststrecke" des Entwicklungsdefizits durchlaufen wird, um u.U. nach einer Phase der Selbstbesinnung – zeitlich erst nach 2000 – wieder Anschluß an die Erfolgsfaktoren technischer und sozialer Entwicklungen anzustreben. Es ist kein Pessimismus, wenn man Rückstände gegenüber den USA und Japan analysiert, sondern zukunftsorientierter Realismus, der zwingende Herausforderungen aufzeigt, wenn man sich mit den derzeitigen Maßstäben für Fortschritt und Rückstand identifiziert.

Der Zielkonsens über Freiheit, Frieden und Wohlstand

Wenn man sich zu einer weltweiten Anerkennung der Basisziele Freiheit, Frieden und Wohlstand, wie sie zur Zeit die westeuropäisch-amerikanische Kultur prägen, entschließen könnte, dann wären Optionen und Handlungsalternativen weitgehend vorgegeben. Man kann somit die Optionen und dafür geeignete Steuerungskriterien aus den Zielen heraus definieren:

Freiheit bedeutet Ausschaltung von Unterdrückung und Nötigung sowie Sicherung von Basisautonomie und Selbstbestimmung. Man muß sich fragen, welche Staats- und Regierungsformen dies bewerkstelligen können.

Frieden bedeutet den Verzicht auf alle militärischen Auseinandersetzungen, aus welchen Gründen sie auch immer geführt werden mögen, klassische Land- und Sachraubkriege und Ideologiekriege.

Wohlstand bedeutet vor allem Ermöglichung von Arbeit und Beseitigung von Elend. Dies bedeutet wie auch immer Produktion von Nahrungsmitteln und Sachmitteln durch Arbeit – u.U. ergänzt durch Umverteilung.

Die Sicherung des Friedens und die zunehmende Internationalisierung sind mit einer wachsenden Sensibilisierung der Menschen für

1. die langfristige Absicherung von Überlebenschancen und Förderung der Lebensqualität als Gemeinschaftsaufgabe,
2. das Streben nach Mündigkeit und Freizügigkeit bei der Lebenserhaltung und Lebensgestaltung als individueller Aufgabe

gekoppelt.

Da zwischen diesen beiden teils ambivalenten, teils konfliktären Vorstellungen über die Zukunftsgestaltung ein Kompromiß zu schließen ist, für den institutionelle Voraussetzungen weitgehend fehlen, entwickelt sich eine zunehmende Relativierung gegenüber allen Institutionen in Wirtschaft und Gesellschaft. Dazu kommt, daß man sich bezüglich der Konkretisierung der Ziele nicht festlegen will oder über den Weg der Zielerreichung unterschiedlicher Meinung ist. Darauf beruhen Probleme einer Definition der wünschenswerten Zukunft.

D. Die Elemente der Analyse

Es gibt kein logisches Hilfsmittel, die relevanten Einflußgrößen, die die Entwicklung der nächsten Jahrzehnte prägen, mit Sicherheit zu erkennen oder gar in ihrer Bedeutung zuverlässig zu dimensionieren. Bereits Thorstein Veblen[3)] hat darauf aufmerksam gemacht, daß es keine allgemeinen Gesetze der Ökonomie gibt, sondern diese vielmehr an das Wertesystem der Gesellschaft gebunden sind.

Von entscheidender Bedeutung sind die politischen und wirtschaftlichen übernationalen Verflechtungen eines Landes, seine internationalen Beziehungen und seine Beteiligung an internationalen Bündnissen und Machtblockbildungen. Außenwirtschaftlich determinierende Faktoren sind die Einbindung in einen gemeinsamen Markt, die Exporte und Importe, der Outgoing- und Incoming-Tourismus und die Arbeitskräftewanderungen.

Eine weitere zentrale, übergreifende Einflußgröße ist der ökologische Zustand der betrachteten Räume. Der Umfang der Umweltschädigungen bestimmt die Freiheitsgrade wirtschaftlicher und nichtwirtschaftlicher Aktivitäten sowie den Mitteleinsatz zur Verbesserung der Umweltbedingungen.

Die Schlüsselgrößen für eine Analyse und Beurteilung der Entwicklung von Gesellschaft und Wirtschaft sind teils quantitativer, teils qualitativer Natur.

Als quantitative Bestandsgrößen seien erwähnt:

1. die Anzahl und der Altersaufbau der Einwohner,
2. die verfügbaren Ressourcen,
3. der Kapitalstock der Gesellschaft, der vor allem durch Wirtschaft, Staat und Privathaushalte genutzt wird,
4. das Erwerbstätigenpotential und die Erwerbstätigenstruktur,
5. das Arbeitsplatzpotential und die Arbeitsplatzstruktur.

Diese quantitativen Größen sind primär abhängig von den folgenden qualitativen Größen:

1. von den Werten und darauf beruhenden Verhaltensweisen sowie von der Wertedynamik,

3) Vgl. Veblen, Thorstein: The Theory of the Leisure Class, (Vanguard Press) New York 1932.

2. vom Stand der Bildung und Ausbildung und deren Veränderung, d.h. der Bildungsdynamik,
3. vom realisierten technischen Entwicklungsstand und den Fähigkeiten zur Beteiligung an der technischen Fortschrittsdynamik,
4. vom realisierten Entwicklungsstand der kommerziellen und kommunikativen Transaktionen und den Fähigkeiten zur Beteiligung an der Transaktions- und Kommunikationsdynamik.

Die im folgenden erörterten Szenarien und später auch die daraus abgeleiteten Optionen umfassen mehrere Hauptelemente. Dabei wird davon ausgegangen, daß zwischen diesen Elementen eine gewisse Parallelentwicklung auftritt.

Nun kann man diese Elemente jedoch nicht unabhängig von den internationalen Verflechtungen betrachten, wie die Überlegungen zur Globalisierung beweisen. In diesem Bereich werden die Bedingungen in der Bundesrepublik Deutschland hauptsächlich beeinflußt von

1. den weltpolitischen Veränderungen, insbesondere den Beziehungen zum Ostblock, zu China und zur sonstigen Dritten Welt,
2. der Bevölkerungsentwicklung,
3. dem wissenschaftlichen und technischen Fortschritt,
4. den Ressourcen,
5. den außenhandelspolitischen Veränderungen,
6. der Weltwährungsdynamik,
7. den Veränderungen in der Europäischen Gemeinschaft.

Übersicht 1.2

Die Hauptelemente eines Modells der gesellschaftlichen Entwicklung

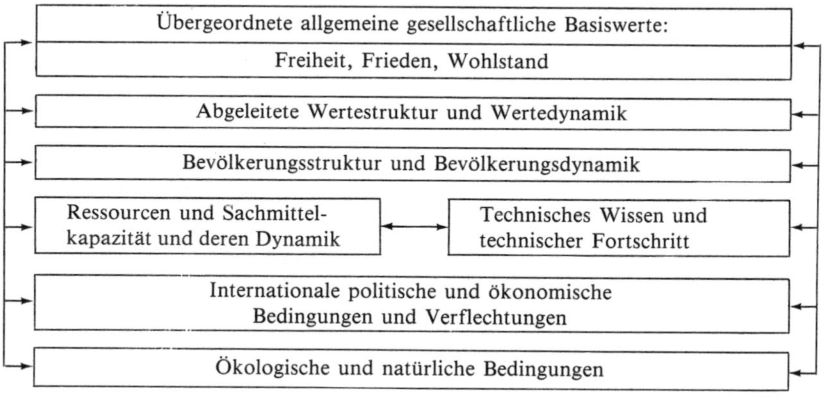

E. Die Herausforderungen

Herausforderungen, die nicht durch Egoismus, sondern durch entschlossenes und gesellschaftlich verantwortliches Handeln gelöst werden müssen, sind vor allem:

- die Bewältigung der Bevölkerungspolarisierung mit Boom und Schwund in unterschiedlichen Regionen,
- die Bewältigung der Wertedynamik,
- die Bewältigung der Gen- und Biotechnik,
- die Bewältigung der Informations- und Kommunikationsrevolution,
- die Bewältigung der Rohstoffprobleme,
- die Bewältigung der Welternährungsprobleme,
- die Bewältigung der Energieprobleme, vor allem der Atomenergieprobleme,
- die Bewältigung der Umweltprobleme,
- die Bewältigung der Weltgesundheitsprobleme,
- die Bewältigung der internationalen Abhängigkeit.

Diese Probleme werden in internationaler und nationaler räumlicher Gliederung und nach Optionen und Handlungsalternativen in den folgenden Kapiteln diskutiert.

Zweites Kapitel

Die internationalen Ausgangsbedingungen und Entwicklungen

A. Die Abgrenzungen

Die im Rahmen dieses Kapitels angesprochenen Probleme sind ineinander verwoben und die Entwicklungstendenzen interdependent. Eine hohe politische Labilität dürfte den wirtschaftlichen wie technischen Fortschritt hemmen. Entwicklungsländerprobleme werden bei zunehmender Internationalisierung des Außenhandels auch auf die Industriestaaten zurückwirken. Eine Labilität im Weltwährungssystem beeinträchtigt harmonische Entwicklungsmöglichkeiten in hoch wie wenig wirtschaftlich entwickelten Staaten und Kontinenten.

Insgesamt sind die Zusammenhänge so komplex, daß es schwierig ist, robuste, d.h. in einem breiten Spektrum von Einzelentwicklungen zutreffende Trends zu eruieren.

In Anbetracht der Globalität vieler Probleme entsteht die Frage, inwieweit dadurch eine nationale Zukunftsanalyse beeinflußt oder behindert wird. Ein Beispiel sind die Konsequenzen der wirtschaftlichen Interdependenzen für das Verhalten von Staat und Wirtschaft des eigenen Landes. Letztlich kann keine Analyse für ein Land auf Annahmen über die künftigen Beziehungen zu fremden Ländern verzichten, auch wenn die implizierten Ausgangshypothesen nicht ausgesprochen werden.

Die Fülle der Aussagen über zu befürchtende oder wünschenswerte weltweite Zukunftsentwicklungen läßt sich kaum mehr überblicken. Im Zentrum dieser Modelle stehen Fragen der Ressourcen, so Club of Rome, der Ökologie, so Nawu-Report oder Global 2000, oder der Friedenssicherung. Viele dieser Modelle werden mit meist sehr weitreichenden politischen Forderungen verbunden, an die sich die Regierungen – wie die bisherigen Erfahrungen zeigen – jedoch nur wenig halten.

Die Abweichungen und Widersprüche der Modellaussagen beruhen auf einer unterschiedlichen Bewertung gegenläufiger Gesetzmäßigkeiten und Tendenzen, wie der Abschätzung der Auswirkungen von Ökologieproblemen gegenüber den Konsequenzen des technischen Fortschritts. So wird die Nahrungsmittelproduktion je Hektar durch eine strikte Beachtung der Ökologiekomponente stark negativ beeinflußt, durch eine rasche Innovation und Diffusion der Gentechnologie dagegen positiv. Eine realistische Schätzung muß den Saldo aus diesen gegenläufigen Trends erfassen.

Bei allen Weltmodellen wirft überdies die erwartete weltregionale Verteilung von Potentialen und von Ressourcen im weiteren Sinne, z.B.

von der Verteilung der Einwohner über den Energieverbrauch bis zur Einkommensverteilung und damit zur Verteilung wirtschaftlicher Potenz, besondere Probleme auf.

Die Weltbevölkerung hat sich seit 1900 von 1,63 auf 4,84 Mrd. (1985) verdreifacht. Die Verdreifachung bis zu Beginn dieses Jahrhunderts hat etwa 300 Jahre gedauert (um 1600: 0,55 Mrd.). Von 1985 bis 2030 ist – nach menschlichem Ermessen unbeeinflußbar – noch einmal eine Verdoppelung der Bevölkerung zu erwarten. In einer rückblickenden Betrachtung von der Mitte des nächsten Jahrhunderts aus wird man vermutlich als größtes Ereignis des 20. Jahrhunderts die Bevölkerungszunahme und deren gesellschaftliche Bewältigung und wirtschaftliche Überlebenssicherung bezeichnen.

Wir müssen zunächst das Bewußtsein für die sich vorläufig fortsetzende Exponentialität des Bevölkerungswachstums sensibilisieren.

Bei den folgenden Überlegungen werden für die Welt zwei Szenarien zugrundegelegt, die den Rahmen für die effektive Entwicklung abgeben könnten.

Das Überlebens- und Stabilisierungsszenario

Unter den Bedingungen des Überlebensszenarios wird es durch Anstrengungen in einer weltweiten Organisation bei intensiver Bündelung von menschlicher Kraft gelingen, trotz des Bevölkerungswachstums eine passable Versorgung und Lebensgestaltung eines sehr großen Anteils oder sogar aller Menschen zu erreichen. Dieses Szenario verharrt nicht auf dem Status quo der Entwicklungen, sondern hat eine kräftige Weiterentwicklung der Internationalisierung von Politik, technischem Fortschritt und Wirtschaft zur Voraussetzung.

Weiter wird eine Bewältigung der Ökologieprobleme und eine Ausrichtung auf eine Bevölkerungsstabilisierung angenommen.

Das Defizitszenario mit Destabilisierung und Naturschwächung

Es wird hier von Defizitszenario gesprochen, um auf den Kern dieses Szenarios hinzuweisen: versorgungsmäßige, intellektuelle, politische, sonstige verhaltensmäßige, technische und ökologische Defizite.

Beim Defizitszenario wird davon ausgegangen, daß es weltweit nicht gelingt, die Bevölkerungsprobleme und die Ökologieprobleme menschenwürdig zu bewältigen. Hungersnöte und politische sowie weitere wirtschaftliche Probleme tragen zu einer Destabilisierung bei.

Die Wahrscheinlichkeit für das Eintreten des Defizitszenarios ist wegen des kräftigen nationalen Egoismus vieler Staaten und der Verkennung von Stabilisierungszwängen – einschließlich der Transferleistungen für Stabilisierung – zum besseren Überleben der Industriestaaten nicht gering zu veranschlagen.

B. Die Weltbevölkerungsentwicklung

I. Die Grundlagen

Für die Vorausberechnung der natürlichen Bevölkerungsbewegung werden altersspezifische Sterbe- und Fruchtbarkeitskoeffizienten herangezogen, die sich an Gegebenheiten der Vergangenheit und Gegenwart orientieren oder Veränderungen des Geburten- und Sterbeverhaltens berücksichtigen. Diese Koeffizienten beruhen auf bestimmten Annahmen über die Lebenserwartung in den einzelnen Altersklassen und über die Geburtenhäufigkeit bei den gebärfähigen Frauen bestimmter Altersgruppen.[1] Die absolute Zunahme wie auch der Altersaufbau der Bevölkerung ändern sich aufgrund der in den meisten Ländern abnehmenden Säuglingssterblichkeit und höheren Lebenserwartung. Die Koeffizienten können auch Unterschiede zwischen den Angehörigen unterschiedlicher kultureller oder religiöser Gruppen innerhalb einer Nation wie auch zwischen den Angehörigen mehrerer Nationen, die in einem Land wohnen, berücksichtigen. Die Entwicklung der Bevölkerung eines Teilraumes, so eines Landes oder einer Region, wird zusätzlich durch die Außenwanderung beeinflußt.

Als hervorragende Ergebnisse des medizinisch-technischen Fortschritts und höchste individuelle Werte gelten in den letzten Jahrzehnten in allen Ländern einmal die Verringerung der Säuglingssterblichkeit, d.h. der Todesfälle von Neugeborenen und Kindern im ersten Lebensjahr, und zum anderen die Erhöhung der durchschnittlichen Lebenserwartung. Zunehmend ergeben sich jedoch Relativierungen gegenüber diesen Werten. So hat die Senkung der Säuglingssterblichkeit Auswirkungen auf die Gesundheit und Regenerationsfähigkeit der Bevölkerung. Wir haben durch Überhöhung von Überlebenswerten bewußt verdrängt, daß wir biologische Wesen sind. Einflüsse auf die Anzahl der Einwohner, die sich in unterschiedlichen Weltregionen differenziert auswirken, haben vor allem:

- der medizinische und hygienische Fortschritt,
- Eingriffe in das Leben und Überleben,

1) Vgl. auch Adebahr, Hubertus: Die Lehre von der optimalen Bevölkerungszahl, (Duncker & Humblot) Berlin 1965; Blobel, Reiner; Flitner, Andreas; Tölle, Rainer (Hrsg.): Familie und Geburtenregelung, (R. Piper Verlag) München 1969.

- der genetische Verfall – der Rückgang der Fruchtbarkeit oder der Abbau des Immunsystems,
- das sonstige, vor allem wertebezogene Geburten- und Überlebensverhalten,
- Hungersnöte,
- Kriege.

Im folgenden werden ausgewählte Einflußgrößen auf die Bevölkerung diskutiert.

Das bewußt gesteuerte Geburtenverhalten: Die zentrale langfristige Einflußgröße ist das Geburtenverhalten, z.B. wünschen insgesamt 25 % der amerikanischen Frauen keine Kinder, obwohl sie gebärfähig sind.[2)]

Die Entscheidungsfreiheit im Geburtenverhalten bei bestimmten Krankheiten, insbesondere bei Erbkrankheiten, dürfte in Zukunft offen angesprochen werden.

Soziale Aspekte: Nach wie vor prägen soziale Aspekte das Geburtenverhalten, z.B. das Vertrauen in das soziale Netz. In vielen Ländern sind die Versorgungspotentiale im Alter nach wie vor von der Anzahl der Nachkommen abhängig. Dadurch erweisen sich Bestrebungen zu einer Veränderung des Geburtenverhaltens und einem Rückgang der Anzahl der Kinder in weniger entwickelten Ländern als sehr schwierig. In vielen Ländern wird immer noch eine Politik der demographischen Aufklärung verhindert, weil die Regierungen mit der Zahl der Einwohner Prestige- und Machtpolitik betreiben wollen.[3)]

Die Schwangerschaftsunterbrechung: Die Legalisierung der Abtreibung, insbesondere in den Industriestaaten, aber auch in der Volksrepublik China, ist als neuer wirksamer Regulierungsmechanismus[4)] für die Einwohnerzahl anzusehen. In Frankreich wurde die Abtreibung am 17. Januar 1975 legalisiert, am 22. Juni 1976 in der Bundesrepublik Deutschland. Zur Zeit werden in der Bundesrepublik rd. 200 000 Schwangerschaftsunterbrechungen durch die Krankenkassen erfaßt. Die ethische Bewältigung der Schwangerschaftsunterbrechung ist noch keineswegs erreicht, und die Stärke der Auseinandersetzung zwischen Befürwortern und Ablehnern dürfte zunehmen.

---

2) Vgl. auch Faux, Marion: Childless by Choice: Choosing Childlessness in the Eighties, (Anchor Press) Doubleday 1984.

3) Vgl. auch Peccei, Aurelio; Ikeda, Daisaku: Noch ist es nicht zu spät, (Verlag Molden – S. Seewald) München 1984, S. 60.

4) Das Menschenrecht für Kontrazeptiva und für Abtreibung wurde als Recht, über die Anzahl der Kinder und den Zeitpunkt ihrer Geburt zu entscheiden, 1968 in Teheran beschlossen und durch die Weltbevölkerungskonferenzen in Bukarest 1974 und in Mexico City 1978 bestätigt.

Aufsehen haben Informationen über die Veränderung der Geburtenproportionen von Mädchen und Jungen durch geschlechtsdiskriminierende Abtreibung aufgrund von Ultraschallanalysen im Mutterleib hervorgerufen. Nach koreanischen Krankenhausstatistiken wurde bei 16 000 Geburten von Januar bis Oktober 1985 festgestellt, daß sich das Verhältnis Jungen/Mädchen 102 : 100 auf 117 : 100 verändert habe. Forderungen über die Verhinderung des Mißbrauchs von Ultraschallanalysen durch Appelle an die Ärzte, die Bevorzugung der Abtreibung weiblicher gegenüber männlicher Föten zu verhindern, sind die Folge.

Das Selbstbestimmungsrecht über das Leben: Der Grundsatz des uneingeschränkten Rechts des Wohls des Kranken (Salus aegroti suprema lex) als Leitmaxime der Medizin gilt nicht mehr als absolute Norm. Mehr und mehr wird der Wille des Patienten zum obersten Gesetz erhoben. Hier entstehen in den unterschiedlichen Kulturkreisen zur Zeit ethisch uneinheitliche Lösungen mit zunehmender Befürwortung der Sterbehilfe.

Die Sterbehilfe: Aufgrund des medizinischen Fortschritts wird eine mehr oder minder lange Aufrechterhaltung des Lebens auch bei schwierigen chronischen oder unheilbar zum Tode führenden Krankheiten möglich. In diesem Zusammenhang wird sowohl nach den gesellschaftlich tragbaren Kosten für die Aufrechterhaltung des Lebens als auch nach dem Sinn und der Würde eines medikamentös oder apparativ total oder weitgehend außengesteuerten Lebens gefragt, so daß in den letzten Jahren eine Diskussion über die Sterbehilfe begonnen hat. In den nächsten Jahrzehnten dürfte die Sterbehilfe gesellschaftliche Akzeptanz und juristische Klärung erfahren, zumal sie sich bereits institutionell organisiert, so in der Bundesrepublik Deutschland durch die Deutsche Gesellschaft für Humanes Sterben (DGHS).

In 19 amerikanischen Bundesstaaten gab es 1981 ,,Right-to-die''-Gesetze, die Ärzte und Krankenhäuser vor zivil- und strafrechtlicher Verfolgung schützen, wenn eine schriftliche Erklärung (,,Living Will'') des Patienten vorliegt, ihm zu einem Tod in Würde zu verhelfen. Vor allem die katholische Kirche kämpft in den USA gegen ein Bundesgesetz.[5)]

Man wird immer häufiger fragen, welche Kosten sich eine Gesellschaft für die Aufrechterhaltung eines Menschenlebens um jeden Preis noch leisten kann. Davon werden überdies auch die Kosten im Bereich der Rentenversicherung berührt.

---

5) Vgl. o.V.: Sterbehilfe, in: Manager Magazin Zukunftsinformationen, 1984, Nr. 21, S. II.

Die Krankheiten und Unfälle: Die Bevölkerungsexplosion ist vor allem durch die Überwindung von Seuchen, wie Pest, Cholera oder Diphterie, begründet worden. Durch die Veränderung bei den lebensverkürzenden Krankheiten und durch die Unfallrisiken vor allem im Straßenverkehr und am Arbeitsplatz wird das durchschnittliche Lebensalter ebenfalls beeinflußt.

Die Veränderung der genetischen Qualität: Durch den medizinischen Fortschritt werden Menschen am Leben erhalten, deren genetische Substanz geschädigt ist. Tendenziell wird durch den medizinischen Fortschritt somit die Anzahl der Erbkranken erhöht. Weiter läßt sich teilweise die Fruchtbarkeit eines Menschen medikamentös oder chirurgisch wiederherstellen, sogar wenn sie aufgrund bestimmter Erbleiden ausgeschaltet ist.[6] In den Vereinigten Staaten haben 15 % der Ehepaare Fruchtbarkeitsprobleme.[7] Zur Bewältigung dieses Problems gewinnt neben der Adoption auch die In-vitro-Fertilisation, d.h. die künstliche Befruchtung, Bedeutung und Verbreitung.

Die Akzeleration ist eine weitere Einflußgröße. Die Akzeleration ist eine zeitliche Vorverlagerung der körperlichen und seelisch-geistigen Entwicklung von Kindern und Jugendlichen. Ein erstes Indiz ist das Körperwachstum, das von 1913 bis 1963 in Deutschland bei 14jährigen Volksschülern eine Erhöhung der Durchschnittsgröße von 149,5 cm auf 165,0 cm und bei gleichaltrigen Gymnasiasten von 157,0 cm auf 166,0 cm bedeutete. Der Eintritt der Geschlechtsreife bei Mädchen hat sich von 16 Jahren 5 Monate im Jahre 1895 auf 12 Jahre 5 Monate im Jahre 1970 vorverlagert[8]. Die körperliche Akzeleration findet in der geistigen Entwicklung keine Parallele.

Aus der Akzeleration ergeben sich Werte- und Verhaltensänderungen, die bisher erst wenig untersucht sind. Gemeinsam mit den biologischen Veränderungen wirken sie negativ auf die Geburtenraten.

Die Zivilisationskrankheiten: Neben der Akzeleration und der Vorverschiebung der Geschlechtsreife sind in der jungen Generation der westlichen Industriestaaten vor allem folgende Veränderungen relevant:

– die Zunahme von haltungsschwachen und muskelarmen Kindern sowie von Jugendlichen mit Haltungsschwächen,

---

6) Vgl. auch Löbsack, Theo: Die letzten Jahre der Menschheit, (C. Bertelsmann Verlag) München 1983, S. 166.

7) Angaben des Infertility Center, New York, 14 East 60th Street, Suite 1204, New York 10022.

8) Vgl. Tietz, Bruno: Konsument und Einzelhandel – Strukturwandlungen in der Bundesrepublik Deutschland von 1970 bis 1995, 3. Aufl., (Lorch-Verlag) Frankfurt a.M. 1983, S. 241 und die dort angegebene Literatur.

- die Zunahme des Suizidproblems, d.h. von Selbstmordversuchen und Selbsttötung,
- die Zunahme chronisch-krankhafter Störungen,
- die Steigerung von Neurosen und Geisteskrankheiten,
- die Zunahme des Verbrauchs von Psychopharmaka, vor allem bei Jugendlichen und jungen Frauen und
- die Zunahme des Verbrauchs illegaler Drogen.

Eine auf lange Sicht entscheidende Frage betrifft die Chance zur Beseitigung von Zivilisationskrankheiten und das Risiko dieser Krankheiten durch Zivilisierung der nicht industrialisierten Staaten.

Diese Hinweise bestätigen die Regenerationsgrenzen der Bevölkerung in bestimmten Ländern und Regionen. In den Entwicklungsländern stellen sich diese Probleme durch medizinische und ernährungsbedingte Versorgungsmängel nicht in vergleichbarer Form. Dort gelten weitgehend noch die Gesetze der Überlebenschancen der biologisch und vitalitätsmäßig Fittesten. Ob damit jedoch auch eine gesellschaftliche Weiterentwicklung einhergeht, ist eine offene Frage. So fordert Hubert Markl an Stelle des Fitneßimperativs von Darwin eine ,,auf Einsicht gegründete und verantwortete Überlebensethik.''[9]

Die ethischen und rechtlichen Probleme der Biowissenschaft sind fast unübersehbar, allem voran die *Manipulation am Menschen*, z.B.

- die In-vitro-Fertilisation, die Befruchtung menschlicher Eizellen außerhalb des Uterus,
- die Genomanalyse, die Untersuchung des menschlichen Erbbildes,
- die Gentherapie, die direkte Veränderung des menschlichen Genbestandes.

In den nächsten Jahrzehnten werden die ethischen Fragen der künstlichen Befruchtung gelöst werden müssen: ,,Was geschieht mit den befruchteten Eiern, die nicht in die Gebärmutter implantiert werden? Denn bei In-vitro-Befruchtung werden derzeit immer mehr Eizellen befruchtet, als für die Übertragung notwendig sind.

Schwieriger wird es noch bei einer Befruchtung, bei der einer Frau ein Ei einer zweiten Frau implantiert wird, das vom Sperma des Ehemannes der ersten befruchtet wurde. Ein Kind mit zwei Müttern entsteht. Der Name der Eispenderin wird geheimgehalten. Hat aber ein Kind nicht ein Anrecht, über seine Abstammung genau unterrichtet zu werden? Und wenn Wissenschaftler kinderlosen Ehepaaren hier helfen,

---

9) Markl, Hubert: Ökologische Grenzen und Evolutionsstrategie-Forschung, in: Mitteilungen der Deutschen Forschungsgemeinschaft, 1980, Nr. 3, S. I-VIII, S. VIII.

werden sie in Zukunft nicht auch beim Wunsch nach Kindern nach dem eigenen Ebenbild, nach klonierter Nachkommenschaft, helfen?

Bei der Genomanalyse wird mit molekularbiologischen Methoden die genetische Beschaffenheit des Menschen untersucht. Diese ist interessant für eine medizinische Behandlung von Erbkrankheiten. Bisher konnten 2 000 einfache Erbkrankheiten auf Gendefekte zurückgeführt werden. Man kann heute schon bei einem Fötus feststellen, daß er als alter Mensch einmal an der Huntingtonschen Krankheit leiden wird. Auch hier die Frage, wie geht man mit diesem Wissen gegenüber dem erblich Belasteten um?"[10])

Die Möglichkeit zur Veränderung von Erbanlagen durch die Biotechnik hat bereits zu ersten Diskussionen über Menschenwürde allgemein und Wissenschaftsethik speziell geführt, deren Ergebnisse zur Zeit noch völlig offen sind. Die Aussage, daß man nicht alles tun solle, was man tun könne, kennzeichnet die verständliche Hilflosigkeit gegenüber diesem Problem.

Hungersnot: Nach Angaben der Weltorganisation für Landwirtschaft und Ernährung (FAO) litten 1985 500 Mill. Menschen weltweit an Hunger, die Weltbank berichtet sogar von 750 Mill. Menschen. Allein in Afrika sterben jährlich 5 Mill. Kinder den Hungertod. In Südamerika und in Afrika gelten rd. 50 Mill. Menschen als vom Hungertod bedroht. Zur Zeit gilt trotz der Möglichkeit zur Überwindung des Welthungers die Gesetzmäßigkeit, daß in den Industrieländern relativ wenige Menschen über immer mehr Nahrung verfügen und in den Entwicklungsländern immer mehr Menschen immer weniger zu essen haben.

In den entwickelten Ländern beträgt die täglich durchschnittlich aufgenommene Kalorienzahl 3390 pro Kopf und pro Tag. In 26 Entwicklungsländern mit 238 Mill. Menschen dagegen ist die zur Verfügung stehende Kalorienzahl in einigen Fällen sogar auf 1800 zurückgegangen.[11]) Von der Unterernährung sind vor allem Kinder und Jugendliche betroffen. Eine sechsköpfige Bauernfamilie in einem afrikanischen Land muß mit durchschnittlich 1340 Kalorien pro Tag und Person auskommen, in Lateinamerika sind es 1400 Kalorien. In diesen Gebieten

---

10) Föste, Wolfgang: Umbau von Mensch, Tier und Pflanze, in: Deutsches Allgemeines Sonntagsblatt, Nr. 7, 12. Februar 1984, S. 21.

11) Der von den Hungerkatastrophen am meisten betroffene Kontinent bleibt Afrika, sowohl was das Angebot an Nahrungsmitteln angeht, als auch die zurückgebliebene Entwicklung der Landwirtschaft. In Afrika wird der höchste Anstieg der Zahl der Unterernährten registriert. Schätzungen sprechen von 99 Mill. Unterernährten im Zeitraum 1971/81 gegenüber 81 Mill. im vorhergehenden Jahrzehnt. In Fernost dagegen ist die Nahrungsmittelproduktion stark angewachsen. In Lateinamerika stagniert die Nahrungsmittelproduktion nach den Fortschritten, die in den 70er Jahren verzeichnet werden konnten.

entfallen heute (1986) 70 % des Familieneinkommens auf die Ernährung und 20 % auf das Wohnen.[12)]

II. Die Weltbevölkerung im Überblick

Im Jahre 1950 gab es rd. 2,5 Mrd. und 1985 4,84 Mrd. Einwohner auf der Erde. Weltweit wächst die Bevölkerung stark an. So rechnen die Vereinten Nationen von 1980 bis 2025 mit einer Zunahme von rd. 4,43 Mrd. auf 8,20 Mrd. Einwohner oder fast mit einer Verdoppelung der Weltbevölkerung. Im Jahre 2030 dürfte die Weltbevölkerung rd. 9 Mrd. Einwohner erreichen.

Einer nur leichten Zunahme von 1,13 auf 1,38 Mrd. Einwohner in den Industriestaaten steht nach den erwähnten Angaben der UNO in den Entwicklungsländern mehr als eine Verdoppelung von 3,30 auf 6,82 Mrd. gegenüber.

Die regionalen Verschiebungen sind immens. Von 1985 bis 2020 wird Nigeria von rd. 100 auf rd. 300 Mill. Einwohner wachsen. Die gleiche Weltbank-Studie prognostiziert für Indien eine Steigerung von 1985 bis 2020 von 765 auf 1 250 und für China von 1 046 auf 1 379 Mill. Einwohner.

Zur Zeit wächst China noch jährlich um rd. 20 Mill. Einwohner. Bereits um 2050 wird Indien China aber bevölkerungsmäßig überflügeln.

Tabelle 2.1

Eine Vorausschätzung der Weltbevölkerung von 1980 bis 2025[1)]

Gebiet	1980	1990	2000	2025
	– Angaben in Mill. –			
Entwickelte Länder	1 131	1 206	1 272	1 377
darunter				
– Europa[2)]	484	499	512	522
– Bundesrepublik Deutschland[3)]	61	61	59	48
Entwicklungsländer	3 301	4036	4 847	6 818
Weltbevölkerung	4 432	5 242	6 119	8 195

1) UN, Population Studies, No. 78, World Population Prospects as Assessed in 1980, New York 1981.
2) 1985: 492 Mill.
3) Ergebnis der Modellrechnung I C (1985: 60 Mill.).

Quelle: Arbeitsgruppe Bevölkerungsfragen: Bericht über die Bevölkerungsentwicklung in der Bundesrepublik Deutschland, Zweiter Teil: Auswirkungen auf die verschiedenen Bereiche von Staat und Gesellschaft, o.O. (Bonn) o.J. (1983), S. 191.

12) Vgl. o.V.: Bessere Ernährungslage in Entwicklungsländern, in: Handelsblatt, 35. Jg., Nr. 245, 23. Dezember 1985, S. 12.

Langfristige Bevölkerungsvorausschätzungen der UNO gehen von einer Stabilisierung um 2150 aus:

Jahr	2050	2100	2150
Bevölkerung in Mrd.	11,0	12,3	13,5

Der Stabilisierungsprozeß beginnt um so eher, je früher die Entwicklungsländer sich am Modell der Familie mit zwei bis drei Kindern orientieren.

Die in den Weltregionen unterschiedliche Bevölkerungsentwicklung führt auch zu Verschiebungen der politischen und wirtschaftlichen Schwerpunkte zwischen den bisherigen Industrieländern und den anderen Nationen. Der Anteil Europas an der Weltbevölkerung sinkt von 1900 bis 2000 von rd. 27 % auf 12 %, bis 2030 ist ein Rückgang auf 6 % zu erwarten.

Nach Angaben der Vereinten Nationen hat die Stadtbevölkerung der Welt von 1950 bis 1980 sich von 0,9 auf 1,8 Mrd. verdoppelt und wird im Jahre 2000 3,2 Mrd. betragen, d.h. die Hälfte der Weltbevölkerung. Im Jahre 2000 werden über 60 Städte mit je über 5 Mill. Einwohnern erwartet, davon nur 15 in den Industrieländern. Zu diesem Zeitpunkt wird Mexico-Stadt über 30 Mill., aber auch Djakarta, Karatschi und Kairo werden fast 20 Mill. Einwohner haben. Im Jahre 2025 wird keine der fünfzig größten Städte der Welt in Europa liegen und allein New York in den westlichen Industriestaaten.

Man muß daher davon ausgehen, daß in den nächsten Jahren das Pro-Kopf-Einkommen in den Entwicklungsländern wegen des Bevölkerungswachstums eher absinkt. Die ökologischen Probleme dürften dagegen eher zunehmen.

Quantitative Änderungen des Geburtenverhaltens: Weltweit war die durchschnittliche Anzahl der Kinder einer Frau zwischen 1970 bis 1974 und 1980 bis 1985 von 4,5 auf 3,6 rückläufig. Für alle Entwicklungsländer liegt der Rückgang nur bei 0,4, und zwar von 5,5 auf 5,1 Kinder. Einfluß hatten vor allem die Bevölkerungsprogramme in China und anderen Ländern, in denen die Fruchtbarkeitsraten um über 20 % gesenkt wurden. Afrika hat insgesamt keine Verringerung aufzuweisen. In einigen afrikanischen Ländern ist die Fruchtbarkeit sogar angestiegen. Die durchschnittliche Kinderzahl einer Frau in Afrika betrug zwischen 1970 bis 1975 und 1980 bis 1985 6,43. In Nordamerika hat sich von 1957 bis 1985 die Kinderzahl je Frau von damals gut 3,5 in den USA und 4 in Kanada fast halbiert. Hinzuweisen ist auf die Umkehr des negativen

Trends in den Staaten des Ostblocks, die nach einem starken Absinken der Geburtenraten meist wieder einen Anstieg erreicht haben, teilweise sogar die Höhe der Reproduktionsrate. Jedoch bleibt die Deutsche Demokratische Republik unterhalb der Linie der Bestandserhaltung.[13)]

Ein in einem Entwicklungsland geborenes Kind kann mit einer Lebenserwartung von 56,6 Jahren rechnen, verglichen mit 73 Jahren in einem entwickelten Land.

Das Niveau einer konstanten Bevölkerungszahl, d.h. das Regenerationsniveau, liegt heute in der Bundesrepublik Deutschland bei 2,1 Kindern pro Frau. Die zusammengefaßten Geburtenziffern betrugen in ausgewählten Staaten im Jahre 1982:

– Bundesrepublik Deutschland (ohne Ausländer)	1,35,	– Österreich	1,69,
– Dänemark	1,42,	– Norwegen	1,71,
– Niederlande	1,49,	– Kanada	1,76,
– Schweiz	1,53,	– Großbritannien	1,82,
– Italien	1,56,	– USA	1,87,
– Japan	1,57,	– Frankreich	1,94,
– Schweden	1,63,	– Irland	3,24.
– Belgien	1,66,		

Zum Zeitvergleich: Im Jahre 1880 hatte eine deutsche Frau im Durchschnitt 5 Kinder, eine französische 3,3 Kinder.

Bei einem langfristigen weltweiten Sinken der Fruchtbarkeitsraten – um mehr als 20 %, in den unterentwickelten Ländern sogar um 30 % –, und einem Anstieg der Lebenserwartung bei der Geburt um 11 % auf 65,5 Jahre (im Weltdurchschnitt) bewegt sich die Weltbevölkerung annähernd auf einen stabilen Wert zu. Solange die dem Bevölkerungsgleichgewicht entsprechende Fruchtbarkeitsrate nicht erreicht wird, steigt die Weltbevölkerung weiter an. Die Chancen einer Stabilisierung der Weltbevölkerung unter 10 Mrd. gelten heute bereits als nicht realisierbar, weil sich weltweit die erforderliche Veränderung des Geburtenverhaltens zur Zeit nicht absehen läßt. Man darf in diesem Zusammenhang nicht übersehen, daß die Veränderung des Geburtenverhaltens in den Industrieländern etwa zweihundert Jahre gedauert hat.

13) Vgl. weiter auch Chaunu, Pierre: Die verhütete Zukunft, (Seewald Verlag) Stuttgart 1981, S. 178.

Übersicht 2.1
Reiche Länder ohne Zukunft – Die Nettoreproduktionsrate in ausgewählten Industrieländern von 1954 bis 1982

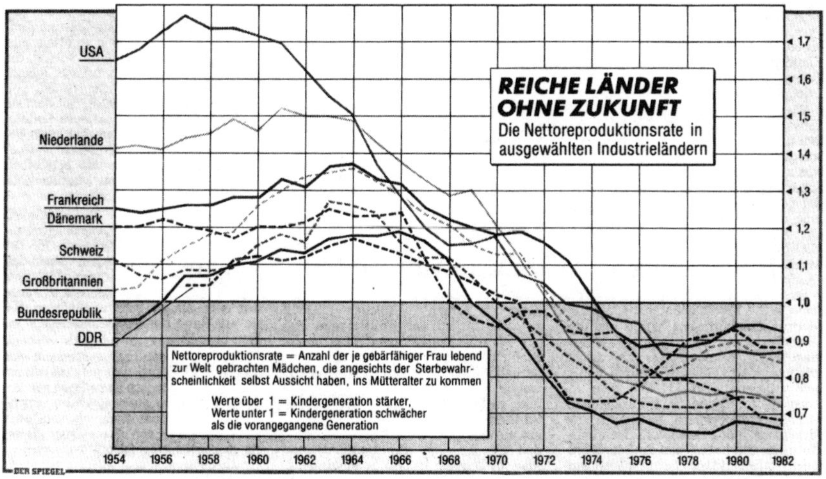

Quelle: Merklein, Renate: Den Alterskassen ein Baby schenken?, in: Der Spiegel, 39. Jg., 1985, Nr. 52, S. 68-75, S. 68.

III. Ein Vergleich zwischen ausgewählten Staaten

Wir müssen erkennen, daß die generellen und allgemeinen Entwicklungschancen in Mitteleuropa und vor allen Dingen auch in der Bundesrepublik Deutschland schwächer sind als in anderen Staaten. Dies wird durch die Altersstruktur der ausgewählten Staaten im Jahre 1982/83 dokumentiert:

Land	Anteil in %			
	unter 15 Jahren	15 bis 44 Jahre	45 bis 64 Jahre	64 Jahre und mehr
Bundesrepublik Deutschland	16,5	45,0	23,6	14,9
USA	22,2	47,0	19,2	11,6
Japan	22,6	44,8	22,9	9,7
VR China	33,6	46,6	14,9	4,9
Indien	39,1	45,0	12,4	3,5
Brasilien	40,6	44,1	11,9	3,4
Pakistan	45,0	38,5	12,6	3,8
Simbabwe	50,9	39,7	7,7	1,7

Die Bevölkerung hat in den USA von 150 Mill. im Jahre 1950 auf knapp 240 Mill. im Jahre 1986 zugenommen, d.h. in den Vereinigten Staaten sind in 36 Jahren so viele Menschen dazugekommen, wie in der Bundesrepublik Deutschland, Österreich, der Schweiz und Holland wohnen.

Allein von 1970 bis 1980 ist die Bevölkerung in den USA um 23,2 Mill. auf 226,5 Mill. gestiegen. Dies ist mitbegründet durch hohe Einwanderungsquoten, die zu der Frage führen, wann die spanisch sprechende Bevölkerung größer sein wird als die englisch sprechende. Die legale Einwanderung ist in den USA von 330 000 in den sechziger Jahren auf 500 000 bis 600 000 jährlich in den achtziger Jahren angestiegen.

Die Zahl der Beschäftigten ist in den USA brutto allein von 1970 bis 1985 um über 28 Mill. angestiegen, netto um etwa 25 Mill.; seit 1965 wurden 43 Mill. neue Arbeitsplätze geschaffen. Die weibliche Erwerbstätigkeit stieg in den USA von 44 % aller Frauen (1972) auf 52 % aller Frauen (1982).

Zum Vergleich: In der Bundesrepublik Deutschland gab es 1984 insgesamt etwa 25 Mill. Beschäftigte.

Eine relativ starke Geburtenzunahme in den Vereinigten Staaten, mitbedingt durch die Baby-Boom-Generation, die jetzt erwachsen wird, ist durch einen Zustrom von Menschen aus Mittel- und Südamerika und einen Intelligenz- und Kapitalzustrom aus Westeuropa begleitet. Dadurch werden Handel und Wirtschaft in den USA in einem atemberaubenden Tempo vorangetrieben, mit in Anbetracht des wirtschaftlichen Niveaus hohen realen Wachstumsraten in der Größenordnung von 7 bis 8 % in einzelnen Jahren. Ein Grund für die Leistungen der USA ist zweifellos, daß von Anbeginn an eher mobile, agile und überdurchschnittlich vitale Menschen in dieses Land eingewandert sind. Nach dem Zweiten Weltkrieg ist ein enormer Zustrom europäischer und asiatischer Intelligenz in die USA erfolgt. Dadurch wurden viele Probleme aufgrund der liberalen Einwanderungspolitik gemildert.

Von 1980 bis zum Jahre 2000 wird die Bevölkerung der USA von 226,5 Mill. auf 267,3 Mill., d.s. + 40,5 Mill. oder + 18,2 %, zunehmen. Im Jahre 2025 wird mit 305,8 Mill. Einwohnern gerechnet. In den USA dürften jedoch wegen der sozialen Probleme in absehbarer Zeit Beschränkungen der Einwanderung erfolgen.

Erwartet wird das „greying" der Baby-Boom-Generation mit folgendem Durchschnittsalter der Gesamtbevölkerung:

Jahr	1970	1980	1990	2000
Durchschnittsalter in Jahren	28	30	32	36

So hat die Anzahl der über 65jährigen von 21 Mill. im Jahre 1962 auf nur 23 Mill. im Jahre 1978 zugenommen; für das Jahr 2000 werden dagegen bereits 30 Mill. erwartet.

In Europa (EG) war die Zahl der Arbeitsplätze von 1975 bis 1985 um rd. 2 Mill. rückläufig. In den USA ist sie in dieser Zeit um 20 Mill. gestiegen.[14] Die Anzahl der zivilen Beschäftigten ist in den USA von 78 Mill. im Jahre 1970 auf 104 Mill. im Jahre 1984 angestiegen.

Die UdSSR ist von 1959 bis 1984 von 208,8 Mill. auf 275,1 Mill. Einwohner gewachsen. Von 1970 bis 2000 wird die Veränderung rd. 68 Mill. auf 310,2 Mill. Einwohner betragen. Bei der Bevölkerungsentwicklung der UdSSR ist jedoch zu beachten, daß das Wachstum sich weitaus überwiegend auf die asiatischen Republiken beziehen wird, so daß der Anteil der weißen Bevölkerung rückläufig wird.

In Japan hat sich die Anzahl der Einwohner von 83,2 Mill. im Jahre 1950 auf 118,7 Mill. im Jahre 1982 und auf über 120 Mill. im Jahre 1985 erhöht.

Ähnlich günstig ist die Entwicklung in anderen Staaten von Fernost. So spricht man heute auch davon, daß das Mittelmeer das Meer der Vergangenheit, der Atlantik das Meer der Gegenwart und der Pazifik das Meer der Zukunft sei.

Die Volksrepublik China: Allein im Jahre 1984 ist die Bevölkerung der Volksrepublik China um 11,09 Mill. Einwohner auf 1,036 Mrd. Einwohner gewachsen.

14) In den Vereinigten Staaten gibt es 19 Mill. Unternehmen gegenüber 2,5 Mill. in der Bundesrepublik Deutschland.

IV. Die Szenarien

Wie und in welcher Form die Anzahl der Einwohner beeinflußt werden kann und soll, ist eine gleicherweise ethische wie politische Frage, über die – wie erwähnt – diametral entgegengesetzte Meinungen vertreten werden.

Man kann die Entwicklung der Weltbevölkerung als ein teilweise bei gutem Willen zufriedenstellend lösbares oder als ein kaum oder nicht zu bewältigendes Problem ansehen.

Die biologischen, ökologischen und ökonomischen Fragen, die dahinter stehen, sind die nach den für jeden Einwohner erforderlichen Ressourcen. Die ethische Frage betrifft den zu einem menschenwürdigen Leben erforderlichen Mindestbedarf an Ressourcen.

Eine Schwierigkeit besteht darin, den weniger entwickelten Ländern dieser Erde zu verdeutlichen, sie müßten die Zahl ihrer Einwohner reduzieren, und in den entwickelten Ländern eine Stabilisierung oder Zunahme der Bevölkerung zu fordern. Wer hat die Legitimation und entwickelt die Entscheidungskriterien, nach denen unterschiedlichen Ländern verschiedenen kulturellen und ökonomischen Entwicklungsstandes die langfristigen Zukunftschancen zugeteilt werden?

Das explosive Wachstum der Bevölkerung in den Entwicklungsländern dürfte neuartige Denkansätze über die Anzahl der Einwohner in den Industriestaaten beflügeln. Es ist schwer abzusehen, wie sich die Industriestaaten langfristig gegen einen starken Einwanderungsdruck wehren wollen. In diesem Zusammenhang dürften spätestens um die Jahrtausendwende auch die Vereinten Nationen und die UNCTAD bzw. deren Nachfolgeorganisationen aktiv werden. Den Schlüssel zur Abschätzung der voraussichtlichen Bevölkerungsumgliederungen bildet der Grad des bevölkerungspolitischen Altruismus der heute jungen Generation, die in Anbetracht des in vielen Weltregionen enormen Bevölkerungsdruckes darüber zu entscheiden hat bzw. unter Entscheidungsdruck gesetzt wird.

Das Überlebensszenario

Beim Überlebensszenario wird davon ausgegangen, daß es tatsächlich gelingt, bis zum Jahre 2030 die Ernährung für rd. 10 Mrd. Menschen einigermaßen befriedigend sicherzustellen.

Gleicherweise wichtig ist bei diesem Szenario, in Anbetracht der Gewaltigkeit der Aufgabe so frühzeitig wie möglich nach Bevölkerungsstabilisierung oder gar partiellem Rückgang zu streben, um eine Übernutzung der Ressourcen und Hungersnöte, die im unbeeinflußten Entwicklungsprozeß nach dem Zeithorizont von 2030 zu erwarten wären, zu reduzieren.

Zum Überlebensszenario gehören auch Überlegungen einer internationalen und interkulturellen Umgliederung der Einwohner. Davon wird dann im übrigen auch die räumliche Verteilung von Ökologieproblemen wie auch von Wirtschaftskraft beeinflußt.

Das Defizitszenario

Beim Defizitszenario muß davon ausgegangen werden, daß es zumindest in einigen Teilen der Erde nicht gelingt, des starken Bevölkerungswachstums Herr zu werden. Man muß vermuten, daß Hungersnöte und in Verbindung damit auch politische Instabilitäten in Ländern Afrikas, Asiens und Südamerikas zu Verelendungsbedingungen von bisher ungeahntem Ausmaß führen.

Man muß auch davon ausgehen, daß in einem solchen Szenario eine übergeordnete Überlebensphilosophie nicht entwickelt wird, so daß lokale und regionale kriegerische Auseinandersetzungen nicht ausbleiben dürften. Da die Beseitigung der Armut nicht gelingt, wird eines der wesentlichen Kriterien zur Beseitigung von Kriegen nicht erreicht.

C. Rohstoffe, Nahrungsmittel, Energie und Umwelt

I. Die Beziehungen und die Grundprobleme

Bei wirtschaftlichen Aktivitäten werden vermehrbare und nicht vermehrbare Rohstoffe und Energie eingesetzt. Dadurch können Umweltbelastungen, vor allem bei der Umwandlung von Rohstoffen durch Verbrennung oder bei der Behandlung von Rohstoffabfällen, entstehen. Zum Ressourcenproblem gehören mindestens Art und Umfang

1. der Nutzung der agrarischen Rohstoffbasis, z.B. zur Herstellung von Nahrungsmitteln oder zur Herstellung von Energie,
2. der Energieversorgung, vor allem der Energierohstoffe,
3. der Umweltbelastung.

Ressourcen können verbraucht oder für die Erhaltung der Umwelt eingesetzt werden, z.B. sind Wälder gleichzeitig Rohstoff und Voraussetzung für die Erhaltung einer gesunden Umwelt. Man kann Boden somit als Nahrungsmittelquelle, Energiequelle oder als Umweltgut nutzen. Die Waldpflege ermöglicht eine parallele Nutzung von Boden als Umweltgut und Rohstoff. Die Erhaltung der Umwelt erfordert einerseits den Einsatz von Ressourcen und Energien, andererseits belastet der Einsatz von Ressourcen und Energie die Umwelt. Die Art und der Umfang der Beseitigung und der Verhinderung von Umweltschäden begrenzen den Einsatz von Rohstoffen und Energie sowie von sonstigen Kapitalgütern für alternative Verwendungen. So wird nicht zuletzt auch das verfügbare Einkommen durch die Höhe der Umweltkosten mitbestimmt. Hohe Umweltleistungen beeinträchtigen kurzfristig den wahrgenommenen Wohlstand, jedoch mit der Konsequenz langfristig verbesserter Lebensbedingungen.

Zu beachten sind auch die weltweit unterschiedliche Behandlung von Ökologieproblemen und die fehlende Wettbewerbsneutralität des Ökologiebewußtseins.

Viele neue Technologien schonen im Gegensatz zu bisher die Basis der nicht vermehrbaren Rohstoffe. Teilweise sind sie regenerationsfähig, teilweise ist eine Begrenzung der Verfügbarkeit nicht erkennbar.

II. Die Rohstoffe

Die Entwicklungsspielräume einer Nation werden von der Verfügbarkeit an natürlichen Ressourcen, z.B. durch die Qualität der Ackerböden, vorhandene Rohstoffe, so Kohle und Metalle, sowie durch den Zustand der Umwelt mitbestimmt.

Der Umfang der bekannten Rohstoffvorkommen nimmt aufgrund der Ergebnisse der Prospektion immer noch stark zu. Diese Kenntnisse dürften sich auch in Zukunft, vor allem aufgrund der Antarktis- und Arktisforschung sowie der Meeresforschung verbessern. Die hier gewählte Betrachtungsweise beschränkt den zeitlichen Horizont jedoch auf ein oder zwei Generationen. In jedem Falle reduziert der Abbau nicht vermehrbarer Rohstoffe deren Verfügbarkeit für die Folgegenerationen.

Tabelle 2.2

Die Entwicklung der Erzvorräte ausgewählter NE-Metalle[1] in der westlichen Welt[2] von 1972 bis 1981

	Angaben in Mill. Tonnen[3]					
Gegenstand	Bauxit	Kupfer	Zink	Blei	Nickel	Zinn
Bekannte Vorräte[4] am 1. 1. 1972	11 161	272	100	79	43	4
./. Förderung[5] 1972 bis 1981	711	61	46	25	5	2
+ Neuentdeckte Vorkommen 1972 bis 1981	11 150	234	162	84	6	6
Bekannte Vorräte am 1. 1. 1982	21 600	445	216	138	44	8

1) Nichteisenmetall.
2) ohne Ostblockländer, Kuba, VR China, jedoch einschließlich Jugoslawien.
3) Metallinhalt; bei Bauxit: Bruttomenge.
4) US Bureau of Mines.
5) Metallstatistik, 69. Jg. (1971-1981) der Metallgesellschaft AG, Frankfurt a.M.

Quelle: o. V.: Versorgung der Industrie gesichert, in: Handelsblatt, 39. Jg., Nr. 85, 2. Mai 1984, S. 24.

Für die USA ist von Mohnbaum erstmalig nachgewiesen worden, daß der Rohstoffbedarf in hochentwickelten Volkswirtschaften trotz einer Steigerung des Bruttosozialprodukts sinkt. Für die Bundesrepublik Deutschland ist ein ähnlicher Nachweis gelungen. Daraus wird abgeleitet, daß weltweit eher eine Stagnation auf hohem Niveau eintritt. Dennoch bleibt der Bedarf hoch, etwa jährlich 8 bis 9 Mill. t Kupfer, fast 90 Mill. t Bauxit und rd. 500 Mill. t Eisenerz.[15)]

Die Abschätzung von künftigen Entwicklungstendenzen erweist sich spätestens seit der Zunahme robuster Eingriffe in die Wirtschaft durch die Rohstoffländer seit dem ersten Erdölschock von 1973 als schwierig. Durch Umwertungen von Ressourcen können sich Verschiebungen der Nachfrage zwischen Rohstoffen ergeben. Ein typischer Fall ist die zeitweise Bevorzugung von Kunststoffen, die durch den Preisverfall bei Holz wieder von einer zunehmenden Nachfrage nach diesem natürlichen Rohstoff abgelöst worden ist. Das Ressourcenbewußtsein hat u.a. die Nachfrage nach Recyclingpapier gefördert.

Die Erdölschocks von 1973 und 1979 haben die Entwicklung der westlichen Industriestaaten, aber auch der Entwicklungsländer spürbar beeinflußt. Die wirtschaftlichen Umverteilungen werden durch die Einnahme- und Ausgabeverschiebungen deutlich. Die *Einnahmen der OPEC-Staaten* für Öl erhöhten sich durch die Verdreifachung des Preises von 1973 auf 1974 von 35 Mrd. US-Dollar auf 112 Mrd. US-Dollar. Im Jahre 1980 waren es 281 Mrd. US-Dollar, im Jahre 1985 nach dem Zusammenbruch des OPEC-Kartells rd. 130 Mrd. US-Dollar.

Je stärker die Rohstoffpreise steigen, desto größer sind die Ausgaben für die Empfängerländer. Dies beeinträchtigt die Wachstumskraft der importierenden Industrieländer.

Es spricht alles dafür, daß in Zukunft die Verhüttung von Erzen und die primären Produktionsprozesse mit Rohstoffen – auch unter dem Aspekt des Verzichts auf den Import von Ökologieproblemen – in den Gewinnungsländern erfolgen. Weiter spricht vieles dafür, daß die Rohstoffmengen für Industriegüter auch in den nächsten Jahrzehnten absinken und nicht vermehrbare Rohstoffe durch Recycling systematisch wiedergewonnen werden.

Die große Unbekannte ist in diesem Zusammenhang der weltweite Bedarf und der Grad dessen Befriedigung an rohstoffintensiven Waren. Generell kann gefordert werden, daß rohstoffarme Länder wie die Bundesrepublik Deutschland nach größerer Unabhängigkeit von Rohstoffimporten streben sollten, indem die Know-how-Entwicklung zur Substitution von nicht vermehrbaren durch vermehrbare Rohstoffe in rohstoffextensiven Industrie- und Dienstleistungszweigen, z.B. den Informations- und Kommunikationsbranchen, gezielt gefördert wird.

---

15) Vgl. Sames, Wolfgang: Welt im Rohstoffüberfluß?, in: Metall, 1984, Nr. 4, zit. nach: Aktuelle Beiträge zur Wirtschafts- und Finanzpolitik, Nr. 26, 24. April 1984, S. 4.

III. Die Nahrungsmittelbasis

Die Welternährung wird durch den Fortschritt der Biotechnologie mitbestimmt. Bereits in der Vergangenheit sind erhebliche Fortschritte erzielt worden.

Die Einflüsse der Biotechnologie

Nach Thiede lassen sich für die Zukunft vor allem folgende Fortschrittsaspekte herausstellen:

,, – Die Entwicklung weiterer neuer Hybridrassen, sowohl bei bestimmten Pflanzen wie auch bei Tieren.
– Die Entwicklung von regelrecht neuen Pflanzen, die mit Supereigenschaften ausgestattet sein werden.
– Die dauerhafte Symbiose von stickstoffbildenden Bakterien mit den Zellen bestimmter Nutzpflanzen (ähnlich wie es uns die Natur bereits mit den Leguminosen vorgeführt hat), womit dann u.U. optimale Düngungsverhältnisse für Stickstoff erzielt werden können oder die Stickstoffdüngung sogar ganz entfällt.
– Die Entwicklung von Wirkstoffen, die bei der Photosynthese der Pflanzen den Ausnutzungsgrad bei dem Umwandlungsprozeß von Licht in Stoff (d.h. von Sonne in Blatt oder Korn) wesentlich erhöhen können.
– Die Umzüchtung bestimmter Pflanzen, z.B. mit dem Ziel, die Ausnutzung der Sonnenenergie durch die dazu befähigten Pflanzenorgane entscheidend zu verbessern, beispielsweise durch effizientere Anordnung der Blätter. Andere Zielsetzungen sind auf die Züchtung von krankheitsresistenten Pflanzen gerichtet oder von Pflanzen, die weniger Wärme oder weniger Wasser benötigen.
– Die Transplantationen von gerade befruchteten Eiern von Hochleistungstieren auf jeweils zahlreiche ,,Ammenmütter" mit dem Ziel, ausgesuchte Hochleistungsmerkmale auf ganze Viehherden und Zuchtgebiete viel schneller als bisher zu verbreiten. Das Tiefgefrieren von Embryonen und ihr Versand (z.B. per Flugzeug) über große Entfernungen ist gleichfalls im Kommen.
– Eventuell sogar das ‚Klonen', also die nahezu fabrikmäßige Gewinnung von völlig erbgleichen Nachkommen aus Hochleistungstieren, indem unbefruchtete Eizellen mit Körperzellen des gleichen Tieres ‚gepaart' und damit zur weiteren Zellteilung angeregt werden.[16)]

16) Thiede, Günther: Agrarpolitisches Langzeitprogramm, in: Agrarwirtschaft, 27. Jg., 1978, Nr. 8, S. 225-234, S. 227.

Die *Aquakultur* gewinnt rasch an Bedeutung. Forellen, Lachse und Garnelen, aber auch Hummer, werden immer mehr in Aquakultur gezüchtet. Bereits im Jahre 1982 wurden in Norwegen in Netzkäfigen und in abgedämmten Fjordarmen über 10 000 t Zuchtlachs produziert.

Bis zu 400 US-Dollar kostet zur Zeit in Japan oder Thailand ein trächtiges Garnelenweibchen, das im Kulturbecken 100 000 oder mehr Eier ablegt und die Produktion von einigen Tonnen erwachsenen Fleischgarnelen ermöglicht. Die Garnelenkultur dürfte zur Zeit eine Jahresproduktion von 70 000 t (1985) erreichen.

Der Anteil der in Aquakultur für den Verbrauch in der Bundesrepublik Deutschland erzeugten Forellen bewegt sich auf ein Fünftel zu.

Zur Sicherung der Welternährung wird die Aquakultur in Zukunft eine der bedeutenden Wachstumsindustrien werden. Dies gilt auch für die Versorgung der westlichen Industriestaaten einschließlich der Bundesrepublik Deutschland.

Erst für die Zeit nach 2000 wird eine umfassende wirtschaftliche Nutzung von „*Biomassen*" erwartet. Noch ganz am Anfang steht die Biotechnik, bei der die in der Pflanzensubstanz gespeicherte Sonnenenergie durch Einwirkung von Mikroben in andere für die organische Synthese geeignete Ausgangsstoffe umgewandelt wird. Hauptquellen für die erforderlichen Biomassen sind organische Industrie- und Kommunalabfälle, Abfall- und Überschußprodukte der Landwirtschaft sowie Land- und Wasserpflanzen, die speziell zur Energiegewinnung, aber auch wegen spezieller Pflanzeninhaltsstoffe angebaut werden. Enzymatische Prozesse zur Gewinnung von besonders komplizierten Verbindungen, so Penicillin oder Zitronensäure, übertreffen bereits heute die totalsynthetischen Methoden hinsichtlich Ausbeute und Rentabilität.[17)]

Das Ökologieproblem: Immer noch über die Hälfte der Welternte an Agrarprodukten fällt Schädlingen und Verderb zum Opfer. Die Bedeutung der Schädlingsbekämpfung ist größer denn je.

Dabei werden aus ökologischen Gründen immer höhere Anforderungen an die Wirkstoffgruppen der Insektizide gestellt. Sie sollen selektiv wirken, eine geringe Tendenz zur Bildung resistenter Biotypen haben, über ein Minimum an Toxizität verfügen, leicht abbaubar und von begrenzter Persistenz sein. Als weitere Forderung gilt, daß die Wirksubstanz je Hektar nach und nach immer mehr abgesenkt wird.[18)]

---

17) Vgl. Grünewald, Herbert: Was kommt nach dem Ölzeitalter?, in: Handelsblatt, 33. Jg., Nr. 129, 18. Juli 1978, S. 12.

18) Vgl. Wolff, Günther: Ernährung der Weltbevölkerung, in: Chemische Rundschau, 37. Jg., Nr. 16, 18. April 1984, S. 5-7, S. 5.

Die Konsequenzen eines Verzichts auf Pflanzenschutzmittel werden vielfach unterschätzt, wie am Beispiel Großbritanniens aufgezeigt sei: ,,Würde heute in Großbritannien die Verwendung von Pflanzenschutzmitteln unterbunden, so verringerte sich der Getreideertrag im ersten Jahr um 24 % – hauptsächlich wegen des Schädlingsbefalls – und im zweiten Jahr um 45 % – hauptsächlich des Unkrauts wegen. Sowohl die potato famine im vorigen Jahrhundert, die durch Kartoffel-Mißernten entstandene Hungersnot in Irland, als auch die entsetzliche Hungerkatastrophe der dreißiger Jahre in Bengalen, waren auf Pilzbefall der Pflanzen zurückzuführen. Mit ökologischem Anbau ohne Fungizide könnten wir eine Wiederholung dieser Katastrophen nicht verhindern. Pilze, die pflanzliche Nahrungsmittel befallen, nachdem sie geerntet worden sind, produzieren die gefährlichste aller bekannten krebserzeugenden Substanzen, das Aflotaxin; es ist für den Leberkrebs verantwortlich, der besonders häufig in tropischen Gegenden vorkommt, in denen die Trockenlagerung des Getreides unbekannt ist.[19]

Ungeklärt ist jedoch die langfristige Wirkung der Schädlingsbekämpfung auf das ökologische Gleichgewicht der Mikroorganismen und damit auf die Fruchtbarkeit der Anbauflächen.

Für die weltweite Land- und Forstwirtschaft steht die Bewältigung der Ökologieprobleme im Vordergrund des langfristigen Interesses einer Aufrechterhaltung der Lebensbedingungen auf der Erde. Die rapide Bevölkerungszunahme bringt jedoch die Gefahr mit sich, daß die Lösungszwänge zwar erkannt werden, der Raubbau zur Sicherung der kurzfristigen Ernährungs- und Einkommensbasis jedoch eher noch ansteigt.

Die weltweite Nahrungsmittelbasis kann langfristig nur durch kaum in Ansätzen erkennbare Weltagrarprogramme mit einer intensiven Nutzung der Ozeane und einer Wiederfruchtbarmachung von Steppen und Wüsten sichergestellt werden. In praxi ruiniert man derzeit viele meeresnahe Wüstenböden durch Übersalzung als Folge der Bewässerung mit Meerwasser.

Solange die landwirtschaftlich nutzbaren Flächen in der Welt knapper werden, würde eine vermehrte Nutzung der Agrarflächen für Nichtnahrungszwecke wie *Energiepflanzen zur Treibstofferzeugung* vermutlich die Nahrungsmittelpreise stark ansteigen lassen. Die Nahrungsmittellücke in der dritten Welt könnte dadurch noch bedrohlicher werden.[20]

---

19) Perutz, Max: Ohne Chemie kein Brot, in: Die Zeit, 36. Jg., Nr. 35, 21. August 1981, S. 14.

20) Vgl. Ertl, Josef: Energie-, Umwelt- und Ernährungsprobleme aus weltweiter Sicht, in: Info-Studien, 27. Jg., 1981, Nr. 2/3, S. 231-253, S. 236.

Brasilien, die USA, Australien, Neuseeland und Südafrika haben umfangreiche Programme gestartet, um aus landwirtschaftlichen Erzeugnissen wie Zuckerrohr und Mais Treibstoffe herzustellen. Dabei benötigt aber ein mit Äthanol angetriebenes Fahrzeug bei einer Jahresleistung von ca. 11 000 km mit einer konstanten Geschwindigkeit von ca. 40 km/h 3,9 mal soviel Getreide pro Jahr wie der Durchschnittskonsument einer Industrienation und 15,5 mal soviel wie zur Lebenserhaltung eines hungernden Menschen in der dritten Welt notwendig ist.[21)]

Neue Medien und Landwirtschaft: Zur regelmäßigen Kontrolle der landwirtschaftlichen Anbauflächen in aller Welt wurden die fünf amerikanischen Erderkundungs-Satelliten der NASA vom Typ Landsat (seit 1972) gestartet. Sie umkreisen die Erde in 700 Kilometer Höhe in 90 Minuten. Die über die Erdpole verlaufende, sonnensynchrone Umlaufbahn führt die Landsat-Trabanten alle 18 Tage bei gleicher Beleuchtung wieder über dieselbe Stelle der Erde, so daß regelmäßige Kontrollaufnahmen möglich sind, die für die Land- und Forstwirtschaft, für Kartografie und Geologie, für Hydrologie und Ozeanografie sowie für Städteplanung und Umweltschutz genutzt werden. Ackerflächen werden auf einem Satellitenbild innerhalb weniger Stunden analysiert. Die vom Computer ausgedruckte Geländekarte gibt die Position und Größe der jeweiligen Nutzpflanzen mit 90 %iger Genauigkeit an. Weiter werden der Reifegrad, Schädlingsbefall, das Alter der Pflanzen sowie die Art des Bodens und seine Feuchtigkeit ausgewertet. Mit den alle 18 Tage gelieferten Landsat-Bildern können die Wissenschaftler neuartige Anbaukalender und Wachstumsmodelle entwickeln. Ergänzende Informationen bieten Temperatur- und Niederschlagsmessungen von Wettersatelliten, die regelmäßig von allen wichtigen Anbauzonen verfügbar sind. Mit solchen Daten lassen sich die Erntetermine genauer bestimmen.[22)]

Nach Angaben der FAO ist zwischen 1969 und 1979 in den Industrieländern die Produktion an Nahrungsmitteln um 12 % gestiegen, in den Entwicklungsländern dagegen nur um 4 %. Im gleichen Zeitraum ist dagegen die Bevölkerung in den Industrienationen von 0,9 auf nur 1,2 Mrd., in den Entwicklungsländern aber von 2,5 auf 3,2 Mrd. Menschen angewachsen. Etwa für das Jahr 2000 wird von Experten ein weltweites Proteindefizit erwartet.

---

21) Vgl. Brown, Lester R.: Food or Fuel: New Competition for the World's Cropland, Worldwatch Paper, Bd. 35, Washington, D.C., 1980, S. 15, S. 27.

22) Vgl. Engelhardt, Wolfgang: Satelliten überwachen den Ernteerfolg, „Landsat" liefert alle 18 Tage neue Bilder und Auswertungen, in: Blick durch die Wirtschaft, 29. Jg., Nr. 12, 17. Januar 1986, S. 4.

Vorausschätzungen der Welternten basieren heute auf einer Einbeziehung der Biotechnologie und der Informationstechnologie. So hat das U.S. Office of Technology Assessment folgende Alternativen gewählt:

1. keine neuen Technologien bis 2000 zum praktischen Einsatz verfügbar,
2. Fortsetzung der Technologierate wie in der Vergangenheit (Expansion der Forschung um jährlich 2 %),
3. Erhöhung der Technologierate (Expansion der Forschung um jährlich 4 %).

Gegenstand	Angaben in bushel[1]			
	1981	2000		
		keine neue Technologie	Fortsetzung der Technologie	mehr Technologie
Mais	8,14	10,29	11,50	12,30
Weizen	2,70	3,27	3,83	4,06
Sojabohnen	1,95	3,07	3,31	3,35

1) 1 bushel = 35,24 l.

Quelle: U.S. Office of Technology Assessment: New Technologies and Agricultural Productivity, in: Economic Impact 1986 I, S. 14-21, S. 19.

Überschüsse oder Defizite: Das Überangebot an Getreide wird im Jahre 1985/86 von der FAO auf rd. 300 Mill. t geschätzt; dies bei einer Gesamtproduktion von 2 Mrd. t. Der Selbstversorgungsgrad wurde in der EG bereits 1972/73 erreicht. Zur Zeit bereitet die Überversorgung Probleme. Dabei produziert Europa zu teuer im Vergleich zum Weltmarkt.

Diesen Überschüssen stehen Hungersnöte enormen Ausmaßes gegenüber. Es gelingt nicht – und wird aus verschiedenen Interessen heraus auch nicht generell angestrebt –, Ernährungsgüter von Gebieten des Überschusses den Bedarfsgebieten zuzuführen.

Ein *Nahrungsmittelschock* in etwa vergleichbar den Erdölschocks, mit sprunghaft steigenden Preisen für Agrarprodukte, würde die Nachfragestrukturen erheblich verändern. Die Nachfrage nach Lebensmitteln würde nur leicht reduziert werden, dafür müßte man dann knapp das Doppelte von heute dafür ausgeben.[23] Dies würde weltweit und be-

23) Vgl. Council on Environmental Quality and Ministry of Affairs (Hrsg.): The Global 2000 Report to the President, (U.S. Government Printing Office) Washington 1980; deutsche Ausgabe: Global 2000 – Der Bericht an den Präsidenten, 2. Aufl., (Verlag Zweitausendeins) Frankfurt a.M. 1980, S. 51.

sonders auch in den Industriestaaten einen beachtlichen Rückgang der Nachfrage nach Bekleidung, Hartwaren und sogar Wohnungen und Kraftfahrzeugen zur Folge haben.

Bei einer starken Umwertung für Nahrungsmittel müßten viele gesellschaftliche wie ökonomische Aussagen über die Zukunft in diesem Buch korrigiert und angepaßt werden!

IV. Die Energie

Eine ausreichende Energieversorgung bildet eine fundamentale Grundlage für die Weiterentwicklung der Wirtschaft. Energie dürfte weltweit zum Engpaßfaktor werden. Energiepolitisch wird sogar eine Zeit vorhergesagt, in der sich die gesamtwirtschaftlichen Ziele ändern. Danach würden die bisher vorherrschenden Überlegungen einer Erhöhung der Arbeitsproduktivität, d.h. des Sozialprodukts pro Arbeitsstunde durch das Konzept einer Erhöhung der Energieproduktivität, gemessen als Sozialprodukt je Energieeinheit, abgelöst werden.[24)]

Einer Stagnation bzw. einem Rückgang des Energiebedarfs je Einwohner in den Industriestaaten mit einer Substitution von Energie durch

24) Der Anteil der Kernenergie an der öffentlichen Stromversorgung nimmt in den industrialisierten Ländern weltweit zu, prozentual liegt bei diesem Maßstab Frankreich an der Spitze. Bei der Betrachtung der Bruttostromerzeugung 1984 pro Land stehen die USA mit 333 604 GWh weltweit an der Spitze; doch auch hier liegt schon an zweiter Stelle Frankreich mit 201 697 GWh, Japan produziert 128 440 GWh und die Bundesrepublik Deutschland 92 653 GWh.

Land	Anteil in %	Land	Anteil in %
Frankreich	58,7	USA	13,5
Taiwan	52,0	Deutsche Demokratische Republik	12,0
Belgien	50,8	Kanada	11,6
Finnland	41,1	Argentinien	11,0
Schweden	40,6	UdSSR	8,8
Schweiz	36,5	Tschechoslowakei	8,5
Bulgarien	28,6	Jugoslawien	7,5
Bundesrepublik Deutschland	23,2	Niederlande	5,8
Japan	22,9	Italien	3,8
Ungarn	22,2	Südafrika	3,7
Südkorea	20,0	Indien	2,6
Spanien	19,3	Pakistan	1,6
Großbritannien	17,3	Brasilien	1,0

Quelle: o.V.: Mehr Strom aus Kernenergie, in: Kernenergie und Umwelt, Februar 1986, S. IV.

Information, durch energiesparende Produktionsverfahren und Bautechniken entspricht in den Entwicklungsländern trotz der für den privaten Energieverbrauch günstigeren klimatischen Bedingungen eine starke Energiezunahme je Einwohner. Bei unbeeinflußter Bevölkerungsverteilung kann man in den Entwicklungsländern einen überproportionalen Energiebedarf erwarten.

Die heikle Grundproblematik der derzeitigen Energiediskussion betrifft den wünschenswerten Gesamtenergieverbrauch und die zu bevorzugenden Energiearten – allem voran den Ausbau der Kernenergieproduktion. In dieser Frage gibt es vermutlich weiterhin unüberbrückbare Kontroversen, z.B. über die Risikoabschätzung von Kernenergieunfällen oder über die dauerhaft gefahrlose Endlagerung des radioaktiven Abfalls. In Mitteleuropa hat Frankreich die Kernenergie stark ausgebaut, in der Bundesrepublik Deutschland steht momentan eher zu vermuten, daß Kernkraftwerke stillgelegt werden könnten.

Nach allgemeiner Ansicht sind spürbare Beiträge neuer Energiequellen in den nächsten Jahrzehnten nicht zu erwarten. Die vergleichsweise größten Chancen ergeben sich aus der Nutzung von Biomasse, die in der EG bereits 1990 rd. 2,5 % des Primärenergiebedarfs decken soll.

Weltweit werden die Veränderungen des Energieverbrauchs von 8,6 Mrd. t (1985) SKE (Steinkohleeinheiten) auf 12 Mrd. t SKE (2000) geschätzt. Bei kräftigem technischem Fortschritt auf dem Gebiet der Energieeinsparung in den Industriestaaten wird ein Wert von 11 Mrd. t SKE erwartet.

Im Rahmen der EG wird angestrebt, bei Wirtschaftswachstum einen unterproportionalen Energieverbrauch (Faktor 1,0 : 0,7) zu erreichen. Von 1973 bis 1983 hat sich der Energieverbrauch um 6 % verringert, trotz eines realen Wirtschaftswachstums um 18 %. Der Anteil von importiertem Öl war von 62 % auf 32 % des Primärenergieverbrauchs rückläufig.

Für die Erzeugung von Elektrizität sollen nach einer Analyse der UN-Wirtschaftskommission für Europa weltweit im Jahre 2000 44 % Kohle (1982: 41 %), 32 % Kernenergie (1982: 12 %) und 1 % Erdöl (1982: 4 %) eingesetzt werden.

Langfristige Energievorausschätzungen gehen davon aus, daß sich die Anteile unterschiedlicher Energiequellen von 1980 bis 2030 stark verändern.[25)]

Wegen der Erkenntnisse über die Wärmefreisetzung der Plutonium- und Fusionsenergie wird heute vor allem die Solarenergie als künftige, in großem Umfang einzusetzende Energiequelle bezeichnet. Die Vertreter, die einen wirtschaftlichen Rückgang ohne neue Energieformen voraussagen, sprechen hier auch von einer Backstop-Technologie.

Die Energieforschung: Das allgemein veränderte Energiebewußtsein hat bisher vor allem in den Vereinigten Staaten zu einer intensivierten Beschäftigung mit Energiefragen in der Lebensmittelwirtschaft geführt. Die Abgrenzungen bei einer derartigen Systembetrachtung des Energiebedarfs sind schwierig. Dennoch dürften sich aus dieser Betrachtung auch Anregungen für die Bundesrepublik Deutschland ergeben. Griffige Schlagworte sollten nicht überhört werden, z.B.: Es kostet ein halbes Glas Erdöl, wenn man ein Glas Milch trinken will.

In neuen Energierechnungen wird nachgewiesen, wieviel Energieeinheiten welchen Energieoutput bringen. Dabei werden auch die Energieinputs für Schädlingsbekämpfungsmittel und Düngemittel berücksichtigt. Man braucht z.B. eine Tonne Erdöl, um etwa drei Tonnen Stickstoffdünger zu produzieren. Von 1940 bis 1970 hat sich in den Vereinigten Staaten der Verbrauch von Stickstoff von 7 Pounds auf 112 Pounds per Acre erhöht![26)]

Die oft euphorische Beurteilung neuer Technologien zur Energiegewinnung vernachlässigt meist die Technologiefolgen. Die Nutzung der Sonnenenergie zur Erzeugung von Niedrigtemperaturwärme bedingt in

25) Die voraussichtliche Veränderung der Energiequellen von 1980 bis 2030:

Gegenstand	1980	2030
Öl	42 %	25 %
Kohle	26 %	19 %
Kernenergie	3 %	10 %

Der Rest entfällt auf Solar-, Wasserenergie und sonstige regenerierbare Energiequellen.

Quelle: Rogner, H.-H.: IIASA'83 Scenario of Energy Development: Summary, Laxenburg, International Institute for Applied Systems Analysis, p. 5, (no date), zit. nach: Bognár, József: Global Problems in an Interdependent World, in: Didsbury, Howard F. (Hrsg.): The Global Economy – Today, Tomorrow, and the Transition, (World Future Society) Metheseda 1985, S. 16-32, S. 21.

26) Vgl. Lewis, Anthony: Energy and Food, in: New York Times, Nr. 5, 7. Januar 1974, S. 7.

unseren Breiten den Einsatz von Sonnenkollektoren, deren Energiebedarf sehr hoch ist.[27]

Sanfte und alternative Technologien: Als eine weitere Tendenz des technischen Fortschritts kann das Streben nach alternativen Technologien bezeichnet werden. Synonym werden auch Begriffe wie „mittlere Technologie", „sanfte Technologie", „angepaßte Technologie", „Kleintechnologie" und die etwas selteneren Synonyme „alternative Haus-Technologie", „Reife-Technologie" und „intensive Wachstumstechnologie" verwandt. Hiervon darf man sich auf absehbare Zeit nicht zu viel versprechen.

V. Die Umwelt

Der Begriff der Umweltprobleme hat sich in den letzten Jahren gewandelt und ist gleichzeitig ausgedehnt worden. Als ökologische Probleme gelten heute vor allem:[28]

1. Raubbau oder intensive Nutzung von Ressourcen, auch: sozial unerwünschte Nutzung von Ressourcen,
2. Luftverunreinigung,
3. Wasserverunreinigung,
4. Lärmbelästigung,
5. Entsorgung und Abfallbeseitigung,
6. Produktsicherheit,
7. Produktgesundheit.

Eine Ausweitung des Ökologiekonzeptes ist nicht zuletzt die Suche nach neuen Technologien, die nicht nur Ressourcen und Energie sparen, sondern die auch zufriedenstellende neue Arbeitsmöglichkeiten schaffen. Umweltmaßnahmen sind u.a.:

- energiesparende Maßnahmen,
- umweltfreundliche Produktionsverfahren,
- neue Meß- und Beobachtungsverfahren zur Umweltentlastung,
- neue Abfall- und Schadstoffbeseitigungsverfahren, z.B. biotechnische Extraktion von Schwermetallen.

---

27) Vgl. Kolb, Dieter: Alternative Technologie für Industrieländer?, in: Analysen und Prognosen, 10. Jg., 1978, Nr. 2, S. 3.

28) Vgl. auch Tietz, Bruno: Die Herausforderung des ökologischen Marketing, Konsequenzen für die Marktkommunikation und die Werbung, in: Werbeforum, Schriftenreihe des BDW Bund Deutscher Werbeberater e.V., Bonn, H. 1, Bonn 1978.

Umweltbeeinträchtigungen erfolgen nicht nur durch Arbeit, sondern können auch durch Freizeit bewirkt werden, so Landschaftszersiedelung, Freizeitabfälle, Landschaftszerstörung durch Skisport, Luft- und Wasserverschmutzung, Pflanzen- und Tiergefährdung.

Für die weiterentwickelten Regionen unserer Erde wird von Global 2000 bis zum Jahre 2000 ein Rückgang der Waldflächen um 40 %, von 1,1 Mrd. auf 660 Mill. ha, prognostiziert.[29)]

Weltweit werden nach Berechnungen der UNO jährlich 75 bis 100 Mill. t Schwefel in die Atmosphäre geblasen; 100 Mill. t Schwefel pro Jahr entsprechen 2,5 Mill. Güterwaggons mit je 40 t. Ein Zug mit der jährlichen Schwefelmenge aus der Luft könnte sich fast eintausendmal um die Erde wickeln.

Neben Schwefeldioxyd und Stickoxyden wie Ozon umfaßt die Liste der Schadstoffe 1 800 Substanzen.[30)] Ozon zerstört den Stoffwechsel der Bäume durch Auflösung der Wachsschicht auf den Blättern. Als Hauptproblem der Umweltbelastung gelten:

1. die Verbrennung und Vergasung von Kohle,
2. die Beseitigung toxischer und gefährlicher Stoffe.

Zur Zeit spricht vieles für eine räumliche Umverteilung der Umweltbelastung, einen Rückgang in den Industriestaaten wegen saubereren Energie- und Rohstoffeinsatzes und Rückgang des Rohstoffverbrauchs je Produkteinheit.

VI. Die Szenarien

Die Erkenntnis der engen Beziehungen zwischen Rohstoffen, Nahrungsmitteln, Energie und natürlicher Umweltqualität dürfte langfristig zu einer neuen Bewertung der Ressourcen führen. Man wird zu technisch-biologischen Lösungen mit einer wesentlichen Steigerung der vermehrbaren Rohstoffe und vermehrbaren Energiegrundlagen im Vergleich zu den Abbauprodukten kommen.

Weiter werden weltweit die Anstrengungen wachsen, die Energieproduktion umweltfreundlich zu gestalten. Vieles an Bewältigung von Um-

29) Vgl. Council on Environmental Quality and Ministry of Affairs (Hrsg.): The Global 2000 Report to the President, (U.S. Government Printing Office) Washington 1980; deutsche Ausgabe: Global 2000 – Der Bericht an den Präsidenten 2. Aufl., (Verlag Zweitausendeins) Frankfurt a.M. 1980, S. 61.

30) Vgl. Eickeler, Rudolf: Europa: Die bedrohte Natur präsentiert ihren Bewohnern eine saftige Rechnung, in: Handelsblatt, 39. Jg., Nr. 125, 6./7. Juli 1984, S. 23.

weltproblemen ist noch offen wegen des unzureichenden Kenntnisstandes. Dies betrifft u.a. auch die zahlreichen Hypothesen über die Ursachen des Waldsterbens.

Die weltweit unterschiedliche Behandlung von Ökologieproblemen führt zu Wettbewerbsverzerrungen. Der Verzicht auf Umweltschutz und damit eine Vermeidung von Ökologiekosten erhöht – zumindest mittelfristig – die Wettbewerbsfähigkeit. Es geht hier nicht darum, notwendige Ökologiemaßnahmen in Frage zu stellen. Man muß sich jedoch mit den Wirkungen auf die Nachfragemöglichkeiten der privaten Haushalte wie auch auf die Exportfähigkeit auseinandersetzen. Andererseits lassen sich durch die konsequente Nutzung des zunehmenden Ökologiebewußtseins aber langfristige Wettbewerbsvorsprünge erzielen.

Es spricht vieles dafür, daß die Industriestaaten in einem vorübergehenden Naivegoismus die „schmutzige" Produktion in den nächsten Jahrzehnten überdurchschnittlich in Entwicklungsländer verlagern, ohne sich dort allzu ernsthaft um die von ihnen mitverursachten Ökologieprobleme zu kümmern.

Eine restriktive Einwanderungspolitik der Industriestaaten trägt nicht zur Lösung, sondern nur zur räumlichen Verlagerung der Weltrohstoffprobleme bei, dies – wie angedeutet – eher bei einer tendenziellen Verschlechterung der Ökologiebedingungen.

Aufgrund der vorhandenen Infrastruktur könnte selbst bei Bevölkerungszunahme eine Erhöhung der Produktion in den Industriestaaten in Verbindung mit der Entwicklung rohstoffsparender Technologien und mit vergleichsweise rohstoffschonenderen Produktionsverfahren zu besseren ökologischen Lösungen beitragen als die Verlagerung der Produktion in weniger entwickelte Länder, dies insbesondere dann, wenn internationale Umweltgesetze nicht durchsetzbar sind. Bei multinationalen Unternehmen ist jedoch zu erwarten, daß sie für ihre Produktionsstätten die Ökologiestandards der Industriestaaten auf die Entwicklungsländer bzw. generell auf ihre Produktionsstätten in allen Ländern übertragen.

Bezüglich der Zerstörung der Umwelt muß man feststellen, daß trotz intensiver Warnungen in den letzten Jahren eine stetige Verschlechterung der Bedingungen eingetreten ist, die vermutlich nur mit sehr hohen Kosten überwunden werden kann. Diese Kosten müssen zur Abwendung von Schäden für Folgegenerationen sicher in den nächsten Jahrzehnten – mit welchen Wohlstandswirkungen auch immer – aufgebracht werden. Bisher ist nicht zu erkennen, wie eine weltweite Zunahme der Anzahl der Menschen ohne zusätzliche ökologische Belastungen bewältigt werden soll. Dadurch verschlechtern sich die langfristigen weltweiten ökologischen Bedingungen aber weiter.

Das Wachstum des Sozialprodukts wird u.a. durch die Bewältigung von Ökologieproblemen geprägt. Der Verzicht auf eine Ertragssteigerung bei Agrarprodukten durch Nichtverwendung von Herbiziden oder Pestiziden einerseits oder der Einsatz von künstlichem Dünger oder industriell produziertem Viehfutter andererseits sind Beispiele, die sich auf das ökonomische Wachstum gegenläufig auswirken.

Vielfach wird eine Intensivierung des Recycling gefordert. Auch unter streng ökologischen Kriterien wird das Recycling nicht generell positiv beurteilt werden können. So gibt es Nachweise dafür, daß die Recycling-Kosten oder der Recycling-Energiebedarf höher sind als Einweg-Nutzung von Glasverpackungen und andere Formen der Entsorgung bzw. Abfallverwertung.

Ein ähnlich kritisches Beispiel ist die Förderung des Absatzes von Bio-Produkten. Biologisch gedüngte Lebensmittel können genauso belastet sein wie künstlich gedüngte, wenn der natürliche Dünger durch Umwelteinflüsse Schadstoffe enthält.

Bei Durchsetzung scharfer ökologischer Maßstäbe, z.B. bei klarer Beschränkung der Ressourcennutzung, würde die Struktur der heutigen Industrienationen fundamental verändert werden.

Die Umweltindustrie wird nach den Ergebnissen des Projektes FAST in den EG-Staaten heute auf 1,25 % des Bruttosozialproduktes mit 1,3 Mill. Beschäftigten geschätzt. Davon entfallen von den Umweltinvestitionen

- 50 bis 55 % auf Behandlung des Wassers,
- 20 bis 25 % auf Behandlung der Luft,
- 20 bis 25 % auf Abfallbeseitigung,
- 5 % auf Lärmbeseitigung.[31)]

Exporte von Umweltproblemen, z.B. Versand von Müll in andere Länder, die dann die gleichen Probleme damit haben, sind ein Beispiel für die Scheinlösung von Umweltproblemen und die Schwierigkeit der Lernprozesse über den Zwang zur internationalen Bewältigung von Umweltproblemen.

Teilweise werden die Ökologieprobleme in übergeordnete Konzepte integriert, so in das Konzept „Human Habitat“, das alle Umweltelemente umfaßt, die die Aufrechterhaltung menschlichen Lebens fördern oder behindern. Dazu gehören neben Pollutionen (Luft, Wasser, Land,

31) Vgl. Commission des Communautés Europées (Hrsg.): Le programme FAST – les 36 recherches en bref, 2. Bd., Brüssel 1982, S. 13.

Lärm) auch Wohnen und Verkehr, so Geschwindigkeit, Bequemlichkeit und Kosten, wie auch das Erholungspotential.[32)]

Zuverlässige Aussagen über die künftige Umweltbelastung sind nur möglich, wenn man Aussagen über die Technologien der künftigen Industrie- und Wirtschaftsstrukturen sowie über den Verkehr machen kann.

Wenn mit der Normalisierung der Umweltbelastung Ernst gemacht werden soll, werden in den nächsten Jahrzehnten die Agrarerträge etwa um 20 bis 25 % rückläufig sein müssen. Dies bedeutet entweder einen u.U. darüber hinausgehenden Einkommensrückgang der Landwirtschft oder eine Verteuerung der Agrarprodukte um 25 bis 30 %. Durch Biotechnologie dürfte mittelfristig nur ein Teil dieses Rückgangs wettgemacht werden können.

Hier ist eine Prioritätensetzung zwingend. Man muß z.B. in einer Wirtschaft mit Informationsoffenheit entscheiden, welchen Grad von Arbeitslosigkeit man in Kauf nehmen will, um Ökologieaspekten Rechnung zu tragen bzw. mit welchen Belastungen der Konsumenten die ökologisch bedingte Arbeitslosigkeit verhindert oder eingeschränkt werden kann.

Bei der Festlegung staatlicher Maßnahmen in der Ökologiepolitik ist immer auch deren Interdependenz mit anderen Werten bzw. Budgetanforderungen zu beachten, z.B. mit

- der inneren Sicherheit,
- der Entwicklungshilfe,
- dem Wohnungsbau,
- dem Bildungswesen.

Der Abbau der Ökologieprobleme im Rahmen des Außenhandels wäre ein wichtiger Problemlösungsbeitrag. Vorschläge wären in diesem Zusammenhang:

1. die Testung der exportierten bzw. importierten Waren auf der Grundlage internationaler Umweltvereinbarungen, d.h. der Verzicht auf Export bzw. Import umweltbelastender und umweltbelasteter Waren,
2. die Sicherung einer umweltfreundlichen Nutzung der exportierten und importierten Waren.

Eine Einhaltung derartiger Bedingungen wäre nur durch international verbindliche Regelungen möglich.

---

32) Vgl. Dierkes, Meinolf; Preston, Lee E.: Corporate Social Accounting, Reporting for the Physical Environment, in: Papers aus dem Internationalen Institut für Umwelt und Gesellschaft des Wissenschaftszentrums Berlin, I/76-3, S. 6 f.

Ein aktuelles Paradigma ist das einer ökologischen Sozialwissenschaft, die ausgehend vom Entropiegesetz der Irreversibilität der Energienutzung[33] die Transformation von Rohstoffen in Produkte und Abfälle in den Mittelpunkt der Betrachtung stellt.

Damit wird vor allem auch die Wachstumstheorie der Ökonomie obsolet, die in diesem Buch jedoch beibehalten wurde und wegen der empirischen Bedeutung für die Szenarien auch nicht aufgegeben werden konnte.

Forderung nach neuer Institutionalisierung

Für eine ernsthafte Bewältigung der Ökologieprobleme wären Organisationen mit hoher Selbstverpflichtung der Nationalstaaten einerseits und mit hohen Sanktionen für Zuwiderhandlungen andererseits unerläßlich. Man wird sich dabei – so bedauerlich dies unter nationalstaatlichem oder regionalem Aspekt empfunden werden mag – den Zwang internationaler Kontrollinstanzen als Teil einer Welt-Umwelt-Behörde auferlegen müssen, für deren Befugnisse die Überlegungen zur gegenseitigen Kontrolle der Abrüstung Anhaltspunkte geben könnten.

Das Überlebensszenario

Beim Überlebensszenario wird davon ausgegangen, daß es gelingt, die Rohstoff- und Nahrungsmittelentwicklung durch den Bio-Fortschritt in Verbindung mit der Nutzung der Sonneneinstrahlung zur Energiegewinnung bis zum Jahre 2030 in die Richtung eines Perpetuum Mobile auf Zeit zu orientieren. Weiter wird erwartet, daß sich dadurch auch die Ökologieprobleme reduzieren.

Das Defizitszenario

Beim Defizitszenario dürfte sich der Raubbau an der Natur wie auch die Vernichtung der Regenwälder fortsetzen. Der Mensch zerstört mehr und mehr seine natürliche Lebensbasis, das Verständnis zwischen den Nationen wird wenig ausgebaut. Die Industrienationen in West wie Ost werden von den Problemen der Dritten Welt eingeholt.

33) Das Entropiegesetz bezieht sich in der Thermodynamik auf einen im Zeitablauf eintretenden Ausgleich aller Temperaturdifferenzen mit der Konsequenz des sogenannten Wärmetodes. Die Hypothese der uneingeschränkten Gültigkeit des Gesetzes für das Universum ist nicht unbestritten; vgl. Rifkin, Jeremy: Entropie – ein neues Weltbild, (Hoffmann und Campe Verlag) Hamburg 1982.

D. Die technologische Entwicklung und die Forschung

I. Die technologische Entwicklung

Für die technologische wie auch für die gesellschaftliche und wirtschaftliche Weiterentwicklung ist die künftige weltweite regionale Verteilung von Innovationen einerseits und die regionale Nutzung des technischen Fortschritts andererseits von Bedeutung.

Die wirtschaftliche und gesellschaftliche Entwicklung eines Landes wird vor allem durch die Beteiligung an den *Schlüsseltechnologien* bestimmt, für die fünf Kriterien gelten:

1. längerfristiger Bedarf und breites Anwendungsfeld,
2. tragfähige Grundlage für technische Weiterentwicklungen und Anwendungen,
3. starke soziale Auswirkungen,
4. wesentliche Verbesserung der Kosten- und Nutzenrelation,
5. hoher Forschungs- und Entwicklungsaufwand.

Zu den Schlüsseltechnologien zählen derzeit die Informations- und Kommunikationstechnik, die Biotechnik, die neuen Werkstoffe sowie die Sensor- und die Lasertechnik.[34)]

Um die internationale Position eines Landes im Technologiewettbewerb zu kennzeichnen, kann die Zahl der Patentanmeldungen herangezogen werden. Ein direkter Vergleich ist nur mit erheblichen Einschränkungen möglich, da in Japan eine erheblich größere Patentierneigung besteht, mit dreimal so hohen Anmeldezahlen.

Hier befinden sich Westeuropa und insbesondere die Bundesrepublik Deutschland in einem Rückstand gegenüber einer früher unangefochtenen Spitzenposition. „Während des Jahres 1981 erschienen in der Klasse ‚Scharfeinstellungen an Kameras' 282 japanische Patentdokumente und nur 6 deutsche Veröffentlichungen, bei Farbfernsehkameras war das Verhältnis 148 zu 17, und fast schon beängstigend ist die Entwicklung auf technischen Fachgebieten, die für modernste automatisierte Fertigungsmethoden und damit für die Produktivität der erzeugenden

34) Vgl. o.V.: Schlüsseltechnologien – Die Wachstums-Motoren, in: iwd Informationsdienst des Instituts der deutschen Wirtschaft, 12. Jg., 1986, Nr. 18, S. 4-5, S. 4.

Industrie von herausragender Bedeutung sind: 1980 veröffentlichte das japanische Patentamt auf dem Gebiet ‚EDV-gesteuerte Steuer- und Regelsysteme' 212 und das Deutsche Patentamt 14 Patentdokumente, auf dem Gebiet ‚Taschenrechner, Mikrocomputer' standen 277 japanischen Veröffentlichungen nur 15 deutsche (1981: 282 zu 9) gegenüber."[35]

Bei den von 1976 bis 1981 angemeldeten Schlüsselpatenten, d.s. Erfindungen, die wegen ihrer Bedeutung weltweit mindestens fünfzehnmal zum Patent angemeldet werden, hatten die USA einen Anteil von 16 % und Japan von 3 %. Jedoch haben die USA und Japan Vorsprünge gewonnen. Gegenüber dem Zeitraum von 1972 bis 1975 betrug die Steigerung bei den Schlüsselpatenten in den USA 103 %, in Japan 73 % und in der Bundesrepublik Deutschland 32 %.[36]

Eine japanische Analyse über 37 Bereiche des technischen Fortschritts ergab eine sehr gut bewertete Ausgangsposition für

- die USA in 31 Bereichen,
- Japan in 9 Bereichen,
- die EG-Staaten in 2 Bereichen.

Diese Beispiele zeigen für Westeuropa eine Innovationsschwäche, die auf einem relativen Rückgang an technischem Entwicklungsstand und Fortschritt, unternehmerischem Potential und Investitionsbereitschaft beruht. Daraus ergeben sich Rückwirkungen auf die langfristigen Außenhandelsbedingungen.

Das Know-how-Problem: Durch die zunehmende Wirtschaftsverflechtung ist ein Wandel der Know-how-Strukturen eingetreten. Durch fehlende Bedarfe und fehlende Ausbildungsplätze sind in Westeuropa viele fachliche Fähigkeiten vernachlässigt worden oder sogar verloren gegangen. In den Handwerksberufen dieser abwandernden Industrien werden Ausbildungsplätze auch in Zukunft nicht mehr angeboten werden.

Dies begründet auch die teilweise festzustellende Unfähigkeit, bei der Schaffung neuer Produktionsverfahren innovativ zu sein. Wer die handwerklichen Fähigkeiten verloren hat, komplizierte Wirkwaren mit Metallfäden herzustellen, verliert langfristig wohl auch die Fähigkeit, Textilmaschinen herzustellen. Dies gilt ebenso für bestimmte Schuh- und Keramikprodukte.

---

35) Merkle, Erich: Marktorientierte Ansätze in der Technologiepolitik – Eine Möglichkeit zur Bewältigung des technologischen Wandels?, in: Betriebs-Berater, 39. Jg., 1984, Nr. 9, S. 549-552, S. 549 f.

36) Vgl. Bößenecker, Hermann: Wettlauf der Erfinder, in: Die Zeit, 39. Jg., Nr. 16, 13. April 1984, S. 30.

Die Jugend kann im übrigen das nicht lernen, was die Erwachsenen nicht sicher beherrschen. Ein Verlust der Vielfältigkeit der Fähigkeiten und der relativen Vorsprungsgrade des Know-how sind in der Bundesrepublik Deutschland seit langem nachweisbar und damit auch Ursache für einen potentiellen Rückgang der Exportkraft. Viele Produkte werden zwar noch exportiert – jedoch mit zunehmender Gefahr der Konkurrenz durch andere Länder –, bei anderen Produkten fehlt bereits das Know-how!

Ökonomische Vielseitigkeit führt zu hoher Flexibilität und hoher Anpassungsfähigkeit, vergleichbar mit einer Vielzweckmaschine. Internationale Arbeitsteilung bedeutet wenige Einzweckmaschinen, die man unter Umständen nicht einmal mehr selbst reparieren kann, so daß letztlich eine zu einseitige internationale Arbeitsteilung in Frage zu stellen ist.

In den Vereinigten Staaten haben aufgrund einer Studie aus dem Jahre 1985 37 % der Personen über 18 Jahren Erfahrung im Umgang mit Computern oder Textverarbeitungssystemen. In der Bundesrepublik Deutschland dagegen nur 11 %; nur knapp ein Viertel der Befragten zeigte Interesse für die Anwendung, obwohl sie über keine Erfahrung verfügten, 51 % brachten kein Interesse für die Arbeit am Computer auf.

Mit 51 % der zwischen 25- und 34jährigen liegt der Anteil der EDV-Unerfahrenen in der Bundesrepublik Deutschland doppelt so hoch wie in Großbritannien, Spanien, Frankreich, den USA und Japan. Von den deutschen Führungskräften des Top-Management bezeugt nur die Hälfte Interesse für die Arbeit mit dem Computer; in Frankreich sind das immerhin 85 %.[37)]

37) Vgl. o.V.: Sind die Deutschen computerscheu? – Eine Studie des Atlantik-Instituts für internationale Angelegenheiten, in: Neue Zürcher Zeitung, 206. Jg., Nr. 293, 18. Dezember 1985, Fernausgabe Nr. 293, S. 41.

Übersicht 2.2

Erfahrungen mit der Benützung eines Computers in ausgewählten Ländern

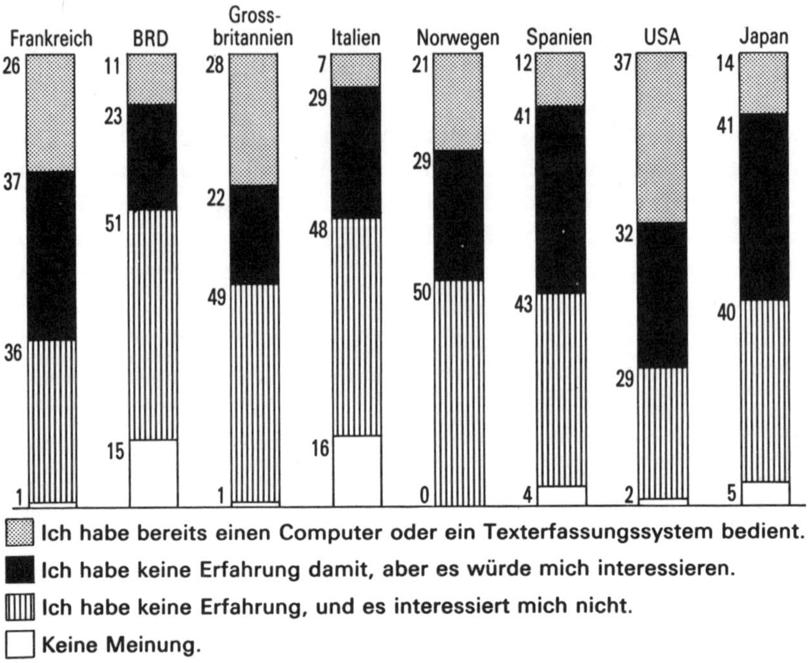

* Repräsentative Umfrage bei 9000 Personen durchgeführt im April/Mai 1985 in 6 europäischen Ländern, USA und Japan, Antwortanteile in Prozenten.

Quelle: o. V.: Sind die Deutschen computerscheu? – Eine Studie des Atlantik-Instituts für internationale Angelegenheiten, in: Neue Zürcher Zeitung, 206. Jg., Nr. 293, 18. Dezember 1985, S. 41.

Weltweit gibt es mehr als 1 000 Wirtschaftsdatenbanken, davon rd. 700 in den Vereinigten Staaten. Die Informationen dieser Datenbanken über Produkte, Verfahren, Marktdaten, Marktstudien oder Unternehmen werden weltweit vertrieben. In der Bundesrepublik gibt es nur 14 Datenbanken für die Wirtschaft. Die Bundesrepublik liegt bei Datenbanken für die Wirtschaft weit zurück.[38)]

Man kann unterschiedliche Formen von *Wettbewerbsfähigkeit* anstreben; sie mögen hier als

– Produktionswettbewerbsfähigkeit im internationalen Rahmen,
– Verbrauchswettbewerbsfähigkeit

definiert sein.

38) Information der Scientific Consulting Dr. Schulte-Hillen, 1985.

So haben Westeuropa wie auch die USA Produktionswettbewerbsfähigkeit verloren.

Zur Verhinderung weiterer Rückschläge oder sogar zur Sicherung eines Aufholens sind neue Institutionen erforderlich. Für die USA hat die Commission on Industrial Competitioness im Jahre 1985 die Errichtung eines Ministeriums für Handel und Industrie wie auch eines Forschungs- und Entwicklungsministeriums gefordert.

In Japan werden 98 % des Weltbedarfs an Fotokopiergeräten produziert, ein Beispiel für das Entstehen nationaler Technologiemonopole.

II. Die neuen Medien

Wirtschaft und Gesellschaft stehen durch die neuen Medien vor noch kaum übersehbaren Veränderungen. Die Grundlagen der Mediendynamik sind:[39)]

1. die enorme Miniaturisierung der Kommunikationshardware,
2. die Verbindung von Computern und Kommunikationsnetzen, als Compunication bezeichnet,
3. der Fortschritt der Speicherungstechniken,
4. der Fortschritt der Softwareentwicklung,
5. der rapide Preisverfall für Hardware- und teilweise auch Softwareleistungen.

Die Fortschritte bei der Mikroelektronik erhöhen die Leistungsfähigkeit der Hardware, und zwar sowohl in bezug auf die Arbeitsgeschwindigkeit als auch in bezug auf die Vielfalt der Anwendungsmöglichkeiten. Die Miniaturisierung wird dazu führen, daß im Jahre 2000 Computer die Dimension eines Buches haben. Bereits bis zum Jahre 1990 soll die dreifache Bequemlichkeit der neuen Computer erreicht sein:

1. die physische Transportfähigkeit ohne Hilfsmittel,
2. die logische Bequemlichkeit mit kommunizierbaren und übertragbaren Programmen,
3. die psychische Bequemlichkeit ohne spezielle Ausbildungs- und Programmieranforderungen.

Die Leistungen eines Computers vom Typ IBM 650, der Anfang der sechziger Jahre 450 000 US-Dollar kostete, wurden 1980 von Taschenrechnern für 300 US-Dollar erbracht.

39) Vgl. Tietz, Bruno: Die elektronischen Technologien und Medien in Marketing und Vertrieb, hrsg. v. Gottlieb Duttweiler Institut, Rüschlikon-Zürich 1984.

Die neuen Informationstechniken werden durch weitere Innovationen, so durch die Photonok, d.h. den Informationstransport durch Glasfaserkabel auf der Grundlage von Lichtquellen, ergänzt.

Die Dynamik der Informationstechnologie wird durch Vergleiche mit anderen Produkten deutlich: Wenn Automobile sich seit 1948 wie Computer entwickelt hätten, würde ein Rolls Royce für etwa einen Dollar zu haben sein oder man könnte mit einem Liter Benzin eine Strecke von mehreren Millionen Kilometern zurücklegen.

Die Computertechnik: Im Bereich der Computertechnik sind weitere revolutionäre Veränderungen zu erwarten, und zwar in nachstehender Reihenfolge:[40)]

1. der Betrieb von Datenspeichern in der Nähe des absoluten Nullpunktes in supraleitenden Metallschichten ohne Wärmeentwicklung wegen fast widerstandsfreien Stroms,
2. optische Computer mit Lichtgeschwindigkeit und einer etwa 1 000-fachen Beschleunigung gegenüber bisherigen Rechnern,
3. Biochips mit organischen Molekülen.

Durch Biochips sollen auch medizinische Probleme gelöst werden; so sollen mit ihrer Hilfe Blinde wieder sehen können.

Zur Zeit wird die fünfte Computergeneration vorbereitet. Man unterscheidet folgende Reihenfolge aufgrund unterschiedlicher Technologien:

Erste Generation:	Computer auf Röhrenbasis,
Zweite Generation:	Computer auf Transistorbasis,
Dritte Generation:	Computer mit integrierten Schaltkreisen,
Vierte Generation:	Computer mit Schaltkreisen sehr hoher Integrationsdichte (256 K-Chips),
Fünfte Generation:	noch höhere Integrationsdichte, Parallelverarbeitung, Neukonzept des Computerspeichers.[40)]

Die u.a. zu erwartenden Fähigkeiten der Computer der fünften Generation sind nach Ziegler:

- fließendes Sprechen, Sprachverständlichkeit, simultane Übersetzungsfähigkeit – in mehrere Sprachen,
- Querverbindungsfähigkeit zu mehreren Sachgebieten; Darstellung von Konsequenzen geplanter Maßnahmen in diesen Sachbereichen,

40) Vgl. Gergely, Stefan M.: Mikroelektronik – Computer, Roboter und neue Medien erobern die Welt, (R. Piper Verlag) München-Zürich 1983, S. 89, S. 96.

- logisches Folgern nicht nur aufgrund eines Programmes und dazu eingegebener Daten, sondern unter Nutzung aller bisher eingegebenen Programme und aller gespeicherter Daten,
- Entwicklung eigener Ergänzungsprogramme, eine gewisse Lernfähigkeit.[41]

Der gleichen Analyse[41] sind für das nächste Jahrzehnt folgende Entwicklungstendenzen zu entnehmen:

1. In der Silicium-Halbleitertechnologie werden bedeutsame Fortschritte bei der Schaltgeschwindigkeit, der Packungsdichte – gut 100 000 Bauelemente je Chip ist der Ist-Stand – und der Fertigungstechnik erwartet.
2. Die Entwicklung der weit schnelleren Galliumarsenik-Technik wird durch militärische Anforderungen gefördert, wenn auch der Silicium-Halbleiter noch dominiert.
3. Die Packungsdichte der Silicium-Speicherchips hatte bei dynamischen Direktzugriffsspeichern (dynamic RAMs) 1983 512 Kilobit erreicht, ein Megabit ist mittelfristig absehbar. Bei den statischen Direktzugriffsspeichern (static RAMs) für Kleincomputer werden 64 Kilobit erreicht, und 128 K sind absehbar.
4. Die Entwicklung geht zum Mikrocomputer auf einem Chip, d.h. mehrere Mikroprozessoren und Speicher werden auf einem Chip untergebracht.
5. Fortschritte bei den Gatter-Feldern (gate arrays) ermöglichen auch bei kleinen Stückzahlen kundenspezifische Anpassungen der in größeren Stückzahlen vorproduzierten, aber noch nicht endgültig ,,verdrahteten" Chips.
6. Bei der Automatisierung der Entwurfsarbeiten für Mikroprozessoren hat CAD (computerunterstütztes Entwerfen) große Bedeutung.
7. Für Selbstreparaturen von Computerschaltungen bzw. für Steuerungssysteme, die auf Fehler oder Abnützung reagieren sollen, sind elektrisch lösch- und programmierbare Lesespeicher – EE PROMs (electrically erasable programmable read only memory), die sich selbst umprogrammieren bzw. von außen neue Befehle erhalten können, von Bedeutung.
8. Den Speicherinhalt auch bei Stromausfall halten NOV RAM-Halbleiter (non-volatile RAMs).[41]

---

41) Vgl. Ziegler, Armin: Annahmen über zukünftige Entwicklungen – Entscheidungsgrundlagen für morgen, Schönaich 1983, S. 130 ff., S. 125 f.

Als eine weitere Entwicklung gelten Parallelcomputer, die mehr als eine Rechenoperation gleichzeitig ausführen können und sich so dem menschlichen Gehirn nähern, das ebenfalls mehrere Informationsvorgänge gleichzeitig bewältigen kann.

Die Kombination zwischen Lasern mit Molekularspeichern, die nahe dem absoluten Nullpunkt von minus 273,16 Grad operieren, werden zu einer tausendmal höheren Speicherkapazität führen. Dazu kommt eine Vertausendfachung der Rechengeschwindigkeit durch neue Mikrochips.

Mikrocomputer: Die technologische Entwicklung und die Diffusionsgeschwindigkeit der Mikrocomputer werden das Informationszeitalter entscheidend mitprägen.

Künftig wird es immer weniger Computerfähigkeiten geben, die allein den großen Computern (Mainframes) vorbehalten sind. Die heute noch zutreffende sprachliche Differenzierung der Computer in

- Homecomputer,
- Personalcomputer,
- Minicomputer,
- Mainframes

wird nicht aufrechterhalten werden.

Software wird künftig für alle Standardvorgänge zur Verfügung stehen. Die Austauschbarkeit der Software (= Hardwareunabhängigkeit) wird zunehmen. Die Vielzahl der Programme dürfte unüberschaubar werden und die Anwenderunsicherheit verstärken.

Die Kommunikationsfähigkeit und die Vernetzung der Computer mit anderen Geräten lassen neue Nutzungsmöglichkeiten entstehen. Generell werden somit Computer zum unverzichtbaren Arbeitsmittel für Manager, Stabskräfte, Freiberufler und Selbständige werden. Eine überdurchschnittliche Bedeutung gewinnen Mikrocomputer für die Fortbildung.

„Zwei andere Entwicklungen werden dem Heimcomputer in den Vereinigten Staaten weitere Impulse geben: löschbare Programmkassetten und Anschlußgeräte (Modems) für Betrieb an Fernleitungen. Modems – Modulator-Demodulator-Geräte – sind als Posteinrichtung zum Bildschirmtext zum Koppeln von Telefon-Anschluß und Fernseher notwendig. Amerikaner kaufen sich so was, damit ihr Familien-Computer an einem viel größeren Computersystem angeschlossen ‚wesentlich intelligenter' arbeiten kann.

Bisher kaufte man sich seine Programme für Heimcomputer und Videospiele in einer Spiel- oder Programmkassette (Kartusche) selbst, die später einmal nutzlos herumlag, wenn man sie nicht mehr gebrauchen konnte. Jetzt gibt es einen Vorschlag, in diesen Kartuschen löschbare und neu beschreibbare Halbleiterspeicher zu verwenden. Mag man das Programm nicht mehr, so geht man zu einen Programm-Fachhändler und läßt es sich überschreiben. Der tut das mit einem Spezialgerät und über Leitung, wobei er sich während des Überschreibens selbst das Programm von der Zentrale zuspielen läßt. Solche Kassetten sollen leer erstmals 15 bis 25 Dollar kosten. Wenn man sie sich mit einem neuen Programm versehen läßt, ist dessen Preis abhängig von der Kompliziertheit und wird mit 99 Cents bis 20 Dollar zu bezahlen sein.“[42]

Lokale und regionale Netzwerke

Durch Netzwerke können Computer in der Form verbunden werden, daß die Nutzer mit anderen Computern in Verbindung treten können. Ein totales Netzwerk ermöglicht die beliebige Verbindung zwischen jedem Nutzer und jedem Computer.

Nach der Reichweite unterscheidet man lokale und weite Netzwerke – Local area networks (LAN) und Wide area networks (WAN). Während lokale Netzwerke primär auf spezifischen Kabelverbindungen beruhen, nutzen weite Netzwerke zur Zeit im allgemeinen Telefonverbindungen. Bei LAN gibt es hohe Datenübertragungsgeschwindigkeiten mit geringen Fehlermöglichkeiten, bei WAN bestehen dagegen im Vergleich geringe Übertragungsgeschwindigkeiten und hohe Fehlermöglichkeiten.

Supermärkte mit Scanning bedienen sich ebenfalls lokaler Netzwerke.

Außerdem ist eine Kombination von bisher eher isolierten Technologien, so Satellitentransfer, Bildschirmtext und Teletext zu erwarten.

Probleme bleiben in diesem Zusammenhang in der nächsten Zeit

- die Software-Engpässe,
- die organisatorische Bewältigung der Informationstechnologie.

Selbst kleine Betriebe werden im nächsten Jahrzehnt mit teil- und vollautomatischen Warenwirtschafts- und -bestellsystemen und sonstigen Formen der Informationsverarbeitung an den neuen Medien partizipieren. Man kann diese Entwicklung in ihrer Bedeutung für Handel und Dienstleistungsgewerbe etwa mit den Auswirkungen des Elektromotors auf das Handwerk vergleichen.

42) O. V.: Nach dem „Home-Computer“ jetzt der „Family-Computer“, in: Blick durch die Wirtschaft, 26. Jg., Nr. 152, 10. August 1983, S. 5.

Die beachtlichen Fortschritte im Kommunikations- und Informationsbereich werden auch die Kontaktrituale zwischen Herstellern, Handel und Konsumenten sowie zwischen Verwaltung und Bürgern verändern.

Die größten Herausforderungen betreffen die Normierung durch internationale Standards an den Schnittstellen zwischen Zentralcomputern, Vermittlungszentralen und Endgeräten.

Die Vielfalt der neuen Medien

Im Bereich der Informationserfassung sind vor allem zu nennen:

- das Scanning, z.B. von EAN-Daten und OCR-Schrift,
- die mobile Datenerfassung.

Bei der Informationsverarbeitung ergeben sich durch den zunehmenden Preisverfall für Hardware Einsatzmöglichkeiten für kleine Unternehmen und für private Haushalte, so durch

- Homecomputer,
- stationäre und mobile Minicomputer,
- Datenbanken und Informationsbanken.

Die Informationsspeicherung wird ausgeweitet durch

- das Videoband,
- die Bildplatte und die löschbare Bildplatte (erasable disc),
- die Mikroverfilmung einschließlich COM-Lösungen (Computer on Microfiche).

Im Bereich der Informationsübermittlung sind wichtige Weiter- und Neuentwicklungen:

- Teletex,
- Telefax,
- Bildschirmtext,
- Videotext,
- Kabelkommunikation,
- Satellitenkommunikation.

Die Speichertechniken werden immer vielseitiger eingesetzt. Pioneer Video wird in den USA eine Bildplatte (Knowledge Disc) mit einer zwanzigbändigen American Academy Encyclopedia auf den Markt bringen.

In Japan wird eine High-Tech-Card durch das Ministerium für Post und Fernmeldewesen (MPI) vorbereitet, die vielseitiger ist als bisherige Lösungen. Sie soll nicht nur Debit- und Kreditfunktionen haben, sondern zusätzlich noch Gesundheitspaß, Kennkarte, Fahrzeug-, Versicherungs- und Krankenschein sein. Der jetzige Stand der Smart Card ist ein 8-Bit-Mikroprozessor mit Speicherfähigkeit von 8 000 Wörtern. Die neue Lösung wird eine weitaus höhere Kapazität haben.

Dazu kommen komplexe Systeme, die mehrere technische Elemente mit einer bestimmten Software verbinden, so

- künstliche Intelligenz – AI (artificial intelligence),
- computerunterstützte Produktion (computer aided manufacturing),
- computerunterstützte Konstruktion – CAD (computer aided design),
- computerintegrierte Produktion – CIM (computer integrated manufacturing).

Ein weiteres Beispiel hoher Komplexität ist die Robotertechnik.

Die Marktanteile

Bei den elektronischen Geräten der Bereiche Datentechnik, Nachrichtentechnik und Unterhaltung wurde ohne den Bereich militärischer Anwendungen im Jahre 1985 mit folgenden Marktanteilen gerechnet:

- USA 150 Mrd. US-Dollar,
- Westeuropa 150 Mrd. US-Dollar,
- Japan 86 Mrd. US-Dollar,
- übrige Welt 45 Mrd. US-Dollar.

Dabei ist jedoch zu beachten, daß die Bevölkerung in den USA nur 56 % und in Japan nur 30 % der Westeuropäer (400 Mill.) beträgt.[43)]

Innerhalb Europas steuerte die deutsche Industrie 1982 zwar rd. ein Viertel zum Markt für Datenverarbeitung bei. Ihr Anteil am gesamten Weltmarkt betrug dagegen bei einem Umsatz von umgerechnet 3,7 Mrd. US-Dollar nur 7 %.

43) Vgl. Gergely, Stefan M.: Mikroelektronik – Computer, Roboter und neue Medien erobern die Welt, (R. Piper Verlag) München-Zürich 1983, S. 228 ff.

Datenverarbeitungsumsatz	in Mrd. US-Dollar	in %
Welt	52,5	100,0
USA	24,1	45,9
Japan	6,2	11,8
Bundesrepublik Deutschland	3,7	7,0
Frankreich	3,3	6,2
Großbritannien	2,5	4,8

Quelle: Informatik-Bericht der Bundesregierung, Gnostic Forschung GmbH, zit. nach Hoffmann, Wolfgang: Angst vor dem Desaster, in: Die Zeit, 39. Jg., Nr. 12, 16. März 1984, S. 22.

Die Erwerbstätigen

Von der OECD ist der Sektor Information als vierter Wirtschaftssektor aus dem klassischen Drei-Sektoren-Konzept ausgegliedert worden. Einbezogen sind alle Erwerbstätigen, die als Informationsproduzenten, -verarbeiter und -verteiler gelten. Danach haben sich die Erwerbstätigenanteile des Informationssektors von 1954 bis 1975 in Frankreich von 20,3 % auf 32,1 % erhöht, in der Bundesrepublik Deutschland von 1950 bis 1978 von 18,3 % auf 33,2 %. In den USA waren es bereits 1970 41,1 %, in Japan 1975 29,6 %.

Neue Kontaktstrukturen

Der technische Fortschritt im Bereich der Elektronik begünstigt neue Konzepte der Lebensgestaltung. Networking ist in den USA die Bezeichnugn für eine neue Bewegung mit zunehmender Bedeutung auf vielen Hobbygebieten, aber auch im Bereich Gesundheit, Umweltschutz, Energie, Bildung und Politik. ,,Netzwerken" ist eine organisierte Kontaktaufnahme mit anderen Menschen, die gleiche Interessen und Anliegen haben und die miteinander Diskussionen führen und Ratschläge austauschen wollen. Bisher erfolgen solche Kontakte durch Treffen und über gedruckte Informationsdienste. Die Bedeutung solcher Netzwerke nimmt durch die Verbreitung von Personalcomputern und ihre Vernetzung rasch zu. Wirtschaftliche Bedeutung gewinnen Gesundheits- und Fortbildungsnetzwerke mit angeschlossenen Diagnose- und Informationsbanken.

Aber auch die Gefahr der ,,Vidioten" wird heraufbeschworen, die als Gefangene ihrer selbst das Leben passiv am Bildschirm verbringen.[44)]

Der Arbeitsplatz Wohnung: Zu den kontroversen Diskussionsgegenständen gehört der Arbeitsplatz ,,Wohnung" – das Telecommuting. Dabei haben viele Einflußgrößen Bedeutung, so

1. die Verfügbarkeit arbeitsgeeigneter Wohnräume,
2. die Ausstattung mit technischen Hilfsmitteln,
3. die soziale Bereitschaft zur Arbeit in der Wohnung,
4. die Auswirkungen auf das Zusammenleben im Haushalt bzw. in der Familie.

Das Büro der Zukunft: Die technischen Entwicklungen des Büros der Zukunft sind weitgehend absehbar. Dabei wird die Verwirklichung in mehreren Phasen erfolgen. Armin Ziegler unterscheidet:

Phase I: In naher Zukunft sind hier Personalcomputer mit angeschlossenen Typenraddruckern wichtig, die mit anderen Anlagen vergleichbare Textverarbeitungsqualität wirtschaftlicher liefern können. Gleichzeitig erhalten Textverarbeitungsanlagen jetzt Kleincomputerfähigkeit.

Phase II: Zur Textverarbeitung tritt die elektronische Übermittlung hinzu. Papierfluß wird in Teilbereichen durch Elektronik ersetzt und mündet in elektronische Speicherung anstelle der bisherigen Ablage. Einzelne Servicestellen (z.B. der Telexraum) werden überflüssig.

Der Bildschirmarbeitsplatz wird im Büro zur Norm. Von ihm aus ist Textverarbeitung, Speicherung und Abruf von Daten, Terminüberwachung, interner und externer elektronischer Nachrichtenverkehr möglich.

Phase III: Die Vernetzung der verschiedensten Büroautomatisierungsanlagen bringt hohe Produktivitätsgewinne, da sie überregional und international durchführbar ist.

Phase IV: Auch die bisher ausgeklammerten Vorgänge und Ausnahmefälle werden integriert und Einzweckgeräte gehen in Vielzweck- bzw. Universalanlagen über, die von jedem Bildschirmarbeitsplatz aus bedient werden können. In dieser Hinsicht ist heute erst die Laborphase erreicht.[45)]

---

44) Vgl. Cetron, Marvin; O'Toole, Thomas: Encounters with the Future, (McGraw-Hill Book Company) New York-San Francisco-Toronto 1982, S. 220.

45) Vgl. Ziegler, Armin: Annahmen über zukünftige Entwicklungen – Entscheidungsgrundlagen für morgen, Schönaich 1983, S. 139 f.

Die Auswirkungen der neuen Medien auf alle Bürotätigkeiten in Wirtschaft und Verwaltung dürften sich bereits in den nächsten Jahren voll durchsetzen.

Ausgewählte Software-Probleme: Als künstliche Intelligenz wird heute ein Satz von Problemlösungswerkzeugen bezeichnet, die primär der Software zuzurechnen sind. Den Kern der Systeme, vor allem der Expertensysteme, bildet die Wissenserwerbskomponente. Dabei wird die Intuition teilweise in einem Prozeß der Erweiterung geistiger Fähigkeiten in den Computer verlagert.

Die Schätzungen von K. Wiig (Arthur D. Little) anläßlich einer Tagung im Gottlieb Duttweiler Institut 1984 über die Entwicklung künstlicher Intelligenz in den USA sind atemberaubend. So wird die Anzahl der Beschäftigten im Bereich künstlicher Intelligenz gegenüber allen Beschäftigten der Computerindustrie sich wie folgt verändern:

	Beschäftigte in 1 000	
Jahr	künstliche Intelligenz	Computerindustrie
1985	2,6	1 800
1990	100	2 300
2000	486	2 500
2005	650	2 500

Das wichtigste Problem künstlicher Intelligenz besteht in der Auffindung der dem menschlichen Denken angepaßten Logik; Ansätze dazu bilden nonmotoring methods und fuzzy logics.

Je nach Partner können die Systeme künstlicher Intelligenz unterschiedlich reagieren, z.B. ein medizinisches System wird nach der Benutzung durch einen Arzt, einen Studenten oder einen Professor differenzieren.

Als wichtige Schritte bei der Weiterentwicklung der künstlichen Intelligenz werden die Benutzerfreundlichkeit durch Eingabe und Ausgabe in natürlicher Sprache und die der Denkweise des Menschen angepaßte Logik der Programme genannt.

Computerunterstützte Konstruktion: Im Jahre 1984 waren in der Bundesrepublik Deutschland etwa 1 500 CAD-Arbeitsplätze vorhanden – soviel wie allein bei Boeing in den USA –, in England und Frankreich dagegen je 2 500.

Entwurf und Konstruktion von technischen Produkten und Bauten werden durch CAD revolutioniert. Als Vorteile seien erwähnt:

- eine Verkürzung der Durchlaufzeiten durch CAD-gestützte Fertigungsplanung,
- die Reduzierung der Zahl von Modellen und Versuchen, weil durch Simultanprogramme Arbeiten im Modellbau oder in Versuchsabteilungen überflüssig werden,
- die Verringerung von Fehlern, wie sie bei der manuellen Erstellung von Stücklisten, Arbeitsplänen und Steuerungsprogrammen entstehen,
- die rasche Reaktion auf Kundenwünsche einschließlich einer exakten Preiskalkulation,
- die Verkürzung der Entwicklungszeiten bis zur serienreifen Produktgestaltung,
- die Sicherung einer gleichbleibenden Qualität der ausgedruckten Werkstattzeichnungen und Fertigungsunterlagen, durch die auch die Qualität der Produkte insgesamt gesteigert wird.[46)]

CAD-Systeme werden für die Konstruktion von Raumschiffen ebenso eingesetzt wie für die Küchenplanung in privaten Haushalten.

Noch im Jahre 2000 wird das Telefonnetz den Stützpfeiler unserer Informationssysteme darstellen – wenn auch in einer leistungsfähigeren technischen Lösung. Kabelgebundene Telekommunikationsvermittlungsnetze werden sich langsamer durchsetzen, als bisher erwartet wird wegen

- begrenzter staatlicher und privater Mittel,
- technischer Schnittstellen- und Kompatibilitätsprobleme,
- Qualifikationsschwächen bei Benutzern,
- institutionell-organisatorischen Schwierigkeiten.[47)]

Innovation und Diffusion

Die Erfindung der neuen Medien und ihre Nutzungsmöglichkeiten dürfen nicht mit ihrer Verbreitung und effektiven Nutzung verwechselt werden. Man kann davon ausgehen, daß die Verbreitung zunächst den Bereich der Wirtschaft erfaßt und erst später eine Durchdringung bei den privaten Haushalten erreicht wird.

---

46) Vgl. o. V.: Fehler der Pioniere, in: Wirtschaftswoche, 38 Jg., 1984, Nr. 15, S. 52 – 56, S. 53.

47) Vgl. auch Krampe, Gerd: Totale Vernetzung – Utopien oder künftige Realität, in: GDI-Symposium: Westeuropa auf dem Weg in die Informationsgesellschaft, 18. bis 20. September 1984, S. 1 – 13.

Phasenkonzepte der medialen Diffusion: Es entstehen Phasen der medialen Durchsetzung:

1. die interne Zwei-Wege-Kommunikation zwischen und innerhalb von Unternehmen;
2. die Zwei-Wege-Bürger- und Konsumentenkommunikation
   a) Telemarketing und Teleshopping mit Bringkonzepten, Versandkonzepten (Post), Holkonzepten (Abholung der Waren ab Lager),
   b) Telelogistik mit neuen Lösungen im Bereich der Physischen Distribution mit kooperativen Zentrallager- und Speziallagerkonzepten,
   c) Satellitenkonzepte mit weltweiter Marktbearbeitung und Logistikrationalisierung.

Die Diskussion um die Durchsetzung der neuen Medien für Marketing und Shopping sind teilweise ähnlich zurückhaltend und oft genug von verbandspolitischen Interessen vereinseitigt, oder ihre Bedeutung wird heruntergespielt. Da die Auffassungen über den Zeitraum bis zur allgemeinen Durchsetzung weit auseinandergehen, spricht man auch von der „Video-Falle" bei der Vorausschätzung der Nutzung des elektronischen Shopping durch Konsumenten. Festzustellen ist auch, daß es in der Bundesrepublik Deutschland bereits eine beachtliche Anzahl von Unternehmen gibt, die die allgemeine Sprengkraft der neuen Medien für die etablierten Unternehmensstrukturen erkannt haben und sich klare Vorteile für die eigenen Unternehmen durch aktive Beteiligung am medialen Fortschritt versprechen.

Die neuen Medien werden einen Innovationsschub, eine neue Epoche, einleiten. Das heute noch dominierende klassische Management tut sich bei der Akzeptanz dieser Tatsachen einigermaßen schwer und wird dabei begünstigt durch eine zurückhaltende öffentliche Akzeptanz.

III. Die Roboterisierung

Die Auswirkungen der Roboterisierung auf die Arbeitswelt sind schwer abzuschätzen. Erst im Jahre 1921 hat Karel Capek, ein tschechischer Schriftsteller, den Begriff Roboter geprägt.

Die Automatisierung und die Roboterisierung sind Neuerungen mit Rückwirkungen

1. auf die optimale Größe der Produktionsbetriebe,
2. auf die Strukturen von Servicebetrieben, z.B. bei Automobilen, und des Einzelhandels.

Die japanische Bekleidungsindustrie startete 1982 ein Projekt zur kostensparenden Produktion durch Roboter. Das Ziel ist, in sieben Jahren 50 bis 60 % der Produktion von „denkenden“ Maschinen abwickeln zu lassen. Die teilweise eher ablehnende Haltung europäischer Hersteller gegenüber der Roboterisierung dürfte sich vermutlich als Irrtum erweisen.

Von intelligenten Robotern spricht man, wenn sie Informationen über die Umwelt aufnehmen können, z.B. durch Kraftsensoren, Lichtschranken oder optische und induktive Sensoren. Sie lassen sich eher in der geordneten Welt der Industrie als in der Landwirtschaft und im Haushalt einsetzen.

Die Fähigkeit, Roboter zu entwickeln, dürfte zu den wichtigsten Kriterien für die Innovationsbereitschaft technisch führender Staaten werden.

Roboter werden vor allem im Automobilbau bei der Fertigung der Rohkarosserie, von Motoren, bei der Endmontage und beim Lackieren eingesetzt. In den VW-Werken in Wolfsburg ist ein Investitionsprogramm von 10 Mrd. DM für eine vollautomatische Fabrikation geplant. Japan ist der weltgrößte Produzent von Robotern.[48]

Ein Beispiel einer Roboterfabrik ist die 1981 eröffnete Fujitsu Fanuc in Oschino nahe dem Fudschijama. Täglich werden dort von Robotern 100 Roboter hergestellt (1983). Die Zahl der Jahresproduktion der Roboter in Japan soll von 3 000 im Jahre 1980 auf 57 000 im Jahre 1990 ansteigen.

Der *Bestand an Robotern* hat sich wie folgt verändert:

Land	1974	1983	durchschnittliche Zunahme pro Jahr
Japan	1 500	16 500	30,5 %
USA	1 200	8 000	23,5 %
Bundesrepublik Deutschland	130	4 800	49,5 %

Nach Angaben der OECD erreichte die Gesamtzahl der in der Welt in Betrieb befindlichen programmierbaren Roboter im Jahre 1983 etwa 39 000 Einheiten; davon war die Hälfte in der Automobilindustrie eingesetzt. Bis zum Jahre 1990 dürften es zwischen 230 000 und 300 000 sein. Japan, die Vereinigten Staaten, Schweden und die Bundesrepublik

48) Vgl. Gergely, Stefan M.: Mikroelektronik – Computer, Roboter und neue Medien erobern die Welt, (R. Piper Verlag) München-Zürich 1983, S. 192 f.

Deutschland stehen an der Spitze; mit Abstand folgen England, Frankreich, Italien und Holland.

Tabelle 2.3

Der Bestand an Industrierobotern in ausgewählten Ländern in den Jahren 1980 und 1983

Land	1980 Dezember	1983 Dezember	Industrieroboter je 10 000 Arbeitnehmer
Japan	6 000	16 500	13
USA	3 500	8 000	4
Schweden	1 200	1 900	30
Bundesrepublik Deutschland	1 130	4 800	5
Italien	400	1 800	2
Großbritannien	370	1 750	1
Frankreich	200	1 500	1
Belgien	.	500	
Spanien	.	400	
Australien	.	300	
Finnland		1 200	
Welt insgesamt	13 000	39 000	

Quelle: OECD und British Robot Association.

Allein General Motors will aufgrund der Unternehmensplanung die Zahl der Roboter von 302 im Jahre 1981 auf 14 000 im Jahre 1990 erhöhen.

Für je 10 000 industrielle Arbeitsplätze besaß Schweden 1982 30 Roboter, Japan 13, die Bundesrepublik Deutschland und die Vereinigten Staaten je vier, Frankreich und England weniger als zwei. Die Qualität und Einsatzfähigkeit der Roboter ist in Japan am höchsten. Bereits 1980 wurden 30 % der Roboter in Zusammenbauvorgängen verwendet, während in Europa und in den Vereinigten Staaten noch spezielle Arbeiten wie Punktschweißung, Materialzugabe oder Spritzlackierung dominieren.

Nach einer Schätzung der American Society of Manufacturing Engineers werden Roboter in den Vereinigten Staaten bis zum Jahre 1990 folgende Entwicklung durchlaufen:

1. Im Jahre 1985 werden 20 % der in der Endmontage beschäftigten Arbeitskräfte durch Roboter und automatisierte Systeme ersetzt sein.

2. Bereits 1987 dürften 15 % aller Zusammensetzsysteme mit Robotertechnologie erfolgen.
3. Im Jahre 1988 sollen 50 % der bei der Montage von kleinen Komponenten beschäftigten Arbeitsplätze durch automatisierte Produktionsinstrumente ersetzt sein.
4. Bis zum Jahre 1990 dürften die sensoriellen Techniken den Robotern bei Montagevorgängen fast menschliche Fähigkeiten verleihen.[49)]

Neben der Roboterisierung sind auch seit den fünfziger Jahren Werkzeugautomaten – numerically controlled machine tools (NC) und seit Mitte der siebziger Jahre computerisierte Werkzeugautomaten (CNC) zu erwähnen. Der Bestand wird für das Jahr 1983 in den USA auf 103 000 und weltweit auf 300 000 Maschinen geschätzt.

Im Jahre 1983 waren weltweit rd. 10 000 CAD/CAM-Systeme in Funktion.

Zur Substitution menschlicher Arbeit durch Roboter: Das Substitutionsvolumen und das Substitutionstempo menschlicher Arbeit durch Roboter sind vom technischen Entwicklungsstand der Roboter und von der Höhe der Roboterpreise sowie der Löhne abhängig. Dazu ein Beispiel aus der Gastronomie: Die Substitution einer Arbeitsstunde pro Tag bei 300 Betriebstagen ergibt in der Gastronomie einen Betrag von 5 000 bis 6 000 DM im Jahr oder 25 000 bis 30 000 DM in fünf Jahren. Daraus errechnen sich Investitionsspielräume für die Automatisierung.

Für die Roboterisierung der Gastronomie sind die Voraussetzungen bereits gegeben, so

- Niedrigtemperaturgeräte für gesteuerte Langzeitgarung,
- Heißluftgeräte,
- Transport- und Bandgeräte zur Speisenzusammenstellung,
- Druckgargeräte,
- Meßgeräte zur Steuerung von Back- und Bratgeräten,
- sonstige Computerprogramme.

Eine vom Bundesforschungsministerium in Auftrag gegebene Studie zur Untersuchung von flexiblen automatisierten Montagesystemen kommt zu dem Ergebnis, daß 1990 in der bundesdeutschen Industrie zwischen 5 000 und 15 000 Montageroboter werken werden. Schätzungsweise 100 000 der heute 1,1 Mill. Montagearbeiter in der Serienfertigung würden dadurch freigesetzt.[50)]

49) Vgl. o. V.: Kollege Roboter steht bereit, in: Blick durch die Wirtschaft, 26. Jg., Nr. 165, 29. August 1983, S. 2.

50) Vgl. Spies, Felix: Stolperfeld für Roboter, in: Süddeutsche Zeitung, 40. Jg., Nr. 77, 31. März 1984, S. 33.

Die Konsequenzen: Durch die Roboterisierung können viele Produktionsprozesse dezentralisiert werden, d.h. die Vorteile der Losgrößendegression werden geringer. Ein weiterer Vorteil besteht darin, daß für Roboter und Automaten die für Menschen geltenden Arbeitszeitbegrenzungen nicht zutreffen. Ihre Arbeit hat immer die gleiche Qualität.

Die Roboterisierung ermöglicht neue Produktionsverfahren. So kann durch Roboter die optimale Betriebsgröße für Montageaufgaben, z.B. beim Automobil- und Gerätebau, stark reduziert werden.

IV. Die Forschung

In einer Battelle-Untersuchung werden die *Forschungs- und Entwicklungsbudgets* ausgewählter Staaten verglichen. Danach ließ das Niveau in der Bundesrepublik Deutschland zwar nach, die Zuwachsraten sind jedoch im letzten Jahrzehnt beachtlich gewesen.

Japan hat von 1978 bis 1983 sein Forschungsbudget real zwischen 6 und 8 % erhöht. Diese hohen Zuwachsraten haben zu einem Anteil der Forschungsausgaben am Sozialprodukt von 2,6 % geführt. Japan liegt damit auf etwa gleichem Niveau wie die Bundesrepublik Deutschland und die Vereinigten Staaten; die Überschreitung von 3 % ist in Japan erklärtes Ziel. In Japan werden doppelt so viele Ingenieure – gemessen an der Bevölkerung – ausgebildet wie in den USA und Westeuropa zusammen.

Die Vereinigten Staaten haben ihr Forschungsbudget in den letzten Jahren real um 4 % ausgeweitet mit einer ebenso starken Zunahme der Zahl der Wissenschaftler und Ingenieure in Staat und Industrie. Auf die Bereiche Verteidigungs- sowie Luft- und Raumfahrtforschung entfallen drei Viertel der Forschungsaufwendungen der amerikanischen Bundesregierung, vor allem auf die Mikroelektronik und die Materialtechnologie. Seit Beginn der achtziger Jahre verstärkt sich das Zusammengehen von Firmen und Forschungsinstituten im Bereich der Entwicklung von Spitzentechnologien. Die seit 1981 laufenden Steuervergünstigungen zur Förderung von Forschung und Entwicklung bedeuteten für viele Firmen einen beachtlichen Anreiz, die Forschungsetats zu erhöhen.[51)]

51) Vgl. Battelle-Institut, zit. nach: o. V.: Es wird mehr geforscht, in: Blick durch die Wirtschaft, 27. Jg., Nr. 109, 7. Juni 1984, S. 3.

Zwei Beispiele aus Japan

Nach den Erfolgen in Kiushu, wo seit 1973 ein inzwischen erfolgreiches Mikroelektronikprogramm installiert ist, streben fast alle der 47 japanischen Präfekturen heute nach einer Beteiligung an dem vom Ministerium für Internationalen Handel und Industrie geschaffenen Konzept Technopolis.

Dabei suchen die einzelnen Präfekturen nach einer jeweils eigenständigen Profilierung, z.B. Gentechnologie, Industrieroboter, medizinische Geräte und Pharmazeutika oder optoelektronische Geräte für die Flugzeugindustrie.

Ein weiteres Forschungsprogramm in Japan ist das Next Generation Fundamental Industrial Technology and Development Program. Es wurde im Oktober 1981 begonnen. In fünf Forschungsgruppen beteiligen sich daran die 50 bedeutendsten Industriefirmen des Landes. Bereits in den ersten zweieinhalb Jahren entstanden 435 Patentanträge.

Ein weiteres Beispiel für eine unternehmensübergreifende Kooperation ist das japanische Projekt „Pattern-Information-Processing-System" (PIPS), das etwa 20 Forschungspromotoren, die vom Staat finanziert werden und etwa 200 Mitarbeiter von fünf großen Computerherstellern des Landes umfaßte, die zehn Jahre zusammenarbeiteten, um ein komplexes Mustererkennungssystem zu entwickeln. Mustererkennungssysteme sind darauf ausgelegt, Gegenstände und Personen aus der Umwelt des Computers zu identifizieren.

Für die *Forschungs- und Forschungstransferorganisation* haben sich in unterschiedlichen Ländern unterschiedliche Modelle entwickelt. So stellt Ludwig von Friedeburg zu Recht fest, daß wir unsere Probleme selbst lösen müssen, unter den in unserem Lande bestehenden Voraussetzungen, um Höchstleistungen in der Gesellschaft wie in der Wissenschaft zu garantieren:[52)]

„Die seit Jahrhunderten in den USA entwickelten Voraussetzungen für das Zusammenwirken privater Elitehochschulen und einfallsreicher kleiner Wirtschaftsunternehmen, finden sich so in keinem anderen Industrieland. Von Japan, dem anderen Spitzenreiter in der Verbindung moderner Technologien, müßte man genau das Gegenteil lernen. Es verdankt seine Erfolge der engen Kooperation von Staatsbürokratie und nationalen Großunternehmen, deren jeweilige Führungskräfte vornehmlich von staatlichen Hochschulen kommen. Ebenso sehr unter-

52) (Vgl.) Friedeburg, Ludwig von: Elitebildung und Massenproduktion, in: Die Zeit, 39. Jg., 1984, Nr. 15, S. 42.

scheiden sich die industriellen Bezeichnungen, das wechselseitige Verhältnis von Betriebsleitung und Beschäftigten in den japanischen Wirtschaftsunternehmen von denen in den USA und beide wieder von denen in der Bundesrepublik."[52]

Kontrovers werden die *Beiträge der militärischen Forschung für den zivilen Bereich* diskutiert, die sogenannten spin-off-Effekte. Verwiesen wird dabei nach wie vor auf die Ammoniaksynthese, die Salpeter bei der Sprengstoffproduktion ersetzte. Das Gegenbeispiel sind die Erfolge Japans nach dem Zweiten Weltkrieg bei der Innovation in vielen Bereichen, die keine Beziehung zur Militärforschung haben bzw. die erst nach der Erfindung auch in Waffensysteme integriert wurden, so Elektronikbausteine.

Weiter ist auch das Argument der Konkurrenz um qualifizierte Wissenschaftler durch den militärischen Bereich und durch den zivilen Bereich nicht zu entkräften. Da Ergebnisse der Kreativität weder im militärischen noch im zivilen Bereich vorhersehbar sind und ein als militärisch konzipiertes Programm primär zivile Ergebnisse und umgekehrt zeitigen kann, ist in dieser Frage vorab eine einigermaßen gesicherte Aussage schwierig, dies um so mehr, je stärker die Forschung sich in beiden Bereichen auf neue Technologien ausrichtet.

Forschungstransparenz: Die Bewältigung der Informationen im Bereich der Forschung stellt fast unlösbare Probleme. Mitte der achtziger Jahre erscheinen jährlich weltweit etwa 2 Mill. Aufsätze in 100 000 Fachzeitschriften sowie mehrere zehntausend Fachbücher; dazu kommen 2 Mill. Titel aus der grauen Literatur. Für jeden Arbeitstag eines Jahres erscheinen rd. 20 000 neue Veröffentlichungen. Für die Zukunft wird mit einer jährlichen Steigerungsrate zwischen 5 und 10 % gerechnet. Allein auf das Gebiet der Physik entfallen jährlich 110 000 bis 120 000 Publikationen.[53]

Forschungssubvention: In allen Industriestaaten wird die Forschung mehr oder minder stark subventioniert, insbesondere indirekt auch durch die Rüstungsforschung. Die Forschungseffizienz erweist sich jedoch als sehr unterschiedlich. In den siebziger Jahren betrugen die Subventionen der japanischen Regierung in die Informationstechnologie 1,7 Mrd. US-Dollar. Im Vergleich zum Bruttosozialprodukt entspricht diese Summe etwa dem Betrag, den die vier großen europäischen Länder ausgegeben haben, jedoch mit weitaus geringerem Erfolg.

53) Vgl. Fritsch, Bruno: Bildung und Weiterbildung als Grundvoraussetzung der lernenden Demokratie – Vortrag am Gottlieb Duttweiler Institut, Rüschlikon-Zürich 1985.

Internationale Forschungskooperation: Neue Dimensionen für die Forschung, aber auch für den internationalen Forschungs- und Technologiewettbewerb bietet die internationale Forschungskooperation. Besonders spektakulär sind neben einer harmonisierten Forschung in den USA und in Japan der inzwischen genehmigte Antrag von IBM beim japanischen MITI zur Zulassung in deren nationalen Forschungsverband für die fünfte Computergeneration.

Auch in Europa setzen sich präkompetitive gemeinsame Forschungs- und Entwicklungsaktivitäten allmählich durch. Noch kräftiger sind jedoch zur Zeit die Fusionsprozesse, wie die Beispiele Philips und Thompson-Brandt zeigen. Ein weiteres Signal ist die Kooperation zwölf bedeutender europäischer Firmen, um internationale Standards zu entwickeln, die ihre Produkte kompatibel und miteinander koppelbar machen.

Man sollte jedoch auch genauer überprüfen, warum bestimmte Internationalisierungsbestrebungen in Westeuropa, so UNIDATA, die Zusammenfassung der Datenverarbeitungsaktivitäten von Philips, Siemens und CII, ein Mißerfolg waren.

Europäische Forschungsprogramme

Hingewiesen sei auf die neuen europäischen Forschungsprogramme. In der Europäischen Gemeinschaft wurde 1978 ein Programm zur Vorschau und Bewertung von Wissenschaft und Technologie mit der Bezeichnung FAST (Forecasting and Assessment in the Field of Science and Technology) in Angriff genommen. Das Ziel ist die Aufstellung langfristiger Prioritäten für die gemeinsame Forschung und Entwicklung und die Ermittlung der Auswirkungen der zu erwartenden Ergebnisse auf die wirtschaftliche und soziale Entwicklung.

Mit Hilfe nur bescheidener Mittel in Höhe von 5,6 Mill. ECU[54] konnte ein Team von 10 Personen ein umfangreiches disziplinübergreifendes Netz technischer und sozioökonomischer Forschungen von 36 verschiedenen Themen koordinieren und leiten, die in Zusammenarbeit mit 54 Forschungsteams oder -zentren der Mitgliedstaaten untersucht wurden. Im Mittelpunkt der FAST-Forschung, deren Ergebnisse Ende 1982 vorgelegt wurden, steht die Frage, welche Rolle die neuen Technologien bei der Wiederbelebung von Wachstum und Beschäftigung spielen können.

54) Vgl. Kommission der Europäischen Gemeinschaften (Hrsg.): FAST: Welche Zukunftsperspektiven für Europa?, Stichwort Europa, 1984, Nr. 7, S. 11.

Tabelle 2.4

Die Entwicklung der Forschungsbudgets[1] ausgewählter Staaten von 1975 bis 1983

Staat	Anzahl Forscher im Jahre 1979 in 1 000	Forschungsbudget zu jeweiligen Preisen in Mill. US-Dollar			nominaler Anteil im Jahre 1983 in %	Forschungsbudget zu Preisen von 1975 in Mill. US-Dollar			realer Anteil im Jahre 1983 in %	Veränderungsrate des Forschungsbudgets zu Preisen von 1975 in %	
		1975	1979	1983		1975	1979	1983		1975/79	1979/83
Bundesrepublik Deutschland	122,0	9 760	14 740	19 120	35,20	9 760	11 965	12 750	47,7	+ 5,2	+ 1,6
Großbritannien	103,0	3 670	7 160	14 150	26,1	3 670	4 300	5 440	20,4	+ 4,0	+ 6,1
Frankreich	72,9	3 850	6 480	11 900	21,9	3 850	4 170	4 630	17,3	+ 2,0	+ 2,7
Italien	46,4	865	1 690	4 360	8,0	865	885	1 180	4,4	+ 0,6	+ 7,5
Niederlande	18,3	1 685	2 230	2 710	5,0	1 685	1 675	1 700	6,4	− 0,1	+ 0,4
Belgien/Luxemburg	11,0	660	975	1 240	2,3	660	675	670	2,5	+ 0,6	− 0,2
Dänemark	6,0	280	400	570	1,1	280	280	285	1,1	± 0,0	+ 0,4
Irland	2,6	35	80	140	0,3	35	45	45	0,2	+ 6,5	± 0,0
Griechenland	2,6	—	45	90	0,2	—	25	25	0,1	·	± 0,0
Europäische Gemeinschaft insgesamt	384,8	20 805	33 800	54 280	100,0	20 805	24 020	26 725	100,0	+ 3,7	+ 2,7
USA	621,0	35 213	54 972	86 500		35 213	41 300	48 950		+ 4,1	+ 4,3
Japan	281,9	10 540	16 335	26 930		10 540	12 760	16 600		+ 4,9	+ 6,8

1) Inlandsdurchführung = GERD.

Quelle: Battelle-Institut, zit nach: o.V.: Es wird mehr geforscht, in: Blick durch die Wirtschaft, 27. Jg., Nr. 109, 7. Juni 1984, S. 3.

Tabelle 2.5

Die Entwicklung des Bruttoinlandsprodukts und der Forschungsbudgets ausgewählter Staaten von 1962 bis 1984

	Bundesrepublik Deutschland				Vereinigte Staaten				Japan			
	BIP[1]	FuE[2]			BIP[1]	FuE[2]			BIP[1]	FuE[2]		
Jahr	in Mrd. DM	in Mill. DM	in % des BIP	Veränderungsrate zum Vorjahr in %	in Mrd. US-Dollar	in Mill. US-Dollar	in % des BIP	Veränderungsrate zum Vorjahr in %	in Mrd. Yen	in Mill. Yen	in % des BIP	Veränderungsrate zum Vorjahr in %
1962	360,9	4 300	1,2	·	569,1	15 394	2,7	·	·	·	·	·
1966	492,1	8 370	1,7	·	762,7	21 846	2,9	·	·	·	·	·
1970	678,8	14 090	2,1	·	981,2	26 134	2,7	·	·	·	·	·
1975	1 034,0	23 710	2,3	10,0	1 538,6	35 213	2,3	7,1	148 031,0	2 621,8	1,8	8,3
1980	1 481,4	38 845	2,6	8,5	2 594,0	62 734	2,4	14,1	234 949,0	4 683,8	2,0	15,3
1984	1 765,0	49 200	2,8	5,9	3 596,0	94 200	2,6	8,9	290 700,0	7 500,0	2,6	12,0

1) BIP = Bruttoinlandsprodukt.
2) FuE = Forschung und Entwicklung.

Quelle: Battelle-Institut, zit nach: o.V.: Es wird mehr geforscht, in: Blick durch die Wirtschaft, 27. Jg., Nr. 109, 7. Juni 1984, S. 3.

Einige Forschungsarbeiten von FAST haben zu konkreten Nutzanwendungen geführt, beispielsweise in Frankreich (im chemischen Bereich), in Schottland (Untersuchung von Biomassen und Regionen) und in Dänemark (sozialpolitischer Aspekt der Informationstechnologien).

Daher hat die Gemeinschaft im Juni 1983 ein zweites FAST-Programm für vier Jahre mit einem Gesamtaufwand von 10,5 Mill. ECU beschlossen. Im Mittelpunkt von FAST II stehen:

1. die Beziehungen zwischen Technologie, Beschäftigung und Arbeit,
2. die integrierte Entwicklung von Systemen erneuerbarer natürlicher Ressourcen,
3. die neuen industriellen Systeme im Bereich der Kommunikation (audiovisuelle Kommunikation, Kabelnetze, Fernmeldewesen) und der Agrarnahrungsmittelverarbeitung,
4. die Veränderung der Dienstleistungen und der technologische Wandel.[54)]

Ende 1982 wurde die Vorbereitung des ESPRIT-Programms (*E*uropean *S*trategic *P*rogram for *R*esearch and Development in *I*nformation *T*echnology – Europäisches Strategisches Programm für Forschung und Entwicklung auf dem Gebiet der Informationstechnologie) eingeleitet. Für rd. fünfzehn Vorhaben gingen etwa 200 Forschungsvorschläge von 638 Unternehmen, Universitäten und anderen Stellen aus allen Mitgliedstaaten ein. Das Jahr 1984 war der Beginn des ESPRIT-Gesamtprogramms, das sich auf zehn Jahre erstreckt und für das in den ersten fünf Jahren insgesamt 1,5 Mrd. ECU bereitgestellt werden, die jeweils zur Hälfte von der Gemeinschaft und von der Industrie aufgebracht werden. Mit dem Programm ESPRIT versucht die EG, im Bereich der Mikroelektronik und Informatik Anschluß an die USA und Japan zu finden, so daß Europa innerhalb von zehn Jahren den Vorsprung der amerikanischen und japanischen Konkurrenten in fünf wichtigen wettbewerbsrelevanten Bereichen der Forschung und Entwicklung aufholen kann.

Die fünf Bereiche sind:

1. die fortgeschrittene Mikroelektronik. Dazu gehören der Entwurf, die Produktion und die Kontrolle höchstintegrierter Schaltungen;
2. die fortgeschrittene Informationsverarbeitung zur direkten Kommunikation zwischen Mensch und Maschine;
3. eine neue Software-Generation;

4. die Büroautomation, z.B. die Erstellung und Verteilung von Dokumenten sowie die Maschinenübersetzung;
5. die computergesteuerte Fertigung.[55)]

Das *Eureka-Projekt* – die europäische Forschungsinitiative auf dem Gebiet moderner Technologie – wurde mit Zustimmung der 16 interessierten Länder und der EG-Kommission im Jahre 1985 gestartet:

„1. Das Ziel von Eureka ist, durch eine gesteigerte Zusammenarbeit zwischen den Trägern von Wissenschaft und Technologie in den teilnehmenden Staaten dafür zu sorgen, daß Europa die für seine Zukunft wesentlichen Technologien sicher im Griff behält, sein eigenes Potential in entscheidenden und kritischen Sektoren stärkt, seine Wettbewerbsfähigkeit sowie seine Produktivität in der Wirtschaft steigert und damit zu einem dauerhaften Wachstum und zu einem Ausbau der Beschäftigungsmöglichkeiten findet.

2. Projekte im Rahmen von Eureka sind an zivilen Zielen sowie an den Zukunftsmärkten für neue Systeme, Produkte und Dienstleistungen orientiert.

3. Die Projekte im Rahmen von Eureka werden sich in ihrer Priorität auf die folgenden Bereiche der Spitzentechnologien beziehen: Informationstechnologie, Fernmeldewesen, Robotertechnik, Werkstofftechnik, Produktionswissenschaft, Technologie der pflanzlichen und lebenden Ressourcen sowie Spitzentechnologien im Bereich des Umweltschutzes und des Verkehrswesens. Außerdem umfassen sie großangelegte Forschungs- und Entwicklungsprojekte mit folgenden Zielen:

   – Erfassung des Marktes für Produkte, Verfahren und Dienstleistungen der Zukunft oder
   – Lösung der über die nationalen Grenzen hinausgehenden Probleme oder
   – Schaffung der technischen Voraussetzungen für eine moderne Infrastruktur.

4. Die Projekte, mit welchen die Ziele von Eureka verfolgt werden sollen, erfüllen darüber hinaus die nachstehenden Kriterien:

   – Sie müssen Gegenstand einer Zusammenarbeit zwischen Firmen oder Forschungszentren aus mehreren europäischen Ländern sein;

---

55) Vgl. Kommission der Europäischen Gemeinschaften (Hrsg.): Das Europa der neuen Technologien, Stichwort Europa, 1984, Nr. 8, S. 5 f.

– das Zusammenführen des technologischen Potentials aus diesen verschiedenen Quellen muß zu einer gesteigerten Leistungsfähigkeit im Verhältnis und im Vergleich zu rein nationalen Initiativen stehen;
– unabhängig von der Größe und dem Ausmaß der Projekte müssen die teilnehmenden Unternehmen und Zentren in diese Projekte einen leistungsfähigen und wettbewerbsfähigen Beitrag einbringen.“[56)]

Trotz der Vereinbarung von zehn gemeinsamen Forschungsprojekten[57)] sind die politischen Interessen über dieses Projekt gespalten, weil die Industrie der beteiligten Staaten, teils verstaatlicht – wie in Frankreich –, teils privat – wie in der Bundesrepublik Deutschland – unterschiedliche Interessen hat.

Auch in anderen Bereichen, z.B. bei Datenbanken, in der Raumfahrt, in der Energie- und Grundlagenforschung will die EG Innovationsförderung betreiben. Etwa 90 Mill. ECU, d.s. fast 200 Mill. DM, will die Kommission für die Aktionen eines mehrjährigen Forschungsprogramms auf dem Gebiet der Biotechnologie ausgeben.

Die erste konkrete Aktion ist die Verbesserung der Bio-Informationstechnik und die Sammlung biotischer Stoffe. Im Bereich der Basisbiotechnologie werden u.a. die Landnutzung durch Entwicklung neuer Nutzpflanzen, die Akzeptanz der Erzeugnisse der modernen Biotechnologie im Bereich der Lebensmittel oder der pharmazeutischen Präpara-

---

56) Curien, Hubert: Die Herausforderung, vor der wir stehen, kann gemeinsam erfolgreich angenommen werden, in: Handelsblatt, 40. Jg., Nr. 212, 5. November 1985, S. 9.

57) 1. Europäischer Standard für Mikrocomputer für Unterrichts- und Haushaltsbedarf,
2. Kompakter Vektorrechner,
3. Herstellung amorphen Siliciums,
4. Roboter für Textilverarbeitung,
5. Entwicklung und Herstellung von Filtermembranen,
6. Eurolaser: Bewertung und Entwicklung von Hochleistungslaser-Systemen (CO_2-, Festkörper- und Eximer-Lasern) für Materialbearbeitung und Produktionstechnik,
7. Eurotrac: Europäisches Experiment über den Transport und die Umwandlung von umweltrelevanten Spurenstoffen in der Troposphäre über Europa,
8. Europäisches Forschungsnetz,
9. Entwicklung einer Diagnose auf der Basis der monoklonalen Antikörper für Krankheiten, die beim Geschlechtsverkehr übertragen werden,
10. flexibles Fabrikationssystem auf der Grundlage von Optoelektronik.

Vgl. Standke, Klaus-Heinrich: Die nationale Politik bleibt der dominierende Faktor bei jeder internationalen Kooperation, in: Handelsblatt, 40. Jg., Nr. 216, 5. November 1985, S. 16.

te, Krankheitsverhütung oder -behandlung und Umwelt- und Gesundheitsschutz genannt.[58)]

Weiter muß man prüfen, wo welche internationale Zusammenarbeit Erfolge hatte.

Träger von technischen Kooperationsprojekten sind u.a.:[59)]

- die Organisation für afrikanische Einheit (OAU),
- die Organisation amerikanischer Staaten (OAS),
- Asean, die Liga arabischer Staaten mit ihrer Sonderorganisation für Erziehung und Wissenschaft (Alecso),
- die Europäische Gemeinschaft (EG),
- der Rat für gegenseitige Wirtschaftshilfe (RGW),
- die Gruppe der 77, die sich für eine interregionale Kooperation zwischen den einzelnen Entwicklungsländern und ihrer regionalen Gruppierungen einsetzt (TCDC).

Als erfolgreich gelten folgende Programme der Unesco:[59)]

- der Mensch und die Biosphäre (MAB),
- das Internationale geologische Korrelationsprogramm (IGCP),
- das Internationale Hydrologische Programm (IHP),
- die zwischenstaatliche ozeanographische Kommission (IOC).

Ein Problem besteht darin, daß Eureka ursprünglich von Frankreich als Gegenkonzept zu SDI konzipiert worden ist.

V. Die Szenarien

Der Ausbildungsstand bestimmt in Verbindung mit dem erreichten wirtschaftlichen Entwicklungsstand die Forschungspotentiale und auch die Möglichkeit einer Beteiligung an der technischen Entwicklung.

Für das Forschungstempo wird die weltweite Forschungskooperation durch Übertragung von Forschungsergebnissen einerseits und weltweites Networking der Forscher andererseits zum wesentlichen Katalysator.

Die Zukunft aller Nationen wird in den nächsten Jahrzehnten vor allem durch die Fähigkeit und Kraft zur Beteiligung am technischen Fortschritt bestimmt werden. Dafür lassen sich folgende Einflußgrößen herausstellen:

---

58) Vgl. o. V.: Europäische Bio-Technologie soll den Rückstand zu den Japanern aufholen, in: Handelsblatt, 39. Jg., Nr. 92, 14. Mai 1984, S. 9.

59) Vgl. Standke, Klaus-Heinrich: Die nationale Politik bleibt der dominierende Faktor bei jeder internationalen Kooperation, in: Handelsblatt, 40. Jg., Nr. 216, 5. November 1985, S. 16.

schritt bestimmt werden. Dafür lassen sich folgende Einflußgrößen herausstellen:

1. das System weltweiter Finanzierung,
2. die Internationalisierung der multinationalen Unternehmen,
3. die internationale Forschungs- und Technologiekooperation,
4. der Grad der Technologieförderung durch die Staaten,
5. der Preisverfall für neue Technologien.

Als bemerkenswertes Ergebnis des internationalen Vergleichs läßt sich festhalten, daß die Korrelation zwischen Forschungsbudget und Forschungseffizienz nicht so eng ist, wie man vermutet. Die Forschungsorganisation führt vor allem in Japan bei vergleichbaren Budgets zu effizienteren Ergebnissen als in Europa.

Der Einsatz der neuen Medien wird durch den atemberaubenden Preisverfall gefördert. Im Jahre 1985 ist der Preis für einen Chip vom Typ 256 K DRAM (Dynamic Random Access Memory) auf 450 Yen (rd. 6 DM, Kurs Juni 1986) um 85,6 % für Großabnehmer gefallen, der 64 K-Chip sank um 76 % auf 130 Yen.

Das Überlebensszenario

Die eben bereits angedeuteten Rohstoff- und Ökologielösungen setzen beim Überlebensszenario eine weltweite Bündelung von Forschungspotentialen und Durchsetzung von Forschungsergebnissen voraus. Es wird weiter unterstellt, daß sich ein weltweit positives Forschungsklima ergibt und bei etwaigen – keineswegs auszuschließenden – Fehlentwicklungen eine enge internationale Zusammenarbeit bei der Bewältigung dieser Probleme entsteht. Es wird weiter davon ausgegangen, daß die Ausübung von Macht durch technischen Fortschritt rückläufig wird.

Das Defizitszenario

Beim Defizitszenario bleiben National- oder Supranationalegoismen erhalten. Die Kraft zur Beurteilung der Fernwirkungen dieser Form von Egoismus fehlt. Man orientiert sich am Konzept der bewußten Sperrung von Forschungsergebnissen im Sinne einer Bettler-Nachbarpolitik (beggar my neighbour policy) bei der Vorbereitung von Innovationen.

Viele Entwicklungsländer werden sich an der technischen Entwicklung und Forschung wegen der sich bei ihnen entwickelnden Probleme gar nicht beteiligen können.

E. Die Arbeit und die Nichtarbeit

I. Die Grundlagen

In ökonomischer Abgrenzung gilt als Arbeit nur die Berufsarbeit an einem Arbeitsplatz gegen Entgelt. Die Heimarbeit, die unentgeltliche Sozialarbeit oder auch die Nachbarschaftshilfe werden nicht dazu gerechnet. Eine Sonderstellung nehmen die vielfältigen Erscheinungsformen der Schwarzarbeit oder Arbeit in der Parallelwirtschaft ein. Die Definition von Arbeit und Freizeit bereitet zunehmend Schwierigkeiten, wie der Begriff Freizeitarbeit bestätigt.

Ist das Lernen der Erwachsenen in der Freizeit Arbeit oder nicht? Handelt es sich um Arbeit oder etwas anderes, wenn Führungskräfte zu Hause über einen vom Unternehmen finanzierten und damit „geschenkten" Homecomputer verfügen und dort damit umgehen lernen – gemeinsam mit ihren Kindern –, um sich die Voraussetzungen zum Verständnis und zur Beurteilung moderner Formen der Kommunikation zu schaffen?

Was sind die vielfältigen Formen der Nachbarschaftshilfe?

- Arbeit?
- Freizeit?
- Oder noch etwas anderes?

In der Freizeit werden vermarktbare Kapitalgüter geschaffen, z.B. allein in der Bundesrepublik Deutschland nach Schätzungen zur Zeit etwa 70 000 Wohnungen im Jahr, d.s. etwa ein Fünftel des Wohnungsbauvolumens.

Die Schattenwirtschaft: Durch die Schattenwirtschaft sind die Nationen reicher als in den offiziellen Zahlenwerken zum Ausdruck kommt. Die Schattenwirtschaft oder Parallelwirtschaft hat mehrere Dimensionen. Dabei gibt es zwei Konzepte:

1. zum Sozialprodukt gerechnete, dort aber nicht erfaßte Leistungen, z.B. Schwarzarbeit beim Hochbau oder bei Reparaturen,
2. nicht zum Sozialprodukt gerechnete, aber bedeutende Leistungen, so Hausarbeit, Eigenfertigung, Selbstversorgung und Nachbarschaftshilfe.

Die Schätzungen[60] für die Schattenwirtschaft erreichen – bei etwa vergleichbaren Abgrenzungen ohne den Sektor normale Hauswirtschaft – folgende Anteile am offiziell ausgewiesenen Bruttosozialprodukt:

– Japan	5 %,	– USA	20 %,
– Schweiz	5 %,	– Spanien	20 %,
– Schweden	10 %,	– Italien	30 %,
– Bundesrepublik Deutschland	13 %,	– Indien	48 %.

Nach Untersuchungen von Harris Poll wurden der Schattenwirtschaft in den USA im Jahre 1982 nicht weniger als 400 Mrd. US-Dollar zugerechnet. In Italien rechnet man heute mit 6 Mill. Schwarzarbeitern und zusätzlich mit 1,6 Mill. Doppelbeschäftigten, davon arbeiten letztere in einem der beiden Arbeitsverhältnisse schwarz. In Italien ist man bereits vor einigen Jahren dazu übergegangen, in das offiziell statistisch ermittelte Bruttoinlandsprodukt Werte der Schattenwirtschaft einzubauen. Das offizielle Bruttoinlandsprodukt in der Bundesrepublik Deutschland lag 1983 bei über 2 Billionen DM. Schätzungen der Schattenwirtschaft liegen bei 10 bis 16 % der ,,offiziellen'' Wirtschaft. Unterstellt man, daß im Jahre 1983 das parallele Bruttoinlandsprodukt 13 % oder 260 Mrd. DM betrug, lag der Wert des totalen Bruttoinlandsprodukts dann bei rd. 2,3 Billionen DM.

II. Das Welterwerbstätigenpotential – Arbeit und Arbeitslosigkeit

Wenn die Weltbevölkerung bis zum Ende des Jahrhunderts (von 1985 bis 2000) von 4,8 auf 6,1 Mrd. zunehmen wird, bedeutet dies die Notwendigkeit zur Schaffung von rd. 800 Mill. Arbeitsplätzen zuzüglich der Beseitigung der bestehenden Arbeitslosigkeit von 300 Mill. Arbeitslosen. Dies bedeutet bis zum Jahre 2000 den Bedarf von rd. 1,1 Mrd. Arbeitsplätzen, was fast der vierfachen Anzahl der heutigen Arbeitsplätze in Westeuropa und in Nordamerika entspricht. Zusätzlich sind Arbeitsplätze für die noch tätigen Erwerbstätigen zu schaffen, die ihren Arbeitsplatz wegen Änderungen der Wirtschaftsstruktur verlieren.

Für die Lösung der Beschäftigungsprobleme in den Entwicklungsländern gibt es bisher kein tragfähiges Konzept, weil dort die Vorausset-

---

60) Vgl. auch Pommerehne, Werner W.; Frey, Bruno S.: Ansätze zur quantitativen Erfassung der Schattenwirtschaft, in: WiSt, Wirtschaftswissenschaftliches Studium, 11. Jg., 1982, Nr. 4, S. 157–162, S. 157.

zungen zu schwach sind. Daher spricht vieles dafür, daß bis zum Jahre 2000 insgesamt mindestens 2 Mrd. Menschen in absoluter Armut leben dürften.

Die Beschäftigten und die Beschäftigungsstruktur

Das amerikanische Arbeitsministerium hat Vergleichszahlen für die Beschäftigung in verschiedenen Ländern veröffentlicht: In den USA sind heute 59 % der Bevölkerung im arbeitsfähigen Alter beschäftigt, in Japan 61 %, in England 56 %, in Frankreich 53 %, in der Bundesrepublik Deutschland 51 %. Von 1973 bis 1983 bedeutete das in den USA einen Anstieg um einen, in der Bundesrepublik dagegen einen Verlust von sechs Prozentpunkten. Obwohl in den USA von 1973 bis 1983 der Anteil der in der industriellen Produktion Beschäftigten von 25 auf 20 % sank, stieg die absolute Zahl um 343 000; in wichtigen anderen Industrieländern verschwanden dagegen Produktionsarbeitsplätze: In England 2,1 Mill., in der Bundesrepublik Deutschland 1,2 Mill., in Frankreich rund eine halbe Million und in Japan 70 000. Der Anteil des Dienstleistungssektors an der Beschäftigung steigt an:

Land	Angaben in %	
	1973	1983
USA	64	69
Japan	49	56
Frankreich	49	58
England	56	63
Bundesrepublik Deutschland	45	53

Die Arbeitslosigkeit

Arbeitslose in der OECD:[61] Die Zahl der Arbeitslosen in der OECD betrug nach dem Beschäftigungsausblick (1984) knapp 35 Mill., davon über 19 Mill. in den europäischen Ländern und über 12 Mill. in Nordamerika. Da die Zahl der Erwerbsfähigen von 1984 bis 1989 in der

61) Die OECD-Länder sind: Australien, Belgien, Bundesrepublik Deutschland, Dänemark, Finnland, Frankreich, Griechenland, Großbritannien, Irland, Island, Italien, Japan, Kanada, Luxemburg, Neuseeland, Norwegen, Niederlande, Österreich, Portugal, Schweden, Schweiz, Spanien, Türkei, USA.

OECD um 18 bis 20 Mill. Menschen zunehmen wird, sind neue Arbeitsplätze notwendig, damit die gegenwärtige Arbeitslosigkeit nicht weiter zunimmt. Soll sie auf das Niveau von 1979 (19 Mill. Arbeitslose) zurückgeführt werden, würde das weitere 15 Mill. Arbeitsplätze zusätzlich erfordern, d.s. jeden Tag 20 000 neue Arbeitsplätze in den letzten fünf Jahren dieses Jahrzehnts im OECD-Bereich.

Wegen der strukturellen Ursachen der gegenwärtigen Arbeitslosigkeit erwartet die OECD auch bei einem wirtschaftlichen Aufschwung eine vor allem in Europa erhebliche Arbeitslosigkeit.

In den Vereinigten Staaten und in Japan ist es bisher vergleichsweise besser gelungen, Beschäftigung zu erzeugen. Im Jahre 1974 gab es in Westeuropa 2,5 Mill. Arbeitslose, 1984 waren es 19,5 Mill.

Als langfristiges Problem der schlechten Lage am Arbeitsmarkt wird der Anstieg der länger anhaltenden Arbeitslosigkeit bezeichnet, vor allem in Westeuropa. Während in den Vereinigten Staaten 1982 nur 7,7 % der Arbeitslosen zwölf Monate und länger ohne Beschäftigung gewesen sind, waren dies in der Bundesrepublik Deutschland 21,2 %, in Frankreich 39,8 %, in England 33,3 %, in Holland 31,6 % und in Belgien 59,5 %.

Nach einem dem Europaparlament vorgelegten Bericht wird die Arbeitslosigkeit in den EG-Staaten von 13 Mill. im Jahre 1984 auf 20 Mill. bis 1990 ansteigen. Die Schätzung des Europäischen Gewerkschaftsbundes für das Jahr 1990 liegt bei 25 Mill. Arbeitslosen.

Tabelle 2.6

Die Entwicklung der Arbeitslosenquote in ausgewählten Staaten von 1961 bis 1983

Land	Angaben in % der Erwerbsbevölkerung				
	1961 bis 1973	1974 bis 1980	1981	1982	1983[1)]
USA	4,9	5,5	7,6	9,7	10,5
Japan	1,2	1,6	2,2	2,3	2,3
EG	2,2	4,0	7,9	9,6	10,6
Bundesrepublik Deutschland	0,8	3,6	4,7	6,8	8,9
Frankreich	1,1	4,7	7,3	8,3	(8,9)
Italien	5,2	6,4	8,8	10,4	11,3
Großbritannien	2,2	5,0	9,7	11,4	12,2

1) Schätzungen.

Quelle: OECD (Hrsg.): Economic Outlook, Dezember 1982; EG-Kommission, Europäische Wirtschaft, Nr. 14 und Supp. A, Februar 1983.

Im Jahresdurchschnitt hat die Arbeitslosenzahl 12,7 Mill. betragen, 15,8 Mill., wenn auch Griechenland und die neuen EG-Mitglieder Spanien und Portugal einbezogen würden. Für die neun EG-Länder stellt Eurostat für 1985 im Jahresdurchschnitt eine Zunahme der Arbeitslosenzahl von 365 000 oder 3 % fest. Die höchste Arbeitslosenrate wiesen im Dezember 1985 Irland mit 18,5, Italien mit 13,5, die Niederlande mit 13,2 und Belgien mit 13,1 % aus. Relativ günstig schnitten Dänemark mit 8,1 und die Bundesrepublik Deutschland mit 8,7 % ab.

Wenn die Arbeitslosenquote in der EG im Jahre 1995 nicht mehr als 2 % betragen soll, sind jährlich über 1 Mill. neue Arbeitsplätze zu schaffen. In der EG-9[62] sind von 1960 bis 1970 aber nur 260 000 Arbeitsplätze jährlich neu hinzugekommen.

Reale gesamtwirtschaftliche Wachstumsraten in der EG um 2 %, mit denen man für die Zukunft rechnet, reichen nicht aus, um zu einer Ausweitung der Beschäftigung in den EG-Staaten zu führen.

In vielen Ländern, nicht zuletzt auch innerhalb der EG, werden die hohen Arbeitslosenzahlen durch Subventionen und Protektionismus zu reduzieren versucht. Die Arbeitslosigkeit als internationales Problem ist aber auch nur international zu lösen.

Ein Grund für die Arbeitslosigkeit ist der Anstieg der Arbeitskosten im Vergleich zu den Kapitalkosten und der Druck auf die Unternehmenserträge. Die OECD hält es daher für erforderlich, daß Maßnahmen getroffen werden, um die Ertragskraft der Unternehmen zu stärken. Die Zurückführung von Sozialabgaben und/oder eine entsprechende Zurückhaltung bei den Lohnforderungen würden dazu beitragen, frei werdende Mittel zur Schaffung neuer Arbeitsplätze zu verwenden.

Die Jugendarbeitslosigkeit: Im Jahre 1984 waren mehr als 4,8 Mill. Jugendliche unter 25 Jahren in der Gemeinschaft arbeitslos, d.s. 40 % der Arbeitslosen. Der Anteil der Jugendlichen liegt aber nur bei 20 % des Arbeitskräftepotentials. Damit liegt die Rate der Arbeitslosen unter 25 Jahren bei über 20 % gegenüber 11 % im Gesamtdurchschnitt.

---

62) Die Zahl hinter EG bezieht sich auf die einbezogenen Staaten in der Reihenfolge des Beitritts.

Tabelle 2.7

Die Entwicklung der Jugendarbeitslosigkeit[1] in ausgewählten Staaten von 1979 bis 1983

	Angaben in % der Arbeitsbevölkerung desselben Alters				
Staat	1979	1980	1981	1982	1983[2]
USA	11,3	13,3	14,3	17,0	17,8
Japan	3,4	3,6	4,0	4,4	5,5
Bundesrepublik Deutschland	3,7	4,3	7,0	10,3	13,5
Frankreich	13,3	15,0	17,0	20,3	24,0
Großbritannien	11,3	15,1	19,6	21,4	23,5
Kanada	13,0	13,2	13,3	18,7	22,0
Italien	25,6	25,2	27,4	29,8	32,8
Australien	12,2	12,3	10,8	12,9	20,0
Finnland	12,8	10,0	10,9	10,9	13,8
Norwegen	6,6	5,4	5,8	7,3	11,0
Spanien	21,2	28,5	33,7	36,9	41,5
Schweden	5,0	5,1	6,3	7,6	9,0
insgesamt	11,3	13,1	14,8	17,3	19,4

1) bis 24jährige.
2) Schätzung.

Quelle: OECD, Perspectives Economiques (Juli 1983), zit. nach Lutz, Christian: Was kommt nach dem Aufschwung?, in: GDI Impuls, 2. Jg., 1984, Nr. 1, S. 22–23, S. 27.

Die sozialen Konsequenzen für eine Gesellschaft, in der 20 % und wie in Spanien über 40 % der jungen Arbeitskräfte von Anfang an oder nach der Ausbildung keine Aussicht auf Beschäftigung haben, kann man langfristig kaum abschätzen. Eine weitere Spaltung der Gesellschaft und soziale Konflikte sind dadurch vorprogrammiert.

Das Gastarbeiterproblem: Die Erwerbstätigenwanderung zwischen mehreren Staaten ist schwer abzuschätzen. Neben die Intensivierung der Kontakte mit den bisherigen Gastarbeiterländern treten neue Interessenten. Eine völlig neue Dimension könnte das Wanderarbeiter-Problem, wie es im Sprachgebrauch des Internationalen Arbeitsamtes heißt, durch das Auftreten der Volksrepublik China als Herkunftsland von Gastarbeitern erhalten. China stellt die notwendigen Arbeitskräfte, das Partnerland die notwendigen Kapitalgüter, d.h. Maschinen und Baumaterialien sowie das technische Know-how. Zu den Ländern, die reges Interesse am chinesischen Angebot bekunden, gehört u.a. auch Italien, wo Baufirmen entsprechende Verträge mit Peking abgeschlossen haben.

III. Die Arbeitszeit und die Arbeitskosten

Die Jahresarbeitszeit: Im Durchschnitt entfielen im Jahre 1980 in den Ländern der Europäischen Gemeinschaft nur noch 9 % der insgesamt vorhandenen Zeit auf geleistete Arbeit. Im Laufe der vergangenen 150 Jahre hat sich die Anzahl der pro Jahr geleisteten Arbeitsstunden in Westeuropa von 3 800 Stunden (1830) auf 1 825 Stunden (1980) halbiert. Die durchschnittliche jährliche Arbeitszeit ist innerhalb der OECD-Staaten in Japan mit 2 101 Stunden am höchsten und in der Bundesrepublik Deutschland mit 1 773 und in Belgien mit 1 756 Stunden am niedrigsten.

Die Jahresarbeitszeit[63] von Industriearbeitern in ausgewählten Ländern ist in Tabelle 2.8 wiedergegeben.

Die durchschnittliche Arbeitszeit eines Beschäftigten ist wegen der zunehmenden Teilzeitarbeit einschließlich der Besetzung eines Arbeitsplatzes durch zwei oder mehr Beschäftigte, d.i. Job sharing, rückläufig. Umgekehrt ist festzustellen, daß Erwerbstätige auch mehrere Arbeitsplätze bzw. Teilarbeitsplätze über die durchschnittliche Vollzeitgrenze hinaus besetzen.

Im Jahre 1981 wurden folgende Anteile der Teilzeitbeschäftigten an der Gesamtzahl der Beschäftigten ermittelt:

- Italien 2,7 %,
- Belgien 6,4 %,
- Frankreich 7,4 %,
- Japan 10,0 %,
- Bundesrepublik Deutschland 10,2 %,
- Kanada 13,5 %,
- USA 14,4 %,
- Großbritannien 15,4 %,
- Niederlande 19,4 %,
- Dänemark 20,8 %,
- Schweden 25,2 %,
- Norwegen 28,3 %.

Die Zunahme der Teilzeitarbeit hat vor allem soziale Gründe. Teilzeitarbeit ist weitaus überwiegend auf Frauen und bei Männern vor allem auf ältere Arbeitnehmer beschränkt. In Norwegen waren 1981 mehr als 10 % der männlichen Erwerbstätigen teilzeitbeschäftigt, in der Bundesrepublik, in Frankreich, Großbritannien und Italien lediglich 1 bis 2 %. Arbeitsplätze für Teilzeitkräfte werden vor allem im Handels- und Dienstleistungsbereich angeboten. Darauf entfallen in der Bundesrepublik Deutschland 70 %, in den USA sogar mehr als 90 % der Teilzeitbeschäftigten.

63) Normalarbeitszeit minus Urlaub und Feiertage.

Tabelle 2.8
Die effektiv geleistete jährliche Arbeitszeit und die Fehlzeiten bei Industriearbeitern in ausgewählten Ländern im Jahre 1985

Land	Angaben in Stunden		
	Sollarbeitszeit[1] insgesamt	davon	
		effektiv geleistete Arbeitszeit	Fehlzeiten[2]
Japan	2 226	2 192	34
USA	1 912	1 850	62
Schweiz	1 932	1 828	108
Dänemark	1 792	1 695	97
Österreich	1 804	1 652	152
Frankreich	1 763	1 639	124
Italien	1 776	1 631	145
Finnland	1 816	1 624	192
Belgien	1 717	1 619	98
Niederlande	1 740	1 609	131
Norwegen	1 840	1 608	232
Bundesrepublik Deutschland	1 708	1 580	128
Schweden	1 800	1 576	224

1) vertraglich vereinbarte Normalarbeitszeit ohne Urlaubs- und Feiertage; Überstunden und Kurzarbeit nicht berücksichtigt.
2) Abwesenheit wegen Krankheit, Unfall, Kur, Mutterschaft und Sonderurlaub.

Quelle: Bundesvereinigung der Deutschen Arbeitgeberverbände; nationale Statistiken; IW-Berechnungen, zit. nach: o.V.: Fehlzeiten – Japaner arbeiten 600 Stunden mehr, in: iwd Informationsdienst des Instituts der deutschen Wirtschaft, 12. Jg., 1986, Nr. 15, S. 3.

Hinter den Werten in Tabelle 2.8 über die Jahresarbeitszeit von Industriearbeitern sind manche Spezifika der Arbeitsbedingungen in den einzelnen Ländern verborgen.

So ist zu beachten, daß in Japan die Fehlzeiten dadurch reduziert werden, daß es dort unüblich ist, den Urlaubsanspruch auszuschöpfen.

Die Bundesrepublik Deutschland steht mit 1708 Sollarbeitsstunden aufgrund der niedrigen Anzahl der Soll-Wochenarbeitsstunden und der hohen Anzahl des Soll-Urlaubstage am Ende aller Staaaten in Westeuropa sowie hinter den USA und Japan. Hinsichtlich der effektiv geleisteten Arbeitszeit wurde die Bundesrepublik Deutschland mit 1580 Stunden/Jahr nur von Schweden mit 1576 Stunden/Jahr unterboten. Ein Industriearbeiter leistet in Japan 612 Stunden/Jahr oder 38,7 % und in den USA 270 Stunden/Jahr oder 17,1 % mehr als in der Bundesrepublik Deutschland.

Die Lebensarbeitszeit: Die Lebensarbeitszeit wird tendenziell durch eine längere Ausbildungszeit und ein früheres Ausscheiden aus dem Erwerbsleben reduziert. Dadurch verkürzt sich vor allem in den Industriestaaten die Lebensarbeitszeit erheblich.

Die UNO hat in einer Empfehlung im Jahre 1981 einstimmig gegen die Aussteuerung der älteren Menschen aus dem Wirtschaftsleben Stellung bezogen: Der Anspruch der älteren Arbeitnehmer auf Beschäftigung soll an der Fähigkeit, die Arbeitsleistung zu erbringen, und nicht am Lebensalter orientiert sein. Trotz der Probleme der Arbeitslosigkeit, insbesondere der Jugendarbeitslosigkeit, soll das Ruhestandsalter für Arbeitnehmer nicht gesenkt werden, es sei denn auf freiwilliger Basis. Ältere Arbeitnehmer sollen Arbeitsplatzsicherheit genießen und Zugang zu Orientierungs-, Schulungs- und Weiterbildungseinrichtungen und -diensten haben. Weiter wird ein System des Zeitausgleichs für die älteren Erwerbstätigen vorgeschlagen. Das freiwillige frühe Ausscheiden aus dem Erwerbsleben soll durch mehrere Altersgrenzen mit verringerten Leistungen erleichtert werden. Solche Zeitverkürzungen oder auch Frühpensionierungen sollen durch längere Beschäftigungszeiten für jene älteren Personen, für die die Arbeit den Hauptlebensinhalt bildet, ausgeglichen werden.

Folgte man dieser UNO-Empfehlung, so wäre das Arbeitskräfteangebot beachtlich höher, als dies bei den heutigen Berechnungen zur Erwerbstätigkeit der Fall ist.

Die Vergütung für Arbeit: Die Unterschiede der Arbeitsvergütungen zwischen den Industriestaaten und den Entwicklungsländern bleiben nach wie vor sehr hoch. Vom US Labor Department sind für 1983 die durchschnittlichen Stundenlöhne eines Industriearbeiters ausgewählter Staaten einschließlich aller Sozialleistungen und der durchschnittliche Stundenlohn eines US-Industriearbeiters in Höhe von 12,31 US-Dollar verglichen worden. Im Jahre 1983 ergaben sich die folgenden Stundenlohnindices gegenüber den USA (USA : 100), die jedoch im Zeitablauf durch Wechselkursveränderungen beeinflußt sind:

– Bundesrepublik Deutschland	84,	– Großbritannien	53,
– Niederlande	78,	– Japan	51,
– Schweden	73,	– Brasilien	14,
– Frankreich	62,	– Taiwan	13,
– Italien	62,	– Mexiko	12,
		– Südkorea	10.

Im Jahre 1983 wurden folgende durchschnittliche Stundenvergütungen in der verarbeitenden Industrie ausgewählter Staaten ermittelt:

Land	Arbeitskosten je Stunde, umgerechnet in DM		
	durchschnittlicher Bruttostundenlohn	Personalnebenkosten	insgesamt
USA	22,56	8,57	31,13
Kanada	22,64	8,15	30,79
Schweiz	19,75	9,68	29,43
Bundesrepublik Deutschland	15,25	12,17	27,42
Australien	19,05	8,29	27,34
Norwegen	18,34	8,82	27,16
Niederlande	14,41	11,89	26,30
Belgien	13,84	10,73	24,57
Schweden	13,94	9,72	23,66
Dänemark	18,16	4,10	22,26
Italien	10,86	10,15	21,01
Frankreich	11,11	9,05	20,16
Österreich	10,44	9,60	20,04
Jugoslawien	14,88	4,17	19,05
Großbritannien	12,19	4,94	17,13
Irland	10,90	4,14	15,04
Spanien	8,18	4,95	13,13
Griechenland	6,48	3,79	10,27

Quelle: o.V.: Spitzenplatz in der EG, in: iwd Informationsdienst des Instituts der deutschen Wirtschaft, 10. Jg., 1984, Nr. 18, S. 4–5, S. 5.

Die *Einkommensstruktur in den USA* zeigt eine starke Polarisierung (1980):

Bereich	Angaben in US-Dollar	
	Durchschnitt	Manager, Spezialisten
Industrie	15 000	23 000
Dienstleistungen	9 900	30 000
Gesundheitswesen	9 700	43 000

Die Erwerbstätigkeit der Frauen sinkt bei Einkommen der Männer ab 20 000 US-Dollar ab, sehr stark ab 35 000 US-Dollar.

In diesem Zusammenhang ist auch auf die Kritik an den USA einzugehen, daß in den letzten Jahren mehr uninteressante Arbeitsplätze geschaffen worden seien. Dies ist wesentlich auf den geringen Ausbildungs- und Fähigkeitsstandard sowohl der zusätzlichen Erwerbstätigen als auch deren Angehörigen zurückzuführen, deren Nachfrage nach den uninteressanten Arbeitsplätzen beweist, daß diese benötigt werden. Zur Flexibilität der Wirtschaft ist bei hohem Lohnniveau eine Spreizung der Vergütungen unerläßlich. Hier zeigt das Beispiel der USA die Funktionsfähigkeit des Preises für Arbeit.

IV. Die Szenarien

Polarisierung der Arbeitsbedingungen: In den Entwicklungsländern wird man noch auf Jahrzehnte hin eine Integration von Menschen in Produktionsprozesse mit körperlicher und mechanischer Arbeit vor allem zum Ausbau der Nahrungsmittelbasis und der Infrastruktur zu verzeichnen haben. In den Industriestaaten vollzieht sich dagegen bereits der Übergang in die postmaterialistische und nachindustrielle Arbeitswelt.

In den Industriestaaten werden für das Jahr 2000 folgende Beschäftigungsstrukturen erwartet: 3 bis 7 % Landwirtschaft, 18 bis 25 % Bergbau, Bau, Industrie und Handwerk, 22 bis 28 % klassische Dienstleistungen, so Verkehr, Handel, Banken, Versicherungen, 15 bis 20 % Bildung und Verwaltung. Alle anderen Arbeitsplätze entfallen auf neue Bereiche und neue Berufe, die teilweise in die klassischen Wirtschaftszweige integriert werden, teilweise selbständig sind. Diese Überlegungen zeigen die weitgehenden Herausforderungen an das Bildungssystem.

Die Entkoppelung in der Arbeitswelt: Ein neuer Ansatz in den Diskussionen um die zukünftige Gestaltung der Arbeit ist deren Entkoppelung aufgrund neuer technischer und ökonomischer Bedingungen. Man kann mindestens folgende Entkoppelungsvorgänge unterscheiden:

1. die Entkoppelung von Mensch und Maschine, d.h. Trennung von Aggregat und Bedienung und Steuerung durch Menschen, z.B. bei der Automation,
2. die Entkoppelung von Mensch und Warenbewegung im Bereich der Logistik, insbesondere bei Ein- und Auslagerung von Rohstoffen, Fertigteilen oder Handelswaren,
3. die Entkoppelung von Mensch und Belegprozessen, d.h. von Information und Kommunikation durch papierlose interne oder externe Telekommunikationssysteme,

4. die Entkoppelung von klassischen Zeitrastern, so durch Home banking oder Teleshopping, auch weitgehend menschenunabhängiger Mehrschichtbetrieb,
5. die Entkoppelung von zwischenmenschlichen Kontakten in der Arbeitswelt durch Substitution von Ortsanwesenheit durch mediale Kommunikation.

Nach Schätzungen des Bundesministeriums für Forschung und Technologie (BMFT) aus dem Jahre 1983 werden durch den technischen Wandel mittelfristig in der Bundesrepublik Deutschland bis zu 10 Mill. Arbeitsplätze betroffen.

Transport von Arbeitskraft oder Transport von Arbeit: Auf einer Konferenz der Electronic Services Unlimited (ESU) im Jahre 1984 in New York über Telecommuting wurde berichtet, daß innerhalb von zwei Jahren in den USA 5 Mill. Arbeitsplätze an andere Standorte, vor allem in die Wohnung, verlagert werden sollen. Immer mehr Unternehmen beziehen die Arbeit in der Wohnung in ihre Planungen ein. Nach Erfahrungen der ESU führen folgende Faktoren zur Kostensenkung durch Telecommuting:

- Produktivitätssteigerung durch verbesserte Arbeitsleistung,
- Rückgang des Krankenstandes,
- Rückgang der Kündigungen,
- bessere Möglichkeiten zur Inanspruchnahme von Personal-leasing- und Time-sharing-Mitarbeitern.

Nach Berechnungen der Firma Electronic Services dürften in den USA bis 1995 19 % der Beschäftigten Telependler werden; um 2000 soll die Mehrheit aller Beschäftigten zwei bis drei Tage zu Hause arbeiten. Von 1984 bis 1990 wird das Investitionsvolumen in den USA für Mikrocomputer, Textsysteme, intelligente Telefone und Software allein im Bereich Telecommuting, d.h. zur Erleichterung der Arbeit zu Hause, auf 13 Mrd. US-Dollar geschätzt.

Die Telearbeit in Form von Satellitenbüros oder Nachbarschaftsbüros dürfte von geringerer Bedeutung bleiben. Satellitenbüros sind ausgelagerte Zweigstellen, die über alle bürotechnischen Einrichtungen verfügen und in der Nähe der Wohnungen der Mitarbeiter liegen. Nachbarschaftsbüros sind Büros, die für Angestellte eines Stadtbezirks, aber von verschiedenen Unternehmen und Institutionen gegründet wurden. Dadurch sollen Pendelzeiten und -kosten, eventuell auch Mietkosten gesenkt werden.[64)]

---

64) Vgl. Kremar, Brigitte: Wenn der Bildschirm der Firma im häuslichen Wohnzimmer steht, in: Handelsblatt, 39. Jg., Nr. 80, 24. April 1984, S. 26.

Wenn man die Möglichkeiten zur Arbeit in der Wohnung auslotet, dürften sich neue Kontakt- und Arbeitsformen zwischen einander helfenden und gemeinsam arbeitenden Haushaltsangehörigen oder neue Formen der Arbeitsbeziehungen mit Nachbarn ergeben. Wie Arbeit im Haus nach den sozialen Entfremdungen im Nachbarschafts- und Gemeindebereich der Vergangenheit möglich ist, ist zur Zeit eine offene Frage. Man muß Menschen daraufhin ausbilden. Weiter ist eine Abschätzung der Entwicklung von Individualität und Anonymität oder Sozialverhalten und Kontaktbereitschaft erforderlich.

Als Vorteile des Telecommuting werden genannt: die Beschäftigung von jungen Müttern und von Behinderten, die Zeitersparnis, die Produktivitätszunahme, der Wegfall von Berufsverkehr wie auch die Beseitigung von räumlichen Ungleichgewichten im Arbeitsplatzangebot und in der Arbeitsplatznachfrage.

Die Gewerkschaften betrachten die Entwicklung mit Skepsis. Im Oktober 1983 verabschiedete die A.F.L.-C.I.O eine Entschließung, nach der Computer-Heimarbeit – mit Ausnahme für Behinderte – verboten werden soll.[65] Eine Rückbesinnung auf die mittelalterliche Haus- und Handwerkswirtschaft mit ihren spezifischen moralischen und sozialen Bindungen erscheint zur Beurteilung dieses in seinen Auswirkungen weitreichenden Phänomens eher kurzsichtig.[66] Die heute eher lockeren persönlichen Bindungen, die Verkraftbarkeit von Konflikten in der neuen Wohn-, Kommunikations- und Arbeitsnachbarschaft, die Grade der Wohnstabilität oder Wohnmobilität, die auf Familie oder Nichtfamilie beruhenden Kleingruppenbeziehungen und nicht zuletzt die Wertedynamik sind die dabei relevanten Einflußgrößen.

Außerdem wird die Akzeptanz der Arbeit zu Hause von der Kombination mit Kontakten am Arbeitsplatz oder an spezifischen Kontaktorten und von der gesamten Sozialkontaktstruktur in allen Lebensbereichen abhängig sein.

Ansätze zu neuen Vergütungsordnungen: Seit einiger Zeit wird das Konzept eines Grundgeldes für die Absicherung der Grundbedürfnisse diskutiert. Die Realisierung eines Grund- und Versorgungsgeldes hätte auch beachtliche Rückwirkungen auf die jetzigen Lohn- und Gehaltsformen. Jedem Erwachsenen würde nach diesem neuen Vergütungskonzept Anspruch auf ein Grundgeld zustehen. Dies kann mit oder ohne Anspruch des Staates auf eine wöchentliche Grundarbeitszeit des Be-

---

65) O. V.: Zunahme des Tele-Pendelns, in: Manager Magazin Trendletter, 1984, Nr. 7, S. 4.

66) Vgl. Toffler, Alvin: Der Zukunftsschock, 6. Aufl., (Scherz Verlag) Bern-München-Wien 1972.

günstigten gewährt werden. Jedes Ergänzungs- oder Arbeitsgeld würde durch zusätzliche Arbeit zu verdienen sein. Man wird heute die Höhe eines potentiellen Bürgergeldes oder Grundgeldes bei Durchschnittsrenten von 1 100 DM (1982) auf etwa 900 bis 1 000 DM schätzen können.

In den USA wird der ,,doppelte Minimum-Lohn" diskutiert. Bei einem normalen Minimum-Lohn von 3,50 US-Dollar wird für Jugendliche unter 18 Jahren ein Minimum-Lohn von 2,50 US-Dollar festgelegt. Sozialpolitisch wird davon vor allem eine Reduktion der Verbrechensrate erwartet, weil jedem Jugendlichen ein bestimmtes finanzielles Minimum zusteht, mit dem er fest rechnen kann – eine Maßnahme, die vor allem für sozial schwache Farbige gedacht ist.

Kaum eine Entwicklung im Bereich der Umverteilung zugunsten der sozial Schwachen wird nicht nur in den Industriestaaten sondern weltweit mehr Wirkungen zeitigen als diese materielle Absicherung mit weitgehendem Verzicht auf Diskriminierung. Vielleicht wird das Grundgeld, u.U. in der Form der negativen Einkommensteuer, zur wichtigsten Maßnahme einer Wiederfindung von sozialem Konsens und zur Vermeidung sozialer Konflikte sowie zur Sicherung der Rechtssicherheit.

Das Überlebensszenario

Die Volumenprobleme der Integration in die Arbeitswelt nahmen in Anbetracht der Bevölkerungsentwicklung fast unvorstellbare Ausmaße an.

Zur Zeit gibt es weltweit etwa 1,3 Mrd. Erwerbstätige. Die Zahl der Erwerbstätigen müßte bis zum Jahre 2000 – wie erwähnt – bei Integration aller Erwerbswilligen in den Arbeitsprozeß um 1,1 Mrd. erhöht werden.

Es muß jedoch bereits als ausgeschlossen angesehen werden, in einer Zeitspanne von einem guten Jahrzehnt weltweit 1,1 Mrd. Arbeitsplätze zu schaffen. So kann die Frage nur dahin gehen, was man überhaupt bei allen Anstrengungen zu erreichen in der Lage sein könnte. Man muß sich zu einer Antwort auf die Frage durchringen, ob Müßiggang in den Nichtindustriestaaten besser ist als Tätigkeiten mit geringer Produktivität, die auch mit Maschinen erledigt werden könnten. Es geht somit um die Auffindung von Konzepten zur wünschenswerten Erhaltung von menschlicher Arbeit gegenüber einer starken Substitution durch Einsatz von technischen Hilfsmitteln. Wegen des Schubs der jungen Menschen in den Entwicklungsländern ist bis zum Jahre 2030 eine weit über dem Bevölkerungswachstum liegende Erwerbsfähigkeit zu erwarten. Man kann davon ausgehen, daß von 2000 bis 2030 noch einmal mindestens

2 Mrd. Menschen in den Arbeitsproezß eingegliedert werden müßten. Beim Überlebensszenario ist somit eine Neuorientierung der Arbeitsethik und auch ein Durchdenken der sozialen Sicherung für diejenigen Menschen erforderlich, für die sich vermutlich keine Integration in den Arbeitsprozeß finden läßt.

Das Defizitszenario

Beim Defizitszenario ist wegen der zu erwartenden Hungersnöte und Kriege und die dadurch weitaus höhere Kinder- und Erwachsenensterblichkeit die Anforderung an die Bereitstellung von Arbeitsplätzen vergleichsweise geringer. Die soziale Bewältigung der hohen Arbeitslosigkeit dürfte sich jedoch als sehr schwierig erweisen, weil die ehtischen und ideologischen aber auch die technisch-ökonomischen Voraussetzungen weitaus ungünstiger sind als beim Überlebensszenario.

F. Wohlstand und Wirtschaftskraft

I. Die Einkommensbedingungen im internationalen Vergleich

Nach einer Untersuchung der Weltbank für das Jahr 1981 haben über 2 Mrd. der rd. 4,5 Mrd. Einwohner ein Pro-Kopf-Einkommen von weniger als 300 US-Dollar. Der Unterschied des Pro-Kopf-Einkommens zwischen den ärmsten Ländern gegenüber den reichsten Industriestaaten lag 1984 im Verhältnis 1 : 220.

Jahreseinkommen in US-Dollar	Einwohner in Mill.	Länderbeispiele
über 12 000 (Reiche)	380	Arabische Emirate, Schweiz, Schweden, Bundesrepublik Deutschland, USA, Frankreich
5 000 bis 12 000 (Wohlhabende)	400	Niederlande, Österreich, Japan, England, Italien
2 000 bis 5 000 (Mittelstand)	690	UdSSR, Griechenland, Jugoslawien, Brasilien
300 bis 2 000 (Arme)	950	Türkei, Nigeria, Indonesien, Pakistan
unter 300 (Ärmste)	2 060	China, Indien, Zaire, Bangladesch

Der Abstand des Pro-Kopf-Einkommens in den Industrieländern mit rd. 7 000 US-Dollar gegenüber 170 US-Dollar in den armen Ländern wird sich nur wenig verändern. In den Industrieländern bedeuten in 15 Jahren 1,5 % Wachstum 1 750 US-Dollar (+ 25,0 %), in den armen Ländern würden selbst 5 % Wachstum – die wegen der Bevölkerungszunahme nicht erreichbar erscheinen – absolut nur 183 US-Dollar (+ 107,9%) je Einwohner ausmachen. Daher dürfte sich in den nächsten Jahrzehnten die Spreizung der Einkommensunterschiede weiter erhöhen. Das Einkommen in den ärmsten Ländern ist von 1970 bis 1982 jährlich nur um rd. 1 % angestiegen.

Umfassende Umverteilungen aus den Industriestaaten in die Entwicklungsländer würden weltweit beachtliche Auswirkungen auf Struktur und Wachstum des Bruttosozialprodukts haben. Es ist jedoch zur Zeit ungeklärt, wie das Entwicklungshilfedesaster, das teils auf Fehlern der Geberländer, teils auf Mängeln in den Empfängerländern beruht, überwunden werden kann.

II. Internationale Aspekte des Bruttosozialprodukts

Allgemein wird heute das Jahr des ersten Erdölschocks als der Höhepunkt der relativen wirtschaftlichen Stellung der europäischen Industrienationen im Weltvergleich bezeichnet. Seit diesem Zeitpunkt sind immer mehr industrielle Arbeitsplätze in den pazifischen Raum und einige südamerikanische Staaten, aber auch in die USA verlagert worden.

Diese neue weltwirtschaftliche Arbeitsteilung war in Westeuropa nicht von einer kräftigen Beteiligung an den neuen Technologien begleitet, so daß von einer Auszehrung Europas – der Eurosklerose – gesprochen wird.

Vom Weltsozialprodukt entfielen im Jahre 1960 70,9 % auf die Industrieländer I und II[67], im Jahre 1977 waren es 64,3 %. Die Verschiebungen erfolgen langsam. Bei einer Verdoppelung des realen Bruttosozialprodukts der Industriestaaten von 3 493 auf 7 871 Mrd. US-Dollar erreichte die übrige Welt eine Steigerung von 1 017 auf 2 813 Mrd. US-Dollar, d.i. fast eine Verdreifachung. Absolut war jedoch wegen der Gewichtsunterschiede die Veränderung in den Industriestaaten rund dreimal so hoch wie in der übrigen Welt. Von 1950 bis 1980 ist der Anteil der USA am Bruttoinlandsprodukt der OECD von 61 % auf 34 % rückläufig gewesen.

Das jährliche durchschnittliche Wachstum des Bruttosozialprodukts der EG-Staaten betrug von 1960 bis 1973 4,6 % und von 1973 bis 1980 nur noch 2,3 %; die Vergleichswerte in den USA sind dagegen 4,0 % bzw. 2,2 %.

Japan strebt nach Informationen des MITI eine Erhöhung seines Anteils am Weltsozialprodukt auf 12 % im Jahre 2000 an. 1960 waren es erst 3 %, 1970 bereits 10 %. Das japanische Exportvolumen soll von 80 Mrd. US-Dollar im Jahre 1982 auf 285 Mrd. US-Dollar im Jahre 1990 ansteigen.

Der Anteil der Bundesrepublik Deutschland am Weltsozialprodukt betrug:

1960	1970	1980[1)]	1982[1)]
4,7 %	6,7 %	8,0 %	7,9 %

1) Bruttosozialprodukt zu Marktpreisen.

67) Industrieländer I: USA, Japan, Bundesrepublik Deutschland, Frankreich, Kanada, Australien, Niederlande, Belgien, Schweden, Österreich, Schweiz, Dänemark, Finnland, Norwegen, Luxemburg, Island. Industrieländer II: Italien, Großbritannien, Spanien, Jugoslawien, Griechenland, Hongkong, Israel, Irland, Neuseeland, Singapur.

Tabelle 2.9

Die Entwicklung des Weltsozialprodukts und des Sozialprodukts je Einwohner von 1960 bis 1977

Gegenstand	zu Preisen von 1977			jahresdurchschnittliche Veränderung in %	
	1960	1970	1977	1960/70	1970/77
Weltsozialprodukt	– Angaben in Mrd. US-Dollar –				
– Industrieländer I	2 116	3 488	4 358	5,1	3,2
– Industrieländer II	360	567	700	4,7	3,0
– Associates Industrieländer	4	9	10	7,1	2,3
– Zentrale Planwirtschaften Europas	440	832	1 217	6,6	5,6
– Zentrale Planwirtschaften Asiens	135	267	402	7,1	6,0
–Ölländer I	22	60	110	10,7	9,1
–Ölländer II	110	203	326	6,3	7,0
– Entwicklungsländer I	143	225	401	5,9	6,7
– Entwicklungsländer II	50	82	127	5,2	6,3
– Entwicklungsländer III	86	135	174	4,6	3,8
– Entwicklungsländer IV	27	38	46	3,4	2,6
insgesamt	3 493	5 936	7 871	5,4	4,1
Sozialprodukt je Einwohner	– Angaben in US-Dollar –				
– Industrieländer I	4 620	6 810	8 040	4,0	2,4
– Industrieländer II	2 090	3 030	3 560	3,8	2,3
– Associates Industrieländer	1 970	3 160	3 400	4,8	1,1
– Zentrale Planwirtschaften Europas	1 400	2 390	3 300	5,5	4,7
– Zentrale Planwirtschaften Asiens	185	305	405	5,1	4,1
– Ölländer I	2 530	5 050	7 160	7,2	5,1
– Ölländer II	470	660	885	3,5	4,3
– Entwicklungsländer I	730	1 020	1 360	3,4	4,2
– Entwicklungsländer II	390	490	630	2,3	3,7
– Entwicklungsländer III	150	185	202	2,1	1,3
– Entwicklungsländer IV	135	150	150	1,1	0,0
insgesamt	1 155	1 620	1 865	3,4	2,0

Quelle: Der Bundesminister für Forschung und Technologie (Hrsg.): Politik, Wertewandel, Technologie – Ansatzpunkte für eine Theorie der sozialen Entwicklung, (Econ Verlag) Düsseldorf-Wien 1982, S. 356 f.

III. Der Einfluß der nationalen Industriestruktur

Die Industriestruktur bildet im internationalen Vergleich nach wie vor die Grundlage der nationalen Wirtschaftskraft und der internationalen Außenhandelswettbewerbsfähigkeit. Die Bedeutung der Vorsprungsfaktoren der Industriestruktur unterliegt einem raschen Wandel. Der Index der Industrieproduktion zeigte von 1972 bis 1984 folgende Entwicklung: EG (12) + 20 %, USA + 36 % und Japan + 58 %.

Die starke Innovationsdynamik überfordert zur Zeit die westeuropäische Industrie. Dazu ein schlagendes Beispiel: 1975 war die Import-Export-Relation der EG bei Informationstechnologien noch ausgeglichen. 1981 betrug das Defizit erst 12,5 Mrd. DM. 1982 war bereits ein Defizit von 25 Mrd. DM zu verzeichnen. Die Entwicklung verlief dramatisch.

Nach einer neuen Untersuchung von McKinsey ist mit folgender Bandbreite der Entwicklung im Bereich der Informationstechnologie (IT) in den EG-Staaten zu rechnen:

- 2 Mill. neue Arbeitsplätze bei gleicher Entwicklung wie in den USA,
- 2 Mill. weniger Arbeitsplätze (gegenüber heute 5 Mill.) bei weiterer Schwächung der IT-Industrie.

Dies bedeutet in nur 7 Jahren eine Differenz von nicht weniger als 4 Mill. Arbeitsplätzen in nur einem Bereich je nach Anpassungsfähigkeit an neue technologische Entwicklungen.

Welchen Umfang die Umstrukturierung der Wirtschaft haben könnte, zeigen Schätzungen über das Wachstum der Informationstechnik, das im Jahre 2000 bereits zwei Fünftel der industriellen Weltwertschöpfung erreichen könnte.[68)]

So haben Untersuchungen von Unternehmensberatungen in Westeuropa ergeben, daß fast die Hälfte der in der Industrie Beschäftigten in staatlich administrierten oder protegierten Unternehmen arbeiten. Ein introvertiertes und defensives Verhalten sei in diesen Unternehmen der Hauptfaktor, der Pioniertum be- und verhindere.

---

68) Vgl. Späth, Lothar: Wende in die Zukunft, (Rowohlt Verlag) Reinbek bei Hamburg 1985, S. 73.

IV. Die Rüstung

Die Rüstung bindet in erheblichem Ausmaß ökonomisches Potential. Nicht weniger als 600 Mrd. US-Dollar (1982) werden weltweit jährlich für die Rüstung ausgegeben. Im Jahre 1960 erreichten die Rüstungsausgaben der Welt 100 Mrd. US-Dollar, im Jahre 1986 dürfte der Wert von 1 000 Mrd. US-Dollar überschritten werden.[69)]

Nicht weniger als 50 % aller staatlichen Ausgaben für Forschung und Entwicklung entfallen im internationalen Durchschnitt auf die Rüstung, in den USA sind es sogar 70 % oder rd. 30 Mrd. US-Dollar.

V. Der Welthandel

Als Indikator zur Messung der Außenhandelsverflechtung dient das Wachstum des Außenhandels im Vergleich zum Wachstum des Bruttoinlandsprodukts. Wenn der Außenhandel vergleichsweise schneller wächst, wird die inländische Produktion verstärkt auf ausländischen Märkten abgesetzt und Konsum und Produktion im Inland nutzen verstärkt ausländische Bezugsquellen.

Der Nominalwert der Weltexporte an Gütern und Dienstleistungen stieg von ca. 605,3 Mrd. US-Dollar im Jahre 1960 auf 2 170,5 Mrd. US-Dollar im Jahre 1980. Einer jährlichen realen Wachstumsrate des Weltexportwertes von 6,7 % steht ein Wachstum des realen Bruttoinlandsprodukts von jahresdurchschnittlich 4,4 % gegenüber. Der Anteil der Weltexporte am Bruttoinlandsprodukt stieg im gleichen Zeitraum von 12,2 % auf 21,8 %.[70)]

Die jahresdurchschnittlichen realen Veränderungen im Welthandel haben sich wie folgt entwickelt:

- 1955 bis 1973 rd. 9 %,
- 1973 bis 1983 rd. 4 %.

Diese Abschwächungen haben nichttarifäre Handelshemmnisse zur Folge gehabt, so Importkontingentierungen, freiwillige Exportbeschränkungen oder Subventionen. Im Jahre 1984 galt ein Viertel des Welthandels mit industriellen Halb- und Fertigwaren als von nichttarifären Hemmnissen betroffen, im Jahre 1974 waren es erst 10 %.

---

69) Bestushew-Lada, Igor: Die Welt im Jahre 2000 – Eine sowjetische Prognose für unsere Zukunft, (Dreisam-Verlag) Freiburg i.Br. 1984.

70) Vgl. o. V.: Realitäten der ökonomischen Interdependenz, in: Finanzierung & Entwicklung, 1984, Nr. 3, S. 28–32, S. 29.

Tabelle 2.10
Die Entwicklung der Weltexporte und des Bruttoinlandsprodukts (BIP) von 1950 bis 1980

Jahr	Exporte	jährliche Wachstums-rate	BIP	jährliche Wachstums-rate
	in Mrd. US-Dollar	in %[1]	in Mrd. US-Dollar	in %[1]
1950			2 812,0	
1955	.	.	3 423,0	4,0[2]
1960	605,3	.	4 166,6	4,0[2]
1965	853,6	7,3	5 407,6	5,4
1970	1 298,9	8,9	6 948,8	5,2
1975	1 649,1	5,7	8 307,7	4,0
1980	2 170,5	5,5	9 969,9	3,8

1) nach der Methode der kleinsten Quadrate geschätzter Wachstumstrend.
2) aus Anfangs- und Endjahr ermittelte Wachstumsrate.

Quelle: Weltbankdaten, zit. nach: o. V.: Realitäten der ökonomischen Interdependenz, in: Finanzierung & Entwicklung, 1984, Nr. 3, S. 28–32, S. 29.

Die Exportanteile am Bruttosozialprodukt betrugen 1980:

- Bundesrepublik Deutschland 26,0 %,
- Japan 13,5 %,
- USA 8,0 %.

Die Exportquote der Bundesrepublik Deutschland erreichte im Jahre 1960 17 % und 1980 33 %. Die Prognos AG in Basel erwartet bis zum Jahre 2000 eine Überschreitung der 40 %-Marke.

Die zunehmenden Verflechtungen begründen stärkere Abhängigkeiten zwischen den Staaten und geringere Freiheitsgrade für eine autonome Wirtschaftspolitik einer Nation. In der Wirtschaftspolitik wird diesem Problem nur bedingt Rechnung getragen – nicht zuletzt, weil die Einflüsse der Maßnahmen anderer Staaten auf die eigene Situation nicht genügend transparent sind. Die gegenseitige Abhängigkeit der Industriestaaten ergibt sich auch daraus, daß auf der Basis der Wechselkurse das Pro-Kopf-Einkommen in den Industriestaaten 20mal so rasch wächst wie in den Entwicklungsländern.[71] Von 1972 bis 1981 hat sich

71) Vgl. Council on Environmental Quality and Ministry of Affairs (Hrsg.): The Global 2000 Report to the President, (U. S. Government Printing Office) Washington 1980; deutsche Ausgabe: Global 2000 – Der Bericht an den Präsidenten, 2. Aufl., (Verlag Zweitausendeins) Frankfurt a.M. 1980, S. 50.

Tabelle 2.11

Die Entwicklung der Märkte für Industriegüterexporte von 1972 bis 1981 – Angaben in %

Abnehmer	Lieferanten											
	Welt		Bundesrepublik Deutschland		EG		USA		Japan		übrige Industrieländer	
	1972	1981	1972	1981	1972	1981	1972	1981	1972	1981	1972	1981
Bundesrepublik Deutschland	10,1	8,7	—	—	13,2	11,0	5,5	4,4	3,2	3,9	11,7	14,4
Frankreich	6,7	6,6	12,7	12,9	9,8	9,7	3,6	3,3	0,9	1,5	3,7	4,7
Großbritannien	7,0	6,3	4,8	6,8	5,2	6,8	5,3	6,1	3,4	3,2	9,7	6,0
Italien	4,4	4,3	8,0	8,1	5,8	5,9	2,5	1,9	0,8	0,6	4,5	5,4
Belgien	4,2	3,7	7,8	6,9	6,7	6,1	2,3	2,6	1,2	1,0	1,5	1,8
Niederlande	4,9	4,3	10,2	8,4	7,3	6,2	2,7	3,4	1,5	1,3	2,8	2,5
USA	15,6	14,3	9,6	6,8	8,5	6,3	—	—	31,3	25,6	23,9	19,4
Japan	3,0	4,0	1,4	1,2	1,1	1,1	7,5	7,0	—	—	2,0	2,3
restliche Industrieländer	18,8	15,3	28,1	26,0	23,0	20,2	36,7	27,4	12,4	10,2	22,5	16,3
EG-9 insgesamt	39,2	35,8	45,8	45,4	50,4	48,4	22,6	22,5	11,4	11,9	36,8	36,7
Industrieländer insgesamt	76,6	69,4	79,8	74,3	78,3	71,5	66,1	56,4	54,2	46,7	80,2	71,3
asiatische Schwellenländer	3,3	5,2	1,0	1,4	1,1	1,6	3,9	6,3	11,5	12,9	1,3	2,0
lateinamerikanische Schwellenländer	2,4	2,7	2,3	2,0	1,7	1,6	7,8	11,0	2,4	2,5	1,7	1,7
OPEC	3,7	8,6	3,3	8,3	3,9	10,1	5,9	10,4	6,6	15,2	2,3	6,9
restliche Entwicklungsländer	10,8	10,9	8,5	9,3	11,1	11,9	15,6	14,2	20,2	16,5	8,3	11,2
Entwicklungsländer insgesamt	20,3	27,4	15,0	21,0	17,9	25,1	33,1	41,8	40,7	47,2	13,5	21,8
Staatshandelsländer	3,1	3,2	5,2	4,6	3,8	3,4	0,8	1,8	5,1	6,1	6,2	6,9
Welt insgesamt	100,0	100,0	100,0	100,0	100,0	100,0	100,0	100,0	100,0	100,0	100,0	100,0

Quelle: UNO; eigene Berechnungen, zit. nach: Härtel, Hans-Hagen; Thiel, Eberhard u.a.: Analyse der strukturellen Entwicklung der deutschen Wirtschaft, Strukturbericht 1983, (Verlag Weltarchiv) Hamburg 1984, S. 171.

der Anteil der Bundesrepublik Deutschland am Welthandel von 10,1 % auf 8,7 % verringert. Dieser Rückgang war im Vergleich zu den übrigen EG-Staaten (EG-9) – wenn auch auf hohem Ausgangsniveau – am stärksten. Die Exporte der USA betrugen im Jahre 1952 erst 3 %, 1981 8,8 % des Bruttoinlandsprodukts.

Durch die kräftigen Tendenzen zum Protektionismus werden die Bedingungen für Importe in die EG-Staaten wie auch innerhalb der EG-Staaten – achetez français und buy british – verschlechtert. In Anbetracht der hohen internen Verflechtungen und der externen Exportabhängigkeit der EG-Staaten wird die weitere Entwicklung Westeuropas vor allem durch die Stärken und Schwächen der Industriestruktur geprägt werden.

Die Exporte bei Gütern der Spitzentechnologie und der Technologie aus der Bundesrepublik Deutschland haben deutlich abgenommen. Die eher noch etwas ungünstigere Situation in Großbritannien und Frankreich kann über den wachsenden Vorsprung der USA und Japans in diesem Bereich kaum hinwegtrösten.

Der Anteil der Industriegüterexporte der USA am Weltexport hat sich von 29 % im Jahre 1953 auf rd. 13 % am Ende der siebziger Jahre verringert. Dies zeigt die kräftigen Außenhandelsverschiebungen durch die Erstarkung Westeuropas und des pazifischen Raumes in dieser Phase. Von rd. 2 % im Jahre 1976 auf über 30 % im Jahre 1982 hat sich das Volumen der Gegengeschäfte im weltweiten Außenhandel erhöht.

Rascher Wandel der Außenhandelsbedingungen: Die Außenhandelsbedingungen für Hochtechnologieprodukte der Europäischen Gemeinschaft verschlechtern sich. Dazu gehören neue Energiequellen, Luft- und Raumfahrt und Biotechnologie, aber auch Informationstechnologie; hier die Werte für 1963 bis 1981 für ausgewählte Gebiete, wenn die OECD insgesamt in jedem der genannten Jahre mit 1,00 bewertet wird:

Gebiet	1963	1970	1978	1981
	– Durchschnitt der OECD insgesamt = 1,00 –			
EG	1,01	0,90	0,88	0,87
USA	1,27	1,18	1,27	1,19
Japan	0,72	1,07	1,27	1,37

Veränderungen der internationalen Arbeitsteilung: Einige Firmen holen ihre nach Asien verlagerte Produktion wieder zurück. So konnten z.B. die Kostenunterschiede der Hemdenproduktion zwischen den USA und Südostasien auf 10 % reduziert werden. Für einen großen Teil der Produktion wird ein Lohnstückkostenunterschied in Kauf genommen. Kurze Lieferfristen, bessere Qualitätskontrolle, geringere Transportunsicherheiten und Verringerung der notwendigen Fertigwarenlagervorräte sind Vorteile. Dieser Trend wird durch rasche Lohnsteigerungen in den südostasiatischen Ländern gefördert. Dort lagen die Stundenlöhne 1973 zwischen 0,28 US-Dollar (Südkorea) und 0,74 US-Dollar (Singapur). Inzwischen sind sie auf 1,42 US-Dollar (Südkorea) bzw. 2,19 US-Dollar (Singapur) gestiegen (1984).

Bei Herstellern, die sich bisher Teile aus Südostasien zuliefern ließen, spielt die Umstellung auf neue „Just-in-Time"-Materialwirtschaftssysteme eine Rolle. Hier ist man auf nahegelegene, flexible Lieferanten angewiesen.[72)]

Mehr Gegengeschäfte: Der Tauschhandel nimmt stark zu. Ein spektakuläres Beispiel ist der Tausch von VW's aus Brasilien gegen Öl aus dem Iran im Betrag von mehr als 1 Mrd. US-Dollar. Das GATT schätzt den Tauschhandel heute auf rd. 200 Mrd. US-Dollar. Banken eröffnen neue Abteilungen für Gegengeschäfte. Das US-Außenministerium bewertet Tauschgeschäfte mit 20 % bis 30 % des Welthandels.

Pragmatische Forschung in Unternehmen: Die Organisation des technischen Fortschritts verändert die weltweiten Marktbedingungen. Dies wird in Japan am Beispiel einzelner Firmen deutlich. So arbeitete Hitachi im Jahre 1986 an über 50 Entwicklungsprojekten mit dem Ziel, bisher in gewerblichem Bereich eingesetzte Geräte mit Preisen bis zu 10 000 US-Dollar populär zu machen und zu billigen, kleinen und benutzerfreundlichen Geräten zu transformieren, um sie in jedem privaten Haushalt nutzen zu können.

In über 40 japanischen Unternehmen bestehen vergleichbare Vorhaben.

---

72) Vgl. o. V.: Einzelne US-Firmen holen wieder Beschäftigung aus Südostasien zurück, in: Manager Magazin Trendletter, 1984, Nr. 45, S. 1.

VI. Die Eigenkapitalausstattung der Unternehmen

Die Eigenkapitalausstattung der Unternehmen ist nur noch in Japan niedriger als in der Bundesrepublik Deutschland:

Land	Eigenkapitalanteil an der Bilanzsumme im Jahresdurchschnitt 1978/80 in %	Zunahme des realen Bruttosozialprodukts im Jahresdurchschnitt 1973/82 in %
Bundesrepublik Deutschland	21,7	1,6
Frankreich	31,0	2,4[1]
Italien	21,6	2,1[1]
Großbritannien	47,2	0,6
USA	62,9	1,9
Japan	13,9	3,8

1) Bruttoinlandsprodukt.

Quelle: OECD.

Italien hat eine mit der Bundesrepublik Deutschland vergleichbare ungünstige Situation in der Eigenkapitalausstattung.

VII. Der Private Verbrauch

Die Exportfähigkeit der Industriestaaten wie der Entwicklungsländer wird auch durch die Verschiebungen im Privaten Verbrauch bestimmt. So steht bei bestimmten Produkten eine Zunahme in den Entwicklungsländern einer Stagnation oder gar Abnahme der Nachfrage in bestimmten Industrieländern gegenüber. Dazu ein Beispiel: Nach einer MIT-Studie wird die Pkw-Produktion weltweit von 43 Mill. Einheiten im Jahre 1985 auf 60 Mill. im Jahre 1995 ansteigen. Die zusätzliche Nachfrage dürfte in erheblichem Umfange außerhalb der westlichen Industriestaaten wirksam werden.

VIII. Die Szenarien

Aufgrund der bisherigen Überlegungen resultieren Wohlstand und Wirtschaftskraft weitgehend aus der Bewältigung von demographischer Entwicklung und Erwerbswilligkeit einerseits sowie Bewältigung von Rohstoff- und Umwelt- sowie Technologie- und Fortschrittsproblemen andererseits. Ein Szenario muß von Annahmen über die künftige Nahrungsmittel-, Rohstoff- und Energieverteilung sowie auch über die Verbreitung der Produktion und die Entwicklung des Außenhandels ausgehen. Dabei sind die künftigen Umverteilungen durch Außenhandel auch ein wichtiges Indiz für das regionale Angebot von Arbeitsplätzen.

Zur Zukunft des Außenhandels

Die staatlichen Bestrebungen zu Eingriffen in den Außenhandel sind nach wie vor vielfältig. Dabei müssen bestehende Regelungen und Bestrebungen zu Neuregelungen unterschieden werden. Als wichtige Tendenzen seien erwähnt:

1. die Intensivierung des Protektionismus zugunsten der einheimischen Landwirtschaft der EG mit Tendenzen einer Ausdehnung des Schutzes auf die einheimische Industrie,
2. die Bestrebungen zu einer staatlichen Steuerung der Weltrohstoffwirtschaft, durch die das Marktprinzip auch auf allen anderen Märkten tangiert würde,
3. der Ausbau von Kontingent- und Kontrollsystemen vom Typ des Welttextilabkommens oder des ,,Orderly Marketing Agreement" zwischen Japan und den USA.

Die inländische Produktion würde durch veränderte Steuerungskriterien des Außenhandels beeinflußt. Bereits die Einführung eines Orderly Marketing Agreement in der Form der zwischen den Vereinigten Staaten und Japan abgeschlossenen Vereinbarungen oder nichtförmliche bilaterale Vereinbarungen haben große Auswirkungen. Auf jeden Fall werden Importbeschränkungen in Europa mit zunehmender Intensität diskutiert. Dabei wird bisweilen die Exportabhängigkeit der einheimischen Industrie übersehen.

Bei aller Hoffnung auf insgesamt wohlstandsfördernde Wirkungen eines liberalen Welthandels wird man sich jedoch in einem Lande wie der Bundesrepublik Deutschland auch die Auswirkungen des Welthandels verdeutlichen müssen, wenn – wie dies heute der Fall ist – die Strukturpolitik und die Politik der Außenhandelsförderung der Staaten sehr unterschiedlich sind. Starke Lohnzurückhaltung und Konsumaskese in einigen Ländern beschleunigen den Strukturwandel in Hochlohnländern. Die internationale Arbeitsteilung verändert die Autarkiegrade.

Für den Außenhandel ist eine Hoffnung auf funktionsfähige Marktselbstheilungskräfte wenig berechtigt, weil die Marktkräfte durch Staatsinterventionismus bzw. fundamentale wirtschaftspolitische Fehler in den vergangenen Jahren teilweise über das zulässige Maß hinaus außer Kraft gesetzt worden sind. Daher muß man sich vorläufig mit der Regel abfinden: Jeder Interventionismus führt zwangsläufig zu noch mehr Interventionismus! Es bleibt daher zunächst nicht viel mehr als die Hoffnung auf eine politische Bereitschaft zur Umkehr in der nationalen Wirtschaftspolitik aller Industrienationen, die dann auch positiv auf den Außenhandel wirken würden.

Im internationalen Kontext besteht das erwähnte Problem der Überspezialisierung mit Know-how-Verlust, d.h. letztlich ein partieller Technologierückschritt.

Man wird somit die Außenhandelsproblematik langfristig neu durchdenken müssen, vor allem im Hinblick auf erforderliche Autarkiegrade des eigenen Landes, um nicht ganze Wirtschaftszweige zu ,,verlieren''.

Man muß abschätzen, wie sich die weltweiten Nachfrage- und Angebotsstrukturen verändern:

1. Welche Veränderungen sind zwischen den westlichen Industriestaaten zu erwarten?
2. Welche Beziehungen entwickeln sich zwischen den westlichen Industriestaaten und den neuen Industrialisierungsstaaten, so Malaysia, Südkorea und einigen Ländern Südamerikas?
3. Welche Position erreichen die Schwach-Industrialisierungsstaaten, so Länder Afrikas und ausgewählte Länder des südasiatischen Subkontinents?

Die Außenhandelsszenarien sind wegen der vielen unwägbaren Faktoren nur mit einer kaum umgreifbaren Bandbreite zu entwerfen. Dies wird auch durch eine Analyse der ökonomischen Anomalien deutlich:

- Bei Preissteigerungen für Öl wächst die internationale Verschuldung und das Währungssystem wird instabil.
- Wenn sich die terms of trade zu Lasten der ölimportierenden Länder verschlechtern, wird die weltweite Einkommensverteilung ungleichgewichtiger und das Wachstum beeinträchtigt.
- Zunehmender Exportdruck der weniger entwickelten Länder mit geringem Lohnniveau führt zu mehr Protektionsstreben in den entwickelten Ländern.
- Durch zunehmenden Export zwischen entwickelten Ländern wächst der Ruf nach Schutz vor unfairem Wettbewerb.
- Wenn die Staaten mit Zentralplanungswirtschaft zur Erhöhung ihrer Produktivität mehr westliche Technologie nachfragen, wird der Westen aus Finanz- und Sicherheitsgründen zurückhaltender.

Jede Verteuerung der Rohstoffimporte reduziert die Möglichkeiten der Industrieländer zur Entwicklungshilfe.

So dürfte ein Zerfall des OPEC-Kartells die Situation der ölimportierenden Länder verbessern, vor allem der Verschuldungsgrad würde zurückgehen; dagegen würden die ölexportierenden Länder, so Mexiko oder Venezuela, stark betroffen werden.

Auch ein Niedergang des multilateralen Handelssystems durch eine immer stärkere internationale Verschuldung könnte eintreten. Zunächst würden die Banken die Bereitschaft zur internationalen Finanzierung stark reduzieren. Darauf könnte ein komplexes System des Tauschhandels folgen. Schließlich könnten sich regionale Blöcke von Nationen entwickeln, deren Außenhandelsbeziehungen intensiver als heute werden.[73)]

Weiter ist auch nicht auszuschließen, daß sich im arabischen Golf eine militärische Intervention der USA mit der Schaffung einer International Oil Commission ergeben könnte.

Neue Fragestellungen

Beispiele neuer Fragestellungen, die durch den Außenhandel entstehen, sind:

Wie wirkt sich multinationale Kooperation und Konzentration auf den internationalen und nationalen Wettbewerb aus?

Welche Auswirkungen haben der patent- und Lizenzwettbewerb zwischen mehreren Staaten, z.B. den USA, Japans und der Bundesrepublik Deutschland?

Wie sind die Wirkungen des internationalen Finanzierungs- und Substitutionswettbewerbs zu beurteilen, der vor allem durch die Petro-Dollars angeheizt wird?

Welche Veränderungen der Wettbewerbsbedingungen sind durch starke Währungsschwankungen zu verzeichnen?

Das Überlebensszenario

Beim Überlebensszenario wird im Zeitablauf von einer Anpassung zwischen den unterschiedlich entwickelten Gebieten ausgegangen. Man

---

73) Vgl. Drobnick, Richard; Enzer, Selwyn: World trade: Alternatives for the Eighties, in: The McKinsey Quarterly, 1982, Nr. 2, S. 59–70, S. 63 ff.

könnte von einem dynamischen Modell der kommunizierenden Röhren sprechen. Dynamisch deswegen, weil sich Arbeitskraft, Rohstoffe und Nachfrage weltweit vergrößern. Dadurch ist ein relativer Rückgang der Industriestaaten unaufhaltsam. Die Kernfrage betrifft die individuellen Wohlstandsveränderungen zwischen Industriestaaten einerseits und nicht industrialisierten Staaten andererseits. Die Basis dafür sind die Größe des Kapitalstocks als Produktionsgrundlage und die mit dem Kapitalstock erreichbare Produktivität.

Das Defizitszenario

Beim Defizitszenario werden die Industriestaaten auf einige Jahre hin ihre Wirtschaftskraft erhalten oder auch steigern können. Die Veredelung in den Entwicklungsländern setzt hier jedoch Grenzen.

Die offene Frage in diesem Zusammenhang betrifft die sich dann entwickelnde politische Kraft dieser Länder zur Erzwingung von Umverteilungen, die dann unmittelbar den Wohlstand in den Industriestaaten reduzieren. Man muß sich mit der Frage auseinandersetzen, inwieweit Menschen in den Entwicklungsländern sterben sollen, um den eigenen Wohlstand aufrecht erhalten zu können.

Im Defizitszenario spielen auch Fragen der Ethik der medizinischen Versorgung in Anbetracht einer fehlenden Nahrungsmittelversorgung eine Rolle.

G. Die Staatsausgaben und die Steuern im internationalen Vergleich

I. Ausgewählte Vergleichsangaben

Die Wirtschaftskraft wird auch durch die Umverteilung von Aufgaben aus dem privaten Bereich auf den Staat beeinflußt.

Von 1960 bis 1982 hat sich der Anteil der Staatsausgaben am Bruttosozialprodukt in Westeuropa auf kanpp 50 % erhöht, in den USA und in Japan lag der Anteil zu Beginn der achtziger Jahre dagegen nur bei 33 %, wie die folgenden Angaben zeigen:

	Angaben in %					
Land	1960	1967	1973	1980	1981	1982
USA	27,8	31,2	31,2	33,2	33,5	35,5
Japan	20,7	22,7	22,1	32,7	33,3	34,8
EG	32,1	37,5	39,9	47,2	49,8	50,8
Frankreich	34,6	39,0	38,5	46,2	50,8	51,9
Bundesrepublik Deutschland	32,0	38,2	40,5	46,9	49,3	49,7
Groß-britannien	32,6	38,5	41,1	44,6	45,3	46,2
Italien	30,1	33,7	37,8	45,6	53,0	54,9

Quelle: OECD.

Die weltweit höchste Staatsverschuldung je Einwohner ist in Japan mit insgesamt rd. 1 200 Mrd. DM (1983) zu verzeichnen. Die Planungen des japanischen Finanzministeriums unterstellen bis 1991 einen Rückgang der Gesamtverschuldung auf 1 000 Mrd. DM.

Während der Zinsendienst für das Bundesbudgetdefizit der USA mit 130 Mrd. US-Dollar etwa zwei Drittel der Nettoersparnis erreicht, sind es in der Bundesrepublik Deutschland, Japan und Großbritannien erst 20 bis 30 %.

Im Jahre 1986 werden die US-Bundesschulden auf 2 Bill. US-Dollar steigen, d.s. 9 000 US-Dollar je Einwohner. Zum Vergleich die Bundesrepublik Deutschland: dort sind es rd. 400 Mrd. DM oder knapp 7 000 DM je Einwohner.

Die Verschuldung der USA im Inland und im Ausland erreichte 1983 1 464,4 Mrd. US-Dollar.

Die Haushaltssituation in den USA ist defizitär, wie die Entwicklung von 1969/70 (1. Oktober) bis 1984/85 zeigt:

Gegenstand	Angaben in Mrd. US-Dollar je Haushaltsjahr					
	1969/ 1970	1979/ 1980	1981/ 1982	1982/ 1983	1983/ 1984[1)]	1984/ 1985[2)]
Einnahmen	193,7	520,1	617,8	600,6	670,1	745,1
Ausgaben	196,6	579,6	728,4	796,0	853,8	925,5
Finanzierungsdefizit	– 2,8	– 59,6	– 110,6	– 195,4	– 183,7	– 180,4

1) Soll.
2) Entwurf.

Quelle: Staatsbürgerkundliche Arbeitsmappe – Zahlenbilder, hrsg. v. Erich Schmidt Verlag, Berlin 1984, Nr. 3, S. 856 123.

Dazu kommen die Schulden der Bundesstaaten und der Gemeinden von rd. 400 Mrd. US-Dollar. Die monatliche Schuldenlast der US-Regierung erreichte Anfang 1984 rd. 11,2 Mrd. US-Dollar. Im Jahre 1984 wurden 108,2 Mrd. US-Dollar Zinslast erwartet. Man befürchtet, daß etwa im Jahre 1989 eine Schuldenlast von 3 000 Mrd. US-Dollar erreicht wird. Bereits 1983 betrug das Leistungsbilanzdefizit der USA 41 Mrd. US-Dollar, 1985 rd. 130 Mrd. US-Dollar. Ab 1985 werden die USA vermutlich mehr Schulden als Vermögen im Ausland haben – eine Situation, die es 68 Jahre lang nicht mehr gegeben hat.[74)] Die Wirtschaftsforschungsgruppe Data Ressources Inc. hat 1984 ermittelt, daß die US-Regierung im Jahre 2000 rd. eine Billion Schuldzinsen zahlen muß, d.h. mehr als der ganze Steuerhaushalt des Jahres 1984![75)]

Besonders kritisch ist in diesem Zusammenhang, daß selbst nach Abzug der Ausgaben für öffentliche Investitionen die Staatshaushaltsdefizite einen zunehmenden Anteil der privaten Ersparnisse abziehen, d.h. es werden laufende Ausgaben, z.B. Beamtengehälter, auf Pump bezahlt. Bei fehlender Möglichkeit zur Senkung der Staatsausgaben wirkt auch jede Steuererleichterung in diese Richtung. Die Reagan-Regierung hat in den USA besonders drastisch in dieser Richtung gewirkt; damit ist auch die Explosion der Dollar-Zinssätze zu erklären. Japan, Großbritannien und auch die Bundesrepublik Deutschland streben zurück in Richtung Gleichgewicht. Frankreich hat sich unter der Präsidentschaft

74) Dabei ist zu beachten, daß die Sparrate mit 5,3 % des verfügbaren Einkommens in den USA sehr niedrig ist; zum Vergleich: Japan 23 %, Bundesrepublik Deutschland 13 bis 15 %.

75) Vgl. o. V.: Wohlstand auf Pump, in: Wirtschaftswoche, 38. Jg., 1984, Nr. 19, S. 48 – 60, S. 53.

Mitterands vom konservativen Finanzgebaren abgewandt. Italien ist dabei, seine Währung zu ruinieren.[76)]

Nach Einschätzung durch van Lenneps ist dieser Zustand deshalb gefährlich, weil mit anhaltenden Budgetdefiziten der Privatwirtschaft Geldmittel für neue Investitionen und damit auch für neue Arbeitsplätze entzogen werden. Zudem führen wachsende Fehlbeträge in den Staatskassen zu zunehmender Unsicherheit in einer Volkswirtschaft, weil die Anleger und Unternehmer nicht wissen, wann und wie die Regierung den Gürtel enger schnallen wird. Analog zu den Fortschritten in der Geldpolitik müßte nach van Lenneps auch die Fiskalpolitik voraussehbarer und stetiger werden. Unter anderem deshalb forderte der OECD-Generalsekretär auch, daß der Anteil der Staatsausgaben am Bruttosozialprodukt zumindest stabilisiert werden müsse. Damit würden die Regierungen überdies auch dazu angehalten, ihre Ausgaben kontinuierlich auf Sinn und Wirksamkeit zu überprüfen, womit van Lenneps ganz besonders die Sozialausgaben meint.

Ohne eine Bereinigung dieser Probleme sind weitere wirtschaftliche Schwierigkeiten nicht auszuschließen.[77)] Die Finanzierung der Defizite und die Verunsicherung senken das Investitionsniveau, verringern das angestrebte Wachstum und vergrößern die Defizite.

Tabelle 2.12

Die Entwicklung der laufenden Staatshaushaltsdefizite[1)] in % der privaten Bruttoersparnisse in ausgewählten Industriestaaten von 1966 bis 1982

Land	1966 bis 1969	1970 bis 1973	1974 bis 1977	1978	1979	1980	1981	1982[2)]
USA	– 0,4	0,5	6,6	– 0,2	– 3,6	7,6	5,6	20,6
Japan	.	– 2,9	9,0	18,2	16,6	14,0	14,4	13,3
Bundesrepublik Deutschland	1,2	– 1,2	15,9	12,9	15,4	16,2	20,4	19,1
Frankreich	– 1,1	– 4,0	3,8	8,8	3,3	– 2,1	8,7	15,3
Großbritannien	4,1	4,4	26,6	19,8	15,5	18,2	13,6	13,4
Italien	.	23,7	33,4	35,1	33,3	30,3	44,8	45,1

1) nach Abzug der öffentlichen Investitionen.
2) Schätzungen.

Quelle: Bank für Internationalen Zahlungsausgleich, Jahresbericht 1983, zit. nach: Lutz, Christian: Was kommt nach dem Aufschwung?, in: GDI Impuls, 2. Jg., 1984, Nr. 1, S. 22 – 32, S. 26.

76) Vgl. auch Lutz, Christian: Was kommt nach dem Aufschwung?, in: GDI Impuls, 2. Jg., 1984, Nr. 1, S. 22 – 32, S. 26.

77) Vgl. Lenneps, Emile van: An Arthritis leidende Weltwirtschaft, in: Deutsche Bundesbank (Hrsg.): Auszüge aus Presseartikeln, Nr. 27, 3. April 1984, S. 4 – 5, S. 5.

II. Die Steuerbelastung

Die Steuern und Sozialabgaben haben sich von 1970 bis 1982 in den EG-Staaten wie folgt verändert:

	Angaben in % des Bruttoeinkommens	
Land	1970	1982
Luxemburg	36,3	58,9
Niederlande	43,9	54,8
Dänemark	46,1	51,5
Frankreich	39,8	48,1
Belgien	35,4	47,2
Bundesrepublik Deutschland	37,9	45,6
Großbritannien	42,0	44,7
Irland	26,1	44,1
Italien	30,6	40,7
Griechenland	26,8	32,9

Quelle: EG-Kommission.

Bei dem Vergleich zeigt sich, daß die Bundesrepublik Deutschland eher einen mittleren Platz einnimmt. Die Belastung war mit 37,9 % bereits im Jahre 1970 vergleichsweise hoch, die Steigerung auf 45,6 % hielt sich dagegen im Rahmen.

Das Haushaltsdefizit hat sich in der EG wie folgt entwickelt:

Jahr	1968/73	1974/78	1981/83
EG-Haushaltsdefizit	– 0,6 %	– 5,0 %	– 5,0 %

Die Finanzierung des Haushaltsdefizits kann nur durch Verschuldung mit der Konsequenz höherer Zinsen oder durch Geldmengenerhöhung, sprich Inflation, erfolgen.

Der internationale Vergleich zeigt, daß das Problem der Staatsverschuldung alle Industriestaaten erfaßt hat. Die Bundesrepublik Deutschland nahm bereits 1979 gemessen

- am Anteil der Staatsverschuldung an den Staatsausgaben einen 3. Rangplatz,
- am Anteil der Staatsverschuldung am Bruttosozialprodukt einen 2. Rangplatz,
- an den Staatsschulden in DM je Einwohner einen 4. Rangplatz,

– am Zinsendienst für die Staatsschulden in % der Staatsausgaben einen 3. Rangplatz

unter den Industrienationen der westlichen Welt ein.[78)]

III. Die Szenarien

Die Minderung der Staatstätigkeit und damit die Reduzierung der Steuerbelastung ist ein in freiheitlich organisierten Staaten zunehmend mit politischem Realisationsdruck angestrebtes Ziel. Jedoch ergeben sich bei engen sozialen Netzen faktisch dabei enorme Schwierigkeiten.

Zum Staatsbankrott: Weiterhin sind hohe Staatsausgaben bei begrenzter Möglichkeit, die Steuern anzuheben, zu erwarten; dies bedeutet eine Zunahme der Staatsverschuldung und letztlich den Staatsbankrott.

Wie der Staat einen Bankrott vermeidet, hat neuerdings Günter Schmölders – wie stets in unnachahmlicher Einfachheit und Klarheit – dokumentiert: ,,Da es für souveräne Staaten keinen Konkursrichter gibt, um Insolvenz und Zahlungseinstellung formell anzumelden – hier gilt das Schillerwort ‚die Weltgeschichte ist das Weltgericht' –, liegt die Analogie des Staatsbankrotts zum privaten Konkurs in der einseitigen Ankündigung formal verbriefter Rechtsansprüche, die einfach darum ersatzlos gestrichen oder reduziert werden, weil es an Geld zu ihrer Erfüllung fehlt. Davon zu unterscheiden sind normale Einsparungen oder Sparmaßnahmen bei Ausgaben, für die dem Empfänger kein Rechtsanspruch zusteht; solche Einsparungen erfüllen nicht den Tatbestand des finanziellen, wohl aber gegebenenfalls den des politischen Bankrotts.''[79)]

Bereits Adam Smith hatte im Jahre 1776 festgestellt: ,,Dort, wo die öffentliche Schuld einmal eine bestimmte Höhe überschritten hat, ist es meines Wissens kaum gelungen, sie auf gerechte Weise und vollständig zurückzuzahlen. Sofern es überhaupt gelang, die Staatsfinanzen wieder einigermaßen in Ordnung zu bringen, bediente man sich dazu des Bankrotts, den man bisweilen auch unverhohlen zugegeben hat, und selbst dort, wo häufig Rückzahlungen nominal geleistet wurden, blieb es in Wirklichkeit ein echter Bankrott.''[80)]

---

78) Vgl. Möller, Alex; Schwebler, Robert: Schuld durch Schulden? Nutzen und Grenzen der Staatsverschuldung, (Verlag Droemer Knaur) München/Zürich 1981, S. 168.

79 Schmölders, Günter: Der Wohlfahrtsstaat am Ende – Adam Riese schlägt zurück, 3. Aufl., (Wirtschaftsverlag Langen-Müller/Herbig) München 1983, S. 119.

80) Smith, Adam: Der Wohlstand der Nationen, aus dem Englischen übertragen von Horst Claus Recktenwald, (Deutscher Taschenbuch Verlag) München 1978, S. 803.

Weitere Auswirkungen auf das Währungssystem hat die internationale Schuldenkrise in Verbindung mit dem nicht mehr durch einzelstaatliche Maßnahmen steuerbaren Euro-Finanzmarkt.

Steuern führen im Normalfall zu einer Umverteilung, wie sie jeweils für gesellschaftspolitisch zweckmäßig gehalten wird. In Sondersituationen kommt es darüber hinaus zu außergewöhnlichen Umverteilungen. Als Techniken der Umverteilung kommen vor allem in Frage:

- Zwangsanleihen,
- Zwangshypotheken,
- Konfiskation von Gütern, vor allem von Edelmetallen,
- Zerstörung von Geld durch Währungsreformen.

Das Überlebensszenario

Für das Überlebensszenario ist die Grundvoraussetzung eine Weiterexistenz funktionsfähiger Staaten und Staatshaushalte. Die optimale Gliederung zwischen staatlichen und privaten Aufgaben wird nach der demographischen, kulturellen, sozialen und wirtschaftlichen Struktur bewertet werden müssen. Sie ist auch in besonderem Maße abhängig von der Organisation des Eigentumsrechts.

Das Defizitszenario

Bei Defizitszenarien wird man eine vom Bürger nicht mehr anerkannte Gemeinschaftsaufgabenwahrnehmung durch den Staat oder auch eine vom Staat erzwungene bürger- und menschenfeindliche Tätigkeit unterstellen müssen.

Man wird auch eher eine generelle Abneigung zu internationalen Transferleistungen feststellen können.

H. Das Weltwährungsproblem

I. Die Ausgangsbedingungen

Das Weltwährungssystem von Bretton Woods von 1944 basierte wesentlich auf der Goldeinlösungspflicht der USA für US-Dollar. Das heutige Währungssystem ist durch Abkehr vom Goldstandard und Flexibilität der Wechselkurse gekennzeichnet.

In den letzten Jahrzehnten, insbesondere seit Außerkraftsetzung des Systems von Bretton Woods im Jahre 1973, haben sich die Währungen durch die Internationalisierung der Aktiv- und Passivgeschäfte der Banken der staatlichen Einflußnahme zunehmend entzogen. Die Kapitalmärkte entwickelten sich zum einzigen derzeit existierenden freien Weltmarkt.

Die Internationalisierung selbst kleiner Banken hat die Verselbständigung des Kapitalmarktes mit einer Außerkraftsetzung der nationalen Kreditgesetze bewirkt. Dazu kommt der Eurogeldmarkt, dessen Volumen Ende 1985 (1983) auf rd. 2,4 (2,0) Trillionen US-Dollar geschätzt wird, und dies mit stark steigender Tendenz.

Für Ende September 1985 hat die BIZ die Nationenstruktur des internationalen Bankgeschäfts veröffentlicht. Nicht mehr die Amerikaner, sondern die Japaner nehmen darin klar den ersten Platz unter den führenden Nationen am Euromarkt ein.

Tabelle 2.13

Die Rangliste im internationalen Bankgeschäft nach ausgewählten Ländern in Mrd. US-Dollar im Jahre 1985

Land	Forderungen	Verbindlichkeiten	Nettopositionen
Japan	639,6	621,5	+ 18,1
USA	580,3	545,6	+ 34,7
Frankreich	221,0	207,8	+ 13,2
England	182,5	181,5	+ 1,0
Bundesrepublik Deutschland	164,9	142,8	+ 22,1
Schweiz	97,7	88,4	+ 9,3
Italien	92,1	94,3	− 2,2
Kanada	90,8	97,2	− 6,4
Holland	67,4	64,0	+ 3,4
Belgien	44,4	45,2	− 0,8
Österreich	41,0	41,2	− 0,2

Quelle: o.V.: Internationale Bankschulden steigen um 100 Mrd. Dollar, in: Frankfurter Allgemeine Zeitung, 29. Jg., Nr. 26, 31. Januar 1986, S. 14.

Die bisherigen Dispositionen der Banken im Ausland bei starkem internationalem Bankenwettbewerb haben im Extremfall zwei mögliche Folgen, einmal das Risiko des eigenen Bankrotts und zum anderen das Risiko des Bankrotts von Staaten, wenn nicht andere Staaten als ,,Sponsoren" Staatsbankrotte verhindern.

Die internationale Kontrolle der Bank- und Kapitalmärkte funktioniert nicht mehr. Auch die institutionalisierte Trennung der Bank- und Wertpapiermärkte in den USA und in Japan kann wegen der Internationalisierung nicht mehr funktionieren. Die Schuldenkrise der dritten Welt war ein Grund, Kredite durch handelbare Wertpapiere zu substituieren.

Vom Gouverneur der Bank von England, Leigh-Pemberton, wurde Anfang 1986 auch zu Recht befürchtet, daß neue Finanzierungsinstrumente, so die Substitution von Euronotes durch Commercial Papers, auch zur Umgehung von Kontrollvorschriften für Banken entwickelt worden seien.[81)]

Die wünschenswerte Globalität des Kapitalmarktes bedarf einer internationalen Klärung. Dazu gehört u.a. die Weiterentwicklung der Substitution von Krediten durch handelbare Wertpapiere, wie Euronotes. Dies bedeutet Verschiebungen vom Kredit- zum Kapitalmarkt und eine Neubestimmung der Grenzen zwischen Kreditgeschäft (Commercial Banking) und Anlagegeschäft (Investment Banking).

Mit Recht weist Wilfried Guth auf die Risiken einer Kopplung von Kreditzusagen bei nicht plazierbaren Anlagetiteln hin.

,,Tendenziell können die für erstklassige Schuldner erweiterten Möglichkeiten der Mittelbeschaffung ohne Einschaltung der Kreditmärkte auch dazu führen, daß die Banken ,auf den schlechteren Risiken sitzenbleiben' und die Qualität ihres Portefeuilles generell abnimmt."[82)]

Im übrigen zeigen sich dadurch auch Tendenzen zur Ausschaltung der Banken (Disintermediation). Die Kontaktzwänge der Banken bedürfen bei Internationalisierung der Bankkunden auch einer voll funktionsfähigen internationalen Organisation der an diesem Geschäft beteiligten Banken, u.U. durch neuartige Formen der Kooperation bis hin zur Konzentration. Diese Tendenz wird auch durch den Rückgang der Zahl und der Kreditwürdigkeit von Unternehmen zunehmen.

Zudem bedeuten diese Entwicklungen auch für den Anleger neue Alternativen und damit eine veränderte Wettbewerbssituation zwischen Banken und Nichtbanken um finanzielle Mittel.

---

81) Beispiele sind: Floating Rate Notes, Zerobonds, Caps, Stripped Bonds (Tigrs).

82) Guth, Wilfried: Im Spannungsfeld alter und neuer Risiken, in: Deutsche Bundesbank (Hrsg.): Auszüge aus Presseartikeln, Nr. 6, 22 Januar 1986, S. 2–4, S. 3.

Der internationale Kapital- und Finanzmarkt hat sich somit weitgehend der Beeinflussung durch die nationalen Notenbanken entzogen. Das internationale Währungssystem hat sich zu einem internationalen Finanzsystem entwickelt. Daher werden Forderungen laut, den internationalen Kapitalverkehr wieder einzudämmen. Intensiv wird um Klarheit darüber gerungen, inwieweit der freie Kapitalverkehr den Protektionismus und die Verschuldung gefördert habe.

Dies alles hat sich in nur einem guten Jahrzehnt entwickelt. Bei einem Welthandel von 2 000 Mrd. US-Dollar wird das jährlich allein in New York vereinbarte Kreditvolumen auf über 50 000 Mrd. US-Dollar geschätzt.

Die Vereinigten Staaten importierten in der Mitte der achtziger Jahre doppelt soviel Dollar wie die gesamte dritte Welt, d.s. über ein Viertel des gesamten Kapitalbedarfs. Die Chancen für eine sanfte Korrektur gegenüber weiteren Schuldenkrisen werden mit Recht gering eingeschätzt.[83)]

II. Die Schuldenkrise

Erhebliche weltwirtschaftliche Probleme sind durch die Umwertung von Ressourcen entstanden. Die starke Verteuerung von Erdöl bis 1985 hat bei den Ölimportländern eine Verschlechterung der Handelsbilanzen verursacht, die Exporte deckten nicht mehr die Kosten der Importe und die Verschuldungsspirale begann.

Finanziert wurde diese Verschuldung von den Ölländern, die über das Bankensystem der Industriestaaten ihre Einnahmeüberschüsse aus den Ölverkäufen anlegten. Die Banken gaben dieses Geld als Kredit an die Nicht-Erdöl-Entwicklungsländer weiter.

Innerhalb eines Jahrzehnts haben sich die Auslandsschulden der Entwicklungs- und Schwellenländer auf fast eine Billion US-Dollar verachtfacht. Nicht weniger als 83 % der Auslandsschulden sind von den Staaten selbst eingegangen oder verbürgt worden. Auf nur zwölf Länder entfielen 1985 gut 61 % aller Auslandsschulden. Allein die Verschuldung Mexikos erreichte knapp 100 Mrd. US-Dollar. Die subtile Analyse von Renate Merklein spricht für sich:

,,Die Länder ohne Zahlungsnöte haben die erhöhten Energiepreise und später die hohen Zinsen voll auf ihre Wirtschaft durchschlagen und

83) Vgl. Herlt, Rudolf: Der Countdown hat begonnen, in: Die Zeit, 40. Jg., Nr. 27, 28. Juni 1985, S. 29.

auch sonst die Preise von Konsum- wie Investitionsgütern sich weitgehend frei bewegen lassen. Sie haben die Zuwachsrate der Reallöhne sacken lassen, wenn Schocks von außen kamen, und versucht, Staatsdefizite wie Inflationsraten in Grenzen zu halten.

Bei den Schuldnern, die später in Zahlungsschwierigkeiten gerieten, war es genau umgekehrt. Sie produzierten schwindelerregende Inflationsraten von teilweise mehreren hundert Prozent. Und sie fuhren mit Hilfe der geborgten Auslandsgelder riesige Staatsdefizite, die in manchen Fällen, wie etwa in Mexiko, Marokko, Argentinien zu Beginn der 80er Jahre über 14 Prozent ihres Bruttosozialproduktes erreichten (zum Vergleich: das oft und zu Recht gescholtene Staatsdefizit der USA betrug 1985: 3,9 % des US-Sozialprodukts).

Sie finanzierten damit nicht vorzugsweise staatliche Investitionen, etwa im Bereich der Infrastruktur, sondern zumeist Subventionen, die nötig wurden, weil sie die Preise für Öl wie auch für importierte Nahrungsmittel und ihre internen Zinsen auf einem niedrigen Niveau fixiert hatten. Sie bezahlten damit mehr Personalkosten, weil sie die Reallöhne vor allem für eine zunehmende Anzahl an Regierungsbediensteten ständig stark gesteigert hatten – so in den meisten afrikanischen und lateinamerikanischen Problemländern.

Sie leisteten sich üppige Sozialprogramme (wie beispielsweise in Argentinien nach dem Ölschock 1973/74) und unrentable Prestige-Investitionen von lächerlicher Protzigkeit wie etwa in Peru, wo eine Pipeline gebaut wurde, deren Kapazität die der peruanischen Ölfelder bei weitem übersteigt.

Sie haben also das geborgte Geld zumindest teilweise verzehrt oder fehlinvestiert. Dem Schuldkonto, das sie aufgehäuft haben, stehen nun nicht genügend neue produktive Sachanlagen oder neu erworbene Qualifikationen der Bürger gegenüber, aus deren Ertrag der Schuldendienst geleistet werden könnte . . .“[84]

Die Entwicklungsländer waren Ende 1984 (1983) mit 889 (869) Mrd. US-Dollar verschuldet, die Comecon-Länder mit 82 (84) Mrd. US-Dollar. Diese Angaben sind Bruttobeträge, sie umfassen sowohl die kurz- als auch die langfristigen Verpflichtungen aller Schuldner eines Landes gegenüber allen ausländischen Gläubigern.

Die übrigen Bankforderungen erreichten 1984 für die Entwicklungsländer 486 (476) Mrd. US-Dollar, die offizielle Entwicklungshilfe 63 (61) Mrd. US-Dollar, die staatlich garantierten bzw. versicherten Han-

84) Merklein, Renate: Auf Kredit gespeist und getrunken, in: Der Spiegel, 40. Jg., 1986, Nr. 10, S. 161 – 171, S. 168 ff.

Tabelle 2.14

Die Entwicklung der Auslandsverschuldung der Nicht-Öl-Entwicklungsländer von 1978 bis 1983

	Angaben in Mrd. US-Dollar					
Gegenstand	1978	1979	1980	1981	1982	1983
Lateinamerika[1)]	132	158	193	246	283	294
Asien[2)]	79	93	115	131	153	165
Afrika[3)]	37	45	51	56	63	66
Schuldendienst in % der Exporte von Gütern und Diensten	18	18	17	21	24	22

1) ohne Venezuela.
2) ohne Indonesien.
3) ohne Libyen und Nigeria.

Quelle: Jürgensen, Harald: Die Verschuldungskrise der Dritten Welt, in: Volkswirtschaftliche Korrespondenz der Adolf-Weber-Stiftung, 22. Jg., 1984, Nr. 4, S. 4.

delskredite 116 (111) Mrd. US-Dollar. Die Verschuldung gegenüber den Nicht-OECD-Ländern betrug für die Entwicklungsländer 54 (52) Mrd. US-Dollar.[85)]

Immer deutlicher erheben Experten ihre Stimme für eine Streichung von Schulden der Entwicklungsländer. Unterschiedliche Meinungen gibt es dabei sowohl über die länderspezifischen Anteile an der Gesamtverschuldung sowie über den Zeitpunkt. Dabei spricht vieles für die Lösung des Problems schon in absehbarer Zeit, um einer akuten Weltwirtschaftskrise zuvorzukommen.

An dieser Lösung müssen – wie im übrigen auch bei Eintreffen einer Krise – die Gläubigerländer gemeinsam tätig werden. Es geht somit um eine politische Lösung. Die derzeit verfolgten Bankenlösungen, auf die noch hingewiesen wird, galten bereits Mitte 1986 nicht mehr als tragfähig.

Ein Hauptproblem jeder Lösung bleiben die mittelfristigen und langfristigen Wirkungen auf die wirtschaftliche, insbesondere außenwirtschaftliche Moral der Schuldnerländer. So könnten selbst sehr altruistische Lösungen – oder vielleicht gerade die Großzügigkeit – sich bald als Bumerang erweisen. Können alle wirtschaftlichen Souveränitätsansprüche der heutigen Schuldnerländer unangetastet bleiben? Diese Frage müßte geklärt werden.

85) Vgl. o. V.: Rund 900 Milliarden Dollar Schulden der Dritten Welt, in: Neue Zürcher Zeitung, 206. Jg., Nr. 295, 20. Dezember 1985, S. 13.

Tabelle 2.15

Die gesamte Verschuldung der Entwicklungsländer und des Comecon in den Jahren 1983 und 1984 – in Mill. US-Dollar

Land	1983	1984	Land	1983	1984
Algerien	17 924	18 391	Pakistan	10 576	11 146
Argentinien[1)]	41 042	44 347	Peru[1)]	12 881	13 515
Bolivien[1)]	3 145	3 082	Philippinen[1)]	22 201	23 007
Brasilien[1)]	98 256	105 390	Südafrika	22 438	22 701
Chile[1)]	19 520	20 577	Thailand	14 476	15 875
Kolumbien[1)]	11 747	11 984	Türkei	21 212	24 091
Ecuador[1)]	7 415	7 530	Uruguay[1)]	2 946	3 057
Ägypten	26 478	28 199	Venezuela[1)]	31 123	28 681
Indien	24 043	26 575	Jugoslawien[1)]	19 947	20 457
Indonesien	30 602	32 735	China	9 608	12 434
Elfenbeinküste[1)]	5 781	5 462	DDR	12 100	11 274
Südkorea	42 840	44 382	Polen	26 440	26 799
Malaysia	16 481	16 510	UdSSR	24 031	23 185
Mexiko[1)]	93 179	94 692	Entwicklungsländer		
Marokko[1)]	11 423	12 542	insgesamt	860 893	889 484
Nigeria[1)]	15 890	14 091	Comecon-Länder		
			insgesamt	84 143	81 555

1) Im Baker-Plan erwähnt.

Quelle: o.V.: Eine neue OECD-Statistik: Der durchleuchtete Schuldenberg, in: Deutsche Bundesbank (Hrsg.): Auszüge aus Presseartikeln, Nr. 87, 30. Dezember 1985, S. 9–11, S. 10.

Es gibt Schätzungen, daß der Verschuldung von Mittel- und Südamerika in einer Größenordnung von 350 Mrd. US-Dollar Fluchtgelder aus diesen Ländern in Höhe der Hälfte dieses Betrages gegenüberstehen.

Die westlichen Industrieländer müssen die monetären Forderungen und Bedürfnisse der dritten Welt aus eigenem Interesse mitberücksichtigen. ,,Mit der wachsenden politischen, wirtschaftlichen und finanziellen Bedeutung des Südens ist in einer Welt der globalen Interdependenzen auch die sogenannte ‚Chaosmacht‘ der dritten Welt gestiegen. Ohne partnerschaftliches Einvernehmen besteht für die alten Industrieländer kaum Aussicht auf eine stabile Weltwährungsordnung oder eine gesicherte Rohstoff- und Energiezufuhr.‘‘[86)] Dies liegt vor allem auch daran, daß die Entwicklungsländer sich bei den Industrieländern stark verschuldet haben und zu Importüberschußländern geworden sind.

Als Lösung des Weltwährungsdilemmas böte sich eine Umkehr der Außenhandelsbedingungen an. Die Entwicklungsländer müßten Ex-

86) Borner, Silvio: Weltweiter Strukturwandel und Wettbewerbsfähigkeit der schweizerischen Industrie, in: GDI Impuls, 2. Jg., 1984, Nr. 1, S. 13–21, S. 14.

portüberschußländer werden. Dafür lassen sich aber auf Jahre hin keine Anzeichen erkennen. Im übrigen würde dies die Wachstumsbedingungen der Industriestaaten nicht unerheblich beeinflussen.

Durch die neuen Technologien unterliegen die Entwicklungsländer der Gefahr, sowohl ihre Vorteile im Bereich der Warenproduktion zu verlieren als auch in die Internationalisierung der Dienstleistungen nicht integriert zu werden.

Durch die Erklärung der Zahlungsunfähigkeit würden diese Staaten gleichzeitig kreditunwürdig mit kaum abzuschätzenden Folgen für die Länder selbst und für die Weltwirtschaft.

Die gesamte lang- und kurzfristige Verschuldung der ölimportierenden Entwicklungsländer stieg von ca. 22 % des Bruttoinlandsproduktes im Jahre 1973 auf 35 % im Jahre 1983. Unter den Entwicklungsländern stützten sich die Netto-Ölexporteure und die größeren Fertigwarenexporteure am häufigsten auf Geschäftsbankenkredite und die Länder mit niedrigen Einkommen am wenigsten.

Die Schuldenkrise trifft auch OPEC-Staaten mit hoher Bevölkerung und großen Importen – und dies um so mehr, je stärker der Ölpreis sinkt. Der Effekt von Ölpreissenkungen begünstigt die Ölverbrauchsländer einschließlich der NOPEC-Entwicklungsländer, vor allem wegen der damit verbundenen Zinssenkungen als Folge des Inflationsrückganges.

Die Chancen einer durch Wettbewerb möglichen freien Gestaltung der Finanzströme sind somit von dem Risiko begleitet, daß ökonomisch kurzsichtige Entscheidungen für bestimmte Entwicklungsländer zum Staatsbankrott führen.

Für die Entwicklungsländer sind die Liquiditätsprobleme einerseits und die Zinsbelastungen andererseits extreme Destabilisierungsfaktoren und behindern die Entfaltung des wirtschaftlichen Potentials. Die Mehrzahl der Entwicklungsländer, aber auch einige europäische Staaten, sind überschuldet.

Da eine Reduzierung der Verschuldung zweifelhaft ist, werden zusätzliche Maßnahmen zur Abwendung der Crash-Gefahr gefordert. Hilfe für die Schuldnerländer wären Zinsobergrenzen, niedrigere Zinsen, Umschuldungen vom US-Dollar in eine günstigere Währung, Zinsnachlässe oder die Streckung von Rückzahlungen wie im Falle Mexikos. Nachteilen für die beteiligten Banken stehen Vorteile eines stabilisierten Kreditsystems gegenüber.[87)]

---

87) Vgl. Jürgensen, Harald: Die Verschuldungskrise der Dritten Welt, in: Volkswirtschaftliche Korrespondenz der Adolf-Weber-Stiftung, 22. Jg., 1984, Nr. 4, o.S.

Die Postition einiger Banken ist labil, so daß Bankenzusammenbrüche nicht auszuschließen sind. Als Ursache lassen sich u.a. nennen: Konkurse mit hohen Bankenverlusten, Zahlungsunfähigkeit von Schuldnerländern, veränderte Kreditvolumina durch Umwertung von Ressourcen, z.B. Wegfall von Anlagegeldern aus dem Erdölverkauf.

Der Finanzierungsbedarf der Entwicklungsländer steigt weiterhin rasch. Die Privatbanken werden nicht mehr im erforderlichen Umfang Kredite gewähren; diese Aufgabe geht zunehmend auf internationale Institutionen und einzelne Staaten über, deren Möglichkeiten der unmittelbaren Kreditvergabe und der Garantiegewährung aber begrenzt sind. Allgemein wird die Auffassung vertreten, daß eine Lösung der faktischen Zahlungsunfähigkeit nur durch internationale Kooperation möglich ist, d.h. durch Regierungen und Banken. Dabei werden große Hoffnungen auf die Weltbank und den Internationalen Währungsfonds gesetzt, auch auf das neugegründete Institute of International Finance.[88)]

Der Internationale Währungsfonds hat heute die Aufgabe, für die Entwicklungsländer Wirtschaftsprogramme, Umschuldungs- und Neufinanzierungen bereitzustellen.[89)]

Nach einer internen Weltbank-Prognose muß das Bruttoinlandsprodukt dieser Länder um mindestens 4 % pro Jahr zunehmen, um ein angestrebtes Mindestwachstum des Pro-Kopf-Konsums von 1 % zu garantieren. Daraus errechnet sich unter Annahme über die Entwicklung der Sparquote und des Außenhandels sowie über die konjunkturelle Entwicklung in den Industrieländern der notwendige Kapitalzufluß. Für den Zeitraum von 1986 bis 1990 sind dies 14 bis 21 Mrd. US-Dollar/Jahr. Von 1991 bis 1995 muß die Kapitalzufuhr mit 8 bis 27 Mrd. US-Dollar fortgesetzt werden.

Zur Bekämpfung der Verschuldung der Länder der dritten Welt sind sowohl Förderprogramme als auch Umschuldungsabkommen – MYRA (Multi-Year Rescheduling Arrangement) – nur geeignet, wenn es gelingt, Rahmenbedingungen herzustellen, die eine Rückzahlung ermöglichen.

---

88) Vgl. auch Grothgar, Vinzenz K. E.: IWF-Quotenaufstockung – Internationale Finanzkrise: Licht am Ende des Tunnels?, in: Handelsblatt, 38. Jg., Nr. 37, 22. Februar 1983, S. 6.

89) Der IWF wurde 1944 gleichzeitig mit der Weltbank in Washington gegründet, zur Förderung der internationalen Zusammenarbeit auf dem Gebiet der Währungspolitik, Erleichterung des Welthandels, Sicherung der Stabilität der Währungen und Gewährung von Krediten an Länder mit kurzfristigen Zahlungsbilanzschwierigkeiten. Die notwendigen Mittel beschafft sich der IWF durch Beiträge (Quoten) seiner Mitglieder. Dem IWF gehörten 1984 146 Staaten als Mitglieder an.

So werden durch die Weltbank seit 1980 strukturelle Anpassungskredite (SAL) und Kredite für sektorielle Anpassungsprogramme bereitgestellt, die nicht als klassische Projektkredite z.B. für Bewässerungsanlagen oder neue Verkehrswege, sondern als immaterielle Infrastrukturkredite konzipiert sind. Dazu gehören Maßnahmen zur Marktöffnung, eine bessere Allokation von Ressourcen sowie die Bekämpfung staatlich sanktionierter Verschwendung, im übrigen ein gänzlich neuer Weg der Entschuldungs- und Entwicklungspolitik.[90)]

Auf dieser Erkenntnis beruht auch der nach dem US-Finanzminister James A. Baker III genannte, Ende 1985 vorgelegte Baker-Plan, der von der Weltbank und dem Internationalen Währungsfonds befürwortet wird. Danach sollen die 15 wichtigsten Problemschuldnerländer, vor allem Lateinamerikas, neues Geld von Geschäftsbanken und multinationalen Organisationen unter der Bedingung erhalten, daß sie ihre Wirtschaftspolitik reformieren und einer Aufsicht durch die Weltbank und den Währungsfonds zustimmen. Diese Lösung kann nur funktionieren, wenn die zurückhaltenden Kreditgeber ihr Engagement in den Schuldnerländern ausbauen.

Die bisherigen Kredite können von den Schuldnerländern nur solange mit Zinsen bedient werden, als die Kredite erhöht werden. Eine harte Geldpolitik mit rückläufigen Inflationsraten könnte u.U. gegen den Preis höherer Arbeitslosigkeit erkauft werden.

III. Zur Situation im Weltwährungssystem

Mitte der achtziger Jahre muß man feststellen, daß die flexiblen Wechselkurse die in sie gesetzten Hoffnungen nur bedingt erfüllt haben. Abgesehen von starken Wechselkursschwankungen haben sie nicht zum Ausgleich von Zahlungsbilanzungleichgewichten geführt. Nicht eingetreten sind auch die erwarteten Bedingungen einer größeren Autonomie der materiellen Wirtschaftspolitik. Jedoch haben sich stabilitätsorientierte Länder, wie die Bundesrepublik Deutschland, von der internationalen Inflationsentwicklung abkoppeln können. Auch lassen sich befürchtete Außenhandelsbeeinträchtigungen bisher nicht nachweisen.

Die Befürworter des Floating führen u.a. ins Feld, daß durch die Freigabe der Wechselkurse im Mai 1971 und dann endgültig im März 1973 eine Loslösung der Bundesrepublik Deutschland von der interna-

90) Vgl. auch Hofmann, Daniel: Neues Weltbankprofil in der Schuldenkrise, in: Neue Zürcher Zeitung, 207. Jg., Nr. 106, 11./12. Mai 1986, S. 17–18, S. 17 f.

tionalen Inflationsentwicklung und auch von der Zinsentwicklung im Ausland möglich wurde.

Ergänzt wird das Floaten durch abgestimmte Interventionen der Notenbanken.[91]

Den Einfluß der spezifischen nationalen Bedingungen auf die Währungsverhältnisse hat Leonhard Gleske herausgestellt:

„Die derzeitigen Währungsverhältnisse ermangeln aber keineswegs einer inneren Logik. Sie spiegeln wider, daß der optimale Grad von Wechselkursflexibilität von Land zu Land differieren kann, je nach wirtschaftlicher Struktur und Verflechtung des Binnenmarktes mit den Weltmärkten. Kleine und offene, eng in die Weltwirtschaft verflochtene Volkswirtschaften spüren den Einfluß des Wechselkurses auf ihre Preise stärker und unmittelbarer als größere Länder, insbesondere wenn deren Außenhandel – mag er, wie im Falle der USA, in absoluten Ziffern sehr groß sein – im Verhältnis zum Binnenmarkt wenig Gewicht hat. Auch Länder mit rigiden Kostenstrukturen, oft das Ergebnis von weitverbreiteter Indexierung, spüren den Einfluß des Wechselkurses auf ihre Preise stärker als Länder, die hiervon frei sind und wo die Kosten elastisch auf Wechselkurseinflüsse reagieren.

Kleine Länder mit starkem Außenhandel und Länder mit starren Kostenstrukturen sind aus diesen Gründen eher als andere Länder bestrebt, ihre Wechselkurse soweit nur möglich gegenüber ihren bedeutendsten Handelspartnern zu stabilisieren. Sie werden hierzu besonders dann bereit sein, wenn das Land, an dessen Währung sie den Kurs ihrer eigenen Währung binden oder zumindest orientieren, ähnliche wirtschaftspolitische Grundauffassungen und Ziele vertritt wie sie selber, z.B. das Ziel der inneren Währungsstabilität. Eine solche Zone der inneren und äußeren Stabilität bedarf nicht unbedingt formalisierter Regelungen. Seit dem Beginn des Floating sind die Bundesrepublik, die Niederlande, Österreich und die Schweiz ein Beispiel hierfür.“[92]

Die Probleme der Abkoppelung von außenwirtschaftlichen Einflüssen wurden deutlich durch die Einführung des Sonderlombards mit drei Prozentpunkten über dem normalen Lombard zur Vermeidung einer weiteren DM-Abwertung, zu der sich die Deutsche Bundesbank im Jahre 1981 gezwungen sah.

---

91) Der Tagesdurchschnitt des Devisenhandels beträgt 150 Mrd. US-Dollar (1985).

92) Gleske, Leonhard: Idee und Wirklichkeit flexibler Wechselkurse, in: Deutsche Bundesbank (Hrsg.): Auszüge aus Presseartikeln, 1985, Nr. 8, S. 1–8, S. 5.

IV. Das Europäische Währungssystem

Das im April 1979 geschaffene Europäische Währungssystem sollte zur Voraussetzung einer europäischen Währungspolitik werden.

Durch das EWS bestehen für die EG-Staaten sowie für Österreich und die Schweiz faktisch feste Wechselkurse. Das EWS von 1978 basiert auf einem Festkurssystem, das von Zeit zu Zeit angepaßt wird. Bei der Notwendigkeit zu Änderungen werden die um Veränderung nachsuchenden Regierungen auf die Konvergenzverpflichtung aufmerksam gemacht. Das ursprüngliche Ziel war ein Dreiwährungssystem: US-Dollar, Yen und ECU.[93)]

Wegen der großen Unterschiede der Kosten- und Preisbedingungen sowie -entwicklungen in den EG-Staaten erscheint eine endgültige Realisierung des EWS in absehbarer Zeit unrealistisch.

Die drei wichtigsten Elemente des EWS sind:

1. der Wechselkurs- und Interventionsmechanismus: Die EWS-Währungen sind durch ein System fester bilateraler Wechselkurse (Leitkurse) gekennzeichnet. Oberhalb und unterhalb dieser Leitkurse gibt es Bandbreiten für Kurs-Schwankungen bis zu 2,25 % (Italien: 6 %). Über- oder unterschreiten die Kurse den Spielraum, müssen die Zentralbanken der betroffenen Länder intervenieren: Die Notenbank der starken Währung kauft bestimmte Mengen der schwachen Währung, die Notenbank der schwachen Währung verkauft bestimmte Mengen der starken Währung – und zwar solange, bis sich der Kurs wieder in der alten Bandbreite eingependelt hat. Ausnahme: Großbritannien und Griechenland nehmen am Wechselkursmechanismus nicht teil. Bestehen im EWS-Gefüge dauerhafte Spannungen, werden die Leitkurse neu festgelegt.
2. der Kreditmechanismus: Fehlen der Zentralbank eines Landes mit schwacher Währung die Mittel, ihren Interventionsverpflichtungen nachzukommen, kann sie sich diese Mittel bei einer Notenbank mit

---

93) „Eine ECU ist definiert als Summe bestimmter Beträge der Währungen der Mitgliedstaaten. Der Wert einer ECU ist damit bestimmt durch den Wert der Währungen, die in diesem „Korb" enthalten sind. Den Wert einer ECU, ausgedrückt in einer Währung, erhält man, indem man die verschiedenen Währungsbeträge entsprechend ihrem Wechselkurs in die jeweilige Währung umrechnet und die Summe bildet (z.B. 2,51 DM = 1 ECU). Die ECU ist also selbst keine Währung, sie setzt sich aus den nationalen EG-Währungen zusammen und wird daher häufig auch als ‚Kunstwährung' bezeichnet . . ."
(Issing, Otmar: Die ECU als Vehikel zur Europäischen Währungsunion?, in: Volkswirtschaftliche Korrespondenz der Adolf-Weber-Stiftung, 24. Jg., 1985, Nr. 3, o. S. [S. 1 f.])

starker Währung leihen. Dafür gewähren sich die EWS-Banken gegenseitig unbegrenzt Kredit.
3. die Europäische Währungseinheit ECU: Gemeinsam mit dem EWS wurde die Kunstwährung ECU geschaffen.[94)]

Trotz mancher Probleme bei der rechtzeitigen Anpassung der Leitkurse wird das EWS heute als geeignetes Instrument zur Sicherung der äußeren Währungsstabilität angesehen.

Mit Recht hat Norbert Kloten darauf aufmerksam gemacht, daß bei den Forderungen nach Beseitigung von Schranken bei den Waren- und Dienstleistungsmärkten im Rahmen der EG große Einheitlichkeit besteht. Ganz anders ist die Situation bei den Beschränkungen des Geld- und Kapitalverkehrs.

,,Doch erst wenn eine weitgehende Übereinstimmung in den Zielen der Wirtschaftspolitik und über das ihnen gemäße politische Vorgehen erreicht werden sollte, können an die Stelle eines nationalen Handelns vertragliche, vor allem institutionelle Absicherungen treten und damit eine gemeinsame Geld- und Währungspolitik auf europäischer Ebene. Die letzte Stufe in der Entwicklung zu einer europäischen Wirtschafts- und Währungsunion wäre die Errichtung einer europäischen Notenbank und einer europäischen Einheitswährung.

In der europaweiten Diskussion um den Ausbau des EWS dominiert eine andere Sicht der Dinge. Zwar wird auch hier der Wegfall der die Geld- und Kapitalmärkte trennenden nationalen Regulierungen gefordert, doch nicht im Sinne einer Conditio sine qua non, sondern als teils vorbereitende und teils abgestimmte Währungspolitik. Mit Integrationsfortschritten dieser Art sollen die Zwänge für ein aufeinander abgestimmtes wirtschaftspolitisches Handeln geschaffen werden. Die Harmonisierung der Geld- und Währungspolitik wird so zu einer Vorbedingung für die Integration der Finanzmärkte. Mit anderen Worten: Institutionelle Fortschritte auf dem Felde von Geld und Währung werden als Ferment, ja als Dreh- und Angelpunkt einer Weiterentwicklung der Europäischen Gemeinschaft zu einer Wirtschafts- und Währungsunion angesehen. Die Schlüsselrolle, die der monetären Integration bei dieser Sicht der Dinge zuwächst, verleiht ihr eine strategische Dimension, die sie aus den übrigen Politikbereichen heraushebt.‘‘[95)]

Man kann daraus folgern, daß Worte und Wollen im Hinblick auf Europa noch weit voneinander entfernt sind.

---

94) Vgl. o. V.: Internationale Währungsordnung: Allgemeines Nachdenken, in: iwd Informationsdienst des Instituts der deutschen Wirtschaft, 11. Jg., 1986, Nr. 15, S. 4 – 5, S. 4.

95) Kloten, Norbert: Die monetäre Integration: Was steht ihr im Wege?, in: Deutsche Bundesbank (Hrsg.): Auszüge aus Presseartikeln, 1986, Nr. 35, S. 5 – 10, S. 5.

V. Die Szenarien

Ein Beispiel für global zu lösende Aufgaben ist die Währungsproblematik.

Damit soll nicht gesagt werden, daß das Währungsproblem langfristig als wichtigstes Problem anzusehen ist – es dürfte sich weitaus einfacher und letztlich für alle schmerzloser lösen lassen als das Ökologieproblem oder das Welternährungsproblem. Allerdings sind die weltweite gegenseitige Abhängigkeit und die Gefahren einer Lösungsverzögerung stärker im Bewußtsein.

Jede Lösung wird Ungerechtigkeit mit sich bringen, vermutlich eine überdurchschnittliche Belastung der westlichen Industriestaaten gegenüber den Entwicklungsländern.

Im übrigen sollte man deutlich herausstellen, daß währungspolitische Änderungen historisch eine lange Tradition haben und daß sie sich langfristig weniger auswirken dürften.

Es sei daran erinnert, daß bereits Solon durch eine Abwertung einer regionalen Währung eine andere Region, und zwar Athen, gefördert hat.

Die folgenden Überlegungen sind nicht global abgestützt, sondern tragen eher den Charakter spekulativer Gedankensplitter: Im Falle einer Währungsänderung im Inland und/oder im Ausland werden durch die damit im Ausland und im Inland erforderliche Schuldenvernichtung wenige Menschen vergleichsweise stark betroffen. Dies hängt auch vom Zeitpunkt des Ereignisses ab. Es spricht zur Bereinigung manches für die Regel: Je früher, desto besser. Die wichtige Frage bleibt dann die Art der Neuorientierung freier Kapitalmärkte.

Hinsichtlich der Währungsproblematik ist anzumerken, daß bei größerer Bevölkerung Altlasten auf mehr Schultern verteilt werden.

Zur Zeit werden überwiegend vier Varianten der Währungspolitik diskutiert:

1. das derzeit geübte Managed Floating, im Sinne von Eingriffen der Notenbanken in die Angebots- und Nachfragebedingungen auf den Devisenmärkten,
2. die Koppelung mehrerer Länder in Zielzonen (target zones), in denen die Wechselkurse innerhalb bestimmter Bandbreiten schwanken können und zwischen denen bei veränderten Ausgangsbedingungen (fundamentals) Anpassungen erfolgen können,
3. die Rückkehr zu festen Wechselkursen bzw. die Globalisierung des EWS,
4. die Rückkehr zum Goldstandard.

Alle diese Lösungen haben Vor- und Nachteile.

Beim Managed Floating gibt es begründete wie unbegründete Kritik an der Kursmanipulation, im Sinne unfairer Handelspraktiken.

Bei Zielzonenvereinbarungen wird ein Abgleiten in das Festkurssystem befürchtet. Ohne Überschreitung der Zielzonen wäre das System überflüssig.

,,In einem Zielzonensystem würden also nicht nur Zielzonen, z.B. der DM gegenüber dem Dollar festgelegt, sondern gleichzeitig die DM auch fest mit dem Yen und dieser wiederum fest z.B. mit der Petrowährung Britisches Pfund verbunden. Diese Konstellation wäre dem Bretton-Woods-System ähnlich.

Die Tatsache, daß es hier für die Wechselkurse gewisse Schwankungsbreiten – im Gespräch sind z.B. französische Vorschläge von fünf bis zehn Prozent – vorgesehen sind, ändert nichts an dem Grundmuster eines Festkurssystems. Wenn nämlich die marktmäßigen Wechselkurse den Rand der definierten Zielzonen erreichen, müssen die Zentralbanken genau so intervenieren, wie sie bei einem exakt fixierten Wechselkurs intervenieren müßten. Eine sogenannte ,Softversion' sieht zwar lediglich Konsultationen bei Erreichen der Ränder vor, ein solches System würde sich jedoch kaum von dem bisherigen Managed floating unterscheiden.''[96)]

Gegen feste Wechselkurse wird die Überforderung der Interventionstätigkeit der Notenbanken ins Feld geführt(!). Der Goldstandard soll die Inflation eindämmen.

,,Dagegen warnen Kritiker umgekehrt vor der deflationären Verzerrung eines Goldstandards. Sie sehen die Gefahr, daß die Versorgung der Weltwirtschaft mit angemessener Liquidität nicht sichergestellt ist. Hinzu kommt: Da die Sowjetunion und Südafrika die Hauptgoldproduzenten sind, käme eine unliebsame politische Dimension in das System.''[97)]

In einem IMF-Forschungsbericht wird neben festen und Zielzonen auch ein Konzept der Überwachung (surveillance) im Rahmen des bisherigen Systems oder eine Berücksichtigung sogenannter objektiver Indikatoren zur Überwachung makroökonomischer Schlüsselgrößen vorgeschlagen, um zu den angestrebten ,,Gleichgewichtskursen'' zu kommen: ,,Im Prinzip haben natürlich alle Vorschläge zum Ziel, die großen

---

96) Schramm, Bernhard: Zielzonen für Wechselkurse wären der Verzicht auf die bisher stabilitätsorientierte Geldpolitik, in: Handelsblatt, 41. Jg., 24. April 1986, zit. nach: Deutsche Bundesbank (Hrsg.): Auszüge aus Presseartikeln, 1986, Nr. 32, S. 7 – 9, S. 7 f.

97) Fröhlich, Hans-Peter: Wechselkurse – Mehr Stabilität gefragt, in: Wirtschaftswoche, 39. Jg., 1986, Nr. 20, S. 78 – 83, S. 82 f.

Fluktuationen der Wechselkurse in Zukunft zu dämpfen und es gar nicht mehr zu den lang anhaltenden Abweichungen von den als richtig erkannten ‚Gleichgewichtskursen‘ kommen zu lassen. Dies kann nur über eine Angleichung der Wirtschaftspolitik unter den einzelnen Industrienationen erreicht werden. Während nach dem Zielzonenmodell der vorher vereinbarte Wechselkurs eher indirekt für das disziplinierende Element sorgt, müßte dasselbe nach den weicheren Varianten der ‚Surveillance‘ direkt erreicht werden. Das Reformproblem reduziert sich somit auf die Frage, welches der beiden grundsätzlich verschiedenen Verfahren als das effizientere anzusehen ist.“[98)]

Weitergehende Szenarienelemente

Als Modell für eine neue Geld- und Währungsordnung hat von Hayek bereits in den siebziger Jahren vorgeschlagen, daß miteinander im Wettbewerb stehende Banken stabiles Geld ausgeben. Dadurch werde das Geldmonopol des Staates beseitigt. Man könne dann das vergleichsweise vertrauenswürdigste Geld wählen. Als Ansatz sei das Kreditkartensystem zu erwähnen.[99)]

Als weiterer Ansatz sei eine für das 21. Jahrhundert denkmögliche Lösung skizziert. Der bisher einheitliche Wertmaßstab Geld könnte in mehrere zweckorientierte Maßstäbe differenziert werden, z.B. in

- Konsumgeld,
- Grundstücksgeld,
- Investitionsgeld,
- Außenhandelsgeld.

Durch Regulierungsinstitutionen würde in einem bestimmten zeitlichen Abstand der Übergang, d.h. die Tauschrelation zwischen diesen Geldkategorien, zu fixieren sein. Gold und Antiquitäten könnten zur Abstützung des Systems herangezogen werden. Bargeld würde bei der normalen Waren- und Dienstenachfrage wahrscheinlich weitgehend überflüssig.

98) O. V.: Vor einer Reform der Weltwährungsordnung? – Ein IMF-Forschungsbericht zu einer aktuellen Diskussion, in: Neue Zürcher Zeitung, 3. April 1986, zit. nach: Deutsche Bundesbank (Hrsg.): Auszüge aus Presseartikeln, 1986, Nr. 25, S. 1–2, S. 1.

99) Vgl. Ghazizadeh, Ulrich; Tröndle, Dirk: Der weise Markt, in: Wirtschaftswoche, 38. Jg., 1984, Nr. 19, S. 96–100, S. 99.

In diesem Zusammenhang wird man auch fragen, ob man langfristig die Wertpapierbörsen und die Warenbörsen noch als Steuerungsinstrumente benötigt, oder ob sie durch neuartige internationale funktionsfähige Steuerungskonzepte abgelöst werden.

Das Überlebensszenario

In Anbetracht der unterschiedlichen Stabilität und Wirtschaftskraft der Länder dieser Erde muß man Zweifel haben, ob die Kapitalflucht aus den Entwicklungsländern und der Rückgang der Verschuldung durch eine Währungsumwertung spürbar positiv beeinflußt werden können. Es spricht vielmehr alles dafür, daß nur die diskutierten ausländischen Kontrollmechanismen über die nächsten Jahrzehnte hin die stabilisierenden Wirkungen haben könnten, die angestrebt werden. Dies dürften die begünstigten Staaten trotz der langfristigen politischen Wirkungen als Neokolonialismus anprangern, so daß es schwierig sein dürfte, die Probleme zu lösen.

Man könnte auch zu neuartigen Entkoppelungen zwischen bestimmten, zur Zeit schwer förderbaren Entwicklungsländern und den Industriestaaten kommen.

Hier zeigen sich die starken Verflechtungen zwischen Währungspolitik und Entwicklungspolitik.

Das Defizitszenario

Die Instabilität der Währungen in vielen Entwicklungsländern setzt sich fort. Der bilaterale Tauschhandel wird mehr und mehr zum Substitut des freien Außenhandels. Man kann sich sogar das Entstehen von Parallelwährungen vorstellen, die für den Binnenhandel und für große Wirtschaftsgebiete oder die ganze Welt im Außenhandel eingesetzt werden.

J. Die Entwicklungshilfe

I. Die Grundlagen

Zu den Vorschlägen für eine Konfliktminderung und ein verringertes Bevölkerungswachstum in den Entwicklungsländern gehört die Umverteilung von Wohlstand aus den Industriestaaten in diese Länder. Der Transfer von Mitteln aus wohlhabenden Staaten in Entwicklungsländer in den letzten Jahrzehnten muß als nur wenig erfolgreich bezeichnet werden. Die Hoffnung, durch begrenzte Transferzahlungen Initialzündungen für eine ökonomische Entwicklung nach agrar- und industriestaatlichem Muster auslösen zu können, hat sich nicht erfüllt. Erschwert werden die Wirkungen durch eine unterschiedliche Auffassung der Empfängerstaaten – Wiedergutmachung des Kolonialismus – und der Geberstaaten, die damit Erwartungen in Richtung auf politische Loyalität verbinden.

„Die Empfänger machen geltend, sie hätten einen rechtlichen oder zumindest einen moralischen Anspruch darauf, daß ihnen Mittel zur Verfügung gestellt würden – z.B. unter dem Titel der Wiedergutmachung von Sünden, die der Kolonialismus begangen habe oder weil die wirtschaftliche Stagnation in den Industrieländern den Absatz der Rohstoffe und damit den Erwerb von Devisen beeinträchtigt habe. Die Spenderregierungen ihrerseits setzen die Geschenke und die ‚weichen Darlehen' mit ihren besonders günstigen Bedingungen mitunter auch für rein politische oder gar militärische Zwecke ein – beispielsweise um zu erreichen, daß das Empfängerland je nachdem im westlichen oder im östlichen Lager verbleibt. Die individuellen Geschenkgeber und ihre Organisationen schließlich handeln oft aus rein humanitären Motiven, möchten aber keinerlei zwingende Verbindlichkeiten eingehen und sähen manchmal bei den Begünstigten gerne etwas mehr Dankbarkeit."[100)]

Der Protektionismus der Industriestaaten einschließlich Westeuropas behindert die wirtschaftliche Entwicklung der Länder der dritten Welt durch Beeinträchtigung von deren Exportfähigkeit.

Die Verdrängung der staatlichen Entwicklungshilfe durch private

100)Küng, Emil: Almosen oder Rechtsansprüche?, in: Volkswirtschaftliche Korrespondenz der Adolf-Weber-Stiftung, 22. Jg., Nr. 9, 1983, o. S.

Kredite ist ein Hauptkennzeichen der veränderten Entwicklungsbedingungen des letzten Jahrzehnts.

Das Hauptproblem bleibt jedoch die Kapitalflucht. Von den 81 Mrd. Dollar Bankengelder, die 1981 und 1982 in die Schuldenländer flossen, wurden 51 Mrd. Dollar wieder in die Geberländer zurückgeschleust. Fluchtspezialisten sorgen für immer neue Wege, Geld wieder aus dem Entwicklungsland herauszuschaffen, so daß sich die Transferbestrebungen als unwirksam erweisen müssen.

Neben der Fehlleitung der Mittel gelten als Hauptmängel der Entwicklungspolitik:

- die wenig differenzierte Vergabe an etwa 130 Länder, die untereinander teilweise verfeindet sind und auch keineswegs immer eine neutrale oder gar positive Einstellung zum Westen haben,
- die Vergabe an Regierungen und die dadurch begründeten internen Machtkonflikte in diesen Ländern über die Mittelverwendung,
- die Fehlbeurteilungen der kulturellen und wirtschaftlichen Leistungsfähigkeit dieser Länder,
- die Förderung – selbst auf Jahrzehnte – unrealistischer Ziele, so der Einkommens- und Wohlstandsegalität.

Die Verteilung über den Staat hat Zwangskollektivierungen, Beseitung des freien Handels, Diskriminierung von Minderheiten, so der Asiaten in Afrika, Subventionierung von ungeeigneten oder unproduktiven Projekten, auch falsche Städtebaumaßnahmen, und das Durchhalten in Bürgerkriegen, so in Äthiopien, erleichtert.

Die Studien über Nahrungsmittelsubventionen bestätigen deren Unwirksamkeit für die Einkommensverteilung. In einem Fall erhielten die reichsten 27 % der Stadtbevölkerung 46 % der Subventionen, und auf dem Lande erreichten nur 15 % der Mittel die stark unterernährten Bevölkerungsschichten. ,,Nur allzuoft profitieren städtische Arbeitnehmer und öffentlich Bedienstete wegen ihrer politisch starken Stellung unverhältnismäßig mehr von Nahrungsmittelsubventionen als die ärmsten Bevölkerungsschichten. Ein gezieltes Programm, das die Ausgabe von Lebensmittelgutscheinen an Bedürftige vorsieht, wäre demgegenüber ein wirksameres Instrument zur Linderung der Armut.''[101)] Diese Lösung setzt die Funktionsfähigkeit von geeigneten Vergabetechniken für Gutscheine voraus, deren Gewährleistung jedoch auch hochproblematisch ist.

---

101)Clausen, W. A.: Die Armut mildern – nicht verschlimmern, Der Beitrag der Weltbank zu Anpassung und Wachstum in der Dritten Welt, in: Frankfurter Allgemeine Zeitung, 28. Jg., Nr. 107, 10. Mai 1986, S. 15.

Tabelle 2.16

Die Entwicklung der Ausgaben für Entwicklungshilfe von 1970 bis 1983 – Angaben in Mrd. US-Dollar

Gegenstand	1970	1980	1983[1)]
USA	3,2	7,1	7,9
Saudi-Arabien	—	5,9	4,4[2)]
Japan	0,5	3,4	3,8
Frankreich	1,0	4,2	3,9
Bundesrepublik Deutschland	0,6	3,6	3,2
Großbritannien	0,5	1,9	1,6
Kuwait	—	1,1	1,3[2)]
Niederlande	0,2	1,6	1,2
Öffentliche Hilfe insgesamt	8,1	37,5	33,7
Private Hilfe	0,9	2,3	2,2

1) geschätzte Angaben.
2) Angaben von 1982.

Quelle: OECD-Weltbank, zit. nach: Mayer-List, Irene: Am Ende nur ein Scherbenhaufen – Die Krise der Entwicklungshilfe, in: Die Zeit, 40. Jg., 1985, Nr. 20, S. 33–34, S. 33.

Auch die Hilfe, die direkt an die ärmeren Bevölkerungsschichten geleitet wird, verfehlt nur allzu oft ihr Ziel.[102)]

Als für die öffentliche Meinung in den Industriestaaten irreleitend werden auch viele Publikationen über Ziele, Notwendigkeit und Wirkungen der Entwicklungshilfe bezeichnet.

Die Ambivalenz der Entwicklungshilfe

Die Ausrottung von Seuchen durch den medizinischen Fortschritt in den Entwicklungsländern war nicht begleitet von einer ausreichenden Erhöhung der Nahrungsmittelbasis für die rasch zunehmende Bevölkerung.

Die Entwicklungshilfe mit Nahrungsmitteln hat den einheimischen Bauern die Existenzbasis reduziert, da der Produktionsanreiz reduziert und kein marktgängiger Preis gefordert wurde. Die Regierungen waren unpopulärer Maßnahmen enthoben, ihre Völker zur Arbeit anzuhalten, um die Existenzbasis zu verbessern.

102)Vgl. Mayer-List, Irene: Am Ende nur ein Scherbenhaufen – Die Krise der Entwicklungshilfe, in: Die Zeit, 40. Jg., 1985, Nr. 20, S. 33–34, S. 33.

Bei Rückläufigkeit des Zustroms von Auslandskapital verschlechtern sich die Terms of Trade, insbesondere weil die Investitionsrate rückläufig ist, so in Afrika von 18 % in den siebziger Jahren auf 14 % in der ersten Hälfte der achtziger Jahre.

Die Verlangsamung des Wachstums der Ausfuhren der Entwicklungsländer in die Industriestaaten beruht nur zum Teil auf Wechselkursveränderungen oder anderen technischen Faktoren. Die Vermutung zunehmender protektionistischer Tendenzen im OECD-Raum ist kaum zu widerlegen. Hier hat das Schlagwort der Gefahr eines „asymmetrischen Liberalismus" seine Gültigkeit, ein Widerspruch zu den Grundsätzen des Freihandels, die die Industriestaaten den Entwicklungsländern so nachdrücklich predigen.[101)]

II. Die Szenarien

Zur Beseitigung der Mängel der Entwicklungshilfe sollten beitragen können:

1. der Aufbau funktionsfähiger Systeme zur Besteuerung der Wohlhabenden in den Entwicklungsländern,
2. die Schaffung von Organisationsformen – nicht unbedingt neuer Organisationen –, die eine kompetente Verteilung unter Beachtung der kulturellen, sozialen und wirtschaftlichen Eigenheiten vornehmen können,
3. die konsequente Kontrolle der Mittelverwendung durch neutrale internationale Organisationen.

Die erfolgreichen Entwicklungsländer haben strenge Arbeitsmärkte, d.h. keine Gewerkschaften und intensive politische Kontrollen.

Ein weiterer Erfolgsfaktor der Entwicklungshilfe sind Forschungs- und Beratungsprogramme. Das Beispiel Indien, das vor zwanzig Jahren noch stark von Getreideimporten abhängig war und heute weitgehend Selbstversorger ist, zeigt einen möglichen Ansatzpunkt. Zunächst wurde das Agrarforschungs-, Ausbildungs- und Beratungssystem verbessert. Die nationalen und regionalen bundesstaatlichen Agrarverwaltungen wurden umgestellt, um die Modernisierung durch Know-how-Vermittlung an die Bauern durchführen bzw. begleiten zu können. Den sachlichen Kern des Programms, der jedoch von den organisatorischen Voraussetzungen abhängt, bildeten neue ertragreiche Getreidesorten, die einheimische Produktion von Düngemitteln und eine privatwirtschaftliche Grundwassergewinnung.

Als geeignetes Instrument für die Entwicklungshilfe wird eine Partnerschaft oder Verkoppelung von Institutionen vorgeschlagen.

,,Die Klienten können die Partnerschaft als Kooperationsbemühungen zwischen Gleichgestellten betrachten und akzeptieren daher die gegebenen Ratschläge u.U. eher. Die Partnerschaft kann auch den Anbietern Vorteile bringen. Einigen kann sie ermöglichen, auf dem internationalen Markt für technische Hilfe Fuß zu fassen oder ihren Marktanteil auszuweiten; bei anderen, wie z.B. öffentlichen Institutionen oder Universitäten, mag an die Stelle des Gewinnmotivs Prestige oder das Sammeln von Erfahrungen treten.''[103)]

Eine wichtige weltweite politische Herausforderung ist die Entwicklung von Strategien gegenüber den Entwicklungsländern. Zur Förderung einer realistischen Selbsteinschätzung der Entwicklungsländer einerseits und damit auch einer realistischen Einstellung gegenüber den Industriestaaten könnte man sich nicht nur zur Milderung der derzeitigen Verschuldungsprobleme ein Junktim zwischen der Bereitschaft zu eigenen Anstrengungen und der Hilfsbereitschaft der Industriestaaten vorstellen. Man muß jedoch davon ausgehen, daß sich ein derartiger fundamentaler Einstellungswandel nur in einem langwierigen Prozeß realisieren läßt.

Offene Fragen sind: Sollen Entwicklungsländer mit Branchen und Industrie ihres Entwicklungsstandes oder des Entwicklungsstandes des 2o. Jahrhunderts industrialisiert werden? So gibt es Befürchtungen, die Entwicklungsländer Entwicklungsschritte überspringen zu lassen. Weiter ist zu fragen, ob die Industrialisierung nur auf den Inlandsbedarf oder auch auf den Export ausgerichtet sein soll.

Die Vision über die wünschenswerte Interdependenz der Volkswirtschaften ist schwer zu formulieren. Das Kapital muß in den nächsten Jahrzehnten nach wie vor von den Industrieländern bereitgestellt werden.

Das Kernproblem liegt darin, bis zu welchem Ausmaß die Weiterentwicklung der Produktion in den Entwicklungsländern mit den Bemühungen zur Minimierung der Anpassungsprobleme in den Industrieländern in Einklang gebracht werden kann.

Die unterschiedlichen Einstellungen der Regierungen gegenüber sozialen Erfordernissen für ihre Länder bewirken im zwischenstaatlichen Wettbewerb Verzerrungen, so auch, wenn in den Entwicklungsländern

---

103)Cooper, Lauren: ,,Partnerschaft'' von Institutionen, in: Finanzierung & Entwicklung, 22. Jg., 1985, Nr. 2, S. 38 – 41, S. 38; dieser Aufsatz beruht auf einer längeren Arbeit der Autorin, veröffentlicht unter dem Titel Twinning of Institutions: Its Use as a Technical Assistance Delivery System (World Bank Technical Paper No. 23).

billige Arbeitskräfte und niedriger sozialer Standard mit hoher Technologie kombiniert sind. Die Exporte aus Entwicklungsländern wegen der billigeren Arbeitskosten zu blockieren, bedeutet die Ablehnung des Gesetzes der komparativen Kosten.

Das Überlebensszenario

Es gelingt trotz aller Schwierigkeiten, die Entwicklungsländer überwiegend in einem wirtschaftspolitischen Kurs zu entwickeln, der die Überlebensmöglichkeiten der stark wachsenden Bevölkerung verbessert.

Es beginnt eine politische Zusammenfassung dieser Länder zu größeren Wirtschaftseinheiten und es gibt sogar Fälle der politischen Einigung.

Es ist allgemein erkannt, daß eine günstige weltwirtschaftliche Entwicklung von einer effizienz- und produktivitätsfördernden *Wirtschaftspolitik der Entwicklungsländer* abhängt.

Es spricht alles dafür, daß Überlegungen, wie sie der bereits erwähnte Baker-Plan aus dem Jahre 1985 enthält, weitaus langfristiger betrachtet werden müssen als dies heute der Fall ist. Hier kurz die Forderungen des derzeitigen Planes:

1. umfassende wirtschaftspolitische Maßnahmen durch die Hauptschuldnerländer, unterstützt durch die internationalen Finanzinstitutionen, zur Förderung von Wachstum und Zahlungsbilanzausgleich und zur Dämpfung der Inflation;
2. verstärkter Einsatz des Internationalen Währungsfonds in Verbindung mit zunehmenden und wirksameren Strukturkrediten der multilateralen Entwicklungsbanken;
3. erhöhte Ausleihungen der privaten Banken zur Unterstützung der wirtschaftlichen Anpassungsprogramme (Nettokredite von 20 Mrd. US-Dollar in drei Jahren).[104)]

---

104) Vgl. Baker, James A.: Die neue weltweite Strategie soll die Ausgangsbasis für ein langfristiges Wirtschaftswachstum absichern, in: Deutsche Bundesbank (Hrsg.): Auszüge aus Presseartikeln, Nr. 1, 2. Januar 1986, S. 6 – 7, S. 7.

Das Defizitszenario

Es versinken einige Entwicklungsländer in totale politische Instabilität; die Länder an ihren Grenzräumen sind durch lokale Auseinandersetzungen zu vergleichsweise hohen Verteidigungsausgaben gezwungen. Große übergreifende soziale Reformen sind nur durch hohe Transferleistungen der Industrieländer zu sichern. Dabei übernehmen neue internationale Organisationen bzw. bestehende Organisationen die Aufgabe der Absicherung der Verteilung in der vereinbarten Form.

K. Europäische Gemeinschaft oder westeuropäische Einzelstaaten

I. Die Grundlagen

Theoretisch wollen im Rahmen der Europäischen Gemeinschaft alle Nationen etwas Gemeinsames, aber jede Nation hat von Gemeinschaft eine andere Vorstellung. Es kann aber nur soviel Gemeinschaft geben, wie man bereit ist, von seinen Partikularinteressen als Nation aufzugeben.

Allgemein wird die Notwendigkeit zur Kooperation auf allen gemeinsamen Problemfeldern erkannt. Praktisch ist jedoch eher eine Desintegration zu verzeichnen. Unter dem Druck der Arbeitslosigkeit haben sich in der EG nationalistische, von partikularer Protektion und Subvention getragene Systeme entwickelt. Dies bedeutet trotz zahlreicher politischer Pro-Europa-Beteuerungen einen kräftigen Rückschritt der Integration seit dem ersten Erdölschock im Jahre 1973.

Als eher kurzfristige und nicht ernsthaft verfolgte Konzepte zeigen sich immer wieder neue Europäisierungswellen, etwa in der Vorstellung, daß nationalstaatliche Lösungen durch europäische Lösungen substituiert werden müssen.

Als wichtige Entwicklungstendenzen von Bedeutung für Westeuropa können herausgestellt werden:

1. die disproportionale Weltbevölkerungsentwicklung,
2. die hohen wirtschaftlichen Wachstumsraten in Asien, vor allem in China und Indien,
3. die technologische Revolution mit einer unterschiedlichen Beteiligung Europas, Japans und der USA.

Mittelfristig sind von Bedeutung:

1. die US-Staatshaushalts- und Außenhandelsdefizite,
2. der Außenhandelsprotektionismus.

Die Auslotung der künftigen gesellschaftlichen und wirtschaftlichen Leistungsfähigkeit Europas hat jedoch kontroverse Ergebnisse gezeigt, weil die Integrationsbereitschaft der Nationalstaaten mit gutem Grund sehr unterschiedlich beurteilt werden kann.

Europas Steuerzahler und Konsumenten müssen jährlich mit rd. 220 Mrd. DM ein Vielfaches des gesamten EG-Budgets von gegenwärtig fast 60 Mrd. DM (1983) dafür aufwenden, daß die europäische Einigung noch nicht in vollem Umfange hergestellt ist. Die Belastungen für fehlende Einigung betragen für:[105]

– entgangenes Wirtschaftswachstum	91,0 Mrd.DM,
– entgangene Preis-/Qualitätsvorteile durch nicht europaweite Ausschreibung öffentlicher Aufträge (1982)	90,0 Mrd. DM,
– Behinderungen für die Wirtschaft	36,0 Mrd. DM,
– Umtauschkosten bei Währungsumwandlungen für europäische Handelsgeschäfte (ohne Tourismus)	5,4 Mrd. DM,
– Verwaltungsaufwand für Überwachung der EG-Binnengrenzen	1,4 Mrd. DM.

Die Tricks der Durchsetzung von Partikularinteressen eines EG-Mitgliedes gegen die anderen EG-Staaten sind seit den Verträgen von Rom im Jahre 1957 stetig verfeinert worden. Die Ideologie der Förderung des Gemeinsamen Europas ist ein Konzept, daß bei der überwiegenden Zahl der Entscheidungsträger in Wirtschaft und Politik nach wie vor auf Durchsetzungswiderstand und Durchsetzungsabwehr stößt.

Wir müssen uns darüber klar werden, ob wir durch Protektionismus und Dumping zwischen EG-Staaten ein Klima der echten Kooperation schaffen können. Der meist bewußte gegenseitige Betrug wird sich in absehbarer Zeit als Selbstbetrug erweisen.

Die Selbsttäuschung durch ein „Frühstücks-Europa" unter dem Motto: Wir haben gemeinsam gespeist, also haben wir das Problem einer Lösung näher gebracht, müßte sehr kurzfristig gesellschaftspolitisch effizienteren Lösungen Platz machen. Die unerträgliche Schizophrenie der Lippenbekenntnisse gegenüber dem effektiven Handeln hat bei vielen Beteiligten und Betroffenen eine Resignation entstehen lassen, die mindestens zu erheblichen zeitlichen Verzögerungen führt, weil die neu ins Europafeuer geschickte Generation selbst bei einer Veränderung der Werte der Entscheidungsträger zugunsten mehr Gemeinsamkeit wegen fehlender Erfahrung weitgehend von vorne anfangen muß.

Ein starkes Europa durch enge Zusammenarbeit bis hin zu einer politischen Einigung und einem einheitlichen Währungssystem wird immer wieder heraufbeschworen. Noch verhalten sich die Staaten aber hyperegoistisch. Die Differenzen über die Zahlungsüberschüsse oder die -defizite im EG-Haushalt oder die unterschiedliche Beteiligung der einzelnen Länder an den gemeinsamen Forschungsprogrammen legen davon ein beredtes Zeugnis ab.

105)Vgl. Holl, Uwe: Falsche Strategie, in: iwd, Informationsdienst des Instituts der deutschen Wirtschaft, 10. Jg., 1984, Nr. 17, S. 6–7, S. 7.

Einigkeit herrscht weitgehend darüber, daß das ursprüngliche Ziel der Gemeinschaft, die Sicherung des ökonomischen Wachstums, abgelöst worden ist von dem Ziel: Abwehr von Dekadenz. Die Europäische Gemeinschaft hat sich in ein „Non-Europa" gewandelt, d.h. die Partikularinteressen und Partikularaktivitäten der Staaten sind stärker als früher. In dem derzeitigen Null-Summen-Spiel kann kein Land mehr sinnvoll isolierte Politik betreiben, und zwar um so weniger, je größer die Schwierigkeiten sind. Für das inflationäre Wachstum in den 70er Jahren und für Inflation ohne Wachstum in den letzten Jahren muß jetzt „die Zeche" bezahlt werden.[106)]

Auf einige Europa-Probleme der Harmonisierung hat Gerhard Zeidler aufmerksam gemacht:

„Die in Europa vorhandenen Grenzen sind nicht nur Paßgrenzen, sondern in zu hohem Maße auch Wirtschafts- und Infrastrukturgrenzen. Sie werden deutlich zum Beispiel im Verkehrsbereich, wo in mehreren Ländern unterschiedliche Schnellbahnsysteme entwickelt werden, wobei doch offensichtlich naheliegen würde, die Kompatibilität all dieser Systeme in internationaler Arbeitsteilung anzustreben. Muß der ‚Kurswagen für Europa' denn zwingend nur an den Bummelzug passen?

Bei der Modernisierung unserer Infrastruktur können daher durchaus Hoffnungen auf Eureka gesetzt werden. Wenn es nun einmal so ist, daß die einzelnen Nationen für Eureka nicht soviel Geld kurzfristig zur Verfügung stellen können – wie vielleicht erforderlich –, und wenn es so ist, daß ein Leitgedanke für Eureka fehlt, sollte die eben erwähnte Art von Projekten einen wesentlichen Kernpunkt von Eureka ausmachen. Hier sind Märkte vorhanden, hier sind Unternehmen bereit, Geld zu investieren; was fehlt, ist zum Teil politischer Wille zum sofortigen Handeln. Wir würden, so meine ich, weltweit eine hervorragende Wettbewerbsposition erobern, hätten wir ein europäisches Schnellbahnnetz oder andere gemeinsame technische Infrastrukturen."[107)]

Ansätze für eine Harmonisierung der Interessen erwachsen aus der Erkenntnis einer europäischen Industriepolitik, die man meist oft präkompetitiv nennt, obwohl man sie unter Beibehaltung bisheriger Begriffsvorstellungen – auch wenn man dafür ist – als eine neue Form der Kartellisierung bezeichnen müßte. Bedrängnis von außen führt hier zu einer Neuorientierung der Kräfte.

---

106)Vgl. Albert, Michel; Ball, James: Towards European Economic Recovery in the 1980s – Report presented to the European Parliament, Working Documents 1983 – 1984, hrsg. v. European Parliament, Brüssel 1983, passim, S. 11.

107)Zeidler, Gerhard: Die Innovation muß als strategisches Ziel eine noch höhere Priorität erhalten, in: Handelsblatt, 41. Jg., Nr. 16, 23. Januar 1986, S. 4.

II. Die Szenarien

Erstmals im Jahre 1976 wurde durch den Tindemans-Bericht, der im Jahre 1974 als Auftrag an den belgischen Ministerpräsidenten Leo Tindemans vergeben worden war, eine Differenzierung der westeuropäischen Staaten nach dem Integrationsgrad vorgeschlagen. Zu Kerneuropa sollten die sechs EG-Staaten, u.U. ohne Italien, zur Freihandelszone alle übrigen westeuropäischen Staaten gehören.

Das Risiko eines ,,Europas der zwei Geschwindigkeiten", das Schlagwort, mit dem Franz Josef Strauß die Probleme der Uneinigkeit über den Kurs der einzelnen europäischen Staaten gekennzeichnet hat, nimmt durch die ersten Alleingänge zwischen Frankreich und der Bundesrepublik Deutschland unter dem Schlagwort Kerneuropa konkrete Formen an.

Für die anderen Länder würde – dem Interesse Großbritanniens folgend – dann die Lösung einer Freihandelszone bleiben, mit der Wirkung einer Wiederaussperrung der gerade Hinzugekommenen.

Man muß ehrlich zugeben, daß die Hoffnungen darauf, durch forsche Institutionalisierung auch eine rasche Realisierung eines gemeinsamen Europas zu bewirken, zur Zeit aufgegeben werden müssen. Weiter muß man mit großem Bedauern erkennen, daß die Verbalisierung von Gemeinsamkeit keineswegs faktische Wirkungen erzeugt und die Schaffung eines gemeinsamen Europa zu einem säkulären Prozeß wird – eben, weil man es doch nicht will, weil nationalistische Interessen stärker sind als Gemeinschaftsinteressen.

Wenn es wegen der Komplexität der Ausgangsbedingungen und der Divergenz der Integrationsbereitschaft zu unterschiedlichen Intensitätsgraden der Zusammenarbeit kommen sollte, würden davon auch Struktur und Organisation aller europäischen Institutionen betroffen. Bei allem Bedauern über diese Entwicklung wird man letztlich doch nach dem Konzept entscheiden, lieber etwas zu erreichen als nach einem ,,Alles oder nichts" zu streben und damit vermutlich gar nichts zu erreichen.

Mit Recht sprechen Albert und Ball[106)] im Hinblick auf die Gemeinschaft von dem Eskapismus der siebziger Jahre, Die westeuropäischen Staaten wollten die Erstarkung Japans und der NICs (newly industrializing countries) nicht zur Kenntnis nehmen. Die Löhne wurden zu Lasten der Gewinne erhöht, der Konsum zu Lasten der Investitionen ausgeweitet. Die Erhaltung der Massenkaufkraft wurde durch Verschuldung und Gewinnreduktion der Unternehmen erkauft.

So weisen Albert und Ball auch nüchtern auf den Hyperegoismus und die Selbstbedienungsmentalität der EG-Staaten hin, die zu haarspalterischen Budgetdebatten geführt haben, anstatt die wichtigen Probleme der Zeit, so Kohle und Stahl, Atomenergie, Einheit des Binnenmarktes und gemeinsame Agrarpolitik, ernsthaft anzugehen.

So bleibt es auch nicht aus, daß die Wirtschaftspolitik in Westeuropa divergierenden Konzepten folgt. Der Monetarismus, der primär von Geldmengensteuerung ausgeht, und die angebotsorientierte Wirtschaftspolitik werden vor allem in den USA und in Großbritannien, aber auch in der Bundesrepublik Deutschland verfolgt. Den Hintergrund bildet ein neues Vertrauen in die Marktwirtschaft und in Privatinitiative und das Zurückdrängen des öffentlichen Sektors. Frankreich setzte zur Zeit der sozialistischen Regierung nach wie vor auf Keynes – und strebte dies auch international an.[108)] Unter der neuen Regierung Chirac wird das Ruder wieder herumgelegt. Diese Überlegungen beweisen die Probleme bei der Internationalisierung von gesamtwirtschaftlichen Steuerungsprinzipien, wenn bereits in einem Staat innerhalb kurzer Zeit so unterschiedliche wirtschaftliche Konzepte verfolgt werden.

Die Harmonisierung romanischen, germanischen und angelsächsischen Rechts- und Verwaltungsdenkens und -handelns wird ein viele Generationen dauernder Prozeß werden.

Wenn mit der Supranationalisierung in der Gemeinschaft Ernst gemacht werden soll, dann scheint eine Internationalisierung der Krankenversicherung und der Altenversorgung, des Bildungswesens und der Medien einen höheren Stellenwert zu haben als die dann quasi automatisch folgende Vereinheitlichung der Währung.

Diese Überlegungen entsprechen somit eher denen der Fundamentalisten, die erst wirtschaftliche Konvergenz anstreben und dann eine Währungseinheit – im Gegensatz zu den Monetaristen, die die Auffassung vertreten, daß die Harmonisierung der Wirtschaft der EG-Staaten sich schon einstellen werde, habe man erst eine gemeinsame Währung. Man könnte es auch so ausdrücken, daß politischer Wille durch Finanztechnik erzwungen oder zumindest beschleunigt wird. Teilweise handelt es sich hier um die berühmte Henne-Ei-Frage. Konvergenz ist aber so oder so unerläßlich.

Der ECU als Reservewährung dürfte neben Yen und US-Dollar nicht funktionieren können, da es sich dabei nicht um eine Währung han-

---

108) Vgl. Emminger, Otmar: The Challenges of the Eighties, in: Economic Notes 1972 – 1982, Experiences and Problems of the International Monetary System, hrsg. v. Montei dei Paschi di Siena, Siena (Italien) 1982, S. 87 – 101.

delt.[109] So wird die Entwicklung in Richtung einer Europäischen Notenbank gehen, der von den Regierungen dann jedoch eine hohe Autonomie zuerkannt werden müßte, was wiederum erst nach einer wesentlichen Stärkung des Europäischen Parlaments zweckmäßig sein dürfte. Auf die erforderlichen EG-Vertragsänderungen sei nur am Rande hingewiesen. Die Fortschritte in der EG an der Währungsfront können nur so gut sein wie die politischen Fortschritte. Vom erreichbaren Grad der europäischen Integration ist somit abhängig, ob der European Monetary Cooperation Fund in eine Europäische Zentralbank einmünden kann.

Man wird vermutlich auch vom Prinzip der Einstimmigkeit zu Mehrheitsentscheidungen kommen müssen. Bisher fordern alle gemeinsame Entscheidungen, aber niemand will Rechte abtreten bzw. Pflichten übernehmen. Die EG besteht somit nur aus dem, worauf sich alle einigen können, d.h. sie ist zur Zeit eine Einigung auf dem kleinsten Nenner. Mehrheitsentscheide würden dagegen eine Unterordnung der Unterlegenen bedeuten, wie dies im innerstaatlichen Bereich der Fall ist. Welcher Regierungsvertreter möchte aber in diesem Fall noch vor sein nationales Parlament treten bzw. vor die jeweilige Lobby? Zur Mehrheitsentscheidung wird der Weg daher noch weit sein.

Die Integration der Nicht-EG-Staaten Westeuropas in die EG kann frühestens nach der Jahrhundertwende erwartet werden. Dabei könnten auf Zeit noch einige Sonderlösungen für Österreich und für die Schweiz gefunden werden.

Das Überlebensszenario

Bei Bevölkerungsstagnation in den EG-Staaten ist zu fragen, ob trotz unterschiedlicher politischer und wirtschaftspolitischer Ordnungen eine gemeinsame Politik möglich ist.

Faktum ist, daß alle Maßnahmen durch eine ungünstige Bevölkerungsentwicklung eher erschwert werden, zumal die Erkenntnis von Handlungszwängen und das effektive Handeln stark voneinander abweichen. Gefordert werden vor allem die Stärkung des Europäischen Währungssystems, eine zukunftsträchtige Industriepolitik und eine gemeinsame Energiepolitik. Kaum eine der vorgeschlagenen Maßnahmen für die Gemeinschaft in ihrer Gesamtheit dürfte kurzfristig auf den

109)Der private ECU-Markt hat sich rasch entwickelt. So ist die Emission von Schuldverschreibungen in ECU von 1,9 Mrd. ECU 1983 auf 9,4 Mrd. ECU 1985 angestiegen.

Konsens der Staaten treffen, so daß sich zur Zeit die aufgezeigten Probleme eher verschärfen.

Es bleibt nur zu hoffen, daß das weitere relative Absinken der wirtschaftlichen und politischen Bedeutung der EG doch noch eine neue Form der Gemeinsamkeit bewirkt. Aber sind die politischen Voraussetzungen dafür günstig?

Ein EG-Staat – hier die Bundesrepublik Deutschland – muß sowohl bei Förderung der Zuwanderung aus anderen EG-Staaten als auch bei Zuwanderung von außen – hier unter dem Rubrum Überfremdung – mit Problemen rechnen, dies um so stärker, je schwächer die wirtschaftliche Entwicklung in den anderen Staaten ist, d.h. es ist nicht auszuschließen, daß die anderen EG-Staaten eine aktive Bevölkerungspolitik der Bundesrepublik Deutschland negativ beurteilen könnten.

Unter diesem Aspekt scheinen für das Entwicklungsszenario für die Bundesrepublik Deutschland mit starker Zunahme ausländischer Einwohner auch supranationale Probleme aufzutreten.

Man könnte auch mit neuen Konzepten rechnen, die neue Bedingungen für Binnenwanderungen zwischen EG-Staaten und insbesondere eine veränderte Freizügigkeit für assoziierte Staaten bedeuten.

Das Defizitszenario

Bei starken weltweiten Problemen dürfte die Rückbesinnung auf den gemeinsamen kulturellen Hintergrund die Initiativen zu einem engeren Zusammenrücken in Europa fördern. So abstrus dies auf den ersten Blick erscheinen mag: die Chancen der Gemeinsamkeit Europas – nicht jedoch die Chancen der europäischen Wirtschaft – dürften bei verschärften Problembedingungen vergleichsweise günstiger sein. Somit stellt sich die Frage: Kann Europa nur bei großer Not in wenigen Jahren eng zusammenwachsen?

Eine starke Zuwanderung von Einwohnern in die Bundesrepublik Deutschland aus Nicht-EG-Staaten bei ansonsten schlechten Entwicklungsbedingungen dürfte noch negativere Reaktionen der anderen EG-Staaten als beim Überlebensszenario hervorrufen.

Bei weltweit ungünstigen Entwicklungsbedingungen dürfte jedes Bestreben zur Entkoppelung innerhalb der Gemeinschaft die derzeitigen Desintegrationstendenzen noch beschleunigen.

L. Zu den weltweiten politischen und gesellschaftlichen Rahmenbedingungen

I. Die Grundlagen

Die Entwicklungschancen eines Landes werden durch seine nationalen Ausgangsbedingungen, seine internationale Position und die Dynamik der weltwirtschaftlichen Entwicklung bestimmt. Die derzeitige Entwicklungsphase ist dadurch gekennzeichnet, daß sich zwischen den Staaten wie auch zwischen supranationalen Gruppierungen die wichtigen Machtpotentiale nicht parallel, sondern teilweise divergierend verändern, so

1. das politische Potential,
2. das ökonomische Potential,
3. das militärische Potential,
4. das ökologische Potential,
5. das Ressourcenpotential.

Die internationale Ausgangssituation eines Landes wird durch Vergleiche mit anderen Nationen oder Regionen dokumentiert. Solche Vergleiche lassen sich auf vielen Gebieten anstellen: Erwähnt seien der gesellschaftliche Entwicklungsstand, der technische Entwicklungsstand, die Werte sowie die Kultur und Zivilisation, die Umweltbelastung, die Rohstoffbedingungen, die Energieversorgung und Energieautarkie, die Erwerbstätigkeit, die Wirtschaftskraft, der Außenhandel, die Verteidigungsbereitschaft, die Transferbereitschaft in die dritte Welt.

Aus den Abweichungen solcher Ausgangsbedingungen zwischen den Ländern erwachsen Interessenunterschiede und Konflikte. Die Interessenunterschiede münden primär in politische Macht oder in wirtschaftliche Kraft. Somit deckt die Außenwirtschaftspolitik nur einen Teilbereich der relevanten internationalen Beziehungen ab, wenngleich politische Ziele auch mit wirtschaftlichen Mitteln verfolgt werden, wie teilweise das Beispiel der Entwicklungshilfe zeigt. Das Feld der internationalen Wirtschaftsbeziehungen besteht aus vielfältigen Konflikten des internationalen Wettbewerbs, aus Ideologie- und Marktkonflikten und aus Ansätzen zu Kooperation und Konsens.

Trotz beachtlicher Risiken wird davon ausgegangen, daß in den nächsten Jahrzehnten keine großen militärischen Konflikte stattfinden.

Jeder atomare Konflikt würde überdies alle hier vorgetragenen Überlegungen obsolet machen.

Das Beispiel Japan beweist, daß eine Industriegesellschaft nicht von der Ursprungsverfügbarkeit natürlicher Ressourcen abhängig ist. Weltwirtschaftliche Verschiebungen der Produktion sind primär durch die Unterschiede der Leistungsbereitschaft wie auch der Arbeitskosten begründet, die weiterhin auf Jahrzehnte aufrecht erhalten bleiben dürften, dies noch gefördert durch das disproportionale Bevölkerungswachstum.

Die differenzierte Entwicklungsdynamik als Einflußgröße: Bei den Industriestaaten auf der nördlichen Halbkugel gibt es unterschiedliche Entwicklungsprobleme.

Die vergleichsweise größten Unsicherheiten betreffen die künftige Entwicklung der UdSSR. Ein industrieller Rückstand auf der Basis der klassischen Industrie und eine disproportionale Bevölkerungsentwicklung von einer fünffachen Differenz der Geburtenrate in Weißrußland gegenüber den islamischen Republiken Asiens sind die wichtigsten Probleme mit Langfristwirkung. Zu den Unbekannten der politischen Weltentwicklung gehört der Generationswechsel in der Führungsmannschaft der UdSSR.

Wiederholt heraufbeschworen wurde im übrigen ein Szenario der langfristigen Spaltung der UdSSR in einen europäischen und einen asiatischen Teil – neuerdings durch die Entwicklung des Islams wie der asiatischen Religionen eher aktualisiert. Diese keineswegs gänzlich auszuschließende Hypothese wird jedoch hier nicht weiter verfolgt.

Weitere Unsicherheiten beziehen sich auf die zukünftige gesellschaftspolitische Entwicklungsrichtung der Volksrepublik China.

Militärische Aspekte: Die weitere Verbreitung von Nuklearwaffen in vielen Staaten, Waffen im Weltraum, Unfälle mit Nuklearwaffen, all dies fördert eher apokalyptische als friedliche Zukunftsvisionen.

Die Wahrscheinlichkeit für die Vermeidung von Weltkriegen scheint tendenziell zuzunehmen, da es sich aber um historische Einzelereignisse handelt, kann man sich bereits mit dem Wahrscheinlichkeitsbegriff schwer tun.

Langfristig wird jedes Waffensystem der staatlichen Kontrolle entgleiten, so daß nach der Jahrhundertwende bei einer weitaus höheren Anzahl von Staaten mit Atomwaffenverfügbarkeit auch Atomwaffen in der Hand von Terroristen und Stadtguerillas erwartet werden können. Vermutlich werden die Risiken oder auch erst die ersten Fälle in diesem Bereich die Reife zu den unerläßlichen Zwängen einer weltweiten internationalen Kontroll- und Verteidigungsbereitschaft stark wachsen lassen.

Die weiterhin zunehmende internationale Verflechtung und vor allem die starke technische Anfälligkeit von Waffensystemen und von Kommunikationssystemen mit dem Risiko einer Lahmlegung der Wirtschaft dürften die Kriegsgefahren reduzieren.

Auch aus diesen Gründen wird hier davon ausgegangen, daß es gelingt, bedeutende kriegerische Auseinandersetzungen zu vermeiden.

Sehr viel schwerer ist abzuschätzen, wie lange der materielle Wohlstand durch gleich viel oder mehr Rüstung weiter beeinträchtigt wird, oder ob durch eine weitgehende Abrüstung eine Orientierung in Richtung auf eine Friedenswirtschaft möglich werden wird.

Festschreibung von politischen Bedingungen: Die Weltauffassung über die Teilung Deutschlands ist uneinheitlich. Als eine von vielen Meinungen sei dazu Bruce Nussbaum zitiert: ,,Die meisten Amerikaner und Europäer werteten die Teilung Deutschlands als weltpolitische Festlegung auf Dauer, als gerechtes Ergebnis des Krieges, den Deutschland begonnen und verloren hatte. Obwohl es kein Regierungsvertreter heute öffentlich zugeben würde, wird die Teilung Deutschlands heimlich als möglicher Weg angesehen, einen neuen Krieg in Zukunft zu verhindern. Wenn die Sowjets flüstern. ‚Achtet ihr auf eure Deutschen, und wir werden auf unsere Deutschen achten', seufzen die Leute in Washington, Paris, London und sonstwo in Europa noch immer erleichtert auf.''[110] Es gibt aber auch die Auffassung einer in den nächsten Jahrzehnten möglich werdenden Auflockerung – bis hin zu einer Wiedervereinigung.[111]

Der neue Nationalismus: Man darf nicht übersehen, daß sich die Anzahl der souveränen Nationen von 1950 bis 1984 verdreifacht hat. Dies hatte machtpolitische Verschiebungen zur Folge, deren Entwicklung noch keineswegs abgeschlossen ist. Der Nationalismus wurde zur Grundlage der Auseinandersetzung zwischen dem Rohstoffmonopol der neuen Staaten, allen voran die OPEC, und dem klassischen Technologiemonopol der Industriestaaten der nördlichen Halbkugel.

Durch diesen Nationalismus sind auch die Verschiebungen der industriellen Entwicklung und die Art und Ausrichtung der internationalen Arbeitsteilung beeinflußt worden. Dabei muß man vor allem berücksichtigen, daß sich der Industrialisierungsschwerpunkt asiatischer Schwellenländer auf hochwertige technische Produkte verlagert hat.

---

110)Nussbaum, Bruce: Das Ende unserer Zukunft – Revolutionäre Technologien drängen die europäische Wirtschaft ins Abseits, (Kindler Verlag) München 1983, S. 97.

111)Vgl. auch Cetron, Marvin; O'Toole, Thomas: Encounters with the Future, (McGraw-Hill Book Company) New York-San Francisco-Toronto 1982, S. 112 f.

Der als Begründer des schwarzen Rassismus angesehene Franzose Fanon bezeichnet die Gewaltanwendung der unterdrückten Kolonialvölker nicht nur als Mittel zur Gewinnung der Freiheit, sondern auch als Form der notwendigen sozialen und moralischen Wiedergeburt. Mit Recht spricht de Beus hier von der „Theologie des Mordes".[112)]

Wirtschaftlicher Egoismus: Weite Verbreitung hat vor allem auch in den Industriestaaten der durch eine Politik des Protektionismus in Erscheinung tretende wirtschaftliche Egoismus. Hinzu kommt ein internationaler Wettbewerb um Investoren, bei dem steuergünstige Billiglohnländer mit hoher politischer Stabilität Erfolge verbuchen können.

In diesen Zusammenhang gehört auch die Schaffung von neuen Abhängigkeiten durch die Zugangserschwernis zu neuen technischen Erkenntnissen, wie das Beispiel einer Begrenzung des Zugangs zu Datenbanken in bestimmten Ländern zeigt. Die Bundesrepublik Deutschland ist hinsichtlich ihrer Datenbeschaffung weitgehend von den USA abhängig. Bemerkenswert in diesem Zusammenhang ist die von der US-Regierung getroffene Entscheidung, den Zugang zu den größten staatseigenen Datenbanken, zur National Library of Medicine und zum Institute of Scientific Information, für ausländische Interessenten bestimmter Länder zu sperren.[113)]

Die Weitergabe von Erkenntnissen des technischen Fortschritts: Die individuellen Rechte an neuen Erkenntnissen, wie auch die Rechte der Unternehmen oder die Hoheitsrechte der Nation, die eine Weitergabe verhindern, sind zu überdenken.

Soll eine Nation die Weitergabe von wissenschaftlichen Erkenntnissen sperren können?

Wenn dies nicht erstrebenswert erscheint: Wie läßt sich dagegen vorgehen?

Wer kann ein solches Verhalten verhindern?

Durch die Entwicklung der neuen Medien ist Information ein Produktionsfaktor geworden, und die Verfügbarkeit von Datenbanken wird zum Schlüssel für die Beteiligung am technischen Fortschritt.

Wirtschaftliche Konflikte: Ein weiteres typisches Beispiel ist der Grad der Rücksichtslosigkeit, den sich eine Nation gegenüber anderen leisten kann. So kann man die Wirtschaftspolitik der USA in der Mitte

---

112)Vgl. dazu Beus, Jacobus Gigsbertus de: Mut zum Überleben, (Droste Verlag) Düsseldorf 1985, S. 85.

113)Vgl. Merkle, Erich: Marktorientierte Ansätze in der Technologiepolitik – Eine Möglichkeit zur Bewältigung des technologischen Wandels?, in: Betriebs-Berater, 39. Jg., 1984, Nr. 9, S. 549–557, S. 554.

der achtziger Jahre, wenn auch mit unterschiedlicher Wucht, sowohl als rücksichtslos gegenüber den Industrieländern als auch gegenüber den Entwicklungsländern bezeichnen.

Gleicherweise problematisch ist der Protektionismus in den EG-Staaten. Unter dem Druck der Arbeitslosigkeit haben sich in der EG nationalistische, von partikularer Protektion und Subvention getragene Systeme entwickelt.

Macht durch Rechtsunterschiede: Internationale Verschiebungen der Produktion entstehen vor allem durch eine unterschiedliche Gestaltung oder Auslegung von wirtschaftsrelevanten Rechtsnormen. So spricht alles dafür, daß Länder mit flexiblem Arbeitsrecht, mit ,,günstigen" – sprich laschen – Umweltnormen oder mit hohen Steuererleichterungen von Unternehmen bevorzugt werden. Aufgrund der nationalen Rechtsautonomie sind diese Konsequenzen langfristig kaum abzuschätzen.

Die Internationalisierung von Rechtsnormen: Zu den wichtigsten Fragen der Zukunft gehört das Problem, inwieweit nationale Rechtsnormen beibehalten werden können und welche Länder bei der Internationalisierung von Rechtsnormen einbezogen werden müssen. So lautet die Frage, ob EG- oder Westeuropa-Lösungen bereits ausreichend sind oder ob man Vereinheitlichungen anstreben sollte.

Macht durch Wirtschaftskraft: Im internationalen Wettbewerb entstehen nationale Monopole. So hat Japan an Fernkopierern einen Marktanteil von 98 %, bei Fotokopierern von 80 %. Bei Videorecordern reichen die Kapazitäten mit 25 Mill. Einheiten zur derzeitigen Abdeckung des Weltbedarfs, ebenso bei Schreibmaschinen mit 2,5 Mill. Stück. Die angewandte Strategie des Laser beaming bedeutet Marktdurchdringung mit hoher Qualität, niedrigen Preisen bei sicherer Lieferbereitschaft aufgrund hoher Kapazitäten. Die Preise im Ausland sind teilweise aufgrund hoher Inlandspreise subventioniert, d.h. es wird zu Dumpingpreisen angeboten.

Multinationale Unternehmen: Die Bewältigung der Probleme der Multinationalität ist durch einen einzelnen Staat kaum möglich, weil oft genug rechtliche Unvereinbarkeiten bestehen. ,,Daraus erklären sich berühmt gewordene Streitigkeiten, wie beispielsweise die Affäre der europäisch-sibirischen Erdgasleitung oder die zahlreichen Konflikte auf dem Gebiet des Wettbewerbsrechts, nicht nur zwischen den USA und Europa, sondern auch innerhalb Europas. Im Steuerrecht ließe sich die Unvereinbarkeit zwischen dem Verbot der Doppelbesteuerung und der Globalversteuerung einer Gruppe anführen. Sehr oft haben solche Unvereinbarkeiten keine klaren Konfliktregelungen zur Folge, und ihr scheinbar unentwirrbarer Charakter läßt in der Öffentlichkeit den Eindruck entstehen, daß die multinationalen Unternehmen sich den Gesetzen nicht unterwerfen."[114]

So stellt Henri Schwamm in Anbetracht dieser Situation auch das Problem klar: „Es wäre daher in vielen Fällen angebracht, auf die Frage: ‚Stehen die Multinationalen über den Gesetzen?' mit einer präziseren Frage zu antworten: ‚Über welchen Gesetzen stehen die Multinationalen?' "[114]

Macht der internationalen Organisationen: Im Jahre 1985 bestanden 300 internationale Organisationen gegenüber 100 im Jahre 1950 und 25 im Jahre 1900. Bei einem Jahresetat von rd. 7 Mrd. US-Dollar beschäftigen sie 100 000 Menschen. Daran haben die EG-Behörden einen Anteil von 20 000.[115]

Die Macht der internationalen Organisationen ist bisher begrenzt. Sie sind teilweise eher Instrumente der Machtausübung von Staaten als Stützen der internationalen Integration.

II. Die Szenarien

Internationale Aspekte: Das Kernproblem der weiteren internationalen Entwicklung besteht in der zuverlässigen Abschätzung der Außenpolitik der Supermächte. Was wollen die USA und was will die UdSSR?

Wird sich der sowjetische Expansionismus über Afghanistan hinaus ausweiten oder wird Rußland historisch erstmalig auf seine territorialen Grenzen hingewiesen?

Man darf nicht übersehen, daß die territoriale Entwicklung Rußlands weitgehend von einem seit der Zarenzeit tief verankerten Bewußtsein geprägt wird, daß Moskau die Nachfolge des byzantinischen Reichs angetreten habe. Dabei sind Ansprüche auf Vorrechte und Macht teilweise unabhängig von der jeweiligen politischen Grundrichtung Rußlands bestimmt.

In diesem Zusammenhang bleiben jedoch auch Abhängigkeiten der UdSSR zu beachten, so die fehlende Nahrungsmittelautarkie, die Kompromißbereitschaft fördern kann. Die UdSSR hat Mitte der achtziger

114)Schwamm, Henri: Stehen die Multinationalen über den Gesetzen?, in: Neue Zürcher Zeitung, 206. Jg., Nr. 27, 3./4. Februar 1985, S. 9–10, S. 9, S. 10.

115)Vgl. auch Frey, Bruno S.; Buhofer, Heinz: Die Bedeutung internationaler Organisationen, in: Neue Zürcher Zeitung, 207. Jg., Nr. 1, 3. Januar 1986, S. 10.

Jahre einen Importbedarf für Weizen in der Größenordnung von 16 bis 19 Mill. Tonnen (Weltproduktion 1985 520 Mill. Tonnen).

Die *Kriegsgefahr* bleibt nach wie vor der hervorragende Risikofaktor der internationalen Entwicklung. Das Streben nach Macht durch Rüstung ist nicht nur im Ostblock wichtiger als die bessere Versorgung der Bevölkerung, wie durch die Entwicklung der Rüstungsausgaben in den Entwicklungsländern bestätigt wird. Solange die Priorität der Rüstung erhalten bleibt, werden wünschenswerte ökonomische Verbesserungen nicht möglich sein.

Regionale Konflikte, die sich aufgrund des Kampfes der Weltmächte um Einflußsphären zu Stellvertreterkriegen ausweiten, werden auch in Zukunft ein Faktum bleiben. Inwieweit die Risiken für Kriege in Entwicklungsländern kanalisiert werden können, läßt sich kaum zuverlässig beurteilen. Für Westeuropa geht es letztlich darum, ob es weiterhin eine politische Pufferzone zwischen Ost und West bleiben soll oder ob es sich – mit guten und normalisierten Beziehungen zu Osteuropa – zu einer eigenständigen ökonomischen und politischen Kraft im internationalen Kräftespiel entwickeln wird.

Die *weltpolitische Militärmachtkonstellation* wird in Zukunft verändert durch eine wohl kaum noch zu verhindernde weitere Verbreitung der Atomwaffen in nichtindustrialisierte Länder. Die Gefahren einer weiteren militärischen Auseinandersetzung können nicht intensiv genug diskutiert und politisch analysiert werden. Die Skepsis von Helmar Krupp ist keineswegs unbegründet:

„Dieser Pessimismus beruht, abgesehen von vielfältigen soziologischen, historischen und politischen Argumenten, auf folgender technisch-wirtschaftlicher Überlegung: Bei Ausgabensteigerung und Technologiewettlauf in der Rüstung können einige Länder weniger mithalten als andere. Das schafft Zwänge. So wird sich die internationale Militärpolitik vielleicht wieder in einer Sackgasse des Point of no return verrennen. An Alibis wird es nicht fehlen. Auch sind die Entscheidungs- und Rüstzeiten innerhalb des politisch-militärtechnologischen Apparats klein, verglichen mit den Reaktionszeiten politischer Gegenbewegungen. Ja, die Kriegsauslösung wird wegen der nur Minuten betragenden Vorwarnzeiten in hohem Maße an physikalische Sensoren sowie Mustererkennungs- und Entscheidungsautomaten delegiert werden (müssen = ‚Sachzwang'). Die unzureichende Wahrscheinlichkeit der Abwendbarkeit rührt schließlich auch daher, daß es keine individuelle Schuldzumessung an dieser ‚weltgeschichtlichen' Entwicklung und keine individuellen Lernchancen gibt. Denn an der Vorbereitung des nächsten und für die Betroffenen letzten Weltkrieges sind vielfältige technische, wirtschaftliche, politische und gesellschaftliche Kräfte beteiligt, die auf der Ebene des Individuums ihr eigenes Schicksal subjektiv auch eher erleiden als autonom gestalten. Denken wir nur an einen Waffenphysiker in einem Laboratorium der Rüstungsindustrie oder an einen Software-Wissenschaftler an einem entscheidungsnahen Simulationsgroßrechner, an einen Firmenvertreter im Rüstungsexport oder an einen für sein Amt lebenden Parteibeauftragten oder General. Einzeln sind sie alle nur Rädchen innerhalb einer gigantisch sich auftürmenden, entfremdeten Selbstvernichtungsmaschinerie."[116]

Die „*Strategic Defense Initiative*" – SDI – soll Nichtangreifersicherheit bringen. Spektakularität und Dimensionen von SDI sind historisch mit Abstand einmalig.[117]

Ashton Carter unterscheidet in einer für den amerikanischen Kongreß angefertigten SDI-Studie zwischen Star Wars 1 und Star Wars 2. Star Wars 1 beruhen auf der Vision, Kernwaffen impotent zu machen. Das gelte als völlig unmöglich. Star Wars 2 seien ein begrenzter Schutz gegen gegnerische Interkontinentalraketen. Auf diesem Gebiet sei vielleicht etwas zu erreichen.

Bis Ende 1985 wurden 1 500 Projekte an 260 Einrichtungen in Industrie und Hochschulen für mehr als 2 Mrd. US-Dollar vergeben. Etwa 5 000 Wissenschaftler, Ingenieure und Techniker arbeiten an SDI-Vorhaben, 1987 könnten es fast 20 000 sein, wenn der Kongreß wie geplant die Mittel freigibt.[117] Boeing arbeitet allein mit 600 Leuten am größten einzelnen SDI-Projekt, dem Infrarotsensor.

Ohne einen gemeinsamen Ausgleich der Machtinteressen des Westens und des von der UdSSR geführten Ostblocks bleiben die Bewegungsspielräume begrenzt.

China wird vermutlich, u.U. in Verbindung mit anderen asiatischen Staaten, mit denen es sich zu einem Bündnissystem vereinigt, versuchen, zwischen den USA und Westeuropa einerseits und der UdSSR andererseits eine Ausgleichsfunktion zu übernehmen und damit zu einer kaum abschätzbaren Stärke heranreifen.

Es kann als unwahrscheinlich angesehen werden, daß eine Verbindung zwischen China und der UdSSR gegen Westeuropa und die USA entstehen wird. Es spricht alles für eine panasiatische Bewegung mit einer Harmonisierung der Interessen in diesem bevölkerungsstarken

---

116)Krupp, Helmar: Werden wir's erleben?, Ein technisch-wirtschaftliches Zukunftspanorama, in: Mitteilungen aus der Arbeitsmarkt- und Berufsforschung, 17. Jg., 1984, Nr. 1, S. 5–18, S. 8.

117)Vgl. Rademacher, Horst: Kontroverse um die Weltraumverteidigung, in: Blick durch die Wirtschaft, 29. Jg., Nr. 2, 3. Januar 1986, S. 3.

Raum der Welt, unter Führung Japans und später mindestens Chinas und Japans.

Die Schaffung von Sicherheit: Die Einigung der Supermächte über die Weltsicherheit muß nicht nur Fragen der Abrüstung, sondern auch die Zerstörung aller Risiken des Terrorismus beinhalten.

Das Risiko des Atombombenterrors ist nicht nur eine Frage von Science Fiction-Romanen, sondern kann nach Ansicht von Experten täglich Realität werden.

Hier wird von fundamentalen *Verschiebungen politischer Potentiale* mit starkem Außendruck auf die westlichen Industriestaaten und damit auch auf die Bundesrepublik Deutschland abgesehen. Die Überraschungen könnten größer werden als in der Vergangenheit. Jedoch darf man auch nicht übersehen, wie vergleichsweise wenig die Industriestaaten durch die Krisen der Vergangenheit – Kuba, Vietnam, Kambodscha – betroffen worden sind.

An dieser Stelle kann keine Analyse für den Fall der Verschiebungen von politischen Potentialen zwischen Ost und West oder Nord und Süd vorgenommen werden. Es wird auch nicht der zentralen Frage nachgegangen, was die westliche Welt tun müßte, um verlorenes Terrain wiederzugewinnen oder die heutige Situation zumindest zu stabilisieren.

Die folgenden Überlegungen stützen sich auf eher lineare Entwicklungstendenzen, wie sie erwartet werden können, wenn sich die weltwirtschaftlichen Probleme im bisherigen Rahmen bewegen.

Eine offene Frage ist die künftige wirtschaftliche *Verbindung zwischen der Bundesrepublik Deutschland und der Deutschen Demokratischen Republik*. Hier würden sich bei Intensivierung der Beziehungen beachtliche neue Märkte und Wachstumspotentiale eröffnen.

In Erweiterung dieser Überlegung ist auch zu fragen, wie das Comecon sich in den nächsten Jahrzehnten gegenüber Westeuropa positioniert. Eine Intensivierung der wirtschaftlichen Bindungen würde auch hier zu einer kräftigen Verbesserung der Wirtschaftsbedingungen für Westeuropa führen.

Es spricht alles dafür, daß die kommunistische Ideologie sich in Richtung auf das jugoslawische oder ungarische Modell oder auch auf Elemente des chinesischen Modells seit 1978 relativieren und zur Hebung des wirtschaftlichen Wohlstandes der Bevölkerung kollektivistische durch individualistische Elemente ersetzen bzw. ergänzen wird.

Entwicklungsprobleme beruhen auch darauf, daß in den Ländern der dritten Welt erst der Weg zu Nationen und zur Selbstfindung als Nation gegangen wird, wobei alle die zwischenstaatlichen Querelen nicht auszuschließen sind, die bis zum Zweiten Weltkrieg auch die Entwicklung in

Europa geprägt haben, während die Industriestaaten der westlichen Welt nach einer immer engeren gegenseitigen Bindung streben.

Regionale Verschiebungen der Wirtschaftszentren – der pazifische Raum: Zur Zeit vollzieht sich eine Verlagerung des weltwirtschaftlichen Schwergewichts in den pazifischen Raum. Dieser Raum wird sich in den nächsten Jahrzehnten zur dominierenden wirtschaftlichen Zone der Weltwirtschaft entwickeln.

Der pazifische Raum, d.s. alle Anrainerstaaten des Pazifiks, gehört zu den ressourcenreichsten Gebieten der Erde. Kohle gibt es in China und Australien, Uran, Eisenerz und Bauxit ebenfalls in Australien, Nichteisenmetalle in den sechs Asean-Staaten und in Südamerika, Edelmetalle in China, Mangan im Pazifik. Unter Berücksichtigung der günstigen Verkehrslage des Gesamtraumes, des Rohstoffreichtums und des großen Absatzmarktes ist davon auszugehen, daß der pazifische Raum in den kommenden zwei bis drei Jahrhunderten den in den letzten 200 Jahren dominierenden atlantischen Raum, d.h. Westeuropa und den Osten Nordamerikas, weltwirtschaftlich ablösen wird. Auf den pazifischen Raum entfielen bereits im Jahre 1980 25 % des Weltbruttosozialprodukts.[118)]

Unterstützt wird diese These von der zukünftigen Dominanz des pazifischen Raumes durch eine Bevölkerung, die als fleißig, leistungs- und erfolgsorientiert gilt – Werte, die in den westlichen Industriestaaten zunehmend in Frage gestellt werden.

China wird – weit stärker als bisher gestützt von japanischer und westlicher industrieller Technologie – einen enormen wirtschaftlichen Aufschwung erfahren und in einigen Waren hohe Weltmarktanteile haben.

Dies wird für die Entwicklungsländer nur dann unproblematisch sein, wenn es zu einer großangelegten Nachfrageausweitung kommt.

Die Position der Volksrepublik China als Weltmacht ist nach der bisherigen historischen Entwicklung primär durch einen Isolationismus mit innerer Stabilität geprägt. Man kann die Öffnung nach außen und die Bestrebungen nach internationalen Bindungen nur schwer antizipieren. In jedem Falle wird die ökonomische Macht, gestützt durch die in den letzten Jahrzehnten nicht verlernte Kraft zur gesellschaftlichen Organisation aufgrund der Lehren des Konfuzianismus, der dem Kommunismus überlagert wird, alle bisherigen Erwartungen übertreffen.

---

118)Vgl. o. V.: Die Zukunft liegt im pazifischen Raum, in: Blick durch die Wirtschaft, 27. Jg., Nr. 73, 11. April 1984, S. 1.

Die Entwicklung der Wirtschaftskraft Indiens wird wegen der geringen bewältigungspolitischen Disziplinierung und der noch zu leistenden Einigungsarbeit in diesem Vielvölkerstaat weitaus mehr Probleme mit sich bringen, als dies bei China zu erwarten ist.

Die wirtschaftliche Macht wird in Zukunft generell nicht mehr von Altindustrien, so von Stahl, abhängig sein. Man wird hier vor allem eine Kombination von Agro-Bio-Technik einerseits und Informationstechnik andererseits als machtrelevante Wirtschaftszweige ansehen müssen.

Schwer abzuschätzen ist der Umfang der wirtschaftlichen Kräfteverschiebungen – auch aufgrund der unterschiedlichen demographischen Entwicklungen, der nationalen Abweichungen in den technologischen Fähigkeiten und der verschiedenen ökologischen Ausgangsbedingungen. Aber zu Recht spricht man bereits vom Mittelmeer als dem Meer der Vergangenheit, vom Atlantik als dem Meer der Gegenwart und vom Pazifik als dem Meer der Zukunft.

Zu einer weltweiten Ordnung: Langfristig zwingt die Entwicklung der Erde zu einer Globalbetrachtung aller Probleme der Natur und auch der Menschen. Dafür ist es erforderlich, die allgemein verbindlichen Leitlinien und Kriterien aufzustellen.

Die Ausgangsbedingungen für eine weltweite Interessenharmonisierung sind noch recht schwach. So fordert Aurelio Peccei eine menschliche Revolution: „Sie allein kann uns zu der Einsicht verhelfen, daß wir jetzt erstmals und langfristig die globale Verantwortung übernehmen und danach streben müssen, den kommenden Generationen einen bewohnbaren Planeten und eine besser regierbare Gesellschaft zu hinterlassen, nachdem wir an Zahl, Weisheit und Macht so ungeheuer zugenommen haben, in alle Winkel unserer irdischen Heimat vorgedrungen sind und dort alles beherrschen. Sie allein lehrt uns, daß wir uns innerlich bessern und zu geistiger und kultureller Harmonie läutern müssen. Dank dieser menschlichen Revolution kann das Jahr 2000 zum Beginn einer der besten Epochen in der Geschichte der Menschheit werden."[119)]

Hinter solchen Forderungen steht die Bereitschaft zur Übernahme von Verantwortung, aber auch die Frage: Wie soll die Verantwortung aussehen? Wer soll die Verantwortung übernehmen?

Eine weitgehend offene Frage sind die Steuerungskriterien wie auch die Steuerungsziele der Weltwirtschaft und Weltgesellschaft.

---

119)Peccei, Aurelio; Ikeda, Daisaku: Noch ist es nicht zu spät, (Verlag Molden – S. Seewald Verlag) München 1984, S. 160 f.

Die Legitimation der Verantwortung: Ein weiteres Problem besteht darin, ob und wie die westlichen Industriestaaten die Legitimation für die selbstauferlegte Verantwortung der Übernahme einer ideologischen und konzeptuellen Führerschaft der künftigen Entwicklung erhalten.

Zu den Konsequenzen: Die Phase von 2000 bis 2030 ist die für das Überleben der Menschen kritische Phase. Entweder es gelingt, nach einer Vorbereitungszeit bis zur Jahrtausendwende die anstehenden Probleme weltweit zu lösen, und aus einer weltweiten Sicht auch Lösungen für Teilgebiete dieser Erde zu finden oder es entsteht ein weiterhin durch Kriege und Krisen gekennzeichnetes Weiterwursteln mit gegenläufigen Tendenzen, Labilität, Unsicherheiten und Risiken bis zur Selbstzerstörung.

Die Zügellosigkeit der Verfolgung eigener kurzfristiger Interessen ist die stärkste Barriere gegen Erfordernisse mehr altruistischer Internationalität.

Das Überlebensszenario

Für eine echte Lösung der Probleme dieser Welt müßten die internationalen Kontakte mit gegenseitigen Verpflichtungen zur Wirtschaftshilfe, zum Umweltschutz und zur Geburtenbeschränkung und damit Bevölkerungsregelung auf eine neue Basis gestellt werden.

Bei einer günstigen Gestaltung der Überlebensstrategie wird man somit von einer Überwindung des latenten Ungleichgewichts zwischen der UdSSR und den USA hin zu mehr Stabilität ausgehen müssen.

Die engen Beziehungen zwischen wirtschaftlicher Entwicklung und politischer Stabilität werden insbesondere durch den Nord-Süd-Dialog deutlich.

Eine Stabilisierung in den Ländern Südamerikas ist nur möglich, wenn ein Entwicklungsplan geschaffen wird, der eine Zunahme der Verschuldung verhindert und möglichst die Voraussetzungen einer Entschuldung bietet.

Hierher gehört auch die gemeinsame Nutzung aller natürlichen Ressourcen, so eine weltweite Einigung über die Nutzung von Wäldern, den Anbau von Getreide und anderen Anbau- und Anzuchtprodukten, so Vieh zur menschlichen Ernährung oder zum industriellen Bedarf.

Warum soll ein Land nicht zunächst das Recht erhalten, in einem anderen Land den Boden zu kultivieren, um die Ernten im Hinblick auf den Bedarf der Weltbevölkerung zu optimieren.

Das Defizitszenario

Ohne ein weltorientiertes Denken werden Katastrophen entstehen, deren Wirkungen, wie die bisherigen Überlegungen zeigen, auch auf die Industriestaaten durchschlagen werden.

Als eine der gefährlichsten Hypothesen ist dabei die Erwartung auf die militärstrategische wie ökonomische Entkoppelung zwischen Nord und Süd anzusprechen.

Es ist sogar nicht auszuschließen, daß die UdSSR und die Volksrepublik China in eine Territorialdiskussion eintreten werden.

Drittes Kapitel

Die Ausgangsbedingungen und Entwicklungen in der Bundesrepublik Deutschland

A. Das Grundkonzept

Die folgenden Überlegungen gehen davon aus, daß es gelingt, für die Welt die Bedingungen des Überlebensszenarios zu realisieren. Wenn sich dagegen Bedingungen des Defizitszenarios einstellen, sind alle folgenden Ausführungen in ökonomischer wie gesellschaftlicher Sicht erheblich zu positiv dargestellt. Die Entwicklung der Bundesrepublik Deutschland ist eng an die Entwicklung der EG gebunden, d.h. was die Bundesrepublik Deutschland für sich selbst in der EG will und was die anderen EG-Staaten anstreben, wird ihre Entwicklung stark prägen.

Eine weitere Einflußgröße ist der Ost-West-Konflikt. Die Auswirkungen der Aufrechterhaltung der militärischen Blockbildung gegenüber einer wachsenden politischen Grundhaltung zur Entmilitarisierung sind für die Bundesrepublik Deutschland von fundamentaler Bedeutung im Hinblick auf Zu- wie Abwanderungsbedingungen, aber auch im Hinblick auf Produktions- und Einkommensstrukturen, Arbeitsmarkt und Außenhandelsbedingungen. Eine Abrüstung mit stärkerer politischer Annäherung aller europäischen Staaten würde langfristig zu mehr politischer und wirtschaftlicher Kraft in Europa beitragen als die Fortdauer der Spaltung Europas.

Hier wird davon ausgegangen, daß die gesellschaftliche und wirtschaftliche Entwicklung der Bundesrepublik Deutschland stark von der demographischen Entwicklung abhängt. Aus Vereinfachungsgründen werden zwei Szenarien über die Bevölkerungsentwicklung herangezogen.

Das *Szenario I* beruht auf der nach dem derzeitigen Geburtenverhalten – bei einer etwas großzügigeren Ausländerpolitik als bisher – zu erwartenden Einwohnerzahl. Man muß mit aller Deutlichkeit darauf hinweisen, daß die Wirkungen einer Änderung des generativen Verhaltens langfristig sind: ein Rückgang kann erst in Jahrzehnten aufgefangen werden. Eine Erhaltung oder Zunahme der Bevölkerung in der Bundesrepublik Deutschland aus eigener genetischer Kraft ist in den nächsten Jahrzehnten ausgeschlossen.

Die Grundlage des Szenarios I bildet deshalb ein Rückgang der Bevölkerung in der Bundesrepublik Deutschland bis zum Jahre 2030 auf 45,7 Mill. Menschen. Dies ist gegenüber dem Ende der achtziger Jahre ein Rückgang um rd. 14 Mill. Einwohner.

Das *Szenario II* geht ebenfalls von den derzeitigen Nettoreproduktionsraten aus, berücksichtigt aber einen starken Zustrom von Ausländern. Dabei ist jedoch zu beachten, daß es zur Zeit keine Anhaltspunkte für das Szenario II gibt. In der Bundesrepublik Deutschland befindet man sich zur Zeit in der Phase der bewußten Wahrnehmung des Bevölkerungsschwundes und in einer Phase des Nachdenkens über die Konsequenzen. Dabei wird jedoch vor allem auf eine m.E. unwahrscheinliche Erhöhung der Nettoreproduktionsraten abgestellt.

Beim Szenario II wird dagegen eine Erhaltung der Bevölkerung mit 60 Mill. Menschen angenommen, d.h. es wird davon ausgegangen, daß bis zum Jahre 2030 ein starker Zustrom von Ausländern erfolgt:

Jahr	Deutsche	Ausländer	Gesamtbevölkerung
1982	56,88	4,67	61,55 Mill.
2030	38,28	21,72	60,00 Mill.

Schaubild 3.1

Der Altersaufbau der deutschen Bevölkerung am 31. Dezember 1983 bzw. 2033 unter Zugrundelegung des gegenwärtigen generativen Verhaltens

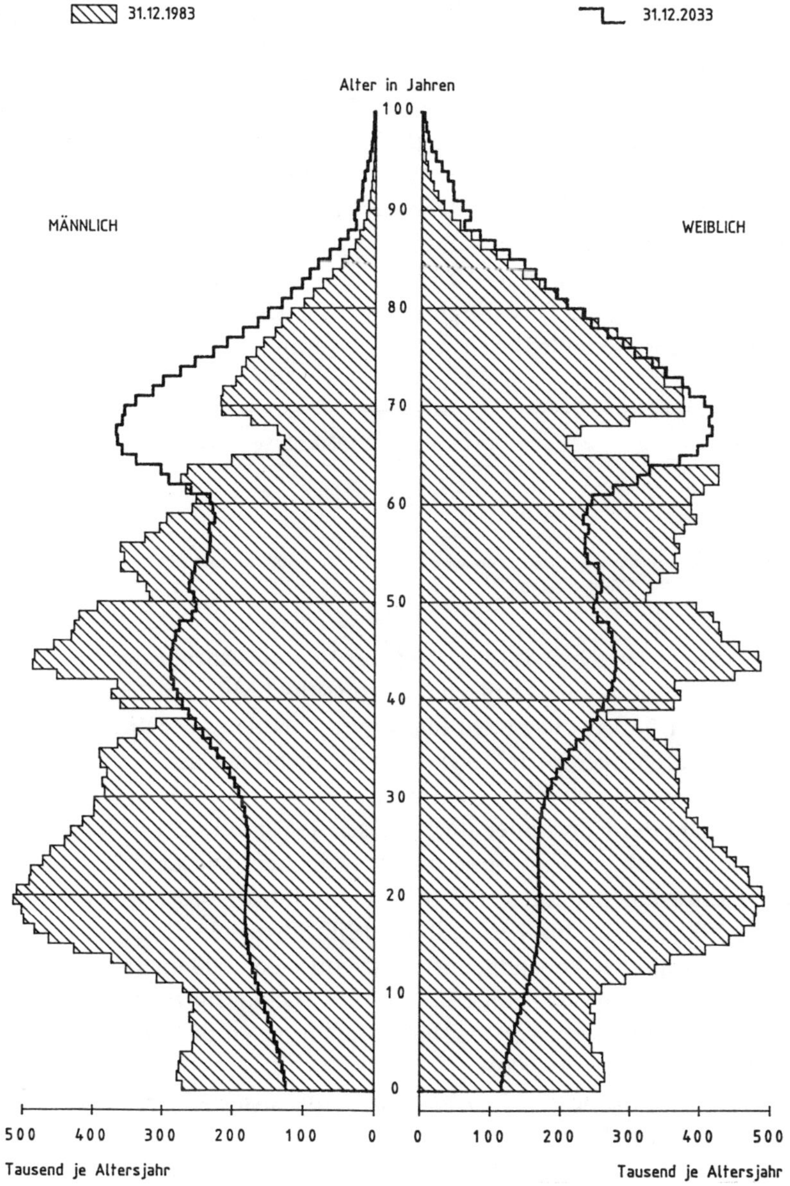

Quelle: Statistisches Bundesamt.

B. Die Bevölkerung

I. Die Entwicklungstendenzen

Noch 1900 starben in Deutschland 226 von je 1 000 Lebendgeborenen im ersten Lebensjahr, 1950 waren es 55. Von 1950 bis 1982 hat sich die Säuglingssterblichkeit auf ein Fünftel verringert; noch von 1970 bis 1983 war ein Rückgang von 23,4 auf 10,2 je 100 Lebendgeborene zu verzeichnen.[1] Die durchschnittliche Lebenserwartung in Deutschland bzw. in der Bundesrepublik Deutschland hat sich seit der Jahrhundertwende bei Männern von 44,82 auf 70,18 Jahre, bei Frauen von 48,33 auf 76,85 Jahre erhöht. Das durchschnittliche Lebensalter hat sich noch nach dem Zweiten Weltkrieg wie folgt verändert:

	1949/51	1960/62	1970/72	1980/82
Männer	64,6	66,9	67,4	70,2
Frauen	68,5	72,4	73,8	76,9

Quelle: Statistisches Bundesamt (Hrsg.): Statistisches Jahrbuch 1984 für die Bundesrepublik Deutschland, (Verlag W. Kohlhammer) Stuttgart – Mainz 1984, S. 77.

Von Anfang 1946 bis Anfang 1985 hat sich die Anzahl der Einwohner in der Bundesrepublik Deutschland von 40,98 Mill. auf 61,05 Mill. erhöht. Dazu haben die Flüchtlingsströme aus den Ostgebieten und bis zum Bau der Mauer im Jahre 1961 auch Flüchtlinge aus der DDR beigetragen, insgesamt 11 Mill. Menschen.

Die Zahl der Einwohner stagniert seit 1970; mit 62,1 Mill. war 1973 die höchste Zahl an Einwohnern zu verzeichnen. Die Zahl der ausländischen Einwohner nahm von 2,4 Mill. im Jahre 1970 auf 4,7 Mill. im Jahre 1981 zu, um bis 1984 auf 4,4 Mill. abzusinken.

Die Anzahl der Lebendgeburten ist von 1 065 000 im Jahre 1964 auf rd. 500 000 bis 545 000 von 1975 bis 1982 rückläufig gewesen. Die Zahl der Lebendgeborenen von Ausländerinnen lag in diesem Zeitraum bei jährlich 80 000 bis 95 000.

Im Jahre 1967 betrug die *Nettoreproduktionsrate* 1,18, bis 1974 sank sie auf 0,64 ab, das war in nur sieben Jahren eine Halbierung. Im Jahre

1) Die Säuglingssterblichkeit war von 0,5 ‰ im Jahre 1949/51 auf 0,2 ‰ im Jahre 1970/72 und 0,1 ‰ im Jahre 1980/82 rückläufig.

1985 lag sie bei 0,60. Die Nettoreproduktionsrate sinkt weiterhin leicht ab.[2)]

Im Jahre 1979 betrug in den Großstädten die Nettoreproduktionsziffer 0,54, in allen Stadtkreisen 0,55 und in den Landkreisen 0,74.[3)]

In ausgewählten Großstädten wurden folgende Nettoreproduktionsraten ermittelt:

– München (1984)	0,43,
– Düsseldorf (1982)	0,44,
– Hamburg und Nürnberg (1983)	0,46,
– Stuttgart (1983)	0,48.

Die Bevölkerung Münchens dürfte sich – ohne Wanderungen – im Jahre 2010 wie folgt zusammensetzen:

– unter 20 Jahre	6 %,	– Geburtenziffer	2,1 ‰,
– 20 bis 65 Jahre	49 %,	– Sterbeziffer	40,3 ‰.[4)]
– über 65 Jahre	45 %,		

In den 1980 seit 11 bis 15 Jahren bestehenden Ehen in der Bundesrepublik Deutschland, in denen weitere Kinder in der Regel nicht erwartet werden, gab es zu

- 18 % keine Kinder,
- 29 % ein Kind,
- 41 % zwei Kinder,
- 11 % drei Kinder,
- 3 % vier und mehr Kinder.

Von den fast 14 Mill. Minderjährigen lebten im Jahre 1981 in der Bundesrepublik Deutschland

- 11,56 Mill. (83 %) bei beiden natürlichen Eltern,
- 1,06 Mill. (8 %) bei Stiefelternteilen,
- 1,34 Mill. (9 %) bei alleinstehenden Elternteilen.[3)]

Der Wunsch nach Kindern ist rückläufig:[5)]

---

2) Nach einem Modell der Wellenbewegungen der Geburtenraten aufgrund der Entwicklung von 1951 bis heute von Gert Hohorst würde die Geburtenrate ab 1981 bis etwa 1990 wieder auf das Niveau von 1968 ansteigen. Bei einem unterstellten Zehnjahresrhythmus würde sich dann wieder ein Abfall bis 2001 und ein erneuter gleich kräftiger Aufschwung bis 2011 ergeben. Die Geburtenraten von 1982 bis 1985 bestätigen diese Annahme jedoch nicht.
(Vgl. Hohorst, Gert: Ein ständiges Auf und Ab bei den Geburten, in: Frankfurter Allgemeine Zeitung, 27. Jg., Nr. 19, 23. Januar 1984, S. 10)

3) Vgl. Schwarz, Karl; Höhn, Charlotte: Weniger Kinder – Weniger Ehen – Weniger Zukunft? – Bevölkerungsentwicklung in der Bundesrepublik Deutschland gestern, heute und morgen, (Ottweiler Druckerei und Verlag) Ottweiler 1985, S. 37.

4) Vgl. Chaunu, Pierre: Die verhütete Zukunft, (Seewald Verlag) Stuttgart 1981, S. 202.

Kinderwunsch Jugendliche (16 bis 18 Jahre)	Angaben in % 1962	1983 ja	1983 weiß nicht
Männer	92,6	77,7	14,8
Frauen	96,9	85,8	7,5

Das Scheitern der elterlichen Ehe verringert den Wunsch nach Kindern. 75,3 % der Jugendlichen, deren Eltern verheiratet sind und zusammenleben, wollen heiraten, jedoch nur 59,6 % der Jugendlichen insgesamt und 49 % der männlichen Jugendlichen, deren Eltern geschieden sind.[5]

Es gibt überdies Ängste, die zu einem erhöhten Risikobewußtsein im Hinblick auf Kinder führen:

1. die generelle Zukunftsunsicherheit,
2. die Angst vor dem kranken Kind,
3. die Angst vor dem nicht genügend intelligenten Kind,
4. die Angst vor dem Kind mit geringer Lebensfähigkeit.

Der Ledigenanteil bei den Frauen zwischen 20 und 35 Jahren hat sich stark erhöht. In den höheren Altersgruppen ist er mit 6 bis 9 % stabil. Dieser Trend dürfte sich, insbesondere bei günstiger Wirtschaftsentwicklung, noch verstärkt fortsetzen.

	Anteil der Ledigen in %			
Altersgruppe	1970	1975	1980	1984
20 bis unter 25 Jahre	49,4	44,4	57,7	68,0
25 bis unter 30 Jahre	15,7	14,6	22,4	30,0
30 bis unter 35 Jahre	8,9	8,1	9,4	13,5

Quelle: Statistisches Bundesamt.

5) Vgl. Allerbeck, Klaus; Hoag, Wendy J.: Jugend ohne Zukunft? – Einstellungen, Umwelt, Lebensperspektiven, (Piper Verlag) München-Zürich, 1985, S. 103 f., S. 101.

Bei der heutigen Heiratsneigung würden 20 % der Männer und 15 % der Frauen zeitlebens ledig bleiben.[6)]

Zur Erhaltung der Zahl der Kinder wäre notwendig, daß

1. niemand freiwillig kinderlos bleibt,
2. die doppelte Zahl von Einwohnern sich zu zwei Kindern entschließt,
3. die dreifache Zahl drei Kinder hat,
4. jede zehnte Ehe auf vier Kinder kommt.[6)]

Genetische Aspekte: Medizinische Schätzungen über die Sterilität liegen nicht vor. Vor den beiden Weltkriegen ging man davon aus, daß die Frau bzw. der Mann in einer Ehe ohne Kinder steril sei; man setzte zu dieser Zeit voraus, daß der Kinderwunsch bei allen verheirateten Frauen vorhanden war. Damals blieben etwa 10 % der Ehen kinderlos. Diese Rate hat sich auf gut 15 % erhöht. Schätzungen über den freiwilligen Verzicht auf Kinder sind problematisch.

Schwangerschaftsabbrüche: Bei 529 000 Geburten deutscher Kinder wurden im Jahre 1984 bei den Krankenkassen 200 000 Schwangerschaftsabbrüche abgerechnet. Angaben über die veränderte Zahl von Schwangerschaftsunterbrechungen vor oder nach der Legalisierung sind nicht möglich. Es ist somit nicht zuverlässig schätzbar, inwieweit die Schwangerschaftsunterbrechung zur Veränderung der Anzahl der Geburten etwa gegenüber den sechziger Jahren beiträgt.

Die privaten und öffentlichen Kosten für ein Kind: In einer Gesellschaft mit hohen individuellen ökonomischen Prioritäten wird die Anzahl der Geburten auch durch die damit verbundenen sachlichen und vor allem finanziellen Belastungen bestimmt. Je höher die Wertschätzung eines frei nutzbaren Einkommens, desto geringer dürfte die Kinderzahl werden, etwa nach dem Motto: lieber den Zweitwagen oder mehr Urlaubsreisen als Kinder.[7)]

Nach einer Untersuchung des Deutschen Familienverbandes e.V. erreichten die durchschnittlichen Ausgaben in einem Haushalt für ein Kind bis zum 18. Lebensjahr monatlich 526,40 DM (1980), d.s. kumuliert 114 000 DM. Die unmittelbaren privaten Ausgaben für ein Kind betrugen 1983 bereits rd. 650 DM im Monat oder 7 800 DM im Jahr oder 140 400 DM in 18 Jahren. Die Leistung einer Familie für ein Kind einschließlich aller Hausarbeiten kann auf 1 000 DM im Monat ge-

6) Vgl. Schwarz, Karl; Höhn, Charlotte: Weniger Kinder – Weniger Ehen – Weniger Zukunft? – Bevölkerungsentwicklung in der Bundesrepublik Deutschland gestern, heute und morgen, (Ottweiler Druckerei und Verlag) Ottweiler 1985, S. 13, S. 26.

7) Ein gesellschaftspolitisches Signal ist in diesem Zusammenhang auch die Zunahme von Haustieren in der Bundesrepublik Deutschland. Im übrigen kostet eine Dose hochwertiger Tiernahrung zur Zeit bereits mehr als die gleiche Menge Babynahrung.

schätzt werden. Die öffentlichen Leistungen, d.h. Erstattungen und Kosten, dürften heute bei 600 DM pro Kind und Monat liegen.

Der gesellschaftliche Wert der Kinder ist rückläufig oder auch negativ belastet. Es gibt immer mehr Hotels und sonstige Institutionen, in denen Kinder unerwünscht sind. Die Kinder gehen höchstens noch die Eltern an, und vielleicht noch die Lehrer!

Bis vor kurzem gab es außerdem eine Diskriminierung bei der *Altersversorgung von Frauen mit Kindern*. Für die Geburtsjahrgänge 1910 und 1920 wurden für das Jahr 1978 negative Auswirkungen der Kinderzahl auf die Beitragszeit und die persönliche Bemessungsgrundlage der Renten ermittelt.[8)]

Eine kinderlose Frau des Jahrgangs 1920 konnte danach im Jahre 1979 mit einer Neurente von 953 DM, eine Mutter mit drei Kindern von 355 DM rechnen. Seit 1986 ist ein zusätzlicher Betrag pro Kind in die Rentenversorgung integriert, und zwar 25 DM.

Für einen allein verdienenden verheirateten Industriearbeiter mit zwei Kindern und mittlerem Einkommen ist in der Bundesrepublik Deutschland der Familienlastenausgleich von 1 927 DM (5,5 % des Einkommens) auf 2 560 DM (6,8 %) ab 1. Januar 1986 angestiegen.[9)]

---

8) Frauen der Geburtsjahrgänge 1910 bzw. 1920 erzielten ohne Kinder wesentlich höhere Bemessungsgrundlagen der Renten als Frauen mit Kindern:

	1910		1920	
Fall	Beitragszeit in Jahren	Persönliche Bemessungsgrundlage in %[1)]	Beitragszeit in Jahren	Persönliche Bemessungsgrundlage
ohne Kinder	29,3	93,5	31,5	102,8
1 Kind	22,4	78,6	22,0	77,5
2 Kinder	18,9	76,1	18,8	70,3
3 Kinder und mehr	19,7	76,5	18,1	66,7

1) Berechnung R = pB : t x s x aB
pB = persönliche Bemessungsgrundlage mit einer Obergrenze von 200 %,
t = Anzahl der berücksichtigungsfähigen Beitragsjahre,
s = Steigerungssatz (fester Zuwachs von 1,5 % pro Jahr),
aB = allgemeine Bemessungsgrundlage, die sich aus dem Durchschnitt der Bruttolohnsteigerungen der letzten drei Jahre errechnet.

Quelle: Pfaff, Anita: Typische Lebensläufe von Frauen der Geburtsjahrgänge 1910 bis 1975, in: Sachverständigenkommission für die soziale Sicherung der Frau und der Hinterbliebenen, Stuttgart 1979, Anlageband II, S. 157 ff.

9) Im internationalen Vergleich ergab sich nach Berechnungen der OECD folgender Familienlastenausgleich für einen alleinverdienenden verheirateten Industriearbeiter mit zwei Kindern und mittlerem Einkommen:

– Italien	121 DM (0,5 %),	– Schweden	2 197 DM (7,5 %),
– Schweiz	422 DM (0,9 %),	– Großbritannien	2 450 DM (9,0 %),
– Japan	1 179 DM (3,8 %),	– Österreich	3 412 DM (13, 9 %),
– USA	1 301 DM (2,8 %),	– Kanada	3 565 DM (8,1 %),
– Frankreich	1 869 DM (7,6 %),	– Belgien	4 056 DM (15,7 %).

Durch Anhebung des Kinderfreibetrages von 432 DM auf 2 484 DM wurden die Familien mit Kindern ab 1986 um 4,8 Mrd. DM entlastet, die übrigen Entlastungen, so Kindergeldzuschlag und Erhöhung des Ausbildungsfreibetrages, machen 10 Mrd. DM aus.

In Deutschland liegt das Kindergeld für das erste Kind bei monatlich 50 DM, für das zweite Kind bei 100 DM, für das dritte Kind bei 220 DM und für jedes weitere Kind bei 240 DM. Bei Familien mit höherem Einkommen wird das Kindergeld gesenkt.

Die Einkommenslage einer Familie mit Erwerbseinkommen von 2 700 DM monatlich (1984) und von Sozialhilfeempfängern stellt sich wie folgt dar:

Anzahl der Kinder	Erwerbseinkommen von 2 700 DM	Sozialhilfe[1)]
eins	1 942	1 880
zwei	2 190	2 188
drei	2 557	2 679
vier	2 910	3 068

1) Regelsätze bei laufender Hilfe zum Lebensunterhalt einschließlich Mietzuschuß usw.

Quelle: Hüttche, Werner: Einkommenssituation der Familie seit 1981 verschlechtert, in: Stimme der Familie, 31. Jg., 1984, H. 2, S. 15–16, S. 15.

Von Bedeutung sind Verstärkungs- oder Abschwächungstendenzen quantitativer Veränderungen der Bevölkerung durch die Wertedynamik. So wirken die Höhe des Einkommens und die Vorstellungen über die Einkommensverwendung auf den Wert, Kinder haben zu wollen oder nicht, weil das frei verfügbare Einkommen durch Kinder sinkt. ,,Aufgrund der Bevölkerungsentwicklung wird sich auch der Maßstab ändern, anhand dessen die Familien mit Kindern ihre eigene wirtschaftliche Situation beurteilen, wenn das Umfeld dieser Familien immer mehr durch kinderlose Ehen oder Ein-Kind-Familien geprägt ist. Denn erfahrungsgemäß wird der Lebensstandard dieser Gruppen – und nicht etwa die wirtschaftliche Situation vergleichbarer Familien in der Vergangenheit – bei der subjektiven Einschätzung der eigenen Lebensqualität die entscheidende Rolle spielen.''[10)] Die Konsequenz daraus: Es besteht die Gefahr, daß der freiwillige Verzicht auf Kinder tendenziell eher stärker zunimmt als bei heutigen – bereits auf einer sehr geringen Geburtenhäufigkeit beruhenden – Bevölkerungsprognosen angenommen wird.

10) Arbeitsgruppe Bevölkerungsfragen: Bericht über die Bevölkerungsentwicklung in der Bundesrepublik Deutschland – Zweiter Teil: Auswirkungen auf die verschiedenen Bereiche von Staat und Gesellschaft, o.O. (Bonn), o.J. (1983), S. 21.

Die Ausländerpolitik

Der Bevölkerungsrückgang kann nur durch eine Bereitschaft zur Aufnahme und Integration von Zuwanderern reduziert oder gar aufgehalten werden. Dies würde in Anbetracht der derzeitigen weit verbreiteten Vorbehalte gegenüber Ausländern ein fundamentales Umdenken bedeuten. Man wird eine solche Entwicklung daher als unrealistischen Wunsch oder wage Entwicklungsalternative bezeichnen können.

Im übrigen würde man auch fragen müssen, ob die Bundesrepublik Deutschland für potentielle Zuwanderer eine attraktive Region ist oder ob es für diese andere präferierte Regionen gibt.

Man muß vor allem die Frage stellen, ob man von Ausländern in der Bundesrepublik Deutschland erwartet, daß sie sich in unsere Gesellschaft integrieren oder ob man davon ausgehen soll, daß Ausländer ihre Kultur und Zivilisation und damit im wesentlichen auch ihre Lebensweise in der Bundesrepublik Deutschland behalten wollen. Dies würde z.B. eine Teilislamisierung vieler Städte und eventuell Regionen bedeuten. Als derzeitige Probleme der Ausländersituation gelten:

1. schlechte Ausbildungsbedingungen in Siedlungsgebieten mit hohem Ausländeranteil,
2. schwierige Integration der jungen Ausländer, hohe Kriminalität unter ausländischen Jugendlichen,
3. politische Differenzen zwischen Ausländern mit wachsender politischer Radikalisierung, deren Auswirkungen auf die deutsche Bevölkerung schwer abzuschätzen sind,
4. hohe Belastung des Sozialsystems durch Kosten für Ausländer: Kindergeld, überdurchschnittliche Arbeitslosigkeit, überdurchschnittlicher Krankenstand, steigende Zahl von Sozialhilfeanträgen, hohe Rentenversicherung.[11)]

Einfluß auf die derzeitige Entwicklung der Ausländerbevölkerung haben vor allem:

1. der Anwerbestopp von Ausländern aus Nicht-EG-Staaten zum Zwecke der Arbeitsaufnahme vom November 1973,
2. das Verbot des Nachzugs von über 16jährigen Kindern ausländischer Arbeitnehmer aus Nicht-EG-Staaten vom 2. Dezember 1981,
3. das Gesetz über das Asylverfahren vom 16. Juli 1982,

11) Vgl. o.V.: Überlegungen zu einer Ausländerpolitik, in: Blick durch die Wirtschaft, 27. Jg., Nr. 46, 5. März 1984, S. 3.

4. die aus den Grundsätzen für die Ausländerpolitik abzuleitenden Maßnahmen zur Novellierung des Ausländergesetzes mit der Tendenz zur Integration einerseits und zu konsequenter Begrenzung andererseits.

Über die Ausländerpolitik bestehen zur Zeit in der Bundesrepublik Deutschland kontroverse Meinungen. Zwischen einer Konzeption einer möglichst raschen Integration von Ausländern, jedoch ohne eine Zunahme, bis zu einer weitgehenden Abschiebung liegen die Grenzen, innerhalb derer zumeist mit Emotionalität argumentiert wird.

Als ein Beispiel für eine restriktive Ausländerpolitik seien ausgewählte Leitlinien in einer Ausarbeitung der hessischen Unternehmerverbände erwähnt:

1. Millionen von Menschen, die für Jahrzehnte mit ihren Familien in unserem Land leben, ohne dieses Land als das ihre zu akzeptieren, sind nicht zu verkraften.
2. Wir brauchen die Ausländer. Integrationsbereiten Ausländern sollten alle nur möglichen Hilfen geboten werden, hierzubleiben. Solche, für die es unerträglich ist, Deutsche zu werden, sollten auch nicht auf Dauer hierbleiben.
3. Ausländische Arbeitnehmer können in Zukunft eine Arbeitserlaubnis nur nach dem Verfahren der Rotation erhalten. Das muß beiden Seiten von vornherein deutlich sein.

Weiter heißt es: Erste Anzeichen einer beginnenden Ausländerfeindlichkeit sind spürbar. Die Politik muß handeln, solange die große Mehrheit der Deutschen die Anwesenheit von Ausländern noch toleriert. Sollte die öffentliche Meinung umschlagen, dann würden nicht einmal mehr besonnene Maßnahmen in der Öffentlichkeit akzeptiert werden.[12)]

Eine bemerkenswerte Initiative der Arbeitsgemeinschaft Selbständiger Unternehmer war im Jahre 1984 die Forderung nach einem langfristigen Konzept der Ausländerpolitik, so die Erleichterung der Einbürgerung, auch die Gleichstellung aller türkischen Arbeitnehmer im Arbeits- und Niederlassungsrecht. Im Rahmen der gleichen Initiative wurde jedoch die Zuzugssperre befürwortet.

Alles in allem viel Ressentiments: Von der Beachtung der Menschenwürde und internationaler Kooperationsbereitschaft ist jedenfalls wenig zu spüren.

---

12) Vgl. o.V.: Überlegungen zu einer Ausländerpolitik, in: Blick durch die Wirtschaft, 27. Jg., Nr. 46, 5. März 1984, S. 3.

II. Die Szenarien

Zur Zeit ist die Bevölkerung in der Bundesrepublik Deutschland stark rückläufig. Die Gründe für diese Entwicklung sind schwer zu analysieren: Zeigen sich erst jetzt in Mitteleuropa die langfristigen Auswirkungen zweier Weltkriege, eines hypermaterialistischen Wiederaufbaus, einer mangelnden ideologischen Bewältigung der Vergangenheit, die die Beteiligten und Betroffenen über Generationen verfolgt?

Das Streben nach höheren Geburtenzahlen: Die Vorschläge zur Erreichung höherer Geburtenzahlen in der Bundesrepublik Deutschland sind vielfältig: Sondersteuern für Kinderlose und Ledige ab einem bestimmten Alter, das Angebot von Teilzeitarbeit für Eltern, Erziehungsgeld, ausgedehnter Mutterschutz und Arbeitsplatzgarantien. Alle diese Maßnahmen können mit gutem Grund kritisiert werden. So wird gegen eine Förderungspolitik eingewandt, daß zu befürchten sei, insbesondere sozial und genetisch schwache Bevölkerungsschichten würden sich positiv beeinflussen lassen, dadurch sei die biologische Substanz tendenziell stärker gefährdet als ohne entsprechende Maßnahmen. Die Wirkungen von isolierten Maßnahmen der Familienförderung ohne deren Einbindung in umfassende gesellschaftspolitische Programme der Zukunftssicherung dürften als begrenzt anzusehen sein.

Szenario I

Die deutsche Bevölkerung: Bei unveränderter Lebenserwartung und einem gleichbleibend niedrigen Geburtenniveau wird sich die deutsche Bevölkerung in der Bundesrepublik Deutschland nach der Modellrechnung von Szenario I wie folgt entwickeln.:

Gegenstand	1980	2000	2010	2020	2030
Bevölkerung in Mill.	57,11	52,14	47,93	43,34	38,28

Aus der Modellrechnung Szenario I ergibt sich ein Rückgang der deutschen Bevölkerung in der Bundesrepublik Deutschland von 57,11 Mill. auf 38,28 Mill. Einwohner, d.s. 18,83 Mill. Einwohner oder 33,0 % des Ausgangsbestandes. Diese Zahl entspricht der heutigen Gesamtbevölkerung außerhalb der Stadtregionen, d.h. der Gesamtbevölkerung, die außerhalb der Großstädte und deren Umland lebt. Diese Zahl liegt weit über dem Dreifachen der Gesamtbevölkerung des Ruhrgebiets. Der Rückgang ist vergleichbar mit dem Verschwinden von über 37 Städten von je 500 000 Einwohnern!

Die Zahl der Familien mit ledigen Kindern unter 20 Jahren wird sich wie folgt verändern:

Zahl der Familien mit ledigen Kindern	1980	1990	2010	2030
Angaben in Mill.	8,0	6,0	4,8	3,5
1980 = 100	100	75	60	46

Quelle: Schwarz, Karl; Höhn, Charlotte: Weniger Kinder – Weniger Ehen – Weniger Zukunft? – Bevölkerungsentwicklung in der Bundesrepublik Deutschland gestern, heute und morgen, (Ottweiler Druckerei und Verlag) Ottweiler 1985, S. 37 f.

Die ausländische Bevölkerung: Die Anzahl der Ausländer in der Bundesrepublik Deutschland hat sich in den letzten Jahren wie folgt entwickelt (Stand: jeweils 30.9.):

Gebiet	1973		1982	
	in 1 000	in %	in 1 000	in %
EG ohne Griechenland	870,2	21,9	915,4	19,6
Türkei	910,5	23,0	1 580,7	33,9
Griechenland, Portugal, Jugoslawien, Spanien	1 508,2	38,0	1 212,0	26,0
übriges Europa	336,2	8,5	399,6	8,6
Asien	102,8	2,6	254,5	5,5
übrige Staaten und staatenlos	238,2	6,0	304,7	6,5
insgesamt	3 966,2	100,0	4 666,9	100,0

Quelle: Hußmanns, Ralf; Mammey, Ulrich; Schulz, Reiner: Die demographische Lage in der Bundesrepublik Deutschland, in: Zeitschrift für Bevölkerungswissenschaft, 9. Jg., 1983, Nr. 3, S. 291–362, S. 336.

Die Arbeitsgruppe Bevölkerungsfragen[13)] geht davon aus, daß die Anzahl der Ausländer von 4,57 Mill. im Jahre 1981 auf 7,0 Mill. im Jahre 2000 anwachsen wird, je zur Hälfte durch Geburtenüberschuß und durch Zuwanderungen begründet. Danach soll die ausländische Bevölkerung nicht mehr wachsen.

Beim derzeitigen Geburtenverhalten haben je Ausländerin[14)]

- Türkinnen 3,5 Kinder,
- Italienerinnen 2,0 Kinder,
- Jugoslawinnen 1,9 Kinder,
- Spanierinnen 1,6 Kinder.

13) Vgl. Arbeitsgruppe Bevölkerungsfragen: Bericht über die Bevölkerungsentwicklung in der Bundesrepublik Deutschland – Zweiter Teil: Auswirkungen auf die verschiedenen Bereiche von Staat und Gesellschaft, o.O. (Bonn), o.J. (1983), S. 28 f.

14) Vgl. Hußmanns, Ralf; Mammey, Ulrich; Schulz, Reiner: Die demographische Lage in der Bundesrepublik Deutschland, in: Zeitschrift für Bevölkerungswissenschaft, 9. Jg. 1983, Nr. 3, S. 291–362, S. 293.

Bei deutschen Frauen sind es 1,3 Kinder.

Auf die gesellschaftspolitischen Aspekte der Ausländerproblematik weisen die folgenden Ausführungen hin: In Frankfurt sind 21 % der Bevölkerung Ausländer, in der Innenstadt 50 %, im Bahnhofsviertel 75 %. In diesen Stadtbereichen erreicht der Ausländeranteil in den Schulen über 70 %.

Von den 1,2 Mill. Ausländern unter 16 Jahren sind fast die Hälfte Türken. Über die Hälfte der in der Bundesrepublik Deutschland lebenden Ausländer unter 16 Jahren sind hier geboren. In Frankfurt hat fast jedes zweite Kind, das geboren wird, ausländische Eltern. Zur Zeit treten im Jahr fast 50 000 junge Ausländer in das erwerbsfähige Lebensalter ein; 1990 werden es über 100 000 sein.

Die Integration der jungen Ausländer in unsere Gesellschaft erweist sich als schwierig; die vor zehn Jahren noch weit unterdurchschnittliche Kriminalität der ausländischen Jugendlichen ist heute ein bedeutendes Problem geworden.

Die Ausländer tragen die in ihrer Schärfe bei uns nicht bekannten politischen Differenzen bei uns aus. Dies führt zu einer politischen Radikalisierung, die von den Ausländern auf die deutsche Gesellschaft überspringt, wie die ersten Ausländermorde zeigen.

Das Sozialsystem ist durch Ausländer überdurchschnittlich belastet, so bei Kindergeld, Arbeitslosigkeit, Krankenstand, Sozialhilfeempfängern.

Die Verständnis- und Beurteilungsprobleme für Ausländer bei der einheimischen Bevölkerung sind groß und nehmen – nicht zuletzt in Anbetracht der Arbeitslosigkeit – eher zu, dies trotz einer mangelnden Bereitschaft, in stark von Ausländern besetzten Berufen tätig zu werden.

Bei geringer wie hoher Zahl von Ausländern in der Bundesrepublik Deutschland wird den geforderten Bedingungen von Ausländern in der einen oder anderen Form entsprochen werden müssen. Aufschlußreich ist in diesem Zusammenhang die Trauerrede von Hakki Keskin nach dem Mord an Ramazan Avci im Jahre 1986:

„Wir sagen: für Einwanderer muß ein neuer Rechtsstatus geschaffen werden, der die Einwanderer weitestgehend den deutschen Staatsbürgern gleichstellt und alle Diskriminierungen in rechtlicher, sozialer, ökonomischer und politischer Hinsicht beseitigt.

Wir haben diesen neuen Rechtsstatus ‚Niederlassungsrecht' genannt. Die Fraktion der Grünen im Bundestag hat in Übereinstimmung mit uns einen diesbezüglichen Gesetzesantrag dem Bundestag vorgelegt. Dieses Niederlassungsrecht beinhaltet auch das Wahlrecht für Einwanderer.

Darüber hinaus schlagen wir vor, zumindest für eine Übergangsphase die Doppelstaatsangehörigkeit für die Einwanderer einzuführen. Ein weiterer Schritt wäre, allen denjenigen Einwanderern, die beispielsweise seit acht oder zehn Jahren hier leben und arbeiten, einen Rechtsanspruch auf die Annahme der deutschen Staatsbürgerschaft zu gewähren.

Eine glaubwürdige und zukunftsorientierte Ausländerpolitik kann nicht mehr vom Verständnis ausgehen, wir, die Ausländer, seien hier provisorisch. Sie muß vielmehr uns, die Einwanderer, als einen festen Bestandteil dieser Gesellschaft akzeptieren. Sie muß den Einwanderern die Wege zur Gleichstellung in allen Bereichen, und zwar zur praktizierten Gleichstellung in allen Bereichen, freimachen.“[15)]

Diese wenigen Hinweise bestätigen die derzeitigen Ausländerprobleme in der Bundesrepublik Deutschland. Sie sind wohl noch beachtlich höher als die Abneigung gegen Flüchtlinge und Vertriebene durch die von dieser Völkerwanderung nach dem zweiten Weltkrieg nicht betroffene deutsche Bevölkerung.

Ob sich die Auffassung gegenüber den Ausländern sowie gegenüber den zugezogenen Deutschen in etwa zwei Jahrzehnten normalisiert, ist die zentrale Frage für die Tragfähigkeit von Szenario II.

Eine Fortsetzung der Abwehr von Ausländern läßt nur Entwicklungen in Richtung des Szenarios I zu, d.h. eines starken Bevölkerungsrückgangs. Für die Entwicklung der Gesamtbevölkerung der Bundesrepublik Deutschland ergeben sich daraus die folgenden Werte:

Gegenstand	1980	2000	2010	2020	2030
Gesamtbevölkerung der Bundesrepublik Deutschland					
– in Mill.[16)]	61,6	59,1	55,5	51,0	45,7
– 1980 = 100	100	96	91	83	75

15) O.V.: „Diese Ausländerpolitik fördert Ausländerhaß“ – Auszüge aus der Rede eines türkischen Hochschullehrers auf der Trauerkundgebung für Ramazan Avci, in: Die Zeit, 41. Jg., Nr. 4, 17. Januar 1986, S. 12.

16) Eine günstigere Vorausschätzung als die Bundesregierung hat nur wenige Monate später das Deutsche Institut für Wirtschaftsforschung (DIW) vorgelegt, die auf einer beträchtlich günstigeren Entwicklung der deutschen und einer erheblich ungünstigeren Entwicklung der ausländischen Bevölkerung in der Bundesrepublik Deutschland beruht. Das DIW erwartet 2030 43,4 Mill. Deutsche und 5,5 Mill. Ausländer. (Bundestagsdrucksache 10/863; DIW-Wochenberichte, 48. Jg., 1981, Nr. 24; akutalisierte Vorausberechnungen des DIW von 1984, zit. nach: o.V.: Längerfristige Perspektiven der Bevölkerungsentwicklung in der Bundesrepublik Deuschland, in: DIW-Wochenbericht, 51. Jg., 1984, Nr. 24, S. 277–286, S. 278.)

Tabelle 3.1

Die Entwicklung der Wohnbevölkerung[1) 2)] nach Altersklassen in der Bundesrepublik Deutschland von 1985 bis 2030

Altersklassen von . . . bis unter . . . Jahre	Angaben in 1 000					1985 = 100,0			
	1985	2000	2010	2020	2030	2000	2010	2020	2030
				– Bevölkerung insgesamt –					
unter 5	2 962,0	2 569,5	1 962,4	1 915,6	1 520,9	86,7	66,3	64,7	51,3
5 bis unter 10	2 918,9	3 035,3	2 132,1	1 947,2	1 745,5	104,0	73,0	66,7	59,8
10 bis unter 15	3 262,4	3 134,1	2 563,8	1 955,9	1 909,3	96,1	78,6	60,0	58,5
15 bia unter 20	4 771,0	2 968,9	3 029,2	2 125,9	1 941,5	62,2	63,5	44,6	40,7
20 bis unter 25	5 287,1	2 921,6	3 119,0	2 549,0	1 944,8	55,3	59,0	48,2	36,8
25 bis unter 30	4 723,9	3 252,2	2 949,0	3 006,3	2 109,9	68,6	62,4	63,6	44,7
30 bis unter 35	4 248,2	4 733,0	2 901,4	3 094,5	2 528,9	111,4	68,3	72,8	59,5
35 bis unter 40	4 013,6	5 234,3	3 223,6	2 920,6	2 977,1	130,4	80,3	72,8	74,2
40 bis unter 45	4 001,7	4 657,5	4 668,9	2 861,3	3 050,9	116,4	116,7	71,5	76,2
45 bis unter 50	4 862,8	4 154,2	3 124,6	5 153,9	2 658,9	85,4	105,4	64,9	58,8
50 bis unter 55	3 778,0	3 865,3	3 501,7	4 505,7	6 761,9	102,3	119,2	119,3	179,0
55 bis unter 60	3 628,5	3 746,0	3 935,6	4 845,4	2 978,4	103,2	108,5	133,5	82,1
60 bis unter 65	3 354,8	4 367,4	3 555,4	4 126,5	4 120,1	130,2	106,0	123,0	122,8
65 bis unter 70	2 235,6	3 189,2	3 270,7	3 435,7	4 217,3	142,7	146,3	153,7	188,6
70 bis unter 75	2 656,9	6 756,9	3 520,5	2 863,8	3 302,5	254,3	132,5	107,8	124,3
75 bis unter 80	2 201,0	2 157,0	2 227,3	2 254,0	2 373,2	98,0	101,2	102,4	107,8
80 bis unter 85	1 315,4	1 091,4	1 496,1	1 907,4	1 548,9	83,0	113,7	145,0	117,8
85 bis unter 90	544,8	747,4	799,1	818,5	798,9	137,2	146,7	150,2	146,6
90 und älter	169,1	353,3	308,3	380,5	460,1	208,9	182,3	225,0	272,1
insgesamt	60 935,7	58 934,3	55 288,8	50 667,5	45 147,0	96,7	90,7	83,1	74,1

Tabelle 3.1 (Fortsetzung)

Altersklassen von ... bis unter ... Jahre	Angaben in 1 000					1985 = 100,0			
	1985	2000	2010	2020	2030	2000	2010	2020	2030
				– deutsche Bevölkerung –					
unter 5	2 658,7	2 318,7	1 758,1	1 740,0	1 363,8	87,2	66,1	65,4	51,3
5 bis unter 10	2 552,8	2 784,2	1 902,8	1 761,9	1 578,7	109,1	74,5	69,0	61,8
10 bis unter 15	2 838,0	2 892,2	2 316,7	1 752,4	1 734,5	101,9	81,6	61,7	61,1
15 bis unter 20	4 394,9	2 686,5	2 784,1	1 897,2	1 756,8	61,1	63,4	53,2	40,0
20 bis unter 25	4 897,8	2 578,4	2 883,3	2 303,1	1 742,2	52,6	58,9	47,0	35,6
25 bis unter 30	4 338,3	2 854,9	2 673,0	2 762,6	1 882,5	65,8	61,6	63,7	43,4
30 bis unter 35	3 816,8	4 398,8	2 566,6	2 860,2	2 284,5	115,0	67,2	74,9	59,9
35 bis unter 40	3 529,8	4 883,7	2 838,0	2 646,7	2 735,4	138,4	80,4	75,0	77,5
40 bis unter 45	3 622,2	4 310,1	4 337,9	2 530,1	2 819,4	119,0	119,8	69,8	77,8
45 bis unter 50	4 547,3	3 758,3	4 786,6	2 774,8	2 588,4	62,8	105,3	61,0	56,9
50 bis unter 55	3 567,8	3 414,8	4 167,8	4 184,0	2 441,5	95,7	116,8	117,3	68,4
55 bis unter 60	3 495,6	3 397,4	3 557,7	4 523,2	2 619,8	97,2	101,8	129,4	74,9
60 bis unter 65	3 270,6	4 084,8	3 134,2	3 818,8	3 828,3	124,9	95,8	116,8	117,1
65 bis unter 70	2 192,1	3 009,3	2 958,4	3 100,8	3 942,5	137,3	135,0	141,5	179,9
70 bis unter 75	2 620,4	2 649,3	3 280,6	2 515,4	3 061,0	101,1	125,2	96,0	116,8
75 bis unter 80	2 174,4	2 093,3	2 085,4	2 023,7	2 136,5	96,3	95,9	93,1	98,3
80 bis unter 85	1 299,3	1 062,2	1 419,6	1 757,9	1 348,1	81,8	109,3	135,3	103,8
85 bis unter 90	535,6	726,7	760,3	748,6	702,9	135,7	142,0	139,8	131,2
90 und älter	163,1	336,5	287,3	344,8	412,3	206,1	176,1	211,4	252,7
insgesamt	56 515,3	54 231,1	50 498,4	46 046,2	40 978,9	96,0	89,0	81,5	72,5

1) ab 1986 wird ein konstantes Geburtenniveau, eine rückläufige Sterblichkeit und ein positiver Wanderungssaldo zugrunde gelegt.
2) bei der ausländischen Bevölkerung wird von folgenden Annahmen ausgegangen: ab 1985 keine Wanderungen, jedoch Einbürgerungen (bis 2030); konstantes Geburtenniveau; Sterbewahrscheinlichkeit bis 2003 konstant, danach Angleichung an die Sterblichkeit der Deutschen.

Quelle: Berechnungen des Statistischen Bundesamtes, Wiesbaden 1984.

Die Belastungsquote der potentiell Berufstätigen (20 bis unter 60 Jahre) mit alten Menschen wird von 1982 bis zum Jahre 2030 auf fast das Doppelte ansteigen.[16)]

Schaubild 3.2

Die Entwicklung der demographischen Lastquotienten der deutschen Bevölkerung von 1980 bis 2030

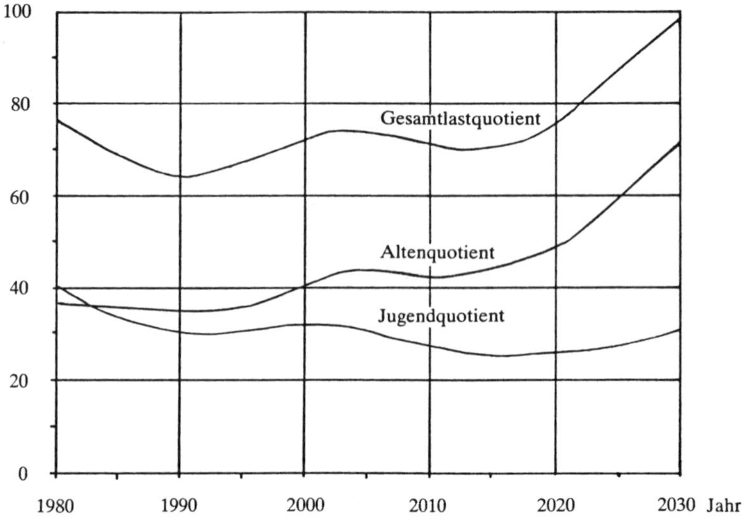

Altenquotient	$= \frac{\text{Personen 60 Jahre und älter}}{\text{Personen 18 bis unter 60 Jahre}}$ (· 100)
Jugendquotient	$= \frac{\text{Kinder und Jugendliche bis unter 18 Jahre}}{\text{Personen 18 bis unter 60 Jahre}}$ (· 100)
Gesamtlast-Quotient	= Jugend- + Altenquotient

Quelle: Schmähl 1983: 178 (berechnet nach Bericht über die Bevölkerungsentwicklung 1980, Modell I des Statistischen Bundesamtes); zit. nach: Leisering, Lutz: Veränderungen im Verhältnis von Jugend und Altenlasten: Sozialer Wandel als Problem für den Sozialstaat, in: Kaufmann, Franz-Xaver; Leisering, Lutz: 1984: Studien zum Drei-Generationenvertrag, IBS-Materialien Nr. 15, hrsg. v. Institut für Bevölkerungsforschung und Sozialpolitik an der Universität Bielefeld, Bielefeld 1984, S. 31 – 121, S. 49.

Neueste Berechnungen bis 2030

Die neuesten Berechnungen des Statistischen Bundesamtes gehen aufgrund der jüngsten demographischen Entwicklung von einer etwas günstigeren Entwicklung der deutschen Bevölkerung aus und von einer etwas ungünstigeren der Ausländer, so daß sich im Gesamtbevölkerungsstand für 2030 nach Szenario I keine Änderungen ergeben.

Die Konsequenzen: Bereits heute ist zu erkennen, welche Jahrgänge der zur Zeit lebenden Bevölkerung unter Engpässen in der Ausbildung, bei der Arbeitsplatzsuche und beim Rentenanspruch zu leiden haben werden. Bereits lebende oder erst in Zukunft geborene Menschen werden die von ihnen erwarteten Aufgaben quantitativ nicht erfüllen können. In der Ausbildung, in der Verteidigungsbereitschaft, bei der Inganghaltung von Politik, Verwaltung und Wirtschaft und bei der Rentenbeitragszahlung werden Engpässe eintreten. Die derzeitigen politischen Auseinandersetzungen um die Verlängerung von Wehr- und Ersatzdienstzeit oder das Einziehen von Frauen zum Wehrdienst wegen Nachwuchssorgen sind bedeutungslos im Lichte langfristiger Entwicklungstendenzen.

Man kann weiter annehmen, daß ein Bevölkerungsrückgang wie auch eine starke Ausländerzuwanderung beide den Effekt einer Abwanderung von Inländern ins Ausland haben könnten. Hier wird generell von einer nicht höheren Auswanderung als bisher ausgegangen.

Exkurs: Zur Entwicklung der Bevölkerung bis 2070

Bernhard Felderer hat die Bevölkerungsentwicklung bis zum Jahre 2070 prognostiziert. Er geht davon aus, daß sich die Nettoreproduktionsrate (NRR) von 1980 alternativ ab dem Jahre 2000 oder 2030 auf 1 erhöht.[17)] Selbst wenn im Jahre 2030 eine Nettoreproduktionsrate von 1 erzielt wird, würde im Jahre 2070 die deutsche Bevölkerung nur 27,9 Mill. gegenüber 22,2 Mill. bei der Rate von 1980 erreichen!

Für 2030 und 2070 errechnen sich die folgenden Einwohner- und Erwerbsbevölkerungszahlen:

Nettoreproduktionsrate (NRR)	Einwohner		Erwerbsbevölkerung	
	2030	2070	2030	2070
	– Angaben in Mill. –			
1. NRR konstant zum Wert von 1980	38,831	22,180	17 839	10 002
2. NRR = 1 ab 2000	47,417	41,405	19 996	18 725
3. NRR = 1 ab 2030	38,831	27,942	17 839	12 172

17) Vgl. Felderer, Bernhard: Wirtschaftliche Entwicklung bei schrumpfender Bevölkerung – Eine empirische Untersuchung, (Springer Verlag) Berlin-Heidelberg-New York-Tokio 1983, S. 29.

Das wichtigste Ergebnis dieser Berechnungen ist die Wucht der Bevölkerungsveränderung. Selbst wenn sich bereits im Jahre 2000 wieder eine Nettoreproduktionsrate von 1 ergeben sollte, nimmt die Bevölkerung noch von 47,4 Mill. im Jahre 2030 auf 41,4 Mill. im Jahre 2070 ab!

Szenario II

Szenario II geht von einer Zunahme auf insgesamt rd. 21,7 Mill. Ausländer bis zum Jahre 2030 aus. Dann würden bei 38,3 Mill. Deutschen insgesamt 60 Mill. Einwohner auf dem Gebiet der Bundesrepublik Deutschland wohnen.

Szenarien der quantitativen und qualitativen Minorisierung oder gar der – hier nicht angenommenen – Majorisierung der Bundesrepublik Deutschland durch ausländische Minderheiten hängen davon ab, aus welchen Regionen die Ausländer gewonnen werden. Man kann hier an folgende zuwanderungsalternativen Schwerpunkte denken:

- DDR und Staaten des Ostblocks,
- Spanien und Portugal,
- Griechenland,
- Türkei,
- Asien, so Indien und Pakistan,
- Zuwanderungen aus Südamerika,
- Zuwanderungen aus Afrika,
- Zuwanderungen aus Nordamerika.

Die Entwicklung dürfte davon abhängig sein, ob heutige und künftige Ausländer die deutsche Staatsangehörigkeit erwerben, d.h. die Anzahl der Menschen mit einem Paß der Bundesrepublik Deutschland könnte – je nach der Einwanderungs- und Einbürgerungspolitik – größer sein als nach Szenario II angenommen.

Durch Bevölkerungszahlen nach Szenario II auf dem derzeitigen Niveau der Bundesrepublik Deutschland ergeben sich bessere Existenzvoraussetzungen und geringere Umstrukturierungszwänge für die deutsche Wirtschaft als bei Szenario I.

Es wird davon ausgegangen, daß die Ausländer auf Dauer in der Bundesrepublik Deutschland bleiben. Da die Einwanderung sich weitgehend auf Erwachsene beschränkt, sind in einer ersten Phase nach der Einwanderung jeweils weniger Kinder vorhanden; später wird die Bevölkerungsstruktur stark vom Geburtenverhalten der Einwanderer mitbestimmt. Das Arbeitskräftepotential steigt – gemessen an der Gesamtzahl der Einwohner – in einer ersten Phase überdurchschnittlich an.

Bei einer starken Bevölkerungszuwanderung in die Bundesrepublik Deutschland, d.h. in ein Land der Europäischen Gemeinschaft, dürften sich unterschiedliche Wirkungen aus dem Umfang, der Herkunft und der Qualifikation der Einwanderer ergeben. Bei Aufnahme einer großen Zahl von Einwohnern aus anderen EG-Staaten dürften diese Länder die sich dadurch auf sie ergebende wirtschaftliche Wirkung unterschiedlich beurteilen. Die Auswanderung gering qualifizierter Erwerbspersonen aus strukturschwachen Regionen dürfte insbesondere bei zu erwartenden Geldrückflüssen an Familienangehörige positiv beurteilt werden. Die Abwerbung hochqualifizierter Arbeitskräfte könnte zu Spannungen innerhalb der EG führen.

Eine starke Zuwanderung aus Drittländern könnte Überlegungen zur Abschottung der EG zur Folge haben.

Ohne diese Probleme hier weiter vertiefen zu können, zeigen bereits diese wenigen Bemerkungen beachtlichen Zündstoff auch zwischen den EG-Staaten, wenn ein Land seine Bevölkerungsdynamik von der anderer Länder abkoppelt.

Man sollte die Zielvorstellungen über die langfristig wünschenswerte Ausländerpolitik bereits jetzt entwickeln, um nicht später unter Druck zu schnellen Entscheidungen gezwungen zu werden, ob man bestimmte damit verbundene Konsequenzen nun begrüßen mag oder nicht.

Von besonderer Bedeutung ist das intellektuelle Potential der Einwanderer. In der Vergangenheit hat Deutschland von einer vergleichsweise hohen, mindestens vergleichbaren Intelligenz der Zuwanderer profitiert, ob dies die 20 000 Hugenotten waren, die im Jahre 1685 durch den großen Kurfürsten nach Berlin geholt wurden, immerhin ein Viertel der damaligen Bevölkerung Berlins, die 20 000 Protestanten aus dem Salzburger Land, die nach Ostpreußen kamen oder auch die Bevölkerungsmischung durch Flüchtlings- und Vertriebenenströme aus den Ostgebieten des ehemaligen Deutschen Reichs in die Bundesrepublik Deutschland. In Zukunft ist eher mit hohen Anteilen von Zuwanderern zu rechnen, die Vergleiche mit der Zuwanderung von Süd- und Mittelamerikanern in die USA zulassen, d.h. mehr intellektuell schwache Gruppen und erst recht auch sozial schwache Gruppen.

Die Integration einer großen Anzahl von Ausländern auf dem Gebiet der Bundesrepublik wird mehrere Generationen beschäftigen, selbst wenn der Integrationszeitraum nur wenige Jahrzehnte betragen sollte. Welche Voraussetzungen müssen geschaffen werden, um eine derartige Einwanderung als Nation zu verkraften?

Die Langfristwirkungen eines Einwanderungsszenarios sind schwer zu ermitteln. Letztlich gibt hier das Verhalten der Altbürger wie auch der Neubürger den Ausschlag über den Grad der sozialen Konflikte. Lassen sich Einwanderer ohne Rücksicht auf nationale, sprachliche, religiöse und kulturelle Bindungen in die Gesellschaft integrieren oder sind spezialisierte Institutionen für Minderheiten erforderlich, z.B.

- Kindergärten,
- Schulen,
- Universitäten und Studiengänge,
- Bundeswehreinheiten oder Ausbilder,
- Betriebe oder Abteilungen,
- Einkaufsstätten,
- Stadtteile oder Wohnviertel,
- politische Parteien,
- Glaubensgemeinschaften,
- Vereine?

Die Voraussetzungen für eine problemlose Einbürgerung aufgrund persönlicher Integration dürften bei jüngeren Menschen und Menschen mit einem ähnlichen Wertesystem vergleichsweise einfach sein. Aus den bisherigen Erfahrungen mit Einwanderern lassen sich Kriterien für die Einwanderungspolitik nur bedingt ableiten.

Letztlich ist die Entscheidung für hohe Zuwanderungsraten von der Bewertung sozialer und ökonomischer Interessen in einem Land gegenüber den Altbürgern abhängig.

C. Die Wertedynamik

I. Die Probleme

Das heutige und künftige individuelle und gesellschaftliche Handeln kann nur sehr bedingt dem Denken und Fühlen nach dem Zweiten Weltkrieg entsprechen.

Das Gefühl des deutschen Größenwahns in der Phase des Nationalsozialismus, das mit preußischer Loyalität bis hin zum Kadavergehorsam von der Nation bis weit in den Zweiten Weltkrieg hinein getragen wurde, machte nach dem Zweiten Weltkrieg einem nationalen Katzenjammer, gefolgt von einem unbändigen Wiederaufbauwillen, Platz. Das Desaster des Zweiten Weltkrieges mußte Werte wie Treue und Gehorsam oder Anerkennung von Autorität zumindest unbewußt fragwürdig erscheinen lassen. Waren es doch gerade solche Tugenden, die dazu beigetragen haben, daß ihre Ausnutzung in den Händen einer skrupellosen und menschenverachtenden Führung zum Weltkrieg geführt hatte. Natürlich wäre dies ohne deutsche Großmannssucht und Überheblichkeit nicht zustande gekommen.

Ideologiebegründete größenfetischistische Werte- und Verhaltensweisen lassen sich heute zweifellos in Rußland feststellen und erleichtern das Verständnis des politischen Handelns dieses großen östlichen Nachbarn.

Nach dem Zweiten Weltkrieg waren die Nichtnazis im Staatswesen viel zu wenige, um mit den Nazis abrechnen zu können, so daß sich früh eine Überwindung der kognitiven Dissonanz in der Form entwickelte, daß man sich auf eine praktisch alles verzeihende generelle Anerkennung der Verführung und Irritierung einstellte und Zwecksolidarität übte, die zu einer allseits vom schlechten Gewissen getragenen Moral führte, die im Aufbaumaterialismus ihre eigentliche und tragfähige Basis hatte. Der Schock der Teilung der Nation war schwer zu verkraften.

Nationale und völkische Symbole wurden vernichtet oder zumindest für einige Zeit abgewertet, so daß sich das Gefühl dafür verlor, warum man so etwas als materialisierte Dokumentation von Werten in einem Staat braucht. Der Symbolismus der neuen Staaten, von der Fahne angefangen, hatte von Anbeginn andere Qualitäten als vorher – man weiß teilweise bis heute nicht welche.

Die zivilisatorischen tradierten Werte waren in der Bundesrepublik Deutschland so durchlöchert, daß die werteorientierte Verankerung der Jugend in der Gesellschaft weitgehend mißlang. Sie stieß auf ein egoistisch-opportunistisch durchdrungenes Wertesystem, aus dem sie sich im Jahre 1968 – wohl eher zufällig gleichzeitig auch in anderen Ländern – Luft machte.

Das subjektive Empfinden der Jugend über die Brüchigkeit der Werte war zeitlich begleitet von einer antiautoritären Erziehungswelle. Heute wird diese Generation aufgrund ihres Alters zwangsläufig zur staatstragenden Schicht mit einem wesentlich veränderten pluralistischen Gesellschafts- und Rechtsbewußtsein.

Die Generation mit dem schlechten Gewissen, viel Vorsicht und Zweifeln, die die Anpassungsbereitschaft an teilweise vom Ausland in Verwaltung und Politik vorgegebene Werte und faktisch eingeführte Rituale begründete, ist abgetreten, meist wohl mit dem Bewußtsein, für die nationale Schuld des Zweiten Weltkrieges genug gezahlt zu haben.

Die heutigen jungen Erwachsenen reagieren auf die Entwicklung zur pluralistischen Wertegesellschaft eher mit Altruismus, der überwiegend aus Hilflosigkeit einer Auffindung tragfähiger Werte mit allgemeiner gesellschaftlicher Konsensfähigkeit geboren sein dürfte.

Erst wenn wir die Wertestabilisierung der Generation erkennen, die nach 2000 das Ruder der Nation in die Hand nimmt, lassen sich Aussagen über vermutliche gesellschaftspolitische Tendenzen nach der Jahrtausendwende ableiten.

So ist zu fragen, wie lange der Besinnungsprozeß zu verändertem zukunftsträchtigem Gesellschafts- und Staatsbewußtsein dauert und in welche Richtung sich dieses Bewußtsein bewegt. Wohin geht der Kompromiß zwischen Freiwilligkeit und Zwang oder zwischen Egoismus und Gemeinsinn?

Eine starke Zunahme der Internationalisierung der Bevölkerung mit großen Minderheiten in Industrieländern wie in der Bundesrepublik Deutschland kann vor dem Entstehen einer Weltkultur zu widersprüchlichen Wertestrukturen und Verhaltensweisen führen. Eine solche Situation wäre bei Szenario II mit einer starken Zunahme ausländischer Einwohner in der Bundesrepublik Deutschland zu erwarten.

Auch unabhängig davon verändern neue Werteprioritäten, z.B. die Ökoethik oder die freiwillige Einfachheit (voluntary simplicity), die Art und das Volumen der wirtschaftlichen Tätigkeit und damit die Erwerbstätigkeit und das Bruttosozialprodukt, nicht zuletzt auch die Nachfrage der Konsumenten und die Struktur der Unternehmen und der Verwaltungen.

Die Wertehaltungen sind jedoch nur teilweise von der erwarteten Bevölkerungsveränderung abhängig. Man kann annehmen, daß sich das Wertegefüge etwa innerhalb der folgenden Bandbreite orientiert:

1. ein eher isolationistisches und nicht auf kräftige Veränderungen ausgerichtetes Werte- und Verhaltensprofil mit begrenztem Aktions- und Leistungswillen,
2. ein hohes Bewußsein für die künftigen gesellschaftlichen und wirtschaftlichen Probleme mit kräftigem Aktions- und Leistungswillen.

Man kann bei beiden herausgestellten Wertehaltungen von einem Bevölkerungsrückgang ausgehen, einmal als Inkaufnehmen des Bevölkerungsrückgangs, zum anderen als Auffassung des Schrumpfens als einem Teil eines notwendigen Erneuerungsprozesses.

Man muß wissen, welche Werte in einer Gesellschaft problemlos nebeneinandergelebt werden können, z.B. weitgehend unterschiedliche Konsumstile, Freizeitstile, auch Arbeitsstile, und wo unterschiedliche Werte zu einer Spaltung der Gesellschaft beitragen, z.B. divergente Eigentums- oder Arbeitsethik, auch ein divergentes Ökologiebewußtsein.

Im Hinblick auf unterschiedliche Ziele können gleiche Werte positive oder negative Wirkungen haben. So kann geringe Leistungsbereitschaft auf die Arbeitsproduktivität negativ wirken, auf die Umweltbelastung dagegen positiv.

Die Meßbarkeit vieler Werte ist begrenzt. So ist die Selbstverwirklichung ein wenig aussagefähiger Wert, weil er sich in sehr vielfältigen gesellschaftlichen und wirtschaftlichen Merkmalen ausdrücken kann.

Interdependenz zwischen Werten und anderen gesellschaftlichen Elementen: Jedes Element des gesellschaftlichen Zukunftsmodells hat Wirkungen auf die Werte und wird durch Wertewirkungen mitbestimmt. Zu den besonders kontroversen Phänomenen gehören die Einflüsse der neuen Medien auf die Werte und das Verhalten der Menschen. Sogar gleiche Wirkungen finden eine unterschiedliche Beurteilung:

Während die Vielfalt der Informationen von den einen als sinnlose Überflutung mit der Gefahr absinkender Konsensfähigkeit betrachtet wird, versprechen sich andere davon eine bessere demokratische und lokale Willensbildung durch mehr Transparenz. Während die einen sich davon eine gut informierte Öffentlichkeit versprechen, die Entscheidungsprozesse in Regierung und Verwaltung besser versteht, vermuten andere die Gefahr einer Entmündigung durch rasche Abrufbarkeit der Informationen, die Kontrollmechanismen, z.B. aufgrund der Erfahrung der Betroffenen, ausschalte.[18)]

---

18) Vgl. zu dem Spektrum der Widersprüchlichkeit Ronneberger, Franz; Meister, Ulla; Reith, Manuela: Neue Medien – Vorteile und Risiken für die Struktur der demokratischen Gesellschaft und den Zusammenhalt der sozialen Gruppen, (Universitätsverlag) Konstanz 1982, S. 84–90.

II. Die Szenarien

Die Konsequenzen des Wertepluralismus für Wirtschaft und Gesellschaft

Unerläßlich für eine Analyse und Beurteilung des Zusammenhangs zwischen Wertepluralismus und gesellschaftlicher und wirtschaftlicher Dynamik sind daher:

1. die Erfassung der Wertedynamik
   a) Welche Werte in welcher Priorität haben heute Relevanz?
   b) Welche Werte in welcher Priorität werden voraussichtlich in Zukunft Relevanz haben?
2. die Erfassung der Werteprioritäten,
3. die Auseinandersetzung mit dem Phänomen der Wertepolarisierung und der Werteschizophrenien,
4. die Beurteilung der Wertekonsequenzen für alle Entscheidungsträger in Wirtschaft und Gesellschaft.

Die gesellschaftlichen und wirtschaftlichen Konsequenzen der Wertehaltungen sind unterschiedlich. So läßt sich der Wert Selbstverwirklichung nicht mit einem bestimmten Lebensstil oder mit einer konkreten Waren- und Dienstnachfrage verbinden. Beim Freizeitstreben oder Energiesparbewußtsein ergeben sich dagegen bessere Möglichkeiten der Ableitung von Konsequenzen.

Auch das ökonomische Gewicht der Werte ist unterschiedlich. So gibt es Werte mit sehr hoher Durchschlagskraft, z.B. ein hochempfindliches Gesundheitsstreben oder ein verringertes Besitzstreben; andere Werte spielen sich eher an den Grenzen des wirtschaftlichen Bereichs ab, z.B. das Geselligkeitsstreben im privaten Bereich, auch Teile des Vereinslebens. Bevölkerungsstruktur, Einkommensstreben und Ressourcenbewußtsein beruhen ebenfalls auf Werten und beeinflussen ihrerseits Werte.

Kann es eine Verantwortung für Werte, ihre Entstehung und ihren Wandel, in einer Gesellschaft überhaupt geben? Wenn ja, müßte man auch die Frage stellen, wer in unserer Gesellschaft für die Werte verantwortlich ist. Das Wechselspiel zwischen Entstehung und Veränderung von Werten bei Individuen und Gruppen und den gesellschaftlichen Bedingungen ist nur schwer zu erkennen. Werte symbolisieren Grundströmungen in uns, in unserer Gesellschaft. Manchmal reifen sie, manchmal scheinen sie uns vorherzueilen. Letztlich ist aus der Wertedynamik auch das ,,gesellschaftspolitische Profil'' einer Nation abzuleiten. Nur wenn wir viel besser begreifen, was die Menschen denken und wollen, können wir die Entwicklung der Gesellschaft vorausdenken. Dem ,,Ist-Profil" der Wertehaltungen in unserer Gesellschaft könnten ,,Soll-Profile" gegenübergestellt werden. Dies wären Werteoptionen. Solche Werteoptionen müßten sich dann in der Gesellschaft auch mehrheitlich durchsetzen lassen und die gesellschaftliche Entwicklungsrichtung bestimmen. Ein Beispiel für eine solche Werteoption wäre z.B. eine ökologiebewußte Ökonomie.

Ohne die protestantische Sozialethik und den darin verankerten Prädestinationsglauben gäbe es vermutlich keine Industriegesellschaften der heutigen Prägung. Entsprechend ist zu fragen, welche Ehtik wir für die postindustrielle Gesellschaft benötigen, bzw. welche Alternativen der Ethik tragfähig sind. Die zur Zeit aufgebaute Rückzugslinie der Ethik mit Hinweisen auf die Anerkennung von Grundwerten wie Treue, Verständnis für den Nächsten, Wahrung von Schutzinteressen ist zwar ein Ansatzpunkt, aber zu wenig für zukunftsweisendes politisches und gesellschaftliches Handeln. Unerläßlich sind somit Analysen der wahrscheinlich langfristigen Auswirkungen bei einer Beibehaltung der derzeitigen Werte sowie einer Neuorientierung dieser Werte.

Die Veränderungen der Wertevorstellungen bei allen Entscheidungsträgern, so Staat, Unternehmer, Arbeitnehmer oder Konsument, sind entscheidende Einflußgrößen für die Auffindung geeigneter Optionen. Die Wirtschaft und die Gesellschaft müßten sich dafür sensibilisieren, mit welchen Maßnahmen sie hinter den Werten und darauf beruhenden Wünschen der Menschen herhasten und mit welchen Maßnahmen sie voraus sind.

Auch die ökonomische Wachstumsschwäche fördert die Wertedynamik, denn fehlendes Wachstum fördert den Sozialneid, wie Herbert Giersch meint, soweit, daß ehrgeizige Politiker ,,sich lieber für Brot aussprechen als für Saatgut und lieber für Brot mit Spielen als für Anreize zum Innovationswettbewerb. In solcher Atmosphäre können potentielle Unternehmer unter Beschuß stehen, im Markt durch die weltweite Konkurrenz, zu Hause durch jene Intellektuellen, die nach 1968 den Marsch in die Institutionen angetreten haben."[19]

Die Wertedynamik kann auch das politische System erfassen. Änderungen des politischen Systems können sich beziehen auf

1. Verlängerung der Wahlperiode,
2. Umgliederungen der Staatstätigkeit,
3. Schaffung neuer Regierungsformen.

19) Giersch, Herbert: Die gefesselte Marktwirtschaft, in: Frankfurter Allgemeine Zeitung, 26. Jg., Nr. 42, 19. Februar 1983, S. 13.

Unerläßlich ist auch eine Erfassung der Wertestrukturen der Ausländer im Inland, und zwar nach Herkunft und nach der Aufenthaltsdauer in der Bundesrepublik Deutschland.

Wichtig sind subtile Analysen über Werte wie die freiwillige Einfachheit, deren Befürworter teilweise das hohe erreichte Versorgungsniveau erhalten und noch steigern und teilweise ihre Nachfrage beschränken wollen. Die Tendenz zur Einfachheit in Kleidung und Wohnen ist oft mit höchsten Ansprüchen an weltumgreifende Bewegungsfreiheit, d.h. mit viel Reisen, verbunden.

Das Gefüge der postmateriellen Werte bedarf generell der Analyse: Was ist zu erwarten?

Bei weiterhin geringem Gemeinschaftssinn muß mit einem Abbau des erreichten, mindestens des ökonomischen, u.U. auch des kulturellen Niveaus gerechnet werden. Je frühzeitiger eine Rückbesinnung auf gesellschaftspolitische Notwendigkeiten für eine aktive Zukunftsgestaltung erfolgt, desto geringer sind die auf der Wertedynamik beruhenden Risiken. Sowohl weiche Einflüsse, z.B. eine Rückbesinnung auf die europäische Kultur, oder auch harte Einflüsse, so Krisen, können diesen Prozeß beschleunigen.

Unerläßlich erscheint die Schaffung eines der europäischen Kultur angepaßten gesellschaftlichen Bewußtseins, das sich wohl auf Grundwerte der christlichen Religionen abstützen müßte, da hier ein kultureller und sozialer Konsens am ehesten vorhanden ist. Eine Übernahme asiatischer Wert- und Verhaltensmuster, wie sie hier und dort angestrebt oder auch nur in den Raum gestellt werden, hätten institutionelle Voraussetzungen, die in Europa nicht vorhanden sind und auf absehbare Zeit mehrheitlich auch nicht angestrebt werden. Hier zeigen sich die Grenzen der Analogien. Man kann wünschenswerte Einstellungen nicht isoliert anstreben. Dafür wäre ein fundamentaler Umbau der Gesellschaft erforderlich. Es wäre schon viel erreicht, wenn das Bewußtsein über den Zusammenhang zwischen Werten und Gesellschaftsstruktur Allgemeingut würde. Dann ginge die Kraft statt in das Streben nach dem Unmöglichen in die Realisierung des Möglichen.

Szenario I

Für das Szenario I mit Rückgang der Bevölkerung erscheinen mindestens folgende Alternativen realistisch:

Alternative 1: Nach einer etwa 15 bis 20 Jahre dauernden Schwächeperiode, d.h. etwa um das Jahr 2005, entsteht ein volles Einsichtsvermögen in die neue demographische Situation mit der Folge eines erhöhten nationalen oder supranationalen Durchsetzungsbewußtseins, u.U. gefördert durch eine zunehmende europäische Integration mit einem neuen Wir-Gefühl, nicht für den eigenen Staat, sondern für Westeuropa.

Alternative 2: Die zunehmend auf die ökonomischen Grundlagen der Einwohner wirkende Schwäche führt dazu, daß unzufriedene intelligente Menschen auswandern in andere Staaten Westeuropas, nach Nordamerika und nach Australien und die im Lande verbleibenden eher nach dem Konzept des bestmöglichen Überlebens agieren, dies mit einer noch weiter rückläufigen Geburtenrate. Man wirft sozusagen die Flinte ins Korn und verschlechtert dadurch die Situation noch mehr.

Die zunehmenden Schwierigkeiten der Kommunikationsfähigkeit der älteren Generation mit der Jugend könnten zu sozialen Konflikten, insbesondere über Transferleistungen, führen.

Die Courage zu neuen Konzepten fehlt. Die Bequemlichkeit ist stärker als der Wille zur Auseinandersetzung mit veränderten Leitbildern der Gesellschaft.

Szenario II

Die Wertestruktur der Bevölkerung wird bei Szenario II vor allem vom Grad der Integration bzw. Gettoisierung der ausländischen Bevölkerung in der Bundesrepublik Deutschland mitbestimmt.

Im Falle einer starken Zunahme der ausländischen Bevölkerung ist ein Mittelweg zu suchen zwischen den Extremen der Erhaltung des kulturellen Erbes und der kulturellen Abschmelzung. Im ersteren Falle haben Zuwanderer nur die Wahl zwischen einer weitgehenden Integration unter (scheinbarer) Aufgabe ihrer eigenen Kultur oder der Beibehaltung ihres kulturellen Wertegefüges um den Preis der Gettoisierung mit eher hohem Konfliktpotential für sie und die gesamte Gesellschaft in der Bundesrepublik Deutschland.

Integration bedeutet in der langen Phase der Einwanderung von etwa 600 000 bis 900 000 Einwohnern jährlich ab 2000[20)] die Lebensgewohnheiten der neuen Einwohner bei unseren Entscheidungen zu berücksichtigen. Ein neuer Gemeinsinn nationaler Gastfreundschaft – aufbauend auf der Einsicht in die Notwendigkeit einer aktiven Einwanderungspolitik – ist die Grundvoraussetzung der Integration. Hier hätten Mei-

20) Die Differenz ist begründet durch die schwierige Abschätzbarkeit der Rückwanderung der Zuwandernden und deren Geburtenverhalten in der Bundesrepublik Deutschland.

nungsbildner und geeignete Interessengruppen ein weites neues Aufgabenfeld.

Die Integrationschancen sind verständlicherweise um so größer, je stärker die Bevölkerung von ähnlichen kulturellen Bedingungen geprägt ist; sie sind um so geringer, je bedeutender die Unterschiede der Werte, der Religion und der Ideologie sind. Junge Menschen und Stadtbewohner aus anderen Ländern werden leichter zu integrieren sein als ältere Menschen und Landbewohner desselben Kulturkreises.

Städte werden Ausländer daher auch – wie dies heute bereits der Fall ist – weitaus überdurchschnittlich aufnehmen, da sie dort mit geringeren sozialen Problemen konfrontiert sind, sowohl bei einem Integrations- als auch bei einem Gettoisierungskonzept.

Tendenziell kann man mindestens folgende Alternativen erkennen:

Alternative 1: Beim Bestreben zur Integration, wie dies bei der ersten Gastarbeitergeneration der Fall war, entstehen – abgesehen von kurzfristigen Reibungen wie bei der Integration von Polen zu Beginn des Jahrhunderts im Ruhrgebiet, oder der Integration der Flüchtlings- und Vertriebenenströme nach dem Zweiten Weltkrieg – wenig zusätzliche Probleme.

Alternative 2: Historisch hat es immer wieder Doppelkulturen gegeben, d.h. in gleichen Regionen nebeneinander bestehende stark voneinander abweichende Wertgefüge. In diesem Falle kommt es entweder zu einer Arbeitsteilung und Machtteilung zwischen den Angehörigen unterschiedlicher Kulturen, oder es entstehen – u.U. auch in bestimmten Lebensbereichen – Machtkämpfe über die Herrschaftsausübung. Solche Machtkämpfe lassen sich heute vereinzelt in der Bundesrepublik Deutschland bereits auf eher harmlosen Feldern, so im Bereich der Beherrschung der Gastronomie durch Inhaber und Pächter bestimmter Nationalitäten, erkennen – vor allem in Siedlungsgebieten mit hohen Ausländeranteilen.

Die überwiegende Zahl der Ausländer, die in die Bundesrepublik Deutschland einwandern, kommen meistens aus wirtschaftlich ärmeren Ländern. Daher werden sie zunächst Haben-Werte verfolgen und dadurch mindestens auf eine Generation hin auch die leistungsorientierte Wertebasis stärken. Wir müssen somit annehmen, daß Ausländer in der Bundesrepublik Deutschland eher materiell orientierte und Deutsche mehr und mehr postmaterielle Werte verfolgen. Dieser Effekt dürfte sich bei Integration eher konfliktfrei und bei kultureller Spaltung eher konfliktgeladen auswirken.

D. Natürliche Ressourcen – Rohstoffe

I. Die Probleme

Die Rohstoffabhängigkeit der Bundesrepublik Deutschland dürfte durch den technischen Fortschritt tendenziell sinken.[21)]

Die meisten der neuen Technologien schonen im Gegensatz zu bisher die Basis der nicht vermehrbaren Rohstoffe.

II. Die Szenarien

Bezüglich der regenerativen natürlichen Ressourcen werden spätestens ab etwa 2000 Eingriffe in die bisherigen Freiheitsgrade der Landwirtschaft erfolgen. Die Nutzung von Grund und Boden als Quelle regenerierbarer Rohstoffe dürfte stark gefördert werden. Die Importe von Rohstoffen könnten für die Bundesrepublik Deutschland durch bilaterale Außenhandelskonzepte im Sinne des „Barter Trade" beeinträchtigt werden.

Die Haupteinflußgrößen für den Rohstoffbedarf in der Bundesrepublik Deutschland, die sogar mehr Gewicht haben könnten als die Bevölkerungsveränderung, sind die weltweite industrielle Arbeitsteilung und damit die davon bestimmte inländische Industriestruktur in Verbindung mit dem technischen Fortschritt und dem Nachfragewandel.

So spricht vieles dafür, daß etwa ab 2010 Automobile für die deutsche Bevölkerung weitgehend im Ausland produziert werden, ein Indiz für den Einfluß der Multinationalisierung auf die Produktion.

Die große Unbekannte ist somit die künftige Exportintensität der Bundesrepublik Deutschland im Bereich rohstoffintensiver Waren, für die die Rohstoffe vorher importiert werden müssen.

---

21) Für die fünf wichtigsten Metalle sieht die Versorgungssituation Mitte der achtziger Jahre wie folgt aus:
- Aluminium: 1,4 Mill. t pro Jahr durch Importe von Bauxit oder Metall,
- Kupfer: 2 % des jährlichen Verbrauchs aus Bergwerksproduktion im Inland,
- Zink: weniger als 25 % des Verbrauchs aus eigener Bergwerksproduktion,
- Blei: weniger als 10 % des Verbrauchs aus eigener Bergwerksproduktion,
- Nickel: Totalimport von etwa 60 000 t in Form von Nickelmatte und Nickelspeise (angereicherte Erze).

Die realen Rohstoffpreise haben Anfang der achtziger Jahre das niedrigste Niveau der letzten dreißig Jahre erreicht.

Weiter spricht vieles dafür, daß die Rohstoffmengen für Industriegüter in den nächsten Jahrzehnten absinken und nicht vermehrbare Rohstoffe durch Recycling systematisch wiedergewonnen werden.

Szenario I

Bei einem Rückgang der Einwohner um ein Viertel wird der Rohstoffverbrauch für den Industriebedarf eher stärker, und zwar durchschnittlich in Größenordnungen von 30 bis 40 % absinken, eine Tendenz, die durch die Umweltprobleme noch gefördert wird. Der Bedarf an Ressourcen für Einwohner im Inland geht ebenfalls relativ stärker als die Bevölkerung zurück. Die Entwicklung ist somit voll und ganz von den Exporten ins Ausland abhängig. Dabei sind nicht die Gesamtexporte, sondern die Kategorien der Exportwaren von Bedeutung.

Szenario II

Selbst bei einer gleichbleibenden Bevölkerung wird der Rohstoffverbrauch für den Inlandsbedarf in der Bundesrepublik Deutschland eher sinken.

Je Einwohner wird dabei jedoch eine geringere Abnahme zu verzeichnen sein als bei Szenario I, da für die zusätzlichen Einwohner hohe zusätzliche Ausstattungsstandards erforderlich sind.

E. Energie

I. Die Probleme

Eine ausreichende Energieversorgung bildet eine fundamentale Grundlage für die Weiterentwicklung unserer Wirtschaft.

So wird – wie bereits erwähnt – sogar eine Phase erwartet, in der die gesamtwirtschaftlichen Ziele sich ändern, so daß das Ziel einer Erhöhung der Arbeitsproduktivität, d.h. des Sozialprodukts pro Arbeitsstunde, durch das Konzept einer Erhöhung der Energieproduktivität, gemessen als Sozialprodukt je Energieeinheit, abgelöst wird.

Die Differenzierung der Strompreise im Rahmen von Langfristverträgen, die teilweise auf die sechziger Jahre zurückgehen und demnächst auslaufen, dürfte aufgehoben werden und die Wettbewerbsfähigkeit bestimmter Industrien, so Aluminiumhütten, Elektrostahlwerke und bestimmte chemische Produktionen vor ungünstigere Wettbewerbsbedingungen als in der Vergangenheit stellen. Um Produktionsverlagerungen in energiegünstigeres Ausland zu begrenzen, wird darüber diskutiert, eine Subvention großer industrieller Stromverbraucher zu Lasten der privaten Haushalte vorzunehmen.

Der gesamte Primärenergieverbrauch hat sich in der Bundesrepublik von 378,5 Mill. t Steinkohleeinheiten (SKE) im Jahre 1973 um rd. 4 % auf 376,5 Mill. t SKE im Jahre 1984 vermindert. Elf Jahre nach der ersten Ölkrise (1973) erwirtschaftete die Bundesrepublik Deutschland mit etwa der gleichen Energiemenge ein um 20 % höheres Bruttosozialprodukt. Mit rd. 25 Mill. Pkw fuhren 1983 etwa 8 Mill. mehr Autos als 1973. Mit 25 Mill. Wohnungen werden etwa 3 Mill. mehr als 1973 mit Energie versorgt.

Der Importbedarf bei Energie erreicht gut drei Fünftel des Gesamtverbrauchs, davon Mineralöl zu 96 %.

Der Primärenergieverbrauch nach Energieträgern entwickelte sich wie folgt:

Energieträger	Angaben in Mill. t. SKE[1)]		Angaben in %	
	1973	1984	1973	1984
Mineralöl	208,9	158,4	55,2	42,1
Steinkohle	84,2	79,5	22,2	21,1
Braunkohle	33,1	38,4	8,7	10,2
Erdgas	38,0	58,8	10,0	15,6
Kernenergie	3,9	30,4	1,0	8,1
Wasserkraft	8,2	6,9	2,2	1,8
sonstige	2,2	4,0	0,7	1,1
insgesamt	378,5	376,5	100,0	100,0

1) 1 kg SKE = 7000 kcal = 29 308 kJ.
Quelle: Schiffer, Hans-Wilhelm: Struktur und Wandel der Energiewirtschaft in der Bundesrepublik Deutschland, (Verlag TÜV Rheinland) Köln 1985, S. 3.

Der Energieverbrauch nach Sektoren zeigt die folgende Entwicklung:

Bereich	Anteile in %	
	1973	1984
Endenergieverbrauch	25,3	20,8
Verkehr	12,1	15,4
Private Haushalte	17,9	17,8
Kleinverbraucher	11,8	10,9
insgesamt	67,1	64,9
nichtenergetischer Verbrauch	7,9	6,9
Verbrauch und Verluste im Energiesektor	25,0	28,2
Primärenergieverbrauch	100,0	100,0

Quelle: Schiffer, Hans-Wilhelm: Struktur und Wandel der Energiewirtschaft in der Bundesrepublik Deutschland, (Verlag TÜV Rheinland) Köln 1985, S. 129.

Der Primärenergieverbrauch an Mineralöl ist von 1973 bis 1984 von 208,9 Mill. t SKE auf 158, 5 Mill. t SKE um 25 % zurückgegangen, d.i. am gesamten Primärenergieverbrauch ein Rückgang des Anteils von 55, 2 % im Jahre 1973 auf 42,1 % im Jahre 1984. Die Rohölimporte wurden von 110,5 Mill. t um gut 40 % auf 65,2 Mill. t (1983) vermindert.

Die Abhängigkeit der Rohölversorgung der Bundesrepublik Deutschland von Opec-Lieferungen ist von 96 % im Jahre 1973 auf 61 % im Jahre 1983 gesunken.[22)]

Hingewiesen sei nochmals auf das Problem der Kernenergieproduktion. Während Frankreich die Kernenergie stark ausgebaut hat, steht in

22) Vgl. Schiffer, Hans-Wilhelm: Statistik zeigt, daß die bundesdeutsche Wirtschaft auf Marktkräfte bauen kann, in: Handelsblatt, 39. Jg., Nr. 81, 25. April 1984, S. 12.

der Bundesrepublik eher zu vermuten, daß Kernkraftwerke stillgelegt werden dürften.

Je Einwohner errechnete sich im Jahre 1983 ein Jahresbedarf von rd. 5,9 t SKE (bei 362 Mill. t SKE und 61,6 Mill. Einwohnern).

II. Die Szenarien

Die künftige Energienachfrage ist vor allem vom Energiebedarf der Industrie sowie der sonstigen Arbeitsstätten und vom Energiebedarf für den privaten und öffentlichen Verkehr sowie für Wohnungen abhängig.

Der Energiebedarf für den Verkehr wird durch Dezentralisierung der Produktionsstandorte, aber auch durch Verzicht auf Bewegungen von Waren und Menschen als Folge des Einsatzes der neuen Medien und energiesparsamer Motoren bestimmt.

Bei den Wohnungen schließlich haben die Wohnungsgrößen einerseits und deren Ausstattung mit energiesparenden Hilfsmitteln sowie die Nutzung von anderen Energiearten – wie Solarenergie – andererseits einen hervorragenden Einfluß.

Bis zur Jahrtausendwende wird der Primärenergieverbrauch nach Schätzungen der Prognos AG von 244,5 Mill. t SKE auf 222,3 Mill. t SKE (1984) rückläufig sein, d.h. die Entkoppelung zwischen der weiterhin erwarteten Zunahme des Bruttosozialprodukts und dem Energieverbrauch wird sich fortsetzen. Jedoch wird vermutet, daß der Stromverbrauch stark zunimmt, von 106,0 auf 122,4 Mill. t SKE, mit der Konsequenz einer insgesamt unveränderten Energienachfrage. Andere Prognosen gehen dagegen von einer Zunahme des Gesamtenergieverbrauchs bis etwa + 10 % der Werte des Jahres 1984 aus.[23]

23) Die früheren Schätzungen der Prognos AG der angebotsseitigen Deckung der Energienachfrage in der Bundesrepublik Deutschland in Mill. t. SKE (Differenz durch Runden) von 1980 bis 2030 unterstellen dagegen ein weiteres Wachstum:

Energieträger	1980 absolut	1980 in %	2000 absolut	2000 in %	2030 absolut	2030 in %
Kohle	115,7	29,6	152	32,0	145	31,0
Öl und Gas	251,4	64,3	246	52,0	152	33,0
Renewables	9,8	2,5	25	5,0	122	26,0
Kernenergie	14,1	3,6	53	11,0	44	10,0
insgesamt	391,0	100,0	476	100,0	463	100,0

Quelle: Der Bundesminister für Forschung und Technologie (Hrsg.): Politik, Wertewandel, Technologie – Ansatzpunkte für eine Theorie der sozialen Entwicklung, (Econ Verlag) Düsseldorf-Wien 1982, S. 413 f., S. 420.

Szenario I

Wegen der erwähnten Substitutionsprozesse, die teilweise eine Erhöhung des Verbrauchs am Arbeitsplatz, teilweise eine Senkung des Verbrauchs beim Individualverkehr und Wohnen erwarten lassen, wird bis zum Jahre 2030 mit rd. 6,5 t SKE bis 7 t SKE Energieverbrauch pro Einwohner und Jahr gerechnet, dies zu fast der Hälfte außenhandelsbedingt.

Dies bedeutet dann im Jahre 2030 bei 45,7 Mill. Einwohnern einen Energiebedarf von 297,1 Mill. t SKE bis 319,9 Mill. t SKE oder eine Absenkung gegenüber 1983 um 18 % bzw. 11,6 %.

Szenario II

Bei einer unveränderten Bevölkerung von 60 Mill. Einwohnern im Jahre 2030 wird wegen der abweichenden Bevölkerungsstruktur mit einem tendenziell nur leicht steigenden Energiebedarf je Einwohner gerechnet. Dies bedeutet nur eine leichte gesamtwirtschaftliche Zunahme des Energiebedarfs in einer Größenordnung von 10 % bis 20 %.

F. Umwelt

I. Die Probleme

In der Bundesrepublik Deutschland wurden von 1972 bis 1981 Investitionen, Aufwendungen und Ausgaben von 178 Mrd. DM für den Umweltschutz getätigt:[24)]

Gegenstand	Angaben in Mrd. DM	
	produzierendes Gewerbe	öffentlicher Sektor
Investitionen brutto	30	32
Aufwendungen ohne Abschreibungen	74	—
laufende Ausgaben	—	42

Alle Umweltschutzaufwendungen insgesamt machten 1985 rd. 1,4 % des Bruttosozialprodukts aus. Die Anzahl der umweltbezogenen Arbeitsplätze in der Bundesrepublik Deutschland wird bereits auf 150 000 geschätzt.

Eine Schocktherapie zur Sensibilisierung für Ökologieprobleme war zweifellos die Mitteilung im Schadensbericht der Bundesrepublik Deutschland[25)], nach dem im Jahre 1984 34,4 % des Waldes als geschädigt ermittelt wurden. Allein 1,8 Mill. ha, d.i. ein Viertel von insgesamt 7,4 Mill. ha Waldbestand, gelten als stark kränkelnd, weitere 647 000 ha oder 9 % gelten als krank, und 76 000 ha oder 1 % als sehr krank.

Das Ausmaß des Altlastenproblems der Entsorgung ist noch kaum ins Bewußtsein der Öffentlichkeit gedrungen. Das Umweltbundesamt in Berlin hat ermittelt, daß etwa 30 000 frühere Deponien und 5 000 Industriestandorte in der Bundesrepublik Deutschland zur Nachuntersuchung anstehen. Nach den bisherigen Erfahrungen sind etwa 10 % der

24) Angaben des Umweltbundesamtes, Berlin, basierend auf Berechnungen des Deutschen Instituts für Urbanistik, Berlin, und des Statistischen Bundesamtes, Wiesbaden.
25) Vgl. Bundesministerium des Innern (Hrsg.): Bericht der Bundesregierung zur Umweltpolitik, Bonn 1982.

Altdeponien und die Hälfte der Industriegelände so sanierungsbedürftig, daß Kosten von etwa 17 Mrd. DM zu erwarten sind.[26)]

Wenn eine Deponie Giftstoffe in gefährlichen Mengen an das Grundwasser oder in die Atmosphäre abgibt, gibt es vier Lösungen: das Absenken des Grundwasserspiegels, das Einziehen von Dichtungswänden und -böden, die Abdeckung mit Folien und das „Auskoffern", d.h. das Abtragen der gefährlichen Stoffe.[26)]

II. Die Szenarien

Zahlreiche Ökologieprobleme erweisen sich als eine Art Zeitbombe. Nach Jahren der Vernachlässigung des Problems sind nur noch mit hohen Kosten verbundene Maßnahmen zur Beseitigung von Schadstoffen oder zur Wiederherstellung der Natur möglich.

Die Ökologiewirtschaft ist erst am Beginn einer Entwicklung zu einem mächtigen Wirtschaftszweig. Dazu gehören neue Formen der Abfallbeseitigung und Maßnahmen des Recycling ebenso wie Waldpflege und Walddüngung mit neuen chemischen und technischen Hilfsmitteln.

Die Umwelt gilt heute als knappes Gut. „Die Frage stellt sich deshalb, wie dieses Gut auf verschiedene konkurrierende Verwendungsarten aufgeteilt werden soll. Durch diese Optik betrachtet kann die optimale Umweltverschmutzung einmal nicht Null sein, und sodann ist relativ hoher materieller Wohlstand besser geeignet, die Kosten zu tragen, die mit der Bekämpfung der Umweltverschmutzung verbunden sind. Umweltschutz muß deshalb nicht mit einem verminderten materiellen Wohlstand verbunden sein."[27)]

Die räumliche Bewältigung der Ökologieprobleme folgt neuen Konzepten; so werden zur Lösung des Ökologieproblems neuerdings kleinräumliche Ansätze diskutiert, so das Kongruenzprinzip zwischen tatsächlicher ökologischer Belastung und zulässiger ökologischer Belastbarkeit.

Bei einer Beurteilung der Umweltsanierung und der zusätzlichen Umweltbelastungen aufgrund unterschiedlicher Einwohnerzahlen ist folgendes zu beachten: Die Beseitigung der bereits eingetretenen Schäden ist unabhängig von der Anzahl der Einwohner. Hier haben wir es mit

26) Vgl. Dietrich, Stefan: Die Sorglosigkeit der Industriegesellschaft kommt die nachindustriellen Generationen teuer zu stehen, in: Frankfurter Allgemeine Zeitung, 29. Jg., Nr. 5, 7. Januar 1986, S. 4.

27) Brunner, Karl: Wirtschaftspolitische Aktualitäten, in: Neue Zürcher Zeitung, 205. Jg., Nr. 142, 21. Juni 1984, S. 21.

fixen Belastungen zu tun, die jedoch bei vergleichsweise größerer Bevölkerungszahl leichter zu tragen sind als bei geringer Zahl der Umweltlastträger.

Die Höhe dieser Sanierungsinvestition ist von den Kenntnissen über Schadstoffe und deren Verbreitung abhängig. Hier handelt es sich um ein ähnliches Phänomen wie bei der Rohstoffexploration. Durch die sträfliche Vernachlässigung der Umwelt werden täglich neue Schadstoffareale bekannt, ganz zu schweigen von den in das Meer versenkten Industrieabfällen.

Hier wird man der Bevölkerung vermutlich bald die Augen öffnen, welcher Wohlstandsverzicht erforderlich ist, um die Überlebensbedingungen für die heutige und nächste Generation wiederherzustellen.

Ein zweites Problem betrifft die Investition für die Reduktion der laufenden Schädigungen einerseits und die Verhinderung oder Begrenzung zusätzlicher Umweltbelastung andererseits. Je niedriger die Anzahl der Erwerbstätigen oder Konsumenten, d.h. derer, die sich an den Kosten für die Überwindung von Ökologieschwächen beteiligen können, desto höher die Belastung für den einzelnen. Dies gilt unter der Voraussetzung, daß mehr Einwohner und eine ausgedehntere Wirtschaftsaktivität nicht zu einer überdurchschnittlichen Veränderung des Schädigungsniveaus beitragen.

„Von der Bevölkerungsentwicklung allein ist aber noch kein absoluter Rückgang der Umweltbelastung zu erwarten. Die Höhe der von den Menschen verursachten Umweltbelastung ist in erster Linie eine Funktion der wirtschaftlichen Entwicklung sowie der Maßnahmen zur Begrenzung der Schadstoffbelastung und erst danach eine solche des Bevölkerungswachstums bzw. -rückgangs."[28]

Die zukünftige Höhe der Ökologieinvestitionen läßt sich in der Bundesrepublik Deutschland bis zum Jahre 2000 bzw. bis zum Jahre 2030 zu konstanten Preisen etwa wie folgt schätzen:

Gegenstand	hohes Ökologiebewußtsein	geringes Ökologiebewußtsein
	– 1985 bis 2000 –	
Jahreswert	35 Mrd. DM	20 Mrd. DM
1985 bis 2000	560 Mrd. DM	320 Mrd. DM
	– 2001 bis 2030 –	
Jahreswert	50 Mrd. DM	35 Mrd. DM
2001 bis 2030	1 500 Mrd. DM	1 050 Mrd. DM

28) Arbeitsgruppe Bevölkerungsfragen: Bericht über die Bevölkerungsentwicklung in der Bundesrepublik Deutschland – Zweiter Teil: Auswirkungen auf die verschiedenen Bereiche von Staat und Gesellschaft, o.O. (Bonn), o.J. (1983), S. 160.

Szenario I

Die Schadensbeseitigung belastet im Falle eines Bevölkerungsrückgangs auf 45,7 Mill. Einwohner bereits beachtlich. Die Reduktion bestehender Schädigungen und die Vermeidung zusätzlicher Schädigungen wird durch die Produktionsstruktur und die Alternative der sauberen Produktion anstatt des Exports von Umweltbelastung in Entwicklungsländer bestimmt.

Bei hohem Ökologiebewußtsein steigt die Ökologiebelastung bis 2030 schätzungsweise auf rd. 1 200 DM pro Jahr und Einwohner.

Szenario II

Im Falle von Szenario II mit höheren Einwohnerzahlen spricht wenig für eine beträchtlich stärkere Belastung mit Ökologiekosten ab etwa 2000, wenn die Beseitigung der Altlasten und die Durchsetzung aller Maßnahmen ökologiefreundlicher Wirtschaft bis dahin abgeschlossen ist. Aufgrund der erhöhten Wirtschaftskraft im Falle von Szenario II sind etwaige zusätzliche Umweltschutzaufgaben vermutlich relativ leichter zu verkraften als im Falle von Szenario I. So spricht manches für die Vermutung, daß die Belastung je Einwohner geringer wird als bei Szenario I.

G. Der technische Fortschritt

I. Die bisherigen und künftigen Schrittmachertechnologien

Bisherige Schrittmachertechnologien sind vor allem

1. das Automobil,
2. die klassische Chemie,
3. die Bauwirtschaft.

Von 1955 bis 1975 waren nicht weniger als 10 % des Wachstums des Bruttosozialprodukts automobilinduziert.[29)]

Bis 1970 hat die Verbreitung des Automobils mit progressiven Steigerungsraten ständig zugenommen. Dies gilt auch für die Zuliefersektoren und andere eng mit der Automobilindustrie verknüpfte Wirtschaftsbranchen wie Stahl, Kautschuk, Kraft- und Schmierstoffe, Straßen- und Autobahnbau, Autohändler und Servicestationen, Motels, Autobahnraststätten und selbst Zweitwohnungen. In den letzten Jahren hingegen war durch zunehmende Sättigung die Steigerungsrate der verkauften Autos in Europa rückläufig.

Die klassische Chemie wird vor allem durch die Umweltbelastung betroffen und wird zu weitgehenden Umstellungen gezwungen sein. Insgesamt gesehen wird die Chemie aber einer der wesentlichen Wachstumsbereiche bleiben.

Bei der Bauwirtschaft verliert sich die Kraft als Schrittmachertechnologie nicht wegen des beachtlichen technischen Fortschritts, sondern vielmehr aufgrund der stark rückläufigen Inlandsnachfrage.

Für die Zukunft wird das Wachstum vor allem durch folgende Bereiche erwartet:

1. die Biotechnik einschließlich der Gentechnologie,
2. die Mikroelektronik im Bereich der neuen Medien und der Roboterisierung,
3. die Weltraumforschung,
4. die Meeresforschung,
5. die Agrar- und Aquakulturforschung,

29) Vgl. Diekmann, Achim: Automobilindustrie und Wirtschaftswachstum, Vortrag anläßlich der Veranstaltung des Marketingclub Saar e.V. am 26. Februar 1976 in Saarbrücken, Manuskript, S. 19.

6. die Umweltforschung,
7. die Energieforschung,
8. die Erforschung der mittleren und sanften Technologie, soweit diese nicht in den bisherigen Bereichen bereits integriert sind,
9. die Verkehrsforschung mit neuen Verkehrskonzepten,
10. die Werkstofforschung, z.B. im Bereich Kunststoffe und Feinkeramik.

Teilweise überschneiden sich diese Zukunftsbereiche. In vielen Bereichen arbeitet man sich immer näher an naturwissenschaftliche Grenzen heran.[30)]

Durch den technischen Fortschritt sind auch neue Wertekompromisse zu fördern, z.B. unter dem Aspekt des Ökologiebewußtseins und des Gesundheitsstrebens der Kompromiß zwischen hohen Agrarerträgen und gesunden Agrarprodukten oder auch der Kompromiß zwischen gesunden und frischen Agrarprodukten.

Die Umweltverbesserung: Ein allgemeines Schwergewicht der technischen Forschung liegt zur Zeit auf dem Streben nach Substitutionsmöglichkeiten zur Überwindung der Ressourcenknappheit und der Ökologiekrise. Die Auswirkungen auf die Nachfrage beruhen bei diesem substitutiven Wachstum zunächst weniger auf Mengenänderungen als vielmehr auf etwaigen preislichen Konsequenzen der neuen Alternativen.

Allgemein wird von der weiteren Verbreitung elektronischer Technologien auch eine spürbare Verbesserung der Umweltbedingungen, vor allem durch Einschränkung des Energieverbrauchs und dessen Substitution durch Informationsnetzwerke, erwartet.

Der technische Entwicklungsstand wird weiter durch die *neuen Medien* und die *Roboterisierung* bestimmt werden.

Die Anwendungen der *Biotechnik* dürften langfristig noch stärkere Einflüsse als die Mikroelektronik ausüben. Im Bereich der Biotechnologie werden Innovationen in folgenden Bereichen erwartet:

1. angewandte Gentechnik, vor allem Erforschung der Physiologie der Zellen,
2. Erforschung der Kultur der tierischen und pflanzlichen Zellen,
3. Enzymforschung,
4. Fermentforschung.

30) Vgl. Krupp, Helmar: Werden wir's erleben? – Ein technisch-wirtschaftliches Zukunftspanorama, in: Mitteilungen aus der Arbeitsmarkt- und Berufsforschung, 17. Jg., 1984, Nr. 1, S. 5–18, S. 12 f.

Als Ergebnisse dürften erzielt werden:

1. neue Energiearten,
2. neue Grundstoffe,
3. verbesserte menschliche und tierische Nahrung,
4. neue Ergebnisse bei Pharmazeutika,
5. neue Ergebnisse im Bereich Umwelt, vor allem Recycling.

Weitere wichtige Ergebnisse, die erwartet werden können, liegen bis zu diesem Zeitpunkt und darüber hinaus bei

1. der Agrar- und Meeresnahrungsmittelforschung sowohl in Richtung auf biologische Qualitätsverbesserungen als auch auf biologische Produktionssteuerung mit umweltfreundlichen, d.h. abbaubaren, Insektiziden und Pestiziden,
2. der Energieforschung mit einer umweltsicheren atomaren Energie,
3. der Weltraumforschung mit neuen Erkenntnissen über den Zustand des Weltraums und Ansätzen zur Nutzung der Rohstoffe des Weltraums von der Erde aus.

Weder an der Weltraumforschung noch an der Meeresforschung ist Westeuropa und speziell die Bundesrepublik Deutschland intensiv beteiligt. In dem hier berücksichtigten Zeitraum bis 2030 wird die Meeresforschung vermutlich einen besonders starken Aufschwung nehmen.

Weitere Forschungsbereiche: Viele Bereiche, in denen sich der technische Fortschritt positiv auswirken kann, sind nicht angesprochen worden. Ein Beispiel ist die Verkehrsforschung mit einer Substitution von Luftnahverkehr durch neue Möglichkeiten des bodengebundenen Verkehrs.

Bei der Konservierung von Lebensmitteln, in der Faserforschung oder auch in der Verpackungsforschung sind beachtliche Veränderungen zu erwarten.

II. Die Fortschrittsfähigkeit und die Fortschrittsbereitschaft

Eine Verdeutlichung der Zusammenhänge zwischen technologischem Entwicklungsstand, Wettbewerbsfähigkeit, Arbeitsplatzangebot und Umweltbelastung ist für Zukunftsanalysen von zentraler Bedeutung. Auch die postmechanischen Technologien, allen voran die Biotechnik und die Informations- und Kommunikationstechnik, werden die Art und Struktur von gesellschaftlichen Aktivitäten in ihrer bisherigen Form in Frage stellen. Die Auswirkungen sind erst zum Teil erkennbar.

Für eine Abschätzung des zukünftigen technischen Fortschritts ist die Wertedynamik, insbesondere die Fortschrittsneigung oder Technikfeindlichkeit, von Bedeutung. Von zentraler Bedeutung ist die Akzeptanzneigung gegenüber Innovationen. Man muß wissen, welche Menschen in welcher Position und aus welcher Erfahrung heraus den technischen Fortschritt ablehnen. Man muß herausfinden, inwieweit durch die Ambivalenz des technischen Fortschritts Akzeptanzbarrieren unüberwindlich werden. Die Ambivalenz des technischen Fortschritts erzwingt einen permanenten Abstimmungsprozeß über die gesellschaftlichen Zielsetzungen.

Für die weitere Entwicklung der Bundesrepublik Deutschland sind einmal die weltweiten Wandlungen in diesem Feld von Bedeutung, da davon die Außenhandelsbedingungen bestimmt werden. Noch bedeutender ist jedoch der Einfluß der Beteiligung an diesem Wandel, d.h. die Kraft, den Wandel selbst voranzutreiben oder nur mehr oder weniger passiv an den Neuerungen zu partizipieren. Die Beteiligungsfähigkeit am technischen Fortschritt ist vom intellektuellen Potential einer Nation abhängig. Nach Ausschöpfung der Bildungsreserven bedeutet ein Rückgang der Anzahl der Einwohner tendenziell einen Rückgang der Forschungsfähigkeit.

In den letzten Jahren haben sich in *Westeuropa* und besonders in der Bundesrepublik Deutschland Verschlechterungen der Position ergeben. Die relative und teilweise wohl auch die absolute Kraft der Beteiligung am technischen Fortschritt ist rückläufig. Dies schließt hervorragende Leistungen auf ausgewählten Gebieten nicht aus. Diese Ausgangsbedingungen schwächen die internationale Wettbewerbsfähigkeit mit negativen Auswirkungen auf Beschäftigung und Volkseinkommen.

Westeuropa befindet sich in einer Phase der Desindustrialisierung wegen fehlender Innovation. Bereits im Jahre 1980 lag der Index der Hochtechnologieexporte in der Europäischen Gemeinschaft bei 73 gemessen an 100 in den USA und nur 53 gemessen an 100 in Japan. Einer der Gründe dürfte im Fehlen einer Industriepolitik liegen, wie sie durch den Industrial Military Complex in den USA und Japan Incorporated treffend gekennzeichnet wird.

Europa ist nicht in der Lage, die Vorteile der Größendegression wie in Japan und in den USA zu nutzen. Es fehlen u.a. im Bereich der Elektronik einheitliche Kriterien für standardisierte Übertragungs- und Schnittstellentechnik. Dazu kommen protektionistische Beschaffungsverfahren vor allem der öffentlichen Systemnutzer, die sich auf Produkte des jeweiligen Landes beschränken und damit die Desintegration auch weiterhin begünstigen.

Ohne eine aktive Beteiligung an der technischen Entwicklung gerät Europa in nicht wieder zu beseitigende Abhängigkeiten. Dazu nur eine Frage: Wie teuer müßte Europa einen Satellitenstart in den USA heute einkaufen, wenn es nicht trotz aller Widerstände gelungen wäre, doch die Ariane zu schaffen – trotz der auf falsch verstandenem Nationalismus beruhenden Doppel- und Mehrfacharbeiten.

Noch stärker als bei der Gewinnung technischen Wissens zeigen sich entscheidende Schwächen bei dessen Verwertung. Nach Schätzungen bleiben 98 % aller deutschen Erfindungen und Entwicklungen ungenutzt, d.h. nur 2 % des produzierten technischen Wissens wird wirtschaftlich verwertet.[31)]

Neuerdings wird die Auffassung vertreten, die Bundesrepublik Deutschland müsse sich damit abfinden, bei bestimmten Schlüsseltechnologien, so aus dem Bereich der Elektronik, Lizenznehmer amerikanischer und japanischer Firmen zu werden. Dies fördert zwar die Internationalisierung, mindert jedoch die Autarkie.

Die Wirtschaft der Bundesrepublik Deutschland wird auch durch Komponenten aus dem Ausland zur Huckepack-Wirtschaft. Es finden sich deutsche Markierungen bei japanischen und sonstigen ausländischen Produkteingeweiden, ebenso im Bereich der Unterhaltungselektronik.

Die Bundesrepublik Deutschland gilt als weltführend in vielen klassischen Schornsteinindustrien, die auf Ingenieurwissenschaften, der Mechanik und der Elektronik beruhen, auch im Bereich der klassischen Chemie. Dagegen gibt es in den neuen Bereichen spürbare Defizite. Trotz dieser Defizite beruhigt man sich damit – wie in Teilbereichen der Elektronik –, daß man in solchen Bereichen keine negative Außenhandelsbilanz habe. Dies ist für eine hochgradig vom Export abhängige Nation bereits ein schwerwiegender Mangel!

Man benötigt in vielen Bereichen des Maschinenbaus japanisches Elektronik-Know-how und damit japanische Beatmung. Die Luftfahrtindustrie ist eher schwach ausgebildet; gleiches gilt für die Meeresforschung. Bei anderen Produkten, die hergestellt werden, dürften sich aus Gründen des Wertewandels und aus Gründen der Preis-Leistungs-Beurteilung Schwächen ergeben, d.h. die Vorteile von technischen Vorsprüngen werden durch Wandlungen der Nachfrage obsolet, die Akzep-

---

31) Vgl. Merkle, Erich: Marktorientierte Ansätze in der Technologiepolitik – Eine Möglichkeit zur Bewältigung des technologischen Wandels?, in: Betriebs-Berater, 39. Jg., 1984, Nr. 9, S. 549–552, S. 549 f.

tanzbedingungen verändern sich. Hier ist auf das Beispiel der sehr teuren Aggregate der apparativen Medizin hinzuweisen, bei denen in einigen Ländern die Bereitschaft zur Aufbringung der Kosten rückläufig ist.

Die Globalisierung des Wettbewerbs wird dazu führen, daß bei vielen Produkt- und Dienstleistungskategorien nur die Systeme nationaler oder supranationaler Firmenkomplexe vermarktet werden können. Die Vermarktung von Produkten einzelner Firmen ist bei der Komplexität der neuen Informations-Produkt-Service-Anforderungen die Ausnahme.

Man mag die folgende Auffassung von Bruce Nussbaum für übertrieben halten, sie enthält jedoch einen wahren Kern:

,,Die Deutschen mögen es noch nicht wissen, aber die ganze industrielle Basis ihres Landes unterliegt einem Erosionsprozeß. Ausgerechnet diejenige Nation, welche im letzten Jahrhundert die fortgeschrittensten Chemie-, Elektrizitäts-, Automobil- und Maschinenbauunternehmen der Welt aufgebaut hat, ist nicht in der Lage einzusehen, daß sich ihre vergangenen Erfolge auf billige Energie gründeten, die es nicht länger gibt. Das Deutschland von heute ist eine Nation, die den Übergang von der mechanischen zur biologischen Ingenieurskunst nicht zu bewältigen vermag. Sie schafft nicht den Sprung von den Präzisionsmaschinen der Vergangenheit mit Tausenden von beweglichen Teilen und Motoren zu den vollelektronischen Geräten von heute und morgen. Sie kann den Schritt von den auf Erdöl beruhenden Chemikalien zu den biologisch erzeugten Pharmazeutika nicht tun.

Deutschland stellt nach wie vor die besten Produkte des 19. Jahrhunderts her: schwere Turbinen, wundervolle Autos und Präzisionswerkzeuge. Aber es kann nicht mithalten, wenn es zur Hochtechnologie kommt – Roboter, Telekommunikation, Bakterienfabriken, Computer, Halbleiter, elektronische Geräte für den Massenverbrauch. Seine Versuche, die Produkte des 21. Jahrhunderts herzustellen, sind schwach, und seine Versuche, sie auf den Weltmärkten zu verkaufen, werden von den japanischen und amerikanischen Mitbewerbern mit leichter Hand abgewehrt. IBM hält 60 Prozent des deutschen Massengeschäfts mit Computern, und sie würde noch viel mehr halten, wenn die deutsche Regierung nicht einheimische Produzenten wie Siemens mit eigenen Aufträgen fördern würde.''[32]

32) Nussbaum, Bruce: Das Ende unserer Zukunft – Revolutionäre Technologien drängen die europäische Wirtschaft ins Abseits, (Kindler Verlag) München 1983, S. 98 f.

Auch bei einer relativierten Betrachtungsweise muß festgestellt werden, daß die Beteiligung der Bundesrepublik Deutschland am technischen Fortschritt zur Zeit unbefriedigend ist. Mit einer gewissen Berechtigung wird daher von kritischen Beobachtern von der Selbstgefälligkeit gesprochen, mit der die deutsche Wirtschaft das 21. Jahrhundert zu erreichen hofft.

III. Die Szenarien

Durch den technischen und biologischen Fortschritt werden mechanische Produktions- und Verbrauchsstrukturen teilweise durch kommunikative und biologische Modelle abgelöst. Peter Drucker spricht in diesem Zusammenhang mit Recht von der Ablösung der Energie durch die Information. Dadurch entstehen neue Wirtschaftssektoren. Außerdem wird der Anteil der mechanischen Handarbeit auf einen niedrigen Anteil der Gesamtarbeitsleistungen zurückgehen, vermutlich auf lange Sicht unter 10 %.

Bei der Analyse des technischen Fortschritts bis zum Jahre 2030 sind mindestens folgende Fragen von lebenswichtigem Interesse:

1. In welchem Umfange ist eine Nation in der Lage, durch eigene Leistungen am technischen Fortschritt beteiligt zu sein?
2. In welchem Umfange wird eine Nation aufgrund der internationalen Arbeitsteilung die Ergebnisse des technischen Fortschritts nutzen können?

Mit der ersten Frage wird das qualitative und quantitative Know-how der Menschen angesprochen, das in Verbindung mit dem kulturellen und bildungsmäßigen Entwicklungsstand steht. Die Art der technischen Ausgangssituation ist von tendenziell geringerer Bedeutung, wie vor allem das Beispiel Japans und anderer Länder im Pazifikraum zeigt. Man muß somit festzustellen versuchen, in welchen Bereichen die Bundesrepublik Deutschland in den nächsten Jahrzehnten stärker wird, ihre Position halten kann oder an Bedeutung verlieren dürfte, weil Leistungswille und Forschungskraft diese Tendenzen mittelfristig vorprogrammieren.

Bei der zweiten Frage geht es um die Ausstattung und allgemeine Verfügbarkeit von Ergebnissen des technischen Fortschritts, die zumindest teilweise unabhängig davon sind, ob man die neuen Produkte in einer Nation herstellen kann oder nicht. Durch die tendenziell weiter steigende Internationalisierung dürften sich die Errungenschaften des technischen Fortschritts in den Industriestaaten weitaus rascher verbreiten als bisher. Dazu werden vor allem auch die neuen Medien beitragen – ihrerseits ein Effekt des technischen Fortschritts. Man wird von der Regel ausgehen können, daß Verfügbarkeiten in dem hier zugrunde gelegten Zeitraum rascher zunehmen als die Fähigkeiten einer aktiven Beteiligung.

Die Beteiligungsbereitschaft am technischen Fortschritt – das Akzeptanzproblem: Die Ambivalenz des technischen Fortschritts wird von den Nationen ganz unterschiedlich wahrgenommen. So stehen sich Fortschrittsskepsis in der Bundesrepublik Deutschland und hohe Fortschrittsgläubigkeit in den USA und Japan gegenüber. Die Verzögerung bestimmter technischer Innovationen bedeutet fast automatisch, daß Angehörige anderer Staaten diese Aufgaben auf dem Gebiet der Bundesrepublik Deutschland übernehmen dürften.

Bemerkenswerte Reserven gibt es hinsichtlich der *psychologischen Bewältigung der Neuerungen.* Nach bisherigen Erfahrungen werden sich die teilweise vorgetragenen Bedenken selbst aufheben. Technisch werden Computer so problemlos wie das Telefon. Sie sind oft auch nur intelligente Schreibmaschinen.

Eine weitere Frage betrifft bei der *Diffusion von Innovationen* die kritische Masse, d.h. ab welchem Anteil der Verbreitung in Betrieben oder Haushalten die ökonomische Tragfähigkeit beginnt. Gleicherweise wichtig ist neben der Verbreitung und damit der potentiellen Nutzbarkeit die kritische Nutzungshäufigkeit und -intensität, d.h. die Durchsetzbarkeit eines Konzeptes durch regelmäßig wiederholte Nutzung.

Zum zeitlichen Verlauf zwischen Invention und Diffusion bei der Produktion: Für komplizierte Produktionsprozesse werden zur Zeit die Produkte entwickelt und getestet, die Anfang der neunziger Jahre auf den Markt kommen. Dies gilt für Automobile genauso wie für Weiterentwicklungen der Computer einschließlich Mikrocomputer. In Anbetracht des technischen Fortschritts durch Computerisierung und Roboterisierung der Produktion wird bereits jetzt darüber nachgedacht, wie die Produktionsstätten des Jahres 2005 und danach aussehen können. Von weitreichender Konsequenz ist dabei einmal die Neuorientierung der internationalen Arbeitsteilung und zum anderen innerhalb entwickelter Industriestaaten der bereits erwähnte Übergang zur dezentralen Produktion. So kann man sich vorstellen, daß technische Geräte und Automobile aufgrund neuer Produktionstechniken regional produziert oder montiert werden.

Man kann davon ausgehen, daß die Substitution von Arbeit durch Sachmittel, z.B. durch Einsatz von Robotern und Automaten, rasch vor sich gehen wird.

Die neuen Medien: Diebold rechnet in der Bundesrepublik Deutschland mit folgender Entwicklung der Anzahl telematischer Einrichtungen von 1980 bis 1990:

Gegenstand	1980	1990
Nachrichtentechnik		
– Telefon-Hauptanschlüsse	20 850 000	28 000 000
– Telefon-Nebenanschlüsse	7 700 000	11 700 000
– Telex-Geräte	140 000	175 000
– Datenanschlüsse	100 000	500 000
– Telefax	9 000	70 000
– Teletex	–	130 000
– Bildschirmtext	6 000	(3 000 000)[1)]
– Videotext	40 000	9 000 000
Büro- und Datentechnik		
– Computer	95 000	800 000
– Terminals	215 000	900 000
– Textverarbeitungssysteme	60 000	650 000
– Personal Computer	45 000	1 250 000
Computerunterstützung am Arbeitsplatz (Anteile in %)		
– Versicherungen	15,0	20,5
– Banken	12,0	17,0
– Industrie	7,0	12,5
– Handel	4,0	11,0
– öffentliche Verwaltung	2,3	7,0

1) kaum zu erreichen.
Quelle: Diebold (Basis 8,0 Mill. Verwaltungsplätze 1980), zit. nach: o.V.: Wendepunkt, in: Industriemagazin, 1984, Nr. 6, S. 56.

Bis zum Jahre 2000 erreicht allein das Investitionsvolumen der Post in der Bundesrepublik Deutschland zur Schaffung der Datenübertragung, u.a. auch BIGFERN als Glasfaserfernleitungen, rd. 100 Mrd. DM.

Die Endgeräteinvestitionen werden bei den gewerblichen und privaten Kunden bis zum Jahre 2000 in der Größenordnung von 200 Mrd. DM geschätzt.

Das Zeitproblem beim technischen Fortschritt: Die Zeitdauer für die Durchsetzung vieler Neuerungen, z.B. der Glasfaserverkabelung, ist ein Generationenproblem. Man kann dafür etwa 30 Jahre veranschlagen. Die Ablösung von alten Technologien benötigt somit bei den bevorstehenden gravierenden Wandlungen einen langen Zeitraum. Die volle Funktionsfähigkeit der Medien in der Wohnung wird vermutlich erst nach weitgehender Verbreitung von interaktivem Kabelfernsehen sowie der löschbaren Bildplatte eintreten. Diese Bildplatte kann dann auch vollautomatisch von außen neu bespielt und aktualisiert werden.

Bei der Nutzung der neuen Medien werden mehrere Phasen zu unterscheiden sein. Für die Nutzung von Bildschirmtext und späteren Nachfolgelösungen aufgrund der Breitbandverkabelung lassen sich beispielhaft nennen:

1. die Phase der Nutzung durch die Wirtschaft einschließlich Einzelhandel und Handwerk in den Betrieben bis zur Vollausstattung aller Unternehmen in den neunziger Jahren primär zum Kontakt mit Lieferanten und zum Kontakt mit gewerblichen Kunden und Behörden, in Medien-Kontaktzentren, in bestehenden Geschäften oder auch an anderen Standorten, vergleichbar mit der Ausstattung von Sammelbestellern, auch zur Nutzung von Konsumenten,
2. die zunehmende Integration der Konsumenten in den Medienverbund durch mediale Ausstattung ihrer Wohnungen mit privaten Bildschirmgeräten und Homecomputern, das Aufkommen von elektronischem Marketing, Shopping und Banking bis zur Jahrtausendwende,
3. die totale Ausstattung der privaten Haushalte mit umfassenden elektronischen Kommunikationssystemen bis etwa im Jahre 2015 und deren Nutzung in allen Lebensbereichen.

Bereits vor 2020 dürfte die Totalausstattung der privaten Haushalte mit allen neuen medialen Techniken erreicht sein. Es leben dann im übrigen auch kaum noch Menschen, die nicht bereits als Kinder mit dem Fernsehen und mechanischen Schreibmaschinen in Berührung gekommen sind.

Für Konsumenten, Unternehmen und Verwaltungen sowie sonstige Institutionen ergeben sich spezifische Phasen der Verbreitung aller neuen Medien. Ähnliche Muster lassen sich für das Scanning, d.i. das automatische Kassieren unter Einsatz der Lasertechnik, die Verbreitung von Geräten der mobilen Datenerfassung oder auch von komplexen Warenwirtschafts- und Logistiksystemen nennen.

Die neuen Konzepte dürften die bisherigen Grenzen zwischen Industrie und Handel völlig verändern.

Durch die neuen Medien wird die Produktion individueller Waren gefördert werden.

Die Beispiele zu den neuen Medien lassen eine fast unerschöpfliche Vielfalt der Nutzungsmöglichkeiten erkennen, hinterlassen jedoch teilweise Skepsis bezüglich der effektiven Nutzung. Die volle Nutzung dürfte im Zeitraum bis 2030 weitestgehend erfolgt sein; so lange dauert erfahrungsgemäß die Verbreitung technischer Neuerungen.

Teilweise wird es im Jahre 2030 bereits eine in vielen Jahrzehnten eingeübte Erfahrung mit neuen Medien geben. Generell kann man aber weder vom heutigen Ausstattungsstand noch vom heutigen Wissensstand aus endgültig urteilen. Man muß sich vorstellen, daß bis dahin die Breitbandverkabelung lange abgeschlossen sein wird und jedes Unternehmen, jede Institution und fast jeder Haushalt über die technische Ausstattung mit diesen Medien – wie es heute mit Rundfunk- und Fernsehgeräten der Fall ist – verfügt.

Die heutige technische Form von Bildschirmtext ist nur ein Übergangsstadium. Gleiches gilt für Videotext. Bildschirmtext und Videotext in der heutigen technischen Gestaltung sind vergleichbar mit der Qualität des Detektor-Radios – im Jargon: Dampf-Radio – in den zwanziger Jahren dieses Jahrhunderts. Die Qualität und die quantitativen Nutzungsmöglichkeiten werden in kurzer Zeit stark ausgebaut werden, so daß auch viele vorschnelle Urteile über die möglichen Effekte ins Leere stoßen, da über ein Phänomen geurteilt wird, das es erst im Ansatz gibt, und dazu noch mit geringer Beteiligung und Verfügbarkeit.

Man kann für die nächsten Jahrzehnte von folgenden Überlegungen ausgehen:

1. Das begrenzte Verbreitungstempo der neuen Medien behindert deren volle Nutzung, so daß die Wirkungen im Aufbaustadium eher begrenzt sind.
2. Aus der effektiven Verbreitung der neuen Medien ergeben sich zusätzliche Erkenntnisse über voraussichtliche Auswirkungen, so daß eine stetige Sensibilisierung der Wirtschaft für die Folgeabschätzungen der neuen Medien die Voraussetzung für eine erfolgreiche Nutzung darstellt.
3. Die Dynamik des Informationszugangs wird bisherige Macht- und Marktkonstellationen relativieren. So wird es leichter möglich, Informationen auf ihren richtigen sachlichen Gehalt hin zu überprüfen.

Die technisch bereits weitgehend bewältigte, in der Diffusion jedoch noch bevorstehende Mediendynamik mit dem Übergang ins Kommunikationszeitalter wird kräftige Auswirkungen auf Gesellschaft und Wirtschaft haben.

Die Durchsetzung von Bildschirmtext, Kabelfernsehen und Satellitenfernsehen, Bildplatte, Heimcomputer, Datenbanken und deren Verbindung – die Compunications – werden langfristig in ihren Wirkungen dem Übergang von der Tausch- auf die Geldwirtschaft entsprechen.

Die *Auswirkungen der Medien auf das Wettbewerbskonzept* werden weit über das bisher Vorstellbare hinausgehen, da sich die Transparenz über Waren und Dienste wesentlich erhöht und die in marktwirtschaftlichen Systemen realisierten Spielarten des Wettbewerbs Intransparenz zur Voraussetzung haben. Es gibt eine Tendenz zum gleichen Preis für gleiche Waren.

Die wettbewerbspolitischen Veränderungen, bei denen zusätzlich der Warenwettbewerb durch Informations- und Kommunikationswettbewerb abgelöst wird, sind noch kaum angedacht – noch weniger die potentiell gravierenden Auswirkungen auf das Konzept der parlamentarischen Demokratie.

Abgesehen von schwer zu klärenden Rechtsfragen über die Eigenschaft des Bildschirmkaufs als Kauf an der Haustür oder nicht, tauchen Probleme des Eigentums und der Monopolisierungsgrade der Informationsträger und der Informationsverfügbarkeit auf.

Parallelisierung: Von besonderer Bedeutung ist die Parallelisierung der Entwicklungen. Wenn jeder Schüler oder Student über einen Heimcomputer verfügt, der mit Datenbanken verbunden ist, werden dadurch auch die Arbeits- und Einkaufsbedingungen beeinflußt.

In die Freude über die technische Machbarkeit von Information und Kommunikation mischt sich ein Unbehagen über die psychologische, soziale und kulturelle Verkraftbarkeit. Das spielerische Vergnügen, etwas zu können, wird begleitet von einer Unsicherheit darüber, wohin dies führen könnte. Die Diskussion um die Konsequenzen der Mediendynamik ist daher kontrovers, zumal sie häufig ideologisch überfrachtet wird. Die Bewertung der vermeintlichen Vor- und Nachteile ist oft genug eher durch die Absicht der Bevormundung von Konsument und Wirtschaft als durch Vertrauen in technischen und sozialen Fortschritt getragen.

Auch eine überzogene Forschungs- und Wissenschaftsgläubigkeit ist in diesem Bereich der Technologiefolgenabschätzung vorläufig – solange uns bessere Methoden fehlen – eher verhängnisvoll. Erweist es sich bereits als schwierig, die gesellschaftlichen Wirkungen der alten Medien, so Zeitung und Zeitschriften wie auch Rundfunk und Fernsehen, zu beurteilen, gilt dies noch mehr für die neuen Medien. Man steht hier rasch vor einem Problem des wünschenswerten und effektiven Medienverhaltens einerseits und einem der angestrebten Informationsfreiheit andererseits.

Die Entscheidungen über die neuen Systeme: Eine noch offene Frage besteht darin, wer über die Einführung oder Zukunft neuer Systeme entscheiden soll. Die Frage nach dem Bedarf oder Nutzen neuer Kommunikationssysteme läßt sich nicht aus den konturierten Bedürfnissen der Bürger beantworten, weil dies bei Innovationen ausgeschlossen ist. Man erinnert sich dabei an die Auseinandersetzungen beim Aufkommen bedeutender Neuerungen wie Eisenbahn, Kraftfahrzeug oder Selbstbedienung. Man wird Rückschlüsse vielmehr nur aus dem effektiven Kommunikationsverhalten nach Einführung der neuen Systeme ziehen können.

Kontrovers ist die private oder öffentliche Struktur neuer Medien oder Mediensysteme.

Kontrovers ist weiter die Systementscheidung bei konkurrierenden technischen Alternativen, die nicht kompatibel sind, so die Systeme bei Audiovisionsgeräten und auch bei Fernsehvorsatzgeräten, z.B. Viewdata (Großbritannien), Teletel (Frankreich), Telidon und Vista (Kanada).

Kontrovers ist auch die sachliche Zuordnung der neuen Medien, vor allem des Bildschirmtextes. Strittig ist, ob die Bildschirmzeitung Rundfunk ist und damit dem Rundfunkmonopol unterliegt oder nicht. Der Streit betrifft die Zuständigkeiten der Rundfunkanstalten und der Bundespost sowie der Zeitungsverleger.

Kontrovers sind weiter die Inhalte neuer Medien, z.B. die Zulassung der Werbung. So wehren sich die Rundfunkanstalten gegen Werbung in „freien Medien", da die Programmaufgaben beim Rundfunk zu einem Viertel aus Werbung finanziert werden.

Die Entscheidungen über Schutzinteressen: In enger Beziehung damit stehen Fragen des Zugangs zu Daten. Es geht nicht nur um das Recht auf Schutz der persönlichen Daten durch Datenschutz. Es geht auch um die Verpflichtungen, nach bestimmten Verfahren Informationsvorsprünge aufzugeben und die Informationen der Öffentlichkeit zugänglich zu machen.

Es ist auch zu fragen, wo die Grenzen der ökonomischen Verwertung von Daten liegen, z.B. zur Gestaltung individueller Bildschirmangebote oder zur politischen Beeinflussung aufgrund der politischen Präferenzen, die sich aus der Informationsaufnahme eines Bürgers ergeben.

Szenario I

Bei einem Rückgang der Bevölkerung dürfte das intellektuelle Potential in der Bundesrepublik Deutschland mindestens im gleichen Umfange rückläufig sein, so daß die Chance zu einer aktiven Beteiligung am technischen Fortschritt abnimmt.

Bei starker Rückläufigkeit der Bevölkerung in der Bundesrepublik Deutschland dürfte die Verbreitungsrate des technischen Fortschritts rascher sein als bei stagnierender Bevölkerung, d.h. die Menschen werden sich die bekannten Neuerungen rascher erschließen.

Durch den Rückgang der Bevölkerung sinkt die Nachfrage nach klassischen Produkten wegen der verfügbaren und noch nutzbaren Bestände überproportional ab. Dies führt zu der raschen Durchdringung mit den neuen technischen Errungenschaften, vor allem auch mit neuen Medien.

Szenario II

Bei Szenario II sind zunächst erhebliche klassische Versorgungsleistungen zu erbringen, um den Zugewanderten annähernd den Lebensstandard der Alteingesessenen zu ermöglichen. Die Arbeit wird somit zu einem beachtlichen Teil für die Niveauerreichung nach bisherigen Wohlstandsvorstellungen eingesetzt werden. Die Zusatzausstattung mit klassischen Produkten für Wohnen oder das Streben nach privaten Kraftfahrzeugen konkurriert mit der Durchsetzung neuer Errungenschaften. Die technischen Neuerungen treten dann zusätzlich und ergänzend zu den bisherigen ökonomischen Aktivitäten.

Die Durchsetzung der neuen Technologien dürfte im Volumen langsamer als bei Szenario I erfolgen. Der Gesamtbedarf bis zur Vollausstattung aller Haushalte ist jedoch wegen der hohen Medienakzeptanz durch Ausländer um etwa zwei Fünftel höher als bei Szenario I. Die Vollausstattung mit neuen Medien dürfte bei diesem Szenario etwa um 2030 bis 2035 erreicht werden.

Bei hoher Zuwanderung ist für die Beteiligung am technischen Fortschritt die Basisbegabung der Ausländer und die Fähigkeit zur Ausschöpfung der Begabung eine wichtige Einflußgröße.

Es kann auch erwartet werden, daß sich aus dem Wettbewerb zwischen der alten einheimischen Bevölkerung und den Zugewanderten positive Impulse für eine intensivere Beteiligung am technischen Fortschritt ergeben.

H. Die Arbeit und die Nichtarbeit

I. Ausgewählte Ausgangsbedingungen

Der Schlüssel zur Beurteilung des Wirtschaftswachstums ist die Anzahl der Erwerbstätigen und die Produktivitätssteigerung je Erwerbstätiger bzw. die Produktivitätssteigerung je Arbeitsstunde.

Die veränderten Bildungsgegebenheiten führen zu einer veränderten Nachfrage nach Arbeitsplätzen. Haupttrends sind:

1. der Mehrbedarf an hochqualifizierten Arbeitsplätzen,
2. der starke Mehrbedarf an Frauenarbeitsplätzen.

Das Leistungsprinzip: Durch die technische Revolution wird die Leistung als primäres Bewertungskriterium für Arbeit teilweise obsolet. Ein Beispiel ist die Leistung der Roboter. Bereits heute arbeiten Roboter genauer als Facharbeiter. Das Einsetzen von Gläsern in Armbanduhren in einem Unternehmen der Uhrenindustrie der Schweiz führte bei Facharbeitern zu einer Ausschußquote von 5 %. Der Roboter hat eine Ausschußquote von 0 und amortisiert sich dadurch in kurzer Zeit.

Die bereits bei der Wertedynamik dargestellte Verschiebung des Lebensmittelpunktes von der Arbeit in die Freizeit bringt nicht nur die Frage der sinnvollen Freizeitbeschäftigung mit sich, sondern auch das Problem der Einstellung zur Arbeitslosigkeit. Generell lockern sich durch die Freizeitgesellschaft auch die Bewertung der Arbeit und die Antipathie gegen Arbeitslosigkeit.

Die Interdependenz von Leistung und Nicht-Leistung äußert sich darin, daß gerade die Effizienz der leistungsorientierten Gruppe der Erwerbstätigen denen, die nicht arbeiten (wollen), mehr Freiheitsgrade ermöglicht. Dabei zeigt sich das folgende interessante Phänomen: Je stärker die Gruppe der Leistungsorientierten sich einsetzt, desto besser können die anderen Nichtleistungsorientierten oder Nichtleistungswilligen sich entwickeln und formieren und auch gesellschaftspolitische Wirkung entfalten.

Der Arbeitsbegriff: Im Laufe der Entwicklung der Industriegesellschaft haben sich der Begriff und der Wert „Arbeit" fundamental verändert, u.U. sogar aufgehoben. Die letzte Stufe in dieser Entwicklung haben wir durch die automatisierte Produktion erreicht.

Vermutlich muß man eine neue Typologie der Arbeit einführen; etwa in Form einer Differenzierung in

1. autonome Arbeit, bei der eine Automatisierung nicht oder noch nicht möglich ist,
2. kreative Arbeit,
3. Entscheidungsarbeit,
4. Kontaktarbeit.

Eine wichtige Entscheidung für eine neue Typologie betrifft auch den Stellenwert der Arbeit und damit die Verabsolutierung oder Relativierung der (Voll-)Beschäftigungspolitik.

Die Menschen fragen sich immer intensiver, ob Beschäftigung oder Arbeit bereits einen Wert oder ein Ziel an sich darstellen können.

Die Motivation: Zu einem Kernproblem der zukünftigen Gestaltung der Arbeitswelt werden Verdruß am Arbeitsplatz, die Empfindung der Arbeit als ,,Korsett" und schließlich die ,,innere Kündigung" werden. Die aktive Gestaltung unserer Gesellschaft ist aber nur auf der Grundlage einer hohen Motivation möglich, die zur Zeit in den USA und in Japan weit besser ist, vermutlich auch deshalb, weil dort das Bildungssystem den technischen Wandel intensiver mitträgt und unterstützt.

Die Doppelwirtschaft oder Schattenwirtschaft: Die Doppelwirtschaft umfaßt zum mindesten die folgenden Aktivitäten:

1. die unentgeltliche Form der Selbsthilfe, Nachbarschaftshilfe und Sozialarbeit,
2. die entgeltliche Form des Wirtschaftens außerhalb des offiziell erfaßten Wirtschaftskreislaufs.

Die Flucht in die Schattenwirtschaft ist vor allem durch die hohen Steuern und sozialen Abgaben begründet. Wer für die Handwerkerstunde 40 bis 60 DM bezahlen muß, hat dem ein Bruttoeinkommen von etwa 70 bis 110 DM entgegenzusetzen. Die Kosten einer durchschnittlichen Handwerksstunde für einen privaten Haushalt haben sich in DM wie folgt entwickelt:

Jahr	1960	1970	1980	1984
Kosten einer Handwerker-Stunde in DM	5,10	16,00	40,00	48,00

Diese Kostensteigerungen haben dazu geführt, daß die Do-it-yourself-Aktivitäten stark zugenommen haben und weiterhin zunehmen werden.

Die entgeltliche Schattenwirtschaft beschäftigt schätzungsweise 1 Mill. Menschen und setzte 1984 (1975) schätzungsweise 150 Mrd. DM (50 Mrd. DM) um.

Die Schattenwirtschaft hat 1984 einen Steuerausfall von 50 Milliarden DM und einen Ausfall an Sozialabgaben von 30 Milliarden DM verursacht. Weiter wird geschätzt, daß in der Bundesrepublik Deutschland schätzungsweise 500 000 Ausländer illegal tätig sind.

Im Kraftfahrzeuggewerbe sind nach Berechnungen des Zentralverbandes des Deutschen Kraftfahrzeuggewerbes bereits 1982 rd. 4,6 Mill. Wartungs- und Reparaturaufträge durch Do-it-yourself erledigt worden. Dies bedeutet einen Umsatzausfall von 1,6 Mrd. DM oder etwa 20 000 nicht benötigte Arbeitsplätze.

In Bayern sind 1984 über 30 000 genehmigte Veranstaltungen ermittelt worden, bei denen außerhalb von gastronomischen Betrieben Getränke und Speisen verkauft wurden.[33)]

Erstarrungseffekte durch das Arbeitsrecht: Aufgrund der Veränderungen im Arbeitsrecht der letzten Jahre ist es kaum mehr möglich, sich kurzfristig von Mitarbeitern zu trennen. Daraus ergeben sich eine Art Beschäftigungszwang und auch Insolvenzzwang.

Die rechtliche Behinderung der Unternehmen, sich personell an veränderte Entwicklungen anzupassen, ist gefährlich. Unternehmen verfügen teilweise nicht über die Mittel, Sozialpläne zu finanzieren und sehen sich daher zum Konkurs gezwungen. Tendenziell wird dadurch die Arbeitslosigkeit erhöht.

II. Zur Wertedynamik der Mitarbeiter in Unternehmen

Von besonderem Einfluß ist der generationsspezifische Wertewandel. In den neunziger Jahren wird z.B. die Generation, die 1968 die Studentenrevolte ausgelöst hat, die Mehrheit in den Führungspositionen von Wirtschaft und Politik haben.

Das Kernproblem einer Beurteilung der Weiterentwicklung von Wirtschaft und Gesellschaft besteht somit in der Abschätzung der Wertehaltung der heute etwa 35jährigen als 45jährige in der Mitte der neunziger Jahre und gleicherweise der heute 25jährigen als 35jährige in der Mitte der neunziger Jahre.

---

33) O.V.: Umsatz wird bereits auf 150 Mrd. DM geschätzt, in: Handelsblatt, 40. Jg., Nr. 167, 2. September 1985, S. 5.

Generell wird von einer abnehmenden Leistungs- und Einsatzbereitschaft ausgegangen. Der japanische Volksmund hat vielleicht nicht ganz Unrecht, wenn er die Faulheit als „deutsche Krankheit" bezeichnet, ein Indiz dafür, wie die Japaner die heutige Wertedynamik in der Bundesrepublik Deutschland sehen.

Generelle Umwertungen in der Arbeitswelt können aus der folgenden Übersicht entnommen werden.

Übersicht 3.1

Der Wandel des Leistungsbegriffs – *Von der Bedeutungsverengung zur Bedeutungserweiterung*

Traditionell dominante Aspekte der Leistung	In Zukunft gleichwertige Aspekte der Leistung
– Gefolgschaft leisten	– Produktives leisten
– Pflicht leisten	– Kreatives leisten
– Verzicht leisten	– Innovatives leisten
– Buße leisten	– Soziale Dienste leisten
– Arbeit leisten	– Praktische Hilfe leisten
– Gehorsam leisten	– Widerstand leisten
– Bürgschaft leisten	– Freiwillige Engagements leisten
– Eid leisten	– Sich Freiheiten leisten
– Zahlung leisten	u.a.
u.a.	

Quelle: Opaschowski, Horst W.: „Folgen des Wertewandels: Lebensorientierungen zwischen Arbeitsethos und Mußidee", in: Weger, Hans-Dieter; Heidemann, Fred J.: Unternehmensführung vor neuen gesellschaftlichen Herausforderungen – Ergebnisse einer Arbeitstagung, (Verlag Bertelsmann Stiftung) Gütersloh 1985, S. 50–55, S. 54.

Die Wertedynamik der Menschen als Mitarbeiter in Unternehmen und sonstigen Institutionen sowie als Bezieher von Einkommen hat beachtliche Rückwirkungen auf die Gestaltung der Arbeitsplätze wie auch auf die Nachfrage nach Waren und Diensten. Dabei wäre zunächst zu prüfen, ob Arbeit und Freizeit sich ideologisch und faktisch in Zukunft weiter auseinanderentwickeln oder ob eine Neuorientierung der Arbeit auch zu einer veränderten Beurteilung und Bewertung von ökonomischer und nichtökonomischer Tätigkeit führt. Nicht nur unter dem Aspekt der Schwarzarbeit ist eine Neudefinition von Arbeit und Freizeit erforderlich. Das Problem der Schwarzarbeit selbst harrt ebenfalls noch einer sozial akzeptablen Lösung.

Es gibt beachtliche *Werteschizophrenien* im Hinblick auf Freizeit und Arbeit: Einmal wird die Meinung vertreten, Urlaub sei Nepp und

Luxus; man solle zu Hause bleiben und an Haus und Hof basteln. Zum anderen heißt es, jeder brauche seinen Urlaub, und durch Heimwerken und Hobby würden allein in der Bundesrepublik Deutschland der Wirtschaft über 1 Mill. Arbeitsplätze entzogen.

Legitimationszwänge: Die technischen Entwicklungen einerseits sowie die hohe Arbeitslosigkeit in Verbindung mit dem generellen Wertewandel andererseits führen zu zunehmenden Herausforderungen für die Legitimation technischer Entwicklungen. Dabei dürften Unternehmen wie Gewerkschaften gemeinsam gefordert sein, Begründungen für Arbeit und für technischen Fortschritt zu finden.

Die Humanisierung der Arbeitswelt: Die Diskussion über Veränderungen in der Arbeitswelt wird unter dem Begriff der Humanisierung geführt. Hinter diesem Konzept steht zunächst eine Beseitigung entwürdigender Arbeitsbedingungen, z.B. die Substitution bestimmter Arbeiten durch Roboter.

Gleicherweise bedeutend ist in diesem Zusammenhang die gesellschaftliche Bewertung von Arbeitsleid und Leistungsdruck. Aus den Erörterungen im Zusammenhang mit der Wertedynamik wurde deutlich, daß hier weitere beachtliche Wandlungen möglich sind. Die Diskussion um die Humanisierung der Arbeit mündet jedoch auch in eine Ideologie einer fundamental veränderten Gesellschaftsordnung.

Dienstleistungsbereitschaft: Ein wichtiger Beitrag zur Überwindung von Arbeitslosigkeit wäre eine Zunahme der Dienstleistungsbereitschaft und eine veränderte soziale Anerkennung von Dienstleistungen. In den USA, aber auch in der Schweiz ist die Tätigkeit in der Gastronomie eine ganz normale Tätigkeit. Hierzulande mäkeln viele an der Qualität der Gastronomie, die soziale Anerkennung der Arbeit in diesem Bereich ist gering. Gleiches gilt für andere Dienstleistungsberufe.

Amerikanische Meinungen von Arbeitswissenschaftlern, Volkswirten, Gewerkschaftlern und Soziologen zur amerikanischen Arbeitswelt in den achtziger Jahren zeigen u.a. folgende vermuteten Entwicklungen in der Arbeitswelt:

„– Die immer besser schulisch ausgebildeten, mobilen, in einen Betrieb neueintretenden Berufstätigen, besonders die Frauen unter ihnen, dringen immer stärker auf individuelle Ausnahmen von etablierten Arbeitsordnungen.
– Von der Schule her an Wahlfächer gewohnt, im gesellschaftlichen, wirtschaftlichen und politischen Leben auf die Chance zu Alternativen eingestellt, möchte die junge Generation auch im Unternehmen mehr Wahlmöglichkeiten haben.

– Für junge Menschen ist die Arbeit eine sekundäre Möglichkeit zum Persönlichkeitsvollzug. Erfolg im Beruf genügt ihnen nicht. Gute Bezahlung ist eine Selbstverständlichkeit. Traditionelle Bindungen – z.B. im Bereich der Ehe – nehmen sie leichter. Dafür ist für sie Lebensqualität sehr wichtig, die bei ihnen von persönlichen Freiheiten bis zur Umweltverantwortung und Achtung von Minderheiten reicht. Sie bringen Desorientierung und Verwirrung in die Arbeitswelt, in der noch die an anderen Werten festhaltenden älteren Arbeitskräfte dominieren.
– Die Ausrichtung der Arbeitswelt wird im Laufe der achtziger Jahre auf die jungen Menschen hin erfolgen. Einmal, weil sie auf dem Arbeitsmarkt knapp werden, die älteren dagegen nicht; zum anderen, weil sich das betriebliche Leben in seinen Grundformen dem gesellschaftlichen Leben immer mehr anpassen und sich von der Starrheit weg, hin zur Flexibilität bewegen muß.

Die zu erwartenden Veränderungen in den Unternehmen:

– mehr Möglichkeiten für die Mitarbeiter, an der Arbeitsgestaltung teilzunehmen,
– direktes Mitspracherecht bei Arbeitsordnungsfragen, nicht über den Betriebsrat,
– Organisation der Arbeitsplätze so, daß sie sowohl von einer Person als auch von mehreren Teilzeitkräften besetzt werden können,
– Ausdehnung der Gleitzeitmöglichkeiten,
– freiwillige Job-Rotation als institutionalisiertes Prinzip für alle Arbeitnehmer,
– Verbreitung des Angebotes der betrieblich geförderten Freizeit- und Fortbildungsmöglichkeiten,
– flexible Pensionierungszeitpunkte; frühe Vorbereitung darauf,
– phantasievollere Prämiensysteme für Gruppen, aber auch individualisiertere Entlohnungen, die auf steuerliche Belange Rücksicht nehmen.“[34]

Als mögliche Konsequenz der Wertedynamik im Management sei die Ablösung der „Macher“ durch die „Empfindsamen“ erwähnt. Die folgende Artikelüberschrift dürfte dafür symptomatisch sein: „Die heutige Jugend verlangt einen neuen Führungsstil: Einen mütterlichen Führungsstil“.[35]

---

34) „Work in America: The Decade Ahead“, zusammengestellt von Clark Kerr und Jerome M. Rosow, (Van Nostrand Reinhold Company) New York 1979, in: The Futurist, April 1980, zit. nach: Manager Magazin Trendletter, 1980, Nr. 16.

35) O.V.: Die heutige Jugend verlangt einen neuen Führungsstil: Einen mütterlichen Führungsstil, in: Blick durch die Wirtschaft, 24. Jg., Nr. 169, 4. September 1981, S. 1.

Man wird dieser Sicht des neuen Führungsstils sicher nicht uneingeschränkt zustimmen können. Ihr Realitätsgehalt ist jedoch nicht gering zu veranschlagen.

,,In den unteren Schichten besteht nach wie vor nur geringe Motivation aufzusteigen. Warum auch. Jeder weiß, daß das mit viel Arbeit verbunden ist, mit viel Ärger. Und am Ende kann man auch nur ein Schnitzel essen, nur in einen Fernsehapparat schauen, nur zweimal im Jahr in die Ferien fahren. Sicher wohnt man nicht ganz so fein; aber die Sitzgarnitur oder gar das Reihenhaus können sich auch sehen lassen.

Die Söhne, die nach dem Krieg in den Familien der oberen Mittelschicht geboren wurden, wurden von ihren Müttern nicht zu Vätern erzogen – damit als potentieller Führungsnachwuchs –, sondern vor allem als ihre eigenen Söhne; sagen wir es drastisch: als ,Muttersöhnchen'.

Ganz im Ernst und ohne jede Ironie: Für Muttersöhnchen bedarf es eines mütterlichen Führungsstils. Das bedeutet ständige Zuwendung, ständiges Loben, Tadeln. Der mütterliche Führungsstil ist nur in kleinen Organisationseinheiten möglich. Wer junge Menschen zu Führungskräften machen will, der muß ihnen folgerichtig auch die Möglichkeit geben, zur Bezugsperson zu werden. Die Auswirkungen auf die Unternehmensstruktur werden nachhaltig sein.''[35)]

Andererseits sollte man nicht übersehen, daß die Wertedynamik bei einem Teil der jungen Generation kaum Spuren hinterlassen hat. Sie übernehmen – häufig sehr bewußt – die Wertehaltung der Aufbaugeneration mit der Haben-, Status- und Berufsorientierung sowie einem breitgefächerten Wissensdrang. Letzterem trägt unser Ausbildungssystem nicht mehr Rechnung, da es lediglich Alternativen der Spezialisierungsrichtung, nicht Alternativen der Studienintensität anbietet.

III. Das Problem von Angebot und Bedarf an Mitarbeitern

Die tatsächliche Begabungs- und die Vitalitätspyramide unterscheidet sich wesentlich von der durch den technischen Fortschritt in Wirtschaft und Gesellschaft geforderten Nachfrage.

Die heutigen Schätzungen in der Bundesrepublik Deutschland gehen von einem Analphabetentum von etwa 5 % aus, die Anzahl der sogenannten funktionalen Analphabeten, die nichts lesen und schreiben, soll sogar 15 % erreichen. Zu fragen ist somit, durch welche bildungspolitischen Maßnahmen diese Bedingungen verändert werden können. Oder anders gefragt: Welche Entwicklungen sind in der Lage, gewissermaßen den ,,Flaschenhals" der Nachfrage zu öffnen?

Zur Effizienz: Produktivität und Effizienz der Wirtschaft werden primär durch die Intelligenz und Qualifikation sowie die Arbeitsbereitschaft- und Arbeitsintensitätsgrade der Erwerbstätigen bestimmt. Diese sind wieder abhängig von den Wertehaltungen. Begrenztes Leistungsbewußtsein oder bewußte Leistungssteuerung auf niedrigem Niveau drücken die Effizienz.

Vitalitätsprobleme: Neben der Intelligenz und damit der Qualifikation der Erwerbstätigen sind unter Beachtung des Degenerationsprozesses die Ausdauer und damit die faktische Quantität der verfügbaren Arbeit abzuschätzen. So zeigt sich, daß bei immer mehr jungen Menschen die zeitliche Leistungsfähigkeit auf wenige Stunden am Tage begrenzt ist. Man ist, wenn man morgens zu arbeiten beginnt, bereits mittags ,,ausgebrannt". Wir werden lernen müssen, für die Abschätzung des Erwerbstätigenpotentials völlig neue Maßstäbe zu entwickeln. Daraus ergeben sich fundamentale Konsequenzen für eine humane Arbeitszeitordnung, die bisherige Denkkategorien auflöst.

Schaubild 3.3
Die Begabungs- und Vitalitätsverteilung in der Gesellschaft

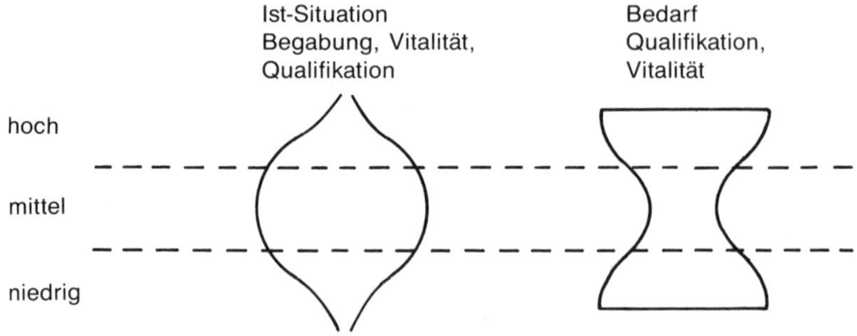

IV. Quantitative Aspekte der Erwerbstätigkeit

Die Zahl der Erwerbstätigen hat sich von 26,67 Mill. im Jahre 1970 auf 25,60 Mill. im Jahre 1982 verringert. Der Anteil der Erwerbspersonen an der Wohnbevölkerung lag im Jahre 1982 mit 46,6 % über dem Niveau des Jahres 1970 mit 44,2 %. Die Zahl der Arbeitslosen ist von 0,15 Mill. im Jahre 1970 auf 2,25 Mill. im Jahre 1984 angestiegen.

Gegenstand	Veränderungen in 1 000		Anteil in %		
	1960 – 73	1973 – 80	1960	1973	1980
Arbeitsplätze mit . . .					
– geringen Qualifikationsanforderungen	- 200	- 400	21	17	14
– mittleren Qualifikationsanforderungen	- 100	- 500	39	35	33
– höheren Qualifikationsanforderungen	+ 800	- 100	40	48	53
– Facharbeiter	+ 100	- 100	30	27	29
– Angestellte					
– qualifiziert	+ 400	- 80	7	13	14
– hochqualifiziert	+ 300	+ 80	3	8	10

Quelle: Statistisches Bundesamt; eigene Berechnungen, zit. nach: Härtel, Hans-Hagen; Thiel, Eberhard u.a.: Analyse der strukturellen Entwicklung der deutschen Wirtschaft, Strukturbericht 1983, (Verlag Weltarchiv) Hamburg 1984, S. 87.

Die Art und Qualifikation des Berufs bestimmt nicht zuletzt die Dauer der Beschäftigung, insbesondere das gesetzlich oder vertraglich vereinbarte und das aufgrund der Qualifikation mögliche Pensionierungsalter.

Die Änderungen der Wirtschaftsstruktur: Die wirtschaftsstrukturellen Änderungen haben einen Rückgang der Landwirtschaft und des Bergbaus und im tertiären Bereich einen starken Ausbau des Verwaltungssektors bewirkt. Durch den Rückgang der Zahl der Unternehmen ist außerdem die Zahl der Selbständigen rückläufig. Von 1971 bis 1983 sank der Anteil der Selbständigen und der mithelfenden Familienangehörigen von 15,7 auf 12,8 % aller Erwerbstätigen.[36)] Diese Tendenz wird sich fortsetzen. Die ökonomische und politische Bedeutung der unselbständigen Mittelschichten wird stark zunehmen.

36) Vgl. Statistisches Bundesamt (Hrsg.): Statistisches Jahrbuch 1984 für die Bundesrepublik Deutschland, (Verlag W. Kohlhammer) Stuttgart-Mainz 1984, S. 98.

In den vergangenen 20 Jahren ist es zu beachtlichen Umstrukturierungen in der Berufswelt gekommen. Die Zahl der Erwerbstätigen ging von 1961 bis 1980 bei vielen Berufen zurück und nahm dagegen bei anderen zu (Angaben in 1 000 Personen):

Beruf	Zunahme	Beruf	Abnahme
1. Bürofachkkräfte	+ 1 642	1. Familienarbeitskräfte in der Landwirtschaft	– 1 513
2. Hilfsarbeiter	+ 862	2. Landwirte	– 623
3. Ingenieure, Techniker	+ 588	3. Mithelfende Familienangehörige	– 585
4. Lehrer	+ 348	4. Metallarbeiter	– 512
5. Polizisten, Soldaten u.ä.	+ 292	5. Haushaltshilfen	– 298
6. Krankenschwestern, -pfleger	+ 238	6. Schneider, Näher	– 281
7. Kindergärtnerinnen, Sozialhelfer	+ 206	7. Lageristen, Transportarbeiter	– 229
8. Verkäufer	+ 182	8. Bauhilfsarbeiter	– 224
9. Sprechstundenhelferinnen	+ 168	9. Bergleute	– 218
10. Kraftfahrer	+ 167	10. Bahnschaffner	– 113
11. Elektriker	+ 121	11. Maurer	– 100
12. Raumpflegerinnen	+ 119	12. Vertreter	– 91
13. Kfz-Mechaniker	+ 108	13. Schlosser	– 76

Die Zahl der *Industriearbeitsplätze* hat von 1972 bis 1982 insgesamt von 10,1 Mill. auf 8,3 Mill. Arbeitsplätze abgenommen. Am stärksten war der Rückgang in der Bauwirtschaft mit – 379 000 Arbeitsplätzen und in der Textilwirtschaft mit – 350 000 Arbeitsplätzen. Aber auch in der Elektrotechnik (– 155 000), beim Maschinenbau (– 111 000) und bei der Ernährungsindustrie (– 101 000) ergaben sich hohe Rückgänge. Zugenommen hat die Zahl der Arbeitsplätze dagegen im Straßenfahrzeugbau um 65 000, in der Kunststoffwarenindustrie um 22 000 und im Luft- und Raumfahrzeugbau um 17 000.

Die Erwerbstätigkeit der Frauen: Eine wichtige Stütze des Wohlstandes ist in der Bundesrepublik Deutschland die weibliche Erwerbstätigkeit mit fast 10 Mill. Frauen. Die Erwerbsquote der verheirateten Frauen hat sich von 1950 bis 1981 von 25 auf 41,4 % kräftig erhöht.

Die weitere Entwicklung der weiblichen Erwerbsquote hängt z.B. ab von

– der Bequemlichkeit bei der Arbeit,
– der Entfernung zwischen Wohnort und Arbeitsort (geringe Pendelbereitschaft),

– der geforderten Qualifikation,
– der Mindestzeit, die Frauen außer Haus zubringen müssen.

Man kann bei der Abschätzung der Erwerbstätigkeit der Frauen folgende Lebensphasen unterscheiden:

1. die Ausbildungsphase zwischen 15 und 24 Jahren,
2. die Familienphase zwischen 25 und 39 Jahren,
3. die Reintegrationsphase zwischen 40 und 59 Jahren,
4. die Pensionsphase ab 60 Jahren oder neuerdings früher.

Die Ausbildungsdauer wird – vorprogrammiert durch die Bildungsevolution – in Zukunft auch bei Frauen stark ansteigen. Im Jahre 1983 waren 46 % der Abiturienten Frauen und rd. 38 % der Studenten.

Parallel dazu werden sich die Anforderungen der Frauen an die Qualität und Menge der Arbeitsplätze erhöhen. Die Umwertung der Berufe bedeutet für Frauen vielfach eine Übernahme von klassischen Männerberufen. Beispiele sind Schweißerinnen und Elektrikerinnen. Auf diesen verstärkten Beschäftigungsanforderungen der Frau beruht auch ein Teil der Arbeitslosigkeit. Umgekehrt werden dadurch immer mehr Männer in Frauenberufen tätig. Sekretäre und männliche Krankenschwestern sind Beispiele.

In zunehmendem Umfange wird die qualifizierte Frau den mittelmäßigen Mann aus dem Beruf verdrängen. Die physiologischen und psychologischen Unterschiede zwischen Mann und Frau führen bei der Verringerung der Arbeitszeiten und dem Trend zu Teilzeitbeschäftigung, Job-sharing und ähnlichen modernen Formen der Arbeitsgestaltung zu Vorteilen für die Erwerbstätigkeit von Frauen gegenüber früher.

Die Erwerbstätigkeit von Ausländern: Von 1979 bis 1985 hat sich die Anzahl der ausländischen Beschäftigten wie folgt entwickelt (Stand: 30. 6.):

– 1979	1,934 Mill. Personen,
– 1980	2,072 Mill. Personen,
– 1981	1,930 Mill. Personen,
– 1984	2,104 Mill. Personen.

Die *Mobilitätsbereitschaft* zum Wohnortwechsel aus Arbeitsgründen ist von etwa einem Viertel zu Beginn der fünfziger Jahre auf heute ein Zehntel rückläufig.

Mit abnehmender Ausbildung ist die Mobilität rückläufig.[37]

Bei den Arbeitskräften wird das Problem der regionalen Verfügbarkeit durch die begrenzte Mobilität zu einem wachsenden Problem für die Wirtschaft. Zu beachten sind auch Unterschiede bei der regionalen Mobilitätsbereitschaft, mit den vergleichsweise niedrigsten Werten im Saarland, in Rheinland-Pfalz und in Nordbayern (rd. 8 bis 9 %[38]) und Höchstwerten in Bayern (15 %) und Baden-Württemberg (14 %).

Vorzeitige Pensionierung und ihre Problematik: Mit der vorzeitigen Pensionierung werden gleichzeitig zwei Ziele verfolgt: die potentielle Arbeitslosigkeit von Erwerbstätigen aufzufangen und vom Druck durch nachfolgende Generationen auf den Arbeitsmarkt zu entlasten. Im normalen Bereich der Beschäftigung bedeutet das, daß sehr oft gerade die am meisten leistungsbereiten und verantwortungsbewußten Beschäftigten „freigestellt" werden.

Im Managementbereich wird durch das Frührentnertum ab etwa dem 55. Lebensjahr ein Doppeleffekt erzeugt, dessen Konsequenzen nur schwer abschätzbar sind. In den Jahren vor der Pensionierung werden Manager übervorsichtig oder sie neigen zu Untätigkeit – oft genug mit dem Gedanken, nichts mehr zu beginnen, was man nicht noch selbst abschließen kann. Die Nachfolgegeneration wird für den Wechsel nicht genügend vorbereitet. Sie übernimmt das Ruder, ohne klar zu wissen, welcher Kurs gesteuert werden soll, so daß Umwege unvermeidlich sind. Beides reduziert die Klarheit und Effizienz von Führungsentscheidungen und damit auch die wirtschaftliche Effizienz.

37) Regionale Mobilität männlicher deutscher Erwerbspersonen nach Ausbildung in Prozent der Erwerbspersonen:

– allgemeine Schulbildung –		
Abitur	Mittlere Reife	Volksschule
46,6	35,5	25,3

– Berufsausbildung –				
Hoch- und Fachhochschule	Fach- und Berufsfachschule	Ausbildung für Angestellte	Ausbildung für Arbeiter	ohne Berufsausbildung
48,5	29,5	30,2	26,3	22,4

Quelle: Blaschke, Dieter: Berufliche Qualifikation und arbeitsbedingte regionale Mobilität, in: Aspekte der räumlichen Bevölkerungsbewegung in der Bundesrepublik Deutschland, hrsg. v. W. Linke; K. Schwarz, Wiesbaden 1982; zit. nach Brig, Herwig; Felber, Wolfgang; Flöthmann, E.-Jürgen: Arbeitsmarktdynamik, Familienentwicklung und generatives Verhalten, IBS-Materialien Nr. 16, hrsg. v. Institut für Bevölkerungsforschung und Sozialpolitik an der Universität Bielefeld, 1984, S. 130.

38) Basis der Erwerbstätigen.

V. Die Arbeitslosigkeit

Bezüglich der Arbeitslosigkeit liegt ein brisanter Aspekt in der Diskrepanz zwischen den Zahlen der Arbeitslosenstatistik und der effektiven Zahl von Erwerbswilligen. Die Globalzahl von über 2,2 Mill. Erwerbslosen (1985) erfaßt lediglich die Unterstützungsbezieher. Die Anzahl der nicht offiziell registrierten Arbeitslosen wurde 1983 von der Bundesanstalt für Arbeit auf 900 000 geschätzt.

Ein weiteres Problem ist die ,,Gummibandrechnung'', die darauf beruht, daß immer mehr Erwerbstätige vor Erreichen der Soll-Altersgrenze pensioniert werden und dann nicht mehr als arbeitslos zählen. Für diese Gruppe der Frühpensionierung liegen die Schätzungen bei etwa 2 Mill. Dies ergibt eine Normalarbeitslosigkeit von etwa 5 Mill. Menschen im Jahre 1985. Wir werden lernen müssen, ehrlicher mit unseren eigenen Verhältnissen umzugehen! Für die Plausibilität dieser Überlegungen spricht auch, daß von 1973 bis 1985 das Arbeitskräfteangebot sich um 1,7 Mill. erhöht hat, die Zahl der Arbeitsplätze sich aber um 1,5 Mill. verringerte.

In der Bundesrepublik Deutschland hat sich die Anzahl der offiziellen Arbeitslosen von 1973 bis 1984 von 273 498 (1,2 %) auf 2 265 559 (9,1 %) erhöht. Die Arbeitslosigkeit unter den Ausländern lag mit 14,0 % im Jahre 1984 wesentlich über dem Durchschnitt. Die mit 7,9 % unterdurchschnittliche Arbeitslosigkeit bei den Jugendlichen unter 20 Jahren bietet aufgrund der besonderen Situation am Beginn des Berufslebens keinen Anlaß zur Beruhigung.

Die Probleme der Unterausgebildeten finden ihren Ausdruck in hohen Arbeitslosenquoten. Im September 1984 zeigten sich die folgenden qualifikationsspezifischen Arbeitslosenquoten:

– ohne Ausbildung	18,7 %,	– Technikerschule	4,2 %,
– Lehre/Berufsschule	5,9 %,	– Fachhochschule	4,9 %,
– Fach-, Meisterschule	4,2 %,	– Wissenschaftliche Hochschule	4,9 %.

Man wird sich mit dem überraschenden Ergebnis auseinanderzusetzen haben, daß eine Lehre kaum ungünstigere Aussichten auf einen Arbeitsplatz bietet als ein Hochschulstudium.

Mit den nicht nur wirtschaftlichen sondern gesellschaftlichen Folgen der Dauerarbeitslosigkeit derjenigen, die keine Ausbildung haben, wird man sich in der Bundesrepublik Deutschland weit mehr als bisher und auf weitaus breiterer Basis auseinandersetzen müssen.

Die Kosten für Arbeitslose haben sich von 1980 von 10,38 Mrd. DM bis 1985 auf 24,96 Mrd. DM erhöht:

Gegenstand	Angaben in Mrd. DM			
	1980	1983	1984	1985
Arbeitslosengeld	8,10	17,10	14,10	14,10
Arbeitslosenhilfe	1,60	7,10	8,70	9,10
Konkursausfallgeld	0,21	0,47	0,53	0,56
Kurzarbeitergeld	0,47	3,10	1,80	1,20
insgesamt	10,38	27,77	25,13	24,96

Die Jugendarbeitslosigkeit: Von 1980 bis 1985 (Ende Dezember) ist die Anzahl der jugendlichen Arbeitslosen unter 20 Jahren von 93 000 über 203 000 im Jahre 1982 auf 163 000 gestiegen.

Ende 1985 gab es knapp 600 000 Arbeitslose unter 25 Jahren, davon 435 000 von 20 bis 25 Jahren, d.s. rd. 11,5 % der erfaßten Jahrgänge. Dazu kann man noch rd. 118 000 arbeitslose Akademiker im Sinne einer umfassender definierten Jungarbeitslosigkeit rechnen. Besonders betroffen sind Jugendliche mit allgemeinen Qualifikationsdefiziten.[39] Im Jahre 1983 waren 306 392 Jugendliche mit und 316 942 Jugendliche ohne abgeschlossene Berufsausbildung arbeitslos.

Die größte Gruppe der jugendlichen Arbeitslosen bilden nach einer Sonderuntersuchung der Bundesanstalt für Arbeit in Nürnberg die 18- bis 19jährigen (74 % der jugendlichen Arbeitslosen im September 1981). Da diese Altersgruppe als Bewerber um Ausbildungsplätze nicht mehr in Frage kommt, ist die gegenwärtige Jugendarbeitslosigkeit zum überwiegenden Teil nicht auf einen Mangel an Lehrstellen zurückzuführen.[40]

Der Übergang von der Arbeitsgesellschaft zur Freizeitgesellschaft führt u.a. auch dazu, daß man sich mit der Arbeitslosigkeit, insbesondere der Jugendarbeitslosigkeit, nicht mehr mit der Ernsthaftigkeit auseinandersetzt, wie es erforderlich wäre.

Die auch in Schweden ständig wachsende Jugendarbeitslosigkeit hat zu einer bisher einzigartigen Vereinbarung zwischen den Arbeitgebern und den Gewerkschaften des Landes geführt. Die Tarifpartner sind

39) Vgl. Der Bundesminister für Jugend, Familie und Gesundheit (Hrsg.): Jugend in der Bundesrepublik heute – Aufbruch und Verweigerung, Bonn 1981, S. 10–13, S. 14.

40) Vgl. o.V.: Zur Jugendarbeitslosigkeit, in: id Informationsdienst der Hauptgemeinschaft des Deutschen Einzelhandels, 1982, Nr. 3/4, S. 53–55, S. 54.

übereingekommen, Tausende von zeitlich begrenzten Arbeitsplätzen für Jugendliche einzurichten, die noch keinen Zugang zur Berufsausbildung gefunden haben. Jeder Anwesenheitstag soll mit umgerechnet 34 DM vergütet werden, von denen der Staat 30 DM aufbringen will.

In Frankreich hat man sich zur Beseitigung der Jugendarbeitslosigkeit zu einer zweijährigen obligatorischen Berufsschulpflicht der 16- bis 18jährigen entschlossen, die die Schule ohne Berufsausbildung verlassen und keinen Arbeitsplatz erhalten. Weitere Programme beziehen sich auf die Berufsausbildung von 18- bis 21jährigen Abiturienten, die keine sonstige Berufsmöglichkeit finden.

Nach Informationen des Instituts für Berufsmarktforschung hat die Zahl der arbeitslosen Akademiker in den letzten Jahren wie folgt zugenommen:

Gegenstand	1975	1980	1983	1985
Abschluß an				
– Fachhochschule	14 917	13 627	35 050	35 951
– Universität	15 491	28 263	70 312	81 584

Der Anteil der Lehrer an den arbeitslosen Akademikern ist von 17% 1975 auf 35 % 1983 angestiegen.

Nicht weniger als 70 % aller Akademiker arbeiten für den Staat. Durch Stabilisierung oder Rückgang der Beschäftigung im öffentlichen Dienst wird sich die Zunahme der Hochschulabsolventen von 114 000 im Jahre 1980 auf 190 000 im Jahre 1992 gravierend auswirken.

Das mißverstandene Ziel der Chancengleichheit führte zu einer Senkung der studienberechtigten Qualifikationsschwelle und damit zu einer Niveausenkung der akademischen Ausbildung mit einer Nivellierung der Arbeitsplatzchancen auf niedrigem Niveau.[41)]

Eine Aufnahme der Akademiker im Arbeitsmarkt kann nach einer Untersuchung des Instituts der deutschen Wirtschaft aus dem Jahre 1984 nur durch folgende Maßnahmen erfolgen:

- Gehaltssenkung,
- Streckung des Aufstiegs,
- nicht der fachlichen Ausbildung entsprechende Tätigkeit,
- Schaffung einer „Arbeitsreserve“.

---

41) Vgl. Petersen, Günter: Wenn schon die Tankwarte einen Doktorhut tragen, in: Die Welt, Nr. 294, 15. Dezember 1984, S. 17.

Dies bedeutet, daß die zukünftigen Akademiker eine wesentliche Veränderung ihrer beruflichen Interessen und Vorstellungen hinnehmen müssen, auf die auch die Universitäten vorzubereiten haben. In der Praxis ist die Situation paradox: Auf der einen Seite werden händeringend fähige Nachwuchskräfte gesucht, auf der anderen Seite steht die hohe Akademikerarbeitslosigkeit.

Wertedynamik und Arbeitslosigkeit: Von zentraler Bedeutung für unsere gesellschaftliche Ordnung ist die Wertehaltung der Arbeitslosen:

- Empfinden sie ihre Situation als einen Schicksalsschlag oder empfinden sie sich als Versager?
- Verharren sie in der Hoffnung auf einen Aufschwung oder streben sie aktiv nach einer Veränderung ihrer Lage oder sinken sie, wie z.B. viele der jugendlichen Arbeitslosen, in die Kriminalität ab?

Gleicherweise bedeutend ist die Einstellung der Erwerbstätigen und ihrer Angehörigen gegenüber den Arbeitslosen. Werden Arbeitslose diskriminiert oder findet sich die Gesellschaft damit ab? Wie wirkt sich die Arbeitslosigkeit auf die Leistungsbereitschaft der Erwerbstätigen aus?

Das Problem der Jugend- einschließlich der Jungakademikerarbeitslosigkeit wird zu einer der wichtigsten Herausforderungen unserer Gesellschaft werden. Jugendarbeitslosigkeit ist nicht nur die schlimmste Form der Vorenthaltung eines Rechts zur Lebensgestaltung, sondern auch der langfristig am schwersten zu beseitigende Faktor einer nicht erfolgten sozialen Integration. Hier müßten über alle Parteien hinweg noch mehr griffige Sofortprogramme mit höchster Prioritätsstufe entwickelt werden.

VI. Die Arbeitszeit und die Arbeitskosten

Die tariflich vereinbarte Arbeitszeit ist im Zeitraum von 1960 bis 1980 von 271,0 auf 250,3 Tage rückläufig gewesen. Durch die Erhöhung der Urlaubstage von 16,7 auf 28,3 Tage und der sonstigen Ausfalltage einschließlich des Teilzeiteffektes von 4,7 auf 10,3 Tage hat sich die effektive Arbeitszeit pro Jahr von 236,1 Tagen auf 199,4 Tage vermindert. Nach einer Untersuchung des Instituts der deutschen Wirtschaft (IW) für das Jahr 1981 reduziert sich die 40-Stunden-Woche der Arbeitnehmer auf 31,2 Stunden effektiv geleisteter Arbeitszeit. Von den 8,8 bezahlten, aber nicht geleisteten Stunden je Woche gehen rd. 6 Stunden durch Urlaub und Feiertage und knapp 3 Stunden durch individuelle

Fehlzeiten verloren. Gründe für individuelle Fehlzeiten sind: Krankheit, Kur, Unfallfolgen, Mutterschutzfristen, Sonderurlaub, unentschuldigtes und entschuldigtes Fehlen.

Marvin Cetron und Thomas O'Toole rechnen für die USA mit 32 Stunden Arbeitszeit im Jahr 1990 und mit 25 Stunden im Jahr 2000.[42] Außerdem erwarten sie, daß der Zeitpunkt des Ruhestandes in den USA bis zum Jahre 2000 auf 70 bis 75 Jahre angehoben wird,[42] eine den Bestrebungen in der Bundesrepublik Deutschland völlig gegenläufige Entwicklung!

Die durchschnittliche Bruttostundenverdienste eines Industriearbeiters in der Bundesrepublik Deutschland haben sich wie folgt entwickelt:

- 1950 1,33 DM,
- 1960 2,77 DM,
- 1970 6,09 DM,
- 1975 9,85 DM,
- 1980 13,41 DM,
- 1983 15,41 DM.

Nach einer Berechnung des Instituts der deutschen Wirtschaft (IW) kamen 1983 auf je 100 DM Entgelt für tatsächlich geleistete Arbeit rd. 77 DM für gesetzliche und sonstige Zusatzkosten; 1966 waren es erst rd. 43 DM.

Die Personalzusatzkosten setzen sich aus den gesetzlichen, den tariflichen und den freiwilligen Leistungen zusammen. Die gesetzlichen Leistungen stiegen von 1966 bis 1982 sprunghaft von 19,40 DM auf 34,90 DM je 100 DM Entgelt für geleistete Arbeit an.

Die Entwicklung der Personalkosten im produzierenden Gewerbe bei Unternehmen mit 50 und mehr Beschäftigten verlief von 1966 bis 1983 wie folgt:

Gegenstand	1966	1972	1978	1981	1983[1]
			– Angaben in DM –		
Personalkosten insgesamt	13 232	25 456	39 536	48 355	52 100
davon					
– Direktentgelt	9 230	14 854	23 007	27 236	29 200
– Zusatzkosten	4 002	8 582	16 527	21 119	22 900
			– Anteile in % –		
Direktentgelt	69,8	64,7	58,2	56,4	56,1
Zusatzkosten	30,2	35,3	41,8	43,6	43,9

1) IW-Schätzung.
Quelle: O.V.: Die Großunternehmen sind die Vorreiter, in: Handelsblatt, 39. Jg., Nr. 90, 10. Mai 1984, S. 5.

42) Vgl. Cetron, Marvin; O'Toole, Thomas: Encounters with the Future, (McGraw-Hill Book Company) New York-San Francisco-Toronto 1982, S. 15 f.

Von 1950 bis 1983 haben sich die realen Löhne eines durchschnittlichen Beschäftigten um 293 % erhöht.[43)]

Im Jahre 1984 erreichten die Lohnkosten einschließlich aller Nebenkosten für ein Unternehmen je effektiv geleisteter Stunde, d.s. rd. 1 650 Std. bei rd. 2 200 bezahlten Stunden, im Durchschnitt für einen in der Industrie Beschäftigten 27 DM, d.s. 0,35 DM je Minute.

Die *Abgabenbelastung* der individuellen Lohn- und Gehaltssteigerungen hat sich in der Bundesrepublik Deutschland von 1950 bis 1983 wie folgt verändert:

Abgabenart	Abgaben je zusätzlich verdienter DM in %				
	1950/ 1960	1961/ 1970	1971/ 1975	1976/ 1980	1981/ 1983
Sozialabgaben	11,1	11,9	14,8	16,4	20,7
Lohn- und Kirchensteuer	7,9	15,8	19,1	20,2	27,6
insgesamt	19,0	27,7	33,9	36,6	48,3

Die individuelle *Grenzbelastung mit Abgaben* für den einzelnen Arbeitnehmer hat 1983 57,2 % erreicht. Von jeder zusätzlich verdienten Mark wurden 31,3 Pfennig Lohnsteuer, 21,4 Pfennig Sozialversicherungsbeiträge sowie 4,5 Pfennig Kirchensteuer und Sonderabgaben einbehalten, so daß nur knapp 43 Pfennig ausgezahlt wurden. Die Durchschnittsbelastung, die den Anteil der Steuern und Sozialabgaben am Gesamteinkommen eines Arbeitnehmers kennzeichnet, erreichte 1983 32,2 %.

Im Jahre 1983 blieben von fast 9,5 Mrd. DM Mehrverdienst in der Gesamtwirtschaft den Arbeitnehmern nur rd. 400 Mill. DM. Von rd. 9 Mrd. DM Abzügen entfielen 6 Mrd. DM auf Lohn- und Kirchensteuer sowie die Investitionshilfeabgabe und 3 Mrd. DM auf Sozialabgaben. Die gesamtwirtschaftliche Grenzbelastung erreichte damit 96 % nach 83 % im Jahr zuvor.

VII. Zur Arbeitsproduktivität

Die Zahl der potentiellen Erwerbstätigen und damit das Arbeitskräftepotential kann in der Regel vergleichsweise genau vorausgeschätzt werden. Größere Probleme wirft die Quantifizierung der Veränderungen der Arbeitsproduktivität auf. Da die Arbeitsproduktivität in der Regel

43) Von 1950 bis 1984 ist der Wert der DM real um 66,1 % rückläufig gewesen.

auf erwerbstätige Personen bezogen wird und nicht auf Arbeitsstunden, sind etwaige Arbeitszeitveränderungen ebenfalls von Bedeutung. Die Veränderungen der Arbeitsproduktivität bei gleicher Arbeitszeit beruhen auf einer Verbesserung der Arbeitsqualität und auf einem Ersatz von Arbeit durch Kapital, d.h. auf mehr Sachmitteleinsatz. Daneben haben der technische Fortschritt und Lernprozesse, auch Veränderungen im Bildungsniveau, Einfluß.

Produktivitätssteigerungen bei weniger Arbeit und gleichem Lohn wirken wie mehr Arbeit bei gleichem Lohn.

Eine kürzere Arbeitszeit führt bei personalintensiven Arbeitsprozessen zu einer absinkenden Produktivität. Dies sei am Beispiel von Außendienstmitarbeitern dargestellt. Ein Außendienstmitarbeiter hat bei etwa 45 bis 50 Wochenstunden Abwesenheit von zu Hause nur etwa 30 % Kontaktzeit mit Kunden. Bei einer Verkürzung der Arbeitszeit um 5 Stunden würde sich in Anbetracht einer unveränderten Reisezeit die Kontaktzeit beim Kunden auf 20 % der Gesamtzeit reduzieren, d.h. bei einem Rückgang der Gesamtarbeitszeit um 10 % müßte bei gleicher Kundenbetreuung wie bisher eine Aufstockung der Außendienstkapazität um 50 % erfolgen. Dieses Beispiel zeigt, daß bei einigen Berufen veränderte Arbeitszeiten zu neuen Produktionsprozessen zwingen oder die Produktivität stark absinkt.

VIII. Einflüsse der Betriebsverfassung und der Mitbestimmung

Durch die Regelungen zur Betriebsverfassung und zur Mitbestimmung der Arbeitnehmer in Unternehmen ist die klassische Polarisierung zwischen Arbeitnehmern und Arbeitgebern aufgehoben worden. Der Übergang vom Klassenstandpunkt zur Sozialpartnerschaft ist zwar durch Gesetze vorbereitet und sogar vorgegeben, faktisch jedoch erst bedingt vollzogen.

Weil Mitbestimmung aber auch Mitverantwortung bedeutet, können Arbeitskämpfe bei totaler gegenseitiger Information auch nicht mehr nach den alten Ritualen durchgeführt werden.

Von besonderer Brisanz ist die Wertedynamik der nicht freigestellten und freigestellten Betriebsräte sowie der Arbeitnehmervertreter in Aufsichtsräten, da sie in Quasiarbeitgeberfunktionen und zu ihrer eigenen Basis in ein dialektisches Verhältnis kommen.

Auf die Probleme des Betriebsverfassungsgesetzes weist Wolfgang Hacker hin, zumal die Gewerkschaften dieses Gesetz immer häufiger als gewerkschaftspolitisches Instrument einsetzen. Dadurch werde das Betriebsverfassungsgesetz aus der Zweckbindung auf den Betrieb hin verfremdet. Die Betriebsräte haben ihre Rechte aufgrund des Betriebsverfassungsgesetzes vom 15. Januar 1972. Darin wird den Gewerkschaften eine eigenständige Rolle innerhalb der Betriebsverfassung zuerkannt, und zwar beschränkt auf gewerkschaftliche Interessen, so daß politischen und parteipolitischen Aktivitäten im Betriebsrat Grenzen gesetzt sind.[44)]

Auf lange Sicht wird die Verringerung der Interessenpolarisierung zwischen Arbeitnehmern und Arbeitgebern unser Gesellschaftssystem spürbar beeinflussen. Die klassischen gewerkschaftlichen Spielregeln einer Trennung von Unternehmerinteressen und Arbeitnehmerinteressen funktionieren immer weniger. In vielen Fragen, die das Betriebsverfassungs- und Mitbestimmungsrecht betreffen, bewegen wir uns im Experimentierstadium. Die Rituale des Prozedere zwischen Betriebsrat und Management der Unternehmen werden erst eingeübt. All dies kostet in Phasen der Stagnation viel Zeit und Kraft.

In den nächsten Jahrzehnten ist eher mit einer Intensivierung der Mitbestimmung zu rechnen, wenn zur Zeit auch eine Denkpause besteht. Es spricht alles dafür, daß sich langfristig die Mitbestimmung auch in Unternehmen kleiner Größenklassen durchsetzt. Dies hat den Vorteil, daß die Arbeitnehmer die Probleme des Unternehmens besser erkennen und u.a. mit den Grenzen von Lohnforderungen vertraut werden. Als Nachteil muß man herausstellen, daß unternehmensinterne Informationen – wie es zur Zeit häufig geschieht – in Kanäle geleitet werden, die nicht die Interessen des betroffenen Unternehmens verfolgen. Langfristig könnte diese neue Form der Transparenz bei Unternehmen in Verbindung mit einer erhöhten Bankentransparenz die wettbewerblichen Steuerungsprinzipien beeinflussen.

IX. Die Mitarbeiterbeteiligung

Bei der Mitarbeiterbeteiligung sind die allgemeinen Formen der Beteiligung mit Zugang aller Mitarbeiter und spezielle Beteiligungskonzepte für Führungskräfte bis hin zur Mitunternehmerschaft zu unterscheiden.

Der Mitbestimmung der Arbeitnehmer und damit einer veränderten Konfliktsteuerung zwischen Unternehmen und Arbeitnehmern ent-

---

44) Vgl. Hacker, Wolfgang: Kurskorrektur auch für das Betriebsverfassungsgesetz?, in: Blick durch die Wirtschaft, 27. Jg., Nr. 44, 1. März 1984, S. 3.

spricht eine zunehmende Tendenz zur Mitbeteiligung der Führungskräfte, um die Solidarisierung mit den Unternehmerinteressen zu verstärken, so daß in den nächsten Jahren mit zahlreichen neuen Modellen der Mitbeteiligung gerechnet werden kann. Auf die Beteiligung von Führungskräften an Unternehmen haben auch die Probleme bei der Vererbung von Unternehmen an nicht geeignete Nachfolger Einfluß.

Etwa eine Million Arbeitnehmer in fast 1 000 Unternehmen halten nach einer Untersuchung des Instituts der deutschen Wirtschaft (IW) und der Gesellschaft für innerbetriebliche Zusammenarbeit (GIZ) Vermögensanteile an den Unternehmen, in denen sie tätig sind. Ausschließlich vom Unternehmen werden 53 % aller Beteiligungsmodelle dotiert, und zwar in folgender Form:

1. Der Betrieb gewährt den Arbeitnehmern Sonderzahlungen (19 % aller Modelle).
2. Die Arbeitnehmer werden am Gewinn beteiligt, doch bleiben die Gewinnanteile im Unternehmen (24 %).
3. Vom Unternehmen geleistete Zinsen auf noch nicht bezahltes Mitarbeiterkapital werden als sogenannte investive Kapitalrenditen zur Auffüllung des zugesagten Beteiligungskapitals im Betrieb angelegt.

Neben eigenen Zuwendungen fordern 39 % aller Beteiligungsmodelle auch Eigenleistungen der Mitarbeiter. In diesen Fällen werden meist „verbilligte" Belegschaftsaktien (33 % aller Modelle) ausgegeben; dagegen ist die Gewinnbeteiligung mit Eigenleistung mit 6 % vergleichsweise selten. In 8 % der untersuchten Unternehmen wird das Beteiligungskapital ausschließlich von den Mitarbeitern aufgebracht.

Viele Beteiligungsunternehmen haben Sperrfristen für Mitarbeiterkapital eingerichtet, um „Mitnahmeeffekte" zu verhindern. Durchschnittlich betragen die Fristen für die Freigabe des Mitarbeiter-Beteiligungskapitals sieben Jahre. Dadurch wird das langfristige Interesse der Mitarbeiter am Betrieb gezielt unterstützt.[45)]

Es spricht vieles dafür, daß die Mitarbeiterbeteiligung steuerlich auf lange Sicht weiter gefördert wird.[46)]

Ungelöste Probleme bestehen zur Zeit bei der Bewertung vieler Mitarbeiteranteile. Weitere Alternativen dürften in den nächsten Jahren hinsichtlich der Auszahlungszwecke entwickelt werden.

---

45) Vgl. o.V.: In schwierigen Zeiten engagieren sich die Mitarbeiter häufig erst recht, in: Handelsblatt, 39. Jg., Nr. 86, 4./5. Mai 1984, S. 12.

46) Das zum 1. Januar 1984 in Kraft getretene Vermögensbeteiligungsgesetz, das sich aus dem Vierten Vermögensbildungsgesetz (936-DM-Gesetz) und dem neu in das Einkommensteuergesetz aufgenommenen Paragraphen 19 a zusammensetzt, erleichtert Mitarbeiterbeteiligungen.

Die Mitbeteiligung von Arbeitnehmern wird zu einer Grundfrage der Weiterentwicklung unserer Gesellschaftsordnung werden. In letzter Konsequenz bedeutet eine starke Mitbeteiligung auch erweiterte Formen der Mitbestimmung.

Zur Zeit muß man jedoch folgendes feststellen: Unternehmen, die die Mitbeteiligung eingeführt haben, entwickeln sich bisher nicht besser als vergleichbare Unternehmen ohne Mitbeteiligung, d.h. die erwartete höhere Motivation schlägt sich nicht – oder noch nicht – in Form besserer Unternehmensergebnisse nieder. Ein Beispiel dafür ist Photo Porst. Wahrscheinlich setzt die dualistische Situation, gleichzeitig Mitarbeiter und Miteigentümer zu sein, einen sehr viel längeren Lernprozeß voraus, als man bisher annahm.

Die Art und Richtung der zukünftigen Veränderung unserer Eigentumsordnung wird wesentlich durch die Entscheidungen über die Formen der Mitbeteiligung geprägt werden. Man kann das Konzept der Partnerschaftsbetriebe – mit welchen Alternativen der Beteiligung auch immer – jedenfalls nicht intensiv genug durchdenken.

Mit einer weiter ausgebauten Mitbestimmung dürfte auch die Mitarbeiterbeteiligung zunehmen. Sie dürfte das klassische Waffenarsenal der Gewerkschaften vollends stumpf werden lassen. Jede Form des Streiks von Mitbeteiligten würde praktisch einer Selbstbestreikung, einem Selbstausschluß als Eigentümer gleichkommen.

X. Die Szenarien

Die Zukunft der Arbeitswelt wird vor allem bestimmt werden:

1. durch veränderte Wertehaltungen am Arbeitsplatz, vor allem durch Veränderungen der Arbeitsbereitschaft,
2. durch neue Formen der Arbeit,
3. durch Flexibilisierung der zeitlichen Gestaltung der Arbeit,
4. durch zeitweise oder dauerhafte Arbeitslosigkeit von Erwerbswilligen,
5. durch die Weiterbildung,
6. durch die Neuordnung des Arbeitsentgelts im Rahmen der Mitbeteiligung,
7. durch die Weiterentwicklung der Mitbestimmung.

Neue Formen der Arbeit – Die duale oder trianguläre Beschäftigung: Alle Anzeichen sprechen dafür, daß sich die derzeitige Parallelwirtschaft eher noch ausweitet. Wir werden daher in Zukunft folgende Arten von Arbeit zu unterscheiden haben:

1. Einkommenserzielungsarbeit,
2. Einkommensverwendungs- und Wohlstandssteigerungsarbeit, so „produktive" Hobbies, auch Lernen,
3. Sozialarbeit in vielfältigen Erscheinungsformen, Beteiligung an der Alten- und Kinderbetreuung, politische Tätigkeiten.

Dies zeigt die Tendenz von einer dualen Wirtschaft mit Berufsarbeit und Freizeitarbeit für sich selbst zu einer triangulären Wirtschaft, die um die Sozialarbeit für Dritte ergänzt wird.

Neben der klassischen Arbeit wird – zusätzlich zu den vielen im sozialen Bereich und in der Politik auch bereits bisher engagierten Menschen – die Sozialarbeit einen ungeahnten Aufschwung nehmen. Es ist zu erwarten und auch zu wünschen, daß die Bereitschaft zur Mitgestaltung der Gesellschaft stark zunimmt. Die Qualität und Intensität des sozialen Engagements werden zu einem der hervorragenden Werte der Gesellschaft werden. Dies hat fundamentale Konsequenzen auf die Arbeitsteilung zwischen Wirtschaft, Staat und sonstigen Institutionen. Es hat gleicherweise Auswirkungen auf die erforderlichen finanziellen Mittel. Der Grad der ehrenamtlichen oder nach Teilkostenprinzip erbrachten sozialen Leistungen könnte die Staatshaushalte spürbar entlasten.

Die duale und trianguläre Wirtschaft werden auch veränderte Formen des Unternehmertums mit sich bringen. So kann eine Renaissance genossenschaftlicher Konzepte erwartet werden.

Flexibilisierung: Soll den bisherigen und zukünftigen Vorstellungen über eine Lebensgestaltung Rechnung getragen werden, müßte die Flexibilität der Zeitgestaltung und der Ablaufgestaltung bei der Arbeit stark zunehmen. Die wachsende soziale Diffamierung überdurchschnittlicher Arbeitsbereitschaft dürfte die ökonomischen Aussichten der Bundesrepublik Deutschland mehr als viele andere Werte prägen!

Es gehört in den Bereich der gesellschaftspolitischen Unehrlichkeit, daß Politiker und Gewerkschaften ihren Bürgern bzw. Mitgliedern ein Zeitkorsett überziehen, an das sie sich selbst nicht halten. Das schließt keineswegs aus, daß intensiver Zeiteinsatz auch ausgesprochen ineffizient und bloß aktionistisch sein kann.

Neben der Teilzeitbeschäftigung in einem Unternehmen wird in Zukunft die heute u.a. bei Designern, Stylisten oder PR-Spezialisten bereits anzutreffende Tätigkeit in mehreren Unternehmen weit mehr Bedeutung erhalten. Auch die Kombination von Angestelltenposition, Unternehmerposition und Beraterposition wird zunehmen. Bereits eine

Reihe von Unternehmern sind als Berater für Kollegen der gleichen Branche tätig. Umgekehrt übernehmen Berater die Funktion mittätiger Gesellschafter in Unternehmen.

Flexibilisierung bedeutet auch die Schaffung von Voraussetzungen zur Reintegration solcher aus dem Arbeitsprozeß bisher weitgehend unfreiwillig endgültig ausgeschiedenen Arbeitnehmer im Alter ab 50 Jahren.

Im Arbeitsrecht könnte in einigen Bereichen ein Übergang vom Zeitvertrag zum Werk- und Dienstvertrag zweckmäßig sein, wie Herbert Giersch fordert:

„Das Vordringen von Profit Centers und von Werkverträgen wird auch den Inhalt der Dienstverträge verändern. Teilhabe an Gewinn und Verlust ist eine Möglichkeit. Sie motiviert; wie stark, sieht man am Engagement des leitenden Personals, vor allem wenn es gilt, in Krisenzeiten ein schlechtes Geschäftsergebnis zu vermeiden. Je mehr Arbeitnehmer Mitverantwortlichkeit erlangen, weil das Dezentralisieren mit jedem Schritt in die Informationsgesellschaft leichter wird, um so mehr Druck steht zu erwarten zugunsten einer Beteiligung der Arbeitnehmer am Gewinn.

Den Freiraum dafür kann sich das Unternehmertalent im Arbeitnehmerlager dadurch erkämpfen, daß es die zeitabhängigen Bestandteile des Einkommens hinter dem allgemeinen Produktivitätsfortschritt zurückbleiben läßt. Der Gesetzgeber sollte diese Tendenz verstärken, indem er die Bonus-Zahlung als den riskanteren Teil des Einkommens mit einem ermäßigten Steuersatz begünstigt."[47)]

Arbeitslosigkeit: Die künftig mögliche oder angestrebte Trennung zwischen öffentlichen und privaten Aufgaben steht in enger Beziehung zur Bewältigung von Arbeitslosenproblemen mit einer Pflicht von Arbeitslosen zur Beteiligung an öffentlichen Arbeitsprogrammen.

Die Kreativität der Reintegration von Arbeitslosen ist bisher zu gering, vor allem auch die Kreativität im Hinblick auf die gesellschaftliche Verantwortung gegenüber den Arbeitslosen.

Mit der Fortdauer der *Jugendarbeitslosigkeit* tickt eine Zeitbombe, deren Sprengkraft in einem guten Jahrzehnt man sich heute noch kaum deutlich machen kann. Alle Erfahrungen zeigen, daß wer nie oder nur kurz gearbeitet hat, nach drei Jahren Arbeitslosigkeit wieder zwei bis drei Jahre Integrationszeit und -hilfe benötigt. Man muß sich in diesem Zusammenhang auch den einfachen Spruch vergegenwärtigen: Was Hänschen nicht lernt, lernt Hans nimmermehr.

---

47) Giersch, Herbert: Das neue Zeitalter der Unternehmer, in: Frankfurter Allgemeine Zeitung, 28. Jg., Nr. 76, 30. März 1985, S. 15.

Die Jugendarbeitslosigkeit führt zu einer Polarisierung der arbeitenden und der nicht arbeitenden jungen Generation mit kaum überschaubaren Folgen auf die Einstellung zur Arbeit, zur Glaubwürdigkeit unseres Gesellschaftssystems und zur jeweils anderen Gruppe. Wollen wir Ende der 80er Jahre einen Sozialarbeiter hinter je zwei arbeitslose Jugendliche stellen? Dies könnte einen Bedarf von 500 000 Sozialarbeitern zur Folge haben. Eine Integration der Jugendlichen in die Arbeitswelt bleibt eine primäre Aufgabe und ein Kriterium für unseren ernsthaften Willen zur Weiterentwicklung unserer Gesellschaftsordnung.

Wir haben das Gefühl für die Freiheit, die noch möglich ist, verloren. Wenn es uns nicht gelingt, die jungen Menschen in unser System aufzunehmen, ihre Werte zu würdigen, ihnen nicht nochmals als jungen Erwachsenen Brüche zuzufügen, die ihnen teilweise in der Schule zugefügt wurden, wenn es uns nicht gelingt, sie auch kommunikativ zu machen und aus dem Isolationismus der Schulzeit herauszuführen, werden wir in den 90er Jahren beachtliche Probleme haben.

Flexibilisierung des Rentenalters: Da nur ein Zehntel der Neurentner in der Bundesrepublik Deutschland bis zum 65. Lebensjahr arbeiten, spricht vieles dafür, daß wie in Italien eine Fixierung des normalen Rentenalters auf das 65. Lebensjahr angestrebt wird, oder wie in den USA die Rentengrenze sogar darüber hinaus verlängert wird. Weitere Überlegungen beziehen sich auf ein System von Zu- und Abschlägen bei der Höhe der Renten je nach Eintritt in das Rentenalter, wie sie ansatzweise – zumindest die Abschläge – im öffentlichen Dienst verwirklicht sind.

Weitere Alternativen betreffen die Nutzung der durch die Vermögensbildung entstehenden Beiträge zur Altersversorgung.

Veränderungen der Arbeitsbereitschaft: In der Arbeitswelt führt die derzeitige Entwicklung zu einer Dreiteilung, d.s.:

1. Nieberufstätige aus Gründen der erzwungenen, aber auch der freiwillig individuell entschiedenen Arbeitslosigkeit,
2. Wenigberufstätige mit Teilzeitbeschäftigung und mit anderen Einkommensquellen, teilweise mit der Wertehaltung der freiwilligen Einfachheit,
3. volleistende Berufstätige mit der grundsätzlichen Beibehaltung der Leistungsethik.

Als Auswirkungen der *Wertedynamik* seien erwähnt:

1. ein genereller Rückgang der Verantwortungsbereitschaft,
2. eine Ablehnung von Kontrollen, z.B. auch im Außendienst,
3. eine Ablehnung bisheriger Hierarchierituale, die auf Weisung und Gehorsam beruhen,

4. eine Veränderung der Führbarkeit von Unternehmen durch Mißverständnisse und Fehlverhalten im Bereich der Vorschriften des Betriebsverfassungsgesetzes und des Mitbestimmungsgesetzes.

Vor allem auch die *Egalisierung der Einkommen* im gesamten unteren und mittleren Bereich der Unternehmen führt zu dem Bumerang der bewußten Überqualifikation wegen fehlender Einsatzbereitschaft und Bereitschaft zur Übernahme von Verantwortung.

Eine Vorausschätzung der *Entwicklung des Erwerbstätigenpotentials* muß folgende Gesetzmäßigkeiten berücksichtigen:

1. Infolge einer verlängerten Ausbildungszeit und einer Herabsetzung des Pensionierungsalters nimmt das Arbeitskräftepotential ab.
2. Die Tendenz zur Abnahme der wöchentlichen Arbeitszeit verringert das verfügbare Arbeitskräftepotential.
3. Verminderungen des Arbeitskräfteangebots ergeben sich auch aufgrund einer Zunahme der Urlaubstage.
4. Die steigende Arbeitsbereitschaft von Rentnern und Pensionären wirkt sich bei entsprechendem Arbeitsplatzangebot auf die totale Erwerbstätigenquote, d.h. den Anteil der Erwerbstätigen an der Wohnbevölkerung, positiv aus.
5. Aufgrund der Zunahme der Arbeitsbereitschaft der Frauen wird davon ausgegangen, daß das weibliche Erwerbstätigenpotential noch zunimmt.
6. Die Tendenz zur Teilzeitbeschäftigung, insbesondere von Frauen, aber auch von Männern, als Nebentätigkeit im zweiten Beruf, erhöht das Arbeitskräfteangebot. Die Tendenz zur Teilzeitbeschäftigung erfaßt jedoch nicht die Managerebene.
7. Eine Veränderung der Zahl der Erwerbstätigen ergibt sich überdies aus internationalen Zuwanderungen oder Abwanderungen. Die Entwicklung der letzten Jahre zeigt für die Bundesrepublik Deutschland deutlich, daß das Lohngefälle bzw. die offene oder versteckte Arbeitslosigkeit in den Herkunftsländern ausreichen, um ausländische Arbeitnehmer hinzuzugewinnen.
8. Eine Zunahme der Zahl und der Nutzungsintensität von Ausbildungsinstitutionen privater und öffentlicher Träger führt zu qualitativen Verbesserungen des Arbeitskräfteangebots. Dabei nimmt vor allem die Weiterbildung stark zu.
9. Die Erwerbstätigenproportionen zwischen Produktion (Primär- und Sekundärsektor) einerseits und Distribution und sonstigen Dienstleistungen (Tertiärsektor) andererseits werden sich weiter langsam zugunsten des tertiären Sektors verschieben. Diese Entwicklungs-

tendenz bestätigt eine begrenzte intersektorale Konkurrenz um Arbeitskräfte.

10. Unbestritten ist, daß sich die Strukturen des quantitativen und qualitativen Arbeitskräftebedarfs innerhalb der Sektoren weiterhin stark ändern. Der Anteil der physischen Arbeit geht im Produktionsbereich wie im Distributionsbereich zugunsten der geistigen Arbeit zurück.
11. Neue Medien – wie auch die Roboterisierung – entlasten von unangenehmer physischer Arbeit und setzten frei für intelligentere Arbeit. Hinzu kommt aber die Notwendigkeit emotionalisierender Betreuungsarbeit.
12. Die Substitution von menschlicher Qualifikation durch Computer, z.B. bei medizinischer Diagnose, steigt an.
13. Die Tendenz zur Dezentralisierung von Arbeitsstätten oder Arbeitsplätzen durch neue Kommunikationstechniken nimmt stark zu.
14. Es wird weit mehr Rücksichtnahme der Unternehmen auf die Freizeitorientierung der Mitarbeiter gefordert werden.
15. Die Arbeitsplatz- und Karrieremobilität wird sich vor allem innerhalb eines Unternehmens vollziehen. Ein Problem wird die dauerhafte Integration von solchen Akademikern in Unternehmen, die keine Aufstiegschancen haben.
16. Bei der Karrieremobilität wächst insbesondere bei den älteren Mitarbeitern auch das Interesse an einer Inkaufnahme von Positionen mit hierarchisch oder spezialisierungsmäßig geringeren Anforderungen und auch niedrigeren Vergütungen.
17. Die hohe Sockelarbeitslosigkeit wird sich innerhalb eines Jahrzehnts nur durch ein kräftiges Wirtschaftswachstum beseitigen lassen.

So wie die Dinge heute liegen, dürfte die Umstrukturierung der Arbeitsplätze und die Auseinandersetzung mit der Arbeitslosigkeit bis weit in die neunziger Jahre hinein ein gravierendes Problem bleiben.

Neue Vergütungskonzepte: Weitgehend neu sind die heute intensiv diskutierten Vorschläge der Grundabsicherung der Bürger mit oder ohne Erwerbstätigkeit durch ein Grundgeld oder Grundeinkommen. Dies wäre sowohl durch Steuern als auch durch eine Neuordnung von Sozialbeiträgen der Unternehmen aufzubringen. Das Grundgeld hat die Wirkung einer negativen Einkommensteuer. Teilweise werden diese Begriffe synonym verwandt; die Diskussion um die Entkoppelung von Arbeit und Einkommen tritt dadurch in eine neues Stadium.

Das Grundgeld wird auch als Integrationsinstrument angesehen, als Instrument zu einer 99-Prozent-Gesellschaft, wie Ralph Dahrendorf meint. Überdies stellt Dahrendorf dazu die Grundfrage: ,,Gehen wir in eine Zeit, in der die Mehrheitsklasse der Besitzenden immer brutaler ihren Status verteidigt – oder öffnen wir uns erneut für die Bürgerrechtsgesellschaft, die allen Freiheit verspricht?''[48]

Eine andere Alternative für neue Vergütungskonzepte wäre die Integration von Elementen des Tauschhandels aufgrund der engen Bindungen zwischen den Unternehmen. Dies würde ein Gutscheinsystem für Arbeitnehmer bedeuten. Die Gutscheine berechtigen zum Bezug von Waren von Unternehmen, zu denen enge vertragliche Lieferbeziehungen bestehen.

Ein Teil des Einkommens würde somit in arbeitsplatzsichernden Gutscheinen entrichtet. Dieses Verfahren, das auch gegenseitig orientiert sein kann, führt von der Unternehmenskooperation zu neuen Formen der Mitarbeiterkooperation.

Im Einzelhandel und im kommunalen Dienstleistungsgewerbe könnte das Konzept der Personalrabatte auf Anteilseigner und Aktionäre ausgedehnt werden. Hier handelt es sich um indirekte Einkommenserhöhungen.

Aspekte des Arbeitsmarktes im nächsten Jahrzehnt

Wertungen: Bei realistischer Betrachtung ist das Ziel der Vollbeschäftigung auf Jahre hin kein erreichbares Ziel mehr, da dafür um 5 % Realwachstum für erforderlich gehalten werden. So stellt Lothar Julitz fest, daß Vollbeschäftigung nur noch an der Auslastung der maschinellen Kapazitäten gemessen werden kann.[49]

,,In einer Studie des Instituts für Arbeitsmarkt- und Berufsforschung (IAB) wird damit gerechnet, daß die Arbeitslosigkeit in der Türkei, in Portugal und Spanien bereits bis zum Ende dieses Jahrzehnts auf insgesamt rund 12 Millionen Menschen zunehmen wird. Wenn in einer solchen Situation Freizügigkeit vereinbart ist, dann werden Arbeitskräfte zunehmend in jenes Land oder in jene Länder einwandern, deren Wirtschaft und Sozialsystem – bei einer relativ niedrigen Arbeitslosenquote – vergleichsweise am leistungsfähigsten sind . . .''[49]

---

48) Dahrendorf, Ralph: Für jeden Bürger ein garantiertes Einkommen, in: Die Zeit, 41. Jg., 1986, Nr. 4, S. 32.

49) (Vgl.) Julitz, Lothar: Vollbeschäftigung – nur noch eine Illusion?, in: Frankfurter Allgemeine Zeitung, 12. März 1986, zit. nach: Deutsche Bundesbank (Hrsg.): Auszüge aus Presseartikeln, Nr. 22, 18. März 1986, S. 7–8, S. 7.

Im Jahre 1988 laufen die vorläufigen Beschränkungen der Freizügigkeit, die gegenüber griechischen Staatsangehörigen noch gelten, aus. Ferner sind 1986 mit Portugal und Spanien zwei Länder mit hoher Arbeitslosigkeit neue Mitglieder der Gemeinschaft geworden. Bis Ende 1986 tritt das EG-Assoziierungsabkommen mit der Türkei – mit den praktisch gleichen Rechten der Freizügigkeit – in Kraft.

Von 1980 bis 2000 wird der Anteil des ausländischen Erwerbspersonenangebots von 8 auf 14 % ansteigen.

Nach Berechnungen des Instituts für Arbeitsmarkt- und Berufsforschung wurde im Jahre 1984 die Anzahl der durch Rationalisierung bis zum Jahre 1990 betroffenen Arbeitsplätze in der Bundesrepublik Deutschland mit 4 Mill. angegeben. Somit müßten bis zum Jahre 1990 über 6 Mill. neue Arbeitsplätze in der Bundesrepublik geschaffen werden, allein um Rationalisierungen und Umstrukturierungen zu kompensieren.

Von 1983 bis 1990 werden auf dem Arbeitsmarkt der Bundesrepublik zusätzlich unterzubringen sein:

- 900 000 ausländische Erwerbspersonen,
- 650 000 deutsche Erwerbspersonen.

Bis zum Jahre 2000 werden etwa 2,1 Mill. zusätzliche Akademiker in den Arbeitsmarkt eintreten. Der Bestand an Akademikern in der deutschen Wirtschaft lag 1984 bei 750 000, einschließlich der Verwaltung bei 2,1 Mill.

Bei den Beziehungen zwischen Arbeitsplatzbedarf und Wachstum wurde 1985 von der Prognos AG folgende Schätzung bis zum Jahre 2000 vorgelegt:

jährliches reales Wirtschaftswachstum	Arbeitsplätze
+ 3,0 %	+ 1 Mill.
+ 2,5 %	unverändert
+ 1,0 %	./. 2,5 Mill.

Diese Überlegungen sind dann noch mit Elementen der Arbeitsbereitschaft verknüpft worden.

Man kann nicht deutlich genug darauf hinweisen: Die Arbeitsplatzdifferenz bis zum Jahre 2000 liegt bei 3,0 % jährlichem realen Wirtschaftswachstum gegenüber nur 1,0 % bei 3,5 Mill. oder rd. 14 % der Mitte der achtziger Jahre in der Bundesrepublik Deutschland besetzten Arbeitsplätze. Nur eine prosperierende und damit innovative und international kräftige Wirtschaft kann das Arbeitslosenproblem lösen.

Schaubild 3.4

Neue Arbeitsmarktbilanz 1965 bis 2000

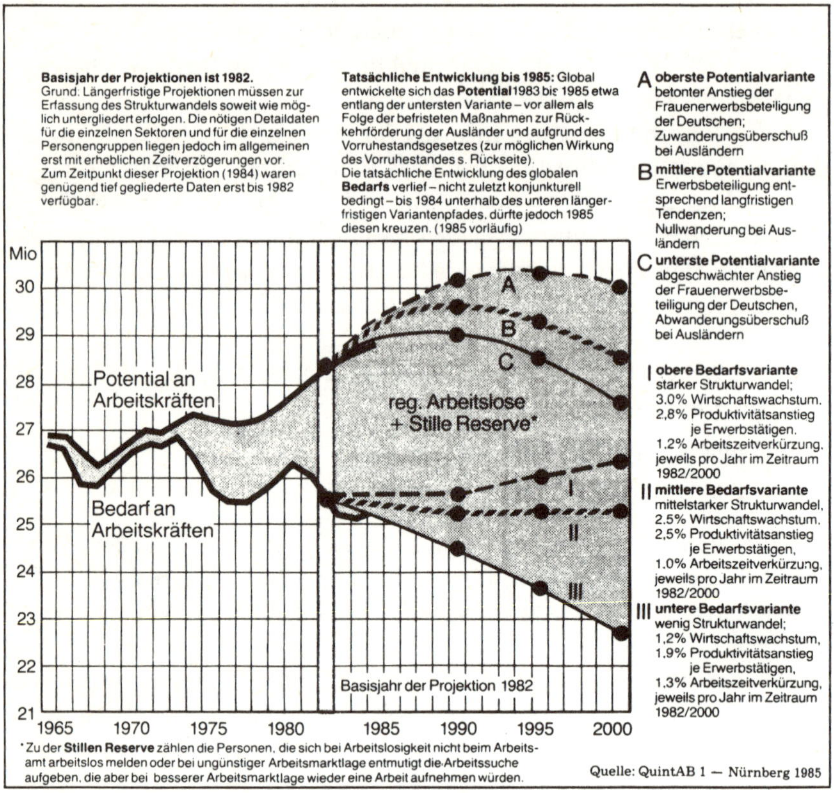

Quelle: o.V.: Auch im Jahre 2000 könnte die Arbeitslosigkeit noch sehr hoch sein, in: Handelsblatt, 45. Jg., Nr. 7, 10./11. Januar 1986, S. 46.

Etwa 2,8 Mill. zusätzlicher Akademiker wird es von 1985 bis 2000 geben. Dieser Zahl stehen 0,9 Mill. ausscheidende Akademiker gegenüber. Die Studienberechtigungsquote liegt 1985 über 27 % und dürfte auf 40 % im Jahre 2000 ansteigen.

Der Bestand an erwerbstätigen Hochschulabsolventen wird sich von 2,2 Mill. im Jahre 1981 auf 4,1 bis 4,3 Mill. fast verdoppeln. Jeder sechste Erwerbstätige wird dieser Gruppe angehören.[50)]

Weitere Angaben finden sich im nächsten Abschnitt über Bildung und Forschung.

Szenario I

Das Erwerbstätigenpotential, die vermutlich effektiv Erwerbstätigen und deren durchschnittliche Arbeitszeit bestimmen die Wirtschaftskraft. Von 1982 bis 2000 wird das Erwerbstätigenpotential (20- bis 60jährige) – jedoch bei einem zwischenzeitlichen Anstieg – mit rd. 33 Mrd. Personen in etwa konstant bleiben.

Eine wirksame *Verbesserung der Arbeitsmarktsituation* bis zum Jahre 2000 könnte durch folgende Faktoren erreicht werden:

- kräftiges reales Wirtschaftswachstum,
- Verzicht auf Produktivitätsfortschritte,
- Reduktion der Reallöhne,
- Umgliederung der Wirtschaftsstruktur in Richtung auf mehr Dienstleistungen.

Nach der EG-Studie FAST könnten in der EG-10 bis 1995 rd. 4 bis 5 Mill. neue Arbeitsplätze durch neue Medien geschaffen werden.[51)] Anpassungsschwächen der Industrie könnten dagegen bewirken, daß sich die Beschäftigung weitaus weniger erhöht. Dies würde sich auch auf die Bundesrepublik Deutschland negativ auswirken.

Bis zum Jahre 2030 ist dann bei 45,7 Mill. Einwohnern ein Rückgang auf rd. 22 Mill. Erwerbsfähige, d.s. rd. zwei Drittel des heutigen Wertes, zu erwarten. Bei einer Beibehaltung der durchschnittlichen heutigen Erwerbsquote (1984: 25 Mill. Erwerbstätige) werden im Jahre 2030 dann etwa 17 Mill. Menschen arbeiten, d.s. rd. 78 % der Angehörigen der Altersgruppe von 20 bis 60 Jahren, was rd. zwei Dritteln des heutigen Ausgangsbestandes entspricht. Wahrscheinlich werden einige Menschen früher zu arbeiten beginnen als heute und mehr als heute werden vor Erreichen der 60-Jahresgrenze ausscheiden, andere werden länger arbeiten. Die Studierenden werden vermutlich durchschnittlich eher noch später in den Arbeitsprozeß integriert werden als heute.

Selbst wenn sich eine veränderte Arbeitsmoral und eine erhöhte Arbeitsbereitschaft der Älteren zeigen sollte, dürften auf der Grundlage der Bevölkerungsprognose nach Szenario I im Jahre 2030 höchstens etwa 20 Mill. Menschen in den Arbeitsprozeß eingeschaltet sein.

Bezüglich der Arbeitszeit sei für 2030 von einer regulären Arbeitszeit

50) Vgl. Tessaring, Manfred; Weißhuhn, Gernot: Der Bestand an Hochschulabsolventen bis zum Jahre 2000, in: Mitteilungen aus der Arbeitsmarkt- und Berufsforschung, 18. Jg., 1985, Nr. 1, S. 84–91, S. 84.

51) Vgl. Kommission der Europäischen Gemeinschaften (Hrsg.): FAST: Welche Zukunftsperspektiven für Europa?, Stichwort Europa, 1984, Nr. 7, S. 9.

zwischen 35 und 25 Wochenstunden bei gleicher Urlaubszeit wie heute ausgegangen. Dies würde das Arbeitspotential je Erwerbstätiger – bezogen auf die Regelarbeitszeit von 40 Stunden – wie folgt reduzieren:

- 35 Stunden 87,5 % oder minus 12,5 %,
- 30 Stunden 75,0 % oder minus 25,0 %,
- 25 Stunden 62,5 % oder minus 37,5 %.

Bei unterschiedlichen Regelarbeitszeiten ergeben sich für die beiden Erwerbstätigenhypothesen folgende relative Auswirkungen auf die Gesamtarbeitszeit bis 2030 bei einer Arbeitszeit im Jahre 1984 von 100 %:

wöchentliche Arbeitszeit in Stunden	Anzahl der Erwerbstätigen 2030	
	17 Mill.	20 Mill.
35	59,5 %	70,0 %
30	51,0 %	60,0 %
25	42,5 %	50,0 %

Die effektiv geleistete Arbeitszeit wird je nach der Wochenarbeitszeit und der Zahl der Beschäftigten bis zum Jahre 2030 auf rd. 70 % bis 42,5 % rückläufig sein.

Wenn im Jahre 2030 nur noch 30 Stunden Normalarbeitszeit üblich sind, bedeutet dies in vereinfachter Rechnung eine Kürzung um 25 % auf der Basis der heutigen 40-Stunden-Woche. Das Zeitleistungspotential von heute 25 Mill. Erwerbstätigen sinkt bis zum Jahre 2030 unter Berücksichtigung der genannten Arbeitszeitverkürzung bei 17 Mill. Erwerbstätigen auf nur noch rd. 13 Mill. Vollzeitarbeitspotential auf der Basis einer 40-Stunden-Woche. Somit sinkt das Arbeitsvolumen bis zum Jahre 2030 auf rd. 55 % der heute geleisteten Arbeitsstunden ab.

Aufgrund der zu erwartenden Diskrepanz zwischen Arbeitskräftebedarf und Arbeitskräfteangebot in quantitativer und qualitativer Hinsicht ist nicht auszuschließen, daß die Arbeitszeit im Jahre 2030 weniger als bei den soeben vorgelegten Berechnungen von den heutigen Bedingungen abweicht.

Derzeit notwendig erscheinende Arbeitszeitverkürzungen mit Umverteilung von Arbeit auf eine größere Anzahl Erwerbstätiger dürften etwa ab dem Jahre 2000 zu erheblichen Belastungen für die Wirtschaft führen.

Es spricht alles dafür, sich bereits heute auf die notwendige Flexibilität im Hinblick auf die zukünftige Wochen- und Jahresarbeitszeit einzustellen.

Szenario II

Bei Szenario II nimmt die Anzahl der Erwachsenen im erwerbsfähigen Alter überdurchschnittlich zu. Von den insgesamt 60 Mill. Menschen, von denen 21,7 Mill. aus dem Ausland kommen, dürften etwa 36 Mill. im Erwerbsalter sein. Die Berufsfähigkeit der Ausländerinnen dürfte unterdurchschnittlich sein, so daß die zusätzlichen Erwerbswilligen sich gegenüber 1984 auf etwa 1 bis 2 Millionen belaufen dürften.

Bei Szenario II wird somit – mitbedingt auch durch einen anderen Altersaufbau der Bevölkerung – mit einem etwas höheren Erwerbstätigenpotential als heute gerechnet. Dies bedeutet unter Beibehaltung der derzeitigen Erwerbsquote im Jahre 2030 eine Erwerbstätigkeit von 27 Mill. Personen und eine Zahl geleisteter Arbeitsstunden, die heute 19 Mill. Erwerbstätigen entspricht.

Dadurch entstehen folgende Grenzwerte für die Arbeitszeit für Szenario II bei einer Arbeitszeit im Jahre 1984 von 100 %:

wöchentliche Arbeitszeit in Stunden	Anzahl der Erwerbstätigen 2030	
	27 Mill.[1)]	29 Mill.[2)]
35	94,5	101,5
30	81,0	87,0
25	67,5	72,5

1) Annahme einer Veränderung der Erwerbstätigen von 1984 bis 2030 von 25 auf 27 Mill.
2) Annahme einer Veränderung der Erwerbstätigen von 1984 bis 2030 von 25 auf 29 Mill.

Trotz einer Zunahme der Erwerbstätigen sinkt bzw. stagniert die insgesamt geleistete Arbeitszeit bei einer 35-Stunden-Woche. Diese Berechnung zeigt besonders deutlich, welche Konsequenzen eine Verkürzung der Arbeitszeit hat: Etwa 11 Mill. zusätzliche Beschäftigte bei total rd. 40 Mill. Erwerbstätigen sind erforderlich, um eine generelle Stundenkürzung auf die 30-Stunden-Woche so zu verkraften, daß die gleiche Zeit gearbeitet wird.

Um es noch einmal zu verdeutlichen: Trotz einer Zunahme der Erwerbspersonen von 25 auf 27 Mill. wird die Zahl der geleisteten Arbeitsstunden gegenüber heute infolge der Arbeitszeitverkürzung dann noch im Ausmaß von 5,1 Mill. Beschäftigten (Basis: 40-Stunden-Woche) rückläufig sein.

J. Die Ausbildung

I. Die Ausgangsbedingungen

Das Bildungssystem bestimmt das gesellschaftliche und wirtschaftliche Schicksal einer Nation. Die Qualität der Lehrer von den Grundschulen bis zur Universität ist mit ausschlaggebend für die Möglichkeiten zur Beteiligung an der technischen Entwicklung. Hier sind in der Bundesrepublik Deutschland Mängel festzustellen, die die Entwicklungsaussichten reduzieren. Viele bewährte Grundsätze wurden in einer Reformierungshektik über Bord geworfen und durch schlechtere ersetzt. Für viele Fehlentscheidungen bei der Veränderung des Bildungssystems wird überdies niemand zur Verantwortung gezogen werden. Es dürfte daher noch nicht einmal einfach sein, auch in Zukunft weitere Verschlechterungen im Bildungssystem zu verhindern.

Eine wichtige Herausforderung ist die Schaffung von neuen Leitbildern für die Hauptschulabschlüsse und für das Abitur. Dabei geht es um die Festlegung eines dynamisch zu interpretierenden Minimums an Gemeinsamkeit der Ausbildung und damit des Wissens. Auch in einer pluralistischen Gesellschaft ist eine gemeinsame Basis erforderlich.

Die quantitative Bildungsexplosion setzt sich zahlenmäßig zunächst fort. Die Anzahl der Abiturienten und Hochschulabsolventen wird sich von 1980 bis 1990 in der Bundesrepublik Deutschland von 3,6 auf 5,6 Mill. erhöhen. Im Jahre 1990 werden fast 50 % der 25- bis 35jährigen einen Realschulabschluß, Abitur oder einen Hochschulabschluß haben. Zur Veranschaulichung dieses Tatbestandes muß man auch berücksichtigen, daß 83 % der heute 50jährigen nur die Volksschule besucht haben.

Die Anzahl der Schüler wird von 10,6 Mill. im Jahre 1983 auf 8,3 Mill. im Jahre 1992 abnehmen, um dann wieder auf 8,7 Mill. bis 2000 anzusteigen.

Die zum Hochschulstudium berechtigten Jugendlichen werden von 305 400 im Jahre 1983 auf 188 800 im Jahre 1997 und 197 000 im Jahre 2000 rückläufig sein.

Bereits 1983 strebten nach einer Umfrage mit 42 % mehr weibliche als mit 37 % männliche Jugendliche das Abitur oder einen Universitätsabschluß an.

Schaubild 3.5

Die Entwicklung der für die einzelnen Bereiche des Bildungswesens relevanten Altersgruppen von 1975 bis 2030

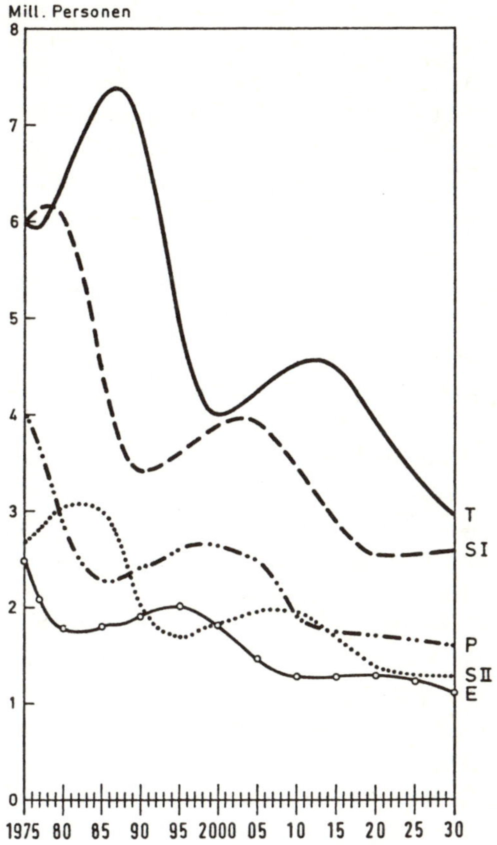

E = 3 bis unter 6 jährige (Elementarbereich)
P = 6 bis unter 10 jährige (Primarbereich)
S I = 10 bis unter 16 jährige (Sekundarbereich I)
S II = 16 bis unter 19 jährige (Sekundarbereich II)
T = 19 bis unter 26 jährige (Tertiärer Bereich)

1) *Grundvariante.*

Anmerkung: Werte nicht voll mit der zugrundegelegten Bevölkerungsprognose harmonisiert.

Quelle: o. V.: Längerfristige Perspektiven der Bevölkerungsentwicklung der Bundesrepublik Deutschland, in: DIW-Wochenbericht, 51. Jg., 1984, Nr. 24, S. 277–286, S. 285.

Die Ausbildung der Ausländer: Bereits heute stellt die Ausländerjugend die Gesellschaft der Bundesrepublik Deutschland vor immense Probleme, die bei einer Zunahme der Anzahl der Ausländer noch dringlicher werden. Es gibt heute in der Bundesrepublik Deutschland über eine Million ausländische Kinder und Jugendliche unter 18 Jahren. Über 200 000 ausländische Jugendliche sind zwischen 15 und 19 Jahren alt. Die Situation der Jugendlichen als Anteil an den rd. 4 Mill. Ausländern in der Bundesrepublik Deutschland läßt sich wie folgt skizzieren: Nur 35 % der 15- bis 19jährigen Ausländer haben einen Arbeitsplatz; über 60 % der Jugendlichen, die die allgemeinbildenden Schulen verlassen, haben keinen Hauptschulabschluß und damit keine Chance auf einen Ausbildungsplatz in der Bundesrepublik Deutschland.

Die Integration ausländischer Jugendlicher in das Bildungssystem sowie in die Arbeitswelt ist aber eine Grundvoraussetzung für deren gesellschaftliche Integration.

Die Hochschulausbildung: Die Bundesrepublik hat eine Phase der Bildungspolitik hinter sich, die primär durch gesellschaftliche Förderung und Öffnung geprägt war, nicht durch elitäre Auslese. Diese Öffnung der Sekundarschulen und Hochschulen war von einer Euphorie der Bildungs- und Chancengleichheit getragen, die sich in der Praxis nicht bewahrheitet hat. Dazu ein Beispiel: „So sei in Göttingen ein Rückgang der mittleren mathematischen Kenntnisse der Medizinstudenten seit 1972 um ein Drittel festgestellt worden. In Hannover habe sich bei einer Testklausur für Studienanfänger mit dem Berufsziel Diplom-Ingenieur ergeben, daß von 13 Aufgaben, deren Stoff bereits in der Mittelstufe auf dem Lehrplan steht, im Durchschnitt nur ein bis drei Aufgaben fehlerfrei gelöst wurden. Tests für Studienanfänger der Wirtschaftswissenschaften in Braunschweig seit 1976 ergeben nach Berchem, daß sich die Durchfallquote in sieben Jahren fast verdreifachte. Die durchschnittlich erreichte Punktzahl von 64 Prozent im Jahr 1976 lag 1983 bei 47 Prozent. In Köln wurde festgestellt, daß nur 6,8 Prozent der Studienanfänger die für ein wirtschaftswissenschaftliches Studium notwendigen mathematischen Schulkenntnisse hatten, jeder dritte verfügte höchstens über Mathematikkenntnisse der Mittelstufe.“[52]

Die Anerkennung des Abiturs im Ausland ist im letzten Jahrzehnt erheblich gesunken. In der Schweiz werden von den Hochschulen für Deutsche Aufnahmeprüfungen verlangt. In den USA ist die Anerkennung im Rahmen der an dortigen Hochschulen üblichen Credit-Point-Systeme stark gesenkt worden.

---

52) O.V.: Niveau-Verlust der deutschen Abiturienten – Verheerende Kritik vom Präsidenten der Rektorenkonferenz, in: Die Welt, Nr. 152, 2. Juli 1984, S. 16.

Die Anzahl der Studenten zeigt die folgende Entwicklung:

- 1960 304 000,
- 1970 525 000,
- 1980 1 036 000,
- 1983 1 273 000.[53)]

Die Entwicklung der Massenuniversität wird dadurch bestätigt, daß die Zahl der an bundesdeutschen Hochschulen eingeschriebenen Studenten sich innerhalb von 20 Jahren auf fast 1,3 Millionen (Wintersemester 1983/84) vervierfacht hat, aber die räumlichen und sachlichen Kapazitäten nur für rd. 850 000 Studierende angelegt sind.

Je nach Studierfreudigkeit werden 1990 etwa 1,34 Mill. bis 1,40 Mill. Studenten erwartet.

Durch die starke Erhöhung der Studentenzahlen ist zwangsläufig auch die Qualifikation der Studenten abgesunken und damit die Qualität der Examina. Auch die Bewertung der Examina ist an einigen Hochschulen zur Farce geworden. Noten einiger Universitäten sind für eine Beurteilung von Bewerbern wegen fragwürdiger Prüfungsverfahren nichts mehr wert. An der Freien Universität Berlin erreichten Psychologen im Sommersemester 1982 eine durchschnittliche Diplomnote von 1,1!

Der Anteil eines Abitur-Jahrganges, der die Hochschulreife erreicht, hat sich in der Bundesrepublik Deutschland stark erhöht: in den fünfziger Jahren 6 %, 1970 waren es 11,3 %, 1980 22,0 % und von der Kultusministerkonferenz werden für 1990 33,0 % erwartet.

Die Anzahl der 20- bis 21jährigen ist von etwa 1 Million in den Jahren 1985 bis 1987 auf 750 000 im Jahre 1992 und auf 600 000 im Jahre 1995 rückläufig. Daraus kann man auf eine Halbierung der Studentenzahlen gegenüber heute ab etwa der Mitte der neunziger Jahre schließen. Von 1977 bis 1984 hat sich die Zahl der Studenten um rd. 40 % erhöht, das wissenschaftliche Personal nur um 8,4 %.

Im Jahre 1960 gab es in der Bundesrepublik Deutschland 5 500 Professoren, 1984 waren es rd. 33 300 an 238 Hochschulen.

Ein weiteres Problem der Universitäten ist aufgrund der extremen Expansion die zwangsläufig schwächere Qualifikation der Hochschullehrer. Aufgrund der Verbeamtung sind Neubesetzungen von Lehrstühlen erst nach Zeiträumen von einer Generation möglich – es sei denn, man käme zu neuen unorthodoxen Rekrutierungs- und Regenerationsverfahren für Hochschullehrer, so zu einer Doppelbesetzung von Lehrstühlen zur Erhaltung qualifizierten Nachwuchses an der Universität.

53) Wintersemester 1983/84.

In der Bundesrepublik Deutschland studieren fast 11 % aller Schüler gegenüber 8 % im EG-Durchschnitt und 5 % in Großbritannien. „Die Überbelastung der Hochschulen wird auch durch andere Daten belegt: So stieg die Zahl der Studenten zwischen 1970 und 1981 um 114 Prozent, die Zahl der Professoren und Dozenten um 98 Prozent – der Sachmittelaufwand für Forschung und Lehre aber nur um 39 Prozent. Anders gerechnet: Während 1970 auf jede Professorenstelle Forschungsmittel in Höhe von 54 800 DM entfielen, waren es 1981 (in Preisen von 1970) nur noch 34 800 DM."[54)]

Hinsichtlich der Gesamthochschulen und Universitäten haben sich Hoffnungen auf positive Auswirkungen der Differenzierung durch Schaffung unterschiedlicher akademischer Tätigkeiten und Positionen in der Gesamthochschule nicht erfüllt. Hier hat sich in der Tat ein Milliardenaufwand als Fehlinvestition erwiesen.

Ausbildung und beruflicher Erfolg: Zahlreiche Untersuchungen zeigen, daß die beruflichen Erfolge keine enge Korrelation zu den Prüfungsleistungen aufweisen; dies wurde jüngst noch durch eine Analyse der Lebenswege von Harvard-Absolventen bestätigt. Die Berufschancen sind somit bei unterschiedlichen Examensnoten weitgehend ähnlich. Dies bedeutet auch, daß aufgrund der Ausbildung insgesamt jedermann, der dies erstrebt, gute Berufschancen hat. Voraussetzungen sind allem voran die Bereitschaft zu lernen, auch eine Position anzunehmen, die nicht eng mit der Ausbildung korrespondiert.

II. Die Szenarien

Die wichtigste Herausforderung an die Ausbildung betrifft die *Umstellung von der Handarbeit zur Geistesarbeit*. Der Übergang von der Landwirtschaft in die Industrie bewegte sich in einem bekannten Arbeitsraster. Die postindustrielle Gesellschaft stellt hier Anforderungen an einen neuen Ausbildungsbedarf.

Im Bereich des Bildungswesens zeigen sich somit zumindest die folgenden Herausforderungen:

1. die Anpassung an die veränderten gesellschaftlichen und technischen Bedingungen,
2. die Beseitigung der gravierenden bestehenden Defekte,
3. die Anpassung an veränderte Ausbildungsvolumina, vor allem aufgrund der demographischen Veränderungen.

---

54) O.V.: Zwang zur Transparenz, in: iwd, Informationsdienst des Instituts der deutschen Wirtschaft, 10. Jg., 1984, Nr. 17, S. 3.

Das künftige Bildungssystem ist neu zu orientieren durch Änderungen bei den

- Lerninhalten,
- Lernmethoden,
- Lehrerorganisationen,
- Bildungsinstitutionen.

Als wichtigste Herausforderung wird man herausstellen müssen, daß alle Ausbildungsgänge darauf hin orientiert sein müssen, Lernbereitschaft zu fördern und zu lehren, wie man lernt.

Die Kinder und Jugendlichen werden eher in *Ganztagsschulen* ausgebildet werden, die sie nach dem Besuch von Vorschulen (ab dem vierten Lebensjahr) bereits etwa ab dem achten Lebensjahr, gestützt auf genaue Untersuchungen der Lernfähigkeit nach Bausteinprogrammen, absolvieren. Die Ausbildung zur Teamarbeit und die Bewertung der Teamarbeit wird mit neuartigen Lehrmethoden erfolgen.

Die Schulzeit wird trotz Ganztagsschule flexibler gestaltet sein als heute. Dies gilt auch für freie Wochentage und Ferienregelung.

Das durchschnittliche Ausbildungsalter wird höher sein als heute, jedoch verbunden mit mehr praktischer Tätigkeit während der Ausbildung.

Lebenslanges Lernen wird zu einem Grundelement der Lebensgestaltung der nächsten Jahrzehnte werden. Dieses Lernen kann sich auch außerhalb des Berufes abspielen. Nachhol- und Auffrischungslernen von Sprachen, Geschichte, Geographie und Kunst seien als Beispiele erwähnt. Wichtig ist die uneingeschränkte Erhaltung der Lernbereitschaft und der Lernfähigkeit.

Der Ausbildungsstand der Erwachsenen wird durch neue Anforderungen am Arbeitsplatz regelmäßigen Kontrollen unterworfen, und die Verbesserung des Ausbildungsstandes bildet die Voraussetzung für eine Weiterentwicklung im Beruf. Man wird bereits gegen Ende dieses Jahrhunderts Niedrigerstufungen im Beruf nicht mehr als Prestigeverlust beurteilen. Ein praktikables Leistungsdenken wird neuartige Steuerungskriterien für die Ausbildung entstehen lassen.

Die *Lernforschung* befaßt sich intensiv mit den geänderten Lernvoraussetzungen und vor allem -anforderungen für unsere zukünftige Informationsgesellschaft. Sicher werden in den nächsten Jahrzehnten auch die Forschungsergebnisse über Voraussetzungen für geistige Hochleistungen zunehmen. Hierzu dürften auch Erkenntnisse über die Mediennutzung gehören.

Man kann sogar erwarten, daß im nächsten Jahrhundert Buchstaben und Wörter teilweise durch Bilder und Farben abgelöst werden. Bereits heute wird mit Computern experimentiert, die alphanumerische Ausdrucke aufgrund von unmittelbarer menschlicher Spracheingabe tätigen.

Es dürfte auch die Zeit der interkulturellen Lernforschung kommen. Als Vorteil einiger Länder des ostasiatischen Raumes, mindestens der gebildeten Schicht in diesem Raum, ist in diesem Zusammenhang die Bilderschrift anzusprechen. Die dadurch erforderlichen Gedächtnisleistungen bilden eine wichtige Voraussetzung für das Erlernen anderer Sprachen, aber auch für jede andere Form des Lernens sowie für das technische Verständnis. Der zur Zeit diskutierte Übergang auf unser Alphabet könnte sich für diese Länder mittel- und langfristig nicht nur als ein bedeutender kultureller Verlust, sondern auch als ein Wandel der Lernfähigkeit auswirken. Man wird viele Eigenheiten und Erfolge in Japan, Korea, Malaysia, Singapur, Hongkong und Taiwan und demnächst sicher auch in der Volksrepublik China auf die Bilderschrift der Kanjis zurückführen können, durch die Vorstellungsvermögen, Gedächtnisleistungen und Verständnisdimensionen stark gefördert werden.

Die Bildungsinhalte: Das Bildungswesen der Zukunft wird sich nicht darauf beschränken können, auf informatisches und kybernetisches Denken vorzubereiten, obwohl dies außerordentlich wichtig ist. Mindestens gleichberechtigt ist eine Vorbereitung auf die großen sozialen und psychologischen Veränderungen in der Arbeitswelt und generell in der Gesellschaft zu fordern. In den Schulen muß nichtlineares systemorientiertes Denken vermittelt werden. Angesichts des Entwicklungstempos sollte mindestens generell gelernt werden, die Folgen menschlichen Handelns und Unterlassens besser abschätzen zu können.

Insbesondere im Hinblick auf die Bewältigung der Mikroelektronik wird vom Bildungssystem eine intensive Kreativitätsschulung gefordert: Man spricht hier vom antizipatorischen Lernen, d.h. der Fähigkeit, neue, bisher nie erlebte Situationen zu bewältigen. Man muß fähig werden, neue Paradigmen und neue Begriffssysteme zu erlernen. Dazu kommen neue psychologische Herausforderungen.

Der Übergang zu Konzepten des transpersonalen Lernens dürfte nicht einfach sein. Die intellektuellen Herausforderungen sind immens: „Man erlernt die Mechanismen der Konditionierung. Man lernt, die eigenen Verhaltensmuster zu erkennen, sich mit Angst und Konflikten zu identifizieren, verantwortlich zu handeln, das auszudrücken, was man empfindet und was man loswerden will.

Veränderte Bewußtseinszustände werden ernst genommen: ‚Zentrierungs'-Übungen, Meditation, Entspannungstechniken und Phantasie werden angewandt, um Wege der Intuition und des ganzheitlichen Lernens offenzuhalten. Schüler werden ermutigt, sich einzustimmen, ihrer Phantasie freien Lauf zu lassen sowie jene besondere Empfindung von Gipfelerfahrungen zu identifizieren. Techniken zur Entwicklung des Körperbewußtseins werden angeboten: Atem- und Entspannungsübungen, Yoga, körperliche Lockerungen und Biofeedback.

Die Schüler werden ermutigt, über Semantik nachzudenken – darüber, wie Etikettierungen unser Denken beeinflussen. Sie studieren Themen, die für die meisten Klassenzimmer als zu widersprüchlich angesehen werden – Geburt und Tod zum Beispiel."[55]

Man muß sich über geeignete Formen der Gedächtnisschulung, z.B. Erlernen der Grundrechenarten trotz Taschenrechner, klar werden. Bei der Verfügbarkeit selbstkorrigierender Computer wird sogar das Erlernen der Orthographie in Frage gestellt. „Wie soll der Lehrer der achtziger Jahre die junge Generation dazu motivieren, Kopfrechnen und Rechtschreibung als wichtig und notwendig zu erachten? Zahlt es sich aus, einen Facharbeiter mit hohem finanziellen Aufwand auszubilden, wenn seine Arbeitskraft später doppelt so teuer ist wie die eines Roboters?"[56]

Die Despezialisierung der Ausbildung: Es spricht vieles dafür, daß die Despezialisierung der Ausbildung gefördert werden muß, wenn wir nicht Fachleute haben wollen, die von immer weniger immer mehr verstehen. Warum sollen z.B. die Absolventen einer Hochschule nicht gleicherweise Assistenten- und Sekretariatsarbeiten – bei Nutzung moderner Textverarbeitungssysteme – wahrnehmen können? Hohe fachliche Qualitäten können mit handwerklichen Fähigkeiten verbunden werden – sozusagen als Freizeitarbeitsausgleich.

Hauptanforderungen an das Bildungswesen werden sein:

1. die Verbreiterung der Fächerpalette,
2. die Analyse der Beziehungen zwischen Fächern,
3. der Ausbau der Fähigkeiten zum Selbstlernen,
4. die Förderung der Kreativität.

Wenn man von der Zweckmäßigkeit dieser Herausforderung überzeugt ist, kann dies nicht ohne weitreichende Neuerungen in den Lehrplänen und Studienplänen bleiben.

---

55) Ferguson, Marilyn: Die sanfte Verschwörung – Persönliche und gesellschaftliche Transformation im Zeitalter des Wassermanns, 3. Aufl., (Sphinx Verlag) Basel 1983, S. 367.

56) Gergely, Stefan M.: Mikroelektronik – Computer, Roboter und neue Medien erobern die Welt, (R. Piper Verlag) München-Zürich 1983, S. 279.

An das Bildungssystem werden strukturell andere Anforderungen als bisher gestellt werden. Dazu nur einige Stichworte:

- Abkehr vom Einzelkämpfer- und Individualprinzip zur Sensibilisierung für Zusammenarbeit,
- Schaffung von Bewußtsein für gesellschaftliche und wirtschaftliche Zusammenhänge,
- Aneignung von Wissen über den Raum, so Geographie und Raumordnung, und über die Zeit, so Geschichte und Futurologie,
- Erlernen des Verkraftens von und Umgehens mit Informationen, insbesondere mit großen Informationsmengen,
- Erlernen der zweckmäßigen personellen und sachlichen Formen der Kommunikation.

Die Sprachkenntnisse: Das deutsche Bildungssystem muß sich damit abfinden, daß die deutsche Fachliteratur von ausländischen Datenbanken kaum mehr dokumentiert wird. Daraus folgt, daß um die Jahrtausendwende ohne Kenntnis mindestens der englischen Sprache keine einigermaßen anspruchsvolle Position mehr zu erreichen ist.

Lehrmethoden: Auf die Auswirkungen der neuen Medien auf das Bildungssystem wurde bereits bei der Darstellung des technischen Fortschritts hingewiesen. Eine Kombination aus persönlichem Unterricht und medialem Lernen sollte generell gefördert werden.

Eine Neuerung bildet der elektronische Unterricht. Erwähnt sei das bereits 1962 von Control Data entwickelte System PLATO (Programmes Logic for Automated Teaching Operating). Im Jahre 1982 erreichte Control Data mit dem Software-Angebot PLATO erst 5 % des Jahresumsatzes (400 Mill. DM). Man erwartet aber mittelfristig einen Beitrag von mehr als der Hälfte des Unternehmensgewinnes durch PLATO. Der Einsatz des elektronischen Unterrichts beschränkt sich nicht auf den Bereich der Schulen, sondern erfaßt auch die Berufsausbildung.

In den Vereinigten Staaten werden oft von Universitäten ausgearbeitete Computerprogramme zur Fortbildung angeboten und über Kabelfernsehen verbreitet. Dadurch können vor allem Hausfrauen gut von ihrer Wohnung aus Universitätskurse absolvieren, ohne Babysitter zu benötigen.[57)]

Zur Zulassung und Individualisierung bei der Ausbildung: Im Rahmen eines demographischen und ökonomischen Konsolidierungs- bzw. Schrumpfungsprozesses sind veränderte Auffassungen über zweckmäßige Lösungen im Bildungswesen zu erwarten. Die Zugangs- und Zulas-

57) Vgl. Gergely, Stefan M.: Mikroelektronik – Computer, Roboter und neue Medien erobern die Welt, (R. Piper Verlag) München-Zürich 1983, S. 178.

sungsvoraussetzungen ab einer gewissen Bildungsstufe dürften auf der Grundlage psychologischer Tests, insbesondere auch von Intelligenztests, stark erhöht werden.

Eine Differenzierung der Zulassungsvoraussetzungen würde sich auch auf die Ausbildungsmethoden auswirken. So gibt es in den USA bereits Schulen, in denen Kinder nach ihrer individuellen Veranlagung unterrichtet werden, d.h. je nach visuellem, akustischem oder taktilem, d.h. durch Selbertun lernendem, Typ.

Die bisherigen Lehr- und Lernmethoden können durch die neuen Techniken wesentlich bereichert und verändert werden. Dazu seien einige Hypothesen für mögliche Veränderungen als konkrete Vorschläge vorgelegt, ohne daß dazu Stellung genommen wird.

1. Lernen könnten Schüler teilweise zu Hause oder aus sozialpsychologischen Gründen in Kleingruppen ohne Lehrer und nur noch zu einem Teil in Schulen und Unterrichtsstätten klassischer Prägung.
2. Man könnte den Stoff auf die lernpsychologischen Grundraster abstimmen und ihn außerdem audiovisuell in mehrfacher Form präsentieren, um die Lerneffizienz zu erhöhen.
3. Der Lernstoff könnte je nach Auffassungsgabe in unterschiedlicher Form wiederholt präsentiert werden, denn einer Differenzierung oder Vereinheitlichung des Lehrprogramms sind keine Grenzen gesetzt.
4. Man könnte Dialogprogramme zwischen Schülern oder Schülergruppen und Lehrern, die sich an unterschiedlichen Standorten befinden, entwickeln. Die Überprüfung der Lösung von Aufgaben wäre durch Computerprogramme möglich. Auch bei der Lösung von Aufgaben selbst könnte man sich des Homecomputers bedienen.

Die Chancen der neuen Medien im Ausbildungsbereich haben jedoch noch eine ganz andere Konsequenz: Alle Lehrpläne müssen den veränderten Anforderungen durch Information und Kommunikation angepaßt werden – die wohl größte Herausforderung an unsere klassischen Lehr- und Lernmethoden. Man wird sehr viel Zeit darauf verwenden müssen, um zu lernen, besser mit Informationen umzugehen. Dieses „besser" heißt effizienter und wirtschaftlicher, aber auch rationaler und emotionsloser, d.h. mit großer Distanz zur Informationsflut. Man wird mehr darüber lernen müssen, wie Informationen sachlich zu klassifizieren sind und Überflüssiges auszuscheiden ist.

Aufgrund der neuen Techniken werden sich auch neue Bildungsgänge, hinsichtlich der Lehrinhalte und der Zeitdauer, entwickeln. Für die Erwachsenenbildung und die berufsbegleitende Bildung werden neue Alternativen möglich.

Und noch ein Problemkreis: Die neuen Informationstechniken könnten zu völlig veränderten *Beurteilungsverfahren* für Schüler und Auszubildende führen. Hier bestehen bereits die technischen Voraussetzungen der Datenverarbeitung; es müssen teilweise jedoch erst die wissenschaftlichen Voraussetzungen im Bereich der Psychologie und Sozialpsychologie geschaffen werden, um geeignete Beurteilungsraster einsetzen zu können. Eine umfassende Neuorientierung ist erst dann zu erwarten, wenn bessere Informationen über die charakterlichen Fähigkeiten und Informationen über die Persönlichkeitsstruktur Kriterien der Auswahl für bestimmte Berufe werden.

Zur Ausbildung der Lehrer: Lehrer sollten Zeitbeschäftigungen in Wirtschaft und Verwaltung übernehmen – man sollte sogar in Erwägung ziehen, generell eine Art Praxisreferendariat von ein bis zwei Jahren in Unternehmen oder Verwaltung zu fordern, um allen Lehrern einen Einblick in die Bedingungen der modernen Arbeitswelt zu geben. Dadurch ließe sich auch das Problem der Lehrerarbeitslosigkeit mildern.

Zum Beamtenstatus der Lehrer: Generell und auch im Rahmen von Harmonisierungen in der EG wird man das Konzept der Beamten und Angestellten im öffentlichen Dienst und insbesondere bei Lehrern überprüfen. Das Schweizer Modell mit hohem Einfluß der Eltern bei der Bestellung und Beschäftigung von Lehrern mit einer Regelung der Vertragsverlängerung könnte Anregungen vermitteln.

Duale Träger der Ausbildung: Die deutliche Diskrepanz zwischen der Forderung nach lebenslangem Lernen und den praktischen Voraussetzungen muß verändert werden.

Die Investitionsplanungen der öffentlichen Hand, den Übergang in die Informations- und Dienstleistungsgesellschaft zu erreichen, sind unzureichend. Der größte Teil der Anpassungsfortbildung findet heute in den Unternehmen statt. Hier sind die Mitarbeiter in Großunternehmen gegenüber denen in Mittel- und Kleinbetrieben im Vorteil.

Es besteht die Gefahr, daß die über 35jährigen und technologisch nicht Interessierten „Fortbildungsinvaliden" werden.

Die Ausbildungsaufgaben des Staates und der Unternehmen und sonstiger nichtstaatlicher Einrichtungen müssen neu definiert und im Rahmen umfassender Bildungskontrakte fixiert werden. Ansonsten wartet jeder auf den anderen, daß das Erforderliche an Ausbildung geschieht.

Durch die mühsame Anpassung des staatlichen Ausbildungssystems – insbesondere auch durch die Unfähigkeit des Ausbildungsmanagements der staatlichen Ausbildungseinrichtungen – entsteht zur Zeit ein immer intensiveres privates Ausbildungsangebot, vor allem in allen Bereichen der Informationstechnik. Die Belastung der Wirtschaft mit Ausbildungsaufgaben ist bereits heute durch bemerkenswerte Ungerechtigkeiten gekennzeichnet.

So ist die Arbeitsplatzreife der naturwissenschaftlichen Ausbildungsgänge weitaus größer als die der wirtschaftswissenschaftlichen. Andernfalls würde man die zahlreichen Trainee-Programme der Wirtschaft nicht brauchen. So ist die Marktentnahmereife von Ökonomen weitaus geringer und eine teilweise sehr kostspielige „Nachbereitung" der Hochschulabsolventen erforderlich.

Die Hochschulausbildung

Die Studienvoraussetzungen: Die Erhöhung der Studierfähigkeit ist eine Frage, die nicht ohne mehr Anstrengung der Studierenden erreicht werden kann.

Tendenziell beeinträchtigt der feststellbare Niveauverlust bei den Ausgangsbedingungen die Studienbedingungen und auch das Niveau des Lehrstoffs und der Examina. In der Bundesrepublik Deutschland ist die Dauer der Studienzeiten die längste der Welt, sie hat auch die längsten Schulzeiten.

Die Universitäten und die Fachhochschulen sind in ihrer Leistungsfähigkeit von der Qualität des Abiturs abhängig. Die dort offensichtlichen Schwächen, die u.a. zu einer wesentlich niedrigeren Bewertung des deutschen Abiturs im Credit-Point-System der USA sowie zu Aufnahmeprüfungen in der Schweiz geführt haben, können in zweierlei Form beseitigt werden:

1. durch die Rückkehr zu einem qualifizierten Abitur,
2. durch die Nachbesserung der Qualifikation durch die Universitäten.

Wenn die Begabungsgrenze, mit der man das Abitur machen kann, so weit wie heute heruntergezogen wird, dann bleibt wenig Raum für die erstgenannte Lösung, da ihr die soziale Akzeptanz fehlt.

Es geht somit primär um die Schaffung international vergleichbarer Studienausgangsbedingungen durch eine Art Nach-Abitur.

Die Unterforderung in den Schulen hat zu einem Niveauverfall der gemeinsamen Basis in den Bereichen Sprachen, Mathematik, Geschichte und Geographie geführt. Zur Beseitigung dieser Schwächen sind, u.a. durch zeitlich befristeten Einsatz bis zum Abbau des Studentenberges der zur Zeit arbeitslosen Lehrer, die ihrerseits teilweise ebenfalls eine

Zusatzausbildung erhalten müßten, generell Vorkurse erforderlich. Das Studium könnte von der erfolgreichen Teilnahme an solchen Vorkursen abhängig gemacht werden. Als Fächer für diese Vorkurse sind z.B. im Bereich Sozialwissenschaften mindestens erforderlich:

1. Deutsch,
2. Fremdsprachen: vor allem englisch, französisch, spanisch,
3. Geschichte,
4. Einführung in die Politikwissenschaft,
5. Geographie,
6. wirtschaftswissenschaftliche Grundbegriffe.

Das Vorstudium könnte durch diese Vorkurse entlastet werden.

Wünschenswert sind an den deutschen Universitäten Vorlesungen und Seminare in Fremdsprachen.

An allen Universitäten sind Computerkurse erforderlich, und zwar sowohl in den Semesterferien als auch während der Semester.

Systemschwächen der Studienplatzzuteilung: Durch die Zuteilung von Studienplätzen werden wegen der inzwischen starken Qualitätsunterschiede zwischen den Universitäten gleichzeitig auch die Chancen für die Absolventen verteilt, wenn die Studenten nicht mobil sind. Die Wirtschaft nimmt bei dem derzeitigen Überangebot in vielen Fachgebieten die Absolventen bestimmter Universitäten kaum mehr an, d.h. wer an einer Universität studiert, deren wissenschaftlicher Ruf schwach ist, hat Mühe, eine adäquate Stellung zu finden, vor allem Absolventen von Universitäten, die kein einigermaßen funktionierendes Bewertungssystem der Examina mehr aufrechterhalten.

Kontakt der Universitäten mit der Wirtschaft: Forschungsinstitute der Universitäten tragen dazu bei, den Reifegrad der potentiellen Mitarbeiter für Unternehmen und Institutionen zu erhöhen.

Durch Pflichtpraktika sollten ingenieur- und wirtschaftswissenschaftliche Studenten auf ihren späteren Beruf besser vorbereitet werden.

In den Hochschulen könnten an Lehrstühlen oder zentral für Fakultäten bzw. Abteilungen Praktikantenvermittlungsstellen geschaffen werden, die sicherstellen, daß Praktikantenplätze in geeigneter Form beurteilt werden.

Das Bewußtsein über die Bedeutung der Arbeit und des konkreten Arbeitsplatzes mit hoher Transparenz über die Erwartungen der Unternehmen bzw. der sonstigen Betriebe muß gefördert werden.

Den Unternehmen sollte verstärkt die Möglichkeit gegeben werden, Personalmarketing an den Hochschulen zu betreiben. Dabei ist auch an eine verstärkte Integration von Vorstellungen der Unternehmen und sonstigen Beiträgen aus der Praxis in die Lehrveranstaltungen oder das Angebot von Praktikerveranstaltungen zu denken.

Zur Mitarbeit der Praxis: Auf einen Widerspruch zwischen den Anforderungen an die Universitäten und faktischem Verhalten sei hier hingewiesen: Von Wirtschaft und Gesellschaft wird gefordert, daß im Studium mehr Kreativität und Praxisorientierung erforderlich seien. Werden nun aber Prüfungsarbeitsthemen, z.B. Seminar- und Diplomarbeitsthemen, vergeben, die eine Mitwirkung von Unternehmen oder Behörden bei der Materialsuche voraussetzen, wird im allgemeinen über die dadurch hervorgerufene unzumutbare Belastung geklagt. Schließlich ist die Art, sich bei der Auffindung von Material seinen eigenen Weg bei der Informationsgewinnung zu suchen, ein wichtiger Ausbildungseffekt. Dies gilt auch für solche Einrichtungen, die die Forderungen zu einer Neuorientierung der Studiengänge selbst aufstellen oder rhetorisch unterstützen. Hier zeigen sich handfeste Werteschizophrenien. Man möchte den für die Praxis „besser" ausgebildeten Studenten, läßt aber die Universitäten und Lehrstühle, die zu diesem Zweck auf Praktiker und sonstige Praxiskontakte der Studierenden angewiesen sind, im Regen stehen.

Nicht nur Unternehmen, auch die Lehrstühle an Universitäten, auf die ebenfalls in Einzelfällen viele hundert Studentenanfragen jährlich zukommen, müssen sich zu einem Verhaltenskodex gegenüber dem studentischen Nachwuchs durchringen, der dazu beiträgt, die Integration in das Berufsleben zu stützen. Ein einfacher Grundsatz: Jede Anfrage wird bearbeitet und beantwortet.

Neue Ausbildungsmodelle für Universitäten: Durch einen modularen Studienaufbau mit differenzierteren Abschlüssen als heute dürften sowohl Probleme der Begabtenunterschiede der Studierenden als auch Bedarfsdifferenzen der Praxis berücksichtigt werden können. Bereits im Jahr 1970 hat Joachim Zahn den Gedanken zu einem dreigegliederten Studium vertreten. „Dabei wäre die Vorbereitung auf die eigentlichen Routine-Aufgaben in erster Linie den höheren Wirtschaftsfachschulen zuzuweisen – mit der Möglichkeit zu weiterführendem Studium. Für gehobene Aufgaben in Unternehmen wird – unter besonderer Betonung der Praxis in großer Bandbreite – eine wirtschaftswissenschaftliche Ausbildung vorgeschlagen mit geeigneter Ergänzung, z.B. um Bereiche wie Psychologie, Sozial- und Volkswirtschaft, Wirtschafts- und Steuerrecht, etwa im Sinne der integrierten Einheit der amerikanischen Ausbildung in der Business Administration."[58)]

---

58) Zahn, Joachim: Ist die deutsche Wirtschaft noch wettbewerbsfähig?, in: Blick durch die Wirtschaft, 26. Jg., Nr. 248, 23. Dezember 1983, S. 4.

Die Festlegung der Studienanforderungen und der Studiendauer: Die Festlegung der Anforderungen für das Vordiplom und für das Diplom gehören zu den schwierigsten Aufgaben, die stets nur einen Kompromiß darstellen können.

Von besonderer Bedeutung ist hier die seit Jahren diskutierte Forderung nach Kurzstudiengängen.

Der dreistufige gegenüber dem zweistufigen Abschluß könnte z.B. im Bereich Sozialwissenschaften gegliedert sein in

- das Basisstudium von 3 bis 4 Jahren (Diplom),
- das Aufbaustudium von 1,5 bis 3 Jahren (Magister),
- das Promotionsstudium von 2 Jahren (Doktor).

Alle langen Studiengänge könnten modular mit Alternativen unterschiedlicher zeitlicher Dauer angeboten werden. So würden Nur-Studenten für einen Kurzzeitraum von maximal drei Jahren optieren. Bei Interessenten zu einer berufsbegleitenden Ausbildung könnte eine Option auf vier oder fünf Jahre Studiendauer gewählt werden. Auch im Falle noch längerer Streckung würden Abschlußzeugnisse mit Hinweis auf die Studiendauer vergeben. Die Streckung der über mehrere Prüfungstermine stattfindenden Prüfungsleistungen muß überprüft werden. Bei einem Kurzstudiengang sollten nur wenige Streckungsmöglichkeiten geschaffen werden.

Das Studium Generale: Trotz des Pluralismus der Interessen und des zunehmenden Selbstverwirklichungs- und Identitätsstrebens mit einer hohen Individualkomponente sind Kenntnisse und Auseinandersetzungen der Studierenden mit allgemeinen sozialen und politischen Fragen, die im Rahmen von nicht zum Prüfungsstoff gehörenden Vorträgen, Vortragszyklen und Vorlesungen angeboten werden, nur gering. Wie die Forderung nach mehr Interdisziplinarität oder auch Ganzheitlichkeit und Generalität des Studiums gegenüber einem engstirnigen Fachstudium gefördert werden kann, ist bisher ungeklärt. Der einfache Weg des Druckes durch Änderung der Prüfungsordnungen und Einbeziehung allgemeiner gesellschaftlicher Lehrinhalte braucht dabei nicht die schlechteste Alternative zu sein.

Die Fernstudiengänge: Fernstudiengänge wie die der Fernuniversität Hagen oder an der Fachhochschule Rheinland-Pfalz, Abteilung Mainz II, mit einem berufsintegrierten Studium (BIS) und Abschluß als Diplom-Betriebswirt mit 12 Wochenstunden an zwei Tagen bei sechs Semestern Grundstudium und drei Regelsemestern Spezialisierungsstudium, müssen weiterentwickelt werden.

Weitere Ansätze sind die Kooperation zwischen Fachhochschulen und der Bundeswehr in Koblenz auf dem Gebiet der Ingenieurwissenschaften und von Unternehmen, so der BASF in Ludwigshafen, mit Fachhochschulen.

Der Übergang von der Universität zur Fachhochschule und umgekehrt: Die Fachhochschulen streben nach dem Promotionsrecht. Diesem Anliegen wird man nur dann begegnen können, wenn die Übergänge zwischen Fachhochschule und Universität neu geregelt werden, z.B. durch Aufbaustudiengänge für Fachhochschulabsolventen an den Universitäten.

Eine neue *EG-Richtlinie* soll eine allgemeine Regelung zur *gegenseitigen Anerkennung der Diplome und sonstigen Prüfungszeugnisse* ohne vorherige Harmonisierung der Ausbildungswege, Diplome und Vorschriften für den Zugang zur beruflichen Tätigkeit schaffen. Dadurch sollen Angehörige der Mitgliedstaaten in jedem Mitgliedstaat eine reglementierte berufliche Tätigkeit ausüben können, wenn sie in einem anderen Mitgliedstaat erworbene Hochschuldiplome besitzen. „Jemand ist somit grundsätzlich als fähig zu betrachten, eine berufliche Tätigkeit in einem anderen Mitgliedstaat als dem, in dem er ausgebildet worden ist, auszuüben, wenn er ein Hochschuldiplom besitzt, das eine mindestens dreijährige Ausbildung abschließt und das ihn auf diese Tätigkeit vorbereitet."[59]

Ein gemeinsames Europa hat eine Vergemeinsamung des Bildungswesens und eine supranationale, horizontale und vertikale Durchlässigkeit einschließlich der Anerkennung von Prüfungsleistungen zur Voraussetzung. Eine solche *Europäisierung der Bildungssysteme* der EG-Staaten macht bisher nur langsame Fortschritte.

Futurologische Orientierung: Die sozial- und wirtschaftswissenschaftlichen Studiengänge sollten stärker Zukunftswissen integrieren.

Qualifikation an Universitäten und Fachhochschulen: Durch den rapiden Ausbau der deutschen Universitäten und Fachhochschulen sind die Lehrstühle in vielen Fachbereichen mit einer qualitativen Mittelmäßigkeit verbeamtet worden, die gefährliche Langzeitwirkungen hat. Die Lehrkompetenz und vor allem die Forschungskompetenz sind rückläufig. Expansion und Demokratisierung der Universitäten haben zu Qualitätsverlusten geführt, wie heute allgemein erkannt ist.

Die Differenzierung der Hochschulqualität müsse wachsen wie in den amerikanischen Universitäten, „die gleichsam die Humboldtsche Universität in der Form der graduate school auf die mittelalterliche Universität in Form des college aufgepfropft und im übrigen innerhalb des

---

59) Kommission der Europäischen Gemeinschaften (Hrsg.): Allgemeine Regelung zur Anerkennung der Hochschuldiplome, Bulletin der Europäischen Gemeinschaften, Beilage 8, Luxemburg 1985, S. 6, S. 7.

Systems nie auf der Fiktion der Gleichrangigkeit aller Universitäten bestanden haben."[60]

Hier hilft nur ein kräftiger Personalausbau der Universitäten mit strengem Selektionsverfahren. Eine Gesellschaft, die sich aus kurzfristigen und fadenscheinigen Budgetgründen scheut, die höchsterreichbare Qualifikation von Lehre und Forschung an den Hochschulen zu erreichen, verspielt ihre Zukunftschancen. Selbst hohes Erfolgsrisiko zwingt zur Tat, da neue Konzepte in Anbetracht der eingetretenen Läuterung und Ernüchterung die Studien- und Forschungsbedingungen nur verbessern können.

Die Anpassungsfähigkeit

Die Anpassungsfähigkeit der Hochschule selbst ist nach den bisherigen Erfahrungen begrenzt, vor allem auch was die Erweiterung der Fächer betrifft.

Durch Hyperspezialisierung und Differenzierung werden nur enge Fachorientierungen anerkannt, alle weit davon abweichenden Lösungen abgelehnt und – was auf eine gewisse, für die Gesellschaft jedoch unerträglich lange Zeit teilweise sogar gelingt – bekämpft.

Man kann folgende Chancen- und Risikofaktoren für die Entwicklung von Universitäten in den nächsten Jahrzehnten herausstellen:

Risiken	Chancen
Qualitätsabsenkung in Forschung und Lehre	Qualitätsanhebung in Forschung und Lehre
Allgemeinzugang	Begabtenzugang
Nivellierung	Differenzierung
nationale Beschränkung	internationale Öffnung
Elfenbeinturmisolierung	Öffnung für die Gesellschaft, Teilnahme an ihrer Entwicklung
Verkrustung der Denk- und Organisationsstrukturen	Schaffung kreativer Formen in Forschung, Lehre und Zusammenarbeit

Ein aufschlußreiches Beispiel für eine denkmögliche Flexibilität der Hochschulen ist innerhalb von nur zwei Jahren die Bereitstellung von über 300 Universitätsstellen für Informatik in Großbritannien.

60) Dahrendorf, Ralf: Leitstern Qualität – zur Diskussion über Eliten, Universitäten und technischen Fortschritt, in: Die Zeit, 39. Jg., Nr. 11, 9. März 1984, S. 32.

Die Universität muß im Rahmen aller Studiengänge Voraussetzungen und Bereitschaft fördern, auch in einem anderen als den durch den gewählten Ausbildungsgang vorgeplanten Beruf tätig zu sein.

Die Universitäten sind aufgerufen, dafür Sorge zu tragen, daß der Frühberufswechsel aufgrund von Anpassungsschwierigkeiten der Jungakademiker in der Arbeitswelt reduziert wird.

Die *Wiederfindung der Ganzheitlichkeit* in der Ausbildung der Universitäten dürfte ein mühsamer Prozeß werden.

So hat Theodor Berchem, Präsident der Westdeutschen Rektorenkonferenz, sehr deutlich auf Defizite der Universitäten aufmerksam gemacht.

,,Berchem verwies auf den Anspruch der Universitäten, nicht nur den Verstand, sondern auch die Vernunft und darüber hinaus den ganzen Menschen zu bilden oder besser, sich unter Anleitung und pädagogischen Hilfen bilden zu lassen, was nichts anderes als Erziehung sei. Schon bei den Griechen sei die alleinige Anhäufung von Spezialkenntnissen als Banausentum verpönt gewesen.

Statt Einheit des menschlichen Denkens registriere man den Triumph der Spezialisierung, den Verfall der Fächer, die eifersüchtige Abschottung und die Pflege verständnisfeindlicher Fachsprachen, Interdisziplinarität nur als aufsehenerregender Reparaturversuch, fortschreitende Entfernung von Wissenschaft und Kultur, die Ausblendung ästhetischer Dimensionen, die Trennung von Wissen und Willen, den Widerspruch von wertfreier Wissenschaft und wertgebundener Bildung, Dissens oder Resignation nach fruchtlosen Debatten über Inhalt und Ziele, Hilflosigkeit gegenüber der vermeintlichen gegenläufigen Eigendynamik von Forschung, Bildung und Ausbildung, Flucht in Zweitrangiges, in Scheinprobleme und Ersatzstrategien. Berchem vertrat die Auffassung, die Hochschulen würden auf Dauer ein ideelles Vakuum nicht überleben.''[61)]

Abkehr von der Agrarzeitordnung: Die infrastrukturellen Facilitäten sollten sowohl an allen Wochentagen wie an Sonntagen mindestens 18 Stunden bereitgestellt werden.

Gerade im Bildungswesen tut eine Abkehr von der Agrarzeitordnung zur besseren Auslastung der Kapazitäten not.

Die Studien- und Bildungsberatung: Die Studienberatung und Bildungsberatung muß weit stärker als bisher ausgebaut werden, dies gilt vor allem für alle Weiterbildungsprogramme.

Hochschuldidaktik: In den pädagogischen Fachbereichen oder Ab-

61) O.V.: Die Universität darf nicht nur Wissen produzieren, in: Handelsblatt, 41. Jg., Nr. 86, 6. Mai 1986, S. 3.

teilungen könnten Institute zur Verbesserung der Hochschuldidaktik aller Fakultäten geschaffen werden.

Es geht dabei vor allem um Methoden, die die klassischen Vorträge und Vorlesungen ergänzen. Dabei dürften die personellen Engpässe jedoch ein wichtiges Hemmnis darstellen.

Die Integration der audiovisuellen Ausbildung in die Universitäten muß gefordert werden. Erforderlich sind Kombinationen von

- personaler Ausbildung,
- Ausbildung durch Lesen,
- Ausbildung durch audiovisuelle Hilfsmittel,
- Ausbildung durch praktische Erfahrung.

Der Lehrkörper: Bei 33 000 Hochschullehrerstellen stehen insgesamt 300 bis 500 Abgängen über 1 000 Habilitationen gegenüber. Dorothea Hilgenberg fordert ein Notprogramm gegen die kollektive Vergreisung der Hochschulen.[62)]

Hartmut Schiedermair hat darauf aufmerksam gemacht, daß bei einem durchschnittlichen Habilitationsalter von 38 Jahren und einer Berufssperre ab 51 Jahren die Zeit der persönlichen Berufsfähigkeit auf 13 Jahre reduziert ist.[63)]

Nachwuchsförderung: Zur Sicherung des Nachwuchses an Hochschullehrern scheinen in den nächsten Jahrzehnten flexible Lösungen angebracht, z.B. in Universitäten eine Doppelbesetzung der Lehrstühle vor allem in den Jahren mit extrem hohen Studentenzahlen und außerplanmäßige Lehrstühle oder Stiftungslehrstühle auf Zeit für die älteren Professoren. Das Hauptproblem besteht darin, qualifizierten Nachwuchs zur Leistungsbereitschaft, zur überdurchschnittlichen Leistung zu motivieren.

Internationale Kontakte: Internationale Kontakte zwischen Hochschulen entwickeln sich nur zögernd, wobei es nicht zuletzt Sprachprobleme zu überwinden gilt. Heute beschränken sie sich weitgehend auf die Beziehungen zwischen einzelnen Assistenten und Professoren.

Die Bereitschaft, Sprachen zu lernen – vielleicht von englisch abgesehen –, ist bei Universitätslehrern und wissenschaftlichen Mitarbeitern aller Hierarchiestufen immer noch begrenzt. Bei Bemühungen um internationale Zusammenarbeit bleiben deshalb Probleme nicht aus, so wenn bei französisch-deutschen universitären Kooperationsverträgen

62) Vgl. Hilgenberg, Dorothea: Die Juwelen auf der Straße, in: Die Zeit, 40. Jg., 1985, Nr. 50, S. 41.

63) Vgl. Schiedermair, Hartmut: Universität ohne Kultur – Forschung und Lehre dürfen nicht auf vordergründige Nützlichkeit gestutzt werden, in: Frankfurter Allgemeine Zeitung, 29. Jg., Nr. 15, 18. Januar 1986, S. 10.

englisch die einzige Verständigungsmöglichkeit ist oder gar Dolmetscher herangezogen werden müssen!

Zur Lösung des Akademikerproblems werden *Kurzstudiengänge* vorgeschlagen. Möglich wären auch modulare Studiengänge mit paralleler Ausbildung und Berufstätigkeit nach Abschluß eines Kurzstudienganges.

Probleme der Studienabbrecher: Die Untersuchungen über Studienabbrecher sind aus Gründen der methodischen Ermittlung von Erfolgs- und Abbruchquoten, aber auch aus befragungstechnischen Gründen, schwierig. Die Abbruchquote aller Kategorien einschließlich Teilabschlüsse kann im Durchschnitt der Universitäten (1979) jedoch auf über 20 % geschätzt werden, in Wirtschafts- und Gesellschaftswissenschaften 25 %, in den Naturwissenschaften 29 %. Für die Fachhochschulen wird eine Abbruchquote von 10 % genannt.[64)]

Die Wirtschaft muß daher systematische Programme zur Aufnahme der ,,Drop outs" entwickeln, um zu verhindern, daß ein Heer von frustrierten halbgebildeten oder kaum ausgebildeten arbeitslosen Vor-Akademikern entsteht. Bisherige Erfahrungen zeigen, daß die sogenannten Drop outs keineswegs nur die wenig Belastbaren und auch nicht mehr nur die wenig Begabten sind.

Die Weiterbildung: Die Herausforderung des lebenslangen Lernens ist von den Universitäten noch nicht aufgegriffen worden. Es ist erforderlich, für alle Absolventen eines Studienganges in fünf- bis zehnjährigen Abständen Ergänzungskurse und neue Diplome anzubieten. Diese Weiterbildungs- sowie Zusatzprogramme sollten auch in den Semesterferien angeboten werden.

Die Zusatzqualifikation sollte durch standardisierte Leistungs- und Prüfungsnachweise in einer für die Wirtschaftspraxis geeigneten Form dokumentiert werden.

Auf die Probleme der Weiterbildungsprogramme ist von George Turner aufmerksam gemacht worden, u.a.

1. Abgrenzung zwischen Universitäten und anderen Weiterbildungsträgern,
2. Lehrinhalte und Lehrmethoden,
3. Wahl der geeigneten Ausbildungszeit,
4. Auffindung geeigneter Hochschullehrer,
5. Höhe der Kosten.[65)]

---

64) Vgl. Reissert, Reiner: Studienabbruch im Widerspruch von Ergebnissen und Meinungen, in: HIS-Kurzinformation Al, 1983, hrsg. v. Hochschul-Informationssystem, Hannover, S. 1 – 12.

65) Vgl. Turner, George: Weiterbildung ist ein wichtiger Wettbewerbsfaktor, in: Handelsblatt, 39. Jg., Nr. 176, 17. September 1984, S. 6.

Für arbeitslose Akademiker müßten Ergänzungsstudiengänge, u.U. spezifische Kurzstudiengänge, geschaffen werden.

Die Zusammenarbeit der Hochschulen mit den Bildungswerken der Wirtschaft, so heute in Bayern, Berlin, Niedersachsen und Hamburg, müßten intensiviert und institutionalisiert werden.

Ein Beispiel für eine Zusatzausbildung ist das zehnmonatige Post Graduate Programm des Kieler Instituts für Weltwirtschaft: Advanced Studies in International Economic Policy Research, in dessen Rahmen internationale Wirtschaftsprobleme im Vordergrund stehen.

Man könnte sich auch gut Doppelbesetzungen von Lehrstühlen für die normale Studienausbildung und Weiterbildung vorstellen.

Die Umwelt der Infrastruktur der Universitäten: Bei wesentlich niedrigeren Studentenzahlen in den nächsten Jahrzehnten könnten die Kapazitäten der Universitäten teilweise für Erststudierende und Weiterbildungsstudierende gespalten werden. Man würde dann mindestens zwei kategoriale Universitätstypen haben. Auch an Weiterbildungsuniversitäten könnten sich eigenständige Forschungskapazitäten entwickeln.

Die Spezialisierung der Universitäten: Eine Spezialisierung der Universitäten bedeutet die Bündelung von zu einer bestimmten Effizienz erforderlichen Fachbereichen an einem Ort und der Verzicht auf andere Fachbereiche. So könnte zwischen Saarbrücken, Kaiserslautern und Trier oder auch zwischen Universitäten des Ruhrgebiets ein Konzept von Superuniversitäten verfolgt werden, an denen der gleiche Student unterschiedliche Fächer studieren kann.

Die weitere Auffächerung des Wissensbedarfs könnte es schwer machen, weiterhin sozusagen alle Fakultäten unter einem Dach bzw. an einem Ort zu beherbergen. Mit fahrplanmäßigen öffentlichen Verkehrsmitteln wäre auch das Transportproblem zu lösen.

Zur staatlichen und privaten Ausbildung: Private Neugründungen von Hochschulen und Universitäten sollte man fördern. Ihr Ausbildungsvolumen dürfte jedoch gering bleiben. Es dürfte überdies schwer sein, bei einzelnen Privatinitiativen, z.B. für wirtschaftswissenschaftlich ausgerichtete Einrichtungen, hinsichtlich der Qualifikation das angestrebte Niveau der Hochschullehrer zu erreichen, so daß hinsichtlich der Qualität der Absolventen überzogene Hoffnungen fehl am Platze sind. Managementqualitäten und wissenschaftliche Qualifikation laufen nicht unbedingt parallel. Aber zum Wachrütteln haben bestimmte private Initiativen ihren Sinn, und dies hat auch einen hohen Stellenwert.

Neue Modelle müssen getestet werden, so das Musterbeispiel in Witten/Herdecke oder das Modell eines erkenntniskritisch und geschichtlich ausgerichteten Studium fundamentale.

Wichtig ist vor allem, daß die Privathochschulen keine me too-Produkte anbieten, d.h. daß sie tragfähige neue Konzepte entwickeln, und dies erweist sich als nicht einfach.

Bildungsangebote aller Qualifikationsniveaus dürften in Zukunft mehr dezentralisiert erfolgen. Warum sollen Unternehmen nicht auch staatlich anerkannte Lehrgangs- und Ausbildungsangebote unterbreiten können?

Die Prüfungen könnten dabei von staatlichen Instanzen durchgeführt oder kontrolliert werden.

Für die Bildung können generell vor allem folgende Herausforderungen genannt werden:

1. die Verknüpfung von Begabung und Leistungsanforderung,
2. die Verknüpfung von konkretem Erlebnisverhalten und abstrakten Denkleistungen,
3. die Verknüpfung von Geschichtsbewußtsein und Zukunftsorientierung,
4. die Verknüpfung von naturwissenschaftlichem und geisteswissenschaftlichem Wissen,
5. die Verknüpfung von Spezialwissen und Allgemeinwissen,
6. die Verknüpfung von Wissenschaft und Kunst,
7. die Verknüpfung von Logik und Kreativität.

Man kann für *zukunftsträchtige Schul- und Studienabschlüsse* mindestens die folgenden Forderungen aufstellen:

1. eine Mischung von Generalwissen und Spezialwissen,
2. die Berücksichtigung der Funktionsfähigkeit sozialer Systeme, z.B. politischer Systeme im Lehrplan,
3. die Vermittlung von ökonomischem Basiswissen, vor allem einiger Basisgesetzmäßigkeiten, z.B. daß von nichts nichts kommen kann,
4. die Förderung des Selbstverständnisses durch verhaltenswissenschaftliche Informationen,
5. die Auseinandersetzung mit den Alternativen zwischenmenschlicher und gruppenorientierter Beziehungen,
6. die Pflege von Sprache und Ausdrucksfähigkeit.

Szenario I

Die Bildungs- und Forschungsbedingungen ändern sich gravierend. Bereits in absehbarer Zeit dürften viele Schulen wie auch einige Universitäten geschlossen werden müssen. Bei *Szenario I* wird sich die Anzahl der Einwohner unter 20 Jahren von 16,5 Mill. im Jahre 1980 auf 7,9 Mill. im Jahre 2030 reduzieren. Dies bedeutet ein halbiertes Ausbildungspotential.

Bei der Entwicklung der Anzahl der Schüler in Primar- und Sekundarschulen wird gegenüber 1978 mit 13 Mill., mit etwa 10 Mill. 1985 und rd. 9 Mill. 1990 bereits eine kräftige Reduktion eintreten. Danach fällt die Anzahl der Schüler bis zum Jahre 2030 auf rd. 6 Mill. ab, d.h. auf die Hälfte des Standes zu Beginn der achtziger Jahre.

Selbst das Streben nach einem höherwertigen Bildungsabschluß in den nächsten Jahrzehnten wird die Situation nur geringfügig ändern. Daraus ergeben sich fundamentale Rückwirkungen auf die Ausbildungskapazitäten. Die Anzahl der Lehrer wird durch Veränderungen der Arbeitszeit und der Klassengröße, aber auch wegen verlängerten Unterrichts der Schüler, vermutlich nur um 25 bis 30 % rückläufig werden. Die Schulkapazität im Jahre 2030 wird sich gegenüber dem Beginn der achtziger Jahre halbieren.

Ein zusätzlicher Lehrerbedarf entsteht für die Erwachsenenbildung aufgrund des Konzeptes des lebenslangen Lernens.

Die Fachhochschulen und Universitäten werden aufgrund der tendenziell verlängerten bzw. mehrfachen Verweildauer im Bildungssystem vor allem durch den Struktureffekt der Nutzung neuer Weiterbildungsprogramme durch die älteren Jahrgänge in ihrer Entwicklung weniger stark abfallen als dies beim heutigen Bildungskonzept der Fall wäre. Es ist jedoch heute bereits abzusehen, daß die Hochschulneugründungen der sechziger und siebziger Jahre ihre Dienste Mitte der neunziger Jahre bereits wieder einstellen können, wenn man nicht Mini-Hochschulen wünscht.

Insgesamt dürfte altersstrukturbedingt und durch neue Kurzstudiengänge ein Rückgang der Bildungsnachfrage auf der Basis der achtziger Jahre bis 2030 auf etwa 60 % bis 65 % des Bestandes zu Beginn der achtziger Jahre eine realistische Entwicklungslinie kennzeichnen. Die Lehrkapazitäten würden sich auch in diesem Bereich nicht reduzieren, wenn die Post Graduate Programme stark ausgebaut werden.

Szenario II

Bei Szenario II wird die Ausbildung wesentlich von dem Anteil der Kinder und Jugendlichen aus der zugewanderten Bevölkerung mitbestimmt.

Weiter ist die Art der bereitzustellenden Ausbildungskapazitäten von den Unterschieden im Bildungsstreben der deutschen und ausländischen Bevölkerung abhängig. Dabei hätte die Integration der Ausländer in das deutsche Bildungssystem bzw. die Anforderung der Schaffung paralleler Bildungssysteme Bedeutung. Aufgrund der Sprachbarrieren erhöhen sich die Anforderungen für die Lehrer, während andererseits eine verringerte Klassenstärke die intensivere Betreuung der Schüler erlauben dürfte.

Die Ausbildungs- und Forschungsbedingungen bei Szenario II sind somit wesentlich davon abhängig, aus welchen Ländern die ausländische Bevölkerung kommt und mit welchen Ausbildungsverfahren sie betreut bzw. integriert wird.

K. Die Forschung

I. Die Ausgangsbedingungen

Die Zukunftsorientierung der deutschen Wirtschaft kann an den Aufwendungen für Forschung und Entwicklung gemessen werden. Im Jahre 1983 wurden in der Bundesrepublik Deutschland 46,8 Mrd. DM, das waren 2,8 % des Bruttoinlandsprodukts, in Forschung und Entwicklung investiert. ,,Die Wirtschaft finanzierte mehr als die Hälfte dieser Aufwendungen. Forschungsintensive Branchen geben pro Jahr über 7 % ihres Umsatzes für Forschung und Entwicklung aus. Im Jahre 1981 umfaßte das Forschungspersonal in der Wirtschaft 280 000 Mitarbeiter.''[66)]

Nach den Forschungs- und Entwicklungsdaten des Stifterverbandes der Deutschen Wissenschaft haben die Forschungs- und Entwicklungsausgaben in der Wirtschaft 1981 27,8 Mrd. DM erreicht, davon 85,2 % aus eigenen Mitteln finanziert. Fast 243 000 Beschäftigte sind in diesem Bereich tätig, d.s. 4,2 % der Gesamtwirtschaft. Allein bei Daimler Benz sind rd. 10 000 Mitarbeiter im Bereich Produktentwicklung und Produktforschung tätig. Das Jahresbudget für diese Aktivitäten beläuft sich auf 1,5 Mrd. DM.

Der Stifterverband der Deutschen Wissenschaft e.V. nennt folgende Entwicklungsausgaben aller Wirtschaftsbereiche:

Jahr	Aufwendungen für Forschung und Entwicklung[1)]		Personal im Bereich Forschung und Entwicklung insgesamt[1)]
	in Mrd. DM	Anteil am Bruttosozialprodukt in %	
1965	4,425	0,97	142 000
1975	14,540	1,41	186 000
1981	27,843	1,80	243 000
1984[2)]	35,030	2,00	249 000[3)]

1) Unternehmen und Institutionen für Gemeinschaftsforschung (IfG).
2) bisher unveröffentlichte Daten, für 1984 zum Teil Schätzungen aufgrund der Plandaten.
3) umgerechnet auf Vollzeitbeschäftigte; ohne Gemeinschaftsforschung.

66) Rodenstock, Rolf: Forschungsfreundliches Innovationsklima nötig, in: Deutsche Bundesbank (Hrsg.): Auszüge aus Presseartikeln, 1984, Nr. 28, S. 1 – 3, S. 3.

Die Forschungsbudgets haben sich in der Bundesrepublik Deutschland von 1979 bis 1984 wie folgt entwickelt:

Finanzierungsbereich	in Mill. DM 1979	in Mill. DM 1984
Bund	9 845	12 300
Länder	5 920	7 050
Gemeinden	175	.
Staat	15 940	19 500
Wirtschaft	19 860	29 850
Private, inländische Organisationen	340	350
Inlandsaufkommen	36 140	49 700
Ausland	610	650
Alle Bereiche	36 750	50 350

Quelle: Battelle-Institut, zit. nach: o.V.: Es wird mehr geforscht, in: Blick durch die Wirtschaft, 27. Jg., Nr. 109, 7. Juni 1984, S. 3.

Wie in einem Teufelskreis wird eine *mangelnde Partizipation am technischen Fortschritt* zu einer „zementierten Arbeitslosigkeit" führen und dann auch mit dazu beitragen,

- die Zahl der Geburten weiter abzusenken,
- die Ausbildungsmöglichkeiten von Kindern zu reduzieren,
- durch tendenziellen Abbau der hierarchischen Arbeitsteilung, mehr Routineaufgaben für die noch in Arbeit Befindlichen zu fördern, dadurch die Nutzung des Know-how zu verringern und damit nicht zuletzt den technischen Fortschritt weiter zu bremsen.

Neue Förderungsprogramme: Aufgrund eines Memorandums zur Lage und Entwicklung von Forschung und Technologie auf dem Gebiet der Informationstechnik in der Bundesrepublik Deutschland wurde erstmals für das Jahr 1984 ein Forschungsprogramm von 2,9 Mrd. DM aus dem Haushalt des Bundesministers für Forschung und Entwicklung für 32 Vorhaben gestartet, um einen Anschluß an die Schlüsseltechnologie der künstlichen Intelligenz zu finden.

Einflüsse der Arbeitszeit: Sieht man einmal von der geringen Anzahl Hochbegabter ab, so erfordert die Einarbeitung in ein Fachgebiet einen Mindestzeiteinsatz, bei dem auch die zeitlichen Unterbrechungen nicht beliebig sein dürfen. Erst die durch Zeiteinsatzbereitschaft erzielte Erfahrung ermöglicht gute Leistungen oder Spitzenleistungen in der Forschung – wie auch in vielen Berufen in der Praxis.

Die Verlängerung der Frist der Erfahrungsgewinnung durch kurze Arbeitszeiten bedeutet gegenüber bisher eine Produktivitätsminderung bei vergleichbaren Aktivitäten. Dies zeigt sich in den meisten Bereichen der Forschung, vor allem als Verlängerung der Frist, bis zu der jemand selbständig arbeiten kann. Bei einer Jahresarbeitszeit von 1 500 Stunden oder nur 1 200 Stunden ist es bei den heutigen Herausforderungen oft nicht möglich, eine qualifizierte Kompetenz und Professionalität zu erreichen. Geringe Arbeitszeiten und geringe Leistungsbereitschaft fördern außerdem den Trend zu einer technokratischen Hyperspezialisierung. Dieser hat auch längst die Universitäten erreicht.

Daraus folgt, daß die Forschungsfähigkeit einer Institution oder auch eines Landes von hohem Zeiteinsatz und hoher Leistungsbereitschaft des Nachwuchses abhängig ist. Es macht einen großen Unterschied, ob wissenschaftliche Mitarbeiter nach ihrem Examen durch doppelte wöchentliche Arbeitszeit in zwei bis drei Jahren oder erst in fünf bis sechs Jahren die Fähigkeit zur Projektselbständigkeit erreichen. In diesem Feld der gesellschaftlichen Verantwortung des begabten Nachwuchses gegenüber intensiver Freizeitgestaltung zeigen sich zur Zeit gravierende Probleme.

Die derzeitigen hohen Studentenzahlen begrenzen in Verbindung mit einer restriktiven Personal- und Sachmittelausstattungspolitik die Forschungskapazitäten an den Hochschulen noch einmal mehr.

II. Die Szenarien

Die *Forschungsbedingungen* werden in Zukunft noch stärker als bisher die Entwicklungschancen einer Nation mitbestimmen. Hier hat neben dem erforderlichen Volumen von Forschungsmitarbeitern vor allem die Effizienz der Forschungsorganisation durch Staat und Wirtschaft Bedeutung.

Im Bereich der Forschung sind Vorausschätzungen wegen der enormen Dynamik des technischen und sonstigen Fortschritts schwierig. Die Zahl der Forscher muß wegen des Rückgangs der Arbeitszeit einerseits und wegen des Forschungsbedarfs auf bisher kaum entwickelten Gebieten andererseits eine beachtliche Zunahme aufweisen. Die Voraussetzungen zu dieser Zunahme werden jedoch durch das Potential an Intelligenz und zeitlicher Arbeitsbereitschaft begrenzt – auch bei neuartiger Forschungsorganisation –, da eine Integration in erfolgversprechende Forschungssysteme unterhalb einer bestimmten Zeit-Leistungs-Bereitschaft schwierig ist.

Viel intensiver als in der Vergangenheit dürfte die Forschungsfreiheit diskutiert werden. Im allgemeinen müssen Unternehmen die für sie als zweckmäßig erachteten Forschungsbudgets über die Preise für ihre Produkte abdecken.

Wird verstärkt, wie im Pharma-Bereich, Einfluß auf die Verkaufspreise für bestimmte Produkte zu nehmen versucht, sinkt dadurch der Cash-flow, eine wichtige Voraussetzung für die Vergrößerung der Forschungs- und Entwicklungsbudgets der Unternehmen.

Wenn man die Marktbedingungen beeinträchtigt, muß man andererseits zur Aufrechterhaltung des Forschungspotentials staatliche Mittel bereitstellen.

Im Hinblick auf die Forschung sind u.a. folgende Fragen zu stellen:

1. Wie verändern sich die Forschungsbedarfe?
2. Welche Veränderungen ergeben sich bei den Forschungskapazitäten einschließlich der Forschungsorganisation und den Forschungskosten?
3. Wer soll die Forschungskosten tragen, die Wirtschaft oder der Staat einschließlich der supranationalen Organisationen?

Neue Konzepte der Forschungsorganisation

Veränderte Forschungsbedarfe erzwingen eine Auseinandersetzung mit neuartigen Formen der Forschungsorganisation einschließlich der Kontakte zwischen Forschern, Unternehmen und sonstigen Institutionen der Gesellschaft.

Bereits im Jahre 1947 wurde der Stanford Industrial Park – heute als Silicon Valley bekannt – mit inzwischen über 1 000 Spitzenunternehmen der Computerindustrie gegründet. Man sollte sich daran erinnern, daß Silicon Valley als kreative Idee aus der Stanford Universität kam. Von dort wurden junge Absolventen angeregt, gerade in dieser Region neue Firmen zu gründen und zwar in ständiger Verbindung mit der Universität.[67)] Einige Jahre später wurde der Research Triangle Park in North Carolina gegründet, der mit anderen Universitäten im Dreieck Raleigh, Durham und Chapre zusammenarbeitet.

Auf Silicon Valley folgten nach und nach Science Parks in anderen Ländern, so in Cambridge, Großbritannien, das Cadcentre und auf Kiushu, Japan, ein Pilotprojekt, dem nicht weniger als 20 weitere Wissenschaftsstädte mit bis zu jeweils 50 000 Forschern folgen sollen.

In der Bundesrepublik Deutschland gibt es entsprechende Projekte

67) Vgl. Meyer-Larsen, Werner: Das Ende der Nachfrage, (C. Bertelsmann Verlag) München 1984, S. 124.

und Realisationsansätze in Berlin, weiter in Aachen, Göttingen, Heidelberg – für Gentechnologie – und Stuttgart. Vereinzelt wurden Kontaktstellen zwischen Universitäten und Praxis geschaffen, so Konplan der Technischen Universität Berlin und Unikontakt der Ruhr-Universität Bochum. Zusätzlich besteht in der Bundesrepublik Deutschland eine größere Anzahl praxisorientierter Forschungsinstitute, deren Integration in oder Bindung an die Universitäten wegen der Führungs- und Sozialstruktur der Universitäten bisher tendenziell eher gehemmt als gefördert wird. Diese Initiativen müßten kräftig ausgebaut werden.

Praxiskontakte der Universitäten

Neuerdings versucht man, bei einer Vertiefung der Kontakte zwischen Wirtschaft und Universität eher das amerikanische Beispiel nachzuahmen, wobei verständlicherweise die Fachhochschulen, deren Lehrer weitgehend aus der Praxis stammen, weitaus aktiver sind als die Universitäten. Dazu ein konkretes Beispiel: Hansgeorg Gareis, Chef der pharmazeutischen Abteilung von Hoechst, äußerte die Überzeugung, daß Deutschland bei der genetischen Forschung nicht an der Spitze stehe und in den kommenden Jahren nicht einmal aufschließen werde. „Die deutschen Universitäten seien zu bürokratisch und unflexibel geworden, und sie hätten sich als unfähig erwiesen, sich schnell mit den neuen Technologien vertraut zu machen. Der kürzeste Weg für Hoechst, die Kenntnisse und Fertigkeiten im Bereich der Biotechnik zu erhalten, bestehe darin, sich in die Vereinigten Staaten zu begeben, und genau das habe seine Firma getan. Und als wollte er noch ein bißchen mehr Salz in deutsche Wunden streuen, sagte er, daß Hoechst auch in Japan ein kleines genetisches Laboratorium eröffnen werde."[68)]

Die geeignete Organisation der Beziehungen zwischen Hochschulen und Wirtschaft wie auch genaue Analysen über den Zustand der Forschung scheinen für eine genaue Selbstanalyse in der Bundesrepublik Deutschland unerläßlich, dies vor allem auch wegen der gerade in diesem Feld sehr ausgeprägten Kontroversen.

68) Nussbaum, Bruce: Das Ende unserer Zukunft – Revolutionäre Technologien drängen die europäische Wirtschaft ins Abseits, (Kindler Verlag) München 1983, S. 105.

Internationale Aspekte

Die Vereinigten Staaten haben mit langer Tradition ein Konzept der Zusammenarbeit zwischen Elitehochschulen und Wirtschaftsunternehmen geschaffen, wie es in keinem anderen Industriestaat anzutreffen ist. An der Harvard Business School verdienen die Professoren etwa 75 000 US-Dollar zusätzlich. Sie dürfen nicht nur, sie müssen sogar einen Teil ihrer Zeit für Beratungen aufwenden. Wer nicht mindestens ein gleich hohes Honorar für Beratungen erzielt wie an der Hochschule durch Forschung und Lehre, unterliegt der Gefahr, seinen Vertrag nicht verlängert zu erhalten.

In Japan werden die Spitzenleistungen primär durch die staatliche Verwaltung und deren enge Kooperation mit den großen Unternehmen bewirkt.[69)]

Die Konsequenzen der Wissensexplosion auf die Wissenschaft

Schon heute führt die Informationsfülle oft dazu, daß Forscher darauf verzichten, die vorhandene Literatur zu sichten und ohne intensives Literaturstudium neu nachzudenken beginnen. Die Folge davon ist teilweise zwar Innovation, oft aber auch Redundanz. Es ist daher die Frage zu stellen, wie Information und Dokumentation aufbereitet sein müssen und wie Kommunikation erfolgen muß, um das erforderliche Maß an Innovation sicherzustellen. Verhindern oder fördern neue Medien für Information und Kommunikation neue Forschungsergebnisse?

Bei der wissenschaftlichen Nutzung vorhandener Informationen ist davon auszugehen, daß aufgrund der *neuen Medien* die klassischen Bibliotheken durch Datenbanken ergänzt oder sogar abgelöst werden. In der Wissenschaft werden die Realtime-Informationen üblich werden, d.h. jede Information steht nach der Erfindung praktisch ohne zeitliche Verzögerung ubiquitär an allen beliebigen Standorten der Erde zur Verfügung. Eine einfache Alternative, mit der an der Universität des Saarlandes in Verbindung mit der Universität Heidelberg bereits Erfahrungen gesammelt wurden, ist der interaktive Fernunterricht.

Wie in der Vergangenheit steht zu befürchten, daß die Wissenschaft durch die neuen Medien und Techniken weniger auf die Frage Antwort sucht: Welche Probleme müssen in der Gesellschaft bearbeitet werden?

---

69) Vgl. auch Friedeburg, Ludwig von: Elitebildung und Massenproduktion, in: Die Zeit, 39. Jg., 1984, Nr. 15, S. 42.

Sondern vielmehr fragt: Was kann ich aufgrund vorhandener Techniken bearbeiten?

Das technische Spielzeug wird zum Selektionskriterium für die Forschungsprojekte. Dies erhöht natürlich auch die Gefahr einer Trivialität der Forschungsergebnisse.

Ein weiteres Risiko wird durch die neuen Techniken verstärkt: die Abschließung der Wissenschaft im elfenbeinernen Turm und eine noch stärkere Gettobildung der Wissenschaften als heute.

Die neuen Techniken können zumindest in einigen Fachgebieten die zwingend erforderlichen gesellschaftlichen Bindungen der Wissenschaft nochmals schwächen und einem falsch verstandenen Elitarismus der Wissenschaft neuen Vorschub leisten.

Erforderlich sind umfassende *Grundlagenforschungsprogramme* über Information und Kommunikation. Durch eine Beschränkung auf die ebenfalls erforderliche Zweckforschung würden nur von kurzfristigen Interessen getragene Forschungsergebnisse erzielt. Erforderlich ist auch eine Auseinandersetzung damit, wer nach welchen Kriterien über den Einsatz welcher Informationstechniken entscheiden soll.

Szenario I

Durch die Absenkung der potentiellen Schüler- und Studentenzahlen ist auch die Frage zu stellen, welches Forschungsvolumen in der Bundesrepublik Deutschland in den nächsten Jahrzehnten noch bereitgestellt werden kann. Im Jahre 2030 dürften die Forschungsvoraussetzungen sich mindestens halbiert, wenn nicht noch weiter verschlechtert haben. Angesichts der starken Bevölkerungsabnahme sind positive Veränderungen der Innovations- und Forschungskraft nicht zu erwarten.

Ein Bevölkerungsrückgang in Verbindung mit weiteren Degenerationseffekten senkt das Forschungspotential einer Nation vermutlich überproportional. Kaum zuverlässig abzuschätzen sind dagegen die möglichen positiven Wirkungen einer neuartigen Forschungsorganisation, z.B. dezentrale Einheiten mit neuen Motivationsritualen für die Forscher.

Positive Wirkungen dürfte überdies die Entwicklung von internationalen Forschungsprojekten und neuen Formen internationaler Forschungsorganisationen haben.

Szenario II

Je nach der Herkunft der zusätzlichen Einwohner werden sich die ungünstigen Bedingungen aufgrund von Szenario I nur unwesentlich oder spürbar ändern. Bereits heute sind die hochbegabten jungen Ausländer an deutschen Hochschulen und in deutschen Forschungsinstitutionen ein intellektuell und fachlich belebender Faktor. Je besser das intellektuelle Potential der Ausländer und je sorgfältiger und bewußter die ihnen zuteil werdende Ausbildung, desto besser die Chancen der Forschung in der Bundesrepublik Deutschland.

Als Hauptrisiko dürfte sich in diesem Bereich die Rückwanderung ausländischer Forscher in ihr Heimatland oder deren Abwanderung in andere Länder erweisen.

L. Das soziale Netz, die Gesundheit und die Altersversorgung

I. Das soziale Netz

Die Jahre nach dem Zweiten Weltkrieg haben aufgrund des hohen Stellenwertes der Krankheitsabsicherung und der lebenszeitlangen Einkommens- und Versorgungsabsicherung zu einem dichten Netz sozialer Sicherheit geführt. Zur Milderung der gesellschaftlichen Spannungen werden zugunsten von sozial schwächeren Bevölkerungsgruppen aus Steuern und sonstigen Abgaben inzwischen etwa 30 % des Bruttosozialprodukts umverteilt. Fast ein Drittel dieser Mittel fließt dem Sektor Gesundheit zu.

Die Gebietskörperschaften einschließlich Sozialversicherungen haben 1981 über 750 Mrd. DM ausgegeben, davon 330 Mrd. DM Transferzahlungen (44 %). Eine Korrektur der Transfergesetze und der Subventionen ist unerläßlich, weil der Sozialstaat an die Grenzen seiner Finanzierbarkeit gekommen ist.[70)]

Tabelle 3.2

Die Entwicklung der Sozialleistungen in der Bundesrepublik Deutschland von 1970 bis 1984

	Bruttosozialprodukt[1)]	Sozialleistungen insgesamt		direkte Sozialleistungen	
Jahr	in Mrd. DM	in Mrd. DM	in %	in Mrd. DM	in %
1970	679,0	174,7	25,5	150,0	21,9
1975	1 034,9	330,3	31,9	301,9	29,2
1980	1 497,1	450,6	30,1	405,7	27,2
1984[2)]	1 971,0	576,7	29,3	512,9	26,0

1) nach neuesten Berechnungen ergeben sich geringfügige Abweichungen bei den Zahlen zum Bruttosozialprodukt.
2) geschätzt.

Quelle: Angaben der Bundesregierung und Berechnungen des Statistischen Bundesamtes, Wiesbaden.

70) Allein die staatlichen Subventionen im Wohnungsbau erreichen heute 20 Mrd. DM ohne Abschreibungsvorteile im privaten Wohnungsbau.

Das Sozialbudget stieg von 133 Mrd. DM im Jahre 1965 auf 451 Mrd. DM im Jahre 1980 und auf über 500 Mrd. DM bis im Jahre 1982. Bis zum Jahre 1984 wird mit einer weiteren Erhöhung auf 577 Mrd. DM gerechnet.[71)]

II. Die Gesundheit

1. Die Ausgangsbedingungen

Der *Gesundheitszustand* der Bevölkerung ist für die Aufrechterhaltung und Weiterentwicklung einer funktionsfähigen Gesellschaft von ausschlaggebender Bedeutung.[72)] Der medizinische Fortschritt wie Hygiene und Ernährungsverhalten haben die Mortalität der Einwohner der westlichen Industriestaaten stark verändert. Andere Einflüsse üben jedoch starke Wirkungen aus: falsche Ernährung, wachsende Belastung am Arbeitsplatz wie in der Freizeit und umweltbedingte Gesundheitsgefahren, außerdem die höhere Lebenserwartung und dadurch auftretende Krankheiten.

Die Wirkungen der veränderten Altersstruktur: Die Zahl der über achtzig Jahre alten Einwohner wird von 1,5 Mill. im Jahre 1985 auf rd. 2 Mill. im Jahre 1990 wachsen, davon bedarf jeder Fünfte der Pflege.

Auch die Krankheit und die Ausnutzung des sozialen Netzes unterliegen einer beachtlichen Wertedynamik. Im Jahre 1950 gab es etwa eine Million Behinderte bei rd. 650 000 Kriegsbeschädigten; 1982 waren es über vier Millionen, die die Vorschriften über die Minderung der Er-

71) Von 1970 bis 1982 hat sich somit eine bemerkenswerte Veränderung der Wirtschaftsstruktur ergeben:

Gegenstand	1970	1982
	– Anteil am Bruttosozialprodukt in % –	
Staatsquote	39,1	50,2
Sozialquote	25,9	33,2
Bruttoanlageinvestitionen	25,5	20,3
	– Anteil an den Gesamtausgaben des Staates in % –	
Staatliche Investitionsquote	11,8	6,0

Quelle: Vogel, Otto: Die notwendige Revitalisierung, in: iwd, Informationsdienst des Instituts der deutschen Wirtschaft, 9. Jg., 1983, Nr. 1, S. 4.

72) Vgl. auch der Bundesminister für Jugend, Familie und Gesundheit (Hrsg.): Daten des Gesundheitswesens, (Verlag W. Kohlhammer) Stuttgart-Berlin-Köln-Mainz 1980.

werbsfähigkeit in Anspruch nehmen konnten und dadurch Anspruch auf spezielle Parkplätze, billigere Versicherungs- und Verkehrstarife und Steuervergünstigungen erhielten.

Im Jahre 1982 waren an einem Stichtag (1. April) 14,8 % der Männer und 17,6 % der Frauen in der Bundesrepublik Deutschland krank oder unfallverletzt. Die Kranken- und Unfallquote erreichte zum gleichen Zeitpunkt bei Erwerbstätigen insgesamt 3,2 Mill., d.s. bei 26,8 Mill. Erwerbstätigen 12,0 %.[73)]

Die Ursachen der Mortalität in der Bundesrepublik Deutschland haben sich von 1972 bis 1981 stark gewandelt:

Todesursache	Anteil an der Gesamtzahl der Todesfälle in %	
	1972	1981
Infektionskrankheiten	20	1
Herz-, Gefäß-, Kreislaufkrankheiten	15	51
bösartige Neubildungen	12	21
unnatürliche Todesursachen	5	6

Quelle: berechnet nach der Mortalitätsstatistik des Statistischen Bundesamtes, Wiesbaden.

Noch um die Jahrhundertwende wurden die Deutschen, vor allem bedingt durch die hohe Sterblichkeit infolge von Infektionskrankheiten, im Durchschnitt nicht einmal 50 Jahre alt. Die verstärkt im fortgeschrittenen Alter auftretenden Herz- und Kreislauferkrankungen sowie die bösartigen Neubildungen spielten damals als kostenverursachende Faktoren daher keine Rolle. Die Infektionskrankheiten sind zwar gegenwär-

73) Am 1. April 1982 ergab sich folgende Situation bei Kranken und Unfallverletzten:

Gegenstand	Angaben in 1 000		
	männlich	weiblich	insgesamt
Wohnbevölkerung	29 495	32 166	61 660
– akut Kranke	564	717	1 281
– langfristig oder chronisch Kranke	2 463	3 681	6 144
– krank gewesen	918	1 014	1 932
Kranke insgesamt	3 945	5 411	9 356
Unfallverletzte	408	263	671
insgesamt	4 353	5 674	10 028

Quelle: Statistisches Bundesamt, Wiesbaden (Hrsg.): Fachserie 12, Gesundheitswesen, Reihe S 3, Fragen zur Gesundheit, (Verlag W. Kohlhammer) Stuttgart-Mainz 1984, S. 12.

tig längst nicht überwunden, doch sind sie dank der Antibiotika nur noch in seltenen Fällen lebensverkürzend; dies ist sicher ein wesentlicher Grund dafür, daß die Deutschen heute im Durchschnitt über 70 Jahre alt werden und damit das Alter erreichen, in dem Herz- und Kreislauferkrankungen, bösartige Neubildungen, Rheumatismus und Gicht Schwerpunkte der Morbidität bilden und damit auch zugleich dauernden Arzneimittelverbrauch erforderlich machen.[74)]

Zu den chronischen und degenerativen Krankheiten mit nur geringen Wirkungen auf die Lebensdauer zählt man heute u.a. Diabetes, Bluthochdruck und Rheuma.

Die vergleichbar stärkste Auswirkung auf das Gesundheitswesen hat heute die Altersstruktur der Bevölkerung, vor allem die starke Zunahme alter Menschen. Überdies sind Auswirkungen schwer abzuschätzender Ökologieprobleme auf die Gesundheit ein wichtiger Einflußfaktor. Dazu kommen die sozialen und psychischen Probleme, bei denen eine vergleichsweise hohe Betreuungsintensität erforderlich ist.

„Ähnlich den Volksseuchen im Mittelalter dringen heute Zivilisationskrankheiten unmerklich vor und breiten sich Verhaltens- und Befindlichkeitsstörungen epidemisch aus. Es ist ein ebenso plötzlicher wie rätselhafter Befall. Plötzlich leidet die Hälfte der Schulkinder nicht nur an Platt-, Senk- und Spreizfüßen und an einer schlaffen Haltung, sondern auch noch an Sprach-, Lese- und Schreibschwächen. Verhaltensstörungen grassieren. Scharenweise lassen sich die Kinder die Zahnstellungen korrigieren. Die Psychologen und Gruppentherapeuten haben volle Sprechzimmer. Weltweit leiden nach Schätzungen der Weltgesundheitsorganisation 120 – 200 Millionen Menschen an Depressionen! Nach einer Hochrechnung sind 60 Millionen Amerikaner schizophren. Einer Verlautbarung der Kantonalbernischen Ärzte zufolge weisen die Hälfte bis zwei Drittel der Bevölkerung medizinisch erfaßbare psychische Veränderungen auf. Die Gesellschaft ist ‚tuberkulös' geworden."[75)]

Nach dem Bericht über die Lage der Psychiatrie in der Bundesrepublik Deutschland[76)] hatte bereits 1975 einer von zwei Bürgern eine psychische Krankheit durchgemacht.

---

74) Vgl. Bundesverband der Pharmazeutischen Industrie e.V. (Hrsg.): Pharma daten 82, Frankfurt a.M. 1982, S. 53.

75) Gross, Peter: Wir können alles – aber nichts dafür – Individuelle Selbstverantwortung zwischen dem Allmachtsglauben an die Technik und der Bevormundung durch die Sozialwissenschaften, in: GDI Impuls, 2. Jg., 1984, Nr. 1, S. 3 – 12, S. 5.

76) Vgl. Bundesministerium für Jugend, Familie und Gesundheit (Hrsg.): Bericht zur Lage der Psychiatrie in der Bundesrepublik Deutschland – Zur psychiatrischen und psychotherapeutisch/psychosomatischen Versorgung der Bevölkerung, (Verlag Hans Heger) Bonn 1979.

Ein weiteres Problem betrifft den *Medikamentenmißbrauch*. Nach Angaben des Kinderschutzbundes nehmen 25 bis 35 % der Schüler leistungssteigernde Medikamente. Nach einer Untersuchung der Bundeszentrale für gesundheitliche Aufklärung sind nicht weniger als 36 % der Eltern bereit, die Schulschwierigkeiten ihrer Kinder mit Medikamenten zu bekämpfen. Von 790 befragten Schulanfängern haben 17,3 % ein- oder mehrmals Psychopharmaka erhalten, wobei die Jugendlichen die gleichen Präparate einnahmen wie ihre Mütter.

Prüfungsängste werden mit Betablockern unterdrückt und der Schlaf mit Psychopharmaka gesichert.[77)]

Drogen: Zur Gesundheitsproblematik gehört auch die Selbstzerstörung durch Drogen. In Großbritannien gilt jeder zweite Jugendliche im Alter von 14 bis 25 Jahren als regelmäßiger Konsument von Drogen.[78)] Der Drogenbeeinflussung wird in Zukunft bei veränderten Arbeits- und Freizeitstrukturen mehr Aufmerksamkeit gewidmet werden müssen, nicht zuletzt wegen sog. ,,Innovationen'', z.B. neuer Darreichungsformen. Als Beispiel sei die Nikotintablette genannt.

Das Problem knapper Kapazitäten: Bei jährlich 83 000 Infarkttoten und 132 000 Toten durch Erkrankung der Herzkranzgefäße errechnen Spezialisten einen Jahresbedarf von rd. 24 000 Herzoperationen. Zur Zeit fehlen Kapazitäten für 13 000 Eingriffe. Eine Grundproblematik beruht auf der bis zu einem Jahr dauernden Wartezeit, in der sich der Gesundheitszustand oft fundamental verschlechtert.

Die Kosten je Herzoperation betragen in der Bundesrepublik Deutschland rd. 13 500 bis 25 000 DM, in den USA 35 000 bis 60 000 DM.

Die Wertedynamik gegenüber der Medizin: In zunehmendem Umfange verzichten Ärzte in den USA nach Mitteilung des amerikanischen Ärzteverbandes (AMA) auf die erforderlichen Hilfeleistungen, weil sie Prozesse befürchten. Über 60 % der amerikanischen Gynäkologen sind bereits vor Gericht gezogen worden, 20 % sogar mehr als dreimal!

Zur Absicherung werden Versicherungen abgeschlossen, die im Bundesstaat New York für Chirurgen 12 500 US-Dollar und für Gynäkologen 70 000 US-Dollar im Jahr erreichen.

---

77) Vgl. Aumiller, Jochen: Schüler nehmen Zuflucht zu Pillen, in: Die Welt, Nr. 8, 10. Januar 1984, S. 3; siehe auch Ferguson, Marilyn: Die sanfte Verschwörung – Persönliche und gesellschaftliche Transformation im Zeitalter des Wassermanns, 3. Aufl., (Sphinx Verlag) Basel 1983, S. 287–288.

78) Die Einschleusung von Heroin allein über den Flughafen Heathrow hatte 1984 wöchentlich einen Betrag von 24 Mill. DM erreicht.

In der Bundesrepublik Deutschland sind Gutachter- und Schlichtungsstellen bei den Ärztekammern tätig, die eine vergleichbare Entwicklung zu verhindern versuchen.

Weiter taucht auch das Problem der Ethik der Ärzte auf. Die Freizeitgesellschaft und die Kritik an den Einnahmen der Ärzte hat zu einem Abbau ihrer Leistungsbereitschaft geführt.

Beklagt wird weiter der unbefriedigende Ausbildungsstand von jungen Ärzten, die sich 1983 zu etwa 14 % unmittelbar nach der Approbation als freie Ärzte niederließen.

Die Eigenheiten der Krankenversicherung: Durch die Krankenversicherung wird bei Krankheit die Bereitstellung von Gesundheitsdiensten abgesichert. Die technische Abwicklung erfolgt nach dem Sachleistungsprinzip oder Kostenerstattungsprinzip. Im erstgenannten Fall erhalten die medizinischen Dienste und Apotheken die entsprechenden Beträge von den Kassen, dies ist im allgemeinen bei den Kassen der Sozialversicherungen der Fall. Im zweitgenannten Fall erhält der Versicherte die Auslagen aufgrund der Einreichung von Belegen zurückerstattet.

Während in der Bundesrepublik die Einführung der Selbstbeteiligung der Krankenversicherten an den Krankenkosten – sei es über das Kostenerstattungsverfahren, sei es über eine Direktbeteiligung beim Arztbesuch oder Arzneimittelbezug – erst jetzt ernsthaft in Angriff genommen wird, wird sie z.B. in der Krankenversicherung der Schweiz schon immer praktiziert. In den Vereinigten Staaten hat sich das Konzept der Home Health Care mit Therapie in der Wohnung zu einem rasch wachsenden Markt entwickelt, weil man dafür nicht so hoch versichert sein muß.

Die Krankenkassen zählten in der Bundesrepublik Deutschland im Jahre 1981 (1970) 35,8 Mill. (30,6 Mill.) Mitglieder. Sie unterteilen sich in:

– Pflichtmitglieder (ohne Rentner)	20,8 Mill.,
– pflichtversicherte Rentner	10,3 Mill.,
– freiwillige Mitglieder	4,6 Mill.

Hinzu kommen 20,7 Mill. mitversicherte Familienangehörige.

Einschließlich der mitversicherten Angehörigen stehen rd. 90 % der Bevölkerung der Bundesrepublik Deutschland unter dem Schutz der gesetzlichen Krankenversicherung (GVK).[79)]

79) Finanziert werden die Krankenkassen durch die Beiträge
- der Arbeitgeber,
- der Arbeitnehmer,
- der Rentenversicherungen für die Rentner,
- der Bundesanstalt für Arbeit für die Arbeitslosen.

Das gesamte Beitragsaufkommen ist von 1970 mit 26,1 Mrd. DM bis 1981 auf 95,9 Mrd. DM gestiegen, d.s. + 267,4 %. Dem Beitragsaufkommen standen auch Leistungen in etwa gleicher Höhe gegenüber.

Die Kosten der Gesundheit betragen etwa die Hälfte der inländischen Warenentnahme der Konsumenten im Einzelhandel; sie betrug im Jahre 1981 rd. 400 Mrd. DM, die Gesundheitskosten rd. 207 Mrd. DM.

Der Anteil aller Gesundheitskosten am Bruttosozialprodukt stieg von 4,5 % (1960) über 10,4 % (1970) auf 13,5 % (1980).[80)]

Die Krankenhauspflegesätze sind von 18 DM im Jahre 1950 auf über 300 DM im Jahre 1981 angestiegen.

In der Automobilindustrie sind die Kosten für Gesundheit höher als die für den Rohstoff Stahl![81)]

Extremfälle sind aufschlußreich: Das Antidiabeticum Euglucon (Farbwerke Hoechst) kostet pro Packung 66,90 DM und damit je Gramm ein Vielfaches von Gold. Für einen einzigen Bluterkranken hat die AOK Euskirchen insgesamt 24 Mill. DM aufgewendet.[82)]

Der Forschungsaufwand bis zur Zulassung eines neuen bedeutenden Medikaments wird 1985 nach unterschiedlichen Quellen auf 150 bis 250 Mill. DM geschätzt.

2. Die Szenarien

Da der Sozialstaat auch im Gesundheitswesen an seine Grenze gelangt ist, verstärkt sich die Diskussion um die Grenzen der mach- und

80) Die Ausgaben gliedern sich wie folgt:

Gegenstand	Anteile in %	
	1970	1980
1. Vorbeugung und Betreuung	5,1	5,9
2. Behandlung	50,0	58,3
3. Krankheitsfolgeleistungen (Entgeltfortzahlung, Renten)	39,1	30,6
4. Sonstiges	5,8	5,2

Von den 208 Mrd. DM im Jahre 1982 wurden aufgebracht:
- 76 Mrd. DM von privaten Haushalten,
- 88 Mrd. DM von öffentlichen und privaten Arbeitgebern,
- 44 Mrd. DM von öffentlichen Haushalten.

81) Vgl. Staatsbürgerkundliche Arbeitsmappe – Zahlenbilder, hrsg. v. Erich Schmidt Verlag, Berlin 1984, Nr. 12, S. 125–231.

82) Vgl. Krämer, Walter: Wer leben will, muß zahlen – die Kostenexplosion im Gesundheitswesen und ihre möglichen Auswirkungen, (Econ-Verlag) Düsseldorf-Wien 1982, S. 12, S. 94 f.

wünschbaren Leistungen im Gesundheitssektor. Zu klären ist z.B. die Frage, welche Krankheitsgrade die Gesellschaft zu tragen bereit ist, d.h. ob und wann eine Selbstbeteiligung an den Kosten, z.B. bei selbstverursachten Leiden, zu fordern ist.

Die Forderung nach totaler Ernährungs- und Gesundheitsdiagnose wird zu einer Abstimmung zwischen Ernährung und therapeutischen Mitteln führen. Der gegenseitigen Verträglichkeit von Ernährung, Genußmitteln und Pharmazeutika wird mehr Augenmerk gewidmet.

Zwar wird der medizinisch-technische Fortschritt Entlastungen bringen, die relative Bedeutung der Gesundheitskosten wird aber nicht zuletzt wegen der Verschiebung der Altersstruktur zugunsten der Bevölkerung mit hohem Lebensalter zunehmen. Wichtig wäre eine Aufklärung einerseits über das generelle Gesundheitsstreben und eine Prophylaxe sowie andererseits über die Wohlstandskrankheiten und den Mißbrauch des sozialen Netzes.

Wertedynamik und Gesundheit: Angestrebt wird zunehmend eine kombinierte Gesundheitssteuerung. Sie umfaßt mindestens:

1. das gesundheitsfördernde Freizeitverhalten,
2. die gesundheitsorientierte Nahrungs- und Genußmittelaufnahme (nutritional products),
3. die gesundheitsorientierte Körperpflege und Kosmetik,
4. die gesundheitsorientierte Arzneimittelaufnahme.

Ärzten und Konsumenten wird bewußter, daß neben Arzneimittel und operative Eingriffe u.U. geeignete Nahrungsmittel treten, die die Heilungsprozesse unterstützen.

Man wird in Zukunft offener über die sozialen Implikationen und die Auswirkungen auf das Lebensalter bei hedonistischer Lebensweise diskutieren. Vor allem wird man einen sozialen Konsens über die Freiheitsgrade des Genußmittelkonsums trotz seiner Auswirkungen auf Gesundheitszustand und Lebensalter finden müssen.

Eine Analyse des Gesundheitswesens kann nicht mehr nur auf dem Krankenbestand der Bevölkerung aufbauen. Es ist vielmehr erforderlich,

1. neue Kriterien für die Beurteilung von Gesundheit und Krankheit zu finden, wie das Beispiel des Psychopharmaka zeigt;
2. Informationen über Einflüsse bekannter und neuer Genuß- und Nahrungsmittel auf den Gesundheitszustand zu gewinnen;
3. Vorstellungen über die Prophylaxe, insbesondere die regelmäßigen Vorbeugungsversuche, zu gewinnen;

4. die weitere Entwicklung des Konsums leistungssteigernder Stimulantia zu erkennen.

Die Forderung nach totaler Ernährungs- und Gesundheitsdiagnose wird zu einer Abstimmung zwischen Ernährung und therapeutischen Mitteln führen.

Die Optimierung der Verabreichungsformen nach Konsumentengruppen wird zunehmen, und schließlich wird der Totalverträglichkeit von Ernährung, Genußmittel und Pharmazeutika mehr Augenmerk gewidmet werden.

In Zukunft dürften aus Gründen der Preissteigerungen in Krankenhäusern weitere Möglichkeiten der kontrollierten medikamentösen Behandlung in der Wohnung der Patienten erschlossen werden.

Neue Medien im Gesundheitsbereich: Fast ungeahnte Möglichkeiten ergeben sich bei der Nutzung von Heimgesundheitscomputern. Geräte messen Puls, Blutdruck, Temperatur, Gewicht und andere relevante Daten. Die Daten werden in einer Gesundheitszentrale ausgewertet und mit Vorschlägen an den Konsumenten zurückgeleitet. Muß der Patient aufgrund der Rückmeldung einen Arzt aufsuchen, so kann dieser alle Patienteninformationen abrufen, die ihn u.a. auf Interaktions-Beziehungen zwischen mehreren genutzten Medikamenten und auf Kontraindikationen hinweisen. Das verschriebene Medikament wird automatisch bei der Apotheke oder – wenn dort nicht vorhanden – beim Großhändler zur Lieferung an eine bestimmte Apotheke abgerufen und im Patientenstammsatz der Gesundheitszentrale registriert.

Diese wenigen Hinweise lassen weitreichende Konsequenzen auf die Struktur der Apotheken, des pharmazeutischen Großhandels und der Krankenhäuser und Gesundheitszentren erwarten.

Schaubild 3.6
Ein medizinisches Informationssystem

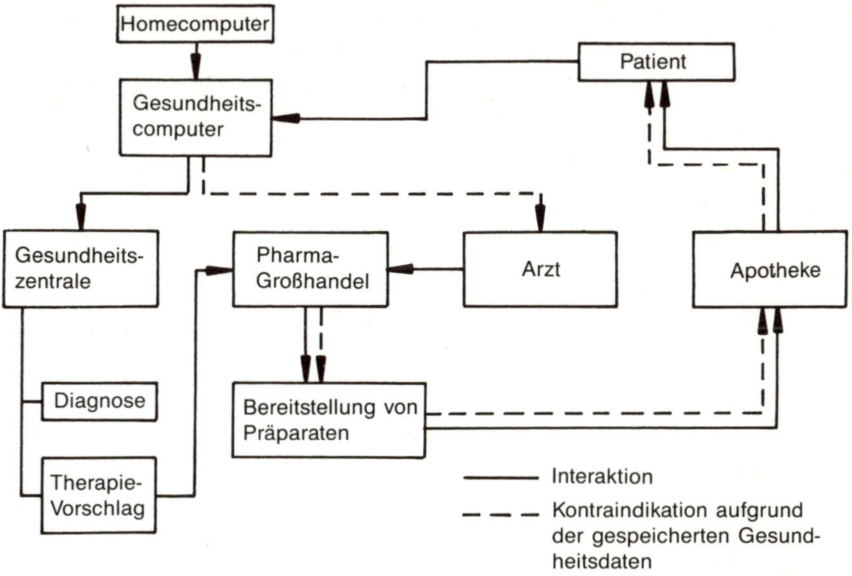

Zur Aufbringung der Kosten für die Gesundheit: Das Gesundheitswesen ist bisher ein integraler Bestandteil des sozialen Netzes. Die Grundfrage der Zukunft besteht in der teilweisen Umschichtung der Kosten von den Versicherungen auf den einzelnen Bürger. Eine mögliche Alternative wäre das Konzept der Pro-Competition-Strategie in den USA:

- ,,Die Konsumenten werden im allgemeinen dazu gezwungen, Krankenversicherungsschutz zu kaufen und die Versicherungsprämien aus ihrem Einkommen (nach Steuern) zu bezahlen, das heißt, die vom Arbeitgeber erbrachten Prämienzuschüsse sind steuerpflichtiges Einkommen der Arbeitnehmer.
- Verpflichtung der Arbeitgeber, ihren Arbeitnehmern mehrere Krankenversicherungsmöglichkeiten zur Auswahl anzubieten. Zusätzlich wird für Medicare- und Medicaid-Berechtigte ein Vouchersystem erwogen, welches auch diesen vom Staat Versicherten Auswahl unter alternativen privaten Versicherungen anbietet.

– Der Preiswettbewerb unter den Krankenversicherern soll durch geeignete Regulierungen so kanalisiert werden, daß er sich im Druck sowohl auf die Preise der Gesundheitsleistungsanbieter als auch auf die von den Anbietern induzierte Inanspruchnahme von Gesundheitsleistungen fortsetzt.
– Selbstbeteiligung und Selbstbehalt der Patienten sollen bei den letzteren Kostenbewußtsein hervorrufen.
– Deregulierung der Angebotsseite des Gesundheitswesens, um einen Preiswettbewerb unter den Anbietern zu fördern.

Durch diese Maßnahmen soll direkt und auf indirektem Wege vom Staat, von den Konsumenten, den Arbeitgebern und den Krankenversicherungen Druck auf die Anbieter von Gesundheitsleistungen ausgeübt werden. Das amerikanische Gesundheitssystem verfolgt nämlich nicht das Ziel der Kostendämpfung, sondern in erster Linie der allokativen Effizienz."[83]

In den nächsten Jahrzehnten dürfte in der Bundesrepublik Deutschland ein Übergang auf ein generell mindestens duales Finanzierungssystem der Gesundheit erfolgen. Es spricht alles dafür, daß die Umverteilung zwischen gesetzlicher und privater Krankenvorsorge sich bereits in absehbarer Zeit in spürbaren Größenordnungen vollziehen wird. Jede Umschichtung zu Lasten der Direktzahlungen durch die Kranken wird auch die Nachfrage nach medizinischen Leistungen beeinflussen. Dadurch können auch die quantitativen Schätzungen einer Korrektur bedürfen. Nur ein Beispiel: Wenn die staatlichen Gesundheitsdienste nicht mehr in der bisherigen Form finanzierbar sind, verringert sich die inländische Nachfrage nach apparativen medizinischen Geräten.

Überdies wird man offener fragen, welchen Sinn zahlreiche Alterskrebsoperationen haben. Man wird sich auch offener dazu äußern, welche Kosten zusätzliche Tage der Lebenserhaltung verursachen. Die Zuteilungsrituale bei knappen Kapazitäten, z.B. bei Herzoperationen oder Nierentransplantationen, werden transparenter gemacht werden müssen. Zu fragen ist auch, wie die Versorgung von Kranken an Wochenenden und Feiertagen angesichts der verringerten Leistungsbereitschaft des Krankenhauspersonals in Zukunft gewährleistet werden kann.

Die Annahmen für Vorausberechnungen des Bedarfs an Leistungen für die Gesundheit sind außerordentlich komplex. Die Einflußfaktoren reichen vom medizinischen Fortschritt und der Leistungsbereitschaft und Fähigkeit aller Menschen, die in Gesundheitsberufen tätig sind, bis

83) Theurl, Engelbert: Das Gesundheitswesen im Diagnoseraum, in: Neue Zürcher Zeitung, 205. Jg., Nr. 31, 8. Februar 19
84, S. 15.

zur gesellschaftlich als zumutbar erachteten Versorgungsqualität und zur Wahl eines Sterbezeitpunktes und dessen sozialer Akzeptanz. Daher tragen die folgenden Überlegungen auch eher den Charakter von Vermutungen als einer im einzelnen abgesicherten Vorausschätzung.

Überlebenswahrscheinlichkeiten und an Wochenenden von Ärzten nur minimal besetzte Krankenhäuser werden gegeneinander abgewogen werden.

Auch die Folgewirkungen von Basisentscheidungen müssen berücksichtigt werden. Die Kostendämpfungsbestrebungen bei der Krankenversorgung – zur Zeit ist bei Medikamenten eine Reduktion um knapp 1,5 Mrd. DM im Gespräch – haben nicht zuletzt auch Auswirkungen auf die Existenzsicherheit der Apotheken, deren Umsatz sich jährlich im Durchschnitt um knapp 100 000 DM reduzieren würde. Ein Verzicht oder eine Reduktion kostspieliger apparativer Behandlungsmethoden, z.B. von Bestrahlungen, hätten auch auf die Hersteller medizinischer Geräte sowie den zuständigen Fachhandel und das Fachhandwerk Rückwirkungen.

Grenzen der Medizin

Mehr als in allen Bereichen der Gesellschaft, gerade im Bereich der Gesundheit, in dem es um Leben und Tod geht, werden Menschen in ihren Fähigkeiten als Ärzte oft überfordert.

Jede Heilung beruht auf dem jeweiligen Stand des medizinischen Wissens, das wie in anderen Bereichen durch beachtliche Divergenzen und widersprüchliche Theorien gekennzeichnet ist. Kritik ist leicht möglich, wirkungsvolle Abhilfe dagegen schwierig. Es ist nicht immer einfach, alternative Behandlungsmethoden zu erkennen, z.B. die Substitution von Bypass-Operationen an den Herzkranzgefäßen durch Medikamente. Marilyn Ferguson fordert ein neues Gesundheitsparadigma, dessen ideologische Ausrichtung aber auch beachtliche Schwächen hat: „Eines der verbreitetsten medizinischen Probleme unserer Zeit ist die iatrogene Krankheit. Letzteres bedeutet wörtlich: ‚vom Arzt verursacht'. Iatrogene Krankheiten entstehen aus Komplikationen bei Operationen, falscher Verordnung von Medikamenten, den Nebenwirkungen von Medikamenten oder anderen Behandlungen und den schwächenden Einflüssen eines Krankenhausaufenthaltes."[84)]

---

84) Ferguson, Marilyn: Die sanfte Verschwörung – Persönliche und gesellschaftliche Transformation im Zeitalter des Wassermanns, 3. Aufl., (Sphinx Verlag) Basel 1983, S. 287 f.

Die Alternativmedizin dürfte mit der klassischen Medizin eine Symbiose eingehen, dies um so mehr, je stärker der internationale Forschungstransfer sich entwickelt.

Kritik an der medizinischen Versorgung: Die Angriffe gegen Ärzte an den Grenzen und über die Grenzen der menschlichen Leistungsfähigkeit hinaus könnten dazu beitragen, daß risikoreiche Behandlungen und Operationen teilweise unterbleiben und dadurch die medizinische Versorgung schlechter wird.

Auch eine Fehlleitung bei der Ausbildung von Medizinern, wie sie heute durch den Abiturnotenfetischismus festzustellen ist, könnte sich mittelfristig negativ auswirken.

Kaum abzusehen sind die Demotivationseffekte bei den Ärzten, die durch falsche Entscheidungen in den Ärzteberuf gedrängt worden sind, sich dort aber nicht wohlfühlen.

Die Risiken eines Rückgangs der medizinischen Ethik sind aus den dargestellten Gründen beachtlich hoch.

Szenario I

Trotz der starken Abnahme der Bevölkerung rechnet die Arbeitsgruppe Bevölkerungsfragen[85] von 1980 bis 2030 nur mit einem Rückgang der Krankenzahl um 8,7 %, bis zum Jahre 2000 trotz des Bevölkerungsrückgangs noch mit einer Steigerung um 1,5 %. Je 100 Einwohner wird mit folgender Veränderung der Krankenzahl gerechnet:

Jahr	1980	1990	2000	2010	2020	2030
Veränderung in %	14,8	15,2	15,6	16,4	17,4	18,6

Analysen des Bundesinstituts für Bevölkerungsforschung zufolge wird trotz des Rückgangs der Bevölkerung bis zum Jahre 2020 mit jährlich 7 % bis 8 % Mehrausgaben im Gesundheitswesen gerechnet.[86]

85) Arbeitsgruppe Bevölkerungsfragen: Bericht über die Bevölkerungsentwicklung in der Bundesrepublik Deutschland – Zweiter Teil: Auswirkungen auf die verschiedenen Bereiche von Staat und Gesellschaft, o.O. (Bonn), o.J. (1983), S. 92.

86) Vgl. Leisering, Lutz: Veränderungen im Verhältnis von Jugend- und Altenlasten: Sozialer Wandel als Problem für den Sozialstaat, in: Kaufmann, Franz-Xaver; Leisering, Lutz: 1984: Studien zum Drei-Generationenvertrag, IBS-Materialien, Nr. 15, hrsg. v. Institut für Bevölkerungsforschung und Sozialpolitik an der Universität Bielefeld, Bielefeld 1985, S. 31 – 121, S. 107.

Nach einer Untersuchung des Bundesinstituts für Bevölkerungsforschung im Auftrage des Bundesministeriums für Arbeit- und Sozialordnung sind auf der Basis der heutigen Krankheitskosten und Krankheitshäufigkeiten folgende Veränderungen zu erwarten:

Gegenstand	1985	1990	2000	2010	2020	2030
			– 1985 = 100 –			
Erwerbstätige	100	103	98	92	82	66
Krankheitskosten	100	102	103	106	107	103
			– Anteil in % des Einkommens –			
Beitragssatz der Krankenversicherungen	11	11	12	13	14	17

Bei den Veränderungen des Bedarfs an Ärzten und Zahnärzten, bei der Bereitstellung von Krankenhausbetten oder auch bei Pharmazeutika sind spezifische Einflußgrößen zu berücksichtigen.

Der Bedarf der Ärzte und Zahnärzte sowie des medizinischen Pflege- und Hilfspersonals wird vor allem auch durch die veränderte Arbeitsbereitschaft bestimmt. Infolge der Verkürzung der Arbeitszeit und der zusätzlichen Betreuungsaufgaben erscheint folgende Veränderung der Anzahl der Ärzte in der Bundesrepublik Deutschland möglich:

Gegenstand	1981[1)]	2000	2030
Ärzte	143 000	190 000	210 000
Zahnärzte	33 300	42 000	45 000

1) entnommen aus: Statistisches Bundesamt (Hrsg.): Statistisches Jahrbuch für die Bundesrepublik Deutschland, (Verlag W. Kohlhammer) Stuttgart-Mainz 1983, S. 386.

Die Zahl der Krankenhaustage ist spürbar von der Art der medizinischen Betreuung chronisch kranker alter Menschen abhängig. Veränderte soziale Auffassungen über die Lebensdauer haben hier fundamentale Auswirkungen. Es spricht vieles dafür, daß die Zahl der Krankenhaustage – auch mitbedingt durch eine Substitution stationärer Krankenhausaufenthalte durch Betreuung in der Wohnung und medikamentöse Steuerung – erheblich rückläufig wird.

Szenario II

Bei Szenario II dürfte die reale Nachfrage nach Gesundheitsleistungen je Einwohner eher etwas schwächer zunehmen, weil die Versorgungsansprüche tendenziell niedriger sind als bei der Bevölkerungsstruktur nach Szenario I.

III. Die Alterssicherung

1. Die Ausgangsbedingungen

Die Alterssicherung beruht auf dem Generationenvertrag, der besagt, daß Rentenbeitragszahlungen und Auszahlung von Renten gleichzeitig erfolgen. Der Beitragszahler geht von der Hoffnung auf ein gleichwertiges Verhalten von Folgegenerationen aus. Nach dem Generationenvertrag wird das Konzept

Einnahmen für Renten der Erwerbstätigen	=	Ausgaben für Renten an Rentner

verfolgt.

Wenn langfristig relativ mehr Ältere und relativ weniger Erwerbstätige am Sozialprodukt beteiligt sind, ändert sich bei allen Alterssicherungsbedingungen die Verteilung der Realeinkommen in der Bevölkerung mit Konsequenzen für das reale Einkommen und den Privaten Verbrauch der Erwerbstätigen wie der Rentner.[87)]

Das *Durchschnittsalter von Beziehern der ersten Rente* betrug 1983 bei Arbeitern 59,7 und bei Angestellten 60,1 Jahre, bei Frauen 57,7 bzw. 59,2 Jahre. Nur noch rd. ein Fünftel der Arbeiter und ein Drittel der angestellten Männer bzw. ein Zehntel der Arbeiter und ein Viertel der angestellten Frauen scheiden erst nach dem 62. Lebensjahr aus dem Arbeitsleben aus.

Die Anzahl der Rentenbezieher der Arbeiter- und Angestelltenversicherung hat sich wie folgt entwickelt:

87) Vgl. auch Arbeitsgruppe Bevölkerungsfragen: Bericht über die Bevölkerungsentwicklung in der Bundesrepublik Deutschland – Zweiter Teil: Auswirkungen auf die verschiedenen Bereiche von Staat und Gesellschaft, o.O. (Bonn), o.J. (1983), S. 73.

Jahr[1]	Männer	Frauen	insgesamt
1960	2 134 938	4 235 703	6 370 461
1970	2 832 370	5 695 941	8 528 311
1980	3 608 374	7 583 110	11 191 484
1984	3 908 444	8 515 097	12 423 541

1) 1960 zum 1. Juli, ab 1970 zum 1. Januar.

Die Höhe der Renten in DM je Monat hat sich im gleichen Zeitraum wie folgt verändert:

	Männer		Frauen		insgesamt	
Jahr	Arbeiter	Angestellte	Arbeiter	Angestellte	Arbeiter	Angestellte
1960	211,52	323,30	102,75	188,01	159,64	269,88
1970	449,78	694,53	174,16	351,33	313,00	534,21
1980	1 051,75	1 458,85	376,65	688,19	691,81	1 056,88
1981	1 069,23	1 486,07	389,61	709,19	707,35	1 074,41
1984	1 170,07	1 619,15	434,45	774,23	773,45	1 146,46

Quelle: Verband Deutscher Rentenversicherungsträger.

Im Jahre 1983 ergaben sich folgende *Ausgaben für die Altersversorgung:*

– Rentenversicherung der Arbeiter und Angestellten sowie knappschaftliche Rentenversicherung	177 Mrd. DM,
– Altershilfe für Landwirte	3 Mrd. DM,
– Beamtenpensionen – betriebliche Altersversorgung – Sozialhilfe für alte Menschen	36 Mrd. DM,
– insgesamt	216 Mrd. DM.

2. Die Szenarien

Nicht ohne Bitterkeit müssen die Bürger der Bundesrepublik Deutschland zur Kenntnis nehmen, daß das soziale Netz teilweise entflochten werden muß, d.h. weniger Leistungen auch für die, die mit Recht die meisten Ansprüche haben.

Die Aufrechterhaltung des heutigen Beitrags- und Leistungsgefüges bei Renten ist nur möglich, wenn die Bevölkerung kräftig wächst – und dann auch die Anzahl der Erwerbstätigen ansteigt.

Der Druck auf die Rentenversicherung wird verstärkt durch die Herabsetzung der Pensionsgrenze, oft auch unter die gesetzliche Grenze. Auch die Erhöhung des Lebensalters hat Einfluß, so daß sich die durchschnittlichen Laufzeiten der Altersrente für Frauen von 1957 bis 1984 um 65 % erhöht haben.

Der Verzicht auf das Versicherungsprinzip hat außerdem bei den Rentenberechtigten die Konsequenz, daß neben den Beiträgen zur Rentenversicherung steuerliche Zusatzbelastungen zur Erhöhung der Kinderzahl als Voraussetzung für mehr Beitragszahler in der Zukunft in Kauf genommen werden müssen.

In den letzten Jahren ist das Rentenalter stark rückläufig gewesen. Dadurch wurde auch ein Teil der Arbeitslosigkeit aufgefangen, d.h. die Anzahl der Arbeitslosen wäre höher, wenn man bei dem ursprünglichen Alter des Ausscheidens aus dem Erwerbsleben geblieben wäre. Die neuen Vorruhestandsregelungen dürften hier nochmals eine Reduktion bringen.

Bei weiterem Rückgang der Geburtenzahlen oder durchschnittlichen Erhöhungen des Lebensalters wachsen die Rentnerquoten, bezogen auf Erwerbstätige, noch an.

Der *Rentnerquotient* ist in der Bundesrepublik mit 45 % – in Frankreich beträgt er 37 %, in Großbritannien 36 % (hier jeweils Rentner in Prozent der Erwerbstätigen) – im internationalen Vergleich am höchsten.

Nach unterschiedlichen Studien aufgrund von Vergleichen der OECD werden auf je 100 Erwerbstätige in ausgewählten Ländern folgende Zahlen von Rentnern kommen:

Land	1980	2000	2020	2030
Bundesrepublik Deutschland	45	56	73	97
USA	20	23	33	42
Großbritannien	36	33	40	47
Frankreich	37	40	56	61
Japan	12	37	60	65

Quelle: zusammengestellt nach OECD, Fondation Nationale d'Economie Politique, Institute for Contemporary Studies, Bundesversicherungsanstalt für Angestellte.

Der deutsche Rentnerquotient wird sich bis zum Jahr 2030 bei Szenario I verdoppeln. Auf jeden Beitragszahler kommt dann ein Rentner. In Japan erhöht sich der Anteil im gleichen Zeitraum von 12 auf 65 %, in Frankreich von 37 auf 61 %.

Eine weitere *Arbeitszeitverkürzung* in Richtung der 35-Stunden-Woche würde das Beitragsaufkommen bremsen. Dadurch würden die aufgrund des Rentnerquotienten ohnehin steigenden realen Belastungen der Erwerbstätigen noch weiter steigen müssen.

Szenario I

Die Anzahl der Rentner wird sich von 1981 bis 2030 bei gleichbleibendem Ausscheiden aus dem Erwerbsleben wie folgt entwickeln:

Jahr	1981	1990	2000	2030
Anzahl in Mill.	11,8	12,2	13,1	15,2

Im Jahre 1982 war jeder fünfte Deutsche 60 Jahre oder älter, in weniger als 20 Jahren wird es jeder vierte sein.

Die geburtenstarken Jahrgänge fördern zusätzliche Rentnerberge. Der aus den geburtenstarken Jahrgängen vor 1914 entstandene Rentnerberg klingt ab. Der Rentnerberg der Geburtsjahrgänge 1932 bis 1942 beginnt ab 1995 und baut sich um 2020 wieder ab. Dann beginnt der Rentnerberg der Babyboom-Jahrgänge, deren Spitze 1964 lag.

1. Der ,,Generationenvertrag" der Sozialversicherung ist in den 80er Jahren nicht mehr auf dem heutigen Lebensstandard haltbar.
2. Dieses Problem ist noch nicht im Bewußtsein der breiten Öffentlichkeit verankert.
3. Eine wahrscheinliche Teillösung wird die Duldung – später Förderung – der freiwilligen beruflichen Teilzeitarbeit über die offizielle Altersgrenze hinaus sein, z.B. durch steuerliche Begünstigung, aber u.U. unter Anrechnung auf die Altersbezüge.

Im Jahre 1982 waren 26,4 % der Menschen älter als 55, d.h. im Frühverrentungsalter, 1990 werden es 27,7 % sein und 2030 42,1 %. Bei gleichen Finanzierungsregelungen müßten die heutigen Beitragssätze von 18,5 % auf 37 % angehoben werden! Würde der gegenwärtige Beitragssatz beibehalten, müßte durch Verlangsamung der Rentenzuwächse das Bruttorentenniveau um fast die Hälfte gesenkt werden. Während heute z.B. eine Rente nach 40 Versicherungsjahren rd. 44 % des Bruttoarbeitsentgelts vergleichbarer Arbeitnehmer beträgt, wären es unter 25 % in 50 Jahren.[88)]

Man kann es auch vereinfacht so ausdrücken: Die Rentenzahlungen in Prozenten des Nettoentgeltes der Beschäftigten sinken von 73 % auf 40 % (Eckrente nach 45 Beitragsjahren mit Durchschnittsverdienst) oder die Beitragszahlungen verdoppeln sich.

Die Fehler der Rentenfinanzierung beruhen darauf, daß nicht das Versicherungsprinzip, sondern das Geld rein-Geld raus-Prinzip angewandt wird.

Zur sozialen Sicherung dürften in Zukunft generell beitragen:

1. ein Sozialniveau durch den Staat auf Grundlage der Sozialversicherung,
2. eine Ergänzung durch private Versicherungen,
3. eine zusätzliche Stützung durch Vermögen bzw. Vermögenseinkommen.

Vorschläge zur Neuordnung der Rentenfinanzierung gehen davon aus, daß nur noch ein Mindeststandard an Versicherungsleistungen durch den Staat erfolgt; alle Zusatzleistungen gelten als Privatangelegenheit jedes einzelnen, über die er Privatversicherungen abschließen könnte. Man spricht hier auch von einer teilweisen Entkoppelung von Arbeit und sozialer Absicherung, ein Zwei-Säulen-Modell von betrieblicher Rente und privater Absicherung.

Die Altersversorgung bedarf auf jeden Fall einer durchgreifenden Neuregelung, bei der zu erwarten ist, daß sie nicht ohne Wohlstandsverzicht bei allen Erwerbstätigen und Rentnern zustande kommt.

Im Jahre 1981 haben Kurt Biedenkopf und Meinhard Miegel das Konzept der Grundversorgung und der Leistungsrente entwickelt.

Die Grundversorgung sollte je nach Rentner 600 DM (Anpassungsmodell 1985: 1 200 DM oder 40 % des durchschnittlichen Arbeitsentgelts) und damit für ein Ehepaar 1 200 DM betragen, dies ohne Bedürfnisprüfung. Außerdem sollte bei Einkommensempfängern von 8 400 DM bis 48 000 DM im Rahmen einer Pflichtversicherung und für alle übrigen Bürger mit einer freiwilligen Versicherung bei Anpassung der Einkommensgrenzen an die Inflationsraten eine Leistungsrente geschaffen werden.

Im Jahre 1982 hätte nach Berechnungen des DIW eine Grundrente von 900 DM 131 Mrd. DM erfordert gegen 115 Mrd. DM effektive Be-

---

88) Arbeitsgruppe Bevölkerungsfragen: Bericht über die Bevölkerungsentwicklung in der Bundesrepublik Deutschland – Zweiter Teil: Auswirkungen auf die verschiedenen Bereiche von Staat und Gesellschaft, o.O. (Bonn), o.J. (1983), S. 76 f.

lastung, davon 76 Mrd. DM aus der öffentlichen Hand und 39 Mrd. DM aus Arbeitgeberbeiträgen.

Die sogenannte Sockelung ohne Bedarfsprüfung könnte sich zu einem neuen sozialpolitischen Konzept entwickeln. In jedem Fall wird die Diskussion von Gleichheitsprinzip und Leistungsprinzip bei der Alterssicherung neue Dimensionen erhalten.

Zu beachten ist in Zukunft auch die Wertedynamik der alten Menschen und der Jüngeren gegenüber den Alten. Die Frage Desintegration oder Integration der alten Menschen in die Gesellschaft ist noch nicht geklärt.

Szenario II

Bei Szenario II sind für die Vorausschätzung der in der Bundesrepublik Deutschland zu versorgenden alten Menschen noch Hypothesen über den Altersaufbau der zusätzlichen Einwohner erforderlich. Man wird hier von einer Quote ausgehen können, die eher der Situation in den achtziger Jahren entspricht. Mit bedeutenden zusätzlichen Belastungen der Erwerbsbevölkerung ist bei Szenario II nicht zu rechnen. Die Situation wäre wegen der zu erwartenden günstigen Altersstruktur der neu hinzukommenden Bevölkerung bei deren Integration in das Erwerbsleben ohne Arbeitslosigkeit etwas besser als Mitte der achtziger Jahre.

M. Der Wohlstand und die Wirtschaftskraft

I. Die Infrastruktur und der erreichte Wohlstand

Die Infrastruktur prägt das Wohlstandsniveau und bestimmt aufgrund der Qualität und der Ersatzfristen die Investitionen. Ein wichtiger Bereich der durch den technischen Fortschritt geprägten Infrastruktur der hochentwickelten Industriestaaten wird durch Zivilisationsnetze gebildet. Das sind die Netze für den Transport von Waren, Personen und Energie; sie werden durch das weitere Zivilisationsnetz der Kommunikationsinfrastruktur ergänzt.[89)]

In den letzten Jahrhunderten war jede Generation am Aufbau eines Zivilisationsnetzes mit fundamentalen Auswirkungen auf die Handelsstrukturen beteiligt:

- Straßen,
- Schiffahrtsnetze auf Meeren und Kanälen,
- Eisenbahnen,
- Telefon,
- Autobahnen,
- Luftverkehrsnetze.

In dieser Generation kommen die neuen Kommunikationsnetze durch Glasfaserverkabelung und Satelliten dazu. In der nächsten Generation dürften neue erdgebundene Transportsysteme folgen.

In einer entwickelten Wirtschaft ist ein großer Bestand an Sachgütern und Institutionen vorhanden, der zudem noch stetig verbessert und vergrößert wird. Gleicherweise ist jedoch auch ein großer Bestand an Schädigungen vorhanden, wie durch die Umweltprobleme verdeutlicht wird.

Auf der finanziellen Ebene schließlich sind Schulden der öffentlichen Hände und im privaten Bereich vorhanden, die ebenfalls an Neubürger und die nächste Generation weitergegeben werden.

Als höchste Form der Verfügbarkeit gilt das Eigentum. Eigentum wird vor allem durch Geschenk unter Lebenden oder durch Vererbung übertragen. Je höher das private und öffentliche Niveau der Sachgüter, desto größer die Vererbung.

---

89) Vgl. Bösenberg, Walther A.: Eine neue Phase, in: IBM-Nachrichten, 30. Jg., 1980, Nr. 250, S. 7–14, S. 8.

Vererbung und Wohlstand: Der Wohlstandstransfer umfaßt kollektive Güter bzw. das Gemeineigentum, d.h. die gesamte Infrastruktur, die Schulen, die Krankenhäuser, die Verwaltungen und den individuellen Wohlstand durch Vererbung. Faktisch wirkt sich dieser Besitz wie eine reale Erhöhung der Einkommen aus, da die vererbten Gegenstände veräußert und die Mittel anderen Verwendungszwecken zugeführt werden können bzw. da entspart werden kann.

Der individuelle Wohlstand wird durch zusätzliche Gemeinschaftsaufgaben – mögen diese durch den Staat oder durch Unternehmen erledigt werden – negativ beeinflußt, bei Stagnation sogar rückläufig. Mehr Ökologiekosten bedeuten weniger Marktentnahme, dafür aber bessere Umweltbedingungen.

Aus den bisherigen Überlegungen ergeben sich weitgehende Konsequenzen für die Entwicklung der Wirtschaft:

Bisher freie Güter, so sauberes Wasser oder saubere Luft, müssen durch Einsatz von Kapital und Arbeit „produziert" werden. Einfache Güter werden durch komplizierte Güter ersetzt. Die Viehfütterung mit nicht vermarktetem Getreide oder sonstigem selbst produziertem Futter wird ersetzt durch eine Verfütterung von kalorien- und vitamingesteuerten, industriell gefertigten Futtermitteln.

So läßt sich das künftige Wachstum des Bruttosozialprodukts weniger durch eine Mengenzunahme als vielmehr durch eine qualitative Veränderung und Intensivierung kennzeichnen. Die Tendenz zur Entwicklung in Richtung auf eine Dienstleistungsgesellschaft ist zunächst dadurch mitgeprägt, daß immer mehr Dienste in den geldwirtschaftlichen Kreislauf einbezogen werden, die bisher außerhalb standen, z.B. Kinderfürsorge in Kindergärten, Altersversorgung oder Gesundheitsdienste anstelle der bisherigen Versorgungsleistungen in der Familie. Einerseits wird bisherige Selbsthilfe zum Bruttosozialprodukt; und andererseits wird bisherige Wirtschaftstätigkeit durch Schwarzarbeit aus dem Bruttosozialprodukt herausgenommen.

Zu den wichtigsten zukunftsbelastenden Ausgangsbedingungen gehört in den letzten Jahrzehnten die starke relative *Bedeutungszunahme der Staatstätigkeit* – mehr als die Hälfte des Bruttosozialprodukts. Wichtige Ursachen sind die enorme Ausweitung des sozialen Netzes und die Subventionen. Verbunden ist die Ausweitung der Staatstätigkeit mit einer rapiden Zunahme der Staatsverschuldung in allen großen Industrieländern.

Die *Investitionsquote* ist von der Verfügbarkeit von Sparkapital einerseits und dem Grad der Konkurrenz um Sparkapital durch die öffentlichen Hände andererseits abhängig. Trotz der enormen nominalen

Steigerung der Sparquote war die Investitionsquote in den letzten Jahren stark rückläufig, d.h. die Anlagen sind älter und damit qualitativ schlechter als noch vor einem Jahrzehnt.

Die Wachstumschancen eines Landes werden auf der Basis eines gegebenen Kapitalstocks nicht nur durch die Höhe der Investitionen mitbestimmt. Rationalisierungsinvestitionen zur Einsparung von Arbeit und Energie haben dabei weniger Wachstumskraft als innovationsorientierte Investitionen, die sich sowohl auf Einrichtungen für Produktionsprozesse als auch auf Endprodukte beziehen können.

Teilweise wird die Auffassung vertreten, daß die Innovationspotentiale in der Bundesrepublik Deutschland zwar sehr groß sind, jedoch die Investitionsbereitschaft der Unternehmen zu ihrer Nutzung fehle. Dies weist auf die Notwendigkeit zur Investitionsförderung hin. Es taucht auch die Frage auf, wie langfristig die Umstellung der Wirtschaft, vor allem der Industrie, bei weiterer Abwerbung von Sparkapital durch den Staat und damit vermutlich bei hohen Zinsen, verringerter Erhöhung des Sparkapitals und nur noch geringen Zunahmen des realen verfügbaren Einkommens finanziert werden soll. Hier könnte sich ein Druck auf die Konsumausgaben zugunsten des Sparens ergeben.

Das Bruttosozialprodukt wird durch die Anzahl und Fähigkeit der Beschäftigten und den Umfang und die Qualität der Sachmittelausstattung bestimmt. Nicht alle Erwerbswilligen können auch immer beschäftigt werden. Da es altersspezifische Produktionsunterschiede gibt, ist die potentielle wirtschaftliche Entwicklung vom Altersaufbau der Erwerbsbevölkerung abhängig. Weiter wirkt sich die Verlängerung der Ausbildungszeit und die Verkürzung der Lebensarbeitszeit auf die Produktivität aus.

Die Veränderung der Sachmittelausstattung wird einmal durch das Niveau der technischen Fähigkeiten und zum anderen durch den Umfang des verfügbaren Kapitals mitbestimmt, d.h. auch durch die Sparquote und den Konkurrenzkampf zwischen Staat und Wirtschaft um Kapital, insbesondere bei zunehmender Staatsverschuldung.

Die Sparquote: Die Ersparnis der privaten Haushalte setzt sich aus vier Komponenten zusammen, d.s.:

1. die Bildung von neuem Geldvermögen,
2. die Auflösung des vorhandenen Geldvermögens,
3. die Aufnahme von Krediten,
4. die Rückzahlung von Krediten (Entschuldung).

In der Höhe der Sparquote gibt es zwischen den Nationen erhebliche Unterschiede. So liegt die Sparquote in der Bundesrepublik Deutschland wegen der vergleichsweise geringen Bedeutung der Konsumkredite um ein Mehrfaches über der der Vereinigten Staaten.

Darüber hinaus sind die Vermögensübertragungen zu berücksichtigen:

1. die von den privaten Haushalten empfangenen Vermögensübertragungen, z.B. Sparzulagen und Bausparprämien des Staates, die Zuführungen der Arbeitgeber zu den Rückstellungen für die betriebliche Altersversorgung,
2. die von den privaten Haushalten geleisteten Vermögensübertragungen an den Staat, z.B. Erbschaftsteuer, und an die Unternehmen, vor allem an die Wohnungswirtschaft.[90]

Trotz hoher Preissteigerungsraten lag die Ersparnis in der Bundesrepublik Deutschland von 1970 bis 1985 zwischen 12,6 % (1970) und 13,7 % (1985) des Privaten Verbrauchs, in absoluten Werten betrug die Sparquote 1970 53,3 Mrd. DM und 1985 130 Mrd. DM.

Die Kreditaufnahme für Konsumzwecke hielt sich in einem engen Rahmen. Die Nettoforderungsposition der privaten Haushalte betrug im Jahre 1970 414 Mrd. DM (Geldvermögen rd. 445 Mrd. DM, Verpflichtungen rd. 30 Mrd. DM). Bis 1981 erhöhte sie sich um 735 Mrd. DM (+178 %) auf 1149 Mrd. DM.

Zur Bewältigung der Schattenwirtschaft

Bei der Beurteilung der Schattenwirtschaft zeigen sich Schwierigkeiten: einerseits wird dadurch die staatliche Autorität untergraben, andererseits verhalten sich die Betroffenen nach den Prinzipien der Marktwirtschaft: Gewinnerhöhung durch Produktion zu niedrigen Preisen – wenn auch unter Umgehung der Gesetze!

Die Zunahme der Anforderungen an den Staat bedeutet den Zwang zu höheren Staatseinnahmen, d.h. zu höheren Steuern. Umgekehrt müssen sich alle staatlichen Leistungen an der Steuerkraft orientieren, die in einer stagnierenden Wirtschaft kaum weiter erhöht werden kann. Der Rückgang der Steuermoral beeinträchtigt aber die Fähigkeit des Staates, alten Verpflichtungen nachzukommen oder gar neue einzugehen, noch einmal mehr.

Die Schattenwirtschaft bzw. Parallelwirtschaft ist ein Signal der Steuerverweigerung, deren Größenordnung die Erfüllung der Staatsaufgaben in ihrer bisherigen Form verhindert. Ob jedoch die Schnüffelpraxis, wie sie jetzt in Schweden Platz greift, der richtige Weg zur Lösung des Problems sein kann, ist sehr zu bezweifeln. In Schweden sind die

---

90) Der Erwerb von Wohnungseigentum durch private Haushalte gilt in der amtlichen Statistik als Transfer zum Sektor Unternehmen.

Bürger zur Angabe jeder Handwerkertätigkeit mit Namen des Handwerkers bei Abgabe der Steuererklärung verpflichtet. Gleichzeitig werden hohe Strafen bei Nachlässigkeit der Angaben angedroht.

Die Fahndung nach Schwarzarbeitern als ausschließliche Reaktion des Staates kriminalisiert die bei der Schwarzarbeit zum Ausdruck kommende Kreativität, Leistungsbereitschaft und Freude an selbständiger Arbeit. Sie konnte die dynamische Entwicklung dieses Phänomens bislang nicht zum Stillstand bringen. Zu unterstützen sind daher Anregungen zur Akzeptanz und Integration dieser Freizeitarbeit in das bestehende Rechts-, Steuer- und Sozialversicherungssystem zur Sicherung von Beschäftigung, Einkommen und Entfaltungsmöglichkeiten.

Letztlich gehört die Frage der Steuermoral in einen ganz anderen Zusammenhang, nämlich den der Identifizierung des Bürgers mit seiner Gesellschaft, seinem Staat, d.h. seiner freiheitlichen Ordnung, in der er lebt. Vor diesem Hintergrund sollte mehr Bereitschaft bestehen, einen Beitrag zu leisten.

Fehlendes Gemeinschaftsbewußtsein fördert die zur Zeit zu verzeichnende Übernutzung und Ausnutzung der Leistungen, die die öffentlichen Hände bereitstellen. Neben der Schattenwirtschaft ist auch die ungerechtfertigte Inanspruchnahme staatlicher Leistungen zu einem Problem geworden.

So wird vorgeschlagen, die Freizeitarbeit als einen eigenständigen volkswirtschaftlichen Sektor neben Landwirtschaft, Produktion und Dienstleistung zu betrachten und eine grundlegende Änderung des Gewerbe-, Lohn- und Einkommensteuerrechts, der Handwerksordnung und des Sozialversicherungsrechts im Sinne einer Erleichterung von selbständigen Nebenerwerbstätigkeiten vorzunehmen.

Auswirkungen auf die Freizeitarbeit könnten sich auch aus einer stärkeren Beteiligung der Arbeitnehmer am unternehmerischen Geschehen durch Gewinnbeteiligung, Kapitalbeteiligung und Mitbestimmung ergeben.

Zur Dynamik des internationalen Warenaustauschs: Die Terms of Trade für die Bundesrepublik Deutschland haben sich in den Jahren seit 1973 tendenziell verschlechtert.[91] Das bedeutet eine Rückläufigkeit der

91) Die Terms of Trade oder das Realtauschverhältnis eines Landes sind das Verhältnis aus den Indizes der Durchschnittswerte seiner Warenexporte und seiner Warenimporte. Diese Größe gibt an, welche Gütermengen im Außenhandel als wertgleich getauscht werden. Bei steigenden Terms of Trade könnten für den Erlös konstanter Exportmengen mehr Waren importiert und bezahlt werden als zuvor. In diesem Fall verbessert sich die Wettbewerbsposition einer Volkswirtschaft gegenüber dem Ausland. Bei sinkenden Terms of Trade kann ein Land für den Wert einer bestimmten Menge expor-

relativen Außenhandelsfähigkeit. Eine Prognose der künftigen Außenhandelstätigkeit bei stark reduzierter Bevölkerung ist nur bei einer Abschätzung der künftigen international tragfähigen Produktionskompetenz der Industrie-, Handels- und Dienstleistungsunternehmen möglich.

Wie sich die Terms of Trade der Bundesrepublik Deutschland entwickeln, hängt vor allem von den Importpreisen für Rohstoffe ab. Dies zeigte sich 1974 wie auch 1979, als die drastischen Erhöhungen der Ölpreise erhebliche Verschlechterungen der Terms of Trade bewirkten. Während nach der ersten Ölkrise unter dem Einfluß der DM-Aufwertung schon im Jahre 1975 wieder eine deutliche Verbesserung eintrat, dauerte die Phase sinkender Terms of Trade nach dem zweiten Ölpreisschock nicht nur viel länger, der Rückgang war auch bedeutend stärker.

Für den Export von 100 Gütereinheiten konnte die Bundesrepublik Deutschland im Jahre 1970 noch 117 und 1985 nur noch 97,6 Gütereinheiten importieren.

Die deutsche Exportstruktur wurde in den letzten Jahren kaum auf die wachsenden Märkte ausgerichtet. Da die Bundesrepublik in der Vergangenheit vor allem Produkte, insbesondere Investitionsgüter, anbot, bei denen weniger der Preis als die Qualität gegenüber Konkurrenten wichtig war, droht dieser Vorsprung durch Vernachlässigung der dynamischen Märkte der Welt verloren zu gehen. Damit ist die Basis für das hohe Reallohnniveau gefährdet, weil Absatz auf den etablierten und stagnierenden Märkten nur noch unter Preiszugeständnissen getätigt werden kann.[92)]

II. Die Szenarien

Das Bruttosozialprodukt: Es ist vor allem abhängig von

1. der inländischen Nachfrage nach Endprodukten,
2. der Auslandsnachfrage,
3. den Importbedingungen,
4. dem Autarkiegrad der Versorgung mit Nahrungsmitteln und Rohstoffen.

---

tierter Waren weniger ausländische Güter kaufen. Die Terms of Trade werden sowohl durch Änderungen der Mengen und Preise exportierter und importierter Güter, als auch durch Wechselkursbewegungen beeinflußt.

92) Vgl. Härtel, Hans-Hagen; Thiel, Eberhard u.a.: Analyse der strukturellen Entwicklung der deutschen Wirtschaft, Strukturbericht 1983, (Verlag Weltarchiv) Hamburg 1984, S. 173.

Als Risiken für das Wachstum der nächsten Jahre lassen sich, in Anlehnung an die Analyse der Arbeitsgruppe Bevölkerungsfragen,[93] nennen:

1. die weltwirtschaftliche und -politische Labilität mit der Gefahr neuerlicher Rohstoffpreisexplosionen, eines wiederauflebenden Protektionismus und weiterer kriegerischer Auseinandersetzungen,
2. der Anpassungszwang an die Verteuerung ehemals freier oder billiger Ressourcen, allen voran Umwelt und Energie,
3. der Anpassungszwang an die fortschreitende internationale Arbeitsteilung,
4. die finanziellen Restriktionen der öffentlichen Haushalte,
5. die Gefährdung des sozialen Konsenses zwischen den Tarifpartnern.

Zahlreiche Belege für diese und andere Probleme wurden bereits vorgelegt.

Eine dringende – möglichst umgehende – Gewichtsverlagerung der Ökonomie zur Ökologie wird wegen der nach wie vor langsamen und generationenspezifischen Bewußtwerdung vermutlich erst um 2000 beginnen und zu einem Primat der Ökologiewirtschaft führen.

Neue Wirtschaftsstrukturen: Im Hinblick auf die zukünftige Gestaltung unserer Wirtschaft ist zu fragen, welche Effizienz wir anstreben. Elektrizitätswerke, Stahlwerke, Chemieunternehmen, Einzelhandelsunternehmen und Banken haben gewachsene Strukturen. Es entstehen in vielen Bereichen enorme Risiken, wenn die Strukturen zu rasch geändert werden. Zu warnen ist vor allem vor einer Ökonomieromantik. Es ist – zumindest innerhalb absehbarer Frist – ausgeschlossen, in Gärten nach Selbstversorgungsprinzip alle Lebensmittel und mit eigenen Windmühlen soviel Strom zu produzieren, wie zur Aufrechterhaltung der Wirtschaft gebraucht wird. So bedingt die Aufrechterhaltung eines bestimmten Versorgungsniveaus bestimmte Marktbearbeitungsstrukturen und bestimmte Managementsstrukturen. Der derzeitigen ökonomischen Effizienz werden bisher praktisch ausschließlich Vorschläge von Gesellschaftsordnungen mit geringerer ökonomischer Effizienz gegenübergestellt. Wenn weiterhin Kompetenz und Effizienz angestrebt werden, muß gegen Autoren wie Capra[94] und andere eingewandt werden, daß

93) Vgl. Arbeitsgruppe Bevölkerungsfragen: Bericht über die Bevölkerungsentwicklung in der Bundesrepublik Deutschland – Zweiter Teil: Auswirkungen auf die verschiedenen Bereiche von Staat und Gesellschaft, o.O. (Bonn), o.J. (1983), S. 60.

94) Vgl. Capra, Fritjof: Wendezeit – Bausteine für ein neues Weltbild, (Scherz Verlag) Bern-München-Wien 1983; Ferguson, Marylin: Die sanfte Verschwörung – Persönliche und gesellschaftliche Transformation im Zeitalter des Wassermanns, 3. Aufl., (Sphinx Verlag) Basel 1983.

durch ihre Vorschläge die Wirtschaft auf etwa die Hälfte des derzeitigen Niveaus rückläufig werden würde und zwar ohne eine Senkung der Arbeitszeit und Anzahl der Erwerbstätigen.

Zu entscheiden ist darüber, ob das Streben nach Stabilisierung des heutigen Versorgungsniveaus fortgesetzt wird oder zumindest ein ökonomischer und vermutlich auch ein sozialer Rückschritt im Sinne von Bescheidenheit das neue Ziel sein soll.

Durch den Bevölkerungsrückgang würden die ökonomischen Effekte der neuen Ideologien noch einmal stärker durchschlagen.

Strukturwandel und Substitutionsprobleme: Die Struktur der Wirtschaft und damit auch des Bruttosozialprodukts ist von den Entscheidungen bei der Lösung folgender Substitutionsprobleme abhängig:

1. Steigerung der Ökologieinvestitionen zu Lasten klassischer Investitionen zur Waren- und Diensteproduktion einschließlich von Umstrukturierungen der Landwirtschaft;
2. Kräftige Medieninvestitionen zu Lasten von Investitionen in die klassische Produktion;
3. Erhaltung eines Mindest-Autarkiegrades der eigenen Wirtschaft, um nicht ganze Branchen als Know-how und faktische Kraft zu verlieren;
4. Umverteilung von Staatsaufgaben auf die private Wirtschaft oder umgekehrte Umverteilungen;
5. Starke Energie- und Rohstoffeinschränkungen zugunsten alternativer Produktionsformen.

Die Art und das Gewicht der Kombination dieser Einflußgrößen würden auch die Wachstumskomponente des Bruttosozialprodukts beeinflussen, so daß die folgenden Berechnungen nur grobe Anhaltspunkte darstellen können.

Statt des *Protektionismus* junger Industriezweige wie in der klassischen Theorie des Aufholprotektionismus werden heute alte Industriezweige geschützt.

Aufgrund der Wertedynamik verändern sich die Vorstellungen über den *individuellen Wohlstand und über den gesellschaftlichen Wohlstand.* So sind folgende grundlegende Fragen zu beantworten:

1. Was ist in Zukunft individueller Wohlstand?
2. Was ist in Zukunft gesellschaftlicher Wohlstand?

Diese Fragen sind vor allem als sequentielles Problem im Zeitablauf zu betrachten, d.h. wie ändert sich das künftige Verhältnis zwischen individuellem und gesellschaftlichem Wohlstand?

Damit wird die Wertedynamik zum zentralen Angelpunkt des Wirtschaftswachstums. Wiederholt sei, daß in der Bundesrepublik Deutschland, im Gegensatz zu anderen Staaten, eine Abrüstung im Arbeitsleben zu verzeichnen ist. Es mangelt vor allem an der Einsatzbereitschaft.[95] Weiter muß hier nochmals wiederholt werden, daß durch eine relativierte Arbeitseinstellung mit Elementen des neuen Mystizismus die klassische Produktivität drastisch gekürzt wird. Mögliche positive Auswirkungen auf Gesundheit, Umwelt und sozialen Frieden sind schwer abzuschätzen.

Die Arbeitsproduktivität

Entscheidend für die Arbeitsproduktivität sind die technische Entwicklung, die Arbeitszeit und die Arbeitsbereitschaft.

Weiter wird die Produktivitätssteigerung dadurch beeinträchtigt, daß die Arbeitsanforderungen tendenziell steigen, das intellektuelle und vitalitätsmäßige Arbeitskräfteangebot aufgrund einer veränderten Leistungsbereitschaft aber tendenziell sinkt.

Der Rückgang der Produktivitätsfortschritte im letzten Jahrzehnt beruht auf [96]

- gesunkener Leistungsbereitschaft,
- dem Fehlen technologischer Durchbrüche mit absinkenden Grenzerträgen der Innovation,
- schwacher Anpassungskraft,
- sinkenden Investitionsquoten.

Durch die Polarisierung der Produktivität wird man vergröbert davon ausgehen können, daß sich bei etwa einem Drittel aller Arbeitsplätze, z.B. im Dienstleistungsgewerbe, in Ausbildung und Verwaltung, kaum nennenswerte Produktivitätssteigerungen entwickeln können – im Gegenteil wird der Rückgang der Arbeitszeit teilweise sogar zu einer Abnahme der Produktivität je Erwerbstätigem führen.

---

95) Vgl. Noelle-Neumann, Elisabeth: Wir rüsten ab – im Arbeitsleben, in: Frankfurter Allgemeine Zeitung, 28. Jg., Nr. 21, 25. Januar 1985, S. 10 f.

96) Von 1972 bis 1982 ist das reale Volkseinkommen um jährlich 1,3 % gestiegen, im Jahrzehnt davor waren es noch 4,6 %. Dieser Rückgang läßt sich wie folgt aufschlüsseln:
- 0,6 % Energieverteuerung und damit Abgabe von Realeinkommen an das Ausland,
- 0,5 % Beschäftigungsrückgang,
- 1,9 % Verlangsamung des Produktivitätsfortschritts.

(Vgl. Härtel, Hans-Hagen; Thiel, Eberhard u.a.: Analyse der strukturellen Entwicklung der deutschen Wirtschaft – Strukturbericht 1983, [Verlag Weltarchiv] Hamburg 1984, S. 35)

Etwa ein Drittel der Arbeitsplätze dürfte wegen der starken Substitution von Arbeit durch Sachmittel, einschließlich Elektronik, von starken Produktivitätssteigerungen begünstigt werden.

Die *Überalterung der Bevölkerung* und deren Auswirkungen auf die Wirtschaft hat historisch keine Parallele. Es bleibt offen, welche Tendenzen bei den alten Menschen ab dem Jahre 2000 bestehen. Wenn sich die Schübe der technologischen Informationsdynamik und der Bioentwicklung bis dahin allgemein durchgesetzt haben, dürften die das Sozialprodukt senkenden Wirkungen weniger gravierend sein, als wenn ein großer Teil der dann aus dem Beruf Ausscheidenden von dieser Entwicklungswelle noch nicht erfaßt ist.

Wegen der in der Bundesrepublik Deutschland zu erwartenden rückläufigen Anzahl der Arbeitsstunden je Erwerbstätiger ist eine Abschätzung des künftigen Bruttoinlandsprodukts und damit auch der Realeinkommen auf Hypothesen über die Produktivitätsfortschritte je Beschäftigten bzw. je Arbeitsstunde erforderlich.

Der Spielraum für eine Zunahme der Reallöhne ist aufgrund steigender Kosten für die Altersversorgung und aufgrund einer weiteren starken Staatstätigkeit einschließlich der Bewältigung der Ökologieprobleme gering.

Die ökonomischen Effekte der neuen Ideologien um eine veränderte ökonomische Kultur bleiben bisher weitgehend im Dunkeln.

Für Mitteleuropa ist die Frage nach der künftigen Intensität und Richtung der *Außenhandelsströme* von fundamentaler Bedeutung. Sinkt oder steigt in Anbetracht der weltweiten Entwicklung die Außenhandelsfähigkeit? Nichts dürfte den wirtschaftlichen Wachstumspfad in der Bundesrepublik Deutschland stärker prägen als die Antwort auf diese Frage, da viele Arbeitsplätze direkt oder indirekt vom Export abhängen. Es spricht vieles dafür, daß die Außenhandelsfähigkeit in den nächsten Jahrzehnten – zumindest für einen längeren Zeitraum – tendenziell absinkt.

Die klassischen Exporte, wie sie für ein hochentwickeltes Industrieland gelten, mit einem Angebot qualitativ hochwertiger Produkte, insbesondere im Investitionsgütersektor, sind rückläufig. So sinkt die Bedeutung der Exportbereiche Chemie, Elektrotechnik und Maschinenbau ab. Die Vorteile für Konsumgüterbranchen, die in den letzten Jahren entstanden sind, dürften sich wegen der internationalen Arbeitsteilung in den nächsten Jahren wieder verlieren.[97)]

---

97) Vgl. Härtel, Hans-Hagen; Thiel, Eberhard u.a.: Analyse der strukturellen Entwicklung der deutschen Wirtschaft, Strukturbericht 1983, (Verlag Weltarchiv) Hamburg 1984, S. 4.

Man müßte den EG-Außenhandel als Binnenhandel definieren und auf dieser Basis einen Vergleich der Industrieblöcke durchführen.

Ein *Rückgang der Außenhandelsfähigkeit* könnte sich in folgenden Phasen vollziehen:

1. In einer ersten Phase dürften Bedingungen eintreten, wie sie heute in ökonomischen Transitländern bzw. Transaktionsländern, wie Holland und Belgien, entstehen, d.h. ein starker relativer Bedeutungsrückgang der Industrie.
2. Danach würde sich vermutlich auch die Transaktionskompetenz mindern mit einer Beschleunigung des wirtschaftlichen Abstiegs.
3. Schließlich würde die Erkenntnis genereller Bescheidungszwänge mit Spezialisierung auf wenige Produktionsbereiche und ausgewählte Handelsbereiche die Ausgangsbasis für die Verminderung eines noch stärkeren ökonomischen Rückgangs darstellen.

Szenario I

Man muß die zukünftige ökonomische Entwicklung bis 2030 in zwei Phasen einteilen:

1. die Phase der nach wie vor hohen Stabilität der Bevölkerung bis um die Jahrtausendwende,
2. die Phase der Bevölkerungsabnahme nach 2000.

Für den Zeitraum bis 2000 sehen die Entwicklungschancen noch vergleichsweise günstig aus. Bis zum Jahr 2000 bestehen sowohl von der Angebotsseite her, d.h. aufgrund des Erwerbspersonenangebots, der Investitionspotentiale und der Produktivitätsentwicklung, als auch von der Nachfrageseite her befriedigende Potentiale, wenn es in den neunziger Jahren auch schwieriger werden dürfte als in den achtziger Jahren. Gesamtwirtschaftlich ergeben sich in der ersten Phase auf einem bemerkenswert hohen Niveau – und darauf kann nicht deutlich genug hingewiesen werden – nur schwache Veränderungen. Bis Mitte der neunziger Jahre dürften in der Bundesrepublik Deutschland noch jährliche Gesamtwachstumsraten um 2 % realistisch sein.

Veränderte Bedingungen beginnen mit der gegen das Jahr 2000 rascher werdenden Bevölkerungsabnahme. Man kann festhalten, daß das absolute Bruttosozialprodukt in der Bundesrepublik Deutschland von 1995 bis zum Jahre 2030 bei schwacher Produktivitätssteigerung nicht zunehmen dürfte.

Bei einem Rückgang des Erwerbstätigenpotentials um mehr als ein Drittel von 2000 bis 2030 sind erhebliche ökonomische Schwierigkeiten zu erwarten.

Zur Beurteilung der Bedingungen im Jahre 2030 muß man davon ausgehen, daß sich die Tendenz zur Produktivitätssteigerung und zum Erwerbstätigenrückgang ab etwa 2000 nicht zwingend die Waage halten müssen.

Unter Berücksichtigung der Produktivitätsfortschritte lassen sich Schätzungen für die Veränderung des Bruttosozialprodukts durchführen. Die Anzahl der Erwerbstätigen nimmt von rd. 25 Mill. (1984) auf 17 Mill. bis 2030 ab, d.s. – 32 %. Danach verändert sich das Bruttosozialprodukt bei der Annahme einer jährlichen Produktivitätssteigerung je Erwerbstätiger trotz Arbeitszeitverkürzung um 1 % von 1980 bis 2030 insgesamt um + 16 %.

Nun kann man mit günstigeren Produktivitätsfortschritten rechnen. Dabei erscheinen unter sehr günstigen Bedingungen maximal 2 % realistisch. Diese Jahresrate würde die Produktivität eines jeden Erwerbstätigen in 50 Jahren und damit von 1980 bis 2030 um 169,2 % erhöhen. Unter Berücksichtigung des Beschäftigtenrückganges ergäben sich bei einer jährlichen Produktivitätssteigerung von 2 % ca. + 83 % Bruttoinlandsproduktwachstum, d.s. jährlich + 1,2 %.

Für das Bruttoinlandsprodukt je Einwohner ergeben sich von 1980 bis 2030 folgende Veränderungen: Eine Produktivitätszunahme im Jahr

- von + 1 % entspricht + 54,7 % je Einwohner oder einer realen Bruttoinlandsproduktzunahme von insgesamt 16 %,
- von + 2 % entspricht + 144 % je Einwohner oder einer realen Bruttoinlandsproduktzunahme von insgesamt 83 %.

Bei Szenario I wird der durch Arbeitsplatzrückgang erfolgende Desinvestitionsprozeß zu einer Vernichtung von eigentlich noch für den Produktionsprozeß nutzbaren Sachanlagen führen. Diese Kapitalvernichtung dürfte sich wie eine betriebswirtschaftliche Kostenremanenz negativ auf die Produktivität der Gesamtwirtschaft auswirken. Weiter ist schwer abzuschätzen, wie sich die zwangsläufig im Schrumpfungsprozeß zu erwartende weitere Branchenspezialisierung auf die Investitionskraft auswirkt.

Szenario II

Bei einer Konstanz der Bevölkerung gegenüber heute und im Jahre 2030 scheint eine reale Produktivitätszunahme um 1,5 % realistisch, dies vor allem wegen der Zunahme an unproduktiven Arbeitsplätzen.

Daraus läßt sich die Zunahme des realen Bruttosozialprodukts von 1986 bis 2030, d.h. in 45 Jahren, um 95,4 % schätzen. Eine Steigerung um durchschnittlich jährlich nur 1 % würde im gleichen Zeitraum ein Wachstum von + 56,5 % zur Folge haben.

N. Der Private Verbrauch – Die Nachfrage der Konsumenten

I. Die Grundlagen

Für die Nachfrage der Konsumenten sind die langfristig zu erwartenden Formen des Zusammenlebens in privaten Klein- oder Großfamilien von Bedeutung, so die Vereinzelung in Einpersonenhaushalten als Singles oder in Heimen für ältere Menschen.

Kurzfristige Änderungen des Verhaltens sind nur schwer von den langfristigen Wandlungen zu trennen. Dazu ein Beispiel: Ist das derzeitige Streben nach kleinen Freuden des Lebens Resignation oder Ausdruck eines neuen Lebensbewußtseinstrends?

Bereits die Veränderung der Proportion von alten und jungen Menschen oder von Menschen im erwerbsfähigen Alter und nach Beendigung der Erwerbstätigkeit dürfte sich weit kräftiger auf den Privaten Verbrauch auswirken, als zur Zeit angenommen wird.

Die gruppenspezifische Wertedynamik wird zu Änderungen der Lebensstile, z.B. des Wohnverhaltens, des Reiseverhaltens mit privaten Kraftfahrzeugen oder auch des Ernährungs- und Bekleidungsverhaltens führen. So führt die Demokratisierung der Mode zu einem Rückgang von Stil- und Formbewußtsein wie auch zu einer Abnahme des Bekleidungsbedarfs.

Aus gesellschaftlicher wie ökonomischer Sicht ergibt sich die Frage, welche Gruppendynamik sich bei der Marktentnahme von Waren und Dienstleistungen vollzieht, d.h. welche Gewichte für die divergierenden Wertehaltungen zu erwarten sind.

Der Private Verbrauch dürfte zudem durch *technische Veralterung* begünstigt werden. So hat Sharp aus Osaka einen Mikrowellenherd auf den Markt gebracht, der für über hundert Menüs Balkencodes lesen kann und entsprechend automatisch die Garzeiten festlegt. Die Casio Computer in Tokyo hat einen nur ein Kilo schweren und nur vier Zentimeter tiefen 30-cm-LCD-Fernseher auf den Markt gebracht, der an die Wand gehängt werden kann. Solche Beispiele ließen sich beliebig fortsetzen.

Die ersten Veränderungen des Privaten Verbrauchs aufgrund veränderter *Altersstrukturen* lassen sich ebenfalls schon nachweisen.

Die Entwicklung auf Spezialmärkten vermittelt einen ersten Eindruck von den Verschiebungen. Von 1981 bis 1986 sind 13 Schulbuchverlage in Konkurs gegangen. Der Umsatz hat sich in fünf Jahren um 35 % verringert.

Für jede Produktgruppe entstehen spezifische Gefüge von Nachfragedeterminanten. Bei der Inlandsnachfrage nach privaten Kraftfahrzeugen ergeben sich z.B. dämpfende Effekte

- bei zunehmender Bevölkerungsagglomeration in der Nähe großer Städte und damit eine verstärkte Nutzung öffentlicher Verkehrsmittel,
- bei zunehmenden medialen Kontakten,
- bei Rückbesinnung auf die kleine Gemeinschaft im Wohnumfeld,
- bei Ausbau der Eisenbahngeschwindigkeit und Zeitbequemlichkeit.

Verstärkende Effekte sind zu erwarten

- bei zunehmender Urlaubsintensität in mittlerer Entfernung,
- bei hoher Affinität gegenüber Mega-Zentren,
- bei Beibehaltung von Statuswerten gegenüber Nutzungswerten.

Regionale Konsumkulturen: Man wird in Westeuropa vereinfacht heute mindestens drei Konsumkulturen unterschiedlichen Musters unterscheiden können:

1. die nordische Kultur,
2. die kontinental-mitteleuropäische Kultur,
3. die mediterran-südeuropäische Kultur.

Als Ursachen für die Abweichungen lassen sich u.a. Unterschiede bei klimatischen Bedingungen, Eßgewohnheiten, Arbeitsgewohnheiten, Wohngewohnheiten und Freizeitgewohnheiten herausstellen. Im Ansatz zeigen sich diese kulturellen Unterschiede auch in der Bundesrepublik Deutschland. So gibt es in Norddeutschland Konsumverhaltensmuster, die mit Dänemark und Schweden verwandter sind als mit Bayern.

Die künftige Stabilität der regionalen Konsumkulturen ist von der Binnenwanderung wie auch von den Außenwanderungen abhängig. Zur Zeit haben Ausländer in der Bundesrepublik Deutschland ihre Konsumkulturen aus der Heimat weitgehend beibehalten, wie eigene Gastronomie- und Lebensmitteleinzelhandelsbetriebe zeigen.

Der zunehmende Wertepluralismus führt zu einer wachsenden Differenzierung der Lebensstile. Die bisher diskutierten Lebensstilkonzepte sind noch wenig operational. Gleiche Konsumenten können einmal verschwenderisch, einmal stabilitätsbewußt, ein anderes Mal preis-leistungs-orientiert sein.

Einfluß auf die Nachfrage der Konsumenten dürften weiterhin vor allem folgende Merkmale haben:

1. der Lebenszyklus, der nicht voll mit dem Lebensalter harmoniert,
2. der Bildungsstand,
3. die Einkommensklasse,
4. das vorhandene Eigentum,
5. die Konsumaffinität und die Eigentumsneigung,
6. die Freizeitaffinität.

Es gibt regional beachtliche Eigentumsunterschiede. Bei einem Eigenheimanteil von 49 % im Bundesdurchschnitt erreicht das Saarland 69 %, Baden-Württemberg 53 %.

II. Die Szenarien

Der Druck der immer besser ausgebildeten Frauen auf den Arbeitsmarkt wird hoch bleiben. Dies bedeutet z.B. weiterhin tendenziell hohe unabhängige Einkommen von Frauen.

Das *Bildungsniveau* hat auch weitreichende Konsequenzen auf die Art der Warennachfrage und auf die Marktsituation neuer Produkte, z.B. Freizeitcomputer oder Spezialzeitschriften. Der ausgeprägte Wunsch nach Spezialprodukten verkleinert die Marktsegmente zugunsten einer größeren Vielfalt.

Die veränderten Bildungs- und Informationsstrukturen haben die *Lernfähigkeit der Konsumenten* stark ansteigen lassen. Dies bedeutet z.B. im Handel einen raschen Wechsel zwischen Waren und zwischen Betriebstypen und generell veränderte Unternehmensstrukturen. Die Anforderungen der Konsumenten an die Marktkommunikation erreichen neue Dimensionen. Diese Herausforderung richtet sich gleicherweise an Handel und Industrie.

Bedingt durch die *Ansprüche an den Wohlfahrtsstaat* müssen die Waren- und Dienstenachfrage der Konsumenten und die Nachfrage nach staatlichen Leistungen in Zukunft mehr als Einheit betrachtet werden, denn Leistungen müssen durch Steueraufkommen bereitgestellt werden, Steuern bedeuten aber vermindertes Nettoeinkommen. Die Kompromisse, vor denen die Gesellschaft steht, müssen weit mehr als bisher transparent gemacht werden:

- Wohlfahrt versus finanzielle Möglichkeiten des sozialen Wohlfahrtstaates,

- Ökonomie versus Ökologie,
- politische Ziele versus Durchsetzbarkeit und damit Einhaltung von Wahlversprechen.

Ausgewählte Aspekte der neuen Medien: Die Ausgaben der privaten Haushalte für Kommunikation sollen in der Bundesrepublik Deutschland im Jahre 1990 etwa 70 Mrd. DM erreichen, dies entspricht einer Verdoppelung gegenüber 1982. Die Gesamtinvestitionen der privaten Haushalte in neue Medien bis zum Jahre 1990 werden auf 90 Mrd. DM geschätzt.

Die Wertepolarisierung: Die veränderten Wirtschaftsbedingungen und die hierauf basierende Einschätzung der zukünftigen Entwicklung, z.B. der Löhne, der Arbeitslosigkeit und der Preise, beeinflussen das Konsumverhalten. Die Konsumenten können auf veränderte Rahmenbedingungen mit der Aufrechterhaltung ihrer Ansprüche oder mit der Verhaltensweise der freiwilligen Einfachheit (voluntary simplicity) reagieren. Bemerkenswerterweise werden sogar von Regierungsseite Forderungen nach freiwilliger Einfachheit gestellt, z.B. eine Senkung des qualitativen Wohnstandards, d.h. Verzicht auf Keller, Bäder ohne Kacheln, keine Trennung von Bad und Toilette, kleinere Fenster, raumsparende Treppen, keine Garage, kleinere Grundstücke.[98)]

Die folgende Übersicht enthält die Pole von Reaktionsmustern der Konsumenten: die ,,Jetzt-erst-recht''-Reaktionsweise und die freiwillige Einfachheit.

Übersicht 3.2

Das Konsumverhalten ohne Einschränkungen und die freiwillige Einfachheit

Ohne Einschränkungen	Freiwillige Einfachheit
1. Die Grundwerte	
a) materielles Wachstum	a) materielle Genügsamkeit mit Betonung geistiger Inhalte
b) Überlegenheit des Menschen über die Natur	b) Gleichgewicht zwischen Mensch und Natur
c) Wettbewerb	c) Aufklärung
d) krasser Individualismus	d) kooperativer Individualismus
e) Rationalität	e) Rationalität und Intuition

98) Auf diese Art will man den Wohnungspreis bei etwa 200 000 DM für eine Normalwohnung einer Familie mit vier Personen stabilisieren.

Übersicht 3.2 (Fortsetzung)

Ohne Einschränkungen	Freiwillige Einfachheit
2. Die sozialen Merkmale	
a) komplexe Lebens- und Arbeitsumstände	a) eher einfache Lebens- und Arbeitsumstände
b) zunehmende materielle Ausstattung	b) geringere materielle Ausstattung
c) modernste Technologien	c) bekannte Technologien
d) konsumorientierte Identität	d) sozialorientierte Identität
e) Vorliebe für nationale Regelungen und Kontrollen	e) Vorliebe für lokale Regelungen
f) spezialisierungsorientiertes Arbeitsbewußtsein	f) integratives Arbeitsbewußtsein (z.B. Teamgeist)
g) weltlich	g) weltlich und vergeistigt
h) rasch veraltete Massen- und Standardprodukte	h) handgearbeitete dauerhafte Einzelprodukte
i) ,,Nation als Rettungsboot''-Mentalität	i) ,,Erde als Raumschiff''-Mentalität
j) kulturelle Homogenität, begrenzte Akzeptanz von Abweichlern	j) kulturelle Heterogenität, ausgeprägte Akzeptanz von Abweichlern
k) gehetztes Dasein	k) entspanntes Dasein
3. Das Konsumverhalten	
a) Verbrauchsgesellschaft	a) Erhaltungsgesellschaft
b) lustorientiertes Leben	b) Lebensqualität
c) ,,Big is Beautiful''	c) ,,Small is Better''
d) Überfluß	d) Sparen
e) Quantitätsorientierung	e) Qualitätsorientierung
f) Stilorientierung	f) Funktionsorientierung
g) Luxusprodukte	g) notwendige Produkte
h) geringere Betonung der Dauerhaftigkeit von Gütern	h) Betonung der Dauerhaftigkeit von Produkten
i) geringere Bedeutung von Umweltbelastungen	i) stärkere Bedeutung der Umweltbelastung
j) Vorliebe für große Ladeneinheiten	j) Vorliebe für kleine Ladeneinheiten
k) Abneigung gegenüber einfachen Betriebstypen	k) Akzeptanz von einfachen Betriebstypen
l) geringe Do-it-yourself-Neigung	l) Do-it-yourself-Neigung
m) Fernsehen	m) Printmedien und Hörfunk

Quelle: Zusammengestellt in Anlehnung an: Shama, Avraham: Coping with Stagflation: Voluntary Simplicity, in: Journal of Marketing, Vol. 45, 1981, Nr. 3, S. 120–134, S. 125.

Tendenziell verlieren Waren und Dienste ihre Bedeutung als *Signale der Selbstverwirklichung*. Die in den Waren enthaltenen, durch Kommunikation transportierten Werte verkörpern eine Produkt- und Serviceideologie, die häufig nicht mehr den angestrebten neuen Wertehaltungen entspricht. Die Abneigung gegen eine oktroyierte Produktideologie äußert sich in einer Zuwendung zu ideologie-neutralen Waren, d.s. nichtherstellermarkierte Gattungsmarken – no names. Diese Zwischenphase der Produktentideologisierung dürfte jedoch von einer den künftigen Werten angepaßten Reideologisierung der Waren abgelöst werden. Der

Grad der Härte bzw. Griffigkeit oder Zartheit bzw. Sanftheit der in Zukunft mit den Waren verbundenen Werte dürfte wichtige Hinweise auf neue Entwicklungstendenzen in der Gesellschaft geben.

Neue Bedarfe aufgrund veränderter Werte: Die Wertedynamik führt zu immer neuen Bedarfen. Das Geschäft mit der Sicherheit wäre nicht erforderlich, wenn nicht Raub, Diebstahl und Unterschlagung so stark zunehmen würden. So entstehen z.B. neue Spezialanbieter für Sicherheit im und am Haus oder auch am Auto. Außerdem gibt es neuartige Versicherungsformen.

Die Grade der Rechtssicherheit sind für die Zukunft vor allem auch in Anbetracht der Arbeitslosigkeit und der Probleme bei der Freizeitgestaltung schwer abzuschätzen.

Die Schattenwirtschaft: Für die Waren- und Dienstnachfrage ist überdies von Bedeutung, welche Haltung sich zur Freizeitarbeit und Schwarzarbeit entwickelt und welche Lösungen der Staat in dieser Hinsicht durchsetzen kann.

Das Medienverhalten: Die Art und Geschwindigkeit der Durchsetzung der neuen Medien durch Schaffung der technischen Voraussetzungen und die Akzeptanz der Medien wird die Konsumstruktur hinsichtlich der Waren und Dienste und der Ausstattung der Wohnungen in hohem Maße prägen.

Die neuen Medien werden die Formen der Marktentnahme tiefgreifend ändern. Zu Hause oder in den Freizeit-, Bildungs- und Einkaufszentren der neuen Generation werden Konsumenten über Bildschirme ihre individuelle Pauschalreise zusammenstellen, ihren Gesundheitszustand über Gesundheitscomputer testen oder auch Bekleidung, Schuhe, Gartenbedarf sowie Nahrungs- und Genußmittel einkaufen, entweder als Menü über einen Gastronomiecomputer oder als Auslieferung vom Logistikzentrum des Lebensfunktionszentrums zur Mitnahme oder direkt in die Wohnung. Jederzeit wird man auch ergänzende Informationen abfragen können. Die Bezahlung wird über ein Kreditkartenkonto laufen. Gemeinschaftlich finanzierte Konsummotivatoren werden Aufgaben der heutigen Verkäufer übernehmen.

In etwas weiterer Ferne entstehen Konsumorganisationen auf internationaler Ebene, die Waren unter Einsatz des Satellitenfernsehens weltweit gleichzeitig vermarkten.

Problemlose Lebensmittel einschließlich Frischwaren werden langfristig mit einem fahrplanmäßigen Transportsystem ins Haus kommen wie heute Wasser aus der Leitung oder Strom aus der Steckdose.

Zu Beginn des nächsten Jahrhunderts läßt sich eine Hausfrau z.B. Menüvorschläge über Bildschirmtext und Heimcomputer unterbreiten.

Ja nach der Zahl der bei den einzelnen Mahlzeiten anwesenden Personen werden vom Heimcomputer die Mengen der Frisch- und Trockensortimentsprodukte festgelegt, entsprechend der heute bereits bekannten Stücklistenauflösung in der Gastronomie. Man kann sogar Höchstpreise je Menü eingeben, bei deren Überschreitung der Computer Gegenvorschläge unterbreitet.

Der Computer kann dann selbständig den billigsten Preis für den gewünschten Warenkorb bei einem oder auch durch Kombination mehrerer Einzelhandelsanbieter ermitteln.

Dabei wird der Einzelhandel die Preisstellung für die übliche Warenentnahme aus den Regalen oder auch für die Warenzusammenstellung durch den Handelsbetrieb mit den Alternativen Abholung im Geschäft, Zustellung an einem Abholpunkt in Wohnungsnähe oder Auslieferung in der Wohnung zu einem vorher vereinbarten Zeitpunkt differenzieren.

Außendienstmitarbeiter des Regionalverteilungszentrums werden Konsumenten nach vorher ausgetesteten kombinierten Lebensstil-Lebenszyklus-Nachfragestil-Konzepten zu personalen und medialen Konsumhilfeveranstaltungen einladen, um neue Produkte zu testen oder neue Verwendungsmöglichkeiten von Produkten aufzuzeigen.

Routineeinkäufe werden von Konsumenten mehr und mehr als Last empfunden. Gerade hier entstehen Chancen für neue Formen des Einzelhandels, denn mehr Freizeit bedeutet tendenziell höheres Zielbewußtsein.

Die *Polarisierung von Werten* führt zu diametral entgegengesetzten Bedarfen an Waren und Diensten wie auch an Einzelhandelskapazitäten. Preisbewußter Versorgung steht hedonistische Orientierung bei ein und demselben Konsumenten gegenüber. Man wird sich daher in der Wirtschaft auch auf polarisierte, einmal eher rationale, einmal eher emotionale Erlebnisorientierungen einstellen müssen.

Die *Preis-Leistungs-Spreizung* für auf gleiche Bedarfe ausgerichtete Waren- und Dienstekategorien nimmt zu, was bereits deutlich an Hotellerie und Gastronomie festzustellen ist: Fast-food versus internationale Spitzengastronomie. Die Preise von Waren, die mit unterschiedlicher Technologie dem gleichen Bedarf dienen, verschieben sich stark. Heute kostet ein Dachshaar-Rasierpinsel weit mehr als ein normaler Elektrorasierer.

Bei der *Akzeptanz neuer Waren* gibt es diametral entgegengesetzte Entwicklungen. So sind Fernsehgerät und Videorecorder Produkte, die von den unteren Einkommensschichten zuerst akzeptiert wurden. Dagegen wird der mediale Einkauf zuerst von den Oberschichten akzeptiert. Neue Waren und Dienste, aber auch neue Ideologien, werden nicht mehr nur von oben nach unten eingeführt (trickle down), sondern zunehmend von unten nach oben. Auch Parallelentwicklungen sind anzutreffen, z.B. im Bereich der Mode bei Bekleidung, Möbeln, Literatur.

Die Konsummuster ändern sich durch die Kombination der Wertedynamik mit dem technischen Fortschritt. Die Turnschuhgeneration besitzt zwar keine Krawatten, dafür aber mehr Uhren und Taschenrechner als die Krawattengeneration.

Zunehmende Langfristorientierung: Das Kurzfristdenken wird zunehmend von einer Langfristorientierung abgelöst. Dazu hat nicht zuletzt das staatliche Versorgungsdenken beigetragen. Die Langfristorientierung wird durch Information wie auch durch generelle Veränderungen des Raum- und Zeitbewußtseins gefördert. Auch hier ergibt sich eine gewisse Polarisierung: hier und heute genießen, aber trotzdem langfristig möglichst gut überleben. Dieses Streben nach dem optimalen Langfrist-Kurzfrist-Kompromiß wird die Waren- und Dienstnachfrage zunehmend prägen.

Planung wird bei Konsumenten ein eigenständiges Produktelement, nach dem Motto: Was mache ich im übernächsten Jahr im Urlaub?

Mehr Mitwirkung der Konsumenten: Man kann in der Freizeitgesellschaft langfristig neue Beteiligungsformen am Marktentnahmeprozeß erwarten und in Ansätzen schon erkennen. Neben der bekannten Bereitschaft, Waren aus dem Regal zu nehmen, sind Selbstauszeichnung der Waren durch den Konsumenten oder die Abgabe von Informationen für Zwecke der Marktforschung Beispiele für Beteiligungsformen, auch Freizeittätigkeit in Handels- und Dienstleistungsbetrieben.

Bei einer Vielzahl von Waren und Diensten gibt es *Sättigungsprobleme*. Es zeigen sich haushaltsspezifische Optima der Ausstattung mit Wohnungen, Automobilen und Haushaltsgeräten. Nur bei neuartigen Waren- und Dienstekategorien, deren Akzeptanz sehr unterschiedlichen Ritualen folgt, kann noch Kaufkraft mobilisiert werden.

Veränderungen ergeben sich auch durch die

- *Ökologiekosten*, die über den Staatshaushalt, aber auch in den Preisen für Produkte und Dienste abgegolten werden müssen und
- Veränderungen der *Energiepreise*.

In den nächsten Jahrzehnten werden die Konsumstrukturen wesentlich durch die Veränderungen der *Altersproportionen* bestimmt sein. Weniger Vorsorge für Kinder bedeutet mehr frei verfügbare Kaufkraft für die erwerbstätigen Erwachsenen. Höhere Vorsorgeverpflichtungen für alte Menschen bzw. für sich selbst im Alter bedeuten dagegen eine Absenkung der Kaufkraft für die Erwerbstätigen. Die Umverteilung wird vor allem durch die Wertehaltungen gegenüber den alten Menschen geprägt werden. Es ist zu erwarten, daß die Bereitschaft zu Transferzahlungen zurückgeht.

Frauen und Männer als Konsumenten: Die Emanzipation der Frauen führt tendenziell zu einer weiteren Verschiebung der Marktentnahmeentscheidungen zugunsten der Frauen. Der erhöhte Bildungsstand fördert androgyne Wertehaltungen.

Die *Nachfrage der privaten Haushalte nach Waren und Dienstleistungen* dürfte sich von 1981 bis 1995 zu Preisen von 1981 von 874,1 Mrd. DM auf 1 060,0 Mrd. DM erhöhen. Allein die Nachfrage nach Einzelhandelswaren erreichte 1981 509 Mrd. DM und wird 1995 581 Mrd. DM ausmachen. Das entspricht einer realen Steigerung von 14,4 % und bedeutet eine gegenüber den siebziger Jahren beträchtlich abgeschwächte Entwicklung.[99)]

Welche Nachfragepotentiale und damit Gesamteinkommen dürften sich bei den beiden Szenarien ergeben? Dabei wird vom Jahre 1995, vom Zeitpunkt des Beginns der rascheren Bevölkerungsveränderungen (Szenario I), ausgegangen.

Szenario I

Von 1995 bis zum Jahre 2030 ist nach Szenario I bei geringer Produktivitätszunahme eher mit einer rückläufigen Nachfrage nach Einzelhandelswaren zu rechnen; in einigen Bereichen sind ab 1995 beachtliche absolute Rückgänge zu erwarten. Bei den Stück- oder Mengenvolumen dürften sich ohne Einbeziehung von qualitativen Änderungen je Volumeneinheit folgende Änderungen ergeben:

- Nahrungs- und Genußmittel: – 25 bis – 30 %,
- Bekleidung: – 25 %,
- Wohnen und Energie: – 20 %,
- Automobile: – 30 % oder mehr, Rückgang bei zusätzlichen Einflüssen durch den Wertewandel,
- Hausrat: – 20 %.

Bei Qualitätserhöhungen je Produkteinheit stellen sich die hier dargestellten Änderungen günstiger dar.

---

99) Vgl. Tietz, Bruno: Konsument und Einzelhandel – Strukturwandlungen in der Bundesrepublik Deutschland von 1970 bis 1995, 3. Aufl., (Lorch-Verlag) Frankfurt a. M. 1983.

Zunehmen dürfte dagegen die Nachfrage nach neuen Produkten im Bereich der Medien. Die Voraussetzung für eine starke Nachfrage nach neuen Produkten sind jedoch Produktivitätszunahmen und damit Einkommenssteigerungen, wie bei der Entwicklung des Sozialprodukts dargestellt wurde.

Szenario II

Bei Szenario II dürfte die Nachfrage weiterhin teilweise ansteigen. Auf der Basis der Werte von 1995 dürften sich die Stück- und Mengenvolumen wie folgt ändern:

- Nahrungs- und Genußmittel: + 10 %,
- Bekleidung: + 10 %,
- Wohnen und Energie: unverändert,
- Automobile: unverändert oder leichter Rückgang bei zusätzlichen Einflüssen durch den Wertewandel,
- Hausrat: + 10 %.

Im einzelnen wären hier warenspezifische Ausstattungs- und Sättigungsgrade der hinzukommenden Einwohner zu berücksichtigen, um die Angaben zu präzisieren.

Die Dynamik der Waren- und Dienstenachfrage wird sich bei Szenario II aufgrund der Ausländer in einer weiteren Differenzierung und Vielfalt mit noch zunehmender Internationalisierung niederschlagen.

O. Staatstätigkeit und Steuern

I. Die Ausgangsbedingungen

Die gesamten Realausgaben des Staates haben sich von 1970 bis 1981 von 134,6 auf 368,7 Mrd. DM fast verdreifacht. Dabei hat sich vor allem der Anteil der privaten Haushalte von 49,3 % auf 58,1 % erhöht.

,,Einige Leistungen – wie die Verkehrsleistungen – lassen sich nicht eindeutig den privaten Haushalten oder Unternehmen zuordnen. Diese Leistungen hatten 1970 noch einen Anteil von knapp 17 v.H., fielen aber im Verlauf des letzten Jahrzehnts auf etwa 11 v.H. zurück. Im Rahmen der Hoheitsfunktionen hat sich die Bedeutung der Verteidigungsaufwendungen vermindert, während die Leistungen für die öffentliche Sicherheit stärker als die Gesamtleistungen des Staates gestiegen sind. Insgesamt läßt sich feststellen, daß die Struktur der staatlichen Leistungsabgabe einen starken Trend zugunsten jener Aktivitäten aufzeigt, die der Versorgung der privaten Haushalte dienen. Dabei fällt auf, daß die stark angestiegenen staatlichen Leistungen im Bildungs- und Gesundheitsbereich begleitet waren von einer erheblichen Steigerung der privaten Verbrauchsausgaben für diese Zwecke. Es hat hier somit keine Substitution zwischen dem Verbrauch privater und öffentlicher Güter stattgefunden, sondern eine gleichgerichtete Entwicklung des Verbrauchs privater und öffentlicher Güter.''[100]

100) Härtel, Hans-Hagen; Thiel, Eberhard u.a.: Analyse der strukturellen Entwicklung der deutschen Wirtschaft – Strukturbericht 1983, (Verlag Weltarchiv) Hamburg 1984, S. 192.

Tabelle 3.3

Die Entwicklung der Realausgaben des Staates in der Bundesrepublik Deutschland von 1970 bis 1981

Gegenstand	1970		1981	
	in Mrd. DM	in %	in Mrd. DM	in %
Unterrichtswesen	26,1	19,4	72,7	19,7
Gesundheitswesen	28,2	21,0	102,1	27,7
Soziale Sicherung	8,6	6,4	27,7	7,5
Erholung, Kultur, Wohnwesen	3,4	2,5	11,5	3,1
Leistungen für private Haushalte insgesamt	66,3	49,3	214,0	58,1
Energie	0,1	0,1	0,4	0,1
Land- und Forstwirtschaft, Fischerei	1,2	0,9	2,3	0,6
Warenproduzierendes Gewerbe	0,1	0,1	0,2	0,1
sonstige Wirtschaftsförderung	1,7	1,3	3,9	1,1
Leistungen für Unternehmen insgesamt	3,1	2,3	6,8	1,8
Stadt- und Landesplanung	2,3	1,7	7,0	1,9
Gemeinschaftsdienste, Umwelt	3,9	2,9	8,6	2,3
Verkehr und Nachrichten	16,4	12,2	26,1	7,1
Leistungen für gemischte Nutzung insgesamt	22,6	16,8	41,7	11,3
Allgemeine staatliche Verwaltung	13,4	10,0	35,4	9,6
Verteidigung	20,0	14,8	43,9	11,9
Öffentliche Sicherheit und Ordnung	9,2	6,4	27,1	7,3
Hoheitsfunktionen insgesamt	42,6	31,6	106,4	28,8
Realausgaben insgesamt	134,6	100,0	368,7	100,0

Quelle: Statistisches Bundesamt; eigene Berechnungen, zit. nach: Härtel, Hans-Hagen; Thiel, Eberhard u.a.: Analyse der strukturellen Entwicklung der deutschen Wirtschaft – Strukturbericht 1983, (Verlag Weltarchiv) Hamburg 1984, S. 193.

Subventionen: An dem Subventionsvolumen in Höhe von über 80 Mrd. DM im Jahre 1982 hatten der Wohnungsbau, die Landwirtschaft, der Verkehr und der Bergbau einen Anteil von etwa drei Viertel.

Die Höhe der Subventionen ist von 1960 4,81 Mrd. DM auf 1982 81,07 Mrd. DM angestiegen.

Diese Verzwanzigfachung führt heute zu immer härterer Kritik an den Subventionen und zu Forderungen nach deren Abbau.

II. Die Staatsverschuldung

Die Schulden der öffentlichen Haushalte in der Bundesrepublik Deutschland haben sich von 1970 bis 1983 mehr als vervierfacht. Von 1970 bis Ende 1983 ergab sich eine Erhöhung der Gesamtverschuldung der öffentlichen Haushalte von 125,9 Mrd. DM auf 684 Mrd. DM, d.h. je Einwohner

- 1970 2 076 DM,
- 1976 4 822 DM,
- 1983 11 101 DM.

Auf die einzelnen Gebietskörperschaften entfielen dabei folgende Anteile:

Gebietskörperschaften	1970	1982
	– Angaben in % –	
Bund	39,5	50,1
Länder	22,1	30,5
Gemeinden	32,0	18,1

Die Investitionen aus den Haushalten von Bund, Ländern und Gemeinden haben sich von 11,8 % im Jahre 1970 auf 5,9 % im Jahre 1983 verringert.

Die Steigerung der Ausgaben des Bundeshaushalts von 1969 bis 1982 mit jährlich durchschnittlich 9 % hat zu der hohen Staatsverschuldung geführt. Durch einen Rückschnitt auf 2 % von 1983 bis 1985 konnte eine Senkung der Staatsquote auf etwa 48 % erreicht werden. Die Neuverschuldung des Bundes betrug 1985 noch 23 Mrd., die der regionalen Gebietskörperschaften 40 Mrd. DM.

Im Jahre 1982 haben die Zinsausgaben des Staates 67 % der Nettokreditaufnahme ausgemacht.

Durch die steigende Inanspruchnahme der gesamtwirtschaftlichen Geldvermögensbildung durch staatliche Kredite verringern sich zwangsläufig die Finanzierungsspielräume für privatwirtschaftliche Investitionen bei konstanter Sparquote.

Eine Erhöhung der Sparquote wiederum führt zu einer relativen Senkung des privaten Verbrauchs und damit auch zu einer relativen Senkung der Einzelhandels- und Dienstleistungsnachfrage.

Es bedarf also eines Gleichgewichts zwischen Nettokreditaufnahme des Staates, Sparquote und dem privaten Verbrauch, um der Volkswirtschaft ausreichende Wachstumsimpulse geben zu können. Alex Möller und Robert Schwebler stellen dazu fest:

,,Es muß daher eine wichtige Aufgabe der Ordnungspolitik sein, ein ausgeglichenes Verhältnis zwischen Konsum- und Spargewohnheiten zu schaffen und dann zu erhalten. Die einzige Chance, das private Investitionsangebot durch den wachsenden Kapitalbedarf der öffentlichen Hand nicht verdrängen zu lassen, besteht darin (wenn man von der Unsicherheit der ohnehin nicht immer ausreichenden Kapitalimporte und der damit in Zusammenhang stehenden internationalen Abhängigkeit absieht), das Kapitalangebot durch eine adäquat wachsende Spartätigkeit zu verbreitern. Wesentliche Voraussetzung dafür ist eine kontinuierliche Entwicklung der Sparquote auf ausreichend hohem Niveau, die ihrerseits neben Wirtschaftswachstum und steigenden Einkommen Sparfähigkeit und Sparwilligkeit auf der Grundlage einer zumindest relativen Preisstabilität erfordert. Ihr kommt ein besonders hoher Rang bei der Sicherung des zwingend notwendigen Gleichgewichtszustandes zwischen Sparen und Verbrauchen zu.''[101)]

Das Institut Finanzen und Steuern fordert in einer Analyse der Verschuldung öffentlicher Haushalte im Jahre 1983 fast die Quadratur des Kreises. Das sieht dann so aus: Ein Konsolidierungsprogramm müßte die Nettokreditaufnahme wesentlich konsequenter abbauen als während der 70er Jahre. Dies könne nur über einen längeren Zeitraum erfolgen, müsse aber wegen der außerordentlichen Höhe der Defizite konsequent – also auch in der Rezession – durchgeführt werden. Andererseits müsse aber auch die Möglichkeit bestehen, neue Kredite zur Finanzierung der konjunkturbedingten Mehrausgaben oder Mindereinnahmen aufzunehmen, die in Jahren des wirtschaftlichen Aufschwungs wieder zurückgezahlt würden.[102)]

III. Die Steuerpolitik

Allgemein wird über Vereinfachungen der Steuergesetze diskutiert, bis hin zu einer Beschränkung auf die Lohn- und Einkommensteuer und die Mehrwertsteuer. Solche Vorschläge verkennen die Komplexität des Sy-

---

101) Möller, Alex; Schwebler, Robert: Schuld durch Schulden? – Nutzen und Grenzen der Staatsverschuldung, (Droemersche Verlagsanstalt Th. Knaur Nachf.) München-Zürich o.J. (1981), S.164.

102) Vgl. o.V.: Das strukturelle Defizit muß abgebaut werden, in: Handelsblatt, 38. Jg., Nr. 166, 30. August 1983, S. 3.

stems. Auf Verbrauchsteuern und die Erbschaftsteuer wird man kaum verzichten können. Eine große Steuerreform steht an.

Immer häufiger wird im gleichen Zusammenhang eine Privatisierung der Sozialversicherung gefordert.

Die Steuerpolitik in der Bundesrepublik Deutschland ist nicht dazu angetan, die Arbeitsbereitschaft zu fördern, denn die Nettozunahme des Einkommens bei Mehrarbeit wird zu gering.

IV. Die Szenarien

Der Staat und die politischen Parteien werden in besonderem Maße zur Ökonomisierung und Rationalisierung ihrer Tätigkeit veranlaßt werden.

Dazu gehören:

- neue Formen der Kosten- und Nutzenrechnung,
- Privatisierung,
- Finanzierung öffentlicher Infrastruktur durch Privatkapital, z.B. Bauten oder Straßen,
- Schaffung eines Systems von Gebühren mit Berechnung der Leistungen zum Bereich Bildung, Kultur und Verwaltung durch die Empfänger,
- Entwicklung eines Konzepts der Leistungsmessung und Leistungsvergütung im öffentlichen Bereich,
- Flexibilisierung bei den Mitarbeitern, Neuorientierung im Beamten- und Angestelltenstatus.

Die Starrheit der Haushalte der öffentlichen Hände mit einem zwanghaften Ausgabeverhalten auch bei in bestimmten Jahren nicht benötigten Mitteln müßte flexibleren Ausgabeentscheidungstechniken Platz machen.

Kontrovers wird die Diskussion um eine Steuerreform geführt, mit der mehr erreicht werden soll als möglich ist, insbesondere

- Wachstums- und Beschäftigungsförderung,
- Sicherung der Kapitalausstattung, die durch Steuerwettbewerb beeinflußt wird, und nicht zuletzt
- die Absicherung von allgemeiner Zuträglichkeit, wenn Gerechtigkeit nicht möglich ist durch eine Absicherung von verbrauchsabhängigen, ertragsabhängigen und ertragsunabhängigen Steuern.

Die Ziele der Steuerpolitik variieren mit den Zielen der Wirtschaftspolitik. Hohe Investitionen lassen auf Zeit ein anderes Steuer-Mix angeraten sein als niedrige Investitionen. Dabei sind Interessen der Kapitalanleger wie der Unternehmer als Investoren zu beachten. Schwache Unternehmerinitiative kann – vorläufig noch – durch Steueranreize gefördert werden.

Anzustreben ist neben einem System mit guten Investitionsanreizen z.B. auch der Ersatz der Gewerbesteuer durch eine Gemeindesteuer.

Zu welchem Reformkonzept man sich in den nächsten Jahren und Jahrzehnten durchringt, ist nach den bisherigen Erfahrungen mit Insellösungen schwer zu sagen. Politischer Opportunismus könnte eine erforderliche Gesamtreform weit hinausschieben.

In der Finanzpolitik werden generell Steuerentlastungen zum Anreiz der Investitionsbereitschaft von Ausgabeneinschränkungen begleitet sein müssen, wenn man die Staatsverschuldung nicht ausweiten will.

Szenario I

Die Remanenz der Kosten der Verwaltung und der Regiebetriebe des Staates dürfte dazu führen, daß die relative Staatsquote bei rückläufiger Bevölkerung kräftig ansteigt.

Im gleichen Maße wie die Steuerbelastung steigt, dürften auch Steuerwiderstände aufgebaut werden.

Die Umverteilungswirkungen aller Steuern müssen in ihren Wirkungen sorgfältig erfaßt werden.

Szenario II

Die Staatsaufgaben wie die Steuerpolitik dürften bei stabiler Bevölkerung vor allem durch ökonomische Integrationsbestrebungen mit steuerlichen Anreizen auf Zeit für ausländische Unternehmer und Bürger gekennzeichnet sein.

Die Grade der Freizügigkeit der Niederlassung und der Eigentumsbildung werden sorgfältig durchdacht werden.

P. Die Raumordnung, der Städtebau und der Verkehr

I. Die Grundlagen

Raumordnung, Städtebau und Verkehr sind eng miteinander verflochtene Gestaltungsaufgaben. Eine für die Zukunft wichtige Frage betrifft die Tendenzen zur Stadtflucht oder zur Landflucht. Darauf dürften die Szenarien besonders kräftige Auswirkungen haben. Die Art der Verkehrsbedienung zwischen den großen Städten und Ballungsräumen sowie zu den stadtnahen Gebieten wird die bevorzugte Wohnweise und damit die Siedlungsverdichtung beeinflussen. Die Flächenbedarfe werden vor allem durch die Anforderungen an Wohnflächen und an Gewerbe- und sonstige Arbeitsplatz- bzw. Aufenthaltsflächen bestimmt.

Die Abweichungen der weltweiten Dynamik im Städtebau seien am Beispiel China verdeutlicht. Dort sollen bis zum Jahre 2000 2 400 Städte für 480 Mill. Einwohner gebaut werden. In diesen Städten sollen 300 Mill. ehemalige Bauern angesiedelt werden. Im Durchschnitt wird jede dieser Städte 200 000 Einwohner haben.

Städtebau geschieht nicht für die Ewigkeit. Jede historische Entwicklungsphase hat ihre eigenen Bedarfs- und Lösungsansätze, die in einer späteren Phase wieder infrage gestellt werden. Hinsichtlich der Wohnungen ist zu erwarten, daß eine Anzahl von menschenungeeigneten Siedlungen, über die seit langem diskutiert wird, auch wieder abgerissen werden.

Langfristwirkung dürften auch die Bewältigung der Umweltverschmutzung, die Reduktion der Schornsteinproduktion und Umstellung auf ökologisch günstige Produktionsverfahren haben. Nicht zuletzt sind auch die Auswirkungen der Dezentralisierung vom Arbeitsplatz in der Wohnung bis zur Produktion im Kleinen von Einfluß.

Anregungen für Leitbilder in der Bundesrepublik Deutschland können auch die Entwicklungen in Japan geben, in denen 47 Regionen und Städte jeweils eine spezielle ökonomische Entwicklungsaufgabe übernommen haben, u.a. spezielle Bereiche der Fototechnik oder der Biotechnik.

II. Die Raumordnung und der Städtebau

1. Die Probleme

In Raumordnung und Städtebau haben die Umwertung bisheriger Werte und die Infragestellung bisheriger Zielkonzepte ebenfalls Einzug gehalten. Die alten Schlagworte haben ihre Faszinationskraft verloren. Was bedeutet das eigentlich, so fragt man: „Vom Wohnungsbau zum Städtebau?“ Und wie lange hat man geglaubt, daß dieser Satz Substanz hat! Man spricht bereits seit einigen Jahren vom Planungsphantom „Entwicklungsachsen“.[103] Und wie lange hat man der Entwicklungsachsenideologie vertraut!

Bei Raumordnungsmaßnahmen besteht ein Zwang zur Relativierung. Jeder Kritik an einer städtebaulich unerwünschten oder zu großzügigen Raumnutzung ist entgegenzuhalten, daß keine Flächenbeanspruchung und Raumnutzung für die Ewigkeit gilt. Aus den heutigen Sanierungsnotwendigkeiten in den Innenstädten darf keineswegs geschlossen werden, daß zu früheren Zeiten generell unsinnig gebaut worden ist. Damals bestanden andere Flächenansprüche, und diese anderen Ansprüche sind für die Bedürfnisse der jeweiligen Periode in städtebauliche Strukturen transformiert worden. Der technische und organisatorische Fortschritt führt auch im Städtebau zu einer Beschleunigung der Umschlagfristen bei Verkehrsrastern, Verkehrsflächen und Baustrukturen. Heute sind 20 bis 30 Jahre bereits eine lange Zeit!

Die Polarisierung von Fachinteressen, Sachinteressen und politischen Interessen führt in Raumordnung und Städtebau immer zu schlechten Lösungen. Das Problem unterschiedlicher parteipolitischer Konstellationen in Gemeinde, Kreis, Regierungsbezirk und Land führt zu einer unzuträglichen Politisierung von Raumordnungsfragen. Es besteht die Gefahr, daß Städtebau und Raumordnung zu Instrumenten einer politischen Profilierung degenerieren. Dazu kommt das Problem der lokalen Interessen, die den regionalen Interessen untergeordnet sind.

2. Die Szenarien

Als wichtiger Mangel ist herauszustellen, daß bei der Entwicklung von Zielvorstellungen im Rahmen der Raumordnung und Stadtentwick-

---

103) Vgl. von Papp, Alexander: Das Planungsphantom „Entwicklungsachsen“, in: Raumforschung und Raumordnung, 35. Jg., 1977, Nr. 1/2, S. 15–18.

lungsplanung immer noch oft auf eine darauf abgestimmte Investitions- und Finanzplanung verzichtet wird. Dies gilt vor allem für die Ausgaben- und Einnahmenplanung nach Realisierung der Vorhaben, die alle Folgekosten umfassen muß.

Die Wertedynamik und der Städtebau

Die Wertedynamik im Hinblick auf Raumordnungs- und Städtebauprobleme ist nicht frei von Kontroversen. Dennoch seien einige wichtige Tendenzen kurz dargestellt.

1. Generell nimmt das Bewußtsein für die Gemeinschaft zu, auch wenn es sich in einigen Bereichen nur sporadisch artikuliert. In die Bereiche Raumordnung und Städtebau wirken vor allem die Sensibilisierung für Natur- und Umweltprobleme.
2. Das stark zunehmende Lärmempfinden, dessen Bedeutung neuerdings durch medizinische Erkenntnisse noch verstärkt hervorgehoben wird, dürfte Lärmschutzinvestitionen erforderlich machen, bei denen Funktionalität und städtebauliche Ästhetik besonders schwer in Einklang zu bringen sind.
3. Das generell zunehmende Mitspracheinteresse der Bürger zwingt zu einer intensiveren Auseinandersetzung mit dem Konzept einer bürgernahen Verwaltung.
4. In gleicher Richtung läuft das Interesse der Bürger auf einen Abbau von Barrieren zur Verwaltung.
5. Die Sensibilisierung für Minderheiten, vor allem für die Ausländer in der Bundesrepublik Deutschland, hat auch sozial-raumordnerische Konsequenzen bei der Förderung der Integration und dem Abbau von Gettobildungen.
6. Die Sensibilisierung breitester Bevölkerungsschichten für den Denkmalschutz ist durch das Europäische Denkmalschutzjahr auf eine neue Basis gestellt worden und wirkt bis heute fort.
   In einem knappen Jahrzehnt hat sich die Auffassung über den Gegenstand des Denkmalschutzes wesentlich gewandelt. Ging es im Jahre 1964 in der Charta von Venedig noch um die Bewahrung und Restaurierung von Kunstwerken, vor allem unter ästhetischem und historischem Aspekt, so wurde bereits in der Brüsseler Resolution von 1969 das architektonische Erbe als Ausdruck der sozialen Werte der menschgestalteten Umwelt gewürdigt und damit der Denkmalschutz auch auf die erhaltenswerte Bausubstanz alter Wohn- und Industriebauten ausgeweitet.

Aus einer zu rigiden Erhaltungspolitik erwachsen jedoch für Städte auch wieder Gefahren einer nur rein musealen Funktionstüchtigkeit. Daher ist die Forderung nach einer optimalen Umstrukturierungsquote nicht unberechtigt.

7. Der Tendenz nach einer unangetasteten Privatsphäre steht das zunehmende Streben nach der Bereitstellung von Kontakt- und Kommunikationsmöglichkeiten gegenüber. Die Umsetzung von derart stark differenzierenden Kommunikationsbedürfnissen in Raum und in Baustrukturen erweist sich bisher als schwierig.
8. Eine der wichtigsten Herausforderungen ist das zunehmende Raum- und Standortbewußtsein mit steigenden Ansprüchen an die enge räumliche Zueinanderordnung aller Hauptlebensfunktionen.
9. Das allgemeine Erlebnisstreben führt auch zu intensiverem Stadterlebnisstreben, vor allem auch mit vielseitigen und individuell ansprechenden Alternativen.
10. In enger Beziehung dazu steht das steigende Sanierungsbewußtsein. Das Bewußtsein über Sanierungsnotwendigkeiten einerseits und über die Erhaltung schützenswerter Bausubstanz andererseits nimmt zu. Faktisch ergeben sich dabei beachtliche Probleme.

Ungeklärt bleibt das anzustrebende Verhältnis zwischen Objekt- und Flächensanierung. Die Flächensanierung läßt großen Spielraum für die Umwidmung und Erfüllung von Funktionszwängen, bei der Objektsanierung besteht dagegen nur geringer Spielraum für Umwidmung oder eingeschränkte Entsprechung von Funktionszwängen.

Weiter erhebt sich dabei die Frage, für welchen Zeitraum saniert werden soll und für welche Zeiträume Entwicklungen im sozioökonomischen Bereich prognostizierbar sind. Die Sanierung wird somit auch durch die Prognosekraft und die Prognosebereitschaft mitbestimmt.

Die Leitbilder und die Realität

Die Schöpfer neuer Leitbilder für die Städte der Zukunft unterliegen der Gefahr, zwar erstrebenswerte Lösungen vorzulegen, die Überprüfung der ökonomischen Realisierbarkeit jedoch zu vernachlässigen. Dazu ein Beispiel: Ein Leitbild für neue Städte, das in den Innenstädten die Schaffung mehrerer Verkehrsebenen einschließlich einer Verlegung der Schienenstränge der Eisenbahn unter die Erde vorsieht, wird für die Wirtschaftspraxis und damit auch für den Handel als wichtigem Träger innerstädtischer Wirtschaftsaktivitäten erst dann interessant, wenn Zeiträume und Projekte angegeben werden können.

In diesem Zusammenhang ist vor einer Illusion zu warnen: Eine veränderte Verteilung von Steuern mit einer stärkeren Bevorzugung der Städte und Gemeinden bedeutet keine Veränderung des Gesamtsteueraufkommens. Eine Lösung der Aufgaben der Städtesanierung, wie man sie sich vielfach heute vorstellt, ist nur durch spürbare Steuererhöhungen zu erreichen. Unrealistisch sind auch solche Standortvorschläge für den Einzelhandel, wie sie z.B. für das Ruhrgebiet gemacht wurden, bei denen die Forderung nach einer Verbesserung der Einzelhandelskapazitäten in den bestehenden Vorstadtzentren ohne Überprüfung der Flächenpotentiale und der Finanzierung erhoben wird.

Da zahlreiche Leitbildideen aus ökonomischen Gründen in den nächsten Jahrzehnten nur in Ausnahmefällen oder gar nicht realisiert werden dürften, ist man gezwungen, bei einer Beurteilung der städtebaulichen Entwicklung von Lösungsmöglichkeiten auszugehen, die als Verbesserung der kleinen Schritte bezeichnet werden können. Auf jeden Fall wird dadurch die bisherige Improvisation überwunden, und man kann sich an künftig realisierbaren Leitbildern für die fernere Zukunft orientieren.

Für die Entscheidungsbildung in Politik und Wirtschaft können nur die zukunftsträchtigen Vorschläge zugrunde gelegt werden, die ökonomisch tragbar sind. Damit soll keineswegs das Nachdenken über das zur Zeit Wünschbare behindert werden, sondern nur eine sorgfältige Trennung des Machbaren und nicht Machbaren erfolgen.

Bei der Regional- und Stadtentwicklungsplanung differenziert man in:

1. die Bedarfsplanung, z.B. Schul- und Gesundheitsplanung,
2. die Fachplanung, z.B. Verkehrs-, Wirtschafts- und Wohnungsbauplanung,
3. die Ressourcenplanung, z.B. Finanz-, Investitions- und Flächenplanung.

Die notwendige ressortübergreifende Koordination ist vor allem von einer intensiveren Bereitschaft zur internen Kooperation der Ressorts abhängig. Mit Recht wird darauf hingewiesen, daß Qualifikationsdefizite zu ideologischer Verhärtung und darauf beruhende Verunsicherung zu Besitzstandsdenken führen.

Eine informierte Bürgerschaft wird ein Fehlverhalten der Behörden nur noch eine begrenzte Zeit ertragen. Die neuen Herausforderungen an die Verwaltung werden durch die Zunahme von sogenannten „personellen Konsequenzen“ bereits heute sichtbar.

Immer deutlicher zeigt sich auch das Problem, die Ziele der in Raumordnung und Städtebau tätigen Entscheidungsträger zu harmonisieren. Entscheidungsträger sind z.B.:

1. staatliche Behörden, so Raumordnungsbehörden,
2. Gemeinden,
3. Unternehmer,
4. öffentliche Verkehrsträger,
5. Bürger und Konsumenten.

Die Gemeinden orientieren sich zwar grundsätzlich am Ziel der bestmöglichen Versorgung der Bürger, sind jedoch aus Gründen der Finanzierung zu Entscheidungen gezwungen, die diesem übergeordneten Ziel zuwiderlaufen. Da allgemeinverbindliche Leitbilder für die Gestaltung von Gemeinden fehlen, wird z.B. bei der Standort- und Geschäftsflächenausweitung für den Einzelhandel von unterschiedlichen Vorstellungen ausgegangen. Daher konkurrieren – beeinflußt durch die Vertretung der Einzelhändler in den Stadt- und Gemeinderäten – mehr an der Erhaltung der bestehenden Betriebe orientierte Ziele mit mehr an der Versorgung der Konsumenten ausgerichteten Zielen. Es braucht nicht besonders betont zu werden, daß dieser Zielkonflikt oft nicht im Interesse der Konsumenten gelöst wird. Weiter bleibt das Problem der Beteiligung betroffener oder begünstigter Einzelhandelsunternehmer an den Entscheidungen der Stadt- und Gemeinderäte zu lösen.

Ein zunehmend wichtiges Problem wird aufgrund der Komplexität sozialökonomischer Erscheinungen die Zuordnung von Entscheidungsbefugnissen auf Entscheidungsträger. Am Beispiel der novellierten Baunutzungsverordnung zeigt sich, daß Instanzen der Raumordnung bei der Zulassung oder Verhinderung neuer Einzelhandelskapazitäten über Probleme entscheiden, die nur teilweise und in vielen Fällen noch nicht einmal mit vorrangiger Priorität in das Sachgebiet Raumordnung fallen.

Erforderlich ist eine Harmonisierung zwischen Regionalplanung und Stadtplanung. Im Wettbewerb zwischen den Gemeinden haben die großen Städte zweifellos auf bestimmten Gebieten Vorteile.

So stellt Hanns Adrian fest: „Die Gemeinden könnten versucht sein, die vor Jahren im Kampf um die Gewerbesteuer erprobten Waffen wieder aus der Kiste zu holen:

- Da bietet sich das Andienen von billigen städtischen Grundstücken an die Betriebe an,
- man kann Investoren auf bestimmte Wohngrundstücke hinweisen, die man nach dem billigen Kauf dann „höherzont“, d.h. intensiverer Nutzung zugänglich macht,

– man hält geeignete Villengrundstücke für gehobenes und mittleres Management bereit.

In einem solchen Wettbewerb werden die starken Städte im Vorteil sein, also jene, denen allzuviel Wachstum eher schadet wie Frankfurt, Stuttgart und München.

Es kann gerade dort zu Bevölkerungsverlusten kommen, wo mit Hilfe der Länder oder des Bundes Infrastrukturmaßnahmen zur Strukturförderung eingeleitet worden sind.''[104]

Ein weiteres Risiko ist die mangelnde Harmonisierung von zentralen und regional relevanten Prognosen, z.B. von Prognosen der Bundesregierung und Prognosen des Bundesraumordnungsprogramms bzw. eine genügend rasche Korrektur der Prognosen bei erkennbar abweichenden effektiven Entwicklungen.[105]

Bereits in der Vergangenheit brachte die Polarisierung von Stadt- und Umlandinteressen Probleme mit sich. Für die Zukunft ist eher mit einem Verstärkereffekt zu rechnen, der sich vielerorts bereits andeutet. Als Beispiele seien erwähnt:

1. der zunehmende Kampf um Einwohner,
2. der verstärkte Wettbewerb um die Ansiedlung von Unternehmen und damit um die Schaffung von Arbeitsplätzen.

Die Schwächen der wirtschaftlichen Entwicklung werden die bisher häufig noch verdeckten Zielkonflikte in Raumordnung und Städtebau wesentlich härter und konsequenter ans Licht fördern. Die Haushaltsdefizite dürften sich in der Zukunft eher noch verstärken. Dadurch wird der Kampf um Haushaltsmittel noch schärfer als in der Vergangenheit. Darin liegt ein Risiko der Fehllenkung von Mitteln.

Zu den Standort- und Flächenansprüchen

Eine Kernfrage betrifft die künftigen räumlichen Umverteilungen. Dafür lassen sich die folgenden Tendenzen nennen:

Land- und Forstwirtschaft: Der Widerstand gegen jede Form einer zusätzlichen Bodennutzung für die Landwirtschaft nimmt wegen der

104) Adrian, Hanns: Folgen veränderter Zielvorstellungen und Anforderungen für die Stadtentwicklungsplanung einer Großstadt, in: Veröffentlichungen des Seminars für Planungswesen der Technischen Universität Braunschweig, 1976, H. 14, S. 123 – 147, S. 143, S. 144 f.

105) Vgl. dazu auch Dietrichs, Bruno: Status-quo-Prognosen und Zielprojektionen im Raumplanungsprozeß, Funktionen und Konflikte, in: Informationen zur Raumentwicklung, 1975, H. 4/5, S.137 – 151.

EG-Probleme zu. Daraus folgt eine veränderte Bereitschaft für eine Umwidmung zu gewerblich und zu Verwaltungs- und Wohnzwecken genutzten Flächen.

Die Landwirtschaft wird nicht zuletzt auch zu einer Freizeitbeschäftigung von Hobbybauern, überwiegend Arbeitslosen, Teilzeitbeschäftigten und Rentnern.

Bei land- und forstwirtschaftlichen Flächen werden umfassende Umlegungen und Arrondierungen unter ökologischen und ökonomischen Aspekten erfolgen.

Zum Wohnen: Die Veränderung der Wohnansprüche in räumlicher und qualitativer Hinsicht wird durch die Fortsetzung vertikaler Mobilität (beruflicher Auf- oder Abstieg) und horizontaler Mobilität (Wohn- und Arbeitsplatzwechsel) zunehmen.

Zur Förderung der Wohnqualität gehört vor allem die Bereitstellung von Wohnungen mit flexiblen Wohngrundrissen, eine bisher schwer zu erfüllende Forderung. Die Anforderungen an das Wohnen wachsen und schrumpfen im Zeitablauf aufgrund der Familiengröße.

Die Relevanz von Umweltfaktoren für das Wohnverhalten der Einwohner zeigt eine Studie aus Hannover: Leute, die aus Hannover weggezogen, nannten als dominierende Einflußfaktoren bei den Umzugsentscheidungen:

– Lärmbelästigung, Verkehr	44 %,
– schlechte Luft, Abgase	41 %,
– fehlende Grünflächen	29 %,
– häßliche Wohngegend	19 %,
– Wohnung zu klein	30 %.

Dafür nahm man im Umland andere Nachteile in Kauf, so schlechte Verkehrsverbindungen, abgelegene Wohnlage, fehlende Einkaufsmöglichkeiten und hohe Mietbelastung.[104)]

Durch die Enttabuisierung der persönlichen Verhaltensweisen, wie sie durch die bürgerliche Moral vorgegeben waren, vor allem auch durch weit mehr Flexibilität in den sozialen und persönlichen Beziehungen, könnten sich bisherige Abkapselungs- und Entfernungsverhaltensweisen reduzieren. Dies würde dann auch mehr Wohnstabilität mit mehr gegenseitigem Verständnis für vielfältige und wechselnde Verhaltensalternativen mit sich bringen. Die Art des Zusammenlebens wird auch wesentlich von der Arbeitsdauer und dem Umfang von gesellschaftlich relevanter Nichtarbeit bestimmt werden.

Einfluß auf das Wohnen dürfte auch die Veränderung der Rechtssicherheit nach der Jahrtausendwende haben, die ihrerseits wieder durch die Annäherung oder Entfremdung zwischen den Menschen mitbestimmt wird.

Zur Wirtschaft: Als raumwirksame Tendenzen aus dem Bereich Wirtschaft und Erwerbstätigkeit lassen sich herausstellen: Das weitere Wachstum der tertiären Arbeitsplätze wird vorwiegend in den Städten oder Stadtregionen wirksam werden. Dadurch entstehen neue hochspezialisierte und oft ohne Flächensanierung nur schwer zu befriedigende Standortansprüche.

In der Wirtschaft wachsen zunehmend Erkenntnisse über Optimalitätszonen, d.h. es sind nicht alle Betriebsgrößen in beliebigen Kapazitäten realisierbar, sondern es gibt sektorale und branchenspezifische Vorteile für Kleinbetriebe, Mittelbetriebe und Großbetriebe.

Die größenspezifischen Optimalitätszonen haben wegen unterschiedlicher Standort- und Flächenansprüche auch für Raumordnung und Städtebau Bedeutung.

Weiter nimmt teilweise die Stabilität der Standortnutzung ab. So zeigt sich, daß Industrieansiedlungserfolge, die nach dem Konzept der verlängerten Werkbank erfolgten, sich bei Produktionsrückgang wieder verflüchtigen, d.h. die Unternehmen schneiden beim Zwang zur Kapitalbegrenzung zunächst ihre entfernteren dezentral aufgebauten Kapazitäten zurück.

Zukunftskonzepte bezüglich der Flächennutzung werden sich auf eine detaillierte und verfeinerte Planung der Flächenansprüche für unterschiedliche Nutzungsarten abstützen müssen.

Bei Industrieflächen werden die wesentlichen Veränderungen durch veränderte Konzepte der Betriebsgröße und damit der Zentralisierung der Produktion bestimmt.

Großhandelslagerflächen werden in große, einheitlich konzipierte Lagerzentren angeordnet werden, um unternehmensübergreifende Logistik- und Verwaltungsvorteile zu erreichen. Eine schwierige Frage betrifft die Anordnung von Einzelhandelsflächen. Der mediale Einzelhandel wird in den Großhandelszentren tätig sein. Dabei wird es für den Konsumenten oder auch Gruppen von Konsumenten, die sich zu diesem Zwecke organisieren, möglich sein, die Ware selbst am Lager abzuholen. Bei der Anlieferung wird die Möglichkeit geschaffen werden, die Ware in die Wohnung geliefert zu erhalten oder auch an neu zu schaffenden siedlungsnahen Kontaktpunkten abzuholen. Hierfür könnten sich u.a. die nicht mehr benötigten Bankfilialen oder bisherige klein- und mittelbetriebliche Einzelhandelskapazitäten eignen.

Durch die kurzsichtige und unrealistische Forderung „Rettet die City" wurde in der Bundesrepublik Deutschland der Bau von qualifizierten Shopping Centers an Stadträndern und zwischen den Siedlungsgebieten stark abgebremst. Das Ventil wurden Verbrauchermarkt- und neuerdings Fachmarktzentren.

Die Zukunft der Innenstädte, deren Hauptaktivität heute im Einzelhandel und in konsumnahen Dienstleistungen liegt, dürfte durch eine weitgehende Neuorientierung gekennzeichnet sein. Innenstädte werden durch neue Stadtentwicklungsinitiativen geprägt sein. Durch Flächenumwidmung – und nicht durch Objektsanierung – dürften die relevanten Hauptlebensfunktionen in möglichst fußgängerläufiger Entfernung verbunden werden. Ein Teil der heutigen Einzelhandelsflächen dürfte umgewidmet werden. Vermutlich werden neue Eigentumsbündelungen mit Großgrundstücksgesellschaften entstehen, und diese werden dann auch entscheiden, welche Flächen für welche Zwecke genutzt werden sollen. Es kann nicht anders funktionieren, als daß bekannte Einzelhandelsunternehmen ihre Flächen für Ausbildungs-, Büro- und Freizeitaktivitäten zur Verfügung stellen.

Große Innenstädte dürften sich zu Megazentren entwickeln, die es den Menschen ermöglichen, praktisch alle Lebensgestaltungsalternativen wahrzunehmen. Andere Megazentren könnten in Ballungsräumen auf der grünen Wiese entstehen. Dies würde jedoch eine Aushöhlung der Funktion der bestehenden Städte bedeuten, wenn die Megazentren nicht in den derzeitigen Innenstädten durch großzügige Sanierungsprogramme geschaffen werden.

Die relative Bedeutung der zentralen Orte wie auch der Hauptgeschäftszentren in den zentralen Orten wird weiter zurückgehen. Gemessen an der realen Kaufkraftentwicklung wird meist noch nicht einmal die Erhaltung der gewachsenen Innenstädte möglich sein, und dies sogar bei Szenario II.

Zur Ausbildung: Im Bildungssystem werden zahlreiche Nachkriegsinvestitionen durch den starken Rückgang der Geburten und die Veränderung der Schulkonzepte überflüssig. Der weitere Ausbau des Bildungssystems dürfte in den nächsten Jahrzehnten vor allem Institutionen der Erwachsenenbildung nach dem Konzept des life long learning betreffen. Vorhandene Einrichtungen müssen teilweise umgewidmet und differenzierteren Zwecken der Ausbildung nutzbar gemacht werden. Umbau tritt an die Stelle von Neubau. Die Anforderungen an die räumliche Nähe und gute Erreichbarkeit von Ausbildungsstätten werden zunehmen. Die Herausforderungen an die Qualität der Bildungseinrichtungen dürften die raumordnerischen Aspekte in den Hintergrund drängen.

Zur Freizeit und Erholung: Die Bewältigung der Freizeit wird nicht nur auf den Gebieten der Raumordnung und des Städtebaus zusätzliche Probleme aufwerfen. Die Ausfüllung des Konzeptes der Naherholung mit geeigneten Inhalten ist bis jetzt nur bedingt gelungen.

Neuartige Freizeiteinrichtungen, so Stadt- und Mehrzweckhallen, auch Sporthallen einschließlich Eissporthallen, leiden teilweise unter Problemen des geeigneten Angebotes, d.h. das Leistungsprogramm entspricht noch nicht dem Bedarf. Daher sind in bestimmten Bereichen die Kapazitäten bereits höher als die effektive Nachfrage. Weitere Probleme liegen weniger im Standort, als vielmehr in der fehlenden Kompetenz, solche Einrichtungen durch die Gemeinden zu bewirtschaften. Somit läßt auch die Wirtschaftlichkeit vieler Freizeitanlagen noch zu wünschen übrig.

In vermehrtem Umfange wird die Eignung bestimmter Freizeitanlagen in Frage gestellt, z.B. aus medizinischen Gründen teilweise die Trimm-Pfade. Der Sachprüfung von Freizeiteinrichtungen wird somit in Zukunft mehr Aufmerksamkeit gewidmet werden müssen.

Zu den sonstigen zentralen Einrichtungen: Trotz der auf Zentralisierung ausgerichteten Gebiets- und Verwaltungsreform in der Bundesrepublik Deutschland bestehen bei zentralen Einrichtungen überwiegend Tendenzen zur Dezentralisierung, z.B. bei Sport- und Kultureinrichtungen.

Bei den zentralen öffentlichen Einrichtungen zeigt sich eine Tendenz zur Dezentralisierung, um mit dem Angebot näher an die Bürger heranzukommen. Sie wird sich in Zukunft durch verstärkte Mitwirkung der Bürger noch intensivieren.

Bei bestimmten zentralen Einrichtungen, so für das Gesundheitswesen, lassen sich wegen der Bedarfsverschiebungen beachtliche Nutzungsveränderungen feststellen, die teilweise für die Zukunft veränderte Raumordnungs- und Standortüberlegungen erforderlich machen. Das Gesicht der Städte, vor allem der Stadtzentren, wird geprägt werden durch die Art der dann erforderlichen Aktivitäten.

Schwerpunkte dürften werden:

- Theater,
- Kunst,
- Bildung und Ausbildung,
- Freizeit und Sport.

Zurückgedrängt werden wird der Einzelhandel.

Der Innovationsgrad für neue zentrale Einrichtungen ist zur Zeit eher begrenzt.

Das Phänomen der Standortsensibilität: Für alle Lebensbereiche sind die Grade der Standort- und Raumumfeldsensibilität zu ermitteln. Man kann sich diesen Zusammenhang an der Standortproblematik des Einzelhandels verdeutlichen. So gibt es:

1. standortsensible Betriebstypen, so hochstilige Fachgeschäfte, die nur in frequenzreichen Agglomerationen prosperieren können,
2. semisensible Betriebstypen, die bereits eine breitere Orientierung haben, so Warenhäuser, auch in Shopping Centers, oder SB-Warenhäuser, auch Fachmärkte am Stadtrand und in Innenstädten,
3. unsensible Betriebstypen, so Fachdiskonter, die überall in Innenstädten, an autokundenorientierten Standorten und in kleineren Orten angesiedelt sind.

Der Entwicklung von Kriterien zur Messung und Beurteilung der Standortsensibilität wird in Zukunft verstärkt Aufmerksamkeit gewidmet werden.

III. Der Verkehr

1. Die Probleme

Die maximale durchschnittliche Verkehrsbelastung durch den privaten Nahverkehr wird in den nächsten Jahren erreicht werden. Auch die kombinierte Fahrstrecke eines Erst- und Zweitwagens wird nur noch geringfügig gegenüber der Streckenleistung des bereits vorhandenen Erstwagens zunehmen.

Heute wird teilweise davon gesprochen, man müsse für den Nahverkehr die Benutzung öffentlicher Verkehrsmittel erzwingen.

2. Die Szenarien

Bei dem Bericht der FAST-Forschungsgruppe[106)] gelten in ihrer derzeitigen Form sowohl der Luftverkehr als auch der Straßenverkehr, u.a.

106) Vgl. Commission des Communautés Européennes (Hrsg.): Le programme FAST – Les 36 recherches en bref, 2. Bd., Brüssel 1982.

aus Energiegründen, in der bisherigen Form langfristig als gefährdet. Die derzeit diskutierten Ökologieentlastungen hält man für nicht ausreichend.

Bei den Eisenbahnen gestalten sich die Entwicklungen eher mühsam. Die Erfahrungen mit der Schienenschnellbahn Tokaido in Japan bereits in den siebziger Jahren haben zunächst Frankreich veranlaßt, mit dem TGV Paris-Südost zwischen Paris und Lyon eine europäische Strecke mit Höchstgeschwindigkeiten bis 270 km/h bei einer Reisegeschwindigkeit von 215 km/h zu schaffen. Der geplante TGV Nord-Ost soll sich nach neuen Plänen in Metz nach Nord und über Saarbrücken und Mannheim fortsetzen. Dort wird zunächst ein Anschluß an die Ausbau- und Neubaustrecke der Deutschen Bundesbahn in Richtung Würzburg möglich. Weitere Neubau- und Ausbaustrecken mit Geschwindigkeiten von 200 bzw. 250 km sollen vor allem den Kurzstrecken-Luftverkehr entlasten.

Kostensenkungen werden von Kooperationskonzepten für die Eisenbahnunternehmen vergleichbar zu denen beim Airbus erwartet.

Die Schwebebahntechnik mit Geschwindigkeiten von 300 km/h wird frühestens in zehn Jahren realisationsreif.

Mögliche Streckenbeispiele wären z.B.: Kopenhagen – Hamburg – Frankfurt – München – Rom – Neapel oder auch: Ankara – Athen – Venedig – Frankfurt – Paris – Madrid – Lissabon.

Die Akzeptanz moderner öffentlicher Massenverkehrsmittel oder flexibler Alternativen, so Linientaxis und Anrufbusse, ist begrenzt und konnte bisher trotz vieler Anstrengungen keine spürbare Reduzierung des Individualverkehrs bewirken.

Nur bei sehr starken Agglomerationsbestrebungen auf große Städte hin dürfte die Nutzung öffentlicher Verkehrsmittel gegenüber dem Individualverkehr mit Personenkraftwagen überdurchschnittlich zunehmen.

Das in den USA entwickelte bodengebundene VHST-Very-High-Speed-Transit-System mit einem Antrieb durch elektromagnetische Wellen und Geschwindigkeiten von mehreren Tausend km je Stunde dürfte bis zu dem hier betrachteten Zeithorizont noch keine weite Verbreitung haben.

Beträchtliche Veränderungen der Nachfrage nach Fernverkehrsleistungen werden erst durch die neuen Informationstechnologien mit besserer Kommunikation erwartet.

Quantitative Tendenzen

Nach einer Untersuchung der Prognos AG bis zum Jahre 2000 wird der Personenverkehr von 548,2 Mrd. km im Jahre 1975 über 679,3 Mrd. km im Jahre 1990 auf 696,6 Mrd. km um 2000 zunehmen. Nach unterschiedlichen Schätzungen soll der Bestand an Personenkraftwagen in der Bundesrepublik Deutschland von 1984 bis 2000 von 24,1 Mill. auf 30 bis 31 Mill. Fahrzeuge zunehmen, mit einer Erhöhung der Fahrzeuge mit Dieselmotor auf gut ein Fünftel.

Der Güterverkehr soll sich von 277,3 Mrd. tkm im Jahre 1990 noch auf 301,9 Mrd. tkm im Jahre 2000 erhöhen.

Damit dürfte für die dann folgenden dreißig Jahre bis 2030 bei Szenario I der Zenit erreicht sein.

Tabelle 3.4

Die Entwicklung im Personenverkehr in der Bundesrepublik Deutschland von 1975 bis 2000

Gegenstand	1975	1990	2000
Pkw-Bestand[1] in Mill.	17,9	28,6	31,4
Personenverkehrsaufkommen in Mill. Beförderungsfällen			
– ÖSPV[2]	6 741	7 045	7 026
– Eisenbahnverkehr[3]	1 073	1 157	1 157
– Luftverkehr	26	48	60
– motorisierter IV[4]	26 386	30 670	31 220
– Radverkehr	4 738	5 120	6 083
– Fußgängerverkehr	16 303	17 637	19 800
Personenverkehr insgesamt	55 267	61 677	63 346
Personenverkehrsleistung in Mrd. Personenkilometer			
– ÖSPV[2]	68,6	87,6	92,3
– Eisenbahnverkehr[3]	37,5	40,3	40,7
– Luftverkehr	8,4	15,4	19,1
– motorisierter IV[4]	407,1	504,8	507,3
– Radverkehr	9,7	12,2	15,4
– Fußgängerverkehr	16,9	19,2	21,8
Personenverkehr insgesamt	548,2	679,3	696,6

Differenzen in den Summen durch Runden.

1) Personenkraftwagen einschl. Kombi.

2) Öffentlicher Straßenpersonenverkehr (einschl. Kraftverkehr DB, BP und NBE).

3) Deutsche Bundesbahn, Nichtbundeseigene Eisenbahnen (ohne Kraftverkehr, ohne Schiffsverkehr).

4) Motorisierter Individualverkehr (einschl. Taxi- und Mietwagenverkehr).

Quelle: Prognos Verkehrsreport, zit. nach Rommerskirchen, Stefan: Verkehr bis zum Jahr 2000 (II), in: Wirtschaft & Produktivität, 1983, Nr. 12, S. 3.

Die Volumina des Personenverkehrs dürften, – selbst bei Eintreffen der noch beachtlichen Zunahmen bis zum Jahre 2000, von denen die Prognos AG ausgeht, die eher hoch erscheinen –, auf etwa 70 bis 75 % der Werte der Jahre 1995/2000 rückläufig werden. Beim Güterverkehr dürfte ein leichter Rückgang zu erwarten sein.

Tabelle 3.5

Die Entwicklung im Güterverkehr in der Bundesrepublik Deutschland von 1978 bis 2000

Gegenstand	1978	1990	2000
Güterverkehrsaufkommen in Mill. t			
– Eisenbahngüterverkehr[1]	337,1	349,9	353,2
– Straßengüternahverkehr[2]	2 177,0	2 572,5	2 712,1
– Straßengüterfernverkehr[3]	317,4	431,1	506,1
– Binnenschiffahrt	246,3	239,0	241,9
Güterverkehrsaufkommen insgesamt[4]	3 077,7	3 592,5	3 813,3
Güterverkehrsleistung in Mrd. tkm			
– Eisenbahngüterverkehr[1]	59,5	65,5	66,8
– Straßengüternahverkehr[2]	42,8	51,3	54,7
– Straßengüterfernverkehr[3]	75,0	106,0	123,6
– Binnenschiffahrt	51,5	54,5	56,8
Güterverkehrsleistung insgesamt	228,8	277,3	301,9

Differenzen in den Summen durch Runden.
1) Ohne Gepäck- und Expreßgut.
2) Ohne grenzüberschreitenden Straßengüterverkehr.
3) Einschl. grenzüberschreitenden Straßengüterverkehr.
4) Binnenverkehr, grenzüberschreitender Verkehr und Durchgangsverkehr auf dem Gebiet der Bundesrepublik Deutschland.
Quelle: Prognos Verkehrsreport, zit. nach: Rommerskirchen, Stefan: Verkehr bis zum Jahr 2000, 2. Teil, in: Wirtschaft & Produktivität, 1983, Nr. 12, S. 3.

IV. Zusammenfassung der Szenarien

Szenario I

Die Auswirkungen der Szenarien I und II auf Städtebau und Raumordnung sind fundamental unterschiedlich.

Bei Szenario I ist bei fast allen Hauptlebensfunktionen mit unterschiedlicher Gewichtung ein Rückgang sowohl der Flächen- als auch der Standortansprüche zu erwarten. Am wenigsten wird sich der Bevölkerungsrückgang auf die Verkehrsflächen auswirken. Am kräftigsten werden nach der Jahrtausendwende die Flächen für Einkaufen, Wohnen und Arbeiten betroffen sein. Dazu werden im Vierten Kapitel teilweise konkrete Berechnungen vorgelegt.

Man muß sich die enormen Veränderungen bei Städtebau, Raumordnung und Verkehr bei einem Rückgang der Bevölkerung um rd. 16 Mill. Einwohner von 1985 bis 2030 und um rd. 14 Mill. von 2000 bis 2030 klar machen. Stadtteile, ganze Städte oder auch große Regionen könnten sich entvölkern. Man wird auch zu entscheiden haben, welche nicht mehr genutzte und nach einer gewissen Zeit auch nicht mehr nutzbare Bausubstanz abgerissen werden wird. Wer verlassene Orte im Süden Frankreichs kennt, hat einen bescheidenen Eindruck von dem, was man zu erwarten hat.

Man wird auch zu entscheiden haben, ob man bestimmte Städte ohne Einwohner konservieren will.

Wie groß werden die deutschen Großstädte und Mittelstädte im Jahre 2030 sein?

Wenn man davon ausgeht, daß sich keine Ausdünnung der Bevölkerung auf dem Lande ergibt, weil die Menschen der Zukunft dort ihre Werte besser gewahrt sehen, dann wären in etwa 16 Städten 500 000 Einwohner nicht mehr erforderlich, in etwa 16 Städten 250 000 Einwohner und noch einmal in 40 Städten 100 000 Einwohner.

Und um es noch einmal zu betonen: Dies alles in einer Zeit von etwa einer guten Generation.

Geht man einmal davon aus, daß im Jahre 2000 knapp 40 Mill. Menschen in den Städten und deren Randzonen, d.h. in den Stadtregionen, leben und etwa 19 Mill. auf dem gesamten sonstigen Gebiet der Bundesrepublik Deutschland einschließlich West-Berlins, dann würde eine Abschmelzung auf 24 Mill. Einwohner in den Stadtregionen bis zum Jahre 2030 dort eine Senkung auf durchschnittlich 60 % des Einwohnerausgangsbestandes zu Ende der achtziger Jahre bedeuten.

Selbst bei einer Halbierung der Bevölkerung außerhalb der Stadtregionen auf rd. 10 Mill. Einwohner und deren Ansiedlung in den Stadtregionen würden diese insgesamt immer noch 6 Mill. Einwohner verlieren.

Viele Fragen müssen offen bleiben: Werden einige Städte in ihrer Verdichtung bestehen bleiben und andere ganz verschwinden oder wird sich allgemein eine Entdichtung mit Durchgrünung durchsetzen?

Die rückläufige Bevölkerungsentwicklung wird gegensätzliche Einflüsse auf die Bevölkerungsverdichtung und die Eigenheim- und Dorf-Orientierung haben, d.h. auf Urbanisierung und Disurbanisierung. Als zunehmend bedeutender werdende Einflußgröße fördert die Rechtsunsicherheit, d.h. die höheren Raub- und Diebstahlsgefahren, die Agglomeration.

Die Ökologisierung und der Neonaturalismus könnten ein sich in bestimmten Regionen bereits abzeichnendes neues Hobbybauerntum, vor allem von Aussteigern, Arbeitslosen und Rentnern zur Folge haben.

Dies würde die Besiedlung stadtferner Gebiete fördern. Insgesamt ist die Stadtflucht jedoch weitaus niedriger als die Landflucht zu bewerten, so daß das Wachstum der städtischen Agglomerationen weiter zunimmt.

Szenario II

Die Flächen- und Standortansprüche werden sich im Falle von Szenario II durch verschiedene Substitutionen, vor allem aufgrund der neuen Medien, je Einwohner viel abgeschwächter als bisher fortsetzen. Man wird sowohl beim Personenverkehr als auch beim Güterverkehr auf der Basis der Werte für 2000 eine leichte Zunahme erwarten können.

Die Kernfragen für die Raumordnung bestehen in den zu erwartenden Tendenzen der Integration oder Gettoisierung der ausländischen Bevölkerungsgruppen bei Szenario II. Im Falle großer Bevölkerungszunahme aus wenigen Ländern ist zumindest in der ersten Generation der Zuwanderer eher deren räumliche Isolierung zu erwarten.

Daß in bevölkerungsmäßig verdichteten Gebieten, so im Ruhrgebiet, ganze Städte durch Zuwanderer besetzt werden könnten, u.U. auch geschlossene Agrarregionen, wird nicht zuletzt durch die bewußt angestrebte politische Integration oder Desintegration gehemmt oder gefördert werden.

Q. Die Verwaltung

I. Die Probleme

Die Leistungsfähigkeit der Verwaltung wird durch das Verhältnis von Staat, Gesellschaft und Wirtschaft geprägt. Dazu gehören einmal die Abgrenzungen zwischen Staatstätigkeit und Tätigkeit der Unternehmen und zum anderen Art und Umfang der Selbsttätigkeit und Selbsthilfe der Bürger.

Politische Entscheidungen bestimmen dabei die Art und den Umfang der Verwaltungstätigkeit. Die Bemühungen um soziale Wohlfahrt der Bürger haben in allen westlichen Industriestaaten eine fast epidemische Ausuferung der Verwaltungsaufgaben zur Folge gehabt, muß doch aufgrund von Verfassungsauftrag und Gesetzen ein Leistungsangebot bestimmter Qualität geboten werden. Augenscheinliches Indiz für diese Entwicklung ist die Personal- und Kostenexplosion in der öffentlichen Verwaltung, wo nahezu jede dritte Haushaltsmark für Personalaufwendungen ausgegeben wird.

Die Personalausgaben und Sachinvestitionen der öffentlichen Haushalte haben sich wie folgt entwickelt:[107]

Gegenstand	Angaben in Mrd. DM			
	1970	1975	1980	1981
Personalausgaben	61,4	118,1	161,1	169,0
Sachinvestitionen	32,2	46,0	60,8	60,6

Von 1961 bis 1982 hat die Anzahl der Beschäftigten bei Bund, Ländern und Gemeinden von 1,8 auf 3,3 Mill. zugenommen. Einschließlich Bundesbahn und Bundespost sowie staatlicher Unternehmen waren es 1982 4,5 Mill. Beschäftigte. Bei einem Gesamtbeschäftigungswachstum von 9 % im Berichtszeitraum entfielen auf den öffentlichen Bereich + 81 %. Der Anteil der bei Bund, Ländern und Gemeinden Bediensteten an der Gesamtzahl der Beschäftigten erhöhte sich von 8,7 % im Jahre 1961 auf 14,6 % im Jahre 1982.

107) Vgl. Schmölders, Günter: Der Wohlfahrtsstaat am Ende – Adam Riese schlägt zurück, 3. Aufl., (Wirtschaftsverlag Langen-Müller/Herbig) München 1983, S. 95.

Der Anteil der Personalausgaben an den Gesamtausgaben der Gebietskörperschaften nahm zwischen 1961 und 1982 von 25,9 auf 32,2 % zu. Die Aufblähung der Verwaltung hat einen Produktivitätsfetischismus von Gesetzen und Verordnungen entstehen lassen, der zu immer stärker ausgefüllten, aber vom Bürger weder wahrgenommenen noch gar nachgefragten Gesetzen geführt hat.

Konsequenz dieser Ausdehnung der Verwaltungstätigkeit auf den Bereich politischer Entscheidungen ist die sachfunktionale Dominanz der Behörden über die Parlamentarier, die in eine Amateurrolle gedrängt werden. Verwaltungen entwickeln sich so zu einer Art Nebenregierung[108)], die die Politiker nicht mehr im Griff haben.

Mangelnder Wettbewerb und fehlende Leistungsorientierung in der Verwaltung gelten neben parteipolitischem Nepotismus als Hauptgrund für diese Kostenexplosion.

II. Die Szenarien

Bei den lokalen und regionalen Verwaltungen sowie den Bundesverwaltungen wird man in den nächsten Jahren viel stärker nach den generellen Erfordernissen der Leistungen und – wegen der noch stark zunehmenden Sensibilisierung für die Aufgaben- und Kostenverteilung durch Steuern – nach der Produktivität dieser Leistungen fragen.

Wertedynamik und Verwaltung

Das Verhältnis der Bürger zur Verwaltung wird wesentlich dadurch bestimmt, wie weit die Eingriffe in den persönlichen Bereich gehen. In einer Art Verdrängungsvorgang wird außer acht gelassen, daß Ansprüche der Bürger an den Staat den Umfang der Verwaltungstätigkeit weitgehend mitbestimmen. Eine zunehmende Unzufriedenheit der Bürger mit der Verwaltung ist zwar berechtigt, aber teilweise auch selbst verursacht.

Es spricht auch vieles dafür, daß die Kritik der Bürger an der Politik der Zukunft mehr auf die Verwaltung durchschlagen wird und die vieldiskutierte Bürgernähe ganz anders gefordert werden wird.

Das Grundproblem der Wertedynamik der Verwaltung bleibt somit die Usurpation von Aufgaben der Legislative.

---

108) Vgl. Tuchfeldt, Egon: Bausteine zur Theorie der Wirtschaftspolitik, (Verlag Paul Haupt) Bern-Stuttgart 1983, S. 381 f.

Die dargestellten Probleme der Verwaltung werden durch die folgenden Thesen zur Entwicklung dokumentiert:

1. Die zunehmende Komplexität der Aufgaben überfordert gleicherweise Politiker und Verwaltungen.
2. Bei der Durchsetzung geht man nicht mehr den verfassungsmäßig vorgezeichneten politischen Weg, sondern setzt unmittelbar bei den Verwaltungen an, die zu einer Art „Clearingstelle gesellschaftlicher Interessen" geworden sind.
3. Die Abhängigkeit der Parlamente von den Verwaltungen nimmt in einem starken Umfang zu.
4. Die Nachweise von Effizienz sind – unabhängig von der Legitimation der Verwaltungen – nur schwer zu erbringen.

Die Verwaltung wird in jedem Falle durch den Zwang zum Abbau der Staatstätigkeit in den nächsten Jahren zur Rationalisierung gezwungen sein. Dies wird u.a. auch durch die Ausgliederung von bisherigen Verwaltungsaufgaben auf private Einrichtungen sowie durch den Einsatz neuer Medien erfolgen.

Szenario I

Im Falle von Szenario I wird die künftige Verwaltungstätigkeit bei den Massenabläufen kräftig reduziert. Zur Senkung der fixen Ausgaben dürften Behörden neu gegliedert werden. Der Bedarf an Verwaltungseinrichtungen aller Art, vor allem auch von Gebäuden, dürfte mindestens um 25 % – bei Beibehaltung der bisherigen Raumansprüche je in der Verwaltung Beschäftigter – rückläufig werden.

Szenario II

Im Falle von Szenario II könnten – auf der Basis der bisherigen Verwaltungsaufgaben – in einigen Bereichen je Einwohner überdurchschnittliche zusätzliche Belastungen auftreten; dies betrifft vor allem die Kontakt- und Kontrollaktivitäten gegenüber den neu Eingewanderten.

Viertes Kapitel

Die Auswirkungen der Szenarien und die Handlungsalternativen für die Unternehmen in der Bundesrepublik Deutschland

A. Die Abgrenzungen

Nach einer Auseinandersetzung mit den Szenarienelementen auf internationaler und nationaler Ebene ist zu fragen, welche Konsequenzen sich daraus auf die Unternehmen der unterschiedlichen Wirtschaftsbereiche ergeben. Es ist zu überprüfen, wie die Bedingungen von Szenario I und II deren Entwicklungs- und Überlebensfähigkeit beeinflussen. Dabei ist zu beachten, daß jedes Unternehmen wie auch jede nichtunternehmerische Institution durch die individuellen Optionen und Strategien, die aufgrund der wahrgenommenen Umweltsignale gestaltet werden, die Zukunftsentwicklung in einer bestimmten Richtung mit beeinflußt.

Von besonderer Bedeutung ist dabei die Beurteilung der Umwelt, aber auch das Fortbestehen bisheriger Gesetzmäßigkeiten, die die Wirkungen der eigenen Aktionen ökonomisch mehr oder weniger zuverlässig abschätzbar machen.

Eine Haupteinflußgröße auf die Tätigkeit der Unternehmen ist der gesellschaftspolitische Konsens über die Tätigkeit von Unternehmen und Staat und die gesellschaftliche Identifikation der Unternehmer und Mitarbeiter mit ihrem Tun. Die sich dabei zur Zeit zeigenden Wandlungen wirken entsprechend dem Pluralismus der unternehmerischen Ziele und des Unternehmenscode auf die Unternehmen höchst unterschiedlich.

Eine zweite Gruppe von Einflußgrößen betrifft die ebenfalls wegen unterschiedlicher Umfeldbeurteilung differenziert verfolgten Strategien.

Einige solcher Strategien, die alle Wirtschaftsbereiche mehr oder minder stark betreffen, werden vorgestellt.

Unternehmen werden sich insbesondere dafür sensibilisieren müssen, ob die bisherigen Gesetzmäßigkeiten, die die Wirkungen von Fehlentscheidungen reduziert haben, auch noch in Zukunft fortgelten. In der wirtschaftlichen Wachstumsphase galten wegen spezifischer Umfeldbedingungen andere Kriterien für die ökonomische Vorteilhaftigkeit als in Zukunft gelten werden.

Schließlich werden noch einige Tendenzen und Optionen nach ausgewählten Wirtschaftsbereichen vorgestellt. Durch die strikte Beschränkung muß in diesen Abschnitten manches offen bleiben. Von besonderer Bedeutung erscheinen jedoch hier nicht im einzelnen aufgezeigte und weiterzuentwickelnde Querverbindungen, etwa in der Form: Wie wirken sich Änderungen der Agrarwirtschaft auf die Banken aus? Welche Konsequenzen hat eine weitere Dienstleistungsorientierung der Konsumenten, insbesondere mehr Auslandstourismus, auf den deutschen Einzelhandel? Wie wirkt Multinationalität auf die deutschen Versicherungen? Wie wird sich mittel- und langfristig die Wirtschaft an den neuen Medien beteiligen?

Weiter läßt sich aus den folgenden Überlegungen ableiten, wie sich Gesetzmäßigkeiten und Entwicklungstendenzen für Branchen und Wirtschaftssektoren und Tendenzen für den Durchschnitt der Unternehmen auf die Entwicklung eines Unternehmens oder eines Nichtunternehmens oder auch für Kooperationssysteme auswirken.

Einzelentwicklungen können aufgrund der nach spezifischen Gesetzmäßigkeiten verlaufenden *Firmenkonjunkturen* im Vergleich zu Branchen- und Sektorenentwicklungen besser oder ungünstiger sein als eine Gesamtentwicklung. Somit bleiben Zukunftsanalysen für Unternehmen und Institutionen nach wie vor Maßarbeit.

Unternehmen und Institutionen müssen aus den Entwicklungstendenzen und Szenarien eine auf ihre spezifischen Bedingungen zugeschnittene, im folgenden erörterte strategische Option oder auch alternative strategische Optionen ableiten.

In diesem Zusammenhang ist insbesondere zu beachten, daß auch im Falle der ungünstigen Bedingungen von Szenario I für leistungsfähige Unternehmen im Inland und insbesondere im Ausland hervorragende Entwicklungen möglich sind. Selbst bei real rückläufiger Branchen- und Sektorenentwicklung können die dynamischen Unternehmen durch Verdrängung sehr stark wachsen. Im Lebensmittelhandel sind seit 1970 einige Anbieter stark gewachsen: die zehn Umsatzspitzenreiter doppelt so stark wie die gesamte Branche! Was zehn Unternehmen in fünfzehn Jahren gewonnen haben, haben die restlichen rd. 75 000 (Durchschnittswert) verloren.

Die unternehmens- oder verbundgruppenindivuduellen Wachstumsbedingungen waren auch in den letzten Jahrzehnten höchst differenziert, sie dürften jedoch noch polarisierter werden.

In stagnierenden oder wenig wachsenden Märkten werden bedeutende neue Anbieter entstehen.

Mit den folgenden Ausführungen über veränderte externe und interne Bedingungen soll darauf hingewiesen werden, daß das Gefüge der unternehmerischen Aktivitäten für die Zukunft neu justiert werden muß. Es wird zu konkretisieren versucht, welche Risiken und Chancen Unternehmen künftig zu beachten haben.

B. Die Rahmenbedingungen

Alle Unternehmen sind Teilnehmer am gesellschaftlichen und wirtschaftlichen Wandel, wie er bisher dargestellt wurde. Jedes Unternehmen ist gleichzeitig Gestalter und Element der dargestellten Szenarien und wird durch die faktische Entwicklung in der einen oder anderen Richtung beeinflußt.

Die unternehmerischen Freiheitsgrade werden im übrigen auch von den erst im nächsten Kapitel erörterten Optionen zur Gestaltung und Steuerung der Gesellschaft berührt, d.s. vor allem

1. die Arbeitsteilung zwischen Staat und Wirtschaft,
2. die Arbeitsteilung zwischen (offizieller) Wirtschaft und Anderswirtschaft, vor allem die Tätigkeit der Konsumenten, z.B. im Do-it-yourself-Bereich, und die Schattenwirtschaft,
3. die Eigentumsstrukturen,
4. die Steuerung durch Kommunikation und Medien,
5. die Steuerung durch Ausbildung,
6. die wirtschaftliche Steuerung nach Wettbewerbs- und Nichtwettbewerbsprinzipien,
7. die politische Steuerung durch Parlamente und Nichtparlamente,
8. die internationalen und supranationalen Optionen für die Zukunft.

Je gravierender die Wandlungen bei den gesellschaftlichen Gestaltungs- und Steuerungskriterien sein werden, desto stärker sind auch die Wirkungen auf die Unternehmen.

Die weltweiten Rahmenbedingungen

Zu den für die Bundesrepublik Deutschland wichtigsten Rahmenbedingungen gehören die politsche und wirtschaftliche Entwicklung der Industriestaaten und der Länder der dritten Welt.

Der Binnenmarkt und die Außenmärkte als Daten: Für die Entwicklung der Bundesrepublik Deutschland wird man in Zukunft je nach der demographischen Entwicklung stark rückläufige oder höchstens stabile Potentiale im Binnenmarkt, dagegen vermutlich sehr günstige Chancen auf den Auslandsmärkten herausstellen können. Die Bedingungen für die Wirtschaft werden durch das protektionistische Verhalten bestimmt, einmal für das Inland durch Importrestriktionen für Güter aus dem

Ausland, zum anderen durch ausländische Staaten mit der Wirkung von Exportrestriktionen für die Güter aus der Bundesrepublik Deutschland.

Die Weiterentwicklung des aktiv für das eigene Land betriebenen wie passiv aufgrund von Maßnahmen anderer Länder zu ertragenden Protektionismus ist schwer abzuschätzen. Bei einer Analyse von Protektionszyklen und deren Bestimmungsgründen in unterschiedlichen Ländern dürfte man feststellen, daß zunehmende Schwierigkeiten mit Arbeitslosigkeit, Außenhandelsdefiziten, Zunahme der Verschuldung protektionistische Tendenzen intensivieren, wie gerade Mitte der achtziger Jahre festzustellen ist.

Es spricht alles dafür, daß tendenziell eine Zunahme des Protektionismus anderer Staaten eintritt, von der auf die Bundesrepublik Deutschland zunehmend negative Einflüsse ausgehen.

Die bereits heute manifesten Anforderungen an *multinationale Unternehmen* in einigen Staaten könnten leicht alle bisher vorstellbaren Grenzen überschreiten. Die Regierungen neigen zunehmend dazu, die multinationalen Unternehmen für viele Probleme als einen fixierbaren Missetäter zu betrachten. Durch eine Anprangerung und sogar ,,Bestrafung'' der Multinationalen kann gut verdeckt werden, daß es eigentlich die Regierungen oder Gesetzgeber sein müßten, die auf die Anklagebank gehören. Die weitere Multinationalisierung von Unternehmen wird von der langfristigen Einstellung der politischen Kräfte dazu in Industriestaaten wie Entwicklungsländern bestimmt werden.

Die Internationalität der Geld- und Kapitalmärkte: Die Aktionsmöglichkeit und Funktionsfähigkeit des Staates werden beeinflußt durch die Internationalitätsgrade der Kapitalmärkte und das Verhalten der jeweiligen nationalen Geschäftsbanken. So wird für die Entwicklung von Unternehmen in einem Land die Freiheit der Kapitalmärkte und deren vermutlich nationalstaatliche Beeinflussung von Bedeutung sein. Es geht letztlich um die Frage, welches Weltwährungssystem in den nächsten Jahrzehnten besteht bzw. geschaffen wird.

Die nationalen Rahmenbedingungen

Die Entwicklungsmöglichkeit und Struktur der Unternehmen wird weiter von den nationalen Rahmenbedingungen in der Bundesrepublik Deutschland geprägt, die ihrerseits die Werte – so auch das Gründungs- und Investitionsverhalten – von Unternehmen beeinflussen.

Wichtige Einflußgrößen für die gesamtwirtschaftliche Entwicklung wie auch die Entwicklung von Unternehmen, die auch für die Bundesrepublik Deutschland Gültigkeit haben, enthält Übersicht 4.1.

Zu den zentralen Einflüssen der Staatstätigkeit auf die Unternehmen gehören vor allem:

- Monopolisierungen im Bereich Medien,
- Monopolisierungen im Bereich Bildung,
- Einflußnahme auf die Forschung,
- Höhe und Ausrichtung von Subventionen,
- Besteuerung der nicht entnommenen und entnommenen Gewinne der Unternehmen,
- das Steuersystem und seine Unternehmensfreundlichkeit im Sinne von Hemmnissen oder Gewährung von Anreizen für Investitionen,
- Beeinflussung der unternehmerischen Transaktionen, so Beschränkung der Werbung oder Beeinträchtigung der Fusionen,
- Regelungen im Bereich Betriebsverfassung und Mitbestimmung.

Während die Bundesrepublik Deutschland sich noch weitgehend in der Diskussion um Staatsmonopole befindet, haben andere Länder bereits einige Entscheidungen getroffen: In Frankreich bei der Zulassung privater Satelliten und in den Niederlanden bei der Privatisierung der Post zeigen sich in ihrer Tragfähigkeit weitgehende Lockerungen von altetablierten Monopolen. Bereits zum 1. Januar 1989 soll die niederländische Post – nach Umgründung in eine Aktiengesellschaft – zu 49 % privatisiert werden, 51 % behält der Staat.

Übersicht 4.1

Die Haupteinflußgrössen für die wirtschaftliche Entwicklung in Industriestaaten

1. Die nationale technische Fortschrittsrate, aber auch die Internationalisierung des technischen Fortschritts.
2. Die Ausprägungen der nationalen und internationalen Wertedynamik bei Konsumenten, Bürgern, Arbeitnehmern, Unternehmern.
3. Die konkreten Eingriffe in die realisierten Wirtschaftssysteme durch neue nationale, supranationale, so EG, und internationale Rechtsnormen.
4. Die Entwicklung der Bevölkerung und der Bevölkerungsverteilung.
5. Die Entwicklung des Arbeitskräftepotentials.
6. Die Entwicklung der Nachfrage auf dem Arbeitsmarkt, insbesondere die Disparitäten zum Angebot.
7. Die Richtung und Intensität der Strukturveränderungen der gesamtwirtschaftlichen Nachfrage.
8. Die Preisänderungen für natürliche Ressourcen, die teilweise kartellunabhängig bleiben und daher differenziert erfolgen.
9. Die Preissteigerungen für Waren- und Dienste durch Auswirkungen des Ökologiebewußtseins.
10. Die Probleme der Starrheit von kapitalintensiven Großtechnologien.
11. Die Qualität des tendenziell schwächeren Wachstums des Bruttoinlandsprodukts.
12. Die konkreten Außenhandelsbeziehungen.
13. Die Schwächung der Marktwirtschaft durch Mißtrauen in deren Funktionsfähigkeit.
14. Die Stabilisierung von neuen politischen Zielen, auch Integration in die politischen Parteien und Gewerkschaften, so
    - Recht auf Arbeit und Recht auf Eigentum oder
    - Mitbestimmung und Miteigentum.
15. Die Art der Bewältigung von Währungsproblemen.
16. Die internationale Währungsordnung, auch die nationale Zulassung von Kapitaltransfer, z.B. Brasilien.

C. Gesetzmäßigkeiten der fremdbestimmten und eigenbestimmten Unternehmens-dynamik

I. Der Gegenstand

Unternehmen unterliegen in ihren Gestaltungsmöglichkeiten den weltweiten und nationalen allgemeinen Rahmenbedingungen. Grenzen ergeben sich vor allem aufgrund der gesellschaftlichen Akzeptanz der Unternehmer, des Know-how in Unternehmen oder aufgrund der Affinität der Manager gegenüber internationalen und multinationalen Aktivitäten.

Die Kooperation und die Konzentration weisen in der Regel noch höhere Eigenbestimmungsgrade auf als die Internationalisierung; beide Strategien werden auch kombiniert. Entscheidungen einzelner Unternehmen führen dann aus Markt- und Wettbewerbsgründen, auch aus Gründen der Kostendegression, zu einem Zugzwang bei den anderen Unternehmen, so daß Entscheidungen in diesen Bereichen durch ein Unternehmen Nachahmerreaktionen oder Reaktionen einer innovativen Abhebung von den Konkurrenten zur Folge haben.

Ähnlich ist die Situation in den Bereichen Diversifikation und Spezialisierung. Sogar im gleichen Unternehmen können nach Sparten und Bereichen unterschiedliche Strategien verfolgt werden.

Die Zwänge zu einer Aktivierung der Marktbearbeitung werden durch Sättigung, sonstige Nachfragewandlungen und technischen Fortschritt bestimmt.

Von besonders weitreichender Wirkung wird die Eigenkapitalaushöhlung, d.h. die tendenziell sinkende Eigenkapitalausstattung der Unternehmen der Bundesrepublik Deutschland sein. Sie gehört zu den wettbewerbs-, bank- und hausgemachten Problemen der deutschen Wirtschaft.

Auf sektoren- und branchenspezifische Entwicklungstendenzen wird in späteren Abschnitten dieses Kapitels eingegangen.

II. Ausgewählte Einflüsse auf die Unternehmertätigkeit

Eine wichtige Voraussetzung für eine erfolgreiche unternehmerische Tätigkeit ist die Beseitigung der *Legitimationskrise der Unternehmer und des Managements* bei sich selbst sowie in der Öffentlichkeit gegenüber dem Management in Unternehmen. Dabei sind beachtliche Wechselwirkungen zwischen dem Grad der Identifikation der Unternehmensführung mit der eigenen Tätigkeit einerseits und der Auffassung über die Unternehmenstätigkeit in der Öffentlichkeit andererseits zu vermuten.

Weiter ist die Funktion der Unternehmen zur Realisierung des technischen Fortschritts umstritten. Der teilweise technologiefeindliche gesellschaftspolitische Druck beeinträchtigt die unternehmerische Grundorientierung im Hinblick auf die Gewinnung einer klaren Position und Einstellung gegenüber dem technischen Fortschritt. Ohne eine positive Grundeinstellung, bei der Risiken keineswegs unter den Teppich gekehrt werden sollen, müssen die technologischen Fortschritte in der Bundesrepublik Deutschland begrenzt bleiben.

Erforderlich bleibt weiter die Aufrechterhaltung und Förderung der gesellschaftlichen Legitimation des Gewinns. Unternehmen können auf Dauer nur existieren, wenn sie durch Überschüsse über die laufenden Kosten mindestens

- die Kapitalgeber befriedigen,
- die erforderliche Forschung und Entwicklung finanzieren,
- die Ausbildung der Mitarbeiter verbessern,
- die erforderlichen Umstrukturierungen in Sachanlagen vorbereiten und durchführen,
- den Umstrukturierungen auf den Märkten Rechnung tragen und sich an sie anpassen.

Ohne einen breiten gesellschaftlichen Konsens über einen hohen Stellenwert der unternehmerischen Tätigkeit werden die Entwicklungsbedingungen eines wirtschaftlich entwickelten Landes negativ beeinflußt.

Ein Hauptproblem der Unternehmer dürfte in Zukunft in der Auffindung gesellschaftlich tragfähiger Formen der Selbstidentifikation liegen. Dazu gehören eine klare Vorstellung über das eigene Unternehmen und seine Zukunft, verbunden mit klaren Vorstellungen über die ordnungspolitische Funktion des Unternehmens in der Wirtschaft. Hier scheint der Generationenwechsel im Management zur Zeit eher beeinträchtigende Wirkungen zu haben.

Die unternehmerische Persönlichkeitsstruktur und die ihr immanenten Verhaltensweisen des Fleißes und der Tatkraft werden in der Gesellschaft trotz oder auch wegen der damit verbundenen zusätzlichen – auch materiellen – Freiheitsgrade aus Neid oder wegen der Einflüsse auf die eigenen Freiheitsgrade zunehmend abgelehnt. So stellt sich die Frage, ob in Zukunft genügend qualifizierte Unternehmer und Manager gefunden werden können oder sogar, wie man ein Wirtschaftssystem mit selbständigen Unternehmern aufrecht erhalten kann.

In einer Analyse über Korea wird von H.G. Meissner festgestellt, wie weit die Bundesrepublik Deutschland sich von den Bedingungen der Wachstumsorientierung entfernt hat: ,,Die wirtschaftliche Entwicklung wäre nicht möglich gewesen ohne die außerordentliche Motivation der Menschen in Korea. In den Schaltstellen von Wirtschaft und Gesellschaft finden sich häufig Personen, die ein Flüchtlingsschicksal erlitten haben. In der wirtschaftlichen Entwicklung Koreas zeigt sich wieder die besondere Bedeutung, die Flüchtlinge für die wirtschaftliche und gesellschaftliche Entwicklung eines Landes haben. Zum anderen sind es die Härte, die Zähigkeit, auch die Leidensfähigkeit der koreanischen Menschen, die zu diesem wirtschaftlichen Aufstieg beigetragen haben.

Bei dem Übergang vom Entwicklungsland zum Schwellenland haben die Universitäten des Landes eine wichtige Rolle gespielt. Sie haben die zahlreichen Techniker, Kaufleute und Juristen ausgebildet, die erforderlich sind, um einem solchen Aufschwung Dauer zu verleihen und ihn auch in der Zukunft zu sichern. . .

Die weitere wirtschaftliche Entwicklung in der Republik Korea hängt nicht zuletzt davon ab, daß es den Unternehmen gelingt, den Qualitätsstandard der koreanischen Produkte weiter zu erhöhen und das Exportsortiment zu erweitern. In diesem Zusammenhang gehen die Bemühungen verstärkt dahin, die Unternehmensführung in Korea zu professionalisieren und dazu moderne Managementtechniken zu übernehmen und angepaßte Marketing-Strategien anzuwenden. Diese Entwicklung wird insbesondere getragen von denjenigen koreanischen Fachleuten, die an amerikanischen Universitäten studiert haben.''[1]

Die Humanisierung

Unternehmer wie Arbeitnehmervertreter haben sich bisher weitgehend so verhalten, als wenn man sich mit dem Geld für das soziale Netz und

1) Meissner, Hans Günther: Indikative Planung ergänzt Marktwirtschaft, in: Die Welt, Nr. 137, 14. Juni 1984, S. III.

eine stete Erhöhung der Löhne und Gehälter von den Forderungen nach einer menschenangepaßten Gestaltung der heutigen Arbeitsplätze und einer Beachtung auch der zwischenmenschlichen Beziehungen freikaufen könnte. Es spricht vieles dafür, daß die menschlichen Beziehungen innerhalb und zwischen Unternehmen neu überdacht, reaktiviert und intensiviert werden.

Humanisierungsbedingungen sind u.a. alternative Arbeitsformen, deren Konkretisierung jedoch Schwierigkeiten bereitet. Gefordert werden dabei u.a. die Sicherung des psychosozialen Wohlbefindens, individuelle und kollektive Beiträge zu den Entscheidungsprozessen, mindestens im Hinblick auf die Arbeitsbedingungen, und die Persönlichkeitsförderung.

Man spricht etwas verkürzt auch von der Notwendigkeit zum dualen Management, und zwar zur Kennzeichnung der neuen Herausforderungen der Unternehmen sowohl hinsichtlich technischer als auch sozialer Innovationen.

Die Fortschrittsaktivierung – Innovationsorientierung

Die Erhöhung der Budgets für alle Formen der Innovation, d.h. für technische, organisatorische und kommerziell-marktbezogene Neuerungen, dürfte zu einem noch wesentlicheren Faktor für die Marktdurchsetzung werden als in der Vergangenheit. Vor allem werden neue Verfahren der Forschungs- und Entwicklungsorganisation erfunden und eingesetzt werden müssen.

Die Beachtung der Wertedynamik

Für die Marktbearbeitung ist die externe Wertedynamik von Bedeutung, für das Management die interne Wertedynamik.

Bei starker Wertedynamik und zunehmendem Wertepluralismus ergeben sich veränderte Marktbedingungen, sowohl veränderte Marktstrukturen als auch veränderte Marktwirkungen. Dagegen ist in einer Zeit hoher Werte- und Ideologiestabilität auch das Verhalten aller Marktpartner und aller sonstigen Entscheidungsträger stabil oder ändert sich nur in mehr vorgezeichneten Bahnen.

Die zunehmende Verunsicherung im großen, d.h. im Hinblick auf die übergeordneten Steuerungssysteme, fördert auch eine Verunsicherung im kleinen, d.h. im Entscheidungsbereich des Unternehmens selbst.

Die Wirtschaft muß sich dafür sensibilisieren, mit welchen Maßnahmen sie hinter den Werten und darauf beruhenden Wünschen der Konsumenten herhastet und mit welchen Maßnahmen sie dem Konsumenten und seiner Entwicklung voraus ist.

Auch die Wertehaltungen der Arbeitnehmer und Unternehmer sind ein Gradmesser für das Zukunftsvertrauen und die Durchsetzungskraft im internationalen Wettbewerb. Die veränderten gesellschaftlichen Bedingungen haben zu einem Wandel der Werte und Verhaltensweisen der Unternehmen geführt, deren langfristige ökonomische Tragweite eine ähnliche Bedeutung haben dürfte wie die Bevölkerungs- und Erwerbstätigendynamik.

Die Herausforderungen, vor denen die Unternehmer stehen, beziehen sich insbesondere auf

1. die veränderten Werte- und Motivationsstrukturen der Mitarbeiter bei der Führung,
2. die Auffindung tragfähiger ökonomischer Unternehmensziele,
3. die aktive Beteiligung am Prozeß des gesellschaftspolitischen Wandels.

Diese Probleme zwingen im unternehmerischen Bereich zu neuen Prioritäten für die zu lösenden Aufgaben und zu neuen Methoden für die Bewältigung der Aufgaben. Zur internen Wertedynamik gehören:

- Wandlungen der Arbeitsbereitschaft,
- Umbewertung von Positionen durch Mitarbeiter, auch wenn sich faktisch bei den Aktivitäten nichts ändert,
- Forderungen nach veränderten Entscheidungsritualen.

Wertebezogene Neuorientierung der Aktivitäten: Ausgewählte große finanzstarke Unternehmen wählen immer häufiger den Weg, in typische Funktionen der Banken zu diversifizieren. Es gibt Unternehmen, die aus Unsicherheit und wegen völlig veränderter Aktionsmöglichkeiten auf den Kapitalmärkten in eine Eichhörnchenmentalität flüchten. Im Jahre 1983 hatte Siemens 16,6 Mrd. DM liquide Mittel![2] Man hat teilweise

---

2) ,,Sechzehn Milliarden, überwiegend in festverzinslichen Wertpapieren und Schuldscheinen längerfristig angelegt, aber sind
- das 7,5fache des Siemens-Aktienkapitals und das Anderthalbfache der gesamten eigenen Mittel einschließlich der Rücklagen,
- mehr als doppelt soviel wie das ganze Anlagevermögen des Weltkonzerns (über sieben Milliarden Mark) bis hin zur kleinsten Fabrik und zur letzten Maschine,
- fast das Fünffache der mit nur 3,4 Milliarden Mark ausgewiesenen Finanzschulden (Anleihen, Bankverbindlichkeiten und Schuldscheindarlehen),
- schließlich mehr als 40 Prozent des Weltumsatzes von zuletzt 39,5 Milliarden Mark und mehr als neun Zehntel des aktuellen Börsenwertes der Siemens AG von gut 18 Milliarden Mark (und dabei hat sich der Kurs der Siemens-Aktie in den letzten Jahren verdoppelt.'' (Bößenecker, Hermann: Der Makel der vollen Kasse, in: Die Zeit, 39. Jg., Nr. 14, 30. März 1984, S. 23.)

offenbar die Fähigkeit und den Mut verloren, Investitionschancen zu erkennen, oder man will seine Aktivitäten von der Produktion bewußt in die einer Bank diversifizieren.

Zur Wertedynamik der Unternehmer gehören ihre generellen Verhaltensweisen im ökonomischen Feld. Bezüglich der *Beweglichkeit deutscher Manager* wird von Nussbaum festgestellt: ,,Die Geschwindigkeit ist entscheidend im Bereich der Elektronik, und die Deutschen sind gewöhnt, sich sehr langsam und vorsichtig zu bewegen. Das gilt für deutsche Angestellte ebenso wie für Arbeiter und Wissenschaftler. Die Geschäftsgepflogenheiten haben in Deutschland mehr gemein mit einer Regierungsbürokratie als mit einer jungen amerikanischen Firma für Computersoftware. Zurückhaltung gegenüber Risiken ist in der deutschen Geschäftswelt weit verbreitet. Unter den sich nur langsam verändernden Marktbedingungen der mechanischen und elektrischen Schwerindustrie entstand eine Generation schwerfälliger deutscher ,Technokraten', die keinen Geschmack am Eilschritt des hochtechnologischen Zeitalters finden.''[3] So sagen die Japaner von den deutschen Unternehmern auch, sie hätten nicht mehr den ,,tierischen Instinkt'' für Innovationen.

Die Auswirkungen der *Mitbestimmung* auf das Management müssen ernst genommen werden. Sie erzwingt eine neue Kategorie von Kompromissen, und sie fördert einen Typus von Führungskräften mit Ausdauer, Geduld und Enttäuschungsfestigkeit in politschen Fragen, wie Ernst Zander feststellt. Ob die erforderliche Kooperation und der zusätzliche Arbeitsaufwand aufgrund der Mitbestimmung jedoch noch in erforderlichem Maße unternehmerisches Agieren zulassen, läßt sich in der jetzigen Einübungsphase der Mitbestimmung schwer abschätzen. Man wird abwarten müssen, wie weit die Verantwortung der Führungskräfte faktisch dadurch beeinträchtigt wird: ,,Unternehmerische Verantwortung kann sich nicht in der Sorge für die Mitarbeiter oder in ständigem Bemühen um eine Verbesserung der Arbeitsgestaltung erschöpfen. Sie ist zugleich auf den optimalen Einsatz der Arbeitskräfte und auf möglichst wirtschaftliches Handeln gerichtet. Das erfordert Konsequenz und gelegentlich auch ein klares Nein gegenüber nicht mehr vertretbaren Forderungen.

Jede Mitbestimmung der Arbeitnehmer findet nach den klaren Worten des Bundesverfassungsgerichts ihre Grenze dort, wo die Funktionsfähigkeit der Wirtschaft geschmälert wird. Mitbestimmung ist nicht

3) Nussbaum, Bruce: Das Ende unserer Zukunft – Revolutionäre Technologien drängen die europäische Wirtschaft ins Abseits, (Kindler Verlag) München 1984, S. 102.

Selbstzweck, sondern ein Mittel des sozialen Ausgleichs. Der soziale Ausgleich gerät aber ins Wanken, wenn das Fuktionieren unserer sozialen und wirtschaftlichen Ordnung insgesamt in Frage gestellt wird."[4]

Als Folge der Wertepluralisierung und aufgefächerteren Interessen der Mitarbeiter und mit zunehmenden Marktproblemen wachsen die Felder *unternehmerischer Verantwortung* in die Bereiche, in denen Managertum ohne ganzheitliche Sicht erfolglos bleibt. Im Hinblick auf Großunternehmen in akuten Schwierigkeiten stellt Edzard Reuter, Daimler-Benz, dazu fest: ,,Es scheint so einfach und ist natürlich auch völlig richtig: runter mit den Kosten, Schulden durch Verkauf von Unternehmungsteilen abdecken, die zum Überleben nicht notwendig sind. Aber abgesehen von den Haifischen, die mit guten Ratschlägen nicht geizen und doch nur den eigenen Appetit stillen wollen, ist es damit eben nicht getan. Ein Konzept ist gefragt, das alle Bestandteile unternehmerischer Verantwortung ernst nimmt, insbesondere die Treuhänderschaft für das anvertraute Kapital ebenso wie die Verpflichtung auf die legitimen Beschäftigungsinteressen der Belegschaft. Viele Steine und Fallgruben liegen auf dem Weg zu einer sicheren Zukunft für ein solches Unternehmen: mangelnde Einsicht von Gläubigern, gewerkschaftlicher Widerstand, ideologische Politiker. An ihnen kann sich in großer Deutlichkeit die Macht, aber auch die Ohnmacht geistiger Leistung erweisen. Denn in einer solchen Lage hat eine Unternehmensleitung nur noch die Kraft des Arguments und nichts anderes mehr auf ihrer Seite. Sie kann nur noch um die Bereitschaft der Menschen werben, der Vernunft zu folgen."[5]

Die Gesellschaftsorientierung

Kaum ein Argument ist in den letzten Jahrzehnten häufiger als Lippenbekenntnis verwandt worden als die Selbsterkenntnis vieler Unternehmen, sich gesellschaftspolitisch anders als in der Vergangenheit zu orientieren und aktiv an gesellschaftlichen und politischen Aufgaben teilzunehmen. Die bisherige gesellschaftspolitische Position der Unternehmen ist von Verteilungskämpfen nach innen gegenüber den Gewerkschaften und Vertretern der Mitarbeiter, den Kapitalgebern und Banken und nach außen gegenüber den Wettbewerbern beherrscht und wenig

---

4) Zander, Ernst: Was müssen die Mitarbeiter morgen können?, in: Blick durch die Wirtschaft, 27. Jg., Nr. 188, 11. Oktober 1984, S. 3.

5) Reuter, Edzard: Zwischen Management und Mythos, in: Die Zeit, 40. Jg., 1985, Nr. 13, S. 39 f.

von einer bewußten und selbstbewußten offenen Beteiligung an der gesellschaftlichen Zukunftsgestaltung.

Es wird zunehmend erkannt, daß die Lösungsmöglichkeiten sozialer Konflikte mit rein ökonomischen Mitteln begrenzt sind. Weniger geläufig sind dagegen die Rituale der Mitwirkung an den Gestaltungsprozessen der Gesellschaft durch Unternehmer und Manager.

Bei der teilweise in einer Wettbewerbswirtschaft ideologisch vorprogrammierten Freude über Erfolge im eigenen Unternehmen im Vergleich mit den Wettbewerbern werden leicht die auf Gemeinschaft und Gemeinsamkeit beruhenden gesellschaftlichen Handlungszwänge übersehen, die ein Absinken in eine weltwirtschaftliche Quantité Négligable verhindern.

Die Handlungsfolgenabschätzung

Die Ausweitung der gesellschaftspolitischen Anforderungen an Unternehmen führt dazu, daß Unternehmen ihre Aktionen im Inland und im Ausland im Hinblick auf Folgewirkungen analysieren müssen, um sie gesellschaftspolitisch abzusichern. Heute reicht für den Unternehmer als Konzept weder eine Beschränkung auf die Erreichung der eigenen Ziele noch eine intensivierte Gewährleistung der Ansprüche der Mitarbeiter. Man verlangt von einem Unternehmer weit mehr:

- Er soll politisches Verantwortungsbewußtsein haben.
- Er soll soziale Probleme mithelfen zu lösen, z.B. Umweltschutzfragen.

Die Zunahme der gesellschaftlichen Kontrolle – Der Konsumerismus

Der Konsumerismus bleibt, vor allem für die Hersteller, ein ernstzunehmendes und die Konkurrenzbeziehungen zwischen industrieller Produktion und Unternehmen des Handels prägendes Element. Im Jahre 1984 – 20 Jahre nach der Gründung – hatte z.B. die Stiftung Warentest über 1 200 Produktprüfungen mit 20 000 Produkten durchgeführt.

Informationsmonopole wie die Stiftung Warentest und der ADAC gewinnen immer mehr an Bedeutung. Die Meinungsbeeinflussung durch Tests steigt an. Die Testqualität ist teilweise kritisch zu beurteilen. Die Testauswirkungen sind weitreichend. Trotz Beseitigung von Produktschwächen ergeben sich u.U. für einmal ungerechtfertigterweise schlecht beurteilte Produkte langfristige Markteinbrüche. Produkte oder Dienstleistungen, die nicht getestet werden, erreichen in vielen Fällen keine Marktakzeptanz bzw. verlieren Marktakzeptanz.

Es ergibt sich sozusagen ein Testzwang: Produkte und Dienstleistungen, die nicht in Tests einbezogen werden, unterliegen der Gefahr, vom Markt zu verschwinden.

Die Ökologisierung der unternehmerischen Tätigkeit

Alle Unternehmen und Institutionen werden bereits in absehbarer Zeit vermutlich weit härter als bisher auf ihre ökologische Zuträglichkeit hin überprüft werden. Bei negativer Beurteilung werden sie mit weitaus kräftigeren Sanktionen als bisher zu rechnen haben. Zu denken wäre an Expansions- und Investitionsbegrenzungen, wenn Umweltauflagen nicht erfüllt oder umgangen werden.

III. Ausgewählte Schwerpunktstrategien

1. Der Überblick

Die Entwicklung des technisch-organisatorischen, insbesondere medialen Fortschritts, die weltweite ökonomische Entwicklung und die Dynamik der Wettbewerbsbedingungen bestimmen den Wandel in den Unternehmen.

Durch ihre Ziele und darauf beruhende Strategien passen sich die Unternehmen dem Wandel an oder sie gestalten ihn oder prägen ihn sogar durch Innovationen. Die folgenden Überlegungen beziehen sich auf Schwerpunktstrategien, von denen alle Unternehmer mehr oder minder stark betroffen sind bzw. die sie mehr oder minder intensiv gestalten.

2. Die Informatisierung

Die neuen Informationssysteme begünstigen große und kleine Unternehmen auf unterschiedliche Weise:

1. Vergleichbar mit der Erfindung des Elektromotors werden kleine Unternehmen – oft als Partner kooperativer Systeme – erstmals mit Informationen versorgt, die bisher – wenn überhaupt – nur großen Unternehmen zugänglich waren. Informationsnachteile werden beseitigt.

2. Große Unternehmen werden durch die verbesserten Informationssysteme in die Lage versetzt, ihre Produktions-, Markt- und Finanzsteuerung noch erheblich zu präzisieren, so daß bisherige Nachteile der Größe weiter hinausgeschoben, wenn nicht aufgehoben werden. Informationssysteme dienen der Überwindung von Zentralisierung und Bürokratie.

Ein Beispiel: Jeden Nachmittag kann ein Kunde bei den wichtigsten Lieferanten, z.B. bei Großhandlungen, Angebote abfordern und per Knopfdruck sofort bestellen. Die Obst- und Gemüsebestellungen und Frischwarenbestellungen bei Lebensmitteln werden vollautomatisch computerisiert erfolgen. Dabei besteht der Vorteil darin, daß der Computer viele Anfragen praktisch gleichzeitig bearbeiten kann, so daß die Abläufe der bisherigen Telefonkäufe wesentlich vereinfacht werden. Außerdem kann ein Handwerks- oder Einzelhandelsbetrieb zu einer bestimmten Tageszeit täglich oder wöchentlich von Hauptlieferanten Basisinformationen erhalten.

Reparaturdienste dürften weitgehend über elektronische Medien angeboten werden.

Durch Reservierung von Waren, z.B. im Reifenhandel, oder durch die Festlegung von Beratungsterminen und Montageterminen ergibt sich eine Entzerrung bisheriger Kapazitätsspitzen und damit eine rationellere Personaleinsatzplanung.

Die beachtlichen Fortschritte im Kommunikations- und Informationsbereich werden die Kontaktrituale zwischen Hersteller und Handel und generell zwischen Marktpartnern bis hin zu den Konsumenten verändern. Die Tragweite dieser Veränderungen ist in ihren langfristigen Konsequenzen bisher erst wenig durchdacht, weil die Überlegungen aufgrund der neuen Computer-, Satelliten- und Netzinvestitionen zur Zeit verständlicherweise weitgehend durch technische Probleme dominiert werden.

Es gibt bei der Informatisierung sowohl unpersönliche Konzepte, z.B. für Warenwirtschaft und Logistik, als auch persönliche Kontakte. Dazu ein Beispiel: Zwischen den Ingenieuren und Kaufleuten von Ford in Köln und in Dunton bei London werden zweimal täglich Videokonferenzen durchgeführt. Dies bedeutet eine Beschleunigung wie auch strukturelle Änderungen im Daten- und Informationsaustausch.

Die Erfindung der neuen Medien wird zu Recht mit der Erfindung der Buchdruckerkunst verglichen. Die Einflüsse auf Wirtschaft und Gesellschaft können hier nicht näher analysiert werden.[6)]

---

6) Vgl. dazu Tietz, Bruno: Die elektronischen Technologien und Medien in Marketing und Vertrieb, hrsg. v. Gottlieb Duttweiler-Institut, Rüschlikon-Zürich 1984.

Es sei wiederholt, daß die Kommunikationsdynamik weitreichende Einflüsse auf die Steuerungskonzepte einer Marktwirtschaft ausüben könnte. Die veränderte Transparenz über wirtschaftliche und sonstige gesellschaftliche Tatbestände wird nicht ohne Auswirkungen auf die Preise und damit auf die Wettbewerbsbedingungen bleiben. Man wird somit auch danach fragen müssen, wie sich veränderte Informationssysteme auf den Preisbildungsprozeß auswirken und den Gütertransfer beeinflussen. Man wird erwarten können, daß neben der Wertedynamik bei Bürgern, Konsumenten und Unternehmen zumindest langfristig noch zusätzliche ökonomisch relevante Veränderungen der Rituale der Marktkommunikation auftreten. Wer den Einsatz der Medien nicht beherrscht und wer seine Kosten nicht im Griff hat, dürfte bei Preistransparenz Gefahr laufen, vom Markt verdrängt zu werden.

Der mediale technische Fortschritt wird zu veränderten Kommunikationsstrukturen – Teleshopping und Telemarketing –, Distributions- und Logistik- sowie Produktionsstrukturen führen. Die Warenwirtschaftssysteme werden die noch vielfach antreffbare Doppel- und Dreifachlagerung von Waren zwischen Produktion und konsumnaher Ebene, d.h. bei Einzelhandel, Handwerk und Gastronomie, verändern. Im Bereich der Regionalläger der Industrie einerseits und des Großhandels andererseits werden zur Zeit bei allen Produkten nicht nur überflüssige Lager-, sondern auch Transport- und Belegprozeßkosten aufgewendet.

Kaum ein Bereich wird durch die neuen Medien stärker verändert werden als die Logistik. Dies wird auch neue Unternehmenstypen, u.U. als Gemeinschaftsunternehmen der Industrie und des Handels, zur Folge haben.

Die Kommunikationsdynamik wird die Bildung vertikaler und horizontaler Unternehmenssysteme wesentlich beeinflussen. Ganze Branchen werden sich wesentlich umstrukturieren. So sind im Bereich der Baustoffversorgung Kombinationen der medialen Kontakte zwischen lokalen Verkaufsstätten sowie Großlägern von regionaler Bedeutung zu erwarten, die sowohl das Bauhandwerk einschließlich der Spezialhandwerke, so Elektro-, Sanitär-, Fliesenleger-, Malerhandwerk, als auch Konsumenten beliefern, die sich als Hobbyhandwerker betätigen.

Durch die Mikroelektronik und durch die Roboterisierung werden sich somit die Optimalitätszonen für die Unternehmensgröße verschieben. Als Haupttendenzen seien herausgestellt:

1. niedrigere optimale Betriebsgrößen in der Produktion,
2. höhere optimale Betriebsgrößen in der Logistik,
3. höhere und geringere optimale Betriebsgrößen für Disposition und Marketing je nach Marktbearbeitungskonzept.

Der Übergang von der Endphase der nichtmedialen Handels- und Industriestrukturen in die mediale Wirtschaftsstruktur wird innerhalb von vier Jahrzehnten vollzogen sein. Bekannte Unternehmen werden teilweise unfähig sein, sich umzustellen. Die derzeitige Skepsis dürfte von der Entwicklung überrollt werden. Erinnert sei an die Erfindung der Selbstbedienung, die in Westeuropa zu Beginn, d.h. um 1955, weitgehend als ungeeignet abgelehnt und heruntergespielt, tatsächlich aber zu dem bisher dominanten Trend für die Warenentnahme in der zweiten Hälfte dieses Jahrhunderts wurde. Erinnert sei auch an viele Anfeindungen des Fernsehgerätes, das heute fast alle Haushalte erreicht hat.

Die Arbeitsplätze werden durch die Informations- und Kommunikationstechnik kräftig beeinflußt. Erwähnt seien:

1. die verstärkte Substitution der Menschen durch Medien in Teilbereichen, die standardisierbar sind,
2. die aus der Kombination konventioneller technischer Ausführungsfunktionen mit technischer Intelligenz durch Roboter vermehrte Substitution in Handhabungsprozessen,
3. die zunehmende Unabhängigkeit des Menschen vom Papier- und Materialfluß, verbunden mit wachsender Abhängigkeit vom Informationsfluß bei der Steuerung und Regelung,
4. neue kommunikative Vernetzungen zwischen Personen und technischen Aggregaten,
5. die wachsende Technisierung von Information und Kommunikation.

Die neue Managergeneration wird durch Doppelbegabte für Ökonomie und Information gebildet werden. Das spielerische Element der neuen Medien wird von der Jugend begriffen. Bereits heute heißt es bei Computer-Fachleuten: „Traue keinem über 30!" Unternehmen werden in Zukunft nach der Fähigkeit, mit Informationen umzugehen, in erfolgreiche und erfolglose eingeteilt werden, gleicherweise Manager.[7)]

3. Die Multinationalität und Internationalisierung

Bei allen Szenarien dürfte in den nächsten Jahrzehnten die *Multinationalität* der Unternehmen, vor allem auch kleiner Unternehmen, stark zunehmen. Wie angedeutet, werden die Grenzen für multinationale Un-

7) Vgl. Hessler, Roland: Eine neue Generation kommt an die Macht, in: Blick durch die Wirtschaft, 26. Jg., Nr. 42, 1. März 1983, S. 1.

ternehmen primär durch staatliche Beeinträchtigung oder Förderung gezogen werden.

Die derzeitige Bewertung der Bundesrepublik Deutschland wird an dem zur Zeit feststellbaren Rückzug einiger multinationaler Unternehmen deutlich. Sie bewerten ihre Investitionen in den Ländern, in denen sie vertreten sind, frühzeitig und präzise nach den erwarteten ökonomischen Entwicklungsaussichten.

Auch die *Internationalisierung* in Richtung auf eine Steigerung der Außenverflechtungen durch Exporte wie Importe wird stark zunehmen. Immer mehr Hersteller werden im Lohnauftrag oder aufgrund sonstiger Formen des Kontraktmarketing im Ausland produzieren lassen. Auf der anderen Seite werden langfristige vertragliche Außenhandelsbindungen zunehmen.

Schwierigkeiten bereitet die Analyse der Exportfähigkeit der deutschen Industrie, auf deren Bedeutung für die Wirtschaft bereits in anderem Zusammenhang hingewiesen wurde. Die Exportfähigkeit der Industrie ist vor allem vom *Wertewandel in den importierenden Ländern* abhängig. So verlieren die Hersteller medizinischer Geräte ihre Existenzgrundlage, wenn kostendeckende Preise ihrer Aggregate und Apparate in den Importländern nicht mehr akzeptiert werden. Der Aufbau eigener Automobilwerke in den Schwellenländern oder Entwicklungsländern reduziert das Exportmarktvolumen für die in der Bundesrepublik Deutschland hergestellten Kraftfahrzeuge. Der Rückgang frei verfügbarer Überschüsse der OPEC-Länder mindert die Exportmöglichkeiten der deutschen Bauwirtschaft.

Die Multinationalität wie auch die Internationalisierung der Unternehmenstätigkeit werden vor allem durch folgende Einflußgrößen gefördert:

1. die Informationsdynamik mit raschen Kommunikationsmöglichkeiten,
2. die Beschleunigung der Transportmittel,
3. den Abbau ideologischer Barrieren,
4. den allgemeinen Zugang zu Technologien,
5. die Veränderung der nationalen Wohlstandsdifferenzen.

Die relative Autarkisierung

Als relative Autarkisierung sei die Tendenz verstanden, die Abhängigkeit vom Ausland bewußt zu steuern. Es handelt sich hier um einen Ge-

gentrend zur Internationalisierung, weniger berührt wird davon die Multinationalität. Zu begründen ist das Autarkiestreben durch den Willen zur Selbstversorgung, z.B. in der Landwirtschaft, und zum Eigen-Know-how, um die totale Abwanderung bestimmter Industriebranchen zu verhindern.

4. Die Polarisierung der Betriebs- und Unternehmensgrößen

Die Polarisierung der Unternehmensgrößen wird zunehmen. Ausgeprägten Konzentrationstendenzen stehen neue kleinunternehmerische Lösungen, insbesondere als Partner straffer Kooperationssysteme, so Franchisesysteme, gegenüber.

In den USA werden die von 1970 bis 1983 günstigen Entwicklungen für mittelständische Unternehmen wie folgt begründet:

- vergleichsweise schlechte Arbeitsbedingungen in Großunternehmen,
- hohe Innovationsrate in mittelständischen Unternehmen.

Die neuen Technologien fördern teils die Dezentralisierung, teils jedoch auch die Konzentration. Bei der Herstellung vieler Teile oder Endprodukte, so bei Automobilen, Haushaltsgeräten, Robotern und Chips, dürfte die Massenfertigung noch stark zunehmen. Dagegen spricht in den Bereichen der Individualisierung, so bei Bekleidung und auch bei Softwarepaketen, viel für eine Dezentralisierung.

Man kann somit eine Betriebsgrößenpolarisierung zwischen *Innovationsunternehmen* und *Multiplikationsunternehmen* erwarten. Die Herstellung von Massengütern wird nur durch starke weitere Konzentration bewerkstelligt werden können. Für die Innovation wird man dagegen kleine Einheiten benötigen.

Durch die Informationstechnologien wird die Produktionsflexibilität erhöht und das Investitionsrisiko reduziert. Die Dezentralisierung der Leistungserstellung wird gefördert. Der Marktzugang dürfte jedoch nur wenig erleichtert werden, da die dezentrale Leistungserstellung primär nach dem Filialprinzip erfolgen wird.

Aufgrund des medialen und organisatorischen Fortschritts scheint die alte Regel nicht mehr uneingeschränkt zu stimmen, daß große Unternehmen generell ihre Innovationskraft verlieren und zu schwerfällig werden und verbürokratisieren. Ein typisches Beispiel ist IBM. Klare Forschungsstrategien in dezentralisierten Einheiten, denen Aufgaben konkurrierend übertragen werden, und vitale Marktbearbeitungsstrategien sowie intensive Ausbildungsprogramme tragen bisher erfolgreich dazu bei, Schwächen zu verhindern und sogar Stärken weiter auszubauen.

5. Die Kooperation und die Konzentration

Es spricht alles dafür, daß neben einem kräftigen Konzentrationsprozeß trotz der erwähnten Größenpolarisierung als einziges Gegeninstrument die Kooperation in einer bisher nicht bekannten Form weiterentwickelt werden wird.

Bei den Kooperationsstrategien entwickelt sich einmal eine Tendenz zur Spezialisierungskooperation und andererseits zur Mega-Kooperation. Beide Kooperationstypen können sogar kombiniert werden.

Die Internationalisierung der Kooperation: Der Beginn für eine europäische Elektronikpolitik ist im Oktober 1981 auf der von der EG-Kommission veranstalteten Konferenz mit zwölf führenden Elektronikfirmen aus Europa gemacht worden. Im Anschluß daran zeichneten sich die Umrisse einer solchen Politik ab:

1. In der Forschung sollen europäische Unternehmen die Möglichkeit erhalten, sich im Vorfeld des Wettbewerbs an grundlegenden Schlüsselprojekten zu beteiligen.
2. Der europäische Markt ist im Gegensatz zum japanischen und zum amerikanischen keine Einheit. Europa bedürfe daher eines Standardisierungssystems für den Verkauf der Produkte in Europa und auf dem Weltmarkt.
3. Europa müsse die Informationsstruktur rasch ausbauen und den Rückstand gegenüber Amerika und Japan aufholen, um den Weg zur Informationsgesellschaft freizumachen.

Neben dem ESPRIT-Programm der Europäischen Gemeinschaft verfügt mit Ausnahme von Dänemark und Griechenland im Jahre 1983 jedes Mitgliedsland der Europäischen Gemeinschaft über eines oder mehrere Programme zur Förderung der Mikroelektronik und der Informationstechnik.[8)]

In der Bundesrepublik Deutschland handelt es sich dabei um das Förderungskonzept ,,Informationstechnik" der Bundesregierung. Mit dieser Verbesserung der ökonomischen Rahmenbedingungen soll gegenüber den Militär- und Raumfahrtprogrammen der USA und gegenüber der innovationsorientierten Konzentration der betrieblichen und staatlichen Ressourcen in Japan ein europäisches Gegengewicht geschaffen werden. Die Anfang der achtziger Jahre zu beobachtende Strategie der Beschränkung auf die informationstechnische Anwendungsforschung

---

8) Vgl. Commission of the European Communities (Hrsg.): Directory of Direct and Indirect Measures for Promoting Industrial Research, Development and Innovation in the Member States of the European Communities, 3. Aufl., Luxemburg 1983, zit. nach: Ifo-Schnelldienst, 37. Jg., 1984, Nr. 14, S. 3–6, S. 3.

und die Beschaffung ausländischen Technologie-Know-hows durch Lizenznahme oder Kooperationsabkommen wird wieder aufgegeben zugunsten höherer Autarkiegrade und einer gesteigerten Wettbewerbsfähigkeit der informationstechnischen Industriezweige.

Durch die neuen Medien erwartet Harry J. Gray, Chairman der United Technology Corporation in den USA, neue Formen der internationalen Zusammenarbeit zwischen Europa und den USA.

Partnerschaften mit Unternehmen werden gefordert, weil viele neue Technologien bei der praktischen Anwendung einen hohen Aufwand verursachen. Internationale Partnerschaften eignen sich nicht nur zur Erreichung von Kostendegressionen, sondern auch für erleichterten Zugang zu Technologien und besserem Zutritt zu den Märkten in aller Welt. Auf dem Wege zu einer Weltwirtschaft müssen Unternehmen lernen, in globalen Kategorien zu denken. Der Wettbewerb wird weltumspannend.[9)]

Die Internationalisierung der Produktion: Beim Trend zur weltweiten Produktion und zur Mega-Kooperation wird gefragt werden, welche Vielfalt vergleichbarer Produkte noch vorhanden sein soll.

Die augenblicklichen weltweiten Kooperationstendenzen im Automobilbereich, so General Motors, Toyota, Fiat, sind Signale für world components, d.h. weltweit einheitliche Automobilteile, oder sogar für den World Car, der noch vor wenigen Jahren für ökonomisch nicht tragfähig gehalten wurde. Die weltweite Produktion einzelner Komponenten und deren regionale Montage wird auf die Automobilfabriken, Werkstätten und Handelsnetze weitreichende Auswirkungen haben, die keinen Vergleich mehr mit den heutigen Bedingungen der Produktion, der Marktbearbeitung und der Servicebetreuung zulassen. Beim World Car erfolgt eine zentrale Produktion von Komponenten, so von Motoren, Getrieben und u.U. Fahrgestellen. Die Montage kann dezentral erfolgen. So könnte man sich markenübergreifende Montagewerke für Automobile auf regionaler Ebene vorstellen. Weiteren Einfluß hat überdies der technische Fortschritt mit einer Verwendung anderer Werkstoffe und anderer Motoren, z.B. durch Substitution von beweglichen Teilen, d.h. Kurbelwellen statt Elektronik.

Ob Marken und Fabrikate in der heutigen Form in vielen Branchen weiter bestehen können, ist fraglich. Hier lassen sich Signale für einen Wandel in der bisherigen Entwicklung der Computerindustrie ablesen.

Durch eine globale Internationalisierung der wirtschaftlichen Ver-

---

9) Vgl. Gray, Harry J.: Moderne Technologien – Eine industrielle Revolution, in: Chemische Rundschau, 37. Jg., Nr. 25, 20. Juni 1984, S. 1.

flechtungen, vor allem durch die Produktion von Komponenten eines Endprodukts in Staaten mit unterschiedlichen Gesellschaftssystemen für den weltweiten Absatz, dürften die Risiken militärischer Auseinandersetzungen zurückgehen.

In der Vergangenheit hat sich gezeigt, daß bei schwacher Marktentwicklung die Fusion bedeutender ist als bei starker Marktentwicklung. Ein Beispiel ist die Fusion zwischen Einkaufsgemeinschaften, deren mittelständische Partner in den letzten Jahrzehnten insgesamt an Bedeutung verloren haben.

Die institutionenübergreifende Kooperation: Die neuen Wirtschafts- und Forschungskooperationen unter Beteiligung von Unternehmen, Wirtschaft und Staat wie sie heute in den Vereinigten Staaten entstehen, so das Midwest Technology Development Institute oder das Minnesota Corporation Office, bündeln Fähigkeitspotentiale und Sachressourcen in zukunftsweisender Form.

In ihnen liegt ein Kern zu einer veränderten Wirtschafts- und Gesellschaftssteuerung.

6. Tendenzen zur Vertikalisierung

Tendenziell zeigen sich in alten wie in neuen Märkten starke vertikale Konzentrations- und Kooperationsprozesse. Einerseits gehen Handelsunternehmen vermehrt zur Eigenproduktion über, andererseits werden Waren direkt durch die Industrie am Markt eingeführt.

Der Vertikalisierung der Industrie, die in vielen Warenbereichen zunimmt, so Rodier (Bekleidung), Roche Bobois (Möbel), Flötotto (Möbel) und teilweise eine lange Tradition hat, so Nordsee (Fisch) und Salamander (Schuhe), entspricht eine Vertikalisierung des Handels mit Eigenproduktion, so C & A und Adler, oder Auftragsproduktion, z.B. Foto-Quelle.

NCR aktiviert den eigenen Außendienst. Jeder Mitarbeiter sollte 1983 – durch den Anreiz hoher Provisionen – Mikrocomputersysteme an private Haushalte absetzen. In den USA hat nur noch ein Hersteller von Personalcomputern keinen Direktvertrieb, die Firma Apple.

Durch die Vertikalisierung wird der vertikale Wettbewerbsstreß abgebaut. Die Vertikalisierung kann sich in einer kräftigen Tendenz zu u.U. sogar durch mehrere Hersteller betriebenen Fabrikläden niederschlagen.

Man könnte sich auch neuartige Supergesellschaften oder Neogenossenschaften vorstellen, die bestimmte Versorgungsfunktionen von der Herstellung bis zum Endverbrauch wahrnehmen.

Gestützt wird die Vertikaliserung vor allem durch die Mediendynamik: Bei Bedarf an Bekleidung geht der Konsument in ein Einzelhandelsgeschäft. Möchte der Konsument die gewählte Ware abändern, dann schaltet er einen Bildschirm ein und zeichnet auf dem Bildschirm, wie er z.B. den Schnitt oder die Knöpfe geändert haben will. Die individuellen Meßdaten des Konsumenten aufgrund des Bekleidungspasses oder gegebenenfalls des Schuhpasses und der individuelle Entwurf werden über Satellit z.B. nach Hongkong verschickt. Dort wird aufgrund der computerisierten Anweisung das Kleidungsstück produziert und innerhalb von drei Tagen im Geschäft oder in der Wohnung angeliefert. Das gibt es im übrigen bereits in dieser Form für Unternehmen, die im Ausland produzieren. Die Schnittmuster werden von den deutschen Ateliers eines vertikalisierten Unternehmens über Satellit nach Fernost geschickt. Dort wird nach Eingabe der Daten in einen Zuschneideautomaten, wenn die ebenfalls über Fernkommunikation weltweit bestellten Stoffe eingetroffen sind, zugeschnitten und genäht. Auf dem kürzesten Weg wird die Ware nach Deutschland versandt.

Ein ähnliches Beispiel läßt sich für Möbel nennen. Wie heute bereits technisch möglich, stellt man auf einem Bildschirm Grundriß, Aufriß und Isometrie eines Raumes dar, dessen Größe, Fenster, Türen den realen Verhältnissen angepaßt sind. Man läßt sich dann über Bildplatte geeignete Möbel für diesen Raum vorführen. Auf dieser Grundlage kann man sich für eine geeignete Möbelausstattung entscheiden, die man in das eingangs erwähnte Zimmer projizieren und betrachten kann.

Durch Knopfdruck kann die Stückliste für die gewünschten Möbel ausgedruckt werden. Bei einer Entscheidung für eine bestimmte Ausstattung wird die Bestellung sofort über Datenfernübertragung an den Hersteller weitergeleitet. Von dort wird zurückgemeldet, wann das Möbelstück bzw. die gewünschte Raumausstattung geliefert werden kann, und zwar nachdem im Werk selbst über CAM in Verbindung mit anderen Aufträgen die Produktionsoptimierung vorgenommen worden ist.

Die Produktion selbst kann roboterisiert erfolgen.

Der Kunde kann sich für unterschiedliche Leistungen entscheiden. Er kann

1. die fertige Ware im Werk abholen,
2. die Ware an einem Auslieferungslager in Empfang nehmen,
3. die Ware zugestellt erhalten,
4. die Ware aufgebaut erhalten.

Es ist zu erwarten, daß teilweise heute noch klassische Unterschiede zwischen Industrie, Handel und Dienstleistungsunternehmen in wenigen Jahrzehnten nicht mehr bestehen.

7. Die Diversifikation und die Spezialisierung

Die Branchenmischung – Die Mischung der Waren- und Diensteangebote

Insbesondere große Unternehmen streben nach einer Verbreiterung ihrer Angebotspalette. Hier deutet sich an, daß z.B. Sears Roebuck in den USA ein Vorbild für deutsche Einzelhandelsanbieter sein könnte. Den ersten Kontakt zu den Sears Finanzdiensten nimmt ein junger Amerikaner auf, weil er z.B. eine Autoversicherung abschließen will. Nach einigen Jahren vereinbart er für seine Familie eine Lebensversicherung und eine Hausfinanzierung. Später richtet er ein Treuhandkonto für die Ausbildung der Kinder ein. Schließlich hat er ein Einkommen, das ihn für renditegünstige Anlagemöglichkeiten interessiert. All diese Dienste bietet Sears Roebuck: die Versicherungen (All State Insurance), die Darlehen (Coldwell Banker Real Estate), das Sparkonto (Sears Savings) und die Anlageberatung und -betreuung (Dean Witter Financial Services).

Rund 155 000 neue Wertpapier-Konten eröffneten Kunden allein 1984 bei Dean Witter, einem der bedeutendsten Wertpapierbroker der USA.[10)]

Ein weiteres Beispiel sind die Serviproducts, wie die Amerikaner sie bezeichnen. So vertreibt General Electric Personalcomputer von Apple und IBM; als ergänzende Dienstleistung wird der Zugang zu den eigenen Datenbanken angeboten. Hardware, Software, Datenbanken und Netzverfügbarkeit werden als Komplettangebot aus einer Hand geboten.

Intersektoralisierung bedeutet die Diversifikation eines Unternehmens über die klassisch definierten Wirtschaftssektoren hinaus, z.B. Einzelhandel, Bank, Versicherungen.

Die Spezialisierung – Die enge Waren- und Dienstepalette

Dem Trend zur Leistungsdiversifikation entspricht bei anderen bedeutenden Unternehmen der Trend zur Spezialisierung. Ein typischer Fall ist die Ausgliederung von Dienstleistungen durch Heranziehung selbständiger Spezialisten. Bei allen Aktivitäten wird zwischen Selbsterledigen und Fremdbezug differenzierter entschieden werden.

---

10) Vgl. o. V.: Hinter der Fassade eines Warenhauses verbirgt sich auch ein Finanzgigant, in: Handelsblatt, 40. Jg., Nr. 103, 31. Mai 1985, S. 11.

Man gliedert die Logistikfunktion auf Lagerspezialisten und Spediteure aus. Unternehmen verselbständigen den Fuhrpark. Die Fahrer werden Eigentümer der Fahrzeuge und sind dann im Franchising oder durch andere Kontrakttypen als Dienstleister an ein Unternehmen gebunden.

8. Die Marktbearbeitungsintensivierung und Kommunikationsintensivierung

Das nach wie vor kräftigste Signal für eine erfolgreiche Marktbearbeitung ist die Produktpolitik. Die Beschleunigung der Produktdynamik dürfte ihren Zenit noch nicht erreicht haben. Bei Siemens sind im Jahre 1985 über 53 % der Produkte aus dem Bereich Informationstechnologie weniger als fünf Jahre alt gewesen. Dazu stellt Marcus Bierich als Verfechter der Arbeitsteilung fest: ,,Wenn wir uns damit zufrieden geben, traditionelle Produkte kostengünstig produzieren und gewinnbringend kaufen zu können, verzichten wir auf mögliche Wohlstandssteigerungen. Wir behindern den Prozeß der weltwirtschaftlichen Arbeitsteilung, der darin bestehen sollte, daß entwickelte Länder neue Märkte erschließen und Entwicklungsländer in alte Märkte nachstoßen.''[11)]

Solche Entwicklungen stellen Unternehmen eher vor steigende Anforderungen an Kommunikation, Distribution und Service. Zu den Leitfaktoren der Marktbearbeitungspolitik der Unternehmen in den nächsten Jahrzehnten dürfte jedoch die Kommunikationsintensivierung der Unternehmen auf dem Markt und auch mit der Öffentlichkeit gehören. Grundsätzlich sind im Bereich der Marktkommunikation zu unterscheiden:

1. die Werbung, und zwar die Mediawerbung und die Werbung am POS,
2. die Public Relations,
3. die Verkaufsförderung,
4. der persönliche Verkauf.

Die Suche nach dem wirksamsten Verhältnis zwischen Mediawerbung und allen anderen Formen der Sachwerbung wird auch in den nächsten Jahren eine stetige Herausforderung bleiben, wobei es gefährlich wäre, klassische Medien zu vernachlässigen.

---

11) O. V.: Bierich, Marcus: Die technologisch-qualitative Dominanz wieder herstellen, in: Handelsblatt, 40. Jg., Nr. 132, 15. Juli 1985, S. 11.

In Zukunft wird das Bündelungskonzept der Kommunikation zunehmend an Bedeutung gewinnen. Grundlage der Kommunikationsstrategie wird das Bündelungskonzept in mehrerlei Hinsicht:

1. die Betrachtung von Mediawerbung, Verkaufsförderung und PR als eine Einheit,
2. die Bündelung der Kommunikatiion in Richtung auf die Marktpartner,
3. die Bündelung der kommunikativen Einzelmaßnahmen zu geschlossenen differenzierten Aktionen.

Die Marktkommunikation wird noch stärker strategisch gesehen werden. Dies gilt einmal für die Medien und zum anderen für die Verkaufsförderung.

Veränderte und komplexere wirtschaftliche und gesellschaftliche Ziele der Unternehmen erhöhen die Bedeutung der PR-Arbeit weit überdurchschnittlich.

Das Grundanliegen einer Verbesserung und Harmonisierung der Kontakte zwischen Hersteller und Handel, Hersteller und Konsument sowie Handel und Konsument hat die Konsequenz einer Ergänzung des Product Tailoring durch Informationstailoring und Kommunikationstailoring, d.i. das Streben nach ganzheitlicher Maßarbeit bei der Marktbearbeitung.

Um die Jahrtausendwende dürfte eine Kombination von großen Flachbildschirmen mit Kinoqualität und Personalcomputern mit einer gegenüber heute weitaus höheren Leistungsfähigkeit – bei ökonomisch tragfähigem Preis-Leistungs-Vertrauens-Verhältnis – von Unternehmen und zunehmend auch von Konsumenten zur Marktkommunikation genutzt werden.

Bei der Marktkommunikation werden nicht nur die Cross-selling-Werbung für einen Lieferanten, sondern auch die Multi-cross-selling-Werbung für mehrere Lieferanten in der gleichen Werbebotschaft Verbreitung finden.

Die technischen Informationsmöglichkeiten werden überdies beachtliche Innovationen der Werbewirkungsanalysen mit sich bringen.

Bei der künftigen Transaktion von Waren und Diensten sind nicht nur die medialen Kontakte zu finanzieren und deren Kosten zu verkraften. Gleicherweise wichtig ist in vielen Bereichen die Aufrechterhaltung der persönlichen Kontakte mit Kunden und Lieferanten, teilweise mit einer weiteren Spezialisierung beim Aufbau von Neukunden und der Pflege von Altkunden oder nach akquisitorischen und beratenden Aktivitäten. Wer eine zukunftsträchtige Marktkommunikation nicht finanzieren kann, wird vom Markt verdrängt.

Wer bei der Marktbearbeitung im Rückstand bleibt, kann als Unternehmen noch einige Jahre Absahnungspolitik betreiben. Er hat aber bereits heute eine schlechte Gewinnqualität, weil erforderliche kommunikative Marktinvestitionen unterbleiben. Die Herausforderungen an geeignete Marktbearbeitungsinvestitionen müssen so sorgfältig wie Investitionen im Produktions-, Logistik- und Werkstattbereich vorbereitet, realisiert und kontrolliert werden.

9. Die Finanzierungsdifferenzierung

Die Kapitalprobleme

Trotz eines im Mehrjahrzehntedurchschnitt beträchtlichen Wirtschaftswachstums hat sich die *Eigenkapitalausstattung der Unternehmen* in der Bundesrepublik Deutschland in nur zwei Jahrzehnten rapide von über 30 % auf unter 20 % verschlechtert. Die zu erwartende Wirtschaftsentwicklung dürfte bei Beibehaltung des im Vergleich zu anderen Ländern in der Bundesrepublik Deutschland harten Wettbewerbs bereits bis zum Jahre 2000 eine Absenkung der Eigenkapitalquote auf 15 bis 10 % zur Folge haben.

Einer Analyse der Deutschen Bundesbank lassen sich die Veränderungen der Kapitalausstattung der Unternehmen insgesamt sowie in ausgewählten Wirtschaftsbereichen von 1965 bis 1981 entnehmen (vgl. Tabelle 4.1).

Die Finanzierungsprobleme der Unternehmen werden in Zukunft aus verschiedenen Gründen schwieriger. In der Phase nach dem Zweiten Weltkrieg wurden Pensionsrückstellungen aufgebaut, die in Kürze nach und nach ausgezahlt werden. Aufgrund der heute in vielen Unternehmen geringeren Anzahl von Beschäftigten werden bei gleicher Höhe der Rückstellungen je Mitarbeiter die jährlichen Rückstellungsdifferenzen negativ, so daß der Cash-flow ebenfalls negativ beeinflußt wird.

Ein weiteres Problem betrifft die Refinanzierungsmöglichkeit aus Abschreibungen. Seit Anfang der siebziger Jahre ist die durchschnittliche Investitionsquote der deutschen Industrie von 8,8 % auf 2,9 % im Jahre 1981 und 2,7 % im Jahre 1984 rückläufig gewesen. Daraus folgt, daß die Abschreibungsvolumina immer niedriger geworden sind. Ein Grund sind die extrem hohen Abweichungen zwischen der Gewinnrendite und der Umlaufrendite festverzinslicher Wertpapiere. Damit wird im Zeitablauf auch die Refinanzierung aus Abschreibungen und das Inve-

Tabelle 4.1

Kennzahlen zur Finanzierung und zum Gewinn der Unternehmen in der Bundesrepublik Deutschland von 1965 bis 1981

Gegenstand	1965	1970	1975	1980[1]	1981[1]
alle Unternehmen					
– Umsatz in % der Bilanzsumme	176,4	162,4	168,3	177,0	176,5
– Eigenmittel in % der Bilanzsumme	29,8	26,7	23,7	19,8	18,7
– Jahresüberschuß in % der Bilanzsumme	3,7	3,6	2,2	2,2	1,6
verarbeitendes Gewerbe					
– Umsatz in % der Bilanzsumme	155,7	144,7	151,9	163,6	163,1
– Eigenmittel in % der Bilanzsumme	33,1	30,0	26,8	24,2	23,2
– Jahresüberschuß in % der Bilanzsumme	4,0	3,9	2,0	2,1	1,4
Baugewerbe					
– Umsatz in % der Bilanzsumme	127,9	105,5	109,4	117,5	118,0
– Eigenmittel in % der Bilanzsumme	14,8	11,4	7,3	5,2	4,5
– Jahresüberschuß in % der Bilanzsumme	4,8	5,2	1,8	4,3	2,7
Großhandel					
– Umsatz in % der Bilanzsumme	328,3	288,4	298,9	294,8	293,7
– Eigenmittel in % der Bilanzsumme	23,4	21,2	19,1	14,9	14,3
– Jahresüberschuß in % der Bilanzsumme	2,5	2,6	1,8	1,5	1,1
Einzelhandel					
– Umsatz in % der Bilanzsumme	261,0	246,0	269,2	237,0	237,7
– Eigenmittel in % der Bilanzsumme	27,3	26,6	22,8	13,4	10,9
– Jahresüberschuß in % der Bilanzsumme	4,0	3,7	3,3	3,6	2,7

1) neue Systematik.

Quelle: Jahresabschlüsse der Unternehmen in der Bundesrepublik Deutschland 1965 bis 1981, Sonderdrucke der Deutschen Bundesbank, Nr. 5, 1983.

stitionspotential durch Selbstfinanzierung tendenziell niedriger. Dadurch wiederum ist im Prinzip vorprogrammiert, daß die Unternehmen kapitalmäßig und finanziell schwächer werden müssen.

Von besonderer Bedeutung ist in diesem Zusammenhang eine Einzelbetrachtung und eine Durchschnittsbetrachtung. Extrem günstige Bedingungen bei einzelnen Unternehmen mit einer hohen Eigenkapitalausstattung und dem dadurch über einen Kreditmultiplikator wachsenden Kreditpotential steht die weitaus überwiegende Zahl der Unternehmen gegenüber, die wenig Finanzierungskraft haben.

Tabelle 4.2
Die Entwicklung der Eigenkapital- und Investitionsquote der Unternehmen in der Bundesrepublik Deutschland von 1965 bis 1984

Jahr	Eigenkapitalquote in %	Investitionsquote[1] in %	Gewinnrendite[2] in %	Umlaufrendite in %
1965	29,8	8,8	8,8	6,8
1970	26,7	8,3	6,6	8,2
1975	23,7	1,2	5,1	8,7
1980	19,8	4,8	5,0	8,6
1981	18,7	2,9	4,2	10,6
1982	18,4	1,3	4,1	9,1
1983	18,2	2,2	4,4	8,0
1984	18,0[3]	2,7	4,5[3]	7,8

1) Nettoinvestitionsquote der Produktionsunternehmen in % des nominalen Sozialprodukts.
2) Jahresüberschuß vor Steuern in % des Umsatzes.
3) vorläufige Schätzung.

Quelle: Angaben der Deutschen Bundesbank.

Die Kapitalschwäche der meisten deutschen Unternehmen wird die Banken künftig überdies dazu veranlassen, weitaus stärker als in der Vergangenheit nicht nur den einfachsten gängigen Weg der Konzentration zu fördern. Dieses Rezept bedeutet in vielen Fällen zweifellos eine Absicherung der Kredite; bei Unternehmen, die sich im Konzentrationsprozeß übernehmen, kann dies jedoch zu Schwierigkeiten führen. Zu denken ist hier insbesondere an kleinere und mittlere Betriebe, die fusionieren oder auch aufkaufen. Dadurch werden die Managementbedingungen oft nicht in der erwarteten Form verbessert – im Gegenteil.

Die Banken werden in Zukunft weitaus stärker als in der Vergangenheit nicht nur Konzentrationsförderer, sondern auch Promotoren neuartiger flexibler Kooperationsmodelle sein müssen, um ihr Kredite abzusichern.

Wenn man die Eigenkapitalaustattung nach Wirtschaftszweigen analysiert, bei denen z.B. im Großhandel und Einzelhandel von 1965 bis 1985 etwa eine Halbierung eingetreten ist, dann kann man es überspitzt auch so formulieren, daß die wichtigsten Probleme der deutschen Banken nicht in den Entwicklungsländern, sondern im deutschen Großhandel und im deutschen Einzelhandel liegen.

Die kritische finanzielle Situation vieler mittelständischer Unternehmen wird auch daran deutlich, daß immer häufiger Teile aus dem Privatvermögen wieder in die Unternehmen geführt werden, um als selbständiges Unternehmen zu überleben.

Die Kapitalauszehrung wird zu einer viel stärkeren Einschaltung der

Banken in das laufende Geschäft führen. Als Führungskräfte werden in Unternehmen als Fremdmanager daher zunehmend unmittelbar Bankmitarbeiter oder Mitarbeiter von Wirtschaftsprüfungsgesellschaften und Beratungsunternehmen auf Zeit oder auf Dauer tätig.

Daraus folgt, daß Eigentümer schwacher Unternehmen zur Sicherung der Kredite vermutlich weitaus häufiger als bisher entmachtet werden.

Das Fehlen der geeigneten Führungskräfte bei Banken wie bei Beratungsgesellschaften für derartige Positionen des Managements auf Zeit dürfte sich bald als ein wesentliches Problem erweisen.

Neue Finanzierungsalternativen

Unternehmen aus unterschiedlichen Bereichen gründen neue Firmen, um sich aktiv in den technischen Fortschritt einzuschalten, so der Medienkonzern Bertelsmann mit Filmverleihern zur Beteiligung am Kabelfernsehen.

Unternehmen aus bisher getrennt operierenden Bereichen, so Versandhandelsunternehmen, Computerhersteller, Medienunternehmen und Banken, gründen Gemeinschaftsunternehmen zur Nutzung neuer Technologien. So haben an Comp-U-Card, einem amerikanischen Unternehmen für Telemarketing und Teleshopping, Merryll Lynch und Reader's Digest Anteile am Aktienkapital, weiter ist das Warenhaus Dayton Hudson beteiligt.

Die neuen Medien führen zu neuartigen Joint ventures. So haben Anfang 1984 IBM, Sears-Roebuck & Co. sowie CBS eine Zusammenarbeit auf dem Gebiet des Bildschirmtextes angekündigt, die 1986 generell auf Aktivitäten der elektronischen Marktbearbeitung ausgedehnt wurde. Zunächst sollen Einkaufsmöglichkeiten, Nachrichten und Informationssysteme angeboten werden, später sollen Homebanking und andere Finanzierungsdienste folgen. Es gibt auch sektorenübergreifende Aufkäufe und Fusionen: J. C. Penney & Co. hat 1983 das Homebanking-Bildschirmtextsystem von der First Bank System, Inc. in Minneapolis übernommen. Citycorp, Nynex Corp. und RCA haben im Februar 1986 die Gründung eines Gemeinschaftsunternehmens bekannt gegeben, das die Forschung auf den Gebieten Homeshopping, Homebanking und Homeentertainment bündeln und intensivieren soll.

Eine ähnliche Orientierung haben die Diversifikationskonzepte von Otto und Quelle im Bankenbereich oder von Metro im Versicherungsbereich.

Von weitreichender Bedeutung wird langfristig die Finanzierung der Unternehmen durch Mitarbeiter, so bei Bertelsmann mit einem Nominalkapital von mehr als 400 Mill. DM bei einem Kurswert von 1 Mrd. DM als Genußscheinfinanzierung[12] mit 15 % Verzinsung oder die Franchisepartnerfinanzierung durch Mitarbeiter der Zentrale bzw. der eigenen Produktionsstätten bei Biffar, um zwei eigenwillige Beispiele zu nennen.

Neue Dimensionen dürfte auch die Kundenfinanzierung erreichen, wie sie als Bondfinanzierung von Albert Heijn in den Niederlanden oder für die ,,Freunde des Hauses" beim Versandhaus Hahn – heute zu Horten gehörend – eingeführt wurde.[13]

12) Im Gegensatz zur Aktienfinanzierung hat der Anteilsinhaber bei Genußscheinfinanzierung kein Mitspracherecht in der Hauptversammlung.

13) Vgl. hier auch Tietz, Bruno: Konsument und Einzelhandel, Strukturwandlungen in der Bundesrepublik Deutschland von 1970 bis 1995, 3. Aufl., (Lorch-Verlag) Frankfurt a. M. 1983, S. 1223 f.

D. Zur bisherigen und künftigen Abschwächung der Wirkungen von Fehlentscheidungen

Eine der wichtigsten Fragen für Unternehmen besteht darin, ob die Abschwächung der Wirkungen von Fehlentscheidungen und entsprechend die Verstärkungseffekte der Wirkungen von richtigen Entscheidungen sich in Zukunft in der bisherigen Form weiterentwickeln oder nicht.

Effekte, die die Auswirkungen von Fehlentscheidungen der Unternehmen in der Vergangenheit reduziert haben, sind:

1. der generelle Inflationseffekt,
2. der Effekt der Wertsteigerungen von Grundstücken und Gebäuden,
3. der strukturelle Wachstumseffekt durch Bestandszunahme der Nachfrager,
4. der Sättigungseffekt,
5. der Effekt der generellen Verbesserung der Ausbildung der Mitarbeiter,
6. die Freisetzung von Motivation aus Furcht vor Einkommens- und Statusverlust in Unternehmen,
7. der Innovationseffekt,
8. der vergleichsweise hohe Egalitätseffekt, d.h. die Gleichartigkeit der Ausgangsbedingungen,
9. der Verkoppelungseffekt zwischen den Lebensbereichen und Rollen, insbesondere zwischen privatem Bereich und Beruf,
10. der generelle und durch das Verhalten der Geldinstitute geförderte Bank-Einfluß-Effekt.

Der generelle *Inflationseffekt* hat zur Folge, daß für früher eingegangene Schulden einmal nur ein niedriger Realzins zu entrichten ist und zum anderen die Entscheidung für eine Verschuldung durch die Möglichkeit zur Rückzahlung mit leichter verdientem Geld begünstigt wurde. Eine zu günstige Einschätzung des Cash Flow, die bei geringer Geldentwertung Probleme bewirkt hätte, hat aufgrund der Inflation tendenziell im nachhinein eine Bestätigung als richtig erfahren.

Es spricht bereits mittelfristig vieles für eine Aufrechterhaltung oder sogar Stärkung des Inflationseffektes. Ohne Inflationseffekt, d.h. wenn man gleich gutes Geld zurückzahlen muß, wie man erhalten hat, würden sich für die Unternehmen in Anbetracht der durchschnittlich miserablen Kapitalausstattung bisher unbekannte Probleme ergeben.

Die extrem große *Wertsteigerung in Grundstücken und Gebäuden* war sowohl durch die sehr hohe Subventionierung der Landwirtschaft begründet als auch durch die seit dem Zweiten Weltkrieg große Nachfrage nach Wohnungen und Gewerbegrundstücken. Durch diese bedeutende Umwertung von Grundstücken und Gebäuden sind beachtliche Umverteilungswirkungen eingetreten. Unternehmen mit falscher Politik konnten sich auf diesem Wege sanieren, d.h. durch Verkauf von Grundstücken mit sehr hoher Wertsteigerung. Fehlspekulationen im Bereich Grundstücke und Gebäude für den privaten Wohnungsbau und Gewerbebau konnten bis zu Beginn der achtziger Jahre praktisch kaum auftreten.

Der gesellschaftliche Druck dürfte vermutlich bereits in den neunziger Jahren dazu führen, bei Grundstücken und Gebäuden eine Reglementierung mit hoher Besteuerung oder Beeinflussung der bisherigen Marktsteuerung herbeizuführen, u.a. teils um Sanierungen zu erleichtern, teils um Eigentumsbildung sozial schwächerer Schichten zu fördern.[14)]

Man muß davon ausgehen, daß in Zukunft die Gewinnmöglichkeiten aus der Veräußerung von Grundstücken und Gebäuden stark rückläufig werden. Bei Rückgang der Bevölkerung ist sogar mit einer weitgehenden Abwertung der Bausubstanz für Wohnungen und für den Gewerbebau zu rechnen.

Dadurch werden auch das Kreditpotential aufgrund hypothekarischer Sicherheiten und die Mündelsicherheit rückläufig.

Diese Umwertungseffekte werden damit nicht nur Landwirtschaft, Industrie, Handel und handelsnahe Dienste, sondern vor allem auch Banken und Versicherungen beeinflussen.

Die beiden *Wachstumseffekte* durch Bestandszunahme der Nachfrager einerseits und durch Zunahme des Versorgungs- und damit Sättigungsgrades der Nachfrager andererseits können national und international interpretiert werden. Für alle Unternehmen hat die fast allgemeine Marktausdehnung Entwicklungsmöglichkeiten geboten. Der Newcomer konnte sich gegen den Etablierten vergleichsweise leicht durchsetzen. Der Etablierte empfand selbst eine bescheidene Entwicklung noch als Leistung bzw. nahm Rückgänge der Marktanteile oder auch nominale Schrumpfung bei zufriedenstellenden Gewinnen in Kauf. Vielfach wurde Glück aufgrund der positiven Marktdynamik mit Können verwechselt.

---

14) Diese Frage wird im fünften Kapitel weiterverfolgt.

Wir werden in Zukunft aufgrund unterschiedlicher *Sättigungsbedingungen* mindestens zwei Gruppen von Unternehmen haben: wachstumsbegünstigte und schrumpfungsbetroffene.

Wer auf neuen Märkten aktiv wird oder mit alten Produkten neue ausländische Märkte erschließt, wird auch in Zukunft – vermutlich auf Jahrzehnte hin – in einer Wachstumsmentalität weiterexistieren können. Wer auf der Beibehaltung alter Produkte bei rückläufiger Nachfrage verharrt, wird entweder in rasch zunehmender Resignation aufgeben und aus dem Markt ausscheiden oder in glasharter Durchsetzung gegenüber der Konkurrenz überleben. Hier gilt die Tendenz zu Firmenkonjunkturen anstelle von Branchenkonjunkturen in besonderem Maße.

Im einzelnen dürften folgende Aspekte gelten: Wer mit Altprodukten im Inlandsmarkt tätig ist, muß bei rückläufiger Bevölkerung nicht nur hervorragende Qualität, sondern auch günstige Preise haben. Dies bedeutet extreme Anstrengungen, um die Kosten im Griff zu behalten. Mittelmaß wird vom Markt verdrängt. Wer mit Neuprodukten im Inland tätig wird, unterliegt durch die generelle Marktschwäche viel rascher als bisher der Verfolgung durch Konkurrenten. Rascher Marktbesetzung und Marktdurchdringung ist höchstes Augenmerk zu widmen: Wer zuerst kommt und es richtig macht, kann sich durchsetzen.

Beim Absatz von Altprodukten im Ausland dürften durch die Veränderung der Wirtschaftsstruktur in den alten wie auch in den neu aufstrebenden Industriestaaten weitaus stärkere Konkurrenzrisiken als in der Vergangenheit entstehen. Die Sicherheit von Positionen im Ausland wird rascher als in der Vergangenheit angegriffen.

Tendenziell ergeben sich für neue Produkte im Ausland die vergleichsweise besseren Chancen. Bei neuen Produkten im Ausland ist die Marktsicherheit von der Nachahmbarkeit abhängig.

Generell dürften die Risiken von Entscheidungen bei der Selektion der Marktgebiete sowie der Produkte und der Marktbearbeitungskonzepte wachsen.

Durch *Ausbildung* und durch die Verbesserung des technologischen Wissens der Naturwissenschaftler sowie durch eine Verbesserung der Kenntnisse des kommerziellen oder transaktionalen Wissens der Kaufleute haben sich im Rahmen des Regenerationsprozesses durch Aufnahme neuer Mitarbeiter stete Verbesserungen der Ausgangsbedingungen für Unternehmen ergeben, bei Wachstumsunternehmen ganz besonders ausgeprägt. Neu in die Unternehmen eintretende Mitarbeiter haben häufig frühere Entscheidungsfehler reduzieren können. Dies ist ein in seiner Tragweite kaum hoch genug einzuschätzender Differenzierungsfaktor für die Entwicklungstätigkeit von Unternehmen in der Zukunft.

Wer die besser ausgebildeten und motivierten Mitarbeiter hat, ist weiterhin im Vorteil.

Hinsichtlich der künftigen Wirkung der Ausbildung ist die Leistungs- und Ausbildungsbereitschaft der Mitarbeiter ein wichtiger Entwicklungsindikator für Unternehmen. Wem es nicht gelingt, das Ausbildungs- und Motivationsniveau stetig zu verbessern, wird in Zukunft mit Schwierigkeiten zu rechnen haben. Die Ausbildung und deren Folgewirkungen waren bisher wesentliche Einflußgrößen für die im Ausland lange Zeit bewunderte Wettbewerbsfähigkeit der deutschen Wirtschaft.

In Zukunft bleibt die Weiterentwicklung der Unternehmen von der Ausbildung abhängig. Da sich in diesem Bereich immer mehr Schwächen zeigen und auch die Ausbildungsbereitschaft zurückgeht, sind in Zukunft in Unternehmen neue Probleme zu erwarten. Nicht von ungefähr lag der Ausbildungsetat von IBM Deutschland 1984 bei rd. 150 Mill. DM. Dazu kommen die dabei kostenmäßig nicht berücksichtigten rd. zehn Arbeitstage für Ausbildung im Durchschnitt aller Beschäftigten.

Je schlechter das öffentliche Bildungssystem, desto höher müssen die Investitionen der Unternehmen in die Aus- und Weiterbildung der Mitarbeiter werden. Geeignete effiziente Ausbildungsprogramme fehlen in vielen Unternehmen noch weitgehend. Wer infolge mangelnder Qualifikation seiner Mitarbeiter in Zukunft keine Vorsprünge hat, dürfte sich im Markt nicht behaupten können.

Als Fazit ist festzuhalten, daß die zunehmende Akademisierung nicht die qualifizierten Mitarbeiter hervorbringt, die die Ausgangssituation für Unternehmen verbessern, zumal die Integration von Hochausgebildeten in die Unternehmen große Probleme mit sich bringt. Ohne neuartige Integrationsmaßnahmen wird die Frustration der Akademiker in Unternehmen zusätzliche Konflikte verursachen.

Die hohe gesellschaftliche Wertschätzung des *beruflichen Status* bis weit in die siebziger Jahre hinein hat selbst extrem negatives Betriebsklima und fragwürdige Verhaltensweisen der Eigentümer und Manager in vielen Unternehmen nicht zur Auswirkung kommen lassen, weil alle Mitarbeiter der Führungsebene durch Status und Einkommen ,,gekauft“ waren und auf die Zähne gebissen und durchgehalten haben. Dieses Verhaltensmuster war auch noch wesentlich durch die Kriegserfahrungen mitbestimmt. Bei der jungen Managergeneration fehlen diese Erfahrungen, so daß sich die Motivationsbedingungen in Unternehmen in der Zukunft ändern.

Wem es durch ein Verhalten im Rahmen einer zukunftsorientierten Wertedynamik gelingt, die vergleichsweise besseren Mitarbeiter, Berater und Agenturen an sich zu binden und mit ihnen eine Symbiose der Kreativität einzugehen, wird nach klassischem Denken unbegreifbare Vorsprünge herausarbeiten.

Die Fähigkeit zur aktiven Beteiligung an den vielen bemerkenswerten *Innovationen* der letzten Jahrzehnte aufgrund der Gewinnung und Erhaltung geeigneter Mitarbeiter war ein wichtiger Differenzierungsfaktor zwischen erfolgreichen und weniger erfolgreichen Unternehmen. Dennoch ist nicht zu übersehen, daß es heute noch hoch gewinnträchtige Unternehmen gibt, die sich auf den Erfolg der Vergangenheit verlassen. Massenerfolge sind jedoch seit eh und je Innovationshemmnisse, wie das zu lange Festhalten an Ford's Tin Lizzy, dem T-Modell aus dem Jahre 1908, und die späte Abkehr vom VW-Käfer schlagkräftig untermauern.

Daß Innovationen auch in Zukunft weitaus überwiegend – es wird auch vermehrt sozial abgelehnte Innovationen geben – positive Wirkungen auf die Unternehmen ausüben dürften, ist in der Debatte der letzten Jahre zu einem Gemeinplatz geworden. Die viel schwierigere Frage, über die ebenfalls viel diskutiert wird, ist das Problem der Innovationsfähigkeit, d.h. der Festlegung der Bedingungen, durch die Innovationen gefördert oder gehemmt werden.

In Zukunft ist die Frage zu stellen, ob die bisherige Entwicklung von Innovatoren, die die Früchte ihrer Innovation auch ernten, in Zukunft noch möglich sein wird. Weltunternehmen, so IBM oder GM oder ITT, schicken sich an, Entwicklungsvorteile herauszuarbeiten, die Newcomern frühzeitig das Ausscheiden aus dem Markt angeraten sein lassen, oft mit Verkauf ihrer humanen und sachlichen Kapazitäten an diese Großunternehmen.

Noch weitaus wichtiger als in der Vergangenheit wird für Unternehmen eine effiziente Organisation der Innovationsfähigkeit durch das Innovationsmanagement und das ergänzend zur Innovation die gesellschaftlich-öffentliche Akzeptanz sichernde Issue Management.

Innovationsfähigkeit oder auch nur *Anpassungsfähigkeit* und Flexibilität bleiben zentrale Erfolgsfaktoren. Fehlende Flexibilität hat u.a. Hertie in Probleme gebracht; falsche Anpassungsprogramme und unzulängliches Know-how sind die Ursache für das Neckermann-Desaster.

Als *Egalitätseffekt* wird hier – etwas vereinfacht – der Effekt der Chancengleichheit von Newcomern in den letzten Jahrzehnten bezeichnet. Immer wieder war es in vielen Bereichen – wenn auch längst nicht mehr überall, so bei Grundstoffen – möglich, sich sogar mit gleichen und nicht nur mit rationelleren oder neuen Konzepten gegenüber Konkurrenten im Markt zu behaupten.

Dieser Nachahmer- und Mitnehmereffekt, der weite Bereiche des Mittelstandes kennzeichnet, dürfte in Zukunft geringer werden. Es steht zu befürchten, daß die Marktzutrittsschranken in vielen Bereichen höher werden, dies vor allem durch Profilierungsbestrebungen in Unternehmenssystemen, d.s. sowohl konzentrierte Filialsysteme als auch Kooperationssysteme mit straffen Bindungen, z.B. in Form des Franchising.

Mit dem *Verkoppelungseffekt* soll dokumentiert werden, daß das Werte- und Rollengefüge der Menschen in der Vergangenheit in den unterschiedlichen Lebensbereichen in beachtlichem Umfange verknüpft war. Es handelt sich dabei um das Phänomen der Werteharmonie. Dazu gehören

- die Anerkennung von Eigentumssystemen,
- die Anerkennung von Organisationshierarchien,
- die Anerkennung der Überwindungsfähigkeit von Spannungen im Arbeits- und Nichtarbeitsbereich des Lebens, d.h. eine auf Lösung ausgerichtete Wahrnehmung von Spannungen.

In der Zukunft wird die Tragfähigkeit des Verkoppelungseffektes oder dessen Substitution durch andere Maßnahmen der Verhaltensharmonisierung ein für den Erfolg oder sogar das Überleben von Unternehmen zentrales Problem.

Die Mitarbeiter in Unternehmen erkennen die Zusammengehörigkeit von unternehmerischen Gestaltungsprinzipien nicht mehr an. Die Eigentumsrechte und Organisationsprinzipien werden hinterfragt und bringen neue Unruhe- und Konfliktherde in Unternehmen.

Die zunehmende Verschuldung führt in Unternehmen zu einer immer intensiveren Beachtung der Forderungen der Kreditgeber, d.h. zu einem zunehmenden *Banken-Einfluß-Effekt* bis zum Syndrom einer Angst vor den Banken. Diese Entwicklung erzwingt neue Kooperationskonzepte zwischen Unternehmen und Banken.

Begünstigungen der einen und Benachteiligungen von anderen Unternehmen haben zu Konkursen geführt, die die Unmöglichkeit einer Bewältigung komplexer Interessenlagen bestätigen, wie die allgemein bekannten Schulbeispiele Borgward und Schlieker zeigen. Mit fast 20 000 Konkursen jährlich in diesen Jahren verändert sich die gesellschaftliche Aufmerksamkeit nicht nur gegenüber den faillierten Unternehmen, sondern auch gegenüber deren Geldgebern.

Es spricht vieles dafür, daß in Richtung der zulässigen Verhaltensrituale der Banken und auch der Bankenkontrolle über die Bankenaufsicht hinaus neue Konzepte entstehen, um Konkurse zu vermeiden. Signale lassen sich bereits ausmachen.

Bedauerlicherweise werden sich die Banken teilweise den Vorwurf einer Befürwortung der zeitlichen Streckung der Durchsetzung des technischen Fortschritts, längst nicht immer mit den erwarteten positiven Wirkungen auf die Unternehmen, gefallen lassen müssen. Es geht hier um eine Einflußnahme in Richtung Absicherung von Altinvestitionen und oft auch Altkrediten. Dieses Problem läßt sich leichter diskutieren als effizient beheben, da zu einer Beurteilung des optimalen Innovations- und Diffusionstempos oft bei Banken und Unternehmen geeignete Informationen fehlen.

So ist auch zu fragen, wie weit Banken bei starker Verschuldung und hohen Existenzrisiken von Unternehmen Einflußrechte haben sollen. Gleich wichtig ist jedoch die Frage, wer dann an die Stelle der Banken tritt. Von den Banken geförderte ,,Zwangsberatungen" haben sich vielfach nicht bewährt. Es gibt auf diesem diffizilen Feld für die nächsten Jahrzehnte viele offene Probleme.

Banken haben Schwierigkeiten, die Situation von Unternehmen jederzeit genau genug zu beurteilen. Unternehmen haben Schwierigkeiten, den Bedarf an Stützung von außen oder die Zwänge zu Managementänderungen zu erkennen.

Insbesondere mittelständische Unternehmen sollten durch neue Vergleichs- und Beurteilungsprogramme viel frühzeitiger als bisher von den Banken oder ihnen angegliederten Institutionen regelmäßig auf Zunahme oder Rückgang ihrer Unternehmensqualität aufmerksam gemacht werden.

Die Unternehmen werden eine stärkere Unabhängigkeit von den Banken nicht ohne den Preis anderer Abhängigkeiten in straffen Kooperations- und Franchisesystemen gewinnen können.

Die Konsequenzen: Die Veränderung der bisher wirkenden Fehlerreduktionsfaktoren und die Kräftigung der neu hinzutretenden Einflußfaktoren ist von Branche zu Branche oder auch innerhalb einer Branche von Unternehmen zu Unternehmen unterschiedlich.

Generell ist jedoch festzuhalten, daß sich zunächst die strategischen Optionen ändern, wie sie aus der dargestellten Dynamik von Strategieschwerpunkten deutlich wurden, d.s. die Informatisierung, die Inter- und Multinationalisierung, die Größenpolarisierung, die Kooperation und Konzentration, die Diversifikation und Spezialisierung, die Marktbearbeitungsintensivierung und die Finanzierungsdifferenzierung.

Diese Änderungsmöglichkeiten sind jedoch von einer Vielzahl weiterer interner Gesetzmäßigkeiten abhängig, deren praktische Bedeutung sich in Zukunft teilweise fundamental wandelt, so daß sich veränderte Bedingungen für die Durchsetzbarkeit von Strategien ergeben.

In immer mehr Branchen ist ein Markteintritt durch reale Stagnation oder Rückläufigkeit des Marktes gekennzeichnet. Der gesamte Umsatz der neu auftretenden Unternehmen beruht unter diesen Bedingungen auf Verdrängung.

Dies bedeutet für den Newcomer, daß sein Leistungsvorsprung gegenüber den etablierten Unternehmen weitaus höher sein muß als in der Vergangenheit.

Durch die Verdrängungsrisiken müssen sich auch die Altunternehmen vergleichsweise mehr anstrengen als in der Vergangenheit.

Die wichtigsten allgemeinen Wachstumsvoraussetzungen der Unternehmen werden in Zukunft u.a. sein:

1. die Aktualität und die interne wie externe Durchschlagskraft der Unternehmensphilosophie,
2. die Qualifikation und stete Qualifizierung der Mitarbeiter,
3. die Sensibilisierung für produkt- und leistungsspezifische Marktanteilsgewinne und -verluste,
4. die Schaffung von Marktverdrängungspotentialen,
5. die Kraft zur Auffindung neuer Marktbearbeitungsalternativen.

In eine neue Dimension entwickeln sich auch die Herausforderungen der Internationalisierung im Sinne einer Bewältigung der im Zeitablauf sehr unterschiedlichen wachsenden oder schrumpfenden Marktbedingungen in den Exportländern. Durch Einseitigkeit des Produktprogramms oder hohe Verflechtungen mit wenigen Ländern wachsen die Risiken.

E. Ausgewählte unternehmensinterne Herausforderungen

Ausgewählte Managementprobleme

Im Zeitablauf unterliegen die Managementbedingungen in Unternehmen und sonstigen Institutionen einem Wandel. Als wichtige Probleme dabei lassen sich herausstellen:

1. der Generationenwandel mit einer anderen Einstellung der jüngeren Mitarbeiter,
2. die Bewältigung der Informationsdynamik,
3. die Probleme der Motivation der Mitarbeiter in Richtung Identifikation mit dem Unternehmen und Durchhaltefähigkeit bei Schwierigkeiten,
4. die Probleme der Eigenidentifikation mit der Weiterentwicklung des Unternehmens überall dort, wo eine oft nur vermutete Absicherung erreicht ist,
5. die Verhinderung von widersprüchlichen Strategien,
6. die Abschätzung der Freiheitsgrade und Entscheidungsspielräume des Managements infolge des sich verschärfenden Wettbewerbs.

Neue Herausforderungen entstehen vor allem durch die Bewältigung der neuen Informationssysteme im Sinne einer qualifizierten Nutzung der verfügbaren Informationen.

Die Anspruchsdynamik und die Vergütungsdynamik der Mitarbeiter, deren Auswirkungen auch die Marketingpolitik prägen, können zu wichtigen organisatorischen Veränderungen Anlaß geben.

Das Lebensstilkonzept färbt über die Mitarbeiter auch auf die Unternehmen ab. Aber die Unternehmensphilosophie als ,,Lebensphilosophie in Unternehmen" ist in ihrer Bedeutung zur Zeit erst ansatzweise erfaßt. Der Generationswechsel führt zu einer neuen Arbeitskultur.

Der Zwang zum gleichzeitigen Denken in Mitarbeiterinteressen und Kundeninteressen wird immer wieder in neuer Form zu rentablen Kompromißlösungen gebracht werden müssen.

Zur Dynamik der Unternehmen

Entscheidende interne Merkmale für die Vitalität und Überlebensfähigkeit eines Unternehmens sind die generelle unternehmerische Qualifikation und die Fähigkeit, Nachwuchsprobleme und Nachfolgerprobleme zu lösen. Von den Managementbedingungen sind die angestrebten Ziele der Expansion oder Schrumpfung abhängig. Die Ziele münden in die geeignete Strategie. Bezüglich der angestrebten Position im Markt können unterschiedliche Strategien verfolgt werden, z.B.

- die Marktaustrittsstrategie,
- die Beschränkungsstrategie,
- die Expansionsstrategie,
- die Superexpansionsstrategie.

Die Beschränkungsphilosophie ist keineswegs bei allen Betrieben und auf Dauer möglich. Teilweise gibt es einen Zwang zum Wachstum.

Die richtig gestellte Frage kann daher nur lauten:

1. Wer kann schrumpfen bzw. klein bleiben?
2. Wer muß wachsen?

Generell gilt die Gesetzmäßigkeit, daß auf Dauer nur die Kooperation das Überleben von Unternehmen kleiner und mittlerer Größe, die nicht wachsen wollen, absichert.

Wachstumszwänge ergeben sich u.a. aus:

- der Notwendigkeit besserer Marktabdeckung zur Erreichung einer Degression bei den Kommunikationskosten,
- der Notwendigkeit zur Schaffung einer minimal-optimalen Logistik.

Als spezielle Probleme des *Familienunternehmens* seien herausgestellt:

1. Zwangsintegration von nicht geeigneten Nachfolgern,
2. falsche Familienverträge mit Kronprinzenregelungen,
3. keine Trennung von Sacheigentum und Management,
4. keine Bereitschaft und Fähigkeit zur Integration von Fremdmanagern, vor allem Vorhaltung von Führungspositionen für Familienangehörige,
5. keine Kooperations- oder Fusionsbereitschaft mit anderen mittelständischen Unternehmen,
6. ungeeignete Vererbungsregelungen,
7. Verzicht auf Neutralisierung durch Beiräte oder Testamentsvollstrecker,

8. fehlende Trennung von Familie und Geschäft,
9. fehlendes ökonomisches Risikobewußtsein,
10. ungeeignete personenbezogene Organisationsstrukturen.

Weiter dürfte die *Unternehmenskultur der Zukunft* dadurch bestimmt werden, wie die *Machtverteilung* zwischen dem Unternehmer und Manager einerseits und den technischen und marktgerichteten Spezialisten andererseits gelöst wird.

Die Entwicklung der Unternehmen wird zunächst durch Unterschiede der Verhaltensweisen von Führungskräften

- der Eigentümerunternehmen,
- der eigentümernahen Managerunternehmen,
- der eigentümerfernen anonymen Managerunternehmen,
- der in beachtlichem Umfange oder ganz im Mitarbeitereigentum befindlichen Managerunternehmen

bestimmt.

Als weiteren Aspekt, der für alle diese Unternehmen gilt, kann man noch

- die (stark) bankabhängigen Unternehmen,
- die bankunabhängigen Unternehmen

herausstellen.

Bei eigentümergeführten Unternehmen und eigentümernahen Managerunternehmen nimmt die Tendenz zur finanziellen Absicherung der Familie unter Aufgabe des Unternehmenseigentums durch Verkauf oder den Gang an die Börse stark zu. Die Fortsetzung der Tradition als Eigentümerunternehmer im Generationenwechsel tritt an Bedeutung stark zurück.

Im Bereich der mittelständischen Unternehmen werden sich verstärkt gravierende Unternehmernachfolgerprobleme ergeben, die auch hier eine kapitalmäßige Beteiligung von Nichtfamilienmitgliedern häufiger werden lassen.

Die *Anonymisierung der Unternehmen* nimmt auch deswegen zu, weil die Bereitschaft von Nichteigentümer-Managern, für eine Familie oder Familiengruppe tätig zu sein, stark rückläufig ist.

Historisch bemerkenswert ist der Tatbestand, daß bestimmte Unternehmen im Management fast regenerationsunfähig werden. Als herausragendes Beispiel eines solchen eigentümernahen Managerunternehmens sei Hertie erwähnt, das 1986 zunächst die Schließung von rd. 20 seiner Filialen bekanntgeben mußte.

Oft lassen sich die angestrebten Ziele nicht erreichen, z.B. in Familienunternehmen.

Die Remanenz der Kosten: Die Grundproblematik der Schrumpfung besteht in der Beibehaltung von Kosten, die für die noch erforderliche Leistung zu hoch sind, d.h. der Remanenz der Kosten. Als Folge der Kostenremanenz dürften viele Unternehmen in Schwierigkeiten kommen, und zwar um so gravierender, je rascher die negative Marktentwicklung erfolgt.

Das Nachlassen beruflicher Aktivitäten: Als eine Entwicklungsbremse könnte sich in vielen Unternehmen das frühe Ausscheiden aus dem Berufsleben ergeben, immer dann, wenn die Betroffenen bereits frühzeitig in der Intensität und Zukunftsorientierung ihrer Aktivitäten nachlassen.

Der Wechsel im Management wird in kürzeren Zyklen erfolgen. Tendenziell kann man sagen, daß das Drei-Generationen-Unternehmen zu einem Zwei-Generationen-Unternehmen wird. Die Abwägung der Auswirkungen dieser Veränderungen ist schwierig. Auf der einen Seite wird das dynamisch-jugendliche Element gefördert, auf der anderen Seite die Lebens- und Unternehmenserfahrung reduziert. In schwierigen Zeiten, wie in den nächsten Jahrzehnten, spricht vieles dafür, daß der Verzicht von Erfahrung größere Nachteile haben kann als die Dynamik der Nachwuchsmanager Vorteile bringt.

In Anbetracht des Übergangs vom Drei-Generationen-Unternehmen auf das Zwei-Generationen-Unternehmen, teilweise sogar bei Verzicht auf Auszubildende in Richtung auf das Ein-Generationen-Unternehmen, gilt noch wichtiger als in der Vergangenheit der Leitsatz, daß jeder Manager dafür verantwortlich ist, jederzeit eine Nachwuchsführungskraft für seine Position aus seinem Verantwortungsbereich zur Verfügung stellen zu können.

Vielleicht wird es durch neue Organisationsformen im Management in den nächsten Jahrzehnten auch möglich, die Generationenbeziehungen in den Unternehmen neu zu orientieren.

Zukunftsbewußtsein und Zukunftsgestaltungsfähigkeit

Die weitreichenden gesellschaftlichen und wirtschaftlichen Wandlungen erfordern von den Unternehmen ein entsprechendes Zukunftsbewußtsein. Dieses Zukunftsbewußtsein bedeutet mindestens folgendes:

1. das regelmäßige Streben nach Wissen über die relevanten Umweltveränderungen, so in den Bereichen Gesellschaft, Technik, Information, und die stete Anpassungsbereitschaft aufgrund neuer Erkenntnisse,
2. die aktive Beteiligung an der Gestaltung des sozialen Wandels, z.B. im Bildungswesen oder im Bereich der Medien,
3. die stete Suche nach der Robustheit der Entscheidungen im Hinblick auf eine dynamische Grenzlangfristigkeit, d.h. ein stetes, möglichst weites Hinausschieben des neuen Entscheidungshorizonts,
4. der Aufbau von Frühchancen- und Frührisikokriterien und -konzepten zur Sensibilisierung für externe und interne Wandlungen,
5. die rollierende Aufzeichnung von strategischen Optionen für das Unternehmen unter Beachtung der Konkretisierung der Szenarien wie der Konkurrenten.

Die Wahrnehmung der unternehmensspezifischen Märkte

Die Entwicklung eines Unternehmens wird neben dem Ziel- und Wertegefüge vor allem durch die Definition des Marktes, den man bearbeiten will, geprägt. So kann eine Brauerei entscheiden, ob sie nur im Biermarkt tätig sein will oder im Getränkemarkt oder im Markt des Außer-Haus-Verzehrs. Man kann entscheiden, daß man nur Bier verkaufen will und nicht Außer-Haus-Versorgung von Konsumenten machen will. Entsprechend ordnet man sich als Unternehmen im Markt ein und eröffnet sich neue Chancen.

Unternehmen sind gezwungen, die Märkte und ihr Geschäft ständig neu zu definieren, d.h. eine Vision darüber zu entwickeln, was sie 2000 und 2010 und u.U. darüber hinaus tun wollen. Ein mögliches Risiko liegt in einer statischen Definition der Märkte, auf denen man tätig ist.

Zwang zum ganzheitlichen Systemdenken

Von noch weitreichenderer Bedeutung als die geeignete Definition der Märkte ist das Systemdenken, das vom ,,magischen Polygon‘‘ des jeweiligen Wirtschaftssektors, von der Urproduktion bis zum Verbrauch, ausgehen muß, wie am Beispiel der Automobile dargestellt sei.

Aussagen über die Automobilwirtschaft im Jahre 2000 oder 2010 haben zahlreiche Annahmen zur Voraussetzung. Eine zukunftsorientierte

Analyse über Automobile muß am magischen Polygon der Automobilwirtschaft ansetzen. Dies bezieht sich auf

1. die allgemeinen gesellschaftlichen und wirtschaftlichen Rahmenbedingungen, insbesondere auch die Marktbedingungen,
2. die neuen Medien,
3. den Rechtsrahmen,
4. die Konsumenten und sonstige Endverbraucher,
5. den Handel,
6. die Werkstätten,
7. die Hersteller, die Zulieferer und deren Produktionsverfahren,
8. die Automobile selbst, insbesondere deren technische Eigenarten,
9. die Logistiksysteme für die Ersatzteilversorgung.

Zwischen diesen Elementen bestehen Verschleiß und Abhängigkeiten, die die Marktbearbeitung und die Nachfrage prägen und letztlich auch die Chancen und Risiken der Investitionspolitik begründen.

Die Weiterentwicklung des Status quo läßt sich durch folgende Tendenzen beschreiben:

1. Die Anzahl der Hersteller nimmt weltweit weiterhin ab. Die internationale Kooperation der Hersteller nimmt zu. Die Tendenz zum World Car steigt an.
2. Eine weitere Internationalisierung des Marktes im Inland bedeutet zwangsläufig Verluste der inländischen Hersteller. Schwer abzuschätzen ist dabei der Anteil der Fahrzeuge in Mitteleuropa, die im Jahre 2000 von amerikanischen und japanischen Konzernen geliefert werden. Daraus ergeben sich beachtliche Einflüsse auf die Marktbearbeitung. Man muß dazu mindestens Informationen über folgende Fragen haben:
   a) Wie werden amerikanische Konzerne ihre Produktion in Mitteleuropa ausdehnen,
      – durch Lizenzproduktion europäischer Anbieter,
      – durch Übernahme bestehender Kapazitäten,
      – durch Neubau von Werken?
   b) Wie werden japanische Hersteller ihre Produktion in Mitteleuropa ausdehnen?
3. Die beachtlichen Unterschiede in den Produktionskosten zwischen japanischen und europäischen Herstellern ermöglichen den japanischen Produzenten vergleichsweise günstige Gewinnbedingungen und Potentiale zur Intensivierung der Marktbearbeitung durch Qualifizierung der Verkaufsstützpunkte und der Kundenkommunikation. Von 1973 bis 1983 hat Toyota die Produktion bei konstanter

Belegschaft auf das 3,5fache erhöht. Bei Toyota und Nissan liegt der Anteil der Personalkosten an den Produktionskosten unter 6 bzw. 7 %.

4. Bei der Produktion der übernächsten Fahrzeuggeneration – etwa ab Mitte der neunziger Jahre – wird durch CAM (Computer Aided Manufacturing) eine neue Ausrichtung der optimalen Werksgröße für die Produktion von Teilen wie auch für die Montage von Fahrzeugen eingeleitet – aber erst in mehreren Stufen, etwa gegen das Jahr 2010, voll realisiert.
5. Das Reparaturvolumen wird durch das Konzept der verschweißten Kühlerhaube, wie Vorstandsmitglied Fiala von VW 1985 formulierte, mitbestimmt.
   Die Werkstätten werden tendenziell stärker zentralisiert, aber auch spezialisiert werden. Die Rationalisierung der Werkstattabläufe durch den Einsatz von Robotern wird stark weitergetrieben werden. Voraussetzungen dafür sind wesentlich weitergehende Normierungen und sonstige Vereinheitlichungen, die durch die zu erwartende starke Erhöhung der Stückzahlen je Fahrzeugtyp vorbereitet werden.
6. Die Logistiksysteme mit hierarchischer Lagerhaltung und automatisierten Warenwirtschaftssystemen werden weiterentwickelt werden. Marken- und herstellerübergreifende Lösungen könnten für bestimmte Ersatzteilbereiche Vorrang vor den bisherigen Lösungen für jeweils nur ein Herstellersystem erhalten. Wichtige Zulieferer werden stärker als bisher in diese Systeme voll integriert werden.
7. Es bleibt bei dem Vertriebs- und Marktbearbeitungskonzept, das auf ein System von Herstellern bzw. Werken orientiert oder in ein System integriert ist. Die Marken eines Herstellers werden von kombinierten oder isolierten Vertriebs- und Kundenbetreuungssystemen lokal bzw. regional bearbeitet werden.

Die Konsequenzen

Die bisherigen Überlegungen umfassen nur einen Ausschnitt aller relevanten Einflußgrößen auf die Gestaltungs- und Entwicklungsalternativen für Unternehmen. Unerläßlich erscheint dabei vor allem eine intensive Analyse der Wirkungen und Wechselwirkungen zwischen den relevanten Einflußgrößen, um bessere Anhaltspunkte für die Zukunftsoptionen der Unternehmen gewinnen zu können.

Dazu ein Beispiel: Veränderte Konzepte der Mitbeteiligung lassen die Frage nach der Funktion und Stellung der Banken wie auch der Versicherungen aufkommen – so langsam sich dieser Prozeß auch vollziehen mag.

Für die Entwicklung der Unternehmen muß man Szenarien einerseits und strategische Optionen andererseits unterscheiden. Szenarien kennzeichnen durchschnittliche Entwicklungen einer Branche oder eines Sektors. Die konkreten strategischen Optionen enthalten dagegen die zielorientierten Verhaltensweisen und darauf beruhende Maßnahmen, mit denen sich die einzelnen Unternehmen im Markt bewegen.

F. Die Landwirtschaft

Die Probleme

In der Landwirtschaft sind *Produktivitätsfortschritte* eine wichtige Grundlage des Strukturwandels und des Wachstums. Dabei hat sich die Fortschrittsrate nach dem Zweiten Weltkrieg gegenüber früheren Zeiträumen verstärkt:

- 1883 bis 1911 (Reichsgebiet von 1913) um 1,8 %,
- 1926 bis 1936 (Reichsgebiet von 1937) um 2,3 %,
- 1950 bis 1975 (Bundesgebiet) um 2,5 %.[15]

Diese Produktivitätsfortschritte erweisen sich in Anbetracht der in Europa wachsenden Überschußproduktion als Problem.

Von 1960 (1950) bis 1984 ist die Anzahl der landwirtschaftlichen Betriebe in der Bundesrepublik Deutschland von 2 (2,6) Mill. auf 1,3 Mill. rückläufig gewesen, die der Beschäftigten von 2 (3,5) Mill. auf 1,3 Mill. Nur 48 % dieser Betriebe sind Vollerwerbsbetriebe, 42 % sind Nebenerwerbsbetriebe mit über 50 %, 10 % mit unter 50 % Einkommen aus anderer Tätigkeit.

Von 1975 bis 1985 hat sich der Kaufpreis für Agrarland auf rd. 40 000 DM/ha verdoppelt.

Die deutsche Landwirtschaft kann nur im Europäischen Zusammenhang gesehen und verstanden werden.

Der bäuerliche Familienbetrieb wurde im Jahre 1958 in der Stresa-Resolution vom Ministerrat als Leitbild der Agrarpolitik der EG festgelegt. Der Sicherung dieses Strukturkonzeptes diente die Schaffung der Marktordnungen von 1950/51, mit der die Landwirtschaft aus der marktwirtschaftlichen Entwicklung herausgelöst wurde. Preiserhöhungen wurden zur Grundlage einer aktiven Einkommenspolitik mit der Konsequenz von Überschußproduktion.

Durch die damit begründete wachstumsorientierte EG-Agrarpolitik ist der Haushalt der Gemeinschaft in Schwierigkeiten gekommen. Die Ausgaben der EG für den Agrarmarkt erreichten im Jahre 1982 26 Mrd. DM und 1983 bereits 36 Mrd. DM. Die Bundesrepublik Deutschland hat 1982 bereits 6,016 Mrd. DM mehr in die EG gezahlt als erhalten.

15) Vgl. Thiede, Günther: Agrarpolitisches Langzeitprogramm, in: Agrarwirtschaft, 27. Jg., 1978, Nr. 8, S. 225–234, S. 227.

In kurzfristiger Betrachtungsweise dominieren aus der Sicht der Bundesrepublik Deutschland die Probleme des gemeinsamen europäischen Agrarmarktes, insbesondere

1. der Produktionsüberschuß,
2. die Finanzierungsprobleme,
3. der nationale Egoismus,
4. die Überbewertung einkommenspolitischer Zielsetzungen,
5. die Verstärkung der wirtschaftlichen Probleme durch die politisch begrüßenswerte Süderweiterung.

Langfristig wird die einheimische Landwirtschaft in den Konflikt zwischen den Forderungen nach ökologischem Anbau und der Sicherung der Ernährungsbasis für eine zunehmende Weltbevölkerung hineingezogen werden.

Die Wertedynamik hat auch die Landwirtschaft erfaßt: So wird das klassische Leitbild des bäuerlichen Familienbetriebes in Frage gestellt. Die Internationalisierung struktureller Konzepte wird hier durch das Leitbild der Partnership Farm oder Corporation Farm in den USA, von denen bereits über 30 % der Fläche bewirtschaftet werden, geprägt. Gefördert werden dürften solche Konzepte in Europa in Zukunft aufgrund der in der bisherigen Form künftig nicht mehr möglichen Finanzierbarkeit der EG-Agrarpolitik.

Die Szenarien und die Handlungsalternativen

Der Übergang zur Zwölfergemeinschaft (EG-12) wird die europäische Landwirtschaft kräftig beeinflussen, da der Agrarsektor in Griechenland, Spanien und Portugal ein hohes Gewicht hat:[16)]

1. So nimmt die Bevölkerung von 260 auf 313 Mill. Menschen zu. In allen drei Ländern hat die Land-, Forst- und Fischwirtschaft eine relativ größere Bedeutung als in der EG-9. Der Anteil der in diesen Bereichen tätigen Personen betrug 1976 20,5 % in Spanien, 29,0 % in Portugal und 28,8 % in Griechenland.
2. Die land- und forstwirtschaftliche Fläche wird um rd. 50 % von 123,8 Mill. ha in der EG-9 auf 184,2 Mill. ha in der EG-12 steigen.

---

16) Vgl. Buchholz, Hans E.: Auswirkungen der Süderweiterung der Gemeinschaft auf die gemeinsame Agrarpolitik, in: Agrarwirtschaft, 30. Jg., 1981, Nr. 7, S. 197–203, S. 197 f.

3. Der Agrarsektor der drei Länder ist in hohem Maße am Bruttosozialprodukt beteiligt, in Spanien mit 9 %, in Portugal mit 12 % und in Griechenland mit 16 % gegenüber einem Durchschnitt von 3,9 % in der EG-9 (1977).
4. Im internationalen Handel wird die EG-Position durch die Süd-Erweiterung weiter gestärkt.
5. Im Gegensatz zu der ersten EG-Erweiterung mit Großbritannien und Dänemark, zwei landwirtschaftlich und industriell weitentwickelten Ländern, ergeben sich bei den neuen Erweiterungen gravierende Unterschiede in den agrar- wie gesamtwirtschaftlichen Entwicklungstendenzen.

Aufgrund dieser Überlegungen ist bei einer unveränderten Agrarpolitik der Europäischen Gemeinschaft in einer EG-12 mit erhöhten Belastungen des Agrarsektors in folgenden Bereichen zu rechnen:[17)]

1. Bei einer Verbesserung der Preis- und Absatzbedingungen sind Produktionsreserven aufgrund der in reichlichem Maße vorhandenen Arbeitskräfte, der großen landwirtschaftlichen Nutzflächen und des bisher niedrigen Produktionsniveaus zu erwarten.
2. Es ergeben sich keine wesentlichen Marktentlastungen, da sich der Selbstversorgungsgrad der EG-12 nur bei wenigen Produkten leicht abschwächen wird und die Nahrungsmittelimporte in die drei Länder bereits heute weitgehend aus der Europäischen Gemeinschaft kommen, insbesondere bei Milchprodukten. Der Beitritt dürfte die Produktion eher stimulieren.
3. Der Marktdruck bei Mittelmeerprodukten wird stärker werden, da sich der Selbstversorgungsgrad bei diesen Produkten in der EG-12 stark erhöhen und auch der Konkurrenzdruck erheblich steigen wird. Sowohl die Landwirtschaften Südfrankreichs und Italiens als auch die Importe der mit der EG verbundenen Drittländer dürften beeinträchtigt werden.
4. Die Marktstützung der Mittelmeerländererzeugnisse wird das brisante Problem der gemeinsamen Agrarpolitik. Die bereits hohe Stützung bei Reis, Olivenöl und Tabak wird in den Beitrittsländern zu Produktionsanreizen führen, die trotz angespannter Haushaltslage der Gemeinschaft noch zusätzliche Kosten bedeuten.

---

17) Vgl. Priebe, Hermann: Ausblick auf die Erweiterung der EG nach Süden, in: Groeben, Hans von der; Möller, H. (Hrsg.): Möglichkeiten und Grenzen einer europäischen Union, Bd. 6: Die agrarwirtschaftliche Integration Europas, (Nomos Verlagsgesellschaft) Baden-Baden 1979, S. 231 – 238, S. 234 f., S. 235.

5. Die Ausweitung der Interventionen und Abnahmegarantien ist aufgrund von Produktionssteigerungen wegen besserer Preis- und Absatzmöglichkeiten zu erwarten. Während auf Getreide, Milchprodukte und Rindfleisch 43 % der Enderzeugung in der EG-9 entfallen, werden dafür rd. 75 % der Marktordnungsausgaben verwandt; dagegen haben Produkte der Mittelmeerländer lediglich einen Anteil an den Marktordnungsausgaben von etwa 12 %. Vor allem ist dies nicht allein eine Folge der besonderen Interessenlage in der EG wegen der unterschiedlichen Eignung der Produkte für Interventionen, insbesondere in der Erfassung, Lagerung und Verwertung. Da die Interventionen bei Getreide, Zucker und Milchprodukten bereits erhebliche Belastungen verursachen, dürften vergleichbare Abnahmegarantien für Obst und Gemüse zu unübersehbaren Produktionssteigerungen führen. Dadurch würden Vernichtungsaktionen ausgelöst, die nicht nur erhebliche Finanzmittel erfordern, sondern auch das Vertrauen in die Politik der Gemeinschaft erschüttern würden.

Aus diesen Gedanken wird deutlich, daß eine Fortsetzung der bisherigen Agrarpolitik der Gemeinschaft nach der Süderweiterung die Herauslösung des Agrarsektors aus der Marktwirtschaft weiter fördern wird oder Reformen auf fast allen Gebieten der Agrarmarktpolitik notwendig macht.[17)]

Aufgrund ökologischer Überlegungen werden für die Landwirtschaft alternative Wirtschaftsformen vorgeschlagen:

1. eine weiterhin hohe Automatisierung mit der Folge hoher Produktivität,
2. die Rückkehr zu einer energiesparenden Landwirtschaft mit Verzicht auf hohen Energieverbrauch, d.h. Substitution durch Zugtiere, aber auch mit geringerer Produktivität.

Wenn die zweite Alternative auch weitaus überwiegend für wenig realistisch gehalten wird, so bestätigt die Intensität von deren Erörterung doch die Tragweite der ökologischen Diskussion.

Die Landwirtschaft wird außerdem durch weitreichende technische Entwicklungen beeinflußt. Man erkennt zunehmend, daß Herbizide zu langfristigen Bodenschäden und Trinkwasserverunreinigung führen. Als neues Konzept wird daher der integrierte Pflanzenschutz diskutiert, bei dem Chemie, Biologie und Ackertechnik kombiniert werden. Für die Schädlingsbekämpfung werden in Zukunft Viren eingesetzt werden. Auch die Feldbeheizung durch Abwärme dürfte zu Steigerungen der Ernten führen. Weiter wird an der Biogasherstellung aus pflanzlichen Stoffen und tierischen Exkrementen gearbeitet. Kontrovers sind die

Meinungen – wie bereits angedeutet – hinsichtlich der Nutzung von Agrarflächen zur Energieproduktion.

Ein Teil der derzeitigen und mittelfristigen landwirtschaftlichen Probleme könnte sich durch die Intensivierung des Anbaus von Industriepflanzen lösen lassen. Grenzen werden aufgrund der Schwierigkeiten bei der Qualität und der zeitlichen Realisierung von Pflanzenzüchtungen gesehen. Zur Zeit wird in der Bundesrepublik Deutschland weniger als ein Prozent der Agrarfläche von 12 Mill. ha zur Herstellung von Energie und von Rohstoffen genutzt. Für Projekte zur Umwandlung von Agrarprodukten in Äthanol und zur wirtschaftlichen Erzeugung von Biogas und Biomasse wurden Förderungsprogramme aufgelegt. Nach einer Schätzung der EG können in Westeuropa rd. 3 Mill. ha zur Gewinnung von Substituten für Erdöl bereitgestellt werden. Der im Jahre 1990 erwartete weltweite Getreideüberschuß von etwa 80 Mill. Tonnen könnte für die Agraralkoholherstellung verwendet werden, die jedoch als zu teuer gilt.

Kritisch wird die Zunahme des Ödlandes beurteilt, weil der Bedarf an Grundfutter für die Viehzucht nicht mehr gegeben ist. Der Anteil des industriell gefertigten Futters nimmt zu, da die Milchleistung je Kuh rd. 4 000 l bei Naturfuttereinsatz und 7 000 l bei Industriefuttereinsatz beträgt. Daraus werden Forderungen einer Ernährungsumstellung auf Agrarprodukte zu Lasten von Fleisch abgeleitet.

Bei Anwendung der biologischen Düngung werden neue Bodenbearbeitungsmaschinen und damit neue Investitionen in der Landwirtschaft erforderlich. Durch eine ökologische Landwirtschaft würden sich die heutigen Hektarerträge vor einem später zu erwartenden Schub der genbiologischen Innovation nach Schätzungen zunächst um etwa 20 % verringern. Dies würde bei gleichen Preisen die Einkommensbedingungen der Landwirte spürbar beeinträchtigen. Zur Zeit sind Tendenzen zum Preisverfall stärker als Tendenzen zur Preissteigerung, da die Weltmarktpreise weitaus niedriger sind als die EG-Preise.

Für die einheimische Landwirtschaft ist mittelfristig noch die Tendenz zur Beibehaltung des Protektionismus von Einfluß. Er ist durch eine beachtliche Konzentration der Flächen, zunehmende Selbst- und auch Überversorgungsgrade, gemessen am Bedarf eines Landes, und von massiver Beeinflussung der internationalen Arbeitsteilung durch Behinderung der Agrarexportländer gekennzeichnet. Bei einem Abbau des Protektionismus wird die Sicherung des Einkommensniveaus der Landwirte reduziert. Dies dürfte nochmals konzentrative Tendenzen und eine weitere Rationalisierung bewirken.

Es spricht vieles dafür, daß sich die Kooperation zwischen der Landwirtschaft und der Ernährungsindustrie stark intensiviert. Dafür dürften die Initiativen teils von landwirtschaftlichen Erzeugergemeinschaften, teils von den Herstellerunternehmen ausgehen.

Man kann erwarten, daß sich die Landwirtschaft im Laufe der nächsten Generation industrialisiert, wie auch die Hinweise zur Corporate Farm in den USA zeigen. Dies dürfte nicht ohne weitreichende Bodeneigentums- und Bodennutzungsreformen möglich sein. Forst-, Land- und Wasserwirtschaft werden für größere Planregionen, wie sie heute z.B. in Bayern bestehen, als Einheit geplant und entwickelt werden. Die Verhinderung der Bodenübernutzung wird durch neue Instanzen überwacht werden.

Der Druck auf die Weiterentwicklung der Landwirtschaft wird durch die Anzahl der im Inland Wohnenden und deren Versorgungsansprüche und in Zukunft vermutlich weit mehr als heute durch die Transferzwänge in Gebiete, die unter Unterversorgung leiden, bestimmt.

Tendenziell ist in etwa einem Jahrzehnt eine Anhebung des Weltmarktpreisniveaus zu erwarten. Milderungen oder sogar Kompensationen dieses Effektes dürften sich langfristig durch die Bio- und Gentechnologie ergeben.

Neuerdings wird in der EG unter dem Schlagwort Marktentlastungsprämie die Stillegung von Agrarflächen auf zehn Jahre zur Reduktion der Überschußproduktion diskutiert. Dadurch wird eine weitere Umgliederung von Flächen auf leistungsfähige landwirtschaftliche Betriebe mit guten Produktivitätszahlen aber nicht ausgeschaltet. Außerdem besteht das Risiko, daß die Pachten steigen, da der Staat Eigentum bei Stillegung subventioniert.

Jede Maßnahme führt in Anbetracht der kleinbetrieblichen Struktur der bundesdeutschen Landwirtschaft mit über 50 % der Betriebe unter zehn Hektar Nutzfläche zu einer erhöhten Arbeitslosigkeit.

Eine Herausforderung an die Harmonisierung von Interessen trifft die Weiterentwicklung der deutschen Landwirtschaft.

Man muß aus dem Teufelskreis der Subventionen und der Überproduktion herausfinden. Dafür reicht die Forderung nach Preissenkung der Agrarprodukte durch Handel und Industrie nicht aus. Man muß mindestens auch an die weitere Nutzung der Agrarflächen für Ernährungsgüter und die Produktion industrieller Rohstoffe denken, weiter auch an die wünschenswerten Betriebsgrößen und die angestrebte Intensität der Bodenbearbeitung in der Landwirtschaft und auch in der Forstwirtschaft. Diese Hinweise zeigen, daß die Komplexität von langfristig tragfähigen Problemlösungen für die Landwirtschaft erst teilweise erkannt ist.

Szenario I

Man wird unter den Bedingungen des Szenario I wegen des veränderten Altersaufbaus bis 2030 mit einem Rückgang der inländischen Agrarnachfrage auf etwa 70 % der Mengen des Jahres 1985 rechnen können. Diese Durchschnittswerte dürften z.B. bei Kartoffeln, Zuckerrüben, Wein und Hopfen noch beachtlich unterschritten werden.

Dies reduziert im übrigen auch die Importe – vorwiegend aus den EG-Staaten – erheblich. Die Propagierung des Kaufs einheimischer zu Lasten ausländischer Produkte wird eher zunehmen. Die Exportzwänge für die westdeutsche Landwirtschaft steigen an.

Die Situation der Landwirte wird sich ohne eine fundamentale Preissteigerung für Agrarprodukte spürbar verschlechtern. Die geringere Nachfrage bei Agrarprodukten im Inland und die vorläufig niedrigeren Weltmarktpreise erfordern in Zukunft – bis sich dies ändert – vermutlich einen höheren Subventionsaufwand als in der Vergangenheit.

Die große Unbekannte ist im Zeitraum bis 2030 die Beteiligung der deutschen Landwirtschaft an der Versorgung der rapide anwachsenden Bevölkerung der dritten Welt. Die Produktion in den heutigen Entwicklungsländern ist wiederum von den Fortschritten in der Agrartechnik und von den ökonomischen Verhaltensweisen, insbesondere dem Selbstversorgungs- und Agrarautarkiestreben, in diesen Ländern abhängig.

Nur bei starken Exporten kann die ökonomische Position der Landwirtschaft in der Bundesrepublik Deutschland aufrecht erhalten werden. Die Wahrscheinlichkeit für eine solche günstige Entwicklung ist durch die stark steigende Weltagrarkonkurrenz in den beiden nächsten Jahrzehnten eher niedrig.

Szenario II

Unter den Verhältnissen von Szenario II dürfte die Nachfrage nach Agrarprodukten im Inland bis zum Jahre 2030 in etwa gleichbleiben.

Die Landwirtschaft dürfte generell unter Szenario II weitaus weniger staatliche Hilfe beanspruchen als unter den Bedingungen von Szenario I.

G. Die Industrie

Die Probleme

Die wichtigsten Einflüsse auf die Industrie beruhen auf der Bewältigung der technischen Herausforderungen und der Wertedynamik der Unternehmer.

Im Hinblick auf die Werte zeigen sich folgende Tendenzen:

1. eine Tendenz zur Überrationalisierung mit der Tendenz der Senkung der Arbeitsplätze aufgrund der eher überzogenen Sozialgesetzgebung,
2. die zunehmende Werteunsicherheit über die zulässige und langfristig verkraftbare Differenzierung der Preis-Leistungs-Pakete, insbesondere der Preisspreizung, gegenüber unterschiedlichen Abnehmern im Inland, aber demnächst auch im Ausland,
3. eine Polarisierung zwischen Gewinndenken und Marktanteilsdenken nach Unternehmen, aber auch innerhalb der Unternehmen nach Divisionen oder Produkten.

Die Beschäftigten: Im verarbeitenden Gewerbe hat sich die Anzahl der Beschäftigten von 8,4 Mill. (1973) auf 6,6 Mill. (1983) verringert. Daran waren die einzelnen Industriezweige sehr unterschiedlich beteiligt.

Die Produktion: Die Produktion des verarbeitenden Gewerbes nahm in dem Jahrzehnt von 1973 bis 1983 nur um 4,1 % zu, d.h. es war fast eine Stagnation zu verzeichnen.

In Anbetracht des extrem hohen Lohnniveaus in der Bundesrepublik Deutschland sind in den vergangenen Jahren sehr viele Unternehmen dazu übergegangen, Produktionsstätten ins Ausland zu verlagern. Dadurch ist die Zahl der Arbeitsplätze im Inland teilweise stark rückläufig gewesen. Dies gilt z.B. für die Textilindustrie.

Die Absatzwege: Teilweise ist die einheimische Industrie auch durch den Wettbewerbsdruck aus dem Ausland und die Beibehaltung antiquierter Absatzwege aufgerieben worden. Spektakuläre Beispiele sind die Fotoindustrie und die Uhrenindustrie. Traditionell starke deutsche Industriezweige können sich vermehrt nur noch durch ,,japanische Beatmung'', so Teile der Maschinenbauindustrie, und durch Verflechtungen mit Unternehmen aus dem europäischen Ausland, z.B. im Bereich der Unterhaltungselektronik, behaupten.

Für Hersteller wird die Konditionenspreizung mit einer Benachteiligung der Mittelstandsunternehmen zu einem Hauptproblem der Kundenpolitik. Die Industrie fördert durch ihre Preis- und Konditionenpolitik die Oligopolisierung.

Tabelle 4.3

Die Entwicklung der Beschäftigung und der Produktion in ausgewählten Zweigen des Produzierenden Gewerbes in der Bundesrepublik Deutschland von 1973 bis 1983

Wirtschaftszweig	Beschäftigte[1] in 1 000		reale Veränderungen der Produktion in %
	1973	1983	1973/83
Verarbeitendes Gewerbe	8 402	6 670	4,1
– Grundstoff- und Produktionsgütergewerbe	1 782	1 394	– 3,5
– Eisenschaffende Industrie	332	238	– 23,6
– Chemische Industrie	589	549	13,2
– Investitionsgüter produzierendes Gewerbe	4 118	3 510	7,8
– Maschinenbau	1 123	956	– 1,1
– Straßenfahrzeugbau	749	777	16,9
– Schiffbau	73	53	– 16,5
– Elektrotechnik	1 111	874	13,5
– EBM-Waren	375	271	5,0
– Büromaschinen/EDV	79	71	145,8
– Verbrauchsgüter produzierendes Gewerbe	1 926	1 340	– 5,0
– Holzverarbeitung	264	200	– 14,2
– Kunststoffwaren	189	194	43,8
– Druckerei, Vervielfältigung	203	165	12,4
– Textilgewerbe	432	242	– 16,6
– Bekleidungsgewerbe	364	194	– 29,6
– Baugewerbe	1 558	1 148	– 19,6

1) Unternehmen mit im allgemeinen 20 und mehr Beschäftigten.

Quelle: Statistisches Bundesamt; Zentralverband des Deutschen Baugewerbes, zit. nach: Julitz, Lothar: Zehn magere Jahre, in: Frankfurter Allgemeine Zeitung, 27. Jg., Nr. 97, 25. April 1984, S. 13.

Die Investitionen: Im Jahre 1983 waren 46 % aller industriellen Anlagen älter als 10 Jahre, gegenüber noch 39 % im Jahre 1973. Die Investitionen in den siebziger Jahren waren primär Rationalisierungsinvestitionen und damit Investitionen zur Substitution von Arbeit durch Kapital und weniger kapazitätswirksame Investitionen. Begleitet war die geringe Investitionstätigkeit von tendenziell niedrigen Renditen, deren realer Wert durch die Inflation noch einmal gekürzt wurde.

Zum Außenhandel: Die Auswirkungen der beiden Ölkrisen von 1973 und 1979 und eine Überforderung der Wirtschaft durch steigende Lohn- und Soziallasten und damit verringerter Wettbewerbsfähigkeit konnten durch den hohen Export gemildert werden. Der jahresdurchschnittliche reale Zuwachs der Ausfuhr hatte sich von 1973 bis 1983 im Vergleich zu 1963 bis 1973 auf knapp 4 % mehr als halbiert. Dennoch war diese Dynamik für die Produktion insgesamt eine entscheidende Stütze. Zu jeweiligen Preisen hat sich die Ausfuhr in den letzten zehn Jahren weit mehr als verdoppelt; der reale Zuwachs lag bei etwa 50 %.[18)]

Subventionierungen der Exportindustrie im Ausland, auch in EG-Ländern, erschweren den Absatz der deutschen Industrie im Inland.

Unterschiedliche rückerstattungsfähige Mehrwertsteuersätze wirken in Ländern mit hoher Mehrwertsteuer, so in Frankreich, als Exportsubvention, in Ländern mit eher geringen Sätzen, wie in der Bundesrepublik Deutschland, als Schwächung der Exportfähigkeit. Bisher haben diese Bedingungen die Exportfähigkeit der deutsche Industrie insgesamt nicht wesentlich beeinträchtigt.

Der Handel der Industrie: Immer mehr Konsum- und Investitionsgüterhersteller sind auch als Handelsvertreter oder als selbständiger Großhändler tätig geworden. Die deutschen Spirituosenhersteller vertreten in der Regel ausländische Hersteller; Fliesen- und Sanitärproduktehersteller arrondieren ihre Sortimente ebenso durch Importwaren wie Schuh- und Bekleidungshersteller.

Tendenziell dürfte der angegliederte Handel der Industrie in den nächsten Jahren stark zunehmen.

Der Ölschock wird heute für Europa – und auch für die Bundesrepublik Deutschland – bereits geringer eingeschätzt als der *Technologieschock.* Sechs von acht Personalcomputern kommen aus den USA, neun von zehn Videorecordern aus Japan. Wegen fehlender Fähigkeiten in Europa werden elektronische Arbeitsplätze für Europa verstärkt in den USA und Japan geschaffen. Von 1977 bis 1981 wurden 500 Mill. US-Dollar in den EG-Staaten und 250 Mill. US-Dollar in Japan für die Mikroprozessorenentwicklung ausgegeben. Trotz dieser Differenz haben die Japaner 40 %, die EG-Staaten aber nur 10 % am Mikroprozessorenmarkt erringen können.

18) Vgl. Julitz, Lothar: Zehn magere Jahre, in: Frankfurter Allgemeine Zeitung, 27. Jg., Nr. 97, 25. April 1984, S. 13.

Die Szenarien und die Handlungsalternativen

Die Kernfrage der Zukunft für die Bundesrepublik Deutschland besteht neben der Beteiligung am technischen Fortschritt in der zukünftigen Außenhandelsfähigkeit. Beide Einflüsse sind auch von der Investitionsfähigkeit aufgrund des verfügbaren Kapitals und damit der Konkurrenz zwischen Staat und Wirtschaft um Sparkapital abhängig.

Die Stellung der Bundesrepublik Deutschland als Industrienation im Rahmen der Weltwirtschaft ist vor allem von der Entwicklungsfähigkeit der Länder der dritten Welt und von der eigenen Beteiligung am technischen Fortschritt abhängig. Durch die zu erwartende Leistungssteigerung der ausländischen Industrie in den weniger entwickelten Ländern ist bis zum Jahre 2030 eine beachtliche Umstrukturierung der einheimischen Industrie zu erwarten.

Ohne eine an Vielseitigkeit orientierte Industriepolitik dürften spätestens nach der Jahrtausendwende ganze Industriezweige aus der Bundesrepublik Deutschland verschwinden. So werden von der Textilindustrie nur noch höchstrationalisierte Betriebe mit sehr hoher und hochflexibler Produktionsbereitschaft oder extrem hochgenrige Betriebe bestehen bleiben.

Man wird erwarten können, daß durch die Konzentration und Kooperation mit neuen Bestrebungen zu rationellster Produktion spätestens ab der Jahrtausendwende die Zahl der problemlosen Produkte stark rückläufig wird. Man kann sogar ein Verschwinden von total vergleichbaren und qualitativ identischen Produkten – den Me-too-Produkten – vom Markt erwarten. Hier dürften die Ansätze des Konsumerismus langfristig in ihrer Tragweite noch kaum erkannte Wirkungen haben.

Die Industrie wird in absehbarer Zeit die Produktions- und Logistikkapazität, d.h. Transport- und Lagerkonzepte, für eine neue harmonisierte Logistikgeneration in Verbindung mit dem Handel umstellen müssen.

Die Ziele der Unternehmen werden vor allem durch die Rentabilitätserwartungen der Investitionen bestimmt. Die Vielfalt der Vorschläge zur Schaffung von Risikokapital steht bisher noch in diametralem Gegensatz zu ihrer empirischen Relevanz. Stark gesunkene Wachstumsraten, überalterte Produktionsstrukturen und ein schwaches Investitions- und Innovationsklima sind die Ursachen von Wachstumsschwächen.

Die Vorschläge zur Ankurbelung industrieller Investitionen verkennen, daß für Investitions- und Innovationsentscheidungen gesamtwirtschaftlich optimale Rahmenbedingungen erforderlich sind. Die

Schaffung von Risikokapital bedarf somit einer breiten gesamtwirtschaftlichen Abstützung; erst dann können neue finanztechnische Lösungen wirksam werden.

Eigentümerferne anonyme Unternehmen legen teilweise ein überzogenes Sicherheitsstreben an den Tag. Defensive Liquiditätsvorsorge führt im Gegensatz zu aggressiver Investitionsbereitschaft zu Risiken eines Rückgangs der Produktivität und einer Erhaltung veralteter Strukturen.

Die Industrie steht vor weiteren Wellen der *Internationalisierung* und der *Multinationalität*. Vermutlich wird die Errichtung von Industrieunternehmen durch deutsche Unternehmen im Ausland in Zukunft stärker zunehmen als die Multinationalisierung von Ausländern im Inland. Dies bedeutet einen Kapitalexportüberschuß, der nicht nur die Industriestruktur, sondern auch die gesamte wirtschaftliche Struktur der Bundesrepublik Deutschland schwächt.

Die Investitionsgüterindustrie: Durch den technischen Fortschritt werden die Investitionsgüterindustrien zur Umstellung von Mechanik auf Elektronik, zu energiesparenden Aggregaten und nicht zuletzt zu umweltfreundlicher Produktion gezwungen. Die Produktion von Robotern einerseits und die Roboterisierung der Produktion andererseits stellen hohe Anforderungen. Durch die ausgeprägte Exportabhängigkeit und die starke Internationalisierung dieser Produkte besteht auch ein weltweiter Wettbewerb, der nach den Kategorien Qualität-Service-Preis bestritten wird.

Die *Konsumgüterindustrie:* Wegen der weiteren Industrialisierung und Autarkisierung anderer Länder bleibt die Exporttätigkeit der Konsumgüterindustrie der Bundesrepublik Deutschland langfristig eher von Risiken behaftet. Dagegen dürfte die Multinationalität stark zunehmen.

Das Hauptproblem für die Hersteller von Einzelhandelswaren bleibt die Selektion und Segmentierung der Handelspartner. Die zunehmende SB-Fähigkeit von Waren bringt immer hochwertigere, bisher den Fachgeschäften vorbehaltene Waren in die Sortimente der Verbrauchermärkte und der Fachmärkte.

In der Markenlandschaft wird auf Dauer überall dort eine Stärkung der Handelsmarken eintreten, wo der Hersteller nicht mehr in der Lage ist, die besondere Leistung des klassischen Markenartikels zu beweisen.

Szenario I

Bei Szenario I dürften der Industrie im Jahre 2030 nur noch die Hälfte der heute verfügbaren Arbeitsstunden bereitgestellt werden können.

Wegen der ungünstigen Entwicklung der Inlandsnachfrage müßten ab sofort in allen Bereichen, die vorwiegend den Inlandsmarkt bedienen – sofern es sich um Verbrauchsprodukte oder Sättigungsprodukte handelt – die Investitionen überdacht werden, zumal Planungen von heute in einigen Bereichen erst in den neunziger Jahren realisiert werden. In der Konsumgüterindustrie sind kräftige Einbrüche zu erwarten.

Es spricht vieles dafür, daß sich Unternehmen im Vertrauen auf die Wettbewerbsdurchsetzung gegenüber Konkurrenten viel langsamer an die veränderten Wirtschaftsbedingungen anpassen als dies erforderlich wäre und dadurch in Schwierigkeiten kommen.

Szenario II

Bei gleicher Bevölkerungszahl auf dem Gebiet der Bundesrepublik Deutschland werden sich die generellen Wachstumsbedingungen für die industrielle Produktion im Inland primär durch die Außenhandelsbedingungen bestimmen. Die bereits angedeuteten Versorgungsaufgaben der zuziehenden Ausländer werden teilweise sogar Wachstumschancen für die Konsumgüterindustrie eröffnen.

H. Die Bauwirtschaft

Die Probleme

Die Veränderungen in der Bauwirtschaft werden durch die Nachfrage in den Bereichen Neubau und Renovierungen im Wohnungsbau und im Nichtwohnungsbau sowie durch den – weitgehend öffentlich finanzierten – Tiefbau bestimmt.

Der Wohnungsbau in der Bundesrepublik Deutschland wird vor allem durch die Wohnqualitätsstandards und das Streben nach Wohneigentum sowie nach Zweitwohnungen bestimmt.

Im Jahre 1983 nutzten 13 Mill. Privathaushalte eine Mietwohnung, 10 Mill. waren Eigentümer ihrer Wohnung.

Zunehmend gewinnen Aspekte der Ökologie für Baunormen an Bedeutung. Zur ökologischen Neubauphilosophie gehören Verdichtung, Verkehrsberuhigung, Grünzonen, Energie- und Rohstoffrationalisierung sowie die Nutzung von Recyclingbaustoffen.

Die Bauwirtschaft wird weiter dadurch beeinflußt, daß eine intensive Diskussion über die Normen, und zwar gegenüber bisher reduzierte Mindeststandards für Ausführung und Ausstattung der Wohnungen, eingesetzt hat. Man spricht heute immer mehr davon, die derzeitigen Standards seien überzogen.

Schließlich ist der Wohnungsbau bisher durch die Sozialkomponente mitbestimmt worden. Aufgrund der laschen Grenzen für die Belegung von Sozialwohnungen waren bis zu 70 % aller Einkommensempfänger einbezogen. Die veränderte staatliche Förderungspolitik mit einer Reduzierung des sozialen Wohnungsbaus und einer Stärkung der Mittel für Wohngelder an Bedürftige soll Mängel der bisherigen hochneubauorientierten Wohnungsbaupolitik reduzieren.

Die Diskrepanz zwischen kostendeckenden Mieten von 25 bis 30 DM (1985) gegenüber Sozialmieten von 6 bis 8 DM hat sich ständig vergrößert.

Die Szenarien und die Handlungsalternativen

Das *Ökologiebewußtsein* reduziert die Neuerschließung von Wohngebieten und generell den Bau neuer Großsiedlungen. Damit wird auch die Aktionsbasis der sehr großen Bauunternehmen reduziert. Für die Schließung von Baulücken, die jetzt vorrangig in Angriff genommen wird, eignen sich handwerkliche Leistungsanbieter besser.

Im Wohnungsbestand ist – bei einer Leerwohnungsreserve von über 1 Mill. Einheiten – tendenziell eine Qualitätsumorientierung zu erwarten. Die Sanierung mancher Großsiedlungen dürfte sich als ausgeschlossen erweisen. Abgerissen werden dürften in absehbarer Zeit

– Mietskasernen und Werkswohnungen aus dem 19. Jahrhundert,
– qualitativ nicht mehr akzeptierte Eigenheim- und vor allem infrastrukturschwache Hochbausiedlungen aus den fünfziger und sechziger Jahren.

Der jährliche Sanierungsausfall von Wohnungen kann in den nächsten Jahrzehnten auf 150 000 bis 250 000 Wohnungen bemessen werden. Bei starkem Bevölkerungsrückgang ist ein Ersatz dieser Wohnungen nicht erforderlich.

Die Zunahme des Interesses an Eigentumswohnungen von etwa zwei Fünfteln auf die Hälfte aller Wohnungsinhaber wird keine zu kräftigen Auswirkungen auf die Bauwirtschaft haben.

Bei in Zukunft konstanter Haushaltsgröße, deren Rückgang in der Vergangenheit eine wichtige Stütze der zusätzlichen Wohnungsnachfrage war, wirkt sich jede Bevölkerungsveränderung unmittelbar auf die Wohnungsnachfrage aus.

Die Bauunternehmen werden sich in den Bereichen Wohnungsbau aber auch Gewerbebau stärker als bisher auf den wiederverwendungsfähigen Fertigbau orientieren. So bieten schwedische Unternehmen in ihrem Land nicht mehr benötigte Fertigwohnhäuser zum Wiederaufbau im Ausland an, u.a. in Ägypten.

Kurz- bis mittelfristig wird versucht, die Bauwirtschaft durch Stadt- und Dorferneuerungsprogramme (1986/87 rd. 10 Mrd. DM) sowie verbesserte steuerliche Abschreibungsmöglichkeiten für Wirtschaftsgebäude zu stützen.

Szenario I

Bei Szenario I wird der Bedarf an Wohnungen bis 2030 auf gut zwei Drittel des Bestandes von 1985 rückläufig werden. Man kann erwarten, daß viele Siedlungen und Großsiedlungen, u.U. sogar Gemeinden, abgerissen werden, dies aus ökologischen Gründen, aber auch aus Gründen der Rechtssicherheit. Es spricht vieles für eine Agglomeration der Einwohner, so daß in Stadtnähe mehr Wohnungsnachfrage erfolgt, sie auf dem flachen Land aber rückläufig wird. In einer Grobschätzung dürften bis 2030 etwa 4 Mill. Wohnungen für 10 Mill. Menschen an anderen Wohnorten als bisher erforderlich werden.

Innerhalb der Städte, wo polarisiert bevorzugt junge und alte Menschen wohnen, wird der Wohnungsbestand rückläufig werden. Dadurch werden auch die erforderlichen Sanierungen erleichtert.

Ob man die Tiefbauinfrastruktur bei stark rückläufiger Bevölkerung im bisherigen Zustand erhalten und damit finanzieren kann, ist zumindest kritisch zu betrachten. Es ist nicht auszuschließen, daß auch Umwertungen im Straßennetz erfolgen: Verbesserungen in den Ballungsräumen und Verschlechterungen auf dem flachen Land.

Der Gewerbebau ist in den Konsumenten- und Bürgerversorgungsbereichen, vor allem beim Einzelhandel und bei den Dienstleistungen, eng an die Bevölkerungsentwicklung gebunden.

In Großhandel und Industrie sind Annahmen über die Art und Intensität der Auslandsverflechtung erforderlich. Tendenziell dürfte die Gewerbefläche auch in diesem Bereich rückläufig sein und damit die Gewerbebrache zunehmen.

Szenario II

Unter den Bedingungen von Szenario II sind die künftigen Bauvolumina vermutlich höchstens etwa so hoch wie zu Beginn der achtziger Jahre. Die vorhandene Bausubstanz und Infrastruktur dürfte weitgehend erhalten werden, jedoch vermutlich gegen 2010 mit zunehmender Orientierung zur Ballung – wie auch bei Szenario I angedeutet.

Der Obsoleszenzeffekt auf dem flachen Land mit Agglomerationsorientierung dürfte jedoch tendenziell kaum niedriger sein als bei Szenario I.

Im konsumnahen Gewerbebau wirkt die Bestandserhaltung der Bevölkerung stabilisierend. Bei Industrie und Lagerbau ist auf die Auswirkungen der zu erwartenden Außenhandelsbedingungen hinzuweisen.

J. Das Handwerk

Die Probleme

In zahlreichen Bereichen des Handwerks korrelliert die Nachfrage eng mit der Zahl der Einwohner, so im Nahrungsmittelhandwerk und in den Handwerken der persönlichen Dienstleistungen.

Im allgemeinen sind die Exportleistungsmöglichkeiten des Handwerks in vielen Bereichen begrenzt oder aus Gründen der Betriebsgröße und des Managementpotentials bisher nicht erschlossen.

Weiter sei nochmals darauf hingewiesen, daß zahlreiche Handwerke durch die unterschiedlichen Erscheinungsformen der Schattenwirtschaft betroffen werden.

Durch das Bestreben der Vorlieferanten des Handwerks, Bau, Einbau und Reparaturen durch eine geeignete Produktgestaltung zu erleichtern, ist das Handwerk in mehreren Richtungen betroffen worden. Die Minutenfaktoren bzw. Stundenfaktoren für die Leistungserstellung, d.h. der Zeiteinsatz je Leistungseinheit, sind stets rückläufig gewesen, d.h. es sind erhebliche Rationalisierungseffekte eingetreten. Die Möglichkeiten, handwerkliche Arbeiten ohne Spezialkenntnisse zu erledigen, sind erhöht worden, teilweise auch durch Beigabe von Montagewerkzeugen zu den Einbauprodukten, z.B. bei Installationseinbauprodukten.

Viele Wirtschaftsbereiche, so der Befestigungsteilehandel, sind nach wie vor intensiv darum bemüht, die Minutenfaktoren weiter herabzudrücken und damit die eigentliche physische Handwerkstätigkeit durch Geschick beim Einkauf, d.h. durch zeitsparend im handwerklichen Produktionsprozeß verwendbare Produkte, zu substituieren.

Im Handwerk zeigen sich in einigen Branchen Verdrängungsrisiken durch Marktwandlungen und technische Wandlungen. So wird das Kraftfahrzeughandwerk durch Veränderung der Automobiltechnologie in Zukunft weniger zu tun haben.

Neue Handwerke entstehen, z.B. für Sicherheit in Wohnungen und Gewerbebauten, einmal für die entsprechende Infrastruktur und zum anderen für den regelmäßigen Service.

Die Verdrängung von schlechter Qualifizierten durch besser Qualifizierte wird gegenüber bisher stark zunehmen.

Die Szenarien und die Handlungsalternativen

Das selbständige Handwerk wird in Zukunft durch eine zunehmende Vertikalisierung, d.h. durch Integration in die Industrie bzw. in den Handel, in seiner Selbständigkeit betroffen, so durch Verlegerkolonnen des Fliesengroßhandels, Dekorateurdienste im Heimtextiliengroßhandel oder Teppichverlegung durch Teppichbodenfachmärkte. Weiter werden immer mehr Handwerksleistungen industrialisiert, so die Leistungen der Bäcker in Brotfabriken und die des Fleischerhandwerks in Fleischwerken. Schließlich werden Handwerke durch Nachfragewandel überflüssig, so Stellmacher; andere werden durch veränderten Freizeitbedarf revitalisiert, z.B. Hufschmiede oder Motorradreparaturwerkstätten. Neue Handwerke werden geschaffen, so Heizungsbauer oder Reparaturbetriebe für Rasenmäher und Bootsmotoren.

Das Handwerk seinerseits strebt in Anbetracht der beachtlichen Ausschaltungstendenzen nach einer zunehmenden Handelstätigkeit. Hier war das Lebensmittelhandwerk Vorreiter. Weitere Tendenzen der Handelstätigkeit durch das Handwerk betreffen die Elektrohandwerke, den Heizungsbau oder das Installationshandwerk, das sich in Richtung Fliesen- und Sanitärfachmärkte orientiert.

Man kann erwarten, daß durch zusätzliche Spezialisierungen, so im Bereich der Elektrotechnik oder auch der Kfz-Technik, neue Handwerke entstehen, die teils frühere Handwerke ablösen, teils ergänzen.

Handwerker entwickeln *neue Kooperationstypen:* Rheinhessische Firmen des Elektro-, Fernmelde- und Tiefbauhandwerks haben die „Kabelbaugesellschaft für Kabelkommunikation Rheinhessen" gegründet. Die Privatunternehmen wollen die Netzherstellung, den Betrieb, die Wartung, das Marketing für Kabelkommunikation übernehmen. Dieses Beispiel eines Zusammenschlusses könnte sich zu einem bundesweiten Modell für die Organisation der Breitbandnetzherstellung entwickeln.

Die Kooperation von – bisher aus persönlichen und organisatorischen Gründen oft nicht erfolgreichen – viele Handwerke umfassenden Servicezentralen für alle Reparatur- und Instandhaltungsbereiche in privaten Haushalten und in Betrieben dürfte sich in den neunziger Jahren durchsetzen.

Der Konzentrationsprozeß wird im Handwerk wesentlich kräftiger als bisher werden. Viele Handwerker werden sich in nationale Franchise- und Vertragssysteme integrieren. Die Funktion der Innungen geht weiter zurück. Dadurch ergeben sich auch neue Bindungen zwischen dem Handwerk und z.B. dem Maschinen und Roh- wie Baustoffe liefernden Großhandel zu komplexen Handwerksversorgungssystemen.

Die Substitution des Handwerks durch Quasiindustrialisierung mit Filialisierung und Franchising ohne den Einsatz voll ausgebildeter Handwerker nimmt zu. Die Schuhreparatur- und Schlüsselbars, so Mister Minit, seien als Beispiel erwähnt. Dieses Konzept wird sich auf weitere Branchen ausdehnen.

Im Automobilbereich ist die Wartungs- und Servicehäufigkeit bereits drastisch gekürzt worden. Diese Tendenz wird sich fortsetzen und hat zum Schlagwort der verschweißten Kühlerhaube geführt; dies hat auf das Handwerk wegen der gegenüber bisher noch einmal viel längeren Servicefristen weitreichende Folgen.

Alle diese Veränderungen beeinträchtigen den Bereich der Handwerksleistungen erheblich; teilweise erfolgt eine Rückverlagerung bzw. Umstrukturierung der Handwerksleistung durch eine weniger handwerkliche Aktivitäten erfordernde Produktpolitik in die Industrie.

Man kann erwarten, daß das Handwerk teilweise stärker als bisher internationalisiert. Auch dürfte sich die in einigen Handwerken, so bei Schreinern, bereits beachtliche Ausbildungsfunktion durch Aufnahme von Ausländern als Lehrlinge verstärken. Man könnte sich auch neue Lösungen der internationalen Know-how-Kooperation vorstellen, z.B. mehr Tätigkeit deutscher Handwerksmeister im Ausland.

Szenario I

Hier wird davon ausgegangen, daß das Handwerk seine Exporttätigkeit nicht extrem erhöht. Damit werden alle konsumnahen Bedarfe an Handwerksleistungen auf das durch die Bevölkerungsentwicklung vorgegebene Niveau gedrückt. Dazu kommt die Substitution des Handwerks durch veränderte Produkte oder Aufnahme der bisherigen Handwerksproduktion durch die Industrie. Man kann erwarten, daß die geleisteten Handwerksstunden bis zum Jahre 2030 noch unter das auf die Hälfte geschätzte Niveau für die Industrie rückläufig werden, etwa auf ein Drittel der heute geleisteten Stunden.

Der Nachfrageverfall führt in Verbindung mit dem Trend zur Konzentration zu einem sehr starken Rückgang der Unternehmen. Die Bedeutung neuer Handwerke im Bereich Kommunikation ist von den Vorstellungen der Politik und der Finanzierbarkeit der dafür erforderlichen Infrastruktur abhängig. Die bereits stark aufstrebenden Sicherheitshandwerke und Serviceunternehmen für Sicherheitsanlagen sind in ihrer Entwicklung vor allem vom Grad der Rechtssicherheit und damit von der Wertedynamik abhängig.

Szenario II

Bei in etwa gleichbleibender Bevölkerung wird die Handwerksstruktur auch von den spezifischen Bedarfen der zuwandernden Bevölkerung mitbestimmt. Es könnte Handwerke geben, die ganz in den Arbeitsbereich der Ausländer abwandern. Ansätze zeigen sich heute bereits im Schneider- und Schusterhandwerk.

K. Der Großhandel und die Handelsvermittlung

Die Probleme

Man muß im Großhandel der Bundesrepublik Deutschland einige wichtige Unterscheidungen beachten, die für die bisherige und künftige Entwicklung relevant sind:

1. die Trennung in institutionellen und funktionalen Großhandel, d.h. den rechtlich selbständigen und den an Industrie und Einzelhandel bzw. Dienstleistungsgewerbe funktional angegliederten Handel,
2. die Trennung in selbständigen und genossenschaftlichen Großhandel,
3. die Unterscheidung von Binnengroßhandel und Export- sowie Importgroßhandel.

Schließlich ist auch die Branchenorientierung von Bedeutung, vereinfacht

4. der Rohstoffgroßhandel, Agrarhandel, Produktionsverbindungshandel, Nahrungsmittelgroßhandel, sonstiger Konsumgütergroßhandel.

Der institutionelle Konsumgütergroßhandel ist in den letzten Jahrzehnten stark rückläufig gewesen.

Die Nahrungsmittelgroßhandlungen sind überwiegend selbst im Einzelhandel tätig geworden. Die Funktion des Konsumgütergroßhandels mit Nichtlebensmitteln ist überwiegend auf die an Bedeutung stark gewachsenen Einkaufsverbände übergegangen, die mehr und mehr marktorientierte Verbundgruppen geworden sind.

Der Produktionsverbindungshandel war dagegen in der Lage, seine Marktbedeutung zu steigern.

In Anbetracht der kräftigen Außenhandelsdynamik hat sich sowohl der institutionelle als auch der funktionale Außengroßhandel weit überdurchschnittlich entwickelt. In einigen Branchen ist der Großhandel mit inländischen Konsumgütern weitgehend durch den selbständigen Außengroßhandel oder auch durch den teilweise genossenschaftlich, teilweise in der Form von Kapitalgesellschaften organisierten Verbundgruppengroßhandel abgelöst worden, so bei Sportartikeln, Schuhen, Bekleidung oder auch Hartwaren.

Der genossenschaftliche Großhandel hat sich wegen der restriktiven Regelungen im Genossenschaftsgesetz immer stärker zu Kapitalgesellschaften umstrukturiert. Dieser Prozeß ist noch nicht abgeschlossen.

Der Außengroßhandel, vor allem der Importhandel, hat wegen der wachsenden Internationalisierung sehr stark zugenommen, eine Tendenz, die sich noch fortsetzt. Überdies importieren immer mehr Binnengroßhandlungen.

Von besonders weitreichender Wirkung ist die Substitution des institutionellen Großhandels durch Angliederung der Großhandelsfunktionen an die Industrie einerseits und durch Errichtung von Lägern und Dispositionszentralen seitens der Einzelhandels- und Dienstleistungsunternehmen andererseits.

Die Handelsvertretungen: Die klassische Handelsvertretung wird von mehreren Seiten angegriffen. Zum einen zeigt sich eine Tendenz zur Integration der Außendienst- und Transaktionsaktivitäten in die Herstellerunternehmen, d.h. die Substitution durch Reisende. Weiter bemühen sich immer mehr Großhandlungen zur Kapazitätsauslastung um Handelsvertretungen, so daß der selbständige Handelsvertreter in den institutionellen Großhandel integriert wird.

Handelsvertretungen selbst übernehmen immer mehr Service- und Lagerfunktionen, so daß sie sich funktional immer stärker dem Großhandel annähern.

Zunehmende Außenhandelstätigkeit, vor allem Importe, fördern die inländischen Handelsvertretungen wie auch den inländischen Großhandel. Dabei ist jedoch eine Gesetzmäßigkeit zu beachten: Mit zunehmenden Volumina der Lieferungen von ausländischen Unternehmen neigen diese dazu, die Vertriebsorganisation als eigene Unternehmen zu führen, in die oft genug ehemalige Handelsvertreter integriert werden. Je reifer somit die Importstrukturen sind, desto eher gehen die ausländischen Unternehmen zum Eigenvertrieb über.

Die Szenarien und die Handlungsalternativen

Die Tendenzen zur Vertikalisierung werden für den Großhandel eine neue Phase der Ausschaltungsgefahren mit sich bringen, einmal durch Integration der Großhandelsstufe in die Industrie, zum anderen in die Einzelhandels- und Dienstleistungsstufe.

Die Auswirkungen der neuen Medien werden generell zu einer stärkeren Spaltung nach Großhandelsaktivitäten führen.

Die Handelsaufgaben könnten sich gegenüber bisher weitaus stärker spezialisieren, so daß folgende neue Betriebstypen entstehen:

1. Kommunikations- und Dispositionsspezialisten:
   Sie machen Waren und Dienste bekannt und sorgen für den Eingang von Aufträgen, die sie an ihre Auftraggeber weiterleiten;
2. Logistikspezialisten:
   Ihnen obliegen Lagerhaltung und Transport der Waren;
3. Servicespezialisten:
   Sie übernehmen isoliert vermarktbare Dienstleistungen gegenüber den Konsumenten, z.B. Hausvorführungen von Produkten wie beim Direktvertrieb oder Reparaturarbeiten;
4. Systemspezialisten:
   Sie sind zuständig für die Weiterentwicklung von Hardware und Software und damit für die Aktualisierung bestehender und die Entwicklung neuer Vertriebskanäle.

In anderen Fällen wird der Großhandel der Logistikpartner der Industrie werden, die dann alle eigenen Logistikaktivitäten aufgibt. Ansätze dazu sind in einigen Branchen schon vorhanden, genauso wie eine Kooperation der Industrie mit Speditionen, die immer mehr klassische Großhandelsfunktionen übernehmen.

So zeigen sich durch Umstrukturierung der Speditionen mit national abdeckenden Programmen und das Entstehen von Lagerhäusern die ersten konkreten Beispiele für Logistikspezialisten.

Bei dem in Zukunft zu erwartenden Einsatz der neuen Medien in der Physischen Distribution werden die hergestellten Waren aus einem vollautomatisierten, sortimentsorientierten Lagersystem gepickt, verpackt und der Marktentnahme zugeführt.

Das Warenbewirtschaftungssystem dieses Lagers ermöglicht eine automatische Kontaktaufnahme mit dem Computer des Herstellers, sobald die Mindestbestände erreicht sind. Aufgrund dieser Kontaktaufnahme wird durch Abstimmung zwischen den Computern ein mengen- und routenoptimales Belieferungsprogramm unter Berücksichtigung der Bestände aller Waren des Herstellers in sortimentsorientierten Verteilzentren zusammengestellt und die Auslieferung veranlaßt. Klassische Regionalläger der Hersteller sind dann nicht mehr erforderlich. Es gibt ein Lager an der Produktionsstätte und dazu die konsumnahen Verteilungszentren.

Es spricht vieles für eine weitere kräftige Konzentration oder mindestens intensive Kooperation mit langfristiger Integration der regional führenden Unternehmen in nationale Gruppierungen. Nur durch nationale Abdeckung ist man in der Lage, Aufgaben für die ebenfalls national tätigen Konzerne und Verbundgruppen von Einzelhandelsunternehmen zu übernehmen.

Großhandelsunternehmen werden selbst teilweise im Einzelhandel tätig werden, teilweise werden sie sogar selbst oder durch langfristige Kontrakte im Auftrag produzieren lassen.

Szenario I

Bei starkem Bevölkerungsrückgang wird der Großhandel vermutlich vergleichsweise stark betroffen, weil die Schwäche des Marktes Hersteller wie Einzelhandel, auch durch neue Kooperationsformen, veranlassen wird, den bisher selbständigen Großhandel auszuschalten.

Die stark veränderten wirtschaftlichen Bedingungen werden nach der Jahrtausendwende zu einem enormen Bedeutungsrückgang des Konsumgüterbinnengroßhandels führen. Im Investitionsgüterbereich wird sich nur noch der Sortimentsproduktionsverbindungshandel behaupten können. Der Spezialproduktionsverbindungshandel wird verstärkt von den Herstellern wahrgenommen werden.

Durch die zunehmende Internationalisierung wird die Außenhandelsaktivität des Großhandels zunächst absolut und ab der Jahrtausendwende mindestens noch relativ zunehmen.

Die wirtschaftliche Entwicklung wird kräftige Logistikoligopole fördern, u.U. sogar in Logistikmonopole münden, z.B. in einigen Bereichen des Lebensmittelhandels, u.a. beim Tabakwarenhandel.

Szenario II

Wie in anderen Wirtschaftsbereichen wird auch im Großhandel durch Szenario II eine Weiterentwicklung erwartet, die aber durch die bei Darstellung des Szenarios I erörterten Tendenzen beeinträchtigt wird. Das wirtschaftliche Wachstum gibt jedoch mehr Spielräume und der zeitliche Ablauf der rückläufigen Entwicklungen dürfte erheblich langsamer sein als unter den Bedingungen von Szenario I.

L. Der Einzelhandel

Die Probleme

Für die Beurteilung der Entwicklung des Einzelhandels sind mindestens die folgenden Unterschiede der Angebotsformen, d.s. Betriebs- und Vertriebstypen, zu beachten:

1. Ladeneinzelhandel und Nichtladeneinzelhandel, d.i. der Postversandhandel, der Direktvertrieb an der Haustür, das Direktmarketing mit Post- und Telefonkontakten (Direct Marketing), demnächst auch Telemarketing und Teleshopping, aber auch der Markthandel,
2. Spezial-, Fach-, Mehrbranchen- und Vielbrancheneinzelhandel mit Sortiments- und Segmentkundenansprache, z.B. Orientierung an bestimmten Lebensstilen,
3. preisaggressiver Einzelhandel – Diskonteinzelhandel – und serviceintensiver Einzelhandel,
4. City-Einzelhandel, Einzelhandel in Zentren von Stadtteilen oder in Bebauungsgebieten von Wohnsiedlungen und kleineren Gemeinden sowie Einzelhandel auf der grünen Wiese.

Die Gewinner im Kampf um die Gunst der Konsumenten waren in den letzten Jahrzehnten mit weitem Abstand die preisaggressiven Betriebstypen. In den siebziger und achtziger Jahren begünstigten einmal die geringen realen Kaufkraftsteigerungen gegenüber vorher und zum anderen die sich stetig verbessernden Preis-/Leistungsbedingungen der preisaggressiven Anbieter diese Tendenz.

Kräftig waren die räumlichen Verschiebungen der Umsätze und damit die regionale Veränderung der Handelslandschaft. Die Gesetzmäßigkeit der Dezentralisierung der Zentralität zeigt eine Stärkung der Nicht-City-Wohngebiete im Vergleich zur City.

Die zunehmende Nutzung des PKW hat eine starke Bevorzugung von autokundenfreundlichen Standorten, vor allem außerhalb von Siedlungsgebieten und gegenüber den auf Fußgänger und den öffentlichen Nahverkehr angewiesenen Standorten geführt.

Bei den fachlichen Anbietern verdrängten Fachdiskonter die Supermärkte und Fachgeschäfte, bei Nichtlebensmitteln verändern die Fachmärkte die Handelsdynamik zur Zeit in besonderem Umfange. Sie bedrängen Warenhäuser, Verbrauchermärkte und Fachgeschäfte.

Der Einzelhandel unterliegt der totalen Waren- und Dienstekonkurrenz um die Konsumenten, so vor allem in den Bereichen Tourismus, Freizeitdienstleistungen und Gastronomie.

Vielfach hat sich der Einzelhandel daher auch in diesen Bereichen engagiert. Er gehört zu den besonders diversifikationsintensiven Wirtschaftszweigen.

Die bedeutendsten Verlierer bei Mehrbranchenanbietern waren seit 1973 die Warenhäuser, deren Marktanteil sich in fünfzehn Jahren auf etwa ein Drittel – ohne Nichtwarenhausaktivitäten – verringert hat.

Die Gewinner waren Verbrauchermärkte und SB-Warenhäuser, die ihre Sortimentskompetenz stetig ausbauen, vor allem auch – wie die Fachmärkte – durch die Nutzung von Warenwirtschaftssystemen, zu denen sich die klassischen Fachgeschäfte und Warenhäuser nur mit Mühe durchringen können.

Die Investitionsbeschränkung durch gesetzliche Restriktionen für die Eröffnung von neuen Flächen mit über 1 500 qm Bruttogeschoßfläche oder etwa 1 000 qm Verkaufsfläche außerhalb der bereits einzelhandelsstarken Kerngebiete in den Städten aufgrund § 11 Absatz 3 Baunutzungsverordnung ist seit 1977 der zentrale Faktor einer starken Konzentrationsförderung. Außerdem haben die Flächenrestriktionen die Fachdiskonter gefördert.

Extrem günstig ist die Entwicklung ausländischer Anbieter im deutschen Einzelhandel. Dies weist auf zunehmende Defizite beim Kundenverständnis des deutschen Einzelhandels hin.

Als Beispiele seien genannt: Bei Bekleidung Hennes & Mauritz aus Schweden, Rodier, Prénatal und Phildar aus Frankreich, Benetton und Stefanel aus Italien, Pariscope aus Großbritannien, Charles Vögele aus der Schweiz, Brons (Fachdiskonter) und M & S aus den Niederlanden; bei Schuhen Eram, André und Bata aus Frankreich, bei Möbeln Ikea aus Schweden und Roche Bobois und Roset aus Frankreich, Optik-Bock gehört zu Searle (USA).

Das SB-Warenhausunternehmen Massa oder das Cash-and-carry-Unternehmen Metro verkaufen mit Erfolg Versicherungsleistungen. Damit erschließt sich für Versicherungen ein neuer Vertriebsweg. Neckermann bietet Versicherungen als Versender an.

Das Beispiel Quelle mit dem Streben nach einem Angebot aller Finanzgeschäfte für die Familie über die eigene Noris-Bank und die zusätzlich übernommene Verbraucherbank ist ein Beweis für das Eindringen des Einzelhandels in das Bankgeschäft.

Kombinierte Waren- und Dienstesysteme

Kombinierte Waren- und Dienstesysteme werden z.B. für Automobilbesitzer geschaffen, die ihren Wagen selbst lackieren wollen. Sie erhalten in einer Werkstätte die erforderliche Spachtelmasse und Grundierung und lackieren allein mit einer Anleitung zum Selbstlackieren oder nehmen fachliche Hilfe beim Lackieren in Anspruch.

Die Kombination von Produkten und Dienstleistungen gewinnt steigende Bedeutung. In den USA spricht man neuerdings von serviproducts. Gerade für die Produkte, hinter denen Firmen wie IBM, Xerox, American Bell, Kodak, Wang, aber auch Canon und Sony stehen, nimmt der Trend zum Direct Marketing zu.

General Electric bietet – wie bereits erwähnt – Personalcomputer von IBM und Apple sowie weiteren Anbietern als Hardware mit Integrationsmöglichkeit in ein weltweites Datenübertragungs- und Verarbeitungsnetz an. Außerdem übernimmt General Electric die Wartung der Anlagen.

Die Beschleunigung des Produktlebenszyklus verhindert die klassische Einführung von Produkten im gewerblichen Bereich über den Handel. Hohe Außendienstintensität und Versandhandel gelten heute zunehmend als rasch genug, um die Durchsetzung im Markt vor einer Nachahmung durch Konkurrenten zu gewährleisten.

Bei bestimmten neuen Produkten unterliegt der Handel einer harten Ausschaltungsgefahr.

Die Szenarien und die Handlungsalternativen

Der Bedarf an Einzelhandel insgesamt wird primär durch die Anzahl der Einwohner und vom verfügbaren Einkommen bestimmt.

Für die Ausrichtung des privaten Verbrauchs ist überdies die Gewichtung alternativer Lebensformen der Konsumenten von ausschlaggebender Bedeutung, insbesondere ob Werte der freiwilligen Einfachheit oder hedonistische Werte verfolgt werden.

Die Wertedynamik beim Kreditverkauf: Der Einzelhandel muß sich darauf einstellen, daß die Bewertung der Kreditnahme von Konsumenten durch Gerichte neuen Wertvorstellungen folgt. Im Kleinkreditbereich an Konsumenten sprechen Gerichte bereits heute zugunsten des nichtzahlungswilligen Konsumenten Recht – und nicht zugunsten des Einzelhandelsunternehmens, etwa nach dem Motto, daß dem Unternehmer der Verlust weniger weh tue als dem Konsument die Zahlung.

Elektronische Transaktionen: In der Bundesrepublik Deutschland beschränkt sich die Diskussion um Telemarketing und Teleshopping bisher primär auf die Beziehungen zwischen Unternehmen und Konsumenten, und sie leidet unter der Auswirkung von unzulänglichen Ergebnissen der Bildschirmpilotprojekte in Düsseldorf und in Berlin.

Man kann es nicht deutlich genug herausstellen: Die Diffusion der elektronischen Transaktionen beginnt zwischen Unternehmen und wird zuerst dort zu voller Blüte gelangen. Erst in einer zweiten Phase erfolgt dann die Durchsetzung zwischen Unternehmen und privaten Haushalten. Dies wird in größerem Umfange etwa gegen Mitte der neunziger Jahre der Fall sein. Wenn sich gegenüber den bisherigen Planungen nicht noch wesentliche Verzögerungen ergeben, dürften durch Teleshopping im Jahre 1995 gut 3,6 % des Einzelhandelsumsatzes oder 20 Mrd. DM Umsatz zu Preisen von 1982 getätigt werden.

Ein vielfach höherer elektronischer Transaktionsumsatz ist zwischen Unternehmen, z.B. zwischen Hersteller und Handel, vor allem aber auch zwischen Großhandel und Handwerk, zu erwarten.

Mediale Instore-Transaktionsprozesse: Mediale Waren- und Geldtransaktionen werden sich sequentiell, d.h. im Zeitablauf mit unterschiedlichen Verfahren, durchsetzen. Eine erste Phase, die bis zur Jahrtausendwende dauern dürfte, wird überwiegend durch Nutzung neuer Medien von Ladengeschäften aus geprägt sein. Letztlich handelt es sich dabei um mediales Shopping und Banking am Verkaufspunkt. Die vergleichsweise günstigsten Vorbedingungen für das mediale Shopping bieten Hartwaren, und dabei vor allem Markenartikel. Die ersten Ansätze dieses Vertriebstyps in den USA, so des Schuhunternehmens Florsheim, das über 35 000 Artikel auf diesem Wege anbietet, sind dafür eine Bestätigung.

Mediale Home-Transaktionsprozesse: Nachdem viele Konsumenten als Mitarbeiter in den Unternehmen durch das Eindringen von Bildschirmen in die Arbeitswelt eine gegenüber heute viel bedeutendere Erfahrung mit Medien haben werden, beginnt die Phase der medialen Transaktion von der Wohnung bzw. auch vom Arbeitsplatz aus. Der Einsatz des Home-Shopping und -Banking wird so einfach sein wie die Bedienung heutiger Elektrogeräte. Die Durchsetzung dieser neuen Transaktionssysteme dürfte zwischen 2015 und 2020 erfolgen, so daß alle Haushalte medial angebunden sind.

Teilweise kommt es durch die medialen Transaktionen zu einer Ausschaltung des Einzelhandels und damit zu einer Vertikalisierung: So geht Comp-U-Card – einer der Anbieter von Einzelhandelswaren über

Telefon oder Computerkontakt – in den USA davon aus, daß die direkten Auslieferungen der Hersteller an den Konsumenten von 1984 10 % auf 1987 50 % ansteigen. Im Jahre 1984 wurden noch etwa 80 % von Großhändlern und 10 % von Einzelhändlern geliefert.

Im Handel entstehen neuartige Hilfsbetriebe. Neben Systemoperatoren sind Kommunikationsspezialisten als kreative Software-Hersteller zu nennen, die in den USA Integrator, Syndicator oder Packager genannt werden.

Die *Preistransparenz* aufgrund von Preisevidenzkonzepten über Bildschirm wird neue Diskussionen über den klassischen Markenartikel, d.h. den Herstellermarkenartikel, und neue Markierungslösungen für Handelsmarken bringen. Mit zunehmender Preistransparenz werden sich Preisunterschiede nur noch dann durchsetzen lassen, wenn echte Leistungsunterschiede geboten werden. Die Preisdifferenzierung nach Kundengruppen dürfte schwerer werden. Als Ausweg zur Erhaltung der Nichtvergleichbarkeit von Preisen könnte die Zahl der Handelsmarken oder segmentspezifischer Herstellermarken zunehmen.

Neue *Abonnementskonzepte* werden Kunden für die Abnahme zeitlich nacheinander zu erbringender, sich regelmäßig wiederholender Leistungen angeboten werden, d.h. Abonnements für

- Lebensmittel,
- Reinigung, z.B. für Wäsche, Wohnung, Fenster,
- Waren und Dienstleistungen für den Garten,
- Erwachsenenfortbildung sowie für
- Informationen über die Lebensbereiche, z.B. Beruf, Stellung im Lebenszyklus, sozialer Status, Weltanschauung, politische Anschauung, Hobbies.

In nennenswertem Umfange ab etwa 2010 dürfte die Nachfrage der Konsumenten nach Nahrungsmitteln aufgrund von Konzepten der Abonnements und des Kontraktmarketing anlaufen. Man schließt mit einem der wenigen dann noch vorhandenen Anbieter einen Rahmenvertrag über die Jahresbelieferung von Lebensmitteln im Gegenwert von mehreren tausend DM – je nach Haushaltsgröße und Anzahl der im Haus zu Verpflegenden. Zur Vorbereitung des Vertrages wird über Bildschirm oder persönlich mit dem lokal zuständigen Konsumberater des Lebensmittellieferanten Kontakt aufgenommen. Es könnte möglich sein, den Vertrag sogar mit einer Meistbegünstigung zu verbinden, d.h. mit der Garantie eines Differenzverzichts durch den Lieferanten, wenn ein anderer Lieferant preisgünstiger liefern sollte. Die Konzepte der fahrenden Tische oder fliegenden Teller sowie des Party-Service sind erste Vorläufer dazu.

Für die Weiterentwicklung dieser Abonnements gibt es viele Ergänzungen, z.B. die Einbeziehung von Bankgeschäften und Versicherungsleistungen, das Angebot von Arbeitsmöglichkeiten, auch Teilzeitbeschäftigungen für Mitglieder des Haushalts bei mehrjährigen Dauerkaufkontrakten.

Bei Mehrjahresverträgen dürfte es auch zu Beteiligungsangeboten an dem Lebensmittelunternehmen kommen.

Hersteller könnten in Innenstädten, z.B. in ehemaligen Warenhäusern, Beratungszentren unterhalten. Nach einer kostenpflichtigen Beratung erfolgt die Bestellung in Beratungszentren oder von der Werbung aus medial und die Abholung der Waren ab innerstädtischem oder außerstädtischem Lagerhaus.

Die persönlichen Kontaktformen: Durch die unpersönlichen neuen Medien kann im stationären Ladenhandel sowie im Direktvertrieb durch Repräsentanten und Kontakter in der Wohnung mit veränderten Ansprüchen der Konsumenten gerechnet werden.

Die veränderten Arbeitszeitordnungen werden vor allem neue Alternativen der Teilzeitbeschäftigung und der Nebenbeschäftigung bei der Transaktion von Waren und Diensten fördern.

Dies könnte auch durch *neuartige Formen der Selbständigkeit* im Einzelhandel gefördert werden.

Bei Szenario I wie bei Szenario II kann davon ausgegangen werden, daß zwischen Konsumenten und Handel folgende Spielarten der medialen Transaktion entstehen werden:

1. der Einzelkauf bei inländischen Anbietern oder auch bei ausländischen Anbietern,
2. der Kontraktkauf und die Abonnements mit Rahmenverträgen über die Auslieferung von Waren, die jedoch regelmäßig oder unregelmäßig individuell bestellt werden, teilweise auch durch individualisierte Computerprogramme ohne jeweilige Mitwirkung der Konsumenten bzw. des privaten Haushalts,
3. die Kontrakte über Notbedarfe, z.B. Reparaturen.

Durch die neuen Medien entstehen Einzelhandelssysteme einer bisher nur in Ansätzen gegebenen Komplexität, so die kombinierten Angebote von Waren und Dienstleistungen, z.B. von Finanz- und Versicherungsleistungen neben Waren.

Durch die neuen Medien entstehen im Einzelhandel neue Betriebstypen, z.B. die Unterbreitung von Angeboten oder auch Annahme von

Bestellungen in der Wohnung oder außerhalb der Wohnung, in stationären Einzelhandelsfachgeschäften oder an sonstigen frequentierten Standorten, z.B. in Büchereien, Schulen, Behörden.

So könnte der Fachhandel mit Elektrogeräten oder Geräten der Unterhaltungselektronik sich gliedern in:

- Beratungsspezialisten, die gegen Bezahlung beraten,
- Einbau- und Servicespezialisten,
- Logistikspezialisten.

Tendenzen zur Konzentration und zur Oligopolisierung bis zur Monopolisierung: Je nach dem Grad der Weiterentwicklung des Wirtschafts- und Gesellschaftssystems werden entweder ein regionaler Alleinversorger – am frühesten bei Lebensmitteln – zu erwarten sein, der entweder staatlich oder neokonsumgenossenschaftlich organisiert sein wird, oder mehrere hocholigopolisierte Regionalversorger. Diese werden mit Konsumenten Rahmenverträge über ihren Jahresbedarf abschließen, der teilweise automatisch – wie Zeitungen, Milch und Brötchen –, teilweise durch Individualentscheidungen der Konsumenten geliefert wird. Wochenwaren und monatlich benötigte Waren können von den Konsumenten auch abgeholt werden. Die Preisgestaltung berücksichtigt die logistischen Leistungen der Konsumenten.

Der kräftige Bedeutungsrückgang des Ladeneinzelhandels ist begleitet von einer Zunahme anderer Kontaktpartner bei Freizeitaktivitäten und beim Außer-Haus-Verzehr. In diese Richtung werden die klassischen Innenstädte umstrukturiert und neue Standorte erschlossen werden. Die Durchsetzung von Bildschirmtext, Kabelfernsehen und Satellitenfernsehen, Bildplatte, Homecomputer, Datenbanken und deren Verbindung – die *Compunications* – lassen weit über die bisherige Diskussion hinausgehende Alternativen der Marktbearbeitung erwarten.

Die neuen Medien erleichtern auch die *Internationalisierung des Einzelhandels*. So könnten Waren medial über Satellit weltweit vermarktet werden.

Dabei kann die Vermarktung der Jahresproduktion durch einen Hersteller u.U. in wenigen Stunden mit differenzierten Zahlungs- und Lieferangeboten erfolgen. Dies wäre ein weiteres Beispiel der *Vertikalisierung* unter Ausschaltung des Einzelhandels.

Abgesehen von erst zu klärenden Rechtsfragen über die Eigenschaft des Bildschirmkaufs als Kauf an der Haustür oder nicht, bleiben Probleme des Eigentums und der Monopolisierungsgrade der Informationssystemträger und der Informationsverfügbarkeit zu lösen.

Auch der *stationäre Einzelhandel* steht vor Umstrukturierungen. Dazu gehören die neuen konsumenten-, freizeit- und sozialbürgerorientierten *Megazentren* – neue Multifunktionsaufenthaltsorte mit ungefähr 1 Mill. qm und mehr Bewegungs- und Nutzfläche unter Dach, ergänzt um Flächen für den öffentlichen Verkehr und den privaten Individualverkehr. Sie bündeln an einem Standort

- Hotellerie, Gastronomie,
- Einkauf,
- Sport aller Erscheinungsformen,
- Bildung mit flexiblen Systemen
  - Sekundarschulen,
  - Universitäten,
- Theater, Kino,
- Video-Medien-Center mit über 200 Satelliten- und Kabelprogrammen,
- Ausstellungen in den Bereichen Kunst und Kunstgewerbe,
- Diskussionsgelegenheiten.

Es handelt sich dabei um die Neubündelung und Neuordnung von Funktionen der traditionellen Stadtzentren, jedoch mit besser funktionierender Zueinanderordnung aller Aktivitäten. Auch dort werden die neuen Medien die Kontaktgefüge mitprägen und weiterentwickeln.

In Edmonton in Canada wurde im Jahre 1985 ein Zentrum – hervorgegangen aus einem klassischen Shopping Center am Stadtrand – mit fast 500 000 qm unter Dach eröffnet, das die erwähnten Aktivitäten zusammenfaßt. Man kann nach Realisierung der geplanten Erweiterungen um ein Hotel und weitere Dienstleistungsbetriebe von einer City außerhalb der City sprechen.

Szenario I

Die Entwicklung des Einzelhandels dürfte bei dem angenommenen Bevölkerungsrückgang nach der Jahrtausendwende durch folgende Haupttendenzen geprägt werden:

- eine Stagnation bzw. mit zunehmender Tendenz ein Rückgang der verfügbaren Einkommen und des privaten Verbrauchs mit geringerem Bedarf an Einzelhandelskapazität,
- die Umwertung der Standorte durch regionale Bevölkerungsumschichtungen und neue raumordnerische Lösungen,
- die allgemein verbreitete Nutzung der neuen Medien,

- die Kombination von Großhandels- und Einzelhandelsaufgaben und die verstärkte Produktion durch den Einzelhandel.

Von dem Bevölkerungsrückgang nach der Jahrtausendwende wird der Einzelhandel mit Lebensmitteln, Bekleidung und Kraftfahrzeugen am vergleichsweise härtesten betroffen werden.

Um das Jahr 2015 kann eine Umsatzverteilung der Einzelhandelsnachfrage wie folgt erwartet werden:

- etwa 20 % durch neue Medien direkt,
- etwa 13 % durch andere Formen des Direktvertriebs und neue, bisher nicht vorhandene Vertriebs- und Betriebstypen, z.B. durch Direktbezug bei Logistikzentren,
- etwa 55 % durch Läden, davon ein Teil in den erlebnisorientierten neuen Megazentren, die durch Weiterentwicklung der Stadtkerne, aber auch als geschlossen geplante und errichtete Totalversorgungszentren entstehen,
- etwa 12 % sonstiger Nichtladenhandel, z.B. Kraftfahrzeuge.

Diese Vorausschätzung dürfte auf Widerspruch stoßen. Erinnert sei jedoch an die Erfindung der Selbstbedienung, die in Westeuropa bei ihrem Beginn, d.h. um 1955, noch weitgehend als ungeeignet abgelehnt und belacht, aber zum bisher dominanten Trend für die Warenentnahme in der zweiten Hälfte dieses Jahrhunderts wurde. Erinnert sei an viele Anfeindungen des Fernsehgerätes, das heute fast alle Haushalte erreicht hat.

Historisch hat der Wandel der Betriebs- und Vertriebstypen des Handels eine lange Tradition. Der derzeitige klassische Ladeneinzelhandel wird innerhalb von drei Jahrzehnten kräftiger zurückgeschnitten werden als je zuvor.

Von 1980 bis 1995 dürften sich die Einzelhandelsverkaufsflächen noch von rd. 51,5 Mill. qm auf 61,5 Mill. qm erhöhen, die Geschäftsflächen von 81,5 Mill. auf 94,2 Mill. qm.[19)]

Gemessen am Gesamtbedarf an Einzelhandelsflächen und auch unter Berücksichtigung von zusätzlichem Bedarf durch Standortumwertungen entsteht in einigen Branchen bereits in den neunziger Jahren historisch erstmalig in der Bundesrepublik Deutschland eine Situation der Überausstattung mit Ladenflächen – ein Overstoring, z.B. bei Möbeln.

Die elektronische Warenentnahme durch Konsumenten dürfte gegen Ende dieses Jahrhunderts zu einem zunehmenden realen Rückgang des

---

19) Vgl. Tietz, Bruno: Konsument und Einzelhandel, Strukturwandlungen in der Bundesrepublik Deutschland von 1970 bis 1995, 3. Aufl., (Lorch Verlag) Frankfurt a. M. 1983, S. 1167 ff.

Umsatzes des Ladeneinzelhandels führen. Spätestens zu diesem Zeitpunkt ist dann auch mit einem Rückgang der Einzelhandelsflächen zu rechnen, wenn auch branchenspezifisch unterschiedlich.

Geht man von einer Lebensmittelverkaufsfläche von 16 Mill. qm im Jahre 1982 aus, entspricht dies rd. 0,26 qm je Einwohner. Bei einem Rückgang um 1 Mill. Einwohner werden unter sonst gleichen Bedingungen allein für diese Warengruppe 0,26 Mill. qm Ladenfläche überflüssig.[20]

Bis zum Jahre 2030 ist somit eine Flächenveränderung im institutionellen Einzelhandel zu erwarten, die vom Wachstum des privaten Verbrauchs und der Nutzung von Medien abhängig ist.

Bei Schwellenwerten des Ladenhandels zwischen 55 % und 45 % des institutionellen Einzelhandels und bei Stagnation des privaten Verbrauchs auf dem Niveau von 1980 ergeben sich folgende Flächenwirkungen, bei denen noch ein Rückgang der realen Flächenproduktivität unterstellt wird:

Gegenstand	Anteil des Ladenhandels am institutionellen Einzelhandel im Jahre 2030			
	Verkaufsfläche		Geschäftsfläche	
	Alternative 1 55 %	Alternative 2 45 %	Alternative 1 55 %	Alternative 2 45 %
Fläche 1995 in qm	72 Mill.	72 Mill.	94 Mill.	94 Mill
Flächenrückgang von 1995 bis 2030 in qm	– 18 Mill.	– 23 Mill.	– 28 Mill.	– 36 Mill.
Endbestand	54 Mill.	49 Mill.	66 Mill.	58 Mill.

Daraus folgen Umbewertungen der Immobilien, d.h. auch ein kräftiger Rückgang der Mieten. Wer zu teure Flächen hat, muß mit Konsequenzen hinsichtlich der Preiswettbewerbsfähigkeit rechnen.

Szenario II

Bei der in Szenario II zugrunde gelegten Bevölkerungsentwicklung dürfte sich die neue Bevölkerung eher langsamer der medialen Marktentnah-

20) Vgl. auch Henksmeier, Karl Heinz: Überkapazitäten durch sinkende Bevölkerungszahlen und stagnierenden Mengenverbrauch zwingen zur Wende im Denken und Handeln, in: Dynamik im Handel, 28. Jg., 1984, Nr. 6, S. 2 – 8, S. 4.

me zuwenden, auch wenn die Überwindung der Sprachbarrieren durch die neuen Medien, d.h. die Bereitstellung aller Informationen in mehreren Sprachen, einen fördernden Faktor darstellen dürfte.

Man kann hier bis 2030 von einer Zunahme des Privaten Verbrauchs um 50 % (Basis 1995) ausgehen. Daraus ergeben sich die folgenden Flächenwirkungen:

Gegenstand	Anteil des Ladenhandels am institutionellen Einzelhandel im Jahre 2030			
	Verkaufsfläche		Geschäftsfläche	
	Alternative 1 60 %	Alternative 2 50 %	Alternative 1 60 %	Alternative 2 50 %
Fläche 1995 in qm	72 Mill.	72 Mill.	94 Mill.	94 Mill
Flächenrückgang von 1995 bis 2030 in qm	– 2 Mill.	– 13 Mill.	– 3 Mill.	– 19 Mill.
Endbestand	70 Mill.	59 Mill.	91 Mill.	75 Mill.

M. Die Banken

Die Probleme

Gegenüber der Frage der Bündelung oder Trennung der Aktivitäten der Banken und damit der Frage nach der Wünschbarkeit des nicht unumstrittenen Universalbankenkonzeptes haben alle weiteren Entwicklungsfragen im Hinblick auf Banken einen niedrigeren Rang.

Als bedeutende Entwicklungstendenz muß man weiter die Internationalisierung herausstellen, sowohl eine Erstarkung der deutschen Banken im Inland und Ausland als auch der ausländischen Banken, vor allem aus den USA und England sowie aus der Schweiz, im Inland.

Die Aktivitäten der Banken würden vor allem durch Änderungen des Weltwährungssystems betroffen. Weiter hätten Restriktionen der nationalen Bankengesetze und dabei vor allem der Rechte zur internationalen Tätigkeit Bedeutung. Die Tätigkeit der deutschen Banken wird zunehmend durch in der Bundesrepublik Deutschland auftretende bedeutende ausländische Banken ergänzt, so nach Auslaufen eines Gentlemen Agreement neuerdings vor allem der Schweizer Geschäftsbanken.

Durch die Internationalisierung der Produktion im Sinne einer Produktion deutscher Unternehmen im Ausland und ausländischer Unternehmen im Inland werden die Banken sich weit stärker als bisher internationalisieren, soweit nicht Restriktionen auf der Ebene der Nationalstaaten oder auf internationaler Ebene geschaffen werden.

Im Inland verändern sich die Wettbewerbsbedingungen. Das Streben der Sparkassen nach hauseigenen Anleihen ist ein Beispiel der veränderten Wettbewerbsbedingungen der Banken.

Vor allem bei der Finanzierung der Großunternehmen verschärfen die Genossenschaftsbanken die Konkurrenzbedingungen zu den Geschäftsbanken und Sparkassen.

Im System der Genossenschaftsbanken gilt die Regionalstufe als überflüssig.

Die Interessenkonflikte der Banken lassen sich zur Zeit wie folgt zusammenfassen: Banken sind gleicherweise

1. Eigentümer hoher Anteile an Unternehmen,
2. Interessenvertreter von Aktionären und sonstigen Anteilseignern mit Wahrnehmung von Stimmrechten,
3. Kreditgeber der Kunden, an denen sie selbst Eigentum halten oder Eigentum verwalten.

Banken steuern durch Kreditvergabeaffinitäten und -aversionen die Konzentrationsgrade. Benachteiligungen mittelständischer Unternehmen stehen tendenziell Förderungen von Konzernen gegenüber.

Zu klären ist auch, ob und in welcher Form Banken weiterhin Zwangsberatungen bei ihren Kunden durchsetzen können sollen.

Dies mündet generell in die Frage einer zukunftsträchtigen Kontaktpolitik zwischen Kreditnehmern und Banken, die zur Zeit durch Defizite gekennzeichnet ist.

Eine Grundfrage betrifft auch die weitere Entwicklung zwischen den öffentlich-rechtlichen und den privaten Kreditinstituten, die sich den Markt ziemlich genau zur Hälfte teilen. Man kann an der Verträglichkeit nach Aufnahme von Universalbankaktivitäten zwischen diesen Banken schon gewisse Zweifel anmelden, zumal die Initiativen und der Ehrgeiz im öffentlichen Bankenbereich sich sehr kräftig entwickelt haben, teilweise weit über ursprüngliche öffentliche Zielsetzungen der Kreditvergabe und Kreditbeschaffung im Bereich der regionalen Gebietskörperschaften, der regionalen Wirtschaftsförderung und Wohnungsbauförderung hinaus, vor allem auch im internationalen Geschäft. Man kann weiter fragen, ob ein Zusammenwachsen der öffentlichen Banken mit Geschäftsbanken zu Superbanken nicht die Konsequenz der zwischen ihnen bereits heute üblichen Konsortialgeschäfte sein muß. Gerade solche Entwicklungen könnten jedoch zu weiterer Kritik am Universalbankensystem führen. Diese Überlegungen führen zu der Frage nach wünschenswerten Proportionen zwischen öffentlichem und privatem Bankensystem und der Art der Konkurrenz zwischen diesen Systemen. Überdies ist langfristig die wünschenswerte Form des Wettbewerbs zwischen den Geschäftsbanken zu klären.

Manches spricht in der Bundesrepublik Deutschland für eine Deregulierung der relevanten Rechtsvorschriften, die branchenfremden Anbietern mehr Chancen im Bankgeschäft einräumt.

Im Gegenzug dürften die Kontrollen über die Banken tendenziell zunehmen, die Bedeutung der Bankenaufsicht wird steigen.

Ansätze politischer Initiativen

Eine Realisierung der im Zuge eines neuen Wirtschaftsprogramms der SPD entwickelten Vorschläge würde fundamentale Auswirkungen auf die Banken wie auf die Unternehmen haben. Dadurch würde eine den internationalen Entwicklungen diametral entgegenlaufende Dezentralisierung oder eine Verstaatlichung der Banken eingeleitet.

Danach soll eine Bank nur von jeweils einem Unternehmen einer Branche eine Kapitalbeteiligung von höchstens 10 % des Haftungskapitals und ein Aufsichts- oder Beratermandat besetzen dürfen. Dies würde die Tätigkeit einer Bank in der gesamten Industrie bei der Beteiligung oder Mitwirkung an stark diversifizierten Unternehmen auf weniger als ein Dutzend beschränken. Die Bankbeteiligungen sollen nach diesem Vorschlag zu Publikums- und Arbeitnehmerbeteiligungen werden. Man wird diese wie andere Diskussionen bei schwacher wirtschaftlicher Entwicklung sehr ernst nehmen müssen, solange eine Politik mit kräftiger Abstützung in der Bevölkerung zügige Umverteilung als einen gesellschaftspolitischen Erfolgsfaktor wertet.

Die Szenarien und die Handlungsalternativen

Die wichtigste Frage in einer schwach wachsenden, stagnierenden oder rückläufigen Wirtschaft wird für die Banken das Problem der Kreditsicherheit werden. Der in anderem Zusammenhang dargestellte Rückgang der Eigenkapitalbasis der Unternehmen ist ein deutliches Signal für Entscheidungs- und Handlungsbedarf.

Man kann erwarten, daß kaum ein Wirtschaftszweig in den nächsten Jahrzehnten stärkeren Wandlungen unterliegt als die Banken.

Die Banken werden u.U. durch Kooperationslösungen erheblich in neuartige Unternehmensbeurteilungssysteme investieren müssen. Der Ausbau von Frühchancen- und Frührisikoinformationssystemen durch Banken wird stark wachsen.

Dies wird zur Folge haben, daß die Kreditvergabekriterien wie auch die Produktpolitik der Banken differenzierter werden.

Die bankensysteminternen Informationssysteme wie auch die kundenorientierten Informationssysteme des Cash-Management oder des POS-Banking und das Homebanking werden sehr weitreichende Langfristwirkungen haben.

Die bankensysteminternen elektronischen Transaktions- und Informationssysteme haben zu schnelleren Kontakten zwischen Banken beigetragen, die noch stetig weiterentwickelt werden.

POS-Banking, der bargeldlose Zahlungsverkehr bei Waren- und Dienstleistungskäufen der Konsumenten, wird sich trotz mancher Verzögerungen durchsetzen. Homebanking wird folgen, so daß automatisierte Bankfilialen nur eine Zwischenstation darstellen.

Die Weiterentwicklung von Systemen des Cash-Management, etwa vom Typ COBRA – Commerzbank Balance Reporting and Analysis

–, wird wesentlich durch die Entwicklung der Weltwährungen und die internationalen Freiheitsspielräume der Banken bestimmt werden.

POS-Banking: Die derzeitige Diskussion über Kosten und Nutzen des POS-Banking geht von falschen Rechenmethoden aus. Erforderlich ist ein institutionenübergreifendes Vollkosten- und Vollnutzenrechnungswesen. Ein Signal der fehlenden Dynamik aufgrund unklarer Interessenlagen ist die derzeitige Pfennigfuchserei mit Verkennung der säkularen Bedeutung dieser Innovation. Der Streit um die Übernahme von Kosten, deren Höhe selbst mittelfristig wegen des weiterhin rapiden technischen Fortschritts bei Informationssystemen nur unzuverlässig abgeschätzt werden kann, geht am Kern der Dinge vorbei.

Der durch POS-Banking und durch Geldautomaten veränderte Kundenkontakt mit einem Verzicht auf Ein- und Auszahlungsvorgänge in den Banken wird fundamentale Konsequenzen auf die Aktivitäten und Strukturen der Banken haben, und zwar

1. auf die Aktivitäten der Mitarbeiter in Banken,
2. auf die Filialnetze der Banken.

Alle neuen Verfahren des online-electronic-funds-transfer beeinflussen die Filialnetze und deren ökonomische Tragfähigkeit als auch die Bankenkooperationen und -konzentration. Durch mediale Transaktionen werden die Flächenbedarfe und Filialzahlen der Banken stark rückläufig und überdies standortmäßig verändert.

Banken werden sich mit speziellen Aspekten der Wertedynamik auseinanderzusetzen haben. So wird für Banken vor allem das veränderte Eigentumsstreben der privaten Haushalte relevant. Die Beachtung der Eigenheiten der Unternehmer- und Managerpersönlichkeiten und der dadurch beeinflußten Unternehmensziele und Finanzierungsziele gewinnt an Bedeutung. Für immer früher aus dem Beruf ausscheidende Führungskräfte, so bei diskont-orientierten Handelsbetrieben ab 40 Jahre, dürften neue Existenzgründungsprogramme entwickelt werden.

Die Bewertung von Kooperations- und Franchisesystemen durch Banken wird sich ändern.

Geeignete neue Methoden zur Kreditwürdigkeitsbeurteilung sind aufgrund der Wertedynamik und des technischen Fortschritts zu entwickeln. Die Banken werden bei der Kreditvergabe veranlaßt sein, sich weitaus intensiver als bisher um die Qualität der Unternehmen zu kümmern, dabei auch um die Gewinnqualität. Das veränderte Wertesystem in Unternehmen und auch der Unternehmer mit reduzierter Gewinnverantwortung wird die Kreditaufnahmebereitschaft und die Rückzahlungsbereitschaft beeinflussen.

Diese Situation stellt die Banken vor völlig neue Probleme beim Account Management und Controlling gegenüber ihren Kunden. Der in den siebziger Jahren von den Banken geförderte „Consultismus" durch einige ausländische Beratungsoligopole hat die Grenze seiner Wirksamkeit bereits überschritten.

Leistungsfähige Beratungsalternativen fehlen zur Zeit. Die Umstrukturierung der internen Aktivitätenbündel, die die Banken beim Passivgeschäft zu bewältigen haben, ist eine der zentralen Herausforderungen für eine evolutionäre Weiterentwicklung unseres Gesellschaftssystems, letztlich neuer Formen der Kundenpflege.

Hinzuweisen ist neben diesen Wandlungen im Passivgeschäft auch auf die durch verändertes Geburten- und Familienverhalten sowie durch Veränderungen in der Altersvorsorge begründeten Veränderungen im Sparverhalten. Die Anforderungen an die Förderung der Spartätigkeit, insbesondere die Spartätigkeit der privaten Haushalte, werden neue Dimensionen erhalten.

Die Beratungsaufgaben der Banken gegenüber Privatkunden und gewerblichen Kunden und damit die interne Bankenorganisation sowie die Schwerpunkte der von den Banken zu erledigenden Aktivitäten werden sich wandeln.

Die organisierte Hilfestellung gegenüber in Schwierigkeiten geratenen Unternehmen durch Banken dürfte stark zunehmen.

Der Ausbau der Bankdienstleistungen und der Nichtzinsgeschäfte mit Privatkunden wird bereits heute intensiv diskutiert.

Unter dem Schlagwort des Finanz-Supermarktes werden die Aufnahme von Versicherungsleistungen, Bauspargeschäften, Immobilienvermittlung sowie Waren- und Dienstevermittlung diskutiert bzw. sind bereits anzutreffen. Die Konkurrenz der Banken und Versicherungen um die Altersversorgung dürfte sich in Zukunft verschärfen, wie die neuen Sparplan-Produkte der Banken zeigen.

So oder so werden Banken den Außendienst gegenüber Unternehmen und Konsumenten in einer bisher ungeahnten Form ausbauen müssen. Die totale Bankmobilität wird zunehmend durch Außendienste abgesichert werden, die über mobile Datengeräte verfügen.

Langfristig dürfte sich die Arbeitsteilung zwischen Versicherungen und Handels- sowie Dienstleistungsbetrieben in Richtung einer verstärkten Konkurrenz verändern. Konkurrenz könnte den Banken auch durch die erwähnten Finanzdienste der Einzelhandelsunternehmen erwachsen.

Es entstehen jedoch auch neue Finanzierungsformen und Finanzierungsinstitutionen außerhalb des Bankensystems, wie u.a. das Beispiel Sears zeigt.[21)]

Weiter ist nicht auszuschließen, daß die Einzelhandelsunternehmen in erheblichem Umfange finanzielle Dienste aufnehmen; sie könnten z.B. Bank-Diskonter oder Bank-Verbrauchermärkte werden.

Die Bankgeschäfte der Großindustrie werden in Zukunft weit über das Cash-Management hinausgreifen und damit zu einer Konkurrenz für das klassische Bankgeschäft werden.

Für Banken ist nicht nur die Intensität der Marktbearbeitung, sondern vielmehr der Ausbau des Angebots u.U. auch selbständig vermarktbarer Services wichtig. So bleibt auch abzuwarten, wie die japanischen Investmentbanken auf dem europäischen und deutschen Markt auftreten, so Nomura Securities Co., Nikko, Daiwa und Yamaidi. Im übrigen setzt Nomura in Japan fast 2 000 Verkaufsdamen als Teilzeitmitarbeiterinnen ein, die in der Wohnung Wertpapiere verkaufen!

Szenario I

Banken werden bei Szenario I den Prozeß des Ausscheidens von Unternehmen aus dem Markt in neuartiger Form begleiten müssen. Wie das Bankensystem nach der Jahrtausendwende mit dem vorauszusehenden Schrumpfungsprozeß fertig werden soll, ist in Anbetracht der Eigenkapitaldecke der Unternehmen ein völlig offenes Problem. Die Beobachtung der Liquidität von Kunden zur Sicherung einer genügend raschen Anpassung gehört zu den besonders wichtigen Herausforderungen.

Die Standortpolitik der Banken dürfte sich ändern. Vor allem die zu starke Filialbildung müßte bereits jetzt zurückgeschnitten werden, um im Falle eines kräftigen Rückganges der Anzahl der Einwohner und der Anzahl der Gewerbetreibenden nicht zu starke Überraschungen zu erleben.

---

21) Sears, Roebuck & Co., der Welt größter Einzelhandels- und Dienstleistungskonzern mit 38 Mrd. US-Dollar Umsatz, davon 21 Mrd. US-Dollar Einzelhandelsumsatz (1984), hat durch eine spektakuläre Kreditkartenaktion den Weg in den Universalbank-Service durch eine Nichtbank vorgezeichnet. Nach Testverlusten von 30 Mill. Dollar bis 1985 erwartet man für 1986 zusätzlich 115 Mill. US-Dollar Verlust, obwohl man den 28 Mill. Kunden diese Karte zum Ausprobieren zusendet. Durch Verzicht auf eine Jahresgebühr – die sonst 19 bis 45 US-Dollar kostet – will man Konsumenten gewinnen, durch niedrige Gebühr Einzelhandelspartner.

Szenario II

Unter den Gegebenheiten von Szenario II werden die Bedingungen für Banken wegen der geringeren Auswirkungen auf Unternehmen weniger von der derzeitigen Situation abweichen als bei Szenario I.

Die elektronischen Anpassungszwänge werden jedoch auch in diesem Falle zu fundamentalen Veränderungen der Abläufe führen.

N. Die Versicherungen

Die Probleme

Die deutsche Versicherungswirtschaft hat in den letzten Jahren ein günstiges Wachstum zu verzeichnen gehabt. Die Versicherungseinnahmen sind von 1950 bis 1982 zweieinhalbmal so stark gestiegen wie das Bruttosozialprodukt, d.i. auf das 38,5fache. Die Bedeutung sei nur anhand weniger Zahlen dokumentiert: Von der Versicherungswirtschaft sind von 1950 bis 1985 über 180 Mrd. DM im Wohnungsbau angelegt worden, meist in Form von Hypotheken-, Bank- und Schuldscheindarlehen. Die deutsche Lebensversicherungswirtschaft betreute Ende 1983 eine Summe von 983,6 Mrd. DM bei 67,2 Mill. Verträgen.

Die Vielfalt der Produkte hat stark zugenommen und wird mit Kreativität weiterentwickelt.

Der veränderte Gesundheitszustand führt zur Zeit zu höheren Versicherungsleistungen und verringert die Gewinne der Versicherungen.

Auf die Versicherungswirtschaft wirkt die Wertedynamik mit der allgemeinen Zunahme der Rechtsunsicherheit. So hat z.B. die Zahl der vorsätzlichen Brandstiftungen von 1972 bis 1982 von rd. 5 500 auf 9 400 zugenommen, die der Autodiebstähle von 1977 bis 1982 von 61 640 auf 78 543.

Veränderungen sind auch im Wettbewerb zwischen Versicherungen zu erwarten: ,,Danach hat die Bundesrepublik gegen den EWG-Vertrag verstoßen, weil das deutsche Versicherungsaufsichtsgesetz in der Fassung vom 29. März 1983 bestimmte Dienstleistungen aus anderen EG-Ländern auf dem Gebiet der Direktversicherung an das Erfordernis der Niederlassung und Zulassung in der Bundesrepublik bindet, ähnliches für den führenden Versicherer bei Mitversicherungen vorsieht, und für bestimmte Versicherungen Schwellenwerte festlegt.''[22]

Dieses globale Niederlassungs- und Zulassungserfordernis wird nach EWG-Vertrag abgelehnt, weil das erforderliche Maß der Zusammenarbeit zwischen den Mitgliedsstaaten verkannt, die Kosten für ausländische Versicherer beträchtlich erhöht und deren Wettbewerbsfähigkeit unvermeidlich verringert werde. [22]

22) (Vgl.) o. V.: Bundesrepublik droht zwangsweise Öffnung ihres Versicherungsmarktes, in: Handelsblatt, 41. Jg., Nr. 58, 24. März 1986, S. 9.

Die Szenarien und die Handlungsalternativen

Für die Versicherungen besteht die Kernfrage darin, welche Risiken sich in den nächsten Jahrzehnten entwickeln und damit, welche anderen oder zusätzlichen Versicherungsprodukte angeboten werden müssen. Dabei sind zwei Fragen zu beantworten:

1. Wie verändern sich die Proportionen bestehender Versicherungsleistungen?
2. Welche neuen Versicherungsleistungen sind erforderlich?

Man wird in allen Versicherungen stärker als bisher nach Risikoklassen differenzieren, z.B. nicht nur bei der Autohaftpflicht- und Kaskoversicherung, auch bei Sachversicherungen nach Risikogefährdung eines Wohnhauses oder bei der Krankenversicherung.

Durch die neuen Überlegungen zur individuellen gegenüber der staatlichen *Altersversorgung* erhält die Versicherungswirtschaft eine bedeutende zusätzliche Aufgabe. Jede Form der Reduzierung der Funktionsfähigkeit des Generationenvertrages oder auch die Selbstbeteiligung im Krankenversicherungsbereich bedeutet Chancen für neue Versicherungskonzepte. Von neuartigen Mischungen zwischen staatlicher Sozialversicherung und privater Altersversorgung kann bereits in absehbarer Zeit ausgegangen werden.

Die weiterhin zunehmende Verunsicherung der Menschen einerseits und die sich noch verschärfende Legalitätskrise andererseits sind als Grundelemente der Wertedynamik die Haupttriebfeder einer weiteren Zunahme der Nachfrage nach Versicherungsleistungen. Die Legalitätskrise dürfte neue Versicherungsanforderungen in der Diebstahlversicherung mit sich bringen, u.U. sind auch weitere neue Formen der Integration von Versicherungsangeboten in solchen Unternehmen, die Produkte mit Verbindung zu Versicherungen anbieten, zu erwarten, so für Kfz-Versicherungen bei Kfz-Herstellern oder für Hausratversicherungen bei Alarmanlagenproduzenten.

Jede Form der Reduzierung der staatlichen Leistungen im Bildungswesen bzw. zusätzlich qualifizierte nichtstaatliche Bildungsangebote fördern Ausbildungsversicherungen.

Veränderungen im Bedarf von Wohnungen können neuartige Konzepte von Mietgarantieversicherungen entstehen lassen.

Bei zunehmender Versicherungsdurchdringung, d.h. allmählicher Sättigung mit Versicherungsleistungen, nimmt der Personaleinsatz bei den Versicherungen zu, d.h. die Kosten je ,,Versicherungseinheit“ steigen an.

Die Polarisierung zwischen Versicherungsdiskontern, die im Versandhandel und per Direktwerbung absetzen, und außendienstintensiven Serviceversicherungen dürfte rasch zunehmen.

Szenario I

Gegen die Jahrtausendwende ist ein Volumeneinbruch der Versicherungen trotz höherer Versicherungsanforderungen jedes Bürgers bzw. Privathaushalts und auch jedes Unternehmens zu erwarten.

Szenario II

Bei Szenario II ist ein zufriedenstellendes Entwicklungsbild zu erwarten.

Die Anforderungen an die Ausgestaltung der Vertragsbedingungen nehmen bei der Umwerbung von Kunden mit geringen Kenntnissen der deutschen Sprache erheblich zu. Forderungen dieser Art werden insbesondere von Verbraucherverbänden und nationalitätenorientierten Interessenvertretungen vorgetragen werden.

O. Die Gastronomie und die Hotellerie

Die Probleme

Durch die Freizeitdynamik und die generellen Einkommenssteigerungen haben der Außer-Haus-Verzehr und die Übernachtung in Hotels in den letzten Jahrzehnten stark zugenommen. Dabei hat sowohl der Private Verbrauch der Konsumenten als auch insbesondere der sogenannte Kostenverzehr auf Rechnung der Unternehmen und Institutionen zugenommen. Der Kostenverzehr wird vor allem auch durch Kongresse und Tagungen sowie weitere persönliche Kontakte aufgrund der Zunahme der regional und national tätigen Einrichtungen und Institutionen gefördert.

Im Bereich der Gastronomie wie auch der Hotellerie zeigen sich Qualitäts- und Preispolarisierungen. Dabei haben die Fast-food-Systeme wie die hochstilige Individualgastronomie und preisgünstige Hotels wie auch Systemhotels die vergleichsweise günstigsten Entwicklungen. Die Mitte verliert an Akzeptanz.

Bemerkenswert sind in diesem Bereich die Erfolge ausländischer Unternehmen, so McDonald, Mövenpick, Hilton, Sheraton, Novotel, um nur einige Beispiele zu nennen.

Die Szenarien und die Handlungsalternativen

Ob die Hotellerie oder Gastronomie in der Bundesrepublik Deutschland ganz an Ausländer übergeht, ist eine Frage der Wertedynamik der Bundesdeutschen gegenüber dem Management und der Tätigkeit generell in Dienstleistungsberufen. Zur Zeit ist die Dienstleistungsbereitschaft in der Bundesrepublik Deutschland eher gering. Die Bedeutung der ausländischen Hotellerie und Gastronomie, der Ketten- und Individualgastronomie, nimmt deshalb auch stark zu.

Eine von ausländischen Unternehmen dominierte Hotellerie und zunehmend auch Gastronomie wird auf weitere Serviceaktivitäten ausstrahlen.

Wenn eine bedeutende Hotelgruppe, Quality International, die Schweiz, statt – wie zuerst geplant – die Bundesrepublik Deutschland für den europäischen Sitz bevorzugt, weil die Deutschen nicht bereit seien, die Denkweisen und Einstellungen zu entwickeln, die für die Dienstleistungsbereitschaft erforderlich sind, ist dies ein kräftiges Signal mangelnder Anpassungsfähigkeit und -bereitschaft an die Dienstleistungsgesellschaft. Überdies sei, so Quality International, die Grundeinstellung der Deutschen zu den Vereinigten Staaten zu ambivalent für die langfristig orientierte Tätigkeit eines amerikanischen Unternehmens in der Bundesrepublik Deutschland.

Szenario I

Die Gastronomie- und Hotellerieleistungen für Urlaubstouristen und Geschäftsreisende dürften zunehmen. Die Leistungen für Inländer werden auf höchstens drei Viertel der derzeitigen Leistungen in der Hotellerie und wegen Zunahme des Außer-Haus-Verzehrs der Singles und Angehörigen von Kleinfamilien auf etwa 85 % in der Gastronomie entfallen.

Leerstehende Häuser und Wohnungen könnten als Hobby-Hotels und Pensionen genutzt werden.

Die Substitution von persönlichen durch mediale Kontakte reduziert die Inanspruchnahme von Gastronomie- und von Hotelleistungen. Neue zusätzliche Anlässe für persönliche Kontakte, z.B. für Tagungen und Kongresse, haben eine gegenläufige Wirkung. Tendenziell dürfte das Kontaktniveau in Berufs- wie Freizeitgruppen eher zunehmen.

Die Nachfrage nach Gastronomie- und Hotellerieleistungen wird hinsichtlich der Standorte und der Intensität von der medialen Entwicklung mitbestimmt werden.

Die Nachfrage nach Gastronomieleistungen und die Nachfrageorte werden weiter durch die Anzahl und zeitliche Intensität von Berufstätigen im Bereich Telecommuting, d.h. solche, die ihren Beruf zu Hause ausüben, bestimmt. So könnte in Verbindung mit modernen Konservierungsverfahren und Gartechniken auch durch neue Hausversorgungsservices die zur Zeit kräftig steigende Nachfrage nach Außer-Haus-Verzehr je Einwohner einem umgekehrten Trend weichen.

Die Diversifikation nimmt zu. Hotelketten werden gleichzeitig Reiseveranstalter und Reisebüro.

Szenario II

Bei starken Ausländergruppen aus einzelnen Ländern wird die Schaffung spezieller Gastronomie- und Hotelleriebetriebe für die Angehörigen jeweils einer Nation zunehmen.

Tendenziell ist bei stabiler Bevölkerung eher mit einer Zunahme der Nachfrage nach Gastronomie- und Hotellerieleistungen zu rechnen, begünstigt durch den Besuch von Angehörigen der in der Bundesrepublik Deutschland arbeitenden Ausländer aus den Heimatländern.

P. Die Tourismuswirtschaft

Die Probleme

Die Tourismuswirtschaft hat sich in der Bundesrepublik Deutschland in nur zwei Jahrzehnten zu einem bedeutenden Wirtschaftszweig entwickelt, und zwar sowohl im Bereich Freizeittourismus, der in sehr starkem Umfang das Ausland bevorzugt, als auch im Bereich Geschäftstourismus, der vor allem durch Tagungen und Kongresse von Unternehmen, Organisationen und Verbänden getragen wird.

In der Bundesrepublik Deutschland hat sich ein Konzept der Trennung von Produzenten von Reiseprodukten, d.s. die Reiseveranstalter, und der Händler von Reiseprodukten, d.s. die Reisebüros, entwickelt. Die Reiseveranstalter befinden sich heute vorwiegend im Besitz von Reisebüros, Verkehrsträgern und Handelsunternehmen, vor allem der Warenhausunternehmen wie auch SB-Warenhausunternehmen.

Die Szenarien und die Handlungsalternativen

Die Anpassung der Reiseveranstalter und Reisebüros an die demographische Entwicklung bedeutet eine geeignete Segmentierung und starke Umschichtung der Reisevolumina, z.B. nach Altersgruppen.

Die Anpassung an veränderte Informationsbedarfe, hier vor allem die Einbeziehung klassischer Formen des Direktmarketing und neuer Medien, dürfte die Einzelhandelsstufe der Reisebüros teils substituieren und teils ergänzen. Kommunikationsdominanz wird zu einem wichtigen Vorsprungsfaktor.

Die Anpassung an neue Verkehrsanforderungen läßt erkennen, daß Busreisen und Charterflüge ihre Marktanteile steigern werden. Fast alle Reiseziele werden im Einkaufstourismus, Sporttourismus und Urlaubstourismus bei Kurzstrecken Bus-erschlossen und bei Langstrecken Charterflug-erschlossen sein. Das Feld der Charterflug-Pauschalangebote wird stark ausgedehnt werden.

Die Konkurrenz und Komplementarität zwischen Freizeitgestaltungsalternativen wird zunehmen. Ein neues Ereignisbewußtsein über mediale oder persönliche Teilnahme an Sportaktivitäten kann Reisen teils fördern, teils hemmen, z.B. der Sportler-Fetischismus.

Die Wertedynamik führt zu neuen Reisetrends: Besuche italienischer Couturiers durch Mode-Fans oder Reisen der in Österreich entstandenen, bereits regional gegliederten und eine Internationalisierung anstrebenden Clubs der allein gelassenen Frauen.

Die Diversifikation der Reiseangebote wird Reisebüros mit enger Spezialisierung einerseits und Tourismus-Dienstleistungs-Häuser andererseits als erlebnisorientierte Allround-Anbieter zur Folge haben.

Bei der Preispolitik wird der Konditionenunterschied zwischen Frühbucher und Spätbucher geringer werden, weil die tendenzielle Zunahme der Spätbucher weder für die Veranstalter noch für die Reisebüros kostenmäßig und damit ertragsmäßig zu verkraften ist. Dies schließt die Polarisierung zwischen Diskont-Produkten und Service-Produkten nicht aus. Das vom Kunden anerkannte Preis-/Leistungsvertrauensverhältnis wird neuer wichtiger Vorsprungsfaktor.

Die Standorte der Reisebüros werden sich nach dem Konzept der Dezentralisierung der Zentralität verändern. Innenstädte verlieren an Bedeutung. Shopping Centers, neue Fachmarktzentren, z.B. vom Typ des Ihme-Zentrums in Hannover, aber auch Verbrauchermärkte und SB-Warenhäuser, vielleicht sogar Sportzentren und Diskotheken werden neue Standorte für Reisebüros. Auch der Haus-zu-Haus-Verkauf und der Abonnementverkauf von Reisen dürften entstehen.

Szenario I

Die künftig weitaus geringere Anzahl von Kindern als bisher bei Szenario I erhöht die Mobilität der Erwachsenen. Der Bevölkerungsrückgang dürfte daher zu unterproportionalem Rückgang der Reisevolumina führen. Dafür sind die Einflüsse der Veränderung des individuellen Wohlstandes von Bedeutung.

Der bessere Gesundheitszustand und u.U. eine weitere Verlängerung des Lebensalters begünstigen den Altentourismus, vor allem auch den Langzeit-Wintertourismus.

Beim Geschäftstourismus wird die Anzahl der Tagungen und Kongresse weiter zunehmen; durch die Konzentration der Unternehmen dürfte der Rückgang der Teilnehmerzahlen eher überproportional zur Bevölkerungsveränderung verlaufen.

Szenario II

Bei Szenario II ist die Abweichung von Szenario I primär von der regionalen und kulturellen Herkunft der zusätzlichen Einwohner abhängig. In der ersten Generation der Zuwanderung wird sich der Urlaubstourismus der Neubewohner überwiegend auf das Pendeln zwischen der alten Heimat und der Bundesrepublik Deutschland beziehen. Frühestens die zweite Generation dürfte sich dem Urlaubsverhalten der Deutschen anpassen.

Der Geschäftstourismus wird wesentlich dadurch mitgeprägt, ob die ausländische Bevölkerung in die deutschen Unternehmen integriert wird oder ob sie eigene Firmen gründet und dadurch in der Bundesrepublik Deutschland polyfunktionale Minoritätengesellschaften entstehen. Hier wird dem Integrationsszenario wegen seiner vermutlich auch politischen Förderung die höhere Realisationschance eingeräumt als dem Isolationsszenario.

Q. Die Kultur- und Kommunikationsbetriebe

Die Probleme

Die klassischen Kulturbetriebe, so Theater, Kino, Museen, Bibliotheken, können durch mediale Kommunikationsangebote, vom Buch bis zur audiovisuellen Zwei-Wege-Kommunikation substituiert, aber auch komplementiert werden. Zwischen Kino und Theater einerseits und Videorecorder oder Bildplatte andererseits sind Substitutionen wie auch komplementäre Nachfrage, so nach dem Buch oder der Bildplatte zum im Kino oder Fernsehen gesehenen Film, möglich.

Generell ist zu erwarten, daß als Folge der Durchsetzung neuer Medien Umschichtungen erfolgen, die Altmedien teilweise in Frage stellen. Ein technisches Beispiel wäre die Ablösung der „normalen" Schallplatte durch die Compact-Laser-Disc.

Die im kulturellen Bereich tätigen Unternehmen und sonstigen Institutionen sind in ihrer Entwicklung davon abhängig, wie viel in sachlicher Hinsicht und wie häufig individueller kultureller Bedarf zu erwarten ist. Auf die Nachfrage hat die Subventionspolitik der öffentlichen Haushalte Einfluß, vor allem beim Theater.

Aufgrund der Wertedynamik ist zu fragen, ob und in welchem Umfange eine Kulturintensivierung und Kulturdemokratisierung möglich ist.

Für das zeitliche Auftreten und das Verbreitungstempo von neuen Medien ist vor allem die bereits heute manifeste politische Einflußnahme der etablierten Medieneigentümer zu beachten.

Eine Analyse der Kulturbetriebs- und Mediendynamik kann nicht unabhängig von der Werbung in Medien vorgenommen werden, da die Werbung bei den derzeitigen Finanzierungseigenheiten das Rückgrat der Existenz von Zeitungen und Zeitschriften darstellt. Zeitungen verkaufen leeres Papier an Werbetreibende und bedrucktes an ihre Leserkonsumenten.

Die Szenarien und die Handlungsalternativen

Der oft verfochtenen These eines Zusammenbruchs der bisherigen Medienlandschaft als Folge der neuen elektronischen Medien kann hier nicht gefolgt werden. Dem widerspricht bereits die historische Analyse der kommunikationstechnischen Entwicklungsphasen. So wurden durch das in der Vergangenheit als revolutionär beurteilte Fernsehen bislang weder das Schreiben und Drucken noch das Telefon und der Rundfunk substituiert. Veränderungen ergaben sich lediglich in den Nutzungsquoten. Diese Entwicklung wird auch bei den neuen Medien unverändert vonstatten gehen.

Spätestens ab der Jahrtausendwende wird sich eine Umgliederung der Medien ergeben. So wird die Bedeutung der klassischen Printmedien – Buch, Zeitschrift und Zeitung – rückläufig werden. Auch die klassische Rundfunkinformation dürfte an Bedeutung verlieren.

Der Print-Zeitungsrhythmus könnte sich verlängern auf mehrere Tage. Mediale Zeitungen werden wie die derzeitigen nationalen und internationalen Pressedienste dagegen unmittelbar nach Meldung mit differenzierten Abonnementsprogrammen per Computerausdruck ins private Haus oder in das Unternehmen geliefert. Die Differenzierung der Inhalte auf Lebensstile und Fachbedarfe dürfte weiter verfeinert werden.

Verschiebungen werden auch bei den Publikumszeitschriften und teilweise bei Fachzeitschriften erwartet. Hier kann jedoch auch davon ausgegangen werden, daß die Inhalte der Zeitschriften in neuartiger Form dem Medienverbundaspekt Rechnung tragen, d.h. daß die Inhalte zwischen bestimmten Fernsehprogrammen, Videodatenträgern und Zeitschriften intensiv und anders als bisher aufeinander abgestimmt werden.

Selbst wenn hier nur wenige Aspekte diskutiert werden konnten, bleibt festzustellen, daß die Konsequenzen der Mediendynamik für die klassischen Medien keineswegs generell negativ sein müssen.

Durch das veränderte Bildungsniveau könnte eine Höherentwicklung der kulturellen wie kommerziellen Kommunikation durch Medien erwartet werden.

Das Buch, mehr als bisher verbunden mit Audio- oder Audio-Video-Ergänzungen, dürfte auf absehbare Zeit einer der bedeutenden Kultur- und Informationsträger bleiben.

So wird die Harvard Business Review bereits von einer Videokassette begleitet. Eine Audiokassette ist in Vorbereitung.

Etwa nach der Jahrtausendwende könnten Bücher teilweise durch

Computerausdrucke in Buchform und u.U. auch mit Buchqualität ersetzt und ergänzt werden.

Das heutige Kino könnte langfristig durch gleich qualifizierte Angebote auf Großbildschirmen verdrängt werden, in einer Art Weiterentwicklung des Pay-TV.

Bei Theater und Konzerten wird in Zukunft das Subventionsvolumen eine Grundlage für die Existenz darstellen. Man kann erwarten, daß durch die zunehmende Mobilität die Reisen bedeutender Theater- und Konzertgruppen zunehmen, andererseits aber auch die kulturellen Reisen in andere Städte stark ansteigen.

Es entstehen veränderte Nachfrage- wie Angebotsbedingungen für kulturelle Leistungen.

Die Beziehungen zwischen *Kunst und Marktbearbeitung*, insbesondere in den Bereichen Mode, Design und Kommunikation, werden zu einem neuen Mäzenatentum zwischen Künstlern, Kulturbetrieben und Unternehmen führen.

Entsprechend der derzeitigen Sportförderung dürften ausgebaute Programme der Kulturförderung entstehen, die sowohl auf die Anbieter von Kunst als auch auf die Kunstnachfrage ausgerichtet sind.

Zu den Kosten und Preisen: Durch die neuen Medien entsteht ein wesentlich verändertes Gefüge von Angebot und Nachfrage nach Information und Kommunikation. Man wird hier auch neue Fragen nach den Kosten und Preisen der Informationsverfügbarkeit zu beantworten haben.

Im allgemeinen wird davon ausgegangen, daß die Kosten der Werbung und der sonstigen Marktinformation von der werbenden Wirtschaft getragen werden. Man könnte sich vorstellen, daß für bestimmte werbliche wie sonstige Informationen öffentliche und halböffentliche Einrichtungen oder die Nutzer und Konsumenten direkt die Kosten übernehmen, etwa wie bei Bildschirmtext.

In den USA z.B. ist durch das Kabelfernsehen bereits ein harter Wettbewerb um Zuschaueranteile entbrannt. Es werden sich neue Spielarten des medialen Wettbewerbs entwickeln.

Szenario I

Die Bedeutung der alten wie neuen Medien ist ebenfalls von der zu erwartenden Anzahl der potentiellen Nutzer abhängig.

Die Aufrechterhaltung eines kulturellen Eigenlebens der mittleren Städte, etwa ab 200 000 Einwohner, wird im Falle bevölkerungsmäßiger

Auszehrung problematisch. Eine etwa zuwandernde Ausländerbevölkerung hätte vermutlich andere Bedarfe, so daß sich in diesem Bereich die Wirkungen weitgehend durch die Bedingungen von Szenario I beschreiben lassen.

Unter den Bedingungen von Szenario I ist mit kräftigen absoluten Rückgängen bei allen klassischen Medien zu rechnen. Dies schließt nicht aus, daß sie für bestimmte Bürger- und Konsumentengruppen bedeutender sein können als in der Vergangenheit.

Szenario II

Bei Szenario II bleibt bei den klassischen Medien das Medienvolumen gegenüber heute in etwa erhalten. Es werden sich jedoch starke Differenzierungen ergeben, die durch sprachliche und kulturelle Auffächerung gekennzeichnet sind. Dies um so kräftiger, je geringer die Integration der Ausländer ist.

R. Ausgewählte weitere Dienstleistungen

Die Probleme

Es spricht alles dafür, daß sich die Vielfalt der Dienstleistungen und die Nachfragevolumina nach Dienstleistungen weiter erhöhen. Dabei ist zu beachten, daß ein Trend zur Substitution von sozialproduktrelevanten Dienstleistungen besteht.

Neue Dienste der Versorgung und Betreuung alter Menschen und veränderte Tourismuskonzepte sind Beispiele für eine weitere Expansion der Dienstleistungsgesellschaft. Als ein Beispiel für eine neue wachstumskräftige Dienstleistungsbranche gelten Computerreparaturstationen. Die Computer Repair Corporation in Sunnyvale, Kalifornien, erwartete eine Steigerung von gut 500 Mill. US-Dollar Umsatz im Jahr 1984 auf 1,3 Mrd. US-Dollar im Jahr 1987.

Die Szenarien und die Handlungsalternativen

Im Dienstleistungsbereich sind zahlreiche neue Berufe bzw. die zusätzliche Inanspruchnahme bestehender Berufe zu erwarten; für den privaten Haushalt u.a. Fensterreiniger, Gardinenpfleger, Bodenpfleger, Gehwegreiniger, Dachrinnenpfleger, Sicherheitsbeauftragter.

Im Bereich des Kleingewerbes seien erwähnt: Büroservice, u.U. als fahrbarer Büroservice, Bürotels, Bürocatering.

Die „gelbe Post“ mit Papiertransport wird durch die „graue Post“ ersetzt werden, durch die Informationen elektronisch transportiert werden. Die neuen Medien ermöglichen eine beliebige Transportfähigkeit z.B. von Bankleistungen, Einzelhandelsdienstleistungen, Bildungsleistungen und Büchereileistungen, d.h. Telelesen.

Neue Institutionen: Die Informationsdynamik ermöglicht neue Finanzierungsmaklertypen. Sie entwickeln und pflegen Adreßlisten von Lieferanten und Kunden zur Erleichterung von Tauschgeschäften (Barter Trade) im Rahmen der zunehmenden Bilateralisierung.

Weiter entstehen neue Schleusenorganisationen für Handelsbeziehungen zwischen und mit Ländern, deren nationale Handelsinfrastruktur nicht ausgebaut ist. Hier verbinden sich Auswirkungen der Dynamik des Welthandels mit solchen der Mediendynamik.

Neben den Herstellern werden als neue Institutionen im Kabelfernsehmarkt die Integratoren, die Systemoperatoren[23)] tätig.

Neue Gebrauchtwarenmärkte und Gebrauchtwarenunternehmen: Durch Btx und dessen technische Weiterentwicklung werden die Gebrauchtwarenmärkte neu strukturiert, so neben Immobilien in den Bereichen Personenkraftwagen, Lastkraftwagen, Schlepper, landwirtschaftliche Maschinen, Baumaschinen, Computer, sonstige Maschinen aller Art.

Nationale Gebrauchtwarenevidenzzentralen dürften sich rasch entwickeln. Ansätze auf dem Pkw- und Landmaschinenmarkt sind erfolgversprechend.

Der Handel mit Informationen: Spezialisierte Unternehmen betreiben Handel mit Informationen. Beispiele sind:

1. Fähigkeitstests für Erwachsene: Was kann ich?
2. Persönlichkeitstests: Wer bin ich?
3. Value-Clarification-Tests: Was will ich?

Solche Beratungsprogramme werden heute bereits in der Schweiz im

23) Hier eine Übersicht unter Einbeziehung von Firmen, die nur Werbung (obere Hälfte der Übersicht) oder die Werbung mit Auftragsannahme (untere Hälfte der Übersicht) betreiben (1983):

Hersteller	Integratoren	Systemoperatoren
Compuvision, Digital Equipment Corp., Digital Techniques, Greyhound Electronics, Interac, Nuvatec/Videospond	Allen Communications, DCI, Interactive Training Systems, LGM Associates, Metamedia Systems, VCM Systems, WDC Marketing	Bay Area Teleguide, Infomart, Information Service Systems, Infovision, Melvin Simon & Associates, Vimart
AT & T Information Systems, Byvideo, Cableshare, Digital Equipment Corp., Digital Techniques, IBM, NCR, Nuvatec/Videospond, Quarzon, Trilogic	Innosys	Comp-U-Card, Electronic Advertising Network

Verbund mit Zeitschriften angeboten.[24] Die Zeitschriften veröffentlichen und bewerben die Erhebungsbogen gemeinsam mit themenbezogenen redaktionellen Beiträgen. Sie übernehmen einen Teil der Programmierungskosten, während die variablen Kosten für die Bearbeitung der Fragebogen – 20 bis 40 DM – durch die Einsender bezahlt werden.

Werbeagenturen und Kommunikationsspezialisten werden, wie sich dies heute bereits bei Prospekten und Direktwerbung, d.h. individuellen Briefzusendungen, anbahnt, zielgruppenspezifische Medienprogramme entwickeln, die je nach Vorinformationsstand und Bildungsgrad angefordert bzw. angeboten werden.

Man kann erwarten, daß der Internationalisierung der Produktion eine Phase der Internationalisierung der Dienste folgen wird.

Weiter könnten neue Meldestellen über freie Kapazitäten mit täglicher Aktualisierung für Interessenten an freien Kapazitäten entstehen. Dies würde die heute teilweise bei den Industrie- und Handelskammern bestehenden Einrichtungen wesentlich verändern.

Szenario I

Unter den Bedingungen von Szenario I werden die Dienstleistungsunternehmen – abgesehen vom Bevölkerungsrückgang – vor allem durch die zu erwartende zunehmende private Tätigkeit der Konsumenten bei der Erstellung von Dienstleistungen beeinträchtigt. Die vergleichsweise schwachen Einkommenssteigerungen begünstigen eine Rückverlagerung von Dienstleistungen aus der Wirtschaft in die privaten Haushalte.

Szenario II

Die Veränderung der Dienstleistungen ist unter den Bedingungen von Szenario II in erheblichem Umfange von Dienstleistungsaffinitäten der zuziehenden ausländischen Einwohner abhängig.

Die Bahnhöfe als bevorzugte Aufenthaltsorte zur sozialen Kommunikation ausländischer Mitbürger haben längst eigenen Begegnungsstätten Platz gemacht, deren Bedeutung vermutlich vor der Phase der Integration stark zunimmt.

---

24) Das Ziel dieser Dienstleistung ist die Stärkung der Leser-Blatt-Bindung. In vier Jahren werden mit fünf Programmen 33 000 Einsendungen erreicht, rd. 10 % der Abonnements der Familienzeitschrift. Träger dieses Programms sind die Schweizer Familie, eine Publikumszeitschrift, und Handel Heute, eine Einzelhandelsfachzeitschrift, beide herausgegeben von der AG für Verlagsunternehmen (Zürich), die zum Tages-Anzeiger gehört.

Fünftes Kapitel

Die Auswirkungen der Szenarien und die Handlungsalternativen für Gesellschaft und Wirtschaft der Bundesrepublik Deutschland

A. Die Abgrenzungen

Hinsichtlich der Machbarkeit im Vergleich zu einer nicht beeinflußbaren historischen Entwicklung gibt es unterschiedliche Meinungen. Wenn es keine Machbarkeit und kein Vertrauen in sie gäbe, wären Wirtschafts- und Gesellschaftspolitik nicht möglich, wenn alles machbar wäre, gäbe es keine Zukunftsüberraschungen. Wir werden uns mit dieser Unvollkommenheit unserer Entscheidungs- und Handlungswirkungen abfinden müssen. Tragfähig ist eine Kombination zwischen dem rationalistisch-konstruktivistischen Denken der französischen Aufklärung, das vor allem von Descartes beeinflußt war, und der empirisch-evolutionären englischen Tradition. Man kann nur dort therapieren, wo zuverlässige Diagnosen vorliegen und zu letzteren gehört auch die Berücksichtigung historischer Erfahrungen bzw. Erkenntnisse.

Nunmehr soll erörtert werden, für welche Optionen sich ein Land in Westeuropa entscheiden kann. Wie bereits in anderem Zusammenhang erwähnt, werden diese Optionen durch das Hinnehmen von oder das Eingreifen in Szenarien bestimmt.

Es geht heute primär um die Gewinnung von Kraft für die teils unpopulären Maßnahmen, die die Voraussetzung für die Abwehr von Risiken und für eine Wahrnehmung von Chancen darstellen. Wie fähig unsere Gesellschaft zur Wahrnehmung von Chancen ist, wird noch vor der Jahrtausendwende entschieden werden müssen. Etwa zu diesem Zeitpunkt ist für manche Probleme der point of no return erreicht – der Punkt, von dem aus es keine Rückkehr mehr gibt. An die Stelle von Gestaltungsalternativen treten dann Anpassungszwänge.

Ob eine Option positiv oder negativ beurteilt wird, hängt von den Interessen des Urteilenden ab, vor allem von dessen Beurteilungsstandpunkt. Auch der Verzicht auf bewußt verfolgte Optionen führt zu gesellschaftlichem Wandel, denn keine Option ist auch eine Option.

Dabei ist außerdem zu beachten, daß eine Option für ein Land auch von den Szenarien und Optionen für die Europäische Gemeinschaft oder auch nur für ein Kerneuropa sowie von den Optionen für noch größere Teile der Erde oder für die ganze Welt abhängt.

Es ist außerordentlich schwierig abzuschätzen, welcher politische Wille im Hinblick auf die künftige Entwicklung tragfähig werden dürfte. Dabei ergibt sich für die Optionen die Frage nach der nationalen Legitimation zur Lösung von weltweit wirkenden Problemen.

Internationale Einflüsse auf die Optionen: Die gesellschaftlichen Optionen im Sinne wünschenswerter und machbarer Entwicklungsalternativen sind teilweise nur im internationalen Rahmen realisierbar. Daraus folgt, daß einzelne Nationen wie die Bundesrepublik Deutschland in ihrer Entwicklung vom internationalen Problembewußtsein und der internationalen Problemlösungskraft abhängig sind.

Jede Option für die Bundesrepublik Deutschland muß somit von Hypothesen über die internationale Entwicklung ausgehen. Die relativ zunehmende politische und wirtschaftliche Kraft anderer Staaten, die Probleme bei der Realisierung der Integration im Rahmen der EG, die Verschiebung von demographischen Gewichten und die Wandlungen der nationalen Industriestrukturen sind in ihren Auswirkungen auf die Bundesrepublik Deutschland zu berücksichtigen. So sind folgende internationale Aspekte für die Entwicklung der Bundesrepublik Deutschland von Bedeutung: die Verstärkung oder die Reduzierung der Ost-West-Spannungen und die Veränderung der Harmonisierungsgrade bei der Vertretung von Interessen der Industriestaaten und der Entwicklungsländer.

Die nördlichen Industriestaaten können keine Produktionsmonopole mehr aufrecht erhalten. Das teilweise anzutreffende Besitzstandsdenken erweist sich als trügerisch. Die Anpassungsverweigerung erhöht den Druck auf die Industriestaaten, wie Silvio Borner feststellt: ,,Die Paradoxie und Ironie unserer Zeit liegt darin, daß mit dem übersteigerten Sicherheitsstreben eines jeden die Zukunft aller – und damit auch wieder eines jeden einzelnen – unsicherer wird. Die Vermeidung sowohl des Risikos wie auch der Anpassung beseitigt diese Ungewißheit nicht: sie verschiebt sie nur von einem zum andern und fördert letztlich die Entwicklung von Menschen, die sich durch die Ablehnung jeglicher ,challenges' auch jeglicher Möglichkeiten von Fortschritt berauben.''[1)]

Bestimmte Elemente von Optionen sind vorgegeben und haben internationale Effekte. So können die vereinbarten Beiträge zum Nato-Bündnis nach dem augenblicklichen Wehrdienstkonzept bereits in absehbarer Zeit nicht mehr erbracht werden, wenn durch Bevölkerungsrückgang die mögliche Anzahl der wehrdienstfähigen Männer in der Bundesrepublik Deutschland bereits in den nächsten Jahren um etwa ein Drittel reduziert und bis zum Jahre 2030 auf weniger als die Hälfte abnehmen wird.

Optionen und Gesellschaftsordnung: Alle Gesellschaften haben eine Gesamtordnung und damit harmonisierte Teilordnungen, z.B. die poli-

1) Borner, Silvio: Weltweiter Strukturwandel und Wettbewerbsfähigkeit der schweizerischen Industrie, in: GDI Impuls, 2. Jg., 1984, Nr. 1, S. 13 – 21, S. 13 ff.

tische Ordnung – Verfassung und Parteienstruktur – und die Wirtschaftsordnung – Wirtschaftsverfassung und Wettbewerbsordnung. Die Beziehungen der Teilordnungen zur Gesamtordnung und der Teilordnungen zueinander bilden die Struktur des Gesellschaftssystems.

Die Dynamik des Gesellschaftssystems wird durch die Zuordnung der Gestaltungsfreiheit sowohl auf etablierte Institutionen als auch auf neue gesellschaftliche Kräfte als Entscheidungsträger bestimmt. Wichtige Einflußgrößen sind neben dem erreichten Entwicklungsstand die Trends bei Werten, Technologien oder Institutionen. Einfluß auf die Gesellschaft haben insbesondere

1. die Gestaltungskriterien und Steuerungskriterien, so die Konflikt-, Indifferenz- und Kooperationsgrade,
2. die hierarchischen Bindungen: Befehl und Gehorsam versus Partizipation,
3. die Freiheitsgrade bei der Entwicklung von Institutionen, so im Hinblick auf Spezialisierungsgrade und Verantwortungsbereiche,
4. die Eigentumsordnung.

Ständig geschehen *Neuordnungsprozesse* in einer Gesellschaft. Stetig verändern sich die Strukturen aller Institutionen. Vorschriften in Gesetzen und Verordnungen werden in Frage gestellt, bestimmte Organisationen oder Unternehmen werden überflüssig, nach anderen entwickelt sich Bedarf. Eine bewußte evolutorische Neuordnung entsteht durch die Suche nach den bestmöglichen Prioritäten und Wegen zur Veränderung.

Die größte Herausforderung bei der Entwicklung von Optionen besteht darin, gleichzeitig hinsichtlich vieler gesellschaftlicher Lebens- und Steuerungsfunktionen parallel denken zu müssen. Auch diese Arbeit muß darunter leiden, daß in einigen Teilbereichen „schneller" gedacht wird, als die Wahrnehmung und Einstellung der Menschen sich wandeln; in anderen Bereichen werden sich in einigen Jahren dagegen Unfähigkeiten herausstellen, Traditionalismen zu überwinden, d.h. nicht überall dürfte es gelungen sein, veraltete, für die Zukunftsbewältigung ungeeignete Paradigmenelemente abzulegen. Im übrigen kann man über Vor- und Nachteile von Neuordnungskonzepten und -paradigmen auch auf hohem Niveau unterschiedlicher Meinung sein!

Die Dauer der Problembewältigung: In einer Gesellschaft besteht im Hinblick auf die Bewußtwerdung von Problemen ein großer Zeitbedarf. Dazu ein Beispiel: Bei der Festlegung der Ziele für die Wirtschaft wird eine möglichst umgehende Gewichtsverlagerung der Ökonomie zur Ökologie gefordert. Wegen der langsamen, wohl eine Generation erfordernden Bewußtwerdung dürfte das Primat der Ökologiewirtschaft sich aber erst um das Jahr 2000 durchsetzen. Bis zu diesem Zeitpunkt gilt es, negative Veränderungen – wie die Umweltschädigung – zu verlangsamen und positive Veränderungen – Gesetze gegen Umweltbelastung – zu beschleunigen.

Nicht zuletzt ist die Problembewältigungsdauer ideologisch geprägt. Herbert Giersch fordert eine geistige Revolution zur Überwindung des Sozialneides als Triebkraft des Kollektivismus, zumal im harten Parteienwettbewerb das Kurzfristige, nicht das Langfristige zähle, ,,das als Wohlstand für alle aus dem Angebot an wirtschaftlicher Aktivität resultiert. Und zu alledem muß man bedenken, daß alles im Bereich der Wirtschaftspolitik, was auf das Angebot und die Elastizität von Wirtschaft und Gesellschaft zielt, sehr lange Zeit braucht, bis sich der Erfolg einstellt. Als Faustregel kann gelten, daß die Sanierung nicht weniger Zeit verlangt als die Inkubation, als die Zeit, in der die Entwicklung unbemerkt in die falsche Richtung lief.''[2)]

Entscheidungsträger im Steuerungssystem einer Gesellschaft sind insbesondere

1. das politische System, die politischen Parteien und der Staat,
2. die Wirtschaft einschließlich Verbänden und Gewerkschaften,
3. die Bildungseinrichtungen,
4. die Kommunikationsinstitutionen, so Medien, vor allem Fernsehen und Presse,
5. die Kirchen.

Die Qualifikation der Institutionen: Im Zeitablauf nimmt die Akzeptanz und die Durchsetzungskraft von Institutionen in einer Gesellschaft zunächst langsam und dann kräftig zu, um nach einer Phase der Abschwächung der Entwicklung in Stagnation und u.U. auch in Rückläufigkeit überzugehen. Konsequenzen dieses Lebenszyklusphänomens sind Revitalisierungen oder Substitution von Institutionen.

In Unternehmen und Organisationen dürfte das Gesetz der Fitness weiter Bedeutung behalten. Wer in der Gesellschaft als erfolgreich gilt, zieht weiteren Erfolg an – durch die Anziehungskraft auf die vergleichsweise besseren Mitarbeiter und durch die besseren Führungskräfte mit besserer Entscheidungsfähigkeit. Die aktive Selektionskraft der Institutionen ist dagegen begrenzt. Wer als schwach gilt, gewinnt in der Regel keine Topmitarbeiter. Die Fitness beruht auf der Zukunftskraft der Ideologie einer Institution. Die Formulierung einer Ideologie ent-

2) Giersch, Herbert: Die gefesselte Marktwirtschaft, in: Frankfurter Allgemeine Zeitung, 26. Jg., 19. Februar 1983, S. 13.

spricht der Suche nach der Identität der Institution, d.h. ihrer Zuständigkeit und ihrer Zielsetzung.

- Welches ist heute die Identität bestimmter Verwaltungen?
- Wo liegen die Identitäten der Konsumgenossenschaften, auch der Einkaufsgenossenschaften?
- Was ist die Identität des Wettbewerbs?

Eine unzweckmäßige Gestaltung von Institutionen und Rechtsnormen führt zu überhöhten Transaktionskosten. Daraus folgt, daß Abweichungen in Institutionen und Rechtsnormen allokative Wirkungen haben.[3)]

Das Problemlösungspotential: Die Neuorientierung einer Gesellschaftsordnung oder auch von Institutionen innerhalb der Gesellschaft kann wegen der begrenzten Problemlösungsfähigkeit nur in Teilbereichen und nur zeitlich hintereinander, d.h. modular, oder vielleicht überlappend erfolgen. Die Festlegung der Prioritäten und der Reihenfolgen ist die zentrale Basisentscheidung. Fehler in der Reihenfolge der Problemlösung können eine gesellschaftliche Evolution verhindern oder in die falsche Richtung lenken.

Die Weiterentwicklung der Gesellschaft erfolgt durch Menschen für Menschen. Sie ist allem voran abhängig von der Wahrnehmung der zu lösenden Zukunftsaufgaben und von der Einstellung zu einer persönlichen Beteiligung an der Lösung dieser Aufgaben im Beruf und außerhalb des Berufs. Das Erkennen und das Anerkennen von Erfolgen oder Erlebnissen sind rückläufig. Daraus resultiert die Gefahr einer Lebenslangeweile mit Verzicht auf eine Beteiligung an der Lösung von Zukunftsaufgaben.

Die Zukunftsgestaltung der Gesellschaft ist in Ausrichtung und Kraft abhängig von dem Gestaltungswillen, den die jungen Menschen entwickeln, die etwa ab Mitte der neunziger Jahre die Gesellschaft tragen werden.

Zur Problemlösungsbereitschaft: Mindestens so wichtig wie die Frage des Problemlösungspotentials ist die Frage nach der Problemlösungsbereitschaft. Es gibt von vielen Seiten aus handfeste Interessen, die Lösung wichtiger Gemeinschaftsprobleme zu verhindern oder mindestens zu verzögern, weil man selbst in der Erreichung eigener Ziele davon betroffen wird. Ein typischer Ausdruck dafür ist auch die Theorie der „zwei Eisen im Feuer". Man kämpft einerseits um die Verhinderung

---

3) Vgl. Steiner, Manfred: Konstitutive Entscheidungen, in: Vahlens Kompendium der Betriebswirtschaftslehre, Bd. 1, (Verlag Franz Vahlen) München 1984, S. 111–157, S. 157 f.

bestimmter Dinge; wenn die Verhinderung jedoch nicht erreicht werden kann, will man selbst mit von der Partie sein. Daher bemüht man sich andererseits um eine Beteiligung an Dingen, die man verhindern will. Man kämpft z.B. einerseits um Subventionen; wenn man sie nicht erhält, richtet man sich auf Alternativen ohne Subventionen ein.

Bewußtsein über Veränderungszwänge: Die psychologischen Prozesse für das Entstehen des Bewußtseins zur Entscheidung für und zur Durchsetzung von Veränderungen sind langwierig. Ohne Not neigt man weitgehend dazu, alles beim alten zu belassen.

Die Veränderungsfähigkeit erwächst oft erst aus manifesten und schmerzlichen Unzuträglichkeiten.

Problemlösungskonkurrenz: Eine weitere Gefahr besteht darin, durch unterschiedliche Institutionen, so durch Markt, Parlament oder Verbände, das gleiche Problem lösen zu wollen und dadurch widersprüchliche Entscheidungen zu fällen, weil die Entscheidungsträger ihre Entscheidungsgrundlagen und –wirkungen nicht kennen und Kompetenzfragen ungelöst bleiben.

So wird in Zukunft auch weniger Nachfrage nach Kritik herrschen – ob sie nun begründet ist oder nicht –, sondern eher nach zukunftsträchtigen Neu- bzw. Gegenkonzepten, wie z.B.: Was soll einerseits an die Stelle bisheriger Problemprioritäten treten und wie sollen andererseits bisherige Lösungsansätze ersetzt werden?

Problemlösungsgrenzen: Letztlich bestimmen die Verhaltensweisen und Fähigkeiten der Entscheidungsträger in Wirtschaft und Gesellschaft die faktischen künftigen Entwicklungen.

Ein Hauptproblem besteht darin, wie viele Wahrnehmungsunterschiede der Realität sich eine Gesellschaft in Zukunft leisten kann.

Die konkrete Ausprägung der gesellschaftlichen und wirtschaftlichen Entwicklung wird primär durch die Werte- und Verhaltensweisen der Menschen, ihre Beziehungen zueinander und die Gestaltung ihrer Beziehungen zur Umwelt bestimmt.

Eine Analyse und Bewertung der Ausgangsbedingungen sind eine Voraussetzung der Zukunftsgestaltung. Der Realitätsgehalt von gewollten Zukunftsoptionen kann nur durch harmonisierte Entscheidungen der relevanten Entscheidungsträger bewirkt werden. Die Grenzen der Problemlösung liegen in der Entwicklungsfähigkeit und der Durchsetzungsfähigkeit von Entscheidungen der zuständigen Institutionen bzw. in der Fähigkeit, geeignete Institutionen zu schaffen. Ein typischer Fall ist das Weltwährungsproblem: „Es wäre falsch, aus den Beispielen den Schluß zu ziehen, das internationale Banken- und Finanzsystem sei nicht in der Lage, mit den schweren Belastungsproben fertig zu werden, welche die gegenwärtige Weltwirtschaftslage ihm auferlegt hat. Allerdings müssen dazu alle an einem Strang ziehen: Notenbanken, Regierungen, internationale Organisationen und private Gläubigerbanken."[4] In diesem Fall ist die Realisierung einer Problembewältigungsoption abhängig von den Aktionsfähigkeiten, die wiederum durch den Problemdruck bestimmt werden. Die Ertragbarkeit von Maßnahmen ist von der Reife der Situation abhängig. Wünschenswerte Aktionen lassen sich keineswegs immer durchsetzen. Beim Weltwährungsproblem handelt es sich um ein Phänomen mit hohem Problemlösungsrisiko.

Die Führungsaufgabe eines demokratischen Staates liegt in der Schaffung neuer gesellschaftspolitischer Konzeptionen und in der Weichenstellung für den notwendigen Strukturwandel. Die vielbeklagte Konzeptionsschwäche des Staates im Hinblick auf wichtige Probleme beruht darauf, daß keine klaren politischen Vorstellungen darüber bestehen, wie dieser unaufhaltsame Wandel mit gestalterischen Maßnahmen bewältigt werden soll. Die Folge davon ist eine an Tagesnotwendigkeiten orientierte Verordnungs- und Gesetzesflut, wobei viele Vorschriften und Gesetze auf widersprüchlichen Zielvorstellungen beruhen. Es entsteht ein ideologisch gespaltenes Recht.

Mindestens gleicherweise problematisch ist der Tatbestand, daß die Vorstellungen der Wirtschaft darüber, was der Staat soll und was nicht, kontrovers sind, so daß fast alles, was der Staat als Gesetzgeber tatsächlich tut, auf unterschiedliche Meinungen stößt. Die Unternehmer gehen eher desintegrativ vor, weil innerhalb der Unternehmerschaft gegenüber den wirtschaftspolitischen Grundanliegen kein Konsens besteht. Man kritisiert oft staatliche Maßnahmen, ohne eigene Konzepte vorzulegen.

Die Effizienz des Energieeinsatzes: Die Energie eines Menschen wie auch einer Gesellschaft sind begrenzt. Sie werden bestimmt von den Werten und der Motivation zu ihrem Einsatz für sich selbst und für die Gemeinschaft.

Eine wichtige Frage ist in diesem Zusammenhang die Sicherung von Effizienz der menschlichen Energie. Hierher gehören Fragen der folgenden Art:

- Wieviel Energie – wie auch Kapital – wird zur Lösung von Vergangenheitsproblemen benötigt, für die Beseitigung bewußt oder auch unbewußt aufgetürmter Mängel?
- Wieviel Energie wird zur Lösung von Zukunftsproblemen benötigt und steht so viel Energie zur Verfügung?

4) Schmidt, Helmut: Weltwirtschaft ist unser Schicksal, (Robinson Verlag) Frankfurt a. M.-Hamburg 1983, S. 51.

- Welche Kräfte zerstören oder behindern das Energiepotential, welche fördern es?

Zu den wesentlichen *Ausgangsbedingungen* der Szenarien für die bundesdeutsche und die westeuropäische Wirtschaft zählen:

1. die Veränderungen bei den Einwohnern, vor allem auch in der Altersstruktur,
2. die zunehmende Bedeutung immaterieller Werte und des Wertepluralismus,
3. die Beeinflussung durch das Recht der Europäischen Gemeinschaft,
4. die Tendenzen zu Reglementierung und Bürokratisierung,
5. die neuen Möglichkeiten elektronischer Kommunikation und Informationsbearbeitung mit erhöhter Markttransparenz,
6. der wachsende Anteil der Staatsausgaben am Bruttosozialprodukt,
7. die Verschlechterung der internationalen Wettbewerbsfähigkeit bei zahlreichen Produktgruppen, insbesondere Hochtechnologieprodukten,
8. die Zunahme der Arbeitslosigkeit,
9. der steigende Rationalisierungsdruck auf die Wirtschaft,
10. die zunehmende Konzentration in Industrie und Handel.

Die *Steuerungsbereiche* einer Gesellschaft sind unterschiedlich abgrenzbar, z.B. Aktivitäten des Staates, der Unternehmen oder der Haushalte. Die Steuerungskriterien sind teils substitutiv und konkurrierend, teils komplementär.

Spezielle Herausforderungen bei Szenario I

Zu den wichtigsten Problemen bei Szenario I gehören:

- die Bewältigung des Bevölkerungsrückgangs durch die Unternehmen, die öffentliche Hand und die Verwaltung,
- die Entscheidungen im Hinblick auf die künftige wirtschaftliche und technologische Position der Bundesrepublik Deutschland in der Welt,
- die Auswirkungen der veränderten gesellschaftlichen und wirtschaftlichen Bedingungen auf die gesellschaftliche und wirtschaftliche Steuerung.

Spezielle Herausforderungen bei Szenario II

Bei einer Orientierung in Richtung von Szenario II liegen die Herausforderungen zunächst auf ideologischem Gebiet. Man muß versuchen, den Deutschen in der Bundesrepublik Deutschland die Nachteile eines Bevölkerungsrückganges gegenüber der zahlenmäßigen Bevölkerungserhaltung zu verdeutlichen.

Der Umfang des sozialen Zündstoffes mit erheblichen Risiken für die Steuerbarkeit der Gesellschaft wird von den Herkunftsregionen der Ausländer abhängig sein, vor allem auch von den religiösen Bindungen der Ausländer. Daher liegt die Herausforderung in einer bewußten Steuerung der Einwanderungspolitik im Sinne einer Entscheidung über die wünschenswerte Herkunft der Ausländer in der Bundesrepublik Deutschland.

Zusätzlich muß man sich dafür sensibilisieren, welche Integrations- oder Isolationsgrade man im Hinblick auf Ausländer – oder auch für Ausländer differenziert nach Herkunftsländern – anstrebt. Risiken liegen in einer Gettoisierung religiöser und kultureller Minderheiten, wie sie sich heute in einigen Städten bereits zeigen.

B. Ausgewählte Optionen für die Bundesrepublik Deutschland

In Anlehnung an die erörterten Szenarien werden die dort dargestellten Veränderungen hier als Optionen konzipiert.

Die A-Optionen kennzeichnen eine vergleichsweise ungünstige Entwicklung, die B-Optionen dagegen eine günstige Entwicklung. Hier sei jedoch ausdrücklich wiederholt, daß man über günstig und ungünstig – vor allem sobald man in qualitative Wertungen kommt – unterschiedlicher Meinung sein kann.

Im Vordergrund stehen dabei die Bevölkerungsoptionen A_1 mit einem Rückgang der Einwohner wie in Szenario I auf 45,7 Mill. und B_1 mit einer Stabilität der Bevölkerung um 60 Mill. Für einige andere Lebensbereiche werden ebenfalls Optionen formuliert. Dabei kann man eine A-Option – wenn auch mit nuancierten Unterschieden – mit B-Optionen in anderen Lebensbereichen zu kombinieren versuchen. Dies ist jedoch weder zwingend noch in allen Fällen realistisch. Man kann somit versuchen, auch bei einer ungünstigen Bevölkerungsentwicklung B-Optionen in anderen Bereichen zu wählen und damit im Rahmen der durch die Bevölkerungsentwicklung gesetzten Grenzen B-Bedingungen zu erreichen.

Hinsichtlich des sozialen Konsenses wird bei der Option A der Bevölkerung eher von schwacher gesellschaftspolitischer Motivation, begrenztem sozialen Engagement und individueller Genügsamkeit ausgegangen.

Bei Option B steht zu erwarten, daß das Selbstbewußtsein der Nation gestärkt wird und bewußte politische Aktivitäten erfolgen, und zwar sowohl bei Verzicht als auch bei Förderung der Zuwanderung von Einwohnern.

Diese Selektion von Optionen ist wie bei den Szenarien eng und deckt nur einen Teil des möglichen Entwicklungsfeldes ab – m.E. jedoch das realistische Feld. Einige weitere Alternativen kann man aus der folgenden Übersicht entnehmen.

Übersicht 5.1

Ausgewählte Optionen über die Entwicklungsrichtung bedeutender gesellschaftlicher Größen

Merkmal	A	B	C	D	E	F	G	H
Bevölkerung	↘	↘	↘	→	↗	↗	↗	↗
Ökonomische Wirkungen der Werte	↘	→	↘	→	↘	→	↘	↗
Technisches Wissen	↘	↗	↘	→	↘	↗	→	↗
Internationalität	↘	→	↘	→	↘	→	→	↗
Ökologieprobleme	→	→	↗	↗	↗	↗	↗	↗
Wirtschaftskraft	↘	↗	↘	→	↘	→	→	↗

↗ Zunahme → Konstanz ↘ Abnahme

Wie erwähnt werden die Optionen A_1 und B_1 hinsichtlich der Bevölkerung wie die Szenarien I und II unter den Bedingungen des Überlebensszenarios erörtert.

Option A_1	Option B_1
Beibehaltung einer restriktiven Bevölkerungs- und Einwanderungspolitik	Identifikation mit einer aktiven Einwanderungspolitk

Nun kann man für andere Bereiche ebenfalls derartige polarisierte Optionen wählen. Dazu gehört zunächst einmal die Wertedynamik, bei der im Hinblick auf die gesellschaftliche Entwicklung die Grade der Leistungsorientierung und Motivation zur Innovation eine Rolle spielen. Auch hier sei versucht, eine Option A und B zu finden.

So lassen sich im Hinblick auf die Wertedynamik folgende Optionen unterscheiden:

Option A_2		Option B_2	
Einschränkungsmentalität		Weltoffene Leistungsorientierung	
A_{21}	A_{22}	B_{21}	B_{22}
Statisches Überleben	Streben nach begrenzter Dynamik	Dynamisches Zukunftsgestalten	Bewußte Beteiligung an der Lösung nationaler und internationaler Probleme
Bequemlichkeit	begrenzte Einsatzbereitschaft	Nutzung neuer Leistungsmuster	Schaffung neuer Leistungsmuster

Hinsichtlich der Beteiligung am technischen Fortschritt kann man folgende Ziele verfolgen:

Option A_3	Option B_3
Verzicht auf Aktivitäten und nach und nach Absinken in technische Provinzialität	Bündelung aller Kräfte zur Gewinnung neuer Vorsprünge

Auch die Art der Internationalität kann unterschiedlich gewählt werden:

Option A_4	Option B_4
Passive Internationalität überwiegend auf dem Raster mechanischer Produkte im Außenhandel	Aktive Internationalität überwiegend auf dem Raster postmechanischer Produkte im Außenhandel

Optionen in den erwähnten Bereichen, wie auch in der Ausbildungsintensität und Arbeitsbereitschaft, bestimmen die künftige Wirtschaftskraft. Optionen über das soziale Bewußtsein und das Engagement der Bürger werden die politische Kraft prägen.

Optionen können auch für Wirtschaftsbereiche entwickelt werden, so für Landwirtschaft, Bergbau, Grundstoffindustrie, Investitionsgüterindustrie, Konsumgüterindustrie, Bauwirtschaft, Handwerk, Großhandel, Einzelhandel, Dienstleistungsberufe.

Weiter lassen sich Optionen für andere Bereiche herausstellen, so für das Bildungswesen, das Gesundheitswesen, die soziale Versorgung, die Raumordnung, den Städtebau, den Verkehr und die Verwaltung.

Die Durchsetzungsfähigkeit von Optionen ist von den Basiswerten und der Ethik in einer Nation und damit von der Einstellung und der Bereitschaft zum Einstellungswandel für die Option abhängig. Die technokratische Machbarkeit ist in vielen Bereichen durch natürliche oder soziale Barrieren begrenzt. Der Wertewandel prägt die Veränderungsbereitschaft.

Im Rahmen einer OECD-Studie[5)] werden folgende schwer realisierbare Optionen vorgeschlagen:

1. die Definition des Wirtschaftswachstums als Hilfsmittel zur Lösung sozialer Probleme,
2. die aktive Gestaltung des Strukturwandels mit der Vermeidung sozialer Härten,
3. die weitere Egalisierung des Wohlstands mit Sicherung der Arbeitsplätze für Jugendliche, Frauen und ältere Menschen,
4. die Berücksichtigung der Wünsche solcher sozialer Gruppen, die veränderte Werte verfolgen.

---

5) Untersuchung von ,,Interfutures'', einer Expertengruppe der OECD, über weltweite politische, ökonomische und soziale Trends bis zum Jahre 2000. Vgl. die Zusammenfassung der wichtigsten Ergebnisse dieser Studie von Wolfgang Michalski: Wachstum noch in 50 Jahren, in: Manager Magazin, 9. Jg., 1979, Nr. 10, S. 110–120.

C. Die kategorialen Arbeitsteilungen

I. Die Grundlagen

Eine erste wichtige Arbeitsteilung betrifft die Aufteilung der in einer Gesellschaft zu erledigenden Aufgaben auf Staat und Wirtschaft oder vielleicht besser zwischen Staat und Verwaltung einerseits und nichtstaatlichem Bereich andererseits. Die zweite Frage betrifft die Arbeitsteilung innerhalb des Staates nach sachlich-fachlicher Gliederung einerseits und regional-hierarchischer Gliederung andererseits. Hierhin gehören das Zentralprinzip versus Föderalprinzip. Das Subsidiaritätsprinzip besagt, daß bei hierarchischer oder föderalistischer Gliederung der Gesellschaft die jeweils übergeordnete Institution nur die Aufgabe wahrnimmt, die von der untergeordneten nicht bzw. nicht mindestens so gut erfüllt werden könnte.

Weiter ist die Frage der Arbeitsteilung innerhalb der Wirtschaft von Bedeutung. Abgesehen von den sektoralen oder branchenmäßigen Differenzierungen hat hier vor allem auch die Arbeitsteilung zwischen der offiziellen Wirtschaft und der Schatten- bzw. Parallelwirtschaft Bedeutung.

Die Kriterien der Arbeitsteilung: Man könnte vereinfacht fordern, daß die Arbeitsteilung in einer Gesellschaft generell und nicht nur innerhalb der Wirtschaft so ausgerichtet werden sollte, daß jeweils diejenige Institution die Aufgaben erledigt, die dazu am besten in der Lage ist. Das läßt sich aber nur dann sagen, wenn die Ziele der Gesellschaft stabil sind. Jede Zieländerung und damit jede Änderung von Optionen führt zu Neuordnungen oder mindestens zu Anpassungen im Hinblick auf die Institutionen.

Unabhängig davon muß jedoch vorher die kategoriale Aufgabenteilung gelöst werden.

Als Grundaufgaben des Staates gelten nach Adam Smith die Sicherheit nach außen, die Sicherheit nach innen und die Wohlstandssteigerung. Mit jeder Expansion der Staatstätigkeit wird der Handlungsspielraum der Unternehmen reduziert.

„Im System der natürlichen Freiheit hat der Souverän lediglich drei Aufgaben zu erfüllen, die sicherlich von höchster Wichtigkeit sind, aber einfach und dem normalen Verstand zugänglich: Erstens die Pflicht, das Land gegen Gewalttätigkeit und Angriff anderer unabhängiger Staaten zu schützen, zweitens die Aufgabe, jedes Mitglied der Gesellschaft soweit wie möglich vor der Ungerechtigkeit oder Unterdrückung durch einen Mitbürger in Schutz zu nehmen oder ein zuverlässiges Justizwesen einzurichten, und drittens die Pflicht, bestimmte öffentliche Anstalten und Einrichtungen zu gründen und zu unterhalten, die ein einzelner oder eine kleine Gruppe aus eigenem Interesse nicht betreiben kann, weil der Gewinn ihre Kosten niemals decken könnte, obwohl er häufig höher sein mag als die Kosten für das ganze Gemeinwesen."[6]

Dieser liberalen Grundauffassung wird aus sozialistischer Sicht, deren Gedankengut in das Gesellschaftssystem der Bundesrepublik Deutschland eingeflossen ist und die das Denken und Handeln in der Bundesrepublik Deutschland mitbestimmt, zwangsläufig widersprochen.

Ein Konzeptelement des modernen westlichen Sozialismus ist die Globalsteuerung, wie sie von Karl Schiller im Jahre 1967 in der Zeit der großen Koalition formuliert und praktiziert wurde. Dieses Konzept wurde jedoch von der SPD mit einer weiteren – daraus nicht unmittelbar ableitbaren – Expansion staatlicher Aktivitäten verknüpft. Die starke Expansion der Staatsausgaben veranlaßte Schiller bereits 1972 zum Rücktritt.

Zu Recht hat Kurt Biedenkopf darauf hingewiesen, daß die Staatstätigkeit durch das Nachgeben gegenüber partikularen Interessen in Richtung auf eine Verstaatlichung der Gesellschaft zunimmt. Die Konfliktlösung erfolge auf dem Wege zunehmender Staatstätigkeit. Man müsse jedoch die Grenzen des grundsätzlich festgelegten Prinzips der Sozialstaatlichkeit beachten: sowohl subsidiärer Ausgleich gegenüber Bedürftigen, die sich selbst nicht helfen können, als auch Beseitigung von Ungleichheiten, deren Festlegung politisch bestimmt werden muß.[7]

Letztlich bleibt bei politischen Wahlen die Weltanschauung der Bürger über die geeigneten Entscheidungsträger zur Erfüllung ihrer Wünsche – Staat oder Wirtschaft oder sie selbst – das Kriterium für das Volumen der Staatstätigkeit. Man wird in Zukunft mit besonderem Interesse die Weiterentwicklung der wirtschaftlichen und sozialen Aktivitäten der Familien und der privaten Haushalte analysieren, die sogenannte Neo-Hauswirtschaft.

Die Aussagen zu gesellschaftlichen Optionen werden von Wachstum oder Stagnation und Rückschritt im materiell-ökonomischen Sinne mitbestimmt. Wir müssen uns von allen Ideologien und Konzepten eines Wachstumszwanges befreien. Man muß sich auf ein Konzept von wün-

---

6) Smith, Adam: Der Wohlstand der Nationen, aus dem Englischen übertragen von Horst Claus Recktenwald, (Deutscher Taschenbuch Verlag) München 1978, S. 582.

7) Vgl. Biedenkopf, Kurt H.: Die neue Sicht der Dinge (R. Piper Verlag) München-Zürich 1985, S. 183 f.

schenswerten Änderungen hin orientieren, das in einigen Bereichen Wachstum, in anderen Schrumpfung bedeuten kann. Die bisherigen Überlegungen zeigen, daß man von einem Ziel kräftigen wirtschaftlichen Wachstums in der Bundesrepublik Deutschland selbst bei hohen Einwanderungszahlen wohl Abstand nehmen muß.

Gleichgewicht versus Ungleichgewicht

Es ist keineswegs unerläßlich, daß Interventionen des Staates oder von Interessengruppen Elemente des Ungleichgewichtes in Wirtschaft und Gesellschaft tragen. Es kommt auf die Art und damit die Intelligenz und den Gemeinsinn der Intervention wie auch auf das Verhalten der von der Intervention Betroffenen an. Vor zu naivem Gleichgewichtsfetischismus durch Verzicht auf Einflußnahme muß daher auch gewarnt werden.

Die Ideologiepolarisierung in der Wirtschaftspolitik

Die Wirtschaftspolitik wird seit Jahren durch die kontroversen Schlagworte „mehr Markt" versus „mehr Staat" polarisiert. Die Befürworter des Marktkonzeptes fordern mehr binnenwirtschaftliche wie außenwirtschaftliche Marktkraft durch bessere Abschreibungsmöglichkeiten, Arbeitszeitflexibilisierung, Lohnflexibilisierung, Steuererleichterungen oder Steuerspaltung bei Reinvestition von Gewinnen. Die Befürworter von mehr Zentralisierung oder mehr Staat streben nach sektoraler und regionaler Förderungssteuerung, aber auch Wettbewerbssteuerung. Letztlich bleibt das Wirtschaften in einer Wettbewerbswirtschaft stets ein dynamischer Kompromiß zwischen diesen Konzepten. Der Kompromiß wird im Zeitablauf verändert, weil sich gesellschaftliche und ökonomische Prioritäten ändern. Das schließt nicht aus, daß staatlicher Interventionismus nie kritikfrei erfolgen kann. Dies sei am Beispiel der Subventionspolitik skizziert. Die bisherige Subventionspolitik hat vor allem ausgewählte Krisenbranchen, so Kohle und Stahl, die Landwirtschaft, den Wohnungsbau und Verkehr begünstigt. Weniger begünstigt wurden die Krisenbranchen Schiffbau oder Dienstleistungsbranchen. Große Unternehmen werden stärker begünstigt als kleine. So wird immer deutlicher gefordert, daß die Förderungspolitik sich vor allem auf die innovativen Umwelt-, Informations- und Biobereiche richten müßte. Hier stehen sich Interessen alter und neuer Wirtschaftszweige gegenüber.

Die Wirtschaftsentwicklung in der Bundesrepublik Deutschland wird nicht zuletzt durch die diametral entgegengesetzten Auffassungen über die Leistungsfähigkeit einer Industriepolitik geprägt. Letztlich geht es dabei um die Beurteilung der Lernfähigkeit der Verwaltung oder Bürokratie hinsichtlich der Fähigkeit, geeignete Innovationen zu erkennen und rechtzeitig zu fördern.

Durch den Begriff „*Neue Industriepolitik*" wird zum Ausdruck gebracht, daß die zukunftsträchtigen Technologien gefördert werden sollen. Beispiele für Instrumente sind Forschungskooperation, Technologieparks, Förderung des Technologietransfers.

Beispiele für wirtschaftsdynamisierende staatliche Rahmenbedingungen sind die Förderung von kleinen und mittleren Unternehmen sowie Existenzgründungen oder Förderungen des Wissenschaftstransfers und des Technologietransfers. Dazu gehört vor allem auch eine viel intensivere Zusammenarbeit der Hochschulen mit der Wirtschaft.

Eine weitere Ideologiepolarisierung betrifft konsumorientierte Transferleistungen im sozialen Netz versus zukunftsorientierte Infrastrukturinvestitionen durch den Staat.

Das Äquivalenzproblem der Politik: Es ist nicht auszuschalten, daß mit unterschiedlichen politischen Konzepten gesellschaftspolitische und wirtschaftliche Ziele gleich gut erreicht werden können. Dies bedeutet weiter, daß innerhalb bestimmter Grenzen unterschiedliche Formen der Arbeitsteilung eine gleiche Leistungsfähigkeit besitzen. Als wesentlicher Einfluß auf die Äquivalenz ist das Wertegefüge einer Gesellschaft anzusehen, wie es in einem historischen Entwicklungsprozeß zustande gekommen ist.

II. Die Optionen

1. Zur Arbeitsteilung zwischen privatem Bereich und Wirtschaft

Die Arbeitsteilung zwischen Unternehmen und privaten Haushalten zeigt gegenläufige Tendenzen. Einerseits hat sich der Produktbearbeitungsprozeß von Waren und Diensten aus den Privathaushalten in die Unternehmen verlagert, wie die Beispiele Fertigmenüs, Schnellgastronomie oder Reinigungsbetriebe zeigen. Andererseits beteiligt sich der Konsument und Bürger im Rahmen der Selbstbedienung oder des Do-it-yourself zunehmend an der Erstellung wirtschaftlicher Leistungen. Man könnte sich in Zukunft weitergehende wirtschaftliche Aktivitäten der Konsumenten und Bürger vorstellen, die beträchtliche Auswirkungen auf die Wirtschaftsstruktur hätten. Beispiele dazu wurden bei der Darstellung der Neuorientierung der Arbeitsformen diskutiert. Weiter ist in diesem Zusammenhang auch noch einmal auf die Parallelwirtschaft oder Anderswirtschaft hinzuweisen.

Da viele Institutionen sich für gleiche Probleme verantwortlich fühlen, ohne jedoch auch immer bereit zu sein, die Verantwortung zu tragen und an den Ergebnissen gemessen zu werden, bleibt Aktionismus nicht aus. Während sich bei einigen Fragen viele Gruppen um Mitwirkung bemühen, hält man sich bei anderen eher zurück.

Eher desintegrativ wird von Seiten der Unternehmer vorgegangen, nicht deswegen weil man ein uneingeschränktes Zutrauen zur Weisheit des Staates hat, sondern weil innerhalb der Unternehmerschaft selbst zu zentralen wirtschaftspolitischen Fragen kein Konsens besteht. Man kritisiert staatliche Maßnahmen, ohne eigene Konzepte vorzulegen.

Integratives Denken wäre dagegen das Bestreben zur konzeptuellen Mitwirkung an der Gestaltung der unternehmensexternen Geschehnisse.

Wenn die Politik nicht in der Lage ist, die für eine Weiterentwicklung der Gesellschaft erforderlichen Maßnahmen zu initiieren und durchzusetzen, muß sich die Wirtschaft, da sie andernfalls in ihrer bisherigen Form selbst in Frage gestellt wird, ihrerseits neue Formen der Mitwirkung, Mitbestimmung und Mitverantwortung im politischen Raum suchen, z.B. bei der Jugendarbeitslosigkeit, um die Jugend für das bestehende Wirtschafts- und Gesellschaftssystem zu gewinnen.

Die offizielle Wirtschaft und die Schattenwirtschaft

Der Wertewandel in einer Gesellschaft wirkt sich auf die Arbeitsteilung aus. Veränderte Wertvorstellungen begründen eine Änderung der Normalität. Im Zeitalter der Schattenwirtschaft und Subökonomie gilt der Transfer im offiziellen oder weißen Kreislauf nicht mehr als allgemein üblich, so die offizielle Bezahlung der Handwerkerrechnung, der Nachhilfestunde oder des Fensterputzers. Steuern zahlen und Sozialabgaben entrichten gilt zunehmend als rückständig und dumm.

Die Mittel des Staates, gegen den schwarzen Kreislauf vorzugehen, werden von den Bürgern als ungeeignet anerkannt. Bei Bespitzelung am Arbeitsplatz, an der Baustelle, besteht die Gefahr, daß man sich den Spitzel ,,vornimmt''.

Ein weiterer Wirtschaftsbereich, der sich sowohl in der offiziellen Wirtschaft als auch in der Schattenwirtschaft niederschlägt, ist die Geheimwirtschaft, durch Organisationen wie die Maffia gekennzeichnet, deren Ausläufer gegenüber Ausländern und Inländern auch in der Bundesrepublik Deutschland spürbar werden.

Option A

Die in Zukunft zu erwartenden nur geringen individuellen Wohlstandszunahmen oder gar zeitweisen Wohlstandsrückgänge im Rahmen des offiziellen Kreislaufs werden die Bürger veranlassen, sich verstärkt durch Selbsthilfe wirtschaftlich zu betätigen. Der Staat wird sich mit einem spürbaren relativen Ausbau der Doppelwirtschaft als Instrument der Erhaltung des sozialen Friedens abfinden müssen und diese Wirtschaftsform auch institutionell, d.h. rechtlich, absichern.

Man könnte sich sogar eine bewußte staatliche Förderung von Programmen der Doppelwirtschaft und der auf Sozialarbeit beruhenden Sozialwirtschaft vorstellen. Teilweise werden Schwarzarbeit und Sozialarbeit gar nicht zu trennen sein.

Ein Beispiel für die Steuerung an der Basis ist das Urban Homestading Program in den USA, durch das Stadterneuerung mit Hilfe kleiner lokaler Bürgergruppen erfolgt. Die Behörden überlassen den Selbsthilfegruppen kostenlos Wohnviertel mit geringen Vorschriften über die Sanierung.

Der direkte *Leistungstausch*, z.B. Nachhilfestunden gegen Fernsehreparatur, Formularausfüllen gegen Fensterputzen, wird stark zunehmen.

Option B

Der Anteil der Schattenwirtschaft wird primär auch von der Herkunft der Einwanderer bestimmt werden. Beispielhaft sei nur darauf hingewiesen, daß das italienische Element die amerikanische Gesellschaft stark prägt. Es könnte sein, daß südliche Gesellschaftselemente in der Bundesrepublik Deutschland Eingang finden. Dies würde die Art der Doppelwirtschaft weit anders beeinflussen als z.B. türkische oder turkmenische gesellschaftliche Elemente.

Im Falle der Option B wird der Staat allein aus Gründen der Einheitlichkeit und Stabilität der Gesellschaftsordnung weitaus stärker in Richtung offizielle Wirtschaftsformen steuern – wobei sich die Steuerungskriterien der offiziellen Wirtschaft auch ändern werden, wie weiter unten noch erörtert wird.

2. Zur Arbeitsteilung zwischen Staat und Wirtschaft

Die politischen Optionen für die Trennung von staatlichen und wirtschaftlichen Aufgaben haben sich in den letzten Jahrzehnten – wie dargestellt – extrem in Richtung Staat verschoben. Der Staat hat immer mehr zusätzliche Aufgaben erhalten, vor allem auch infolge der Entwicklung zum sozialen Wohlfahrtsstaat. Dies schließt nicht aus, daß es sowohl Bestrebungen gibt, das Gewicht weiterhin in Richtung Staat zu verschieben, aber auch Bestrebungen zum Rückschnitt der Staatstätigkeit. Ein griffiges Schlagwort fordert die Entfesselung der Marktwirtschaft. Die Mechanismen der politischen Entscheidungsprozesse begünstigen jedoch einen Interventionismus des Staates gegenüber der Wirtschaft. Die Frage lautet daher: Wie können Staat und Wirtschaft als Partner besser fähig werden, ihre Aufgaben zu erfüllen?

Welches Staatskonzept fördert Eigeninitiative und Innovationskraft im Rahmen der Europäischen Gemeinschaft am vergleichsweise besten?

Welches Staatskonzept nimmt externe Impulse, Wandlungen in anderen Staaten, aber auch Veränderungen in den ökologischen Bedingungen am vergleichsweise besten wahr?

Dazu hat Fritz Leutwiler folgende Auffassung vorgetragen: ,,Als Wegweiser bietet sich dabei die Lehre des klassischen Liberalismus an. Sie scheint heute wieder vermehrt Beachtung zu finden. Ihr Grundgedanke betrifft die Wechselbeziehung zwischen Staat und Wirtschaft. Staat wie Wirtschaft sind Einrichtungen zur Förderung der allgemeinen Wohlfahrt. Ihrem Zweck werden sie nur gerecht, wenn ihre Aufgaben sauber getrennt sind: Der Staat ist dabei die ordnende, die Wirtschaft die handelnde Instanz. Beide aber sind aufeinander angewiesen: Die Wirtschaft braucht einen starken Staat, der ihre Rahmenbedingungen – Rechtssicherheit und freie Konkurrenz – garantiert. Der Staat braucht eine starke Wirtschaft, die seinen Bedarf an Ressourcen deckt.

Die klassische Weisheit, daß Wirtschaft und Staat zusammengehören, aber getrennt bleiben müssen, ist offenbar in Vergessenheit geraten. Die beiden Partner sind einander gleichzeitig nahe gerückt und fremd geworden. Der Staat handelt mehr und mehr selbst innerhalb einer Wirtschaft, die er immer weniger zu ordnen versteht. Die Wirtschaft, ihrer Handlungsfähigkeit zunehmend beraubt, beginnt im Gegenzug den

Staat zu ordnen, dem sie zunehmend mißtraut. Aus dieser Art Rollentausch zwischen der ordnenden und der handelnden Instanz sind beide Partner geschwächt hervorgegangen: Die Wirtschaft leidet unter staatlichen Eingriffen und stagniert; der Staat kann die ihm von der Wirtschaft aufgezwungenen Aufgaben nicht erfüllen und verarmt.

Dies ist denn die Lehre aus der Epidemie der Staatsdefizite: Nur als getrennte Partner im Sinne der klassischen Konzeption sind Wirtschaft und Staat fähig, ihre Aufgaben zu erfüllen. Als Bürger sind wir aufgerufen, den Staat wieder ordnungsfähig, die Wirtschaft handlungsfähig zu machen."[8]

Hans Merkle argumentiert ähnlich: ,,Die Deckung des kollektiven (gesellschaftlichen) Bedarfs mag durch Dirigismus – und ,mehr Staat' ist Dirigismus – mit unendlicher Anstrengung möglich sein, die Deckung des individuellen, des eigentlich menschlichen Bedarfs nicht. Die Planung bleibt im unverbindlichen; der Planer kann in der Regel nicht zur Verantwortung gezogen werden, wenn die Planung nicht stimmt. Sie stimmt nie. Die Unfähigkeit der staatlichen Organisation, als solche Verantwortung zu tragen, tritt überall dort zutage, wo vorprogrammierte Strukturen bestehen, die sich niederschlagen

- in der Unerbittlichkeit und Unnachgiebigkeit ihrer Formalisierung
- in der Unbeweglichkeit und Lebensfremdheit ihrer Bürokratie
- in der Illusion, Lebensvorgänge könnten durch menschliche Gesetze abgelöst oder geregelt werden
- schlechthin in der Vernachlässigung der naturgesetzlichen Erkenntnis, daß das Zusammenspiel der Kräfte dieser Welt auf Rückkoppelung beruht.

Es gibt keine Planwirtschaft, in der nicht früher oder später Organisation als Eigenwert auftritt, Organisation, die auf sich selbst zielt, und man unterschätze nicht das ungeheure Maß an Herrschaft, das jede organisatorische Struktur aus ihrem Wesen heraus ausüben muß."[9]

Die Anpassungsfähigkeit an den Menschen – mindestens in wirtschaftlich hoch entwickelten Gesellschaften – ist größer, weil liberale Grundlagen viele Alternativen offen lassen gegenüber dem formalisierten Funktionärsprinzip.

Jede Form der Verstaatlichung verschiebt die Aufgabe zugunsten des Staates, alle Ansätze zur Privatisierung verschieben Aufgaben in Rich-

---

8) Leutwiler, Fritz: Die Staatsfinanzen in der Demokratie, in: Deutsche Bundesbank (Hrsg.): Auszüge aus Presseartikeln, Nr. 42, 22. Mai 1984, S. 11 – 15, S. 15.

9) Merkle, Hans L.: Der Staat und die Freiheit der Bürger, Eine Schicksalsfrage der Gesellschaft, in: Frankfurter Allgemeine Zeitung, 21. Jg., Nr. 114, 3. Juni 1978, S. 15.

tung der Unternehmen. Während in den USA der „Reaganism" dazu beiträgt, die Privatinitiative zu fördern und bisher staatlich erledigte Aufgaben in die Privatwirtschaft zu überführen, wird in Westeuropa die Rückführung von Staatsaufgaben in die Privatwirtschaft überwiegend noch diskutiert. Die hohe Staatsquote am Bruttosozialprodukt erzwingt Überlegungen, bisherige Aufgaben des Staates auf den Bürger zurückzugliedern. Beispiele für mögliche Rückgliederungen sind Altenfürsorge, Krankenversorgung, Kindergärten, Bildungseinrichtungen, auch Versorgungs- und Entsorgungseinrichtungen.

Eine Grundfrage besteht darin, ob es gelingt, durch Privatisierung von Staatsaufgaben all die Leistungsanreize freizusetzen, die erforderlich sind, um eine Normalisierung der Staatsfinanzen zu erreichen.

Die Erfolge beruhen auf Vertrauen sowie auf Durchsetzungskraft und auf dem, was die Amerikaner in der Renaissance eines Leistungsdenkens neuerdings als „performance" bezeichnen.

Im Hinblick auf eine klare Arbeitsteilung zwischen Wirtschaft und Politik wird immer wieder ein grundlegender Rückschnitt der wirtschaftlichen Tätigkeit des Bundes, einschließlich der Bereiche Bahn und Post, gefordert. In einer Untersuchung des Mittelstandsinstituts Niedersachsen stellt Peter Hort 1984 u.a. folgende Forderungen zu einem Abbau der Staatstätigkeit durch Privatisierung auf:

1. Besteuerung aller von öffentlichen Einrichtungen angebotenen Dienste durch Verbrauchs- und Mehrwertsteuer wie bei der privaten Wirtschaft,
2. Reform des Gemeinnützigkeitsrechts,
3. Änderung der Subsidiaritätsvorschrift in den Gemeindeordnungen durch deren Ausdehnung auf vorhandene Regiebetriebe und -aktivitäten und nicht nur auf neue, zumal 80 % der kommunalen Tätigkeit privatisierungsfähig ist.[10)]

Die Bundesbeteiligungen: Der Bund ist in der Bundesrepublik Deutschland „der größte Unternehmer". Die über 930 Unternehmen, an denen der Bund und seine Sondervermögen unmittelbar beteiligt sind, haben

---

10) Dem Bund gehören neben dem Sondervermögen Bahn, Post und ERP auch die Salzgitter AG (100 %), die Industrieverwaltungsgesellschaft (100 %), die Vereinigten Industrieunternehmen (86,5 %), die Deutsche Lufthansa (74,3 %) und die Saarbergwerke AG (74 %). Die bedeutendsten Minderheitsbeteiligungen sind die Veba AG als größtes deutsches Aktienunternehmen mit einem Bundesanteil von 43,8 % und die Volkswagen AG mit 20 %. Von den Bankenbeteiligungen sind die Kreditanstalt für Wiederaufbau, die Deutsche Pfandbriefanstalt und die Deutsche Bau- und Bodenbank von Bedeutung (vgl. Hort, Peter: Der Staat ist kein Unternehmer, in: Frankfurter Allgemeine Zeitung, 26. Jg., Nr. 198, 27. August 1983, S. 13).

ein Nennkapital von mehr als 12 Mrd. DM und beschäftigen mehr als eine halbe Million Mitarbeiter. Allein mit den Industriebeteiligungen wurde im Jahre 1982 mit rd. 440 000 Beschäftigten ein Umsatz von 109 Mrd. DM erzielt.[10)]

Neue Institutionen: Vielleicht lassen sich neuartige Institutionen für Aufgaben entwickeln, zu deren Erledigung die Regierungen nicht in der Lage sind. Die Bewältigung der Zukunft setzt neue Institutionen voraus, die sowohl die Wirtschaft als auch die Politik unterstützen. Dabei geht es darum, eine Gesamtschau der Gegenwart zu erreichen und Entwicklungstrends zu erkennen sowie Problembereiche zu identifizieren.

Ein internationaler Ansatz auf einem Teilgebiet ist die im Jahre 1984 von Pehr G. Gyllenhammar initiierte Zusammenkunft von rund zwanzig westeuropäischen Industriellen, um infrastrukturelle Maßnahmen von gemeinsamem Interesse in Gang zu bringen, z.B. ein europäisches Telefonnetz oder den Bau des Kanaltunnels.

Entbürokratisierung: Entbürokratisierung bedeutet, die Regelungen durch Gesetz und Verordnungen abzubauen und auch Kontrollmechanismen zurückzuschneiden.

Eli Lilly, ein führendes pharmazeutisches Großunternehmen, verwendet mehr Zeit auf die Ausfüllung amtlicher Formulare als auf die Erforschung von Krebs- und Herzkrankheiten. Ein einziger Rechenschaftsbericht des Ölkonzerns Exxon an die staatliche Energiebehörde umfaßt 450 000 Seiten – das entspricht ungefähr 1 000 Bänden![11)]

Vielleicht gilt als allgemeine Gesetzmäßigkeit des gesunden Menschenverstandes die von Peter Atteslander aufgestellte Hypothese, daß stets dann, wenn Bürokratie zur Ineffizienz der gesamten Produktivität führt, sie regelmäßig durchbrochen wird. Es entstehen graue Märkte. Diese seien immer ein Indiz für überbordende Bürokratie.[11)]

Gewicht erhalten auch die für den Staat getätigten unentgeltlichen Leistungen, die in der Bundesrepublik Deutschland für 1985 auf rd. 50 Mrd. DM oder rd. 3 % des Bruttosozialprodukts geschätzt werden. Es sind dies die Bürokratiekosten für Statistiken und Steuererklärungen und Steuerabführung sowie Genehmigungen und Zulassungen von Produkten, Anlagen und Dienstleistungen, auch die Pflichten im Zusammenhang mit Arbeits- und Sozialvorschriften.

Als ein zentraler Bereich der Entbürokratisierung gelten zur Zeit das Arbeitsrecht, insbesondere der Bereich des Arbeits- und Kündigungsschutzes, und das Tarifvertragsrecht.

---

11) Vgl. Atteslander, Peter: Markt und Bürokratie, in: Markenartikel, 44. Jg., 1982, Nr. 10, S. 452–460, S. 454, S. 459.

Weitere Lockerungen könnten sich auf Befähigungsnachweise aller Art beziehen.

Zukunftsorientierung: Die Befassung von Regierung und Verwaltung mit Zukunftsproblemen muß stark intensiviert werden. Der Staat hat prinzipiell folgende Möglichkeiten der Strukturbeeinflussung:

1. die Strukturerhaltungspolitik mit Förderung bedrohter Erwerbszweige,
2. die Strukturanpassungspolitik mit Förderung des Wandels in neue Strukturen,
3. die Strukturbeeinflussungspolitik mit Förderung innovativer Wirtschaftszweige bis hin zur Investitionslenkung.

In den USA sind zur Unterstützung des Kongresses zwei Einrichtungen geschaffen worden, die Beispielcharakter tragen könnten:

- das Office of Technology Assessment zur Analyse der Auswirkungen neuer Technologien,
- das Congressional Clearinghouse on the Future als Auswertungsstelle für Publikationen mit den Informationsbriefen What's Next und Foresight für Abgeordnete.

Option A

Bei Option A mit starkem Bevölkerungsrückgang wird der Staat dadurch Zufriedenheit bei den Bürgern und in der Wirtschaft zu schaffen versuchen, daß er mehr Aufgaben ausgliedert oder zu gemischtwirtschaftlichen Lösungen mit gemeinsamer Staats- und Privatfinanzierung sucht.

Es wird alles getan werden, um den Bürgern durch Entstaatlichung und neue Formen der Mitbeteiligung und Mitwirkung das Absinken in die Provinzialität subjektiv nicht so spürbar werden zu lassen.

Option B

Der Staat wird zur Verhinderung eines Rückgangs der Steuerungsmöglichkeit aufgrund einer multinationalen Bevölkerung – dies sicher auch in Verbindung mit einer Bewältigung der durch die EG gestellten Aufgaben – eine geeignete Lösung finden müssen. Dabei spielt vor allem die gewünschte Integrationsintensität der Ausländer einschließlich der Staatsangehörigkeitsfragen eine Rolle.

Andererseits dürfte sich der Staat auch bei dieser Option von Aufgaben zu entlasten versuchen, die auf die Wirtschaft übertragen werden können.

D. Die Eigentumsordnung

I. Die Grundlagen

Das Privateigentum an Grund und Boden sowie an Ressourcen und Sachmitteln aller Art, schließlich auch an finanziellen Mitteln, ist ein über Jahrtausende entwickeltes gesellschaftspolitisches Konzept. Seit mehreren tausend Jahren hat es sowohl Gesellschaften und Phasen mit totalem oder partiellem Gemeineigentum als auch mit Individualeigentum gegeben.

Die heutige Welt ist durch unterschiedliche Eigentumsordnungen gespalten. Die marktwirtschaftlich orientierten Gesellschaften basieren ausnahmslos auf einem hohen Anteil an Privateigentum. In den kommunistischen Staaten ist das Prinzip des Gemeineigentums oder des Staatseigentums vorherrschend. In vielen wenig entwickelten Staaten gibt es noch Gruppeneigentum, z.B. als Familien- oder Gemeindeeigentum. Man muß somit klären, welche Individual- und Kollektiveigentumsformen in der nächsten gesellschaftspolitischen Phase die Leistungsanreize freisetzen, die zur Weiterentwicklung benötigt werden.

Eigentum und Wertedynamik

Eigentum und Interesse am Eigentum sind eng mit dem Wertgefüge der Menschen verbunden. Eigentum kann zur Sicherheit als Kompensation für die existentielle Unsicherheit beitragen.

In den westlichen Industriestaaten haben die Angriffe sozialistischer politischer Ideologien auf das Privateigentum weitgehend einem Streben nach Vermögensbildung breiter Bevölkerungsschichten und Miteigentum am Produktivvermögen Platz gemacht.

Der Wohlstandstransfer durch Vererbung führt zu spezifischen Nachfragemustern und Sparmustern, die zunehmende Bedeutung gewinnen. So ist der Verkauf ererbter Immobilien eine wichtige Stütze der Nachfrage nach Neubauwohnungen und Neueinrichtungen.

Durch die Zunahme von Vermögenstransfer und von Besitzeinkommen, vor allem auch von Immobilien und Sparkapital, wiegen sich junge Erben in einer trügerischen Sicherheit. Man muß sich jedoch klar darüber sein, daß die Besitzeinkommen nur dann funktionieren, wenn in genügendem Umfang Arbeitseinkommen erzielt werden, d.h. die Besitzeinkommen nur dann dauerhaften Wert behalten, wenn die Masseneinkommen aus Arbeit hoch sind.

Man muß weiter die Frage stellen, in welchem Umfange Arbeits- und Einsatzbereitschaft von der Möglichkeit der Eigentumsvermehrung abhängen und ob sich Alternativen dazu ergeben.

Unternehmenswerte und Wertedynamik: Das Eigentum wird oft noch nach den Ritualen der Agrarwirtschaft zu stationär betrachtet. Der Kampf um eine Erhöhung der Rentabilität von nicht mehr vom Markt anerkannten Altinvestitionen, z.B. bei ungeeigneten Einzelhandelsbauten, ist das typische Beispiel.

Die jahrelange Verdrängung der Umwertung von Eigentum, z.B. des Wertes von Hochöfen und Walzstraßen oder auch von Einzelhandelskapazitäten am ungeeigneten Standort, hat nicht ohne guten Grund zu der betriebswirtschaftlichen Ideologie geführt, die Ertragswerte bei der Feststellung von Eigentumsansprüchen oder -werten vor die Substanzwerte zu stellen. Diese Dynamisierung der Werte und der Bewertung des Eigentums werden dann auch zu einer Neuorientierung bei der Beurteilung des Kapitaleinsatzes durch Kapitalanleger und Banken führen.

Zur Zeit vollziehen sich schmerzliche Lernprozesse über die Veränderlichkeit des Wertes Unternehmenseigentum. Sachwerte ohne qualifiziertes „Humankapital" erweisen sich als wertlos. Dabei wird auch deutlich, mit welcher Intensität Eigentum betreut werden muß. In der Agrargesellschaft war es möglich, Eigentum an Agrarbetrieben auch bei geringer Fähigkeit über Generationen zu erhalten oder in Anbetracht des Bevölkerungswachstums sogar zu steigern. Nur wenige Monate Mißmanagement können heute zu einer fundamentalen „Abwertung" von Industrie-, Handels- und Dienstleistungsunternehmen führen.

Die Bindung zwischen Management und totalem Eigentum unterliegt gerade zur Zeit wesentlichen Veränderungen. Wir erleben eine Phase des Übergangs von personalistischen – auch von genossenschaftlichen – Unternehmen in Richtung auf die kapitalistische Unternehmung, hier jedoch mit zunehmender Beteiligung der Arbeitnehmer.

Die Stiftungen: In den letzten Jahren wurde das Unternehmenseigentum nicht nur durch die – wenn auch bisher zögerliche – Schaffung von neuen Aktiengesellschaften mit eher breit gestreutem Anteilsbesitz, sondern auch durch die Einbringung von Unternehmen in Stiftungen umgegliedert. Der bisher geltende Vorteil eines Verzichts auf die Besteuerung von Stiftungen ist durch das Erbschaftsteuer- und Schenkungsteuergesetz vom 17. April 1974 beseitigt worden. Darin ist festgelegt, daß Stiftungen[12)] in Zeitabständen von je 30 Jahren seit dem ersten

12) begrenzt auf Stiftungen oder Vereine, deren Zweck im wesentlichen auf die Bindung von Vermögen im Interesse einer Familie oder bestimmter Familien gerichtet ist.

Übergang von Vermögen auf die Stiftung der Erbschaftsteuer unterliegen. Bei Stiftungen oder Vereinen, bei denen der Zeitpunkt des ersten Übergangs von Vermögen auf den 1. Januar 1954 oder davor fiel, entstand die Steuer erstmals am 1. Januar 1984.

Führungskräfte und Eigentum: Die Art des Eigentums bestimmt infolge der Wertedynamik mehr und mehr die Möglichkeiten der Gewinnung von Führungskräften in Unternehmen. Die Bereitschaft qualifizierter Manager, bei weniger qualifizierten Inhabern tätig zu werden, war in den letzten Jahren stark rückläufig. Damit war bei schwachen Erben das Unternehmen vielfach nicht mehr zu halten. Die generelle Schwächung der Bindungen zwischen Menschen und die abnehmende Anerkennung von persönlicher Autorität haben somit auch Auswirkungen auf das Eigentum.

Die Anerkennung der Eigentümer-Unternehmer durch Mitarbeiter und Öffentlichkeit funktioniert nur noch bei deren Kompetenz vor allem in Hinblick auf die Führungsqualitäten.

Man muß weiter fragen, wie weit die derzeit vorhandenen *Eigentumsbildungsmöglichkeiten* in Unternehmen bereits unter die Interessenschwelle für die begünstigten Unternehmer und Manager abgesunken sind. Zwar wird menschliches Handeln aufgrund der Wertedynamik in einigen Gruppen tendenziell weniger gewinnabhängig, aber für weite Teile der Erwerbstätigen und der Kapitalgeber werden die Möglichkeiten zur Bildung und Verwertung von Überschüssen weiterhin einen hohen Leistungsanreiz bilden.

Neue Formen der Entindividualisierung des Eigentums entstehen, z.B. neue Formen des Gruppen- und Gemeinschaftseigentums – auch unter Beachtung von Gruppenzugehörigkeit und persönlichen Bindungen. Die zunehmende Schaffung von Stiftungen zur Absicherung von Unternehmen mit klarer Zuweisung von Gewinnen für gemeinnützige Zwecke bestätigt diese Tendenz. Bereits heute sind neuartige Kriterien der Beurteilung von Investitionen und der Kreditwürdigkeit erforderlich.

Die Position des Eigentümers: Die Anonymisierung des Eigentums in Kapitalgesellschaften äußert sich in der Vernachlässigung der Aktionäre. So hat Horst Albach bereits 1975 darauf hingewiesen, daß nur in 19 von 36 analysierten Unternehmen in den Führungsgrundsätzen die Personengruppen mit Einfluß auf die Willensbildung überhaupt genannt werden, davon nur von vier Unternehmen auch die Aktionäre.[13)]

---

13) Vgl. Albach, Horst: Die soziale Verantwortung der Unternehmen, in: Frankfurter Allgemeine Zeitung, 18. Jg., Nr. 230, 4. Oktober 1975, S. 11.

Zwischen dem *Wettbewerbsprinzip und den Eigentumsrechten* bestehen enge Beziehungen. So ist schwer abzuschätzen, welche Wirkungen eine umfassende Mitbeteiligung von Arbeitnehmern auf den Wettbewerb haben wird. Die Mitbeteiligung kann wiederum nicht unabhängig von den gegebenen Spielarten der Mitbestimmung betrachtet werden.

Ja, es muß sogar die Frage gestellt werden, wie weitgehend die Kombination von Mitbeteiligung und Mitbestimmung bzw. Partizipation langfristig auf die Wirtschaftssteuerung generell wirkt.

Mitte der achtziger Jahre halten etwa eine Million Arbeitnehmer ein Kapital von 2,5 Mrd. DM an ihren Unternehmen.

Ein zentrales Problem ist weiter die *Eigentumsbeeinträchtigung durch den Staat.*

Finanzgesetze, Antitrust-Laws, Schutzregelungen für Arbeitnehmer, für Kunden gegen fast alle Umstände des Lebens in Europa und auch den USA kennzeichnen eine systematische Erosion der Eigentumsrechte. ,,Hunderte von Restriktionen, die für sich allein nicht entscheidend sind, wirken in der Kumulierung verhängnisvoll. Heute können wir die Wirtschaft des Westens als den Giganten Gulliver bezeichnen, den zahllose Liliputaner in Fesseln gelegt haben''[14], stellt William G. Ouchi 1986 fest.

II. Die Optionen

Bei Optionen bezüglich der Eigentumsordnung ist zu entscheiden über die wünschenswerten Verschiebungen zwischen Arbeitseinkommen und Kapitaleinkommen, weiter zwischen privat organisierten Transfereinkommen und staatlich organisierten Transfereinkommen, vor allem für die Absicherung der nicht oder nicht mehr Erwerbstätigen.

Bereits im Jahre 1964 hat James Meade auf die Verringerung des Anteils der Arbeitseinkommen zugunsten der Vermögenseinkommen in einer automatisierten Wirtschaft bei Beteiligung der Arbeitnehmer am Betriebsvermögen hingewiesen.[15]

Das Eigentum an Unternehmen: Vielfach ist heute in Unternehmen bereits eine differenzierte Eigentumssituation durch die Beteiligung von Mitarbeitern, Lieferanten und Kunden vorhanden. Zusätzlich gibt es oft ein getrenntes Eigentum von Kapitalanlegern für die Immobilien und

14) O.V.: Gullivers Fesseln – Interview mit William G. Ouchi, in: Wirtschaftswoche, 40. Jg., 1986, Nr. 13, S. 51–56, S. 54.

15) Vgl. Meade, James Edward: Efficiency, Equality and the Ownership of Property, (Allen & Unwin) London 1964.

Anlagen – Besitzgesellschaften – und Betriebsgesellschaften für den laufenden Betrieb, oft mit Anteilseigentum der Manager.

Neue Formen der Vermögensbildung breiter Schichten, die über das bisherige Konzept der Volksaktien und der Sparförderung hinausgehen, werden starke Rückwirkungen auf die Eigentumsverhältnisse in der Wirtschaft haben. So entwickeln sich neogenossenschaftliche Konzepte, die den an einem Unternehmen Beteiligten Leistungsvorteile, z.B. zusätzliche Rabatte für Bond- und Anteilsfinanzierungen bieten.

Reinhard Mohn ist davon überzeugt, daß die Wirksamkeit der Steuerungselemente Einkommen und Besitz größer ist, wenn die Mitarbeiter in beide Steuerungsfunktionen einbezogen sind, und dies aus Gerechtigkeits- und Motivationsgründen. „Und Mitarbeiter, die materiell an ihrem Unternehmen engagiert sind, haben ein viel stärkeres Interesse an der Produktivität und am Gewinn des Unternehmens und bringen auch mehr Flexibilität und Bereitschaft zu Innovationen mit.“[16)]

Dem ist entgegenzuhalten, daß sich bei einigen Unternehmen mit Beteiligung der Mitarbeiter beachtliche Probleme ergaben, andere Unternehmen hatten nicht die erwartete überdurchschnittliche Entwicklung. Man wird in diesem Bereich noch viel praktische Erfahrung auch mit innovativen Beteiligungslösungen finden müssen, ehe man ein abgewogenes Urteil abgeben kann. Die Vorteilhaftigkeit der Miteigentumskonzepte ist überwiegend eine Frage des dadurch begründeten Mitarbeiterverhaltens und somit auch der Akzeptanz einer bestimmten Unternehmensphilosophie und damit des Unternehmenscode.

Eine Kernfrage der Eigentumsdemokratisierung bezieht sich auf die Mitbestimmungsrechte und auf die Risikoübernahme der beteiligten Arbeitnehmer.

Durch *Vermögenspolitik* einerseits und Transferpolitik andererseits wird der soziale Status neu definiert. Die Bedeutung des Arbeitseinkommens wird tendenziell geringer. Und was weit bedeutender ist: Der Gegensatz Arbeitnehmer und Kapitalgeber löst sich auf.

Man kann zur Zeit in der Bundesrepublik Deutschland zwei Entscheidungs- und Eigentumsumwidmungsmodelle herausstellen:

1. das Miteigentum der Arbeitnehmer, wie es vor allem die katholische Soziallehre fordert,
2. die paritätische Mitbestimmung, wie sie vor allem von den Gewerkschaften gefordert wird.

---

16) Mohn, Reinhard: Gesellschaftspolitische Dimensionen moderner Unternehmenspolitik, in: Beiträge zur Unternehmenskonzeption, Bertelsmann Texte, Nr. 8, (Verlag für Buchmarkt- und Medienforschung) Gütersloh o. J. (1979), S. 5–14, S. 10.

Auch das Konzept der planmäßig regulierten Volkseinkommensverteilung auf der Basis der Kapital- und Gewinninteressen der kapitalbeteiligten Mitarbeiter von Marktunternehmen, wie Ota Šik sie vorschlägt, deutet an, wie neue wirtschaftliche Steuerungsprinzipien funktionieren könnten.[17] Wenn solche Konzepte mit neuen Verteilungsprozessen funktionieren und gleichzeitig die Ziele der Vollbeschäftigung, Arbeitszeitverkürzung und des Wachstums erreicht werden sollen, dürfte dies durch Mitbeteiligung der Mitarbeiter am Kapital der Unternehmen abgesichert oder auch erst möglich werden, d.h. durch konkrete Mitbeteiligung auch am Risiko. Die Freiheitsgrade für Unternehmen könnten durch die dann immer bedeutender werdenden Doppeleinkommen der Arbeitnehmer mit Interessendivergenzen aufgrund von Einkommen aus Arbeit und zusätzlich beachtlichen Einkommensanteilen aus Kapitalvermögen wachsen. Wenn Arbeitnehmer auch an Gewinnen und Vermögensbeteiligung interessiert sind, würde vermutlich besser verstanden werden, daß höhere Löhne niedrigere Gewinne und/oder höhere Preise bedeuten.

Eine Mitbeteiligung von Mitarbeitern an den Unternehmen wird langfristig die Eigentumsverhältnisse wesentlich verändern und die Frage nach der *Funktionsfähigkeit des Erbrechts* aufkommen lassen und vor allem auch die Frage nach den Grenzen der Eigentumsübertragung zu Lebzeiten und durch Vererbung.

Durch die vererbungsbedingte „Mehrklassengesellschaft", d.h.

1. Erbende mit voller Existenzfähigkeit aus Erbe, letztlich mit voller Versorgung aus Kapitaleinkommen,
2. Erbende mit überwiegender Existenzfähigkeit aus Erbe,
3. Erbende mit etwa hälftiger Existenzfähigkeit aus Erbe,
4. Erbende mit geringer Existenzfähigkeit aus Erbe,
5. Nichterben,

könnte sich in Zukunft ein Potential sozialer Spannungen und Auseinandersetzungen entwickeln, und zwar zwischen den materiell trotz Nichtstun „Unabhängigen" gegenüber den durch Zwang zur Arbeit „Abhängigen". Daraus dürften sich auch Ansätze zu Änderungen der Eigentumsordnung entwickeln. Eine Voraussetzung für Auseinandersetzungen um das Eigentumskonzept wäre ein vergleichsweise geringer Wertewandel mit Erhaltung von Leistungsstreben und Streben nach materiellem Wohlstand. Gefahren einer Auseinandersetzung um Eigentum und Besitz – letztlich um „Haben" – werden um so geringer, je stär-

17) Vgl. Sik, Ota: Humane Wirtschaftsdemokratie – Ein Dritter Weg, (Albrecht Knaus Verlag) Hamburg 1979, S. 82–88.

ker sich die postmaterialistischen Ideologien durchsetzen. Dadurch würden Vererbung und Enterbung generell ihren Stellenwert verlieren.

Angesichts der Tatsache, daß Unternehmen gesamtwirtschaftliche und gesellschaftspolitische Verpflichtungen haben, wird immer häufiger die Frage gestellt, in welchem Umfange Eigentümer durch Unfähigkeit ihre Unternehmen aufs Spiel setzen dürfen. Eng damit verbunden ist die Frage, wer die Entscheidungskriterien darüber festlegen und letztlich darüber entscheiden soll, unter welchen Bedingungen – vor dem Konkurs oder Vergleich in ihrer derzeitigen Ausgestaltung – Unternehmer veranlaßt werden können, sich von ihren Unternehmen zu trennen. Man spricht zwar viel von einer Sozialverantwortung des Eigentums, faktisch ist diese Forderung bisher jedoch weitgehend eine Leerformel geblieben.

Hier seien einige unpopuläre Fragen in den Raum gestellt, die im Interesse einer Weiterentwicklung der Gesellschaftsordnung dringender Klärung bedürfen:

- Warum sollen unfähige Erben Unternehmen ruinieren dürfen?
- Wo liegen die Grenzen der vertretbaren Einkommen für untätige Erben?
- Wie könnte eine Art neuer Vererbungsgerechtigkeit geschaffen werden?
- Welche anderen Anreize zu hochaktiver Lebensgestaltung als die Vererbung gibt es?
- Welchen Stellenwert hat die Vererbung als Anreiz?
- Welches Verhältnis zwischen zeitlich begrenztem Verfügbarkeitseigentum und Dauereigentum ist zweckmäßig?

Man wird in Zukunft subtiler zwischen den zeitlichen Begrenzungen des Nutzungseigentums differenzieren und Auffangstellen für freiwerdendes Eigentum schaffen.

Vieles spricht für die Notwendigkeit einer weitergehenden Entemotionalisierung der Eigentumsdiskussion.

Die Übertragung von Miteigentum: Für den Transfer von Miteigentum an Unternehmen beim Ausscheiden eines Mitarbeiters oder auch beim Wechsel in ein anderes Unternehmen fehlen bisher teilweise gesicherte Regelungen. Zu welchem Kurswert soll der Wechsel von einem Miteigentumsanteil eines Unternehmens zu einem Miteigentumsanteil eines anderen Unternehmens möglich sein, zu Nominalwerten oder zu Substanzwerten? Nach welchen Verfahren soll die Bewertung solcher Anteile erfolgen? Soll es eine über den jeweiligen Mitarbeiterkreis hinausgehende Fungibilität solcher Anteile geben oder bleibt in diesem Fall das Stimmrecht gegebenenfalls in vollem Umfange erhalten?

Bei jährlichen Einzahlungen von 2 400 DM pro Mitarbeiter entsteht bei einer Verzinsung von 8 % bzw. 10 % und steuerfreiem Stehenlassen der Beträge in einem Arbeitsleben von 30 Jahren ein Miteigentum am Unternehmen in Höhe von 293 630 DM bzw. 434 264 DM. Was soll mit diesem Geld geschehen? Wird es die neue Form der Rente für den Begünstigten? Kann er den Anteil nach seinem Belieben verwenden oder vererben oder partizipieren der Staat und das Unternehmen daran? Wird die Auszahlung besteuert oder erbschaftsbesteuert? Welches Stimmrecht haben die Erben?

In wenigen Jahren werden wir für diese Fragen Antworten erarbeitet haben müssen.

Eine Grundfrage der künftigen Gesellschaftsgestaltung betrifft weiter die *Eigentumsrechte der Banken und Nichtbanken* an Unternehmen. Zur Zeit haben die Banken auf Unternehmen einen sehr weitreichenden und immer mehr als zu weitreichend empfundenen Einfluß.

Option A

Die Bedingungen von Szenario I, von denen bei Option A tendenziell ausgegangen wird, dürften spätestens ab etwa dem Jahre 2000 eine gravierende Abwertung vieler getätigter Investitionen in Unternehmen und öffentlichen Einrichtungen erwarten lassen.

Bereits heute zeigt sich, daß der „Wert“ technisch noch funktionsfähiger Investitionen in Staat wie Wirtschaft abgeschrieben werden muß und damit der Wert des Eigentums geringer wird.

Die tendenziell individualistische Eigentumsordnung am Produktivvermögen dürfte aufgrund des Wertewandels und der gesellschaftspolitischen Dynamik nur aufrecht erhalten werden können, wenn sie eine gegenüber bisher noch breitere Grundlage findet.

Die Verwertbarkeit von Ererbtem wird bei Szenario I nicht in der heute noch als sicher erachteten Form möglich sein. Zu fragen ist, wie bei Option A die heutigen Freiheitsgrade im Erbrecht gestaltet werden können und sollen. Verstärkte Eingriffe in das Eigentum durch das Erbrecht dürften in Zukunft nicht ausbleiben. Die Verbreiterung der Basis des Eigentums in vielfältigen neuen Formen wäre das komplementär erforderliche Konzept.

Es spricht alles dafür, daß bei Option A kräftige Eigentumsumverteilungen zugunsten der Arbeitnehmer oder allgemein der privaten Haushalte erfolgen werden.

Man müßte neben dem Staat und den heutigen Eigentümeralternativen weitere Konstruktionen des „Eigentums" entwickeln, wenn man verhindern will, daß der Staat „Eigentümer" wird oder auch bleibt. Derartigen Strömungen laufen all die Interessen zuwider, die den Staat auch als Wirtschaftsmacht wünschen.

Die Frage des Eigentums wird zu einer Frage des angestrebten ökonomischen Freiheitsgrades von Unternehmen und Staat und vor allem zu einer Frage des gesellschaftlichen Vertrauens in Freiheit und Markt.

Somit wird die Eigentumsverteilung auch primär von den in den nächsten Jahrzehnten vorherrschenden politischen Strömungen abhängen. Dabei sind Entwicklungen nach dem Vorbild Großbritanniens oder Frankreichs unter sozialistischen Regierungen eher wahrscheinlich, dies um so eher je gravierender durch den Bevölkerungsrückgang die ökonomischen Probleme werden bis hin zur Verstaatlichung von Produktionszweigen, Handelsbereichen und Banken.

Die Weiterentwicklung der Marktwirtschaft dürfte primär durch einen Ausbau der horizontalen und vertikalen Eigentums- und Besitzkontrakte geprägt sein. Hybride und komplexe Eigentumsformen dürften rasch zunehmen. Die neuen Systeme der klassischen und neoklassischen Arbeitswelt werden bei marktwirtschaftlicher Organisation mehr und mehr Gemeinschaftseigentum von Unternehmungen und Managern, von Industrie und Handel sowie von Arbeitnehmern – nicht zuletzt zur Alterssicherung – und von Konsumenten sein. Hier ist auch an neuartige genossenschaftliche Lösungen zu denken. Die Migros in der Schweiz kann in diesem Zusammenhang als Modell genannt werden.

Derartige Alternativen des Eigentums entsprächen der Entwicklung von altruistischen Wertehaltungen mit einem gruppenspezifisch zwar unterschiedlichen, aber insgesamt kräftigen Übergang zu mehr Sozialbewußtsein.

Option B

Die Eigentumsprobleme für die Option B sind aufgrund der Herkunft der nach Szenario II zu erwartenden Einwohner zu lösen. Dabei dürfte die Gesetzmäßigkeit gelten, daß mit zunehmender räumlicher Entfernung und damit geringerer wirtschaftlicher Potenz der Einwanderer die bisherigen Formen des Individualeigentums bis zu dem angenommenen Zeithorizont 2030 stärker sein dürften als die des Gruppen- und Kollektiveigentums.

Je ähnlicher die zuwandernden Einwohner kulturell den heutigen Bewohnern der Bundesrepublik Deutschland sind, desto stärker werden die bei Option A erwähnten Bedingungen.

Bei Option B wird man den zusätzlichen Einwohnern, soweit sie auf Dauer in der Bundesrepublik Deutschland bleiben sollen, möglichst intensive Hilfestellungen zum Erwerb von Eigentum geben müssen. Auch Minderheiten könnten sich rasch mit neuen Formen des Gruppeneigentums identifizieren, da der Zusammenhalt und das gegenseitige Verantwortungsbewußtsein aufgrund des Minderheitenbewußtseins ohnehin überdurchschnittlich ausgeprägt sind.

Für die Eigentumspolitik ist dabei zweifellos auch die Frage der mittelfristig angestrebten Staatsbürgerschaft für zuwandernde Ausländer relevant. Breite Eigentumsbildung durch Ausländer mit Tendenzen zur Eigentumsbündelung in bestimmten Teilbereichen von Gesellschaft und Wirtschaft müßte in ihren Konsequenzen genauer durchdacht werden.

E. Die Steuerung durch Kommunikation und Medien

I. Die Grundlagen

Medien sind *Hilfsmittel der Kommunikation* zur Transaktion von Informationen und auch Hilfsmittel für die aus Informationstransaktionen abgeleiteten *Transaktionen von Waren und Diensten* aller Art. Die Steuerung der Gesellschaft durch Medien ist bereits heute ein kaum mehr überblickbares Phänomen.

Die Funktionsfähigkeit der heutigen Kommunikationsnetze ist im einzelnen nicht transparent, so daß immer noch unbekannt ist, wie eine Gesellschaft informativ und kommunikativ letztlich verwoben ist. Die technische Verfügbarkeit gibt prinzipiell keine Hinweise auf die effektive Nutzung. Gleiche Probleme haben wir bei dem Bemühen, die Bewußtseinswandlungen durch alte und neue Medien zu erkennen, viel mehr noch zu prognostizieren. Die Bedeutung des Medieneinflusses dürfte in Zukunft trotz der Probleme einer Wirkungsabschätzung der neuen Medien noch wesentlich größer werden.

Die Mediendynamik mit einer Zunahme der Medienalternativen führt tendenziell zu einer geringeren Bindung an bestimmte Medien. Dafür sind medienspezifische Wirkungsanalysen erforderlich. Die Erfahrung und Vergangenheitskriterien zur Beurteilung von Medien verlieren an Bedeutung. Die neuen Medien werden nur bedingt zu einer stärkeren Mediennutzung führen, sondern eher zu Lasten bisheriger Medien expandieren.

Informationen beruhen auf Werten, und die *Wertedynamik* führt zu einer Umwertung von Informationen, und zwar bei der Abgabe wie auch bei der Aufnahme von Informationen. Ein in der Signalwirkung nicht zu unterschätzendes Phänomen war die Ablehnung der Volkszählung in der Bundesrepublik Deutschland im Jahre 1983. Viele Bürger waren nicht bereit, bestimmte persönliche Daten abzugeben.

Information und Kommunikation gestalten unsere Welt. Es kommt nicht darauf an, was wahr ist, sondern darauf, was die Leute für wahr halten. Was man aber für wahr hält, wird durch Information und Kommunikation bestimmt. Somit bedeuten Information und Kommunikation auch stets Gestaltung der Realität.

Jede Form von *Information* kann zur *Manipulation* eingesetzt werden. Dies gilt auch heute bereits. Man muß sich darüber klar werden, wie sich die potentiellen und effektiven Manipulationsgrade ändern und welche Maßnahmen man zur Verhinderung übermäßiger Beeinflussung ergreifen muß.

Gefahren liegen in der Beeinträchtigung des Schutzes der Privatsphäre, in der Manipulation der Gehirne und in der Einengung der Meinungsfreiheit oder auch in einer unkontrollierten – vielleicht sogar unkontrollierbaren – Zunahme von Staats- und Gruppenmacht.

Ein zentrales Problem ist die Frage nach dem *Informationswert.* Im Zeitablauf ändert sich nicht nur der Wert zeitbezogener, sondern auch sachlich zeitloser Informationen. Viele richtige Informationen bleiben oft lange Zeit ohne Wirkung, z.B. die Informationen zum Umweltschutz und viele falsche Informationen, z.B. über unrealistische oder nur widersprüchliche Möglichkeiten gesellschaftlicher Gestaltungsalternativen, haben starke Wirkungen. Hier wäre zu fragen, ob und in welchem Umfange die neuen Techniken zunächst Bewußtwerdungsprozesse und dann auch Aktionsprozesse zu erforderlichen Änderungen in Gang setzen könnten.

Die zunehmende *Informationsverfügbarkeit* bedeutet keine vermehrte Informationsaufnahme, weil die Verarbeitungsmöglichkeiten des Bewußtseins begrenzt sind. Die Kommunikation kann aber unter solchen Bedingungen nicht mehr in wünschenswertem Umfange als Ortientierungshilfe dienen.

Die *Informationsüberflutung* kann durch Filterung abgebaut werden. Für die Reduktion der Gefahren einer Beeinflussung durch subjektive Wertung aufgrund der Informationen bleibt bisher kaum eine andere Idee, als mehrere konkurrierende Darstellungssysteme anzustreben, so wie dies bereits heute der Fall ist. Dies betrifft somit die Rationalität und Emotionalität der Informationen.

Individuelle Bewältigung der Informationsfülle: Man versucht, der Informationsüberflutung durch Berufszuhörer und Berufsleser Herr zu werden, die jedoch nur von Nutzen sind, wenn sie selbst auf dem jeweiligen Niveau des Wissensstandes sind. Ein positives Beispiel sind die vom Forschungsinstitut für Wirtschaftsverfassung und Wettbewerb e.V. erarbeiteten Tagungsberichte zu Wettbewerbsproblemen.

Wichtige Selektionsaufgaben für Informationen haben Trend-Dienste, so der manager magazin trend letter von Armin Ziegler oder durch New Age geprägte Trend-Visionäre wie Gerd Gerken mit Radar für Trends. Ein Informations-Clearing für Zukunftsfragen erfolgt auf Tagungen, wie sie vm Gottlieb Duttweiler Institut in Rüschlikon oder von der Prognos AG, Basel, veranstaltet werden. Dazu kommen Branchendienste, Bankendienste, Wirtschaftsdienste und neuerdings Datenbanken wie Genios in Düsseldorf.

II. Die Konsequenzen

Allgemeine Aspekte

Welches sind nun Auswirkungen der Informationsdynamik und Kommunikationsdynamik?

Zu diesem Zweck müßten Programme der *Informations- und Kommunikationsfolgenabschätzung* entwickelt werden, ähnlich, wie heute allgemein von Technologiefolgenabschätzungen (technology assessment) gesprochen wird. Die Wirkungen der dargestellten Wandlungen sind nach allen bisherigen Erfahrungen nur bedingt steuerbar und nur sehr bedingt vorhersehbar: Heute und auch in Zukunft werden Eigengesetzlichkeiten des technischen Fortschritts gelten. Durch die generell zunehmende Kritik an der Technik werden neue Fragen gestellt: Man fragt vermehrt nicht nur nach der technischen Machbarkeit und der wirtschaftlichen Verkraftbarkeit, sondern auch nach der gesellschaftlichen Wünschbarkeit von Neuerungen, jedoch oft genug ohne daraus politische Konsequenzen zu ziehen.

Die *Lernprozesse mit neuen Medien* werden durch die Art der Verbreitung gefördert. Die langsame Verbreitung der neuen Medien behindert bisher deren volle Nutzung, so daß die Wirkungen im Aufbaustadium eher begrenzt sind. Erst aus der allgemeinen Verbreitung der neuen Medien ergeben sich zusätzliche Erkenntnisse über voraussichtliche Auswirkungen, so daß eine stetige Sensibilisierung der Wirtschaft für die Folgenabschätzung der neuen Medien die Voraussetzung für eine erfolgreiche Nutzung darstellt.

Zahlreiche Fragen der neuen Medien bedürfen der Prüfung:

1. die technische Realisierbarkeit und die voraussichtliche Diffusionsgeschwindigkeit,
2. die Bedarfs- und Nutzenprobleme einschließlich ihrer Konsequenzen,
3. die staatliche und private Forschungsförderung,
4. die Finanzierung des Systemaufbaus und der Systemunterhaltung,
5. die Organisationsform,
6. die Konkurrenzbedingungen zwischen den Medien.

Diese Analyse muß von unterschiedlichen Standpunkten vorgenommen werden, z.B. vom Standpunkt

- der Bürger,
- der Konsumenten,
- des Staates,

- der Unternehmen generell,
- der Kulturwirtschaft,
- der werbungtreibenden Wirtschaft.

Die Kosten der Information: Die Frage nach dem Wert von Information und Kommunikation wirft auch das Problem der Kosten der Information auf. Dieses Problem muß weiter zerlegt werden:

1. Wer soll die Kosten der Information tragen?
2. Wer setzt Informationspreise fest?
3. Nach welchen Kriterien werden Kosten berechnet?
4. Nach welchen Kriterien werden Informationen bewertet?

Zu den allgemeinen Auswirkungen der Informations- und Kommunikationsdynamik: Es wäre verfehlt, den Einfluß der Medien herunterzuspielen. Für die folgenden kommunikationstheoretischen Gesetzmäßigkeiten spricht vieles:

1. Der Status quo einer Gesellschaft wird durch die Medien mitbestimmt. Die möglichen Änderungsrichtungen der Gesellschaft sind
   - von dem Grad der Vielfalt und der Allgemeinverfügbarkeit der Medien,
   - von den Einflußmöglichkeiten auf die Medien, vor allem von deren Besitzverhältnissen

   abhängig.
2. Medien können Autorität unterstützen und verleihen, sowohl von Personen und von Institutionen als auch von Problemstellungen. Je einheitlicher oder monopolistischer die Medien sind, desto stärker der Autoritätseinfluß.
3. Medien können dazu beitragen, Dissonanzen, d.h. Unstimmigkeiten und Widersprüche zwischen gesellschaftlichen Normen und privaten Normen, abzubauen. Je stärker die Anpassung an allgemeine Normen, desto erfolgreicher sind Medien.
4. Medien können durch Informationsverzicht Kritikpotentiale reduzieren und durch überzogene Information Kritikpotentiale aufbauen.
5. Der Erfolg oder die Wirksamkeit der Sachmedien wird durch interpersonelle Kommunikation gestützt.[18)]

Das Datenschutzproblem: Gefahren der neuen Medien liegen in der Beeinträchtigung des Schutzes der Privatsphäre. Die neue Informations-

18) Vgl. dazu auch Paetzold, Ulrich: Publizistische Nutzungsplanung von breitbandigen Kommunikationsnetzen, in: Paetzold, Ulrich (Hrsg.): Kabelkommunikation – Organisation und Programme, (Verlag Olschläger) o.O. 1978, S. 115 – 124, S. 116 ff.

technik könne auch zur Manipulation, zur Verstärkung der Gruppen- und Bürokratenmacht oder zur Einengung der Meinungsfreiheit eingesetzt werden, befürchten Skeptiker. Aus Informationen über jeden Bürger in Datenbanken erwachsen Probleme des Datenschutzes, genauer des Persönlichkeitsschutzes. Daher ist zu erwarten, daß der politische Kampf um Rechte zur Steuerung der Kommunikation und auch der Information in der Zukunft stark zunehmen wird.

In enger Beziehung zur Informationsdynamik stehen Fragen des Zugangs zu Daten. Es geht dabei nicht nur um das Recht auf Schutz der persönlichen Daten durch Datenschutz, sondern auch um die Verpflichtung, nach bestimmten Verfahren Informationsvorsprünge aufzugeben und die Informationen der Öffentlichkeit zugänglich zu machen.

Die *Superinformationssysteme* entstehen durch eine Vernetzung der Datenbanken, in denen persönliche oder institutionelle Daten gespeichert sind. Es kommt dann zu einer Faktenfusion mit Queranalysemöglichkeiten, die bisher nicht möglich waren. Die Regelung der Zugänglichkeit zu Informationsnetzen ergibt den Grad der Informationstransparenz.

Durch eine langfristige Informationsspeicherung können Menschen und Institutionen in allen ihren Lebensäußerungen stetig beobachtet und überwacht werden. Es entsteht eine ,,gläserne Gesellschaft''.

Wir werden darüber Einigkeit erzielen müssen, in welcher Form in Zukunft die ,,Gnade des Vergessens'' wirken soll.

Es ist auch zu fragen, wo die Grenzen der ökonomischen Verwertung von Daten liegen, z.B. zur Gestaltung individueller Bildschirmangebote oder zur politischen Beeinflussung aufgrund der politischen Präferenzen, die sich aus der Informationsaufnahme eines Bürgers ergeben.

Die Computerkriminalität: Als weiteres Problem ist die Computerkriminalität herauszustellen. Ein Beispiel sind die Risiken des Zuganges Unbefugter zu Bankkonten, aber auch zu internen Unternehmensdaten. Es wird nicht einfach sein, Mißbräuche auszuschalten; aber auch hier werden durch Weiterentwicklung der Technologie neue Möglichkeiten entstehen.

Das Problem der Fälschung: Ein Informationsrisiko der Zukunft sind völlig veränderte Fälschungsmethoden. Datenträger – von der Fotografie angefangen – können gefälscht werden, auch Informationsmodelle wie Computerprogramme. Der Schutz vor Fälschung könnte sich als ein dem Datenschutz gleichrangiges Problem erweisen.

Die gesellschaftliche Bewältigung der neuen Medien: Bei der Auseinandersetzung mit den gesellschaftlichen und individuellen Auswirkungen der neuen Medien gibt es wie bei jeder technischen Neuerung – das war bereits beim Entstehen der Dampfeisenbahn so – optimistische und noch weit mehr pessimistische Visionen. Man spricht von Entmenschlichung durch eine Hyperbürokratie apokalyptischen Ausmaßes oder auch von einer menschenfeindlichen Rationalität.[19] Umgekehrt sollte man jedoch die historisch erstmalige weitgehende Befreiung der Menschen von vielen Arbeiten erkennen, die bereits seit Jahrhunderten als hart und sogar unwürdig empfunden werden, d.s. sowohl Fließband- und Werkstattätigkeiten als auch monotone Büroarbeiten.

Weiter sollte man an die Freiheitsgrade denken, die Menschen durch die Automatisierung gewinnen. Hohe technologische Ausstattung führt zum Bedarf, aber auch zu den Voraussetzungen intensivierter und verbesserter persönlicher Kontakte, wie das neue amerikanische Wortspiel von John Naisbitt dokumentiert: High Tech = High Touch. Es spricht alles dafür, daß die Menschen die Bewältigung dieser hilfreichen und teilweise sogar bewußtseinserweiternden Techniken rasch zu nutzen lernen werden.

Unsicherheiten in der sozialen Akzeptanz des technischen Fortschritts sind normal. Ergebnisse von Testversuchen über die Akzeptanz sind wegen ungenügender Qualität der Konzepte in der Einführungsphase, z.B. wegen einer zu geringen Zahl von Anbietern oder einem schwachen technischen Standard, oft irreführend, d.h. begleitende Tests bei der Einführung neuer Medien können zu Fehlbeurteilungen der Akzeptanz führen.

Die Medienautorität: Man kann Computerprogramme so konstruieren, daß sie Menschen veranlassen, sich weitgehend oder gar zwingend an deren Entscheidungsvorschläge zu halten. Es gilt dann das Motto: Der Computer will es so!

Es wäre verhängnisvoll, den neuen Technologien „echte" Entscheidungsmacht zu geben. Neue Technologien zeigen zwar neue Wege auf, aber die Menschen müssen weiterhin die grundlegenden Entscheidungen fällen. Man darf Entscheidungen und Systeme zur Unterstützung von Entscheidungen (decision support systems) nicht verwechseln. So wird wegen der hohen Komplexität und fehlender Überschaubarkeit der Auswirkungen von Entscheidungen gefordert, Computer in bestimmten Lebensbereichen überhaupt nicht einzusetzen. Fritjof Capra nennt in diesem Zusammenhang Verteidigung und Medizin und die Computersystematik zur Simulation von Entscheidungsauswirkungen.[20]

---

19) Vgl. auch Fritsch, Bruno: Wir werden überleben – Orientierungen und Hoffnungen in schwieriger Zeit, (Günter Olzog Verlag) München-Wien 1981, S. 122.

20) Vgl. Capra, Fritjof: Der kosmische Reigen – Physik und östliche Mystik – ein zeitgenössisches Weltbild, (Otto Wilhelm Barth Verlag) München 1983.

Eine große Gefahr besteht somit darin, sich vor Sachentscheidungen durch Einschaltung von Informations- und Kommunikationssystemen zu drücken, indem man diesen die Entscheidungskompetenz überträgt. Bereits heute werden viele Dinge gemacht, weil der Computer sie will, nicht weil sie bei einer sorgfältigen Abwägung zweckmäßig sind.

Schließlich bleibt festzuhalten, daß mehr Technik die Gefahr einer Verminderung der menschlichen Kommunikation und damit der menschlichen Kontakte beinhaltet.

Zumindest kann man dabei auch die Gefahr sehen, daß Technologien als Vorwand mit unhaltbaren Versprechungen und mit Lügen dafür eingesetzt werden, unsere menschlichen Kontaktprobleme „effizient" zu lösen.

So bezeichnet Richard Sennet Radio und Fernsehen als Teile „des Waffenarsenals im Kampf zwischen sozialer Interaktion und individueller Wahrnehmung."[21] Weiter sagt er: „Die Massenmedien steigern das Wissen der Menschen von dem, was in der Gesellschaft vor sich geht, erheblich, zugleich jedoch schränken sie die Fähigkeit, dieses Wissen in politisches Handeln umzusetzen, erheblich ein. Auf das, was der Fernseher verlautbart, kann man nichts erwidern, man kann ihn nur abstellen – eine unsichtbare Handlung."[21]

Die Verbreiterung des Informationszuganges wird bisherige *Macht- und Marktkonstellationen* bei entsprechenden organisatorischen Voraussetzungen relativieren. So wird es leichter möglich sein, Informationen auf ihren sachlichen Gehalt hin zu überprüfen, ein Umstand, der zu begrüßen ist.

Die fehlende Kontrolle über Information und Kommunikation kann dagegen trotz hoher Freiheitsgrade zum „Informationsfeudalismus" führen. Die Eigentumsdiskussion wird in besonderem Maße auch durch das Eigentum an oder die Entscheidungsrechte über die Informationssysteme bestimmt werden.

Medienwettbewerb: Ungelöst ist zur Zeit das Problem des Medienwettbewerbs zwischen den öffentlich-rechtlichen Rundfunkanstalten und den privaten Programmanbietern. Die öffentlichen Anbieter sind bestrebt, die Privatanbieter durch ihre überregionalen Angebote klein zu halten.

Die Informationsfreiheit hat heute bereits in bedeutendem Umfange die Konsequenz, daß mit normativen Forderungen gegenüber einzelnen Menschen, Institutionen oder Gruppen Druck ausgeübt wird. Wenn

---

21) Sennet, Richard: Verfall und Ende des öffentlichen Lebens – Die Tyrannei der Intimität, (S. Fischer Verlag) Frankfurt a. M. 1983, S. 319.

man in einer Öffentlichkeit Interesse für diesen Druck findet und sich in dieser Richtung eine Solidarität ergibt, hat er gesellschaftliche und wirtschaftliche Wirkungen.

Die Verselbständigung der Informationssysteme beginnt – wie in anderen Bereichen auch – mit dem Phänomen der Sachzwänge.

Eine zunächst menschenverantwortliche Mediengestaltung kann durch Macht leicht zur konsequenten Durchsetzung bestimmter Ziele gegen einen Teil der Menschen degenerieren.

Machtprobleme treten jedoch auch in anderem Zusammenhang auf. Die Verfügungsmacht über die elektronischen Zahlungssysteme beeinflußt die Struktur der Banken. Wenn sich die Zahlungssysteme im Eigentum der Banken befinden, wird deren Macht gestärkt, stehen sie im Eigentum des Handels, werden dadurch den Banken klassische Funktionen entzogen.

Hinzuweisen ist auch auf die fast ungeahnten internationalen Kontroll- und Überwachungsmöglichkeiten durch die neuen Systeme, durch die die Gefahr militärischer Auseinandersetzungen reduziert wird.

Ein weiterer wichtiger Bereich ist die Kontrolle, z.B. auf den Gebieten Umweltschutz und Wasserwirtschaft, in denen alle wichtigen Meßdaten von Außenstationen automatisch von einem Zentralcomputer zur Verarbeitung weitergegeben werden.

Der Satellitenfunk wird zur Verkehrssicherung der Luft- und Schiffahrt eingesetzt. Neue automatische Leitsysteme, mit denen im Ruhrgebiet experimentiert wird (Ali), ermöglichen eine automatische Kraftfahrzeugsteuerung.

Die Systemanfälligkeit durch neue Medien: Durch die neuen Medien nimmt die Empfindlichkeit der gesellschaftlichen Kommunikationssysteme stark zu. Die Papierinformation wird zugunsten der papierlosen Information aufgegeben. Die Hilfsmittel und Techniken der Papierwirtschaft werden ebenfalls aufgegeben. Dadurch entsteht ein Funktionszwang der neuen Systeme. Jede Störung oder Unterbrechung der Funktionsfähigkeit führt dazu, daß die betroffenen Unternehmen, Verwaltungen und sonstigen Institutionen „stillstehen". Daher wird in Zukunft ein Hauptaugenmerk auf die Reduktion der Störanfälligkeit und auf die Senkung der Zerstörbarkeit von gespeicherten Daten und auch von Kanälen gerichtet werden.

Bei weitreichender Unterbrechung werden fast alle Aktivitäten der Gesellschaft ausgeschaltet. Daher dürften außerdem Überlegungen zu regional und lokal autarken Hilfslösungen zur Überwindung von Störungen entstehen.

Spätestens im Jahre 2020 wird in der Bundesrepublik Deutschland die volle Ausstattung aller Haushalte mit kombinierten Kommunikationsgeräten unterstellt, d.s. mindestens Kombinationen aus Bildschirm, Bildtelefon, Homecomputer, Teletex-Geräten und Druckern. Derartige Geräte werden von Computerherstellern bereits heute entwickelt.

Die papierlose Gesellschaft zwingt zur Absicherung der Datenbestände. Durch die neuen Medien wird das Umgehen mit Belegen vermutlich in einigen Jahren verlernt. Es ist somit der Zeitpunkt erkennbar, zu dem eine Rückkehr zur klassischen Belegtechnik ausgeschlossen ist. Die Auswirkungen des Verlernens alter Technologien müssen aber ins Bewußtsein gehoben werden, um die Erfindung besserer Sicherheitstechniken anzuregen.

Die Konsequenzen auf die Politik

Konsequenzen der neuen Medien auf die Politik dürften sich zunächst aus dem raschen Informationstempo, d.h. durch die fast mündlich schnelle Verbindung zwischen Ereignis und Berichterstattung ergeben.

Da die allgemeine Entprivilegisierung von Informationen weitergehen wird, ergeben sich Probleme durch Fehlbeurteilungen von Informationen.

Die neuen Kommunikationssysteme selbst gelangen in den Strudel politischer Auseinandersetzungen, wie sich schon heute beim Kabelfernsehen zeigt. Durch Kabelfernsehen mit Rückkanal werden sowohl Strohabstimmungen als auch – nach entsprechender Sicherung – echte Abstimmungen möglich. Langfristig könnte die Meinung aller Bürger oder von bestimmten Gruppen über wichtige Probleme zeitgleich (online) kommuniziert, kumuliert, ausgewertet und rückgesendet werden.

Zur Erfassung von Folgewirkungen der neuen Medien sind folgende Fragen zu beantworten:

1. Welche Machtverschiebungen ergeben sich zwischen Staat und Trägern der neuen Informationssysteme?
2. Welche Konsequenzen sind für die Funktionsfähigkeit der Demokratie zu erwarten?
3. Ist es möglich, die bisherigen marktwirtschaftlichen Konzepte weiter aufrechtzuerhalten, oder welche Veränderungen erfordern die neuen Medien bei der Steuerung der Wirtschaft?

4. Welche Konsequenzen ergeben sich auf die Hauptlebensbereiche, so Bildung, Verwaltung, Wirtschaft generell, Konsum, Verkehr, Freizeitgestaltung?

Antworten auf diese Fragen sind zur Zeit noch recht spekulativ.

Hinzuweisen ist auch auf die fast ungeahnten internationalen Kontroll- und Überwachungsmöglichkeiten durch die neuen Systeme, durch die die Gefahr militärischer Auseinandersetzungen reduziert wird.

In dem im Herbst 1978 veröffentlichten Nora-Bericht[22] wurden die Einflüsse der Informatisierung auf die französische Gesellschaft analysiert. Die Telematik, so der Bericht, verschiebe das Gewicht der staatlichen Souveränität. Dabei wird als Telematik die Verflechtung von Datenverarbeitungsanlagen mit Mitteln der Telekommunikation bezeichnet. In zahlreichen Aussagen fehlt dem Nora-Bericht das Augenmaß in bezug auf die Fragestellung, d.h. nicht alle Schwächen in der Gesellschaft beruhen auf Informationsproblemen, aber einige Visionen sind bemerkenswert. Die Masseninformatik durch Telematik werde eine Mutation der Macht bewirken, aber auch beachtliche ökonomische Konsequenzen haben, so vorübergehende Arbeitslosigkeit und langfristige Wettbewerbssteigerung. Der Staat müsse die Gestaltung der Informationsmöglichkeiten aufgrund der Telematik übernehmen. Er könne dies nicht multinationalen Firmen wie IBM überlassen, die heute Rechner herstellen und morgen Nachrichtennetze betreiben. Vorgeschlagen werden für Frankreich u.a. ein Kommunikationsministerium und eine dem Premierminister nahestehende Instanz für administrative Reformen. Diese Ansätze vermitteln einen Eindruck von den Umwälzungen, die hinter den neuen Medien nicht nur vermutet, sondern erwartet werden.

Klaus Haefner fordert die human computerisierte Gesellschaft, in der nicht beliebige ,,persönliche Informations- und Telekommunikationssysteme'' zugelassen werden können. Für diese Systeme müßten Rahmenordnungen und Grenzwerte geschaffen werden. Wie TÜV und VDI seien Wissensorganisationen für technische Standards – vom Typ der FTZ-Nummer zur Neuzulassung –, Sicherheitsstandards und Inhaltsstandards erforderlich. Dazu komme für diese ,,Denkzeuge'' die politische Steuerung und Kontrolle, z.B. im Urheberrecht.[23]

---

22) Vgl. Nora, Simon; Minc, Alain: L'information de la société, (la documentation française) Paris 1978.

23) Vgl. Haefner, Klaus: Mensch und Computer im Jahre 2000 – Ökonomie und Politik für eine human computerisierte Gesellschaft, (Birkhäuser Verlag) Basel 1984, S. 346–350.

Die weiteren Instrumente der gesellschaftlichen Steuerung werden die mediale Steuerung ebenfalls prägen.

Hinsichtlich der Zulassung von Informationen tauchen weit schwierigere Probleme auf, als sie heute im Bereich der Jugendgefährdung, z.B. im Zusammenhang mit Verherrlichung von Gewalt, diskutiert werden.

Die Freiheitsgrade der Informationsproduzenten und -sender wie der Empfänger – Akzeptanzfreiheit oder Akzeptanzzwang – bedürfen der Klärung.

Von den zwölf Zielvorstellungen des Bundes für eine Medienordnung enthalten die ersten beiden die politischen Grundsätze:

„1. Für eine freiheitliche demokratische Staatsordnung sind Meinungs- und Informationsfreiheit, Presse-, Rundfunk und Filmfreiheit von grundlegender Bedeutung. Die Sicherung dieser in Artikel 5 GG geschützten Grundfreiheiten ist daher wesentliches Ziel der Politik der Bundesregierung.
   Die neuen Informations- und Kommunikationstechniken sollen und werden die Meinungsvielfalt in unserer Gesellschaft erweitern und die Informations- und Meinungsfreiheit stärken. Dabei reicht es allerdings nicht aus, nur staatliche Eingriffe auszuschließen und die Herstellung der Meinungsvielfalt dem freien Spiel der Kräfte zu überlassen. Insoweit liegt es in der Verantwortung des Gesetzgebers, in dem vom Bundesverfassungsgericht abgesteckten Rahmen dafür zu sorgen, daß ein Gesamtangebot besteht, in dem die für die freiheitliche Demokratie konstitutive Meinungsvielfalt zur Darstellung gelangt.
   Insbesondere ist bei der Nutzung der neuen Techniken auch darauf zu achten, daß der Wettbewerb zwischen den Medien gestärkt und Machtkonzentrationen vermieden werden. Die Bundesregierung wird insbesondere die in Betracht kommenden wettbewerbspolitischen Ansätze und dabei auch die kürzlich vorgelegten Anregungen der Monopolkommission in deren fünften Hauptgutachten sorgfältig prüfen.
2. Der Zutritt zu den neuen Medienmärkten sollte allen Anbietern unter gleichen Bedingungen offenstehen. Das gilt gerade auch für die regionale und kommunale Ebene. Neue Hemmnisse für die Entwicklung des Medienmarktes durch unterschiedliche Regelungen in den einzelnen Ländern dürfen nicht aufgebaut werden. So sind etwa im Rundfunk einheitliche Werbestandards anzustreben. An bewährten Grundsätzen wie Blockwerbung und dem Ausschluß der Unterbrecherwerbung sollte festgehalten werden.

Die Presse darf durch die neuen Medien nicht in ihrer Existenz bedroht werden. Der öffentlich-rechtliche Rundfunk soll erhalten und auch an der Nutzung der neuen Techniken beteiligt werden. Sein durch die Knappheit der Sendefrequenzen und den hohen finanziellen Aufwand für die Veranstaltung von Rundfunkdarbietungen bedingtes Monopol hat seine Berechtigung verloren. Die bestehenden terrestrischen Rundfunksendernetze sind u.a. aus Gründen der Sicherheit, der regionalen Versorgung, des übernationalen sowie des mobilen Empfangs zu erhalten und nach dem Stand der Technik fortzuentwickeln."[24]

Ausgewählte Konsequenzen für die Verwaltung

Die Konsequenzen neuer Medien werden auch im Verwaltungsbereich diskutiert. Der Sachbearbeiter verliert dadurch vermutlich Ermessenskompetenz. Auf den Bürger kommt eine sachfremde Zusatzbelastung zu, die zwar seine Interessen unterstützt, ihn aber fachlich überfordern dürfte. Als Konsequenzen der Verwaltungsreorganisation werden nach Schichtzugehörigkeit und Bildung soziale Benachteiligungen befürchtet, da die Fähigkeit, Verwaltungsakte zu verstehen bzw. anzufechten, begrenzt ist.[25]

24) Presse- und Informationsamt der Bundesregierung (Hrsg.): Vorstellungen des Bundes für eine Medienordnung der Zukunft, zit. nach: Media Perspektiven Dokumentation 1985, Nr. 2, S. 105 – 111, S. 106.

25) Im Auftrage des Heinrich-Hertz-Instituts für Nachrichtentechnik Berlin GmbH wurden vom Institut für Zukunftsforschung einige konkrete Verwaltungsaufgaben in einem Laborprojekt „Zwei-Wege-Kabelfernsehen" untersucht:

Verwaltungsbereiche	Prozesse
– Arbeitsamt	– berufliche Fortbildung und Umschulung
– Finanzamt	– Vermögensteuererklärung – Anmelden eines Hundes – Eröffnung eines Gewerbebetriebes
– Sanierungs- und Verwaltungsstelle	– Beschaffung von Ersatzwohnraum
– Sozialamt	– Beantragen von Sozialhilfe
– Landesamt für Wohnungswesen	– Beantragen eines Wohnberechtigungsscheins

Quelle: Pichlmayer, Helgomar: Bürgernahe Verwaltung und Kabelfernsehen – ein Widerspruch?, in: Analysen und Prognosen, 10. Jg., 1978, Nr.7, S. 23 – 26, S. 25.

Die Einflüsse auf die Wirtschaftssteuerung

In einer Wirtschaft mit totaler Preistransparenz im Bereich der Unternehmen einerseits, aber auch gegenüber Konsumenten andererseits aufgrund der durch die neuen Medien möglichen Preisinformationsdienste, die über Bildschirmtext abgerufen werden können, wird sich das Wettbewerbskonzept spürbar ändern. Es spricht alles dafür, daß sich für Waren, nach Qualitäts- und Servicestufen differenziert, quasi einheitliche Preise entwickeln. Es werden sich dann nur noch die Unternehmen behaupten können, die auf der Basis des Einheitspreisniveaus anzubieten in der Lage sind, d.h. die ihre Kosten gut im Griff haben.

Man wird somit auch danach fragen müssen, wie sich veränderte Informationssysteme auf den Preisbildungsprozeß auswirken und den Gütertransfer beeinflussen. Zu erwarten ist, daß neben der Wertedynamik bei Bürgern, Konsumenten und Unternehmen zumindest langfristig noch zusätzliche ökonomisch relevante Veränderungen der Rituale der Marktkommunikation auftreten, die sich nur schwer abschätzen lassen.

Dazu nur einige Fragen:

- Welche Konsequenzen sind von zuverlässigen frühzeitigen wirtschaftlichen Schätzungen über die Ernte und das Weltangebot von Agrarerzeugnissen zu erwarten?
- Welche Konsequenzen haben aktuelle Informationen über die weltweite Rohstoffverteilung nach Regionen und Unternehmen?
- Welche Konsequenzen ergeben sich aus tagesfrischen Marktentnahme- und Verbrauchsdaten für alle konkurrierenden Produkte eines Teilmarktes?
- Welche Konsequenzen hat die totale Preistransparenz der Konsumenten nach Produkten und Einkaufsquellen?
- Welche Funktionen erhält die Werbung in Anbetracht dieser Wandlungen?

Durch die zu erwartenden und im Test bereits realisierten totalen Preisinformationen der Konsumenten über einzelne Waren und über Warenkörbe bei allen konkurrierenden Einzelhandelsunternehmen dürfte sich langfristig eine Preisegalisierung ergeben, wie die Erfahrung in den USA bestätigt. Die Preisdifferenzen bildschirmangebotener Waren – hier Lebensmittel – sind von früher bis zu 60 % auf 3 bis 5 % zusammengeschrumpft.

Gerade durch die totale Preisinformation ist es fraglich, in welcher Form sich der Wettbewerb weiterentwickeln wird. Vorläufig spricht viel für eine Intensivierung der Kommunikationsinstrumente. Der Preiswettbewerb wird teilweise durch den Kommunikationswettbewerb abgelöst werden.

Die Kommunikationsdynamik könnte weitreichende Einflüsse auf die Steuerungskonzepte einer Marktwirtschaft ausüben wegen veränderter Transparenz über wirtschaftliche und sonstige gesellschaftliche Tatbestände. Man kann die These vertreten, daß durch vollkommene Transparenz der Wettbewerb unmöglich wird.

In Zukunft werden die wirtschaftlichen Transaktionen – und damit die Macht – nicht mehr primär über Waren und deren Preise und Konditionen strukturiert, sondern durch die Qualität des Medieneinsatzes, d.h. durch Information und Kommunikation. Die Investition wird sich z.B. im Handel von Grundstücken und Läden auf neue Medien verlagern.

Die Informationsdynamik wird zu folgenden weiteren Konsequenzen führen:

1. Aufgrund der neuen Medien wird die Informationsmacht von der Industrie auf den Handel übergehen.
2. Die Informationsdynamik ermöglicht rasche, neuartige Steuerungssysteme, bei denen die Schwächen sehr großer Unternehmen und Institutionen überwunden werden; für kleine Unternehmen werden viele der bisher großen Unternehmen vorbehaltenen Informationen verfügbar.
3. Durch die Informationsdynamik entstehen neuartige Entscheidungsprozesse.
4. Etablierte Zeitordnungen, z.B. Ladenöffnungszeiten, und Raumordnungen, so Flächenrestriktionen, werden überholt.
5. Der Waren- und Sortimentsvorsprung wird durch den Informationsvorsprung abgelöst werden.
6. Unternehmen, die nicht in der Lage sind, in den neuen Medien vertreten zu sein, werden vom Markt verdrängt werden.

Es wird auch eine weitere Machtverlagerung zugunsten des Endabnehmers und der Konsumenten erfolgen, wie dies modellmäßig für die Marktwirtschaft im Prinzip vorgegeben ist.

Datenbänke und Netzwerke, auch Satelliten für Nachrichten, dürften bedeutende Steuerungskriterien werden. Man kann dadurch auch erwarten, daß das Postmonopol ergänzt wird. Dies bahnt sich durch Technopol- und Telepolkonzepte in Frankreich bereits an.

Das Entstehen neuer Transferkonzepte: Die Informationstechnik ermöglicht neuartige Gesetze, die die Kontrolle unserer Gesellschaft wesentlich transformieren. Durch Information können völlig neue

Transferkonzepte entstehen, die in ihren Auswirkungen jetzt antizipiert und entscheidungsreif diskutiert werden müssen. Ein typisches Beispiel wäre der Zwang zur bargeldlosen Zahlung. Man kann sich bereits in absehbarer Zeit eine Gesellschaft vorstellen, in der es praktisch kein Bargeld mehr gibt. Dabei kann als Sicherheitsfaktor das Stimmbild verwendet werden, das stets identisch ist, von welchem Tonträger es auch kommen mag. Der Computer kann somit nach der Stimme eindeutig unterscheiden, wer einen Auftrag erteilt. Diese Transfermöglichkeit kann im Endeffekt zu einer umfassenden Automatisierung führen. Bei einer bargeldlosen Wirtschaft können die Finanzämter z.B. Steuererklärungen automatisch erstellen, wenn durch Codes eine Kontierung erfolgt. Unkontrollierte Geldausgaben wären dann kaum mehr möglich oder mindestens eingeschränkt. Dieses Beispiel mag nur als Ansatz für den Trend zur Kontrolle des Menschen durch Information und Kommunikation erwähnt werden. Nur durch Gütertausch ohne Geld könnte man sich den Kontrollen entziehen.

Manche derzeitige Transparenz ist bereits nicht mehr gewünscht, das beginnt mit der Speicherung und schriftlichen Aufzeichnung eines jeden Telefongesprächs im Hotel mit den angewählten Nummern und der Möglichkeit des Mißbrauchs dieser Information.

III. Die Optionen

Als ein Problem der Mediendynamik gilt die Offenhaltung einer kritischen Auseinandersetzung mit den neuen Medien, wie dies bei den klassischen Medien noch weitgehend möglich war.

So werden für eine gesellschaftspolitisch verankerte Medienpolitik Humanitätsziele als Beurteilungskriterien herangezogen. Dabei betrifft jede Forderung nicht nur die Technologie, sondern auch die Informations- und Kommunikationsinhalte.

Diese Sicht wird durch eine Analyse von Gert Hummel deutlich: „Die Neuen Medien sind zuerst daran zu messen, ob sie die Humanität des Menschen, also die Gestaltung und Verantwortung konkreter Erfahrungswelten im Sinne der Verwandlung von Beziehung in Gemeinschaft fördern. Daraus folgt, daß sie im höchsten Maße ‚glaubwürdige Kommunikation' ermöglichen müssen. Glaubwürdigkeit bedeutet nach allem weniger die Bemühung um Objektivität, die sowieso nicht völlig zu erreichen ist, als vielmehr die gezielte Verhinderung bloßen Konsumverhaltens, den bewußten Aufweis des Unterschieds von Wirklichkeit und Illusion, die ständige Mehrung der Denk- und Sprachfähigkeit. Ein gangbarer Weg hierzu ist die Verbreitung von Informationen, die ihre Korrigierbarkeit einschließen, oder die Schaffung von Informationsforen mit unabgeschlossenen Fragestellungen.

Die Neuen Medien sind ferner daran zu messen, ob sie gesellschaftlich vertretbar und verträglich sind, also vor allem nicht zur materialisierten Herrschaft über die Menschen führen und verführen. Daraus folgt, daß Produzenten und Benutzer in einem lebendigen transparenten Dialog miteinander bleiben müssen, daß niemals falsche ökonomische Sachzwänge den Vorrang erhalten vor den menschlichen Adressaten, daß der Pluralität der Meinungen und ihrem Austausch kein Hindernis in den Weg gelegt wird. Ein gangbarer Weg hierzu ist die rechtliche und sachliche Institutionalisierung unterschiedlicher, voneinander unabhängiger Informations- und Kommunikationssysteme, die einander gleichwohl nicht bekriegen oder austricksen, sondern respektieren.

Die Neuen Medien sind schließlich daran zu messen, ob sie dazu beitragen, eine weltweite politische Zivilisation zu schaffen und so mithelfen, daß die Menschheit auf den Weg zu einer umfassenden Menschheitsfamilie gelangt. Daraus folgt, daß jedes ideologische Medienmonopol verhindert werden muß. Monopolistischer Mißbrauch geschieht nicht allein durch den Versuch, eine einzige politische Meinung allen anderen Menschen aufzwingen zu wollen, sondern auch dadurch, daß alle Menschen mit einem „Einheitsbrei der Weltzivilisation“ beglückt werden, wie ihn derzeit einige Top-Serien amerikanischer oder deutscher Herkunft repräsentieren. Beides pervertiert die Neuen Medien zu einem Instrument gegen das Leben und die Gemeinschaft. Der Weg zur Menschheitsfamilie und ihr zukünftiges Ziel steht und fällt mit der Fähigkeit zur Toleranz des ganz Anderen und der Bereitschaft, es in die Gestaltung und Verantwortung der eigenen konkreten Erfahrungswelt zu integrieren. Nur so werden die Neuen Medien nicht allein den führenden Industrienationen nützen und die Mehrheit der Menschen von der Kommunikation ausschließen. Ein gangbarer Weg hierzu ist die Verknüpfung der Neuen Medien mit den transnationalen, weltweiten politischen Zusammenschlüssen; sie würden auf diesem Wege endlich ein Stück ihres humanitären Auftrags erfüllen.“[26)]

Dabei taucht dann auch die Frage auf, ob und wie die Träger und Produzenten der neuen Medien in ihrer treuhänderischen Aufgabe gestaltet sein sollen, welche konkreten Kriterien für gute und schlechte Aufgabenerfüllung von wem aufgestellt und von wem überprüft werden und welches System der Sanktionen entwickelt wird.

---

26) Hummel, Gert: Wettstreit zwischen Kopf und Kabel, in: Saarbrücker Zeitung, Nr. 1, 2. Januar 1986, S. 13.

Kontrovers ist die Frage der privaten oder öffentlichen Struktur neuer Medien oder Mediensysteme. Die neuen Medien schaffen auch die Voraussetzungen für mehr Entscheidungspluralismus, d.h. für eine neue Kombination zwischen öffentlich gesteuerter Kommunikation und privat gesteuerter Kommunikation.

Technische Machbarkeit versus politischer Wille: Die breite Durchsetzung der hier diskutierten Medien wäre technisch in etwa zwei Jahrzehnten möglich. Auch die ökonomische Tragfähigkeit scheint in den meisten Bereichen bereits heute mit sehr hoher Wahrscheinlichkeit gesichert. Allein politische Widerstände können neue Medien auf Zeit blockieren. Ein Beispiel ist die Abwehr der Bundespost gegen die Verwendung von Bildschirmtext im gewerblichen Bereich. Ein Grund dürften Befürchtungen der Bundespost über den Einbruch des Telefongebührenaufkommens sein. Hier bieten sich für die Unternehmen Hilfslösungen auf der Basis von Mikrocomputern oder auf der Basis von Mobilen Datenerfassungsgeräten an.

Störungen sind überdies im Bereich der Kabelprojekte möglich.

Daraus folgt, daß alle Zeitschätzungen über die Diffusion von Medien eine zuverlässige Abschätzung der politischen Aversion oder Affinität zur Voraussetzung haben. Nicht zuletzt hat die jeweilige Koalition der Bundesregierung aufgrund unterschiedlicher medienpolitischer Konzepte mindestens im nächsten Jahrzehnt Einfluß auf die Diffusionsgeschwindigkeit neuer Medien.

Die künftige Gestaltung der Gesellschaft wird wesentlich von den Wirkungen der Kommunikation auf einzelne Menschen und Gruppen bestimmt werden.

Folgende Fragen treten in diesem Zusammenhang auf:

- Wird es auf breiter Front so etwas wie eine Informationsabwehr geben?
- Machen die automatisierten Kontrollen im Vergleich zu den bisher bewußt durchgeführten Prozessen unflexibel bis hin zur Lebensunfähigkeit?
- Treten andere Aktivitäten an die Stelle bisheriger, die Nachteile wieder wett machen?
- Können Menschen das neue Informationstempo ohne Schäden ertragen?
- Werden durch das Informationstempo die Reaktionen der Menschen und damit die Handlungsweisen verändert?

Neuerdings versuchen auch die etablierten Medienproduzenten, auf die Diffusion der neuen Medien Einfluß zu nehmen. Die wichtigsten Befürchtungen betreffen dabei die Beeinflussung des Werbevolumens in der Presse durch neue Medien, zumal sich Zeitungen zu 34 % aus dem Verkauf und zu 66 % aus der Werbung finanzieren.

Generelle politische Herausforderungen an die Medien: Eine Verständlichmachung der Gründe für notwendige Entscheidungen wird in Zukunft unerläßlich sein, um falsche Konfrontationen zu vermeiden. Die Medien werden daher eine Schlüsselstellung beim Transport der Ideologien und der Maßnahmen zu ihrer Durchsetzung erhalten. Der Bürger wird an die Politiker einen höheren Anspruch an das Informiertwerden stellen. Die Medien sind vor allen Dingen auch gefordert, die Optionen, d.h. die Zielvorstellungen und die zu ihrer Realisierung eingesetzten Maßnahmen der politischen Parteien sowie sonstige Interessengruppen synoptisch aufzuarbeiten, um dem Bürger eine raschere Übersicht zu vermitteln. Mehr vergleichende Information wird gefordert werden. Aus dem Vergleich können dann auch bessere Bewertungs- und Beurteilungsverfahren abgeleitet werden.

Es dürfte eine große Herausforderung sein, daß die Menschen das System und seine Funktion – die Mechanismen der Gesellschaft – besser verstehen wollen. Verständnis reduziert Unsicherheit und schafft damit mehr Selbstvertrauen, Lebensbewußtsein, Gestaltungs- und Einsatzwillen und gesellschaftlich getragenen Fortschritt.

Der Erfolg des bewußten gesellschaftlichen Wandels dürfte vor allem von der Anerkennung seiner Notwendigkeit durch die Bürger abhängen. Dies setzt eine veränderte Informations- und Kommunikationskultur voraus, die teilweise nur durch eine Weiterentwicklung der Fähigkeit, Zusammenhänge verständlich zu machen, erreichbar sein dürfte.

Die Ratlosigkeit, auf die Karl Steinbuch hinweist, beweist die Notwendigkeit der Informations- und Kommunikationsforschung:

1. die Fehlentwicklung der Datenschutz-Ideologie mit ihren Übertreibungen,
2. der Mißbrauch öffentlich-rechtlich organisierter Medien,
3. die Ratlosigkeit gegenüber den neuen Medien.[27]

---

27) Vgl. Steinbuch, Karl: Information und Kommunikation, in: IBM-Nachrichten, 32. Jg., Juli 1982, H. 260, S. 13 – 19, S. 14.

Option A

Man kann über die Mediendynamik bei tendenziell eher geringem Bewußtsein über die Veränderungen unterschiedliche Entwicklungen erwarten, und zwar je nachdem, welcher Grad der Pluralisierung und Privatisierung bei Medien erfolgt bzw. welchen Einfluß bis hin zur Monopolisierung sich der Staat vorbehält.

Option B

Durch die Internationalisierung der Bevölkerung ergibt sich vermutlich auch eine kräftige Internationalisierung der medialen Bedarfe. Verkabelung wie Satellitenlösungen dürften rascher durchgesetzt und intensiver genutzt werden als bei Option A.

F. Die Steuerung durch Ausbildung und Forschung

I. Die Grundlagen

Durch die Ausbildung im Elternhaus, in der Schule und im sonstigen sozialen Umfeld einschließlich der Mediennutzung wird neben fachlichem Wissen und Schaffung von Voraussetzungen für neues Wissen vor allem auch das kulturelle Erbe weitergegeben. Die Gesellschaft der Zukunft wird wie bisher sowohl durch fachliche wie auch durch kulturelle Fähigkeiten geprägt. Die Qualität der kulturellen Identität beeinflußt den Realitätsgehalt von Zukunftsoptionen.

Durch Erziehung und Ausbildung wird ein bestimmtes Wertegefüge weitergegeben. Dabei wird das weitergegeben, was Eltern und Lehrer als richtig erachten – ohne genau zu fragen, ob dies gesellschaftlich langfristig erwünscht oder auch nur tragfähig sei. Es besteht somit heute wie in Zukunft die Gefahr, zumindest bei sozialen und ethischen Problemen zu wenig oder Ungeeignetes zu lehren. Dies hat dann auch weitgehende Rückwirkungen auf die Wertedynamik einerseits, aber auch auf die technischen und ökonomischen Entwicklungspotentiale andererseits.

Die Tradierung ungeeigneter Werte beeinträchtigt die Entwicklungspotentiale.

Mehr oder minder bewußt wird durch die Bildung auch ein bestimmtes Kultur- und Zivilisationsverständnis weitergegeben; dazu gehört das Verständnis für den Markt genauso wie das für die Ideologie einer bestimmten, z.B. der antiautoritären Erziehung.

Das kulturelle Erbe und der technisch-organisatorische Wissensstand werden durch alle Formen der Bildung, so Ausbildung und Weiterbildung, in allen daran beteiligten Institutionen, so Familie, Kindergarten, Schulen und Hochschulen, Arbeitsplatz, Parteien und sonstige Organisationen weitergetragen.

Hinzuweisen ist zunächst auf das kategoriale Basismedium des menschlichen Verständnisses – die Sprache. Eine Gesellschaft wird primär durch das Medium Sprache weiterentwickelt. Sie ermöglicht geistigen Austausch. Ihre Pflege oder Vernachlässigung in der Ausbildung wirkt auf die Kultur.

Die Ausbildung hat Auswirkungen auf die Akzeptanz und Diffusion technischer Neuerungen und beeinflußt auf diese Weise unmittelbar das

Produktivitätspotential. Geringe Akzeptanzgrade senken das Produktivitätspotential, hohe fördern es.

Man muß sich immer wieder verdeutlichen, daß die wirtschaftliche und politische Steuerung in sehr starkem Umfange von der Leistungsfähigkeit und der ideologischen Kraft des Bildungssystems abhängig sind.

Auch die Forschung ist durch die Qualität der fachlichen Ausbildung und die Kraft geprägt, wie stark die Werte der Leistungsbereitschaft und der Neugier vorhanden sind.

Die Werte und Verhaltensweisen werden jedoch nicht nur durch Ausbildung, sondern auch durch andere Phänomene der Umwelt geprägt. Schwer zu erkennen sind die Auswirkungen des technischen Fortschritts auf die Lernbereitschaft. Die Bildungskrise und die zunehmende kritische Hinterfragung von Sinn und Zweck der Lerninhalte münden in die Frage, was man lernen solle, wenn Expertensysteme und Roboter alles tun.

Der Stellenwert der Arbeit bestimmt im übrigen auch den Wert der Ausbildung. Dazu kommt die starke Abhängigkeit der Innovationskraft von der Arbeitsbereitschaft und Arbeitsintensität. Die Paralleliät von Intelligenz und Fleiß läßt sich nach allen bisherigen Erfahrungen nicht aufheben. Intelligenz ohne Fleiß reduziert die Effizienz.

Das größte Risiko für das Verhalten in der Gesellschaft ist geistige Leere und oft damit verbundene physische Apathie. Hier kann man Jeanne Hersch nur zustimmen:,,Ich habe immer ein tragisches Gefühl, wenn ich sehe, wie viele junge Menschen mit ihrer Zeit offensichtlich nichts beginnen können. Wer mit seiner Zeit nichts anzufangen weiß, der tötet sie, und das ist Selbstmord, denn das Leben ist Zeit.''[28)]

Lernziele: H.G. Wittig hat das Lernziel ,,Wahrnehmung des Ganzen'' formuliert. Daraus ergäbe sich auch die Berücksichtigung oder besser Einübung der Gesamtinteressen durch Lernprozesse.

,,Genauer verstehen können wir dieses Ziel nur im Rahmen der Anthropologie. Eine unverzerrte Wahrnehmung des jeweiligen Ganzen und erst recht seine aktive Berücksichtigung setzen die Fähigkeit voraus, sich aus dem Fixiertsein auf die eigenen Privatinteressen zu lösen, also Selbstdistanz, also die Bestimmtheit der Gelöstheit, ja der Liebe. Erst in ihr gewinnen wir einen offenen Blick für das, was die anderen wirklich brauchen, erst in ihr sind wir auch bereit, ihnen nach Kräften zu einem menschenwürdigen Leben zu verhelfen. Insofern können wir hier auch von ,vernunftgeleiteter Solidarität' sprechen, einer Solidarität al-

28) Jeanne Hersch in einem Interview: Wo es keine Werte gibt, ist alles sinnlos, in: Deutsches Allgemeines Sonntags-Blatt, Nr. 27, 7. Juli 1985, S. 11.

so, die zwar ihren Anfang in überschaubaren Gruppen nimmt, sich aber gegen Außenstehende nicht feindlich abschließt, sondern sich letztlich zu allen Menschen hin öffnet.“[29]

Bildung muß Lebenssinn vermitteln, wie Jeanne Hersch mit Recht fordert: „Ich hatte Studenten, die plötzlich erklärten, sie schuldeten der Gesellschaft nichts. Das ist ein verhängnisvoller Trugschluß. Wer nämlich der Auffassung ist, er schulde der Gesellschaft nichts, befindet sich bereits in der Sinnlosigkeit, denn für ihn gilt als ausgemacht, daß er für diese Gesellschaft nichts, aber auch gar nichts zu tun braucht. Versteht jemand aber, was alles an Menschenleben und Menschenmühe in die Dinge investiert worden ist, dann empfindet er auch eine Schuld gegenüber der Gesellschaft und den Mitmenschen und ist bestrebt, mit seinem Leben etwas anzufangen.“[28]

Man mag hier eher dazu neigen, von Verantwortung oder Lebensbeitrag an Stelle von Schuld zu sprechen. Sachlich ändert sich an der Forderung nach Sinnförderung – soweit dies überhaupt möglich ist – durch die Ausbildung nichts.

So weist Jeanne Hersch weiter darauf hin, daß wir Wissenschaft und Technik, mit der wir jeden Tag umgehen, kulturell nicht verarbeitet haben. „Einen Sinn für die Dinge, die Gesellschaft und die Mitmenschen zu erwecken, ist Aufgabe der Kultur. Und diesen Sinn kann man überall erlernen und erleben in der Wissenschaft, in der Technik, in der Dichtung, in der Kunst, auch in irgendeiner Arbeit. Erst wenn man diesen Sinn erlernt hat, wächst auch das Gefühl für die Unentbehrlichkeit des eigenen Tuns im Interesse derer, die nach uns kommen.“[28]

Günter Schmölders, einer der frühen Analytiker der Werteveränderungen und des menschlichen Verhaltens, hat bereits 1977 als Alternative zur Sozialisierung die Rückkehr zu den zehn Geboten des Alten Testaments vorgeschlagen.[30]

Eine qualifizierte Bildungspolitik und Kulturpolitik dürften vor allem auch in der Lage sein, die Langweiligkeit und Apathie der Gesellschaft als Folge der Wohlstandsverwahrlosung zu überwinden.

Die Ausbildung befaßt sich sowohl mit Werten und der Wertedynamik als auch mit Erkenntnissen und der Erkenntnisdynamik. Zur Erkenntnisdynamik gehört das Problem, daß alte „Wahrheiten“ über Bord geworfen werden und neue Wahrheiten an ihre Stelle treten.

---

29) Wittig, H. G.: Die Wahrnehmung des Ganzen, in: vfu-Bulletin, Nr. 114, Dezember 1978, S. 7–8, S. 8.

30) Vgl. Schmölders, Günter: Auf dem Wege zu einem neuen Moralismus, Mehr Menschlichkeit zur Abwehr der sozialistischen Utopie, in: Frankfurter Allgemeine Zeitung, 20. Jg., Nr. 144, 25. Juni 1977, S. 13.

Zur Position der Lehrer: Die Beteiligung an der Ausbildung ist weitgehend durch Altruismus gekennzeichnet. Die dabei erbrachten Leistungen sind schwer bewertbar und damit auch nur bedingt durch Marktpreisbildung meßbar. Die Vermittlung kulturellen und geistigen Erbes wird wegen der fehlenden Kenntnis über die Fernwirkungen materiell in der Regel nicht abgegolten.

Dennoch ist der gesellschaftliche Stellenwert der Lehrer, der der Kindergärtnerin bis zum Universitätsprofessor, nur teilweise im allgemeinen Bewußtsein der Gesellschaft verankert. Die Gesellschaft identifiziert sich teilweise nicht mit der Aufgabe der Lehrer und diese haben teilweise eigenwillige und sehr partikulare Auffassungen über ihre eigene gesellschaftliche Funktion.

II. Die Optionen

Die Wandlungen in Wirtschaft und Gesellschaft zwingen zu einer Neuorientierung von Ausbildung und Forschung. Das Hauptproblem der Bildungspolitik besteht für die nächsten Jahrzehnte in einer nachfrageadäquaten Ausbildungskonzeption. Man muß abschätzen, welche Berufe qualitativ und quantitativ erforderlich sind. Mehr denn je wird die wirtschaftliche und gesellschaftliche Dynamik in der Zukunft durch das Bildungssystem und die Forschung geprägt werden.

Die Forderung nach hoher Qualifikation der Ausbildung wurde zugunsten einer zwar nicht beabsichtigten, aber tatsächlich eingetretenen Massennivellierung der Sekundarschul- und Studiengänge stark vernachlässigt.

Mehr Transparenz über die Bedarfe und veränderten Anforderungen an Wissen und Lernfähigkeit werden u.U. in der Art der Konjunkturbarometer entwickelt werden. Dabei müssen Methoden geschaffen werden, um bei den Bedarfsschätzungen den Zeitraum zwischen Ausbildung und Berufsfähigkeit, der ein Jahrzehnt und mehr betragen kann, zu antizipieren.

Für die künftigen Bedingungen im Bereich der Bildung sind mindestens die folgenden Fragen von Bedeutung:

1. Wie verändern sich die Ausbildungsbedarfe?
2. Wie verändern sich die Ausbildungsvolumina?
3. Welche Konsequenzen ergeben sich auf die Ausbildungskapazitäten und auf die Ausbildungskosten?
4. Wie soll die Ausbildung zwischen nichtstaatlicher und staatlicher Ausbildung gegliedert werden?

Diese Fragen sind im Hinblick auf die Struktur der künftigen Gesellschaft generell wie auch im Hinblick auf die Forschungsbedarfe zu beantworten.

Die Diskrepanz zwischen der Forderung nach lebenslangem Lernen und den praktischen Voraussetzungen dazu muß geändert werden. Das lebenslange Lernen, auf dessen Unerläßlichkeit bereits in anderem Zusammenhang aufmerksam gemacht wurde, wirkt in besonderem Maße auf die Dynamik der Gesellschaft, vor allem auch auf die Steuerung der Gesellschaft. Nur durch Weiterbildung wird der Generationenkonflikt in der Informationsgesellschaft reduziert, und zwar geht es bereits um Generationenkonflikte altersmäßig nahe zusammenliegender Gruppen, so zwischen den 12- bis 18jährigen einerseits und den 20- bis 30jährigen andererseits.

Eine Forderung der Flexibilisierung betrifft die Durchlässigkeit zwischen Schulen und Hochschulen einerseits und Privatwirtschaft andererseits.

Die Investitionsplanungen der öffentlichen Hand sind unzureichend, um auf dem Bildungssektor den Übergang in die Informations- und Dienstleistungsgesellschaft schaffen zu helfen. Der größte Teil der Anpassungsfortbildung dürfte bisher in den Unternehmen stattfinden. Hier werden aber die Mitarbeiter in Großunternehmen gegenüber den in Mittel- und Kleinbetrieben Beschäftigten im Vorteil sein. Bezüglich der Integration in die Arbeitswelt besteht die Gefahr, daß die heute über 35jährigen und an technologischen Fragen nicht Interessierten sich aus weiten Bereichen der Arbeitsgesellschaft ausschließen könnten.

Man muß sich auch wichtige Substitutionen klar machen. Man kann eine Substitution zwischen Subventionen und Bildungsstand herausstellen. Je besser die Ausbildung auf neue wirtschaftliche und gesellschaftliche Bedingungen orientiert wird, desto besser wird der Übergang von der Industriegesellschaft zur postindustriellen Gesellschaft gelingen.

Macht durch Bildung: Die Ausbildung ist die Voraussetzung für das Wissen, und das Wissen ermöglicht die Ausübung von Macht. Man spricht heute sogar von einer Wissens-Wirtschaft, allgemeiner auch von einer Wissensgesellschaft. Zur rasch aufstrebenden Wissensindustrie gehören Forschung, Beratung, Kommunikation, Aus- und Weiterbildung. Die Gestaltungsfähigkeit der Gesellschaft wird zunehmend wissensabhängiger. Wissensdefizite der Entscheidungsträger fördern Handlungsunwilligkeit und Frustration.

Die Einbeziehung des Nachwuchses: Bei den gesellschaftspolitischen Entscheidungen ist wegen der Veränderung der Proportionen der Generationen in Unternehmen, Verwaltungen und sonstigen Institutionen, vor allem durch das frühere Ausscheiden aus dem Erwerbsleben eine sehr frühzeitige Beteiligung des Nachwuchses an den Entscheidungsprozessen erforderlich.

In Unternehmen wie in Verwaltungen müssen Lernprozesse für eine Übernahme von Verantwortung eingeleitet werden. Man kann sich hier ein Konzept der zusätzlichen Entscheidungsvorbereitung durch ein Nachwuchsteam vorstellen. Die Entscheidungen von Nachwuchsteam und Topteam müssen dann harmonisiert werden.

Option A

In diesem Zusammenhang ist nochmals darauf hinzuweisen, daß sich bei einem Rückgang der Jugendlichen bis 20 Jahre in der Bundesrepublik Deutschland von 1980 bis 2030 von 16,5 auf 7,9 Mill. oder auf 48 % und der im Erwerbsleben stehenden Erwachsenen um rd. ein Drittel vermutlich die intellektuellen Kapazitäten mindestens in gleichem Umfange vermindern und damit auch Forschungsfähigkeit und Innovationskraft mit einer ähnlichen Rate zurückgehen.

Die Ausbildungs- und Forschungsmöglichkeiten sind somit auch vom intellektuellen und vitalitätsmäßigen Potential einer Nation abhängig. Eine Grundfrage besteht darin, welche absoluten Potentialzahlen von Menschen in einer Nation vorhanden sein müssen, um bestimmte neue Technologien wirksam einführen zu können, oder auch um gesellschaftliche Bedingungen effizient verändern zu können.

Option B

Im Falle von Option B wird man im Hinblick auf die Bildung aus übergeordneter Sicht fragen, welche Form von Minderheitenpolitik mit Erhaltung von kultureller Identität oder welche Kulturverschmelzung angestrebt werden soll.

G. Die Steuerung der Wirtschaft

I. Ein Überblick

Je komplizierter eine Gesellschaft aufgrund zunehmender Entwicklung und Spezialisierung wird, desto schwieriger werden die Abstimmungsprozesse zum Ausgleich von Verfügbarkeiten auf der einen Seite und von Bedarfen auf der anderen Seite. Die Ausgleichsmechanismen im Sinne von Steuerungsprinzipien werden komplizierter. Umgekehrt führt eine geringe Spezialisierung und eine dadurch vereinfachte Ausgangssituation auch zu Vereinfachungen der Ausgleichsmechanismen und Steuerungsprinzipien.

Man kann somit über geeignete Alternativen der Spezialisierung und Arbeitsteilung in einer Gesellschaft keine Aussage machen, wenn man nicht auch die Abstimmungsprozesse und die dafür verfügbaren technischen Hilfsmittel in die Betrachtung einbezieht. Umgekehrt bereitet es Schwierigkeiten, über geeignete Steuerungsprinzipien zu entscheiden, wenn man keine wünschenswerten Alternativen der Arbeitsteilung fixiert hat.

So läßt sich folgendes Beziehungsgefüge skizzieren:

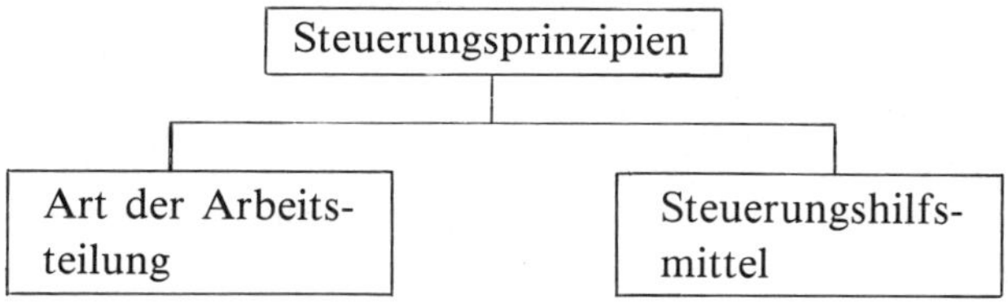

Die Steuerung setzt Ziele voraus. Dabei sind im Hinblick auf die Wirtschaft die allgemeinen Ziele von Freiheit, Gerechtigkeit, Frieden und Wohlfahrt auf konkretere Zielvorschriften hin präzisiert worden, über deren Ausgestaltung man durchaus unterschiedlicher Meinung sein kann.

Die Metapher von der Lebensqualität führte zu Anfang der siebziger Jahre zu einer Verbreiterung der ökonomischen Zieldiskussion. Die Lebensqualität besteht neben natürlichen Umweltfaktoren, so Luft, Wasser und Landschaft, und der persönlichen Lebenssphäre, so Familie und Beruf, aus allgemeinen sozialen Komponenten des Wohnungs-, Gesundheits-, Erziehungs- und Verkehrswesens. Bei derartigen sozialen Indikatoren dürfte eine Untersuchung zwischen objektiven und subjektiven Indikatoren zweckmäßig sein. In der Firmenzeitschrift eines amerikanischen Konzerns wurde 1972 über Resultate eigener Überlegungen zur Lebensqualität berichtet:

- Die Tendenz vom „Mehr zum Besser“ in den verschiedensten Lebensbereichen nimmt zu.
- Das Streben, von der Abhängigkeit zur Unabhängigkeit zu kommen, verstärkt sich.
- Das Primat der technischen Effizienz gilt als überholt, und es findet eine immer stärkere Hinwendung zur sozialen Gerechtigkeit und Gleichheit statt.
- Das Diktat der Organisation wird abgelehnt. Der Mensch strebt nach Selbstverwirklichung, wobei er sich vom anonymen Teil einer Organisation zu ihrem Partner entwickeln will.[31]

Die geeigneten Steuerungsinstrumente wie auch die Strukturierung der Gesellschaft mit weniger Hierarchiestufen und der Grad der Spezialisierung von Institutionen sind von der Art dieser Ziele mitbestimmt.

Zentralisierung und Dezentralisierung

Die Grade der Zentralisierung und der Dezentralisierung von Institutionen und Entscheidungen müssen immer wieder neu überdacht werden. So fördern die neuen Medien einerseits die Zentralisierung der Informationsspeicherung, andererseits die Dezentralisierung der Informationsverwertung und der Entscheidungsfindung. Daraus folgt, daß die wünschenswerten Zentralisierungsgrade von dem angestrebten Mitwirkungsgrad der dezentralen Einheiten und deren Effizienz abhängig sind.

Weiter sind Zentralisierung und Dezentralisierung von den Werten und dem Verhalten der Menschen abhängig. Dies läßt sich an einem einfachen Beispiel verdeutlichen: Bei meinem Weg zur Universität ist eine Verkehrsampel installiert, die Tag und Nacht in Funktion ist, obwohl es einen Verkehrsstrom zwischen Haupt- und Nebenstraßen von etwa 1 : 100 gibt. Würde sich jeder Kraftfahrer an ein weiterzuentwickelndes Einfädelritual halten, wäre die Anlage überflüssig. Die Zeitersparnis durch ein solches Ritual wäre vielleicht nur gering, aber ein funktionsfähiger Gemeinsinn würde die Zentralregulierung substituieren.

---

31) Vgl. o.V.: Wer mißt die Lebensqualität?, in: Handelsblatt, 28. Jg., Nr. 84, 2. Mai 1973, S. 3.

In der Wirtschaft und Gesellschaft ist dies ähnlich. Das fundamentale Mißtrauen wie auch schlechte Erfahrungen der Politiker und der Verwaltungen gegenüber dem Bürger bilden die Grundlage von zentralen Gesetzen und Verordnungen. Daraus resultiert viel unbegründete Überheblichkeit, die den Zentralismus fördert: Woher nimmt man den Mut, den Bürger täglich mehr zu einer bestimmten Art von „Glück" zwingen zu wollen?

Gerade in dieser Frage muß man die jungen Menschen als Antikraft verstehen und ernst nehmen, die die Regulierungssucht der etablierten Parteien teilweise als menschen- und bürgerfeindlich empfinden und freiwillige Selbstbeschränkungen vorziehen.

Ein neues Verhältnis von Selbständigkeit und Abhängigkeit in der Arbeitswelt

Der Selbständige setzt sein Kapital und seine Arbeitskraft mit dem Risiko des Kapital- und Existenzverlustes ein, aber auch mit der Chance zu einem höheren Einkommen. Der Abhängige ist in der Regel mit einem Risiko des Verlustes seines Arbeitsplatzes, nicht aber mit sonstigen Risiken tätig. Wieviele wirtschaftlich Selbständige eine Gesellschaft braucht, ist primär vom jeweiligen wirtschaftlichen Steuerungssystem abhängig. Bei der Frage nach der notwendigen Zahl selbständiger Unternehmen in einer Gesellschaft sind Entscheidungen auf mindestens folgenden Gebieten erforderlich:

1. Nach welchen Grundkriterien wird über die Anzahl der Unternehmen entschieden?
2. Bei welchen Fähigkeiten der Unternehmer soll Selbständigkeit noch möglich sein?
3. Wie lassen sich langfristig die gesellschaftlichen Kosten und Nutzen alternativer Unternehmensstrukturen bewerten?

Die Schaffung von selbständigen Betriebseinheiten mit Gewinnverantwortung führt auch bei angestellten Managern zu sehr hohen Selbständigkeitsgraden. Bei Beteiligung von Führungskräften an Unternehmen wird man bereits ein hohes Maß von Eigenverantwortung und Risikobewußtsein voraussetzen können. Es spricht vieles dafür, daß die klassischen Begriffe der Selbständigkeit und der Unselbständigkeit sich durch finanzielle Beteiligungen relativieren werden. Man kann dann nur noch von Selbständigkeitsgraden und Eigentumsgraden sprechen.

Auf lange Sicht wird man Probleme des Eigentums von denen der Gliederung der Erwerbstätigkeit nach Selbständigkeits- und Unselbständigkeitsgraden kaum mehr trennen können. Miteigentum mündet in höhere Selbständigkeitsgrade durch die Abhängigkeit des Wohlstandes von Arbeits- und Kapitaleinkommen.

Die Steuerung unseres Wirtschaftssystems kann in Anbetracht der derzeitigen Konzentrations- und Kooperationstendenzen in der heutigen Form des Wettbewerbs vermutlich langfristig nur aufrechterhalten werden, wenn neue Formen des Marktzugangs für neue Betriebe entwickelt werden.

Die Verbände und die Interessengruppen

Eine allgemeine Gefahr ist die übertriebene Machtusurpation durch die Verbände und Gewerkschaften und die dadurch bedingte Machtverschiebung innerhalb eines am Parlamentarismus orientierten politischen Systems.

Die Macht der Verbände und Gruppen ist dadurch einseitig, daß die Etablierten besser organisiert sind und beim Staat ihre Schutzinteressen wirksamer durchsetzen können. Je stärker die Vertreter von Altinteressen selbst in der Politik tätig werden, desto ausgeprägter wirkt der Schutz.

Ein Hauptproblem der Aktionsrichtung und -intensität aller Korporationen ist das *Trittbrettfahrerproblem.* Nichtmitglieder kommen in den Genuß der von Verbänden und Gewerkschaften erarbeiteten Vorteile, ohne an den Kosten beteiligt zu sein.

Die Verbände und Interessengruppen werden zunehmend auf Kompetenz und Professionalismus achten müssen, um die Kontakte zwischen Politik und Wirtschaft zu verbessern. Insbesondere die Kompetenzmängel der Parlamente sind auszugleichen.

Das Ringen um ein neues Selbstverständnis der Gewerkschaften kommt nicht zuletzt in plakativen Formulierungen zum Durchbruch, so wie Heinz O. Vetter 1978 in einem Seminar über die nachindustrielle Gesellschaft ausführte, daß die deutschen Gewerkschaften nie ,,Freßnapfanbeter" gewesen seien.

Eine neue Generation von Gewerkschaftsführern scheint die Zusammenarbeit mit der Arbeitgeberseite aufkündigen und zu einer harten Gangart des Arbeitskampfes übergehen zu wollen. Die Parole vom ,,Marsch durch die Institutionen" ist bei den Funktionärskadern der Gewerkschaften längst Realität.[32] Dabei wird jedoch übersehen, daß

32) Vgl. auch Ortlieb, Heinz-Dietrich: Über die Verantwortung der Gewerkschaften heute, in: Die Welt, Nr. 265, 12. November 1983, S. 17.

Mitbestimmung und Miteigentum die Grundlagen der Aktionsmöglichkeiten verändert haben. Weite Teile der Gewerkschaftsbasis erkennen nach und nach die unauflösbare, wechselseitige Abhängigkeit von Arbeitgeber und Arbeitnehmer innerhalb ihres Unternehmens und fühlen sich durch konfrontationssuchende Gewerkschaftsführer nicht mehr repräsentiert.

Heute muß man bei Zementierung der Positionen, wie die Auseinandersetzung um die 35-Stunden-Woche zeigt, noch Arbeitskämpfe führen, damit Unternehmer wie Arbeitnehmer kompromißfähig werden. Geeignetere Rituale für ein „zivilisierteres Gesichtswahren" fehlen. Dies zeigt, daß noch Lernprozesse über neue Rituale der Konfliktsteuerung zwischen bedeutenden Interessengruppen eingeleitet werden müssen, denn mehr und mehr verliert sich auch das Verständnis für klassische Arbeitskämpfe in der Öffentlichkeit.

Es ist die Frage, inwieweit bei den Gewerkschaften das Prinzip der Einheitsgewerkschaft nach der Form „ein Betrieb – eine Gewerkschaft" aufrecht erhalten werden kann und soll.

Mit Blick auf Verbände und Gewerkschaft spricht Guy Kirsch von einem Übergang von der Marktwirtschaft zur Feudalwirtschaft, in der nicht die Leistung, sondern der Stand, die Zugehörigkeit zu Korporationen, über die Verteilung des Sozialprodukts entscheide. Was sich der einzelne leisten könne, hänge immer weniger von dem ab, was er leiste und immer mehr von dem, was er sei. „Weil man Landwirt ist, hat man ein Anrecht auf ein paritätisches Einkommen; weil man Stahlarbeiter ist, hat man ein Anrecht, sein Arbeitsleben bis zum Schluß als Stahlarbeiter zu verbringen; weil man der Bezieher eines hohen Einkommens ist, hat man ein Anrecht, auch in Zukunft ein hohes Einkommen zu beziehen; weil man ein Student, ein körperlich Behinderter, ein Vater von drei Kindern ist, hat man ein Anrecht auf staatliche Transferleistungen."[33)]

Die Marktsteuerung und die Nichtmarktsteuerung

Jede marktwirtschaftlich gestaltete Gesellschaftsordnung ist heute durch eine Mischung zwischen Marktsteuerung im Sinne einer Wettbewerbssteuerung und Nichtmarktsteuerung durch in irgendeiner Form staatlich beeinflußte oder monopolisierte Steuerung gekennzeichnet. Im

---

33) Kirsch, Guy: Feudalgesellschaft – heute, in: Frankfurter Allgemeine Zeitung, 28. Jg., Nr. 103, 4. Mai 1985, S. 13.

Hinblick auf die Realisierung von Optionen einer Gesellschaft ist somit der vergleichsweise günstigste Steuerungskompromiß zu suchen.

Die Kraft, aber auch die Ambivalenz des kapitalistischen Marktkonzepts beruhen darauf, daß sie einerseits Strukturen schaffen, sie aber auch durch Wettbewerbsaktivitäten wieder zerstören. Marktsteuerung und Kapitalismus sind bisher nicht darauf eingerichtet, Ersatzwerte oder neue Werte zu schaffen. Daher ist zunächst die Frage zu stellen, wo der Markt funktionieren kann und wo nicht. Weiter sind die spezifischen Steuerungskriterien zu entwickeln, wenn Markt gewünscht wird.

Die Bevölkerungspolitik z.B. läßt sich erfahrungsgemäß marktpolitisch nicht in nennenswertem Umfange steuern.

Eine Marktlösung bei der Beseitigung der Umweltverschmutzung durch Abgase wäre eine Steuererhöhung für bleihaltiges Benzin und Kraftfahrzeuge ohne Abgasentgiftung sowie eine Steuersenkung für bleifreies Benzin und Kraftfahrzeuge mit Abgasentgiftung. Eine Nichtmarktlösung wäre eine Verpflichtung zur Umstellung der Tankstellen und Motoren – auch von Neufahrzeugen bis zu einem bestimmten Zeitpunkt – und die Stützung dieser Maßnahme durch ein Vernichtungsprogramm von umweltbelastenden Aggregaten einerseits und ein Kreditprogramm für umweltfreundliche Aggregate und Neufahrzeuge andererseits. In der Phase der Umrüstung müßte außerdem die Frage der Nutzung der Kapazitäten der Automobilhersteller und -werkstätten rund um die Uhr geklärt werden. Beide der sehr unterschiedlichen Methoden können zum Ziel führen. Man muß sorgfältig überprüfen, welche Steuerungsform im Hinblick auf das Ziel die größere Effizienz hat. Kriterien sind u.a. die Motivationswirkungen, die Reibungsverluste und der Verwaltungsaufwand.

Probleme der Marktsteuerung

Die Marktsteuerung beruht auf den Eigenheiten dezentraler Entscheidungseinheiten. Die individuellen Verhaltensweisen können zu unerwünschten Steuerungsergebnissen führen. Als Beispiel sei die *Verslumung von Geschäftsstraßen und Siedlungsgebieten* erwähnt.

Durch rücksichtslose Ausschöpfung des kurzfristig erreichbaren Mietpotentials seitens einiger Vermieter wird das Eigentum der umliegenden Eigentümer abgewertet. So haben schwach strukturierte Gastronomieanbieter oder Spielhallen negative Auswirkungen auf die umliegenden Einzelhandelsbetriebe. Die Steuerung aufgrund der Miettragfähigkeit kann einen Auszug der Einzelhandelsbetriebe mit genereller Abwertung der entsprechenden Standorte zur Folge haben, weil die Kunden durch das negativ empfundene Umfeld weg bleiben. Dadurch wird nach einer gewissen Zeit wegen des Flächenüberangebots auch die Miete der aggressiven Vermieter rückläufig, die Grundstücke werden abgewertet. Eine Sanierung wird möglich.

Dieses Beispiel zeigt, daß durch Marktverhalten zunächst ein Niedergang und dann wieder eine Aufwertung von Standorten durch Sanierung möglich wird. Bei rechtzeitiger harmonisierter Vorgehensweise dürften die Verluste aller Beteiligten insgesamt geringer sein. Einige wenige Beteiligte haben jedoch durch ihr individualistisches Verhalten in jedem Falle Vorteile; viele Beteiligte haben Nachteile bei einer unbeeinflußten Wettbewerbslösung im Vergleich zu einer harmonisierten Kooperationslösung.

Die Nichtmarktsteuerung

Die Nichtmarktsteuerung beruht auf staatlich erzwungenen – vereinzelt auch auf freiwilligen – Umverteilungen von Eigentum oder Einkommen. Das Prinzip der Nichtmarktsteuerung herrscht auch in Bereichen wie Sozialwesen, Bildung oder Raumordnung vor. Hier haben sich teilweise bedauerliche Konsequenzen entwickelt:

- künstliche Produktion von Ansprüchen im Sozialwesen zum Zweck der politischen Profilierung, zumindest bei einem gewissen Teil der heute Anspruchsberechtigten,
- Prestigedenken im Bildungswesen mit vergleichsweise hohen Zahlungen von Vergütungen an Lehrer für Nachhilfestunden bis zum Abitur (!),
- Bestechung der Behörden in einer vorher nur in gewissen Regionen des Orients bekannten Form bei Baugenehmigungen und andere Formen der Abhängigkeit von Behörden.

Schwierige Probleme gibt es an der Nahtstelle zwischen Marktsteuerung und Nichtmarktsteuerung. So funktionieren Verträge zwischen den gesetzlichen Krankenkassen und den Ärzten als Regulativ. Im Gegensatz dazu werden solche Verträge jedoch nicht für möglich gehalten zwischen der Pharma-Industrie und den gesetzlichen Krankenkassen.

Die Input-Steuerung und die Output-Steuerung

Ein typisches Beispiel dafür ist das Krankenhauswesen. Bisher wurde die Kostenerstattung der Krankenhäuser, z.B. in den USA, nach dem effektiven Vollkostensatz vorgenommen. Kostenbewußtsein wurde bestraft, Schlendrian belohnt. Neuerdings sind im Medicare-System für fast 500 Diagnose-Gruppen Kostensätze festgelegt worden, etwa entsprechend einer Norm- oder Standardkostenvorgabe. Die erstgenannte Rechnung bindet am Input an, die zweitgenannte am Output.

Zur Industriepolitik als Beispiel: Man sollte dieses Problem in Zukunft nicht zu einfach sehen, sondern vielmehr an eine Entwicklung von flexiblen und effizienten Entscheidungsprogrammen über die bisherigen Grenzen der Institutionalisierung hinweg denken, um ein abgewogenes Urteil abzugeben.

Es wäre verfehlt, die Problemlösung der Nachindustrialisierung in der Bundesrepublik Deutschland ohne Änderung von Institutionen und Entscheidungsprozessen zu erwarten. Markt- oder Nichtmarktlösung, das ist hier die Frage.

Die Verteilungspolitik als Beispiel: Mit der Idee der negativen Einkommensteuer wollte Milton Friedman, der seinerzeit ein Mindestgeld von 3 000 Dollar vorschlug, den liberalen Kräften Raum schaffen.

II. Zum Wettbewerbskonzept

Die jeweils vorherrschenden Vorstellungen über das Wettbewerbskonzept beruhen zum einen auf veränderten wirtschaftlichen Bedingungen, zum anderen auf der Wertedynamik. Die Wettbewerbsbedingungen werden jedoch auch durch die kulturellen Unterschiede der wettbewerblichen Verhaltensweisen der Unternehmen bestimmt. Dazu ein Beispiel: In den Vereinigten Staaten oder Großbritannien ist durch die finanzwirtschaftlich geprägte Steuerung der Unternehmen die durchschnittliche Gewinnsituation weitaus besser als in der Bundesrepublik Deutschland, wo die Steuerung mehr nach betriebswirtschaftlichen Kriterien mit tendenzieller Unterbewertung von fixen Kosten bei den Entscheidungen und daher aufgrund einer zu stark eingesetzten Deckungsbeitragspolitik erfolgt. Dieser Hinweis zeigt den Einfluß von langfristig eingeübten Ritualen der Unternehmenssteuerung auf die Gewinn- und Kapitalausstattung der Unternehmen und auf die konkrete Spielart des Wettbewerbs.

In den angelsächsischen Ländern bestehen viel höhere Vorstellungen über die zur Existenzsicherung und zur Wachstumsförderung unerläßliche Höhe der Mindestgewinne, etwa mindestens 3 % bis 4 % Umsatzrendite, und alle halten sich daran. Dies führt zu anderen Formen des Preis-Leistungs-Wettbewerbs als in der Bundesrepublik Deutschland, wo viele Industrie- und Handelsunternehmen Umsatzrenditen unter 1 % aufweisen.

In sehr vielen Fällen haben zudem die Verdrängungsbestrebungen in der Bundesrepublik Deutschland zu einer Negativ-Summen-Situation geführt, d.h. zu kräftigem Gewinnverfall bei dem Verdränger wie auch bei dem von der Verdrängung Bedrohten. Hier bestätigt sich einmal mehr, daß das Wettbewerbsprinzip insbesondere vom Marktverhalten und damit wieder von der Wertedynamik bestimmt wird.

Die wettbewerbspolitischen Verhaltensweisen der Unternehmen bestimmen mindestens auch die finanziellen Innovations- und Expansionspotentiale von Unternehmen. Wer zu wenig Überschüsse hat, kann keine Innovationen finanzieren.

Die Steuerung durch Wettbewerb setzt das unerschütterliche Vertrauen in die „Grundwahrheiten" voraus, die Adam Smith für die Funktionsfähigkeit des Marktes bereits vor über 200 Jahren herausgestellt hat:

1. Die überwiegende Mehrheit der Männer und Frauen sind ihrer Natur nach unkorrigierbar an der Verbesserung ihrer materiellen Lebensbedingungen interessiert.
2. Versuche, diesen natürlichen Wunsch zu unterdrücken, führen nur zu Diktatur und Armut.
3. Wird diesem natürlichen Streben genügend Spielraum gelassen, so daß die kommerziellen Transaktionen nicht unterbunden werden, dann stellt sich Wirtschaftswachstum ein.
4. Als Ergebnis eines solchen Wachstums folgt, daß jedermann wahrscheinlich seine Bedingungen verbessern kann, wie ungleich im Ausmaß und im Zeitablauf diese auch immer sein mögen.
5. Ein derartiges Wirtschaftswachstum findet in einer enormen Ausdehnung der eigentumsbesitzenden Mittelklasse ihren Ausdruck – eine notwendige (aber keine hinreichende) Bedingung für eine liberale Gesellschaft, in der die individuellen Rechte beachtet werden. [34)]

Die Zweifel an diesen Grundwahrheiten nagen auch an der Substanz des Wettbewerbskonzepts – zumindest soweit es sich auf Waren und Dien-

---

34) Vgl. die Formulierungen nach Kristol, Irving: Der Rationalismus in der Wirtschaftstheorie, in: Bell, Daniel; Kristol, Irving (Hrsg.): Die Krise in der Wirtschaftstheorie, (Springer Verlag) Berlin-Heidelberg-New York-Tokio 1984, S. 253 – 276, S. 275 f.

ste bezieht. So stellt E. F. Schumacher fest: ,,Die moderne Wirtschaft wird von einem Rausch der Habsucht fortgetrieben und schwelgt in einer Orgie des Neides. Das aber sind keine zufälligen Züge, sondern die eigentliche Ursache ihres auf Ausdehnung gerichteten Erfolges. Die Frage ist, ob solche Ursachen auf lange Zeit hin Erfolg haben können oder ob sie in sich den Keim der Zerstörung tragen.''[35] Letztlich geht es um die Frage der Sinnhaftigkeit des Gewinns!

Der Wettbewerb als tragendes Prinzip liberalen Denkens ist ambivalent.[36] Er setzt in beachtlichem Umfange Leistungsanreize frei, trägt aber auf der anderen Seite auch die Gefahr der Zerstörung der Marktfreiheit in sich. Aus diesem Grunde kann es nicht um eine Diskussion des Wettbewerbs schlechthin gehen, sondern darum, welche Wettbewerbsgrade für die wirtschaftliche Entwicklung in einer bestimmten Phase zweckmäßig sind. Angesichts des Strukturwandels, in dem wir uns befinden und der in seiner Dimension der ersten industriellen Revolution gleichgesetzt werden kann, gewinnt die Erhaltung funktionsfähiger Märkte eine erstrangige Bedeutung. Die Fähigkeit der Märkte, als ,,soziale Entdeckungsverfahren'' zu funktionieren, muß erhalten bleiben. Wir müssen entscheiden, welchen Grad von Einschränkungen des Wettbewerbs wir noch zulassen wollen, um die angestrebten Leistungsanreize freizusetzen, und welchen Grad von Funktionsfähigkeit und Durchlässigkeit der Märkte wir unbedingt für einen Strukturwandel ohne Brüche brauchen.

Der Ambivalenz des Wettbewerbs entspricht auch die Ambivalenz der Macht. So soll Machtausübung aufgrund von Wettbewerbsvorsprüngen nicht beeinträchtigt werden. Einzuschränken gilt es nur die Macht, die behindernd und diskriminierend zu einer Wettbewerbsverzerrung und zu einer Verschlechterung marktstruktureller Voraussetzungen führt.[37] Der Ansatz der Beurteilung von Marktbeherrschung ist strukturbezogen. Veränderte Marktverhältnisse – rasche Änderung in den Marktanteilen oder der Produktpalette – werden dazu führen, daß die Strukturelemente eindeutig sein müssen, wenn sie als Beurteilungskriterien für die Marktbeherrschung herangezogen werden sollen.

---

35) Schumacher, E. F.: Die Rückkehr zum menschlichen Maß – Alternativen für Wirtschaft und Technik ,,Small is Beautiful'', (Rowohlt Taschenbuch Verlag) Reinbek bei Hamburg 1977, S. 27 (Original London 1973).

36) Auf das Problem der Ambivalenz hat z.B. Carl Friedrich von Weizsäcker hingewiesen, siehe: Ambivalenz des Fortschritts, in: Weizsäcker, Carl Friedrich von (Hrsg.): Der Garten des Menschlichen – Beiträge zur geschichtlichen Anthropologie, (Carl Hanser Verlag) München 1977, S. 63 – 90.

37) Vgl. Arndt, Helmut: Wirtschaftliche Macht – Tatsachen und Theorien, 2. Aufl., (Verlag C. H. Beck) München 1977.

In einem bemerkenswerten Beitrag hat Joseph Kardinal Höffner ein humanes Leitbild für die Wirtschaft gefordert. Dabei werden Würde und Freiheit des Menschen, Ehe und Familie, Religion und Sittlichkeit, die kulturellen Werte und „das letzte Ziel und Ende aller Dinge – Gott selbst“ vor die Wirtschaft gestellt, so daß das Gemeinwohl als regulatives Prinzip vor dem Leistungswettbewerb steht. Im einzelnen werden folgende Leitsätze formuliert:[38)]

1. Die Wettbewerbsfreiheit ist innerhalb der gehörigen Grenzen berechtigt und von zweifellosem Nutzen.
2. Der Leistungswettbewerb ergibt sich nicht von selbst. Er muß durch eine Rahmenordnung ermöglicht und gesichert werden.
3. Es ist bedenklich, die Wettbewerbsfreiheit durch behördliche Preisfestsetzungen oder durch sonstige wettbewerbsbeschränkende Maßnahmen, zum Beispiel durch Subventionspolitik, auszuhöhlen.
4. Die Wettbewerbsfreiheit muß gegen unlauteren Wettbewerb und gegen die Ausschaltung des Wettbewerbs geschützt werden.
5. Der Leistungswettbewerb ist nicht das regulative Prinzip der Wirtschaft (rem oeconomicam dirigere plane nequit).

Man muß sehr genau prüfen, in welche Gesellschaftsordnung mit welchem Wettbewerbsleitbild bei freiem Wettbewerb im Gegensatz zum Leistungswettbewerb solche Vorschläge führen. Vor allem sind auch die Beziehungen zwischen Gemeinwohl und Leistungswettbewerb auszuloten.

Zu einem bestimmten Zeitpunkt und in einem bestimmten Zeitraum läßt sich in einer Gesellschaft nur eine ganz bestimmte Ausprägung und Form von Marktwirtschaft verfolgen. Das Funktionieren einer Gesellschaft beruht somit in irgendeiner Form auf einem Konsens. Eine Mehrheit muß sich einig sein, daß man das „Gesellschaftsspiel“ mit diesen Regeln spielt. Oder sie muß sich einig sein, daß man die Regeln dieses Gesellschaftsspiels ändert, z.B. die bisher anerkannten demokratischen Prinzipien oder das anerkannte Wettbewerbskonzept. Bei einer veränderten Auffassung über die Wettbewerbskonzeption werden die Chancen und Risiken für die Wirtschaftspartner neu verteilt.

Ein lange Zeit als zutreffend erachtetes Paradigma des Wettbewerbs gilt nicht mehr: Die schöpferische Zerstörung etablierter Unternehmen ist keineswegs mehr eine Regel des wirtschaftlichen Geschehens. Als Konsequenz davon muß man aber die Frage beantworten, wie effiziente und stets effizienter werdende sehr große Firmen, z.B. IBM, wettbewerbspolitisch nun zu beurteilen sind.

---

38) Vgl. Höffner, Joseph: Ein humanes Leitbild für die Wirtschaft, in: Frankfurter Allgemeine Zeitung, 28. Jg., Nr. 113, 17. Mai 1986, S. 15.

Durch Neokorporatismus verlagert sich der Wettbewerb zwischen einzelnen Wirtschaftspartnern auf einen Wettbewerb der Kollektive und Syndikate, sowohl untereinander als auch als Interessenvertretung gegenüber dem Staat.

Dieser Gruppenkapitalismus (Emil Küng) führt zu neuen wettbewerbspolitischen Spielregeln, auch mit neu geschmiedeten Waffen aus dem Arsenal der Marketinginstrumente. Ziel ist nur zu oft die strikt interessengeleitete Desinformation des Empfängers, z.B. auch bei den Forderungen, die den Rahmen des Machbaren überziehen. So werden Marketinginstrumente in der Hand der Verbände auch gegen die bestehende Wirtschaftsordnung eingesetzt. Die dabei angestrebte Aufhebung des Preismechanismus bedeutet eine Rückkehr in die Ideologie des Feudalismus.[39]

Hier interessiert die neue Theorie von Mancur Olson[40] über die Deroutierung des Wettbewerbs in verknöcherten Gesellschaften. Während der Wettbewerb in jungen Gesellschaften hohe Effizienz entfalten könne, degeneriere er mit zunehmender Kartellierung und Verbandsbildung in eine wirtschaftlich-gesellschaftliche Sklerose. Hohe Syndikalisierung führe zu Preisrigidität mit sinkenden Mengen, abnehmender Flexibilität und sinkender Dynamik. So mündet das Konzept von Olson in die alte liberale Erkenntnis, daß die Freiheit des Individuums auch seine Bevormundung durch Verbände beinhaltet.

Die Kooperation

Die Ideologie der Kooperation beruht auf der Hypothese, daß die optimale Arbeitsteilung in einer marktwirtschaftlich organisierten Gesellschaft nicht nur durch den Wettbewerb, sondern auch durch Kooperation begründet wird. Dieser scheinbare Widerspruch beruht auf den der Wettbewerbswirtschaft bisher immanenten Konzentrationsprozessen.

Die Grundlagen der Kooperation sind somit ökonomische und außerökonomische Faktoren. In einer Zeit hoher Technizität (High Tech) fördert die Kooperation die generell als unerläßlich empfundenen zwischenmenschlichen Beziehungen (High Touch). Dadurch wird die Kooperation auch zu einem sozialen Phänomen.

---

39) Küng, Emil: Weltwirtschaftspolitik, (J. C. B. Mohr [Paul Siebeck]) Tübingen 1978.

40) Vgl. Olson, Mancur: Aufstieg und Niedergang von Nationen – Ökonomisches Wachstum, Stagflation und soziale Starrheit, (J. C. B. Mohr [Paul Siebeck]) Tübingen 1985.

Mit zur Zeit noch kaum übersehbaren Konsequenzen auf den Wettbewerb setzen sich bisher unbekannte und in ihrer Dimension ungewöhnliche Kooperationskonzepte durch.

Man sollte es klar herausstellen: die sogenannte präkompetitive Kooperation, z.B. im Bereich der Forschung, ist keineswegs wettbewerbsneutral. Sie wird die Wettbewerbsbedingungen bereits mittelfristig beeinflussen. Als Beispiel sei der Japan Project Industry Council (JAPIC) erwähnt, ein Zusammenschluß von 164 Unternehmen und 20 Industrieverbänden zur Realisierung von bisher dem Staat vorbehaltenen Projekten, zu denen auch Flughäfen und Autobahnen gehören.

Ein weiteres Beispiel ist in Japan die Firma Japan Robot Leasing (Jarol), die Ende der siebziger Jahre vom japanischen Ministerium für internationalen Handel gemeinsam mit Banken gegründet wurde. Das Ziel besteht darin, auch kleine Firmen in die Lage zu versetzen, sich rasch mit Robotern auszustatten, um die internationale Wettbewerbsfähigkeit massiv zu steigern. Infolge der Zinssubventionen durch das MITI übertraf die Wirkung alle Erwartungen:

1. Die begünstigten kleinen Unternehmen konnten ihre Produktivität kräftig verbessern.
2. Die Produktion von Robotern wurde stark ausgebaut.
3. Die Preise für Roboter fielen.
4. Es ergab sich ein Innovationsschub im Bereich Robotics.

Gemeinschaftsforschungen zwischen Konkurrenten oder die Tendenz zum World Car oder auch nur zum World Component Car als weiteres Beispiel der Mega-Kooperation seien hier nur erwähnt.[41)]

Diese neuen Kooperationskonzepte führen dazu, daß das individualistische Strategiedenken durch Netzwerke der Kooperation abgelöst wird. Hier zeigen sich die Ansätze zu einer Globalisierung der Produktion, der – zumindest partiell – eine Globalisierung von Marktbearbeitung und Distribution folgen dürfte. Unter Hinweis auf das Computer-Netzwerk Bionet von über 100 Genetikern, die auf diese Weise Durchbrüche und Hindernisse auf ihrem Gebiet kommunizieren können, stellt Gerd Gerken fest: ,,. . . aus ehemaligen Geheimniskrämern und Einzelgängern werden nunmehr Netzwerk-Partner''.[41)]

Es entstehen eine geistige Partnerschaft, eine kollektive Meta-Ebene der Kompetenz, da alle erkennen, daß sie es allein ,,nicht mehr packen können''. Der National Cooperative Research Act in den USA soll die

41) (Vgl.) Gerken, Gerd: Die Entdeckung der Freundschaft im Business, in: Radar für Trends, 2. Jg., 1984, Nr. 11, S. 10 – 16.

Gemeinschaftsforschung erleichtern. Er enthält eine ,,rule of reason'', nach der die intensive Kooperation von Firmen, die auf gleichen Märkten operieren, nicht mehr untersagt werden kann.

Seit Herbst 1984, dem Zeitpunkt von Erleichterungen industrieller Gemeinschaftsforschung, sind innerhalb eines Jahres 45 konsortiale Forschungsprogramme beim Justizministerium angemeldet worden. Am Software Productivity Consortium sind 15 Luft- und Raumfahrtunternehmen beteiligt.

Da Gemeinschaftsforschung nicht als ausreichend zur Bewältigung des internationalen Wettbewerbs angesehen wird, soll durch Abschaffung von Art. 7 des Clayton Act auch die Gemeinschaftsproduktion ermöglicht werden.

Auf jeden Fall zeigen sich hier Ansätze für einen Abbau der Wettbewerbsrivalität zugunsten der Konzentration und Gegenseitigkeit. Marilyn Ferguson[42)] hat die Kooperation als ein wesentliches Instrument der künftigen Wirtschaftsstruktur herausgestellt. Diese Hypothese hat aufgrund der kräftesparenden Synergie durchaus einen tragfähigen ökonomischen Hintergrund. Hier liegen fundamentale Ansätze zu Veränderungen der Wettbewerbspolitik, vielleicht sogar zur Weiterentwicklung der Gesellschaftsordnung.

Mitbestimmung und Partizipation

Mitbestimmung und Partizipation im Sinne von Treuhänderschaft über gemeinsam erarbeitetes Kapital kennzeichnen eine Abkehr von klassischen Steuerungskriterien innerhalb des Unternehmens durch Veränderung der Führungskonzepte und zwischen den Unternehmen durch Veränderung des Wettbewerbskonzepts. Steigt oder sinkt die Wettbewerbsfähigkeit durch Betriebsverfassung und Mitbestimmung?

Man spricht hier auch von Humanisierung und Demokratisierung der Arbeitswelt. Im weiteren zählen dazu

- die Demokratisierung der Arbeitsorganisation durch Förderung der Mitentscheidung,
- die Intensivierung der innerbetrieblichen Bildungsarbeit,
- das Miteigentum in Richtung genossenschaftlicher Form,
- die Neuorientierung der externen Bindungen zu anderen Unternehmen wie zu Staat und sonstigen Institutionen.

---

42) Vgl. Ferguson, Marilyn: Die sanfte Verschwörung – Persönliche und gesellschaftliche Transformation im Zeitalter des Wassermanns, 3. Aufl., (Sphinx Verlag) Basel 1983, passim.

In einer aktuellen Analyse der Mitbestimmung beklagt Reinhard Mohn die Verschiebung der Fronten von ,,Kapital und Arbeit" in Richtung ,,Management und Arbeit". Die Steuerungsfunktion des Kapitals habe an Bedeutung verloren, und das Kapitalinteresse beschränke sich auf eine optimale Verzinsung und fliehe aus dem Engagement, wenn diese fehle.

Durch die Mitbestimmung sei grundsätzlich das Problem der Harmonisierung von Gruppeninteressen entstanden, das die Effizienz der Unternehmen beeinträchtige.

Durch die Mitbestimmung werden auch die Kompetenz- und Funktionsfähigkeit der Aufsichtsgremien, die eigentlich gefördert werden sollten, vermindert und demotiviert.

Der Mitsprache am Arbeitsplatz wird der Vorzug vor der derzeitigen Form der Mitbestimmung gegeben.[43)]

So fordert Mohn eine Rückführung der Arbeitnehmerbeteiligung im Aufsichtsrat der mitbestimmten Unternehmen auf ein Drittel.

Friedhelm Farthmann entgegnet dem Konzept von Reinhard Mohn aus seiner Position heraus mit verständlicher Kritik:

,,In Wahrheit entscheiden in der Bundesrepublik ein paar Dutzend Großaktionäre und vor allem einige Großbanken darüber, wer die Schalthebel unserer großen Unternehmen bedienen soll. Die Fragwürdigkeit eines solchen Ausleseprozesses wird auch dann nicht aufgehoben, wenn auf diese Weise – wie immer behauptet wird – höchste Qualitätsanforderungen erfüllt werden. Vielmehr gebieten es die Strukturprinzipien einer demokratischen Gesellschaftsordnung ebenso wie der Grundsatz der Selbstverantwortlichkeit des Menschen, daß die wichtigsten Leistungsfunktionen in einer Gesellschaft, die mit Herrschaftsrechten gegenüber Menschen ausgestattet sind, in einem offenen Auswahlprozeß und unter Beteiligung der Herrschaftsunterworfenen vergeben werden."[44)]

Die nicht ungefährliche Kernbegründung betrifft die Mitbestimmung als Instrument der Legitimation der Unternehmung.

,,Mitbestimmung will die Autonomie der einzelnen Unternehmenseinheit und das dynamische Element des Profitinteresses erhalten und gleichzeitig eine demokratische Legitimation der Unternehmensfunktion erreichen. Es wird deshalb angestrebt, beide Produktionsfaktoren, nämlich Kapitalgeber und Arbeitnehmer, gleichberechtigt bei Auswahl,

---

43) Vgl. Mohn, Reinhard: Mitbestimmung war ein Irrtum, in: Die Zeit, 41. Jg., 1986, Nr. 15, S. 41 – 43.

44) Farthmann, Friedhelm: Machtbalance ist notwendig, in: Die Zeit, 41. Jg., 1986, Nr. 16, S. 38.

Überwachung und Abberufung der Unternehmensleitung zu beteiligen."[44]

Aus gewerkschaftlicher Sicht wird ein weitreichender Ausbau der Mitbestimmung für richtig gehalten.

So wurde auf einer Arbeitstagung des Wirtschafts- und Sozialwissenschaftlichen Instituts der DGB (WSI) im April 1986 die überbetriebliche Mitbestimmung zur Erhaltung des derzeitigen Kräfteverhältnisses gefordert. Andernfalls bestehe die Gefahr, „daß die Arbeitnehmervertretungen die Gestaltungsspielräume in den Abteilungen eines Zuges wahrnehmen, ohne sich noch zu bemühen, auf die Verlegung der Gleise, die Lokomotive und die Fahrpläne Einfluß zu nehmen."[45]

So hieß es dann auch bei Ulrich Briefs vom WSI: „Mitbestimmung am Arbeitsplatz, ständige Beteiligung und Kontrolle der betroffenen Beschäftigten bei der Veränderung der Feinstrukturen der Arbeit, sich nicht verwirkende und wirksame Mitbestimmung der Betriebsräte und Personalräte, Mitbestimmung über das Was und Wofür der Produktion als Voraussetzung für die Mitbestimmung über das Wie der Produktion, Enthierarchisierung und wirkliche Dezentralisierung der betrieblichen Strukturen."[45]

Festzuhalten bleibt hier, daß der gesellschaftspolitische Wandel zur Mitbestimmung keineswegs an den Übergang von industrieller zu postindustrieller Gesellschaft gebunden ist. Behauptungen über zwangsläufige Bindungen sind mindestens sehr einseitig, wenn nicht falsch.

In vielen Fragen, die den Arbeitsplatz betreffen, bewegen wir uns im Experimentierstadium. Die Rituale der Prozeduren zwischen Betriebsrat und Unternehmen werden erst eingeübt. Das Know-How der Mitbestimmung ist erst wenig entwickelt. All dies kostet in Phasen der Stagnation viel Zeit und Kraft. Vielleicht sollte man einmal durchdenken, wie sich eine Aussetzung bestimmter Rechtsvorschriften auf Zeit zur Förderung neuer gesellschaftlicher Lernprozesse auswirken könnte.

---

45) O.V.: Der Wandel stellt die Gewerkschaften vor neue Aufgaben, in: Handelsblatt, 41. Jg., Nr. 70, 11./12. April 1986, S. 5.

Die Spaltung der Marktsteuerung

Man kann sich auch ein Wettbewerbskonzept vorstellen, bei dem hoher Forschungs- und Entwicklungswettbewerb generiert wird – mit geeigneten Anreizen für die Forscher –, aber nur geringer oder gar kein Produktionswettbewerb. Motto: Man forscht getrennt, produziert aber gemeinsam das beste Produkt.

Die optimalen Wettbewerbsstrukturen sind jedoch auch hier nicht leicht zu ermitteln, da die Forschungseffizienz sehr unterschiedlich sein kann. So hat die Entwicklung digitaler Vermittlungssysteme als Voraussetzung einer dezentralen Informationsweiterleitung bei zehn europäischen Anbietern 6,7 Mrd. US-Dollar Kosten verursacht, bei vier amerikanischen Anbietern 3,5 Mrd. US-Dollar und bei drei japanischen Firmen 2,4 Mrd. US-Dollar. Man kann auf diesem Gebiet in Europa geradezu von einer Vergeudung von Ressourcen sprechen.

Die Einflußmöglichkeiten des Staates als Marktteilnehmer

Die bedeutende Rolle des Staates läßt sich auch durch den Einfluß der nationalen Verwaltungen auf die Wettbewerbsfähigkeit eines Landes aufgrund der öffentlichen Beschaffung erkennen. So ist die Kommunikationswirtschaft in den USA heute stark von Staatsaufträgen abhängig. Dadurch wird die Forschungsstrategie der Industrie vermutlich von der öffentlichen Beschaffung mitbestimmt.

Durch die Abhängigkeit der Effizienz einer Volkswirtschaft von der Beherrschung der Kommunikationstechnik werden die klassischen Konzepte der internationalen Arbeitsteilung von den Regierungen durch Beschränkung des Innovationsaustauschs außer Kraft gesetzt. Bei genereller Stützung des Konzepts der internationalen Arbeitsteilung würde man heute in Europa bei der Kommunikationstechnik auf eine Autarkie oder Schaffung von Gegengewichten gegen die USA und Japan teilweise verzichten können. Die Sperrung vom Zugang zu den Innovationen erzwingt eine andere Verhaltensweise. Es zeigen sich in einigen Ländern Bestrebungen zur Monopolisierung. Dazu nur ein Beispiel: Wie viel müßte Europa für das Hochschießen eines Satelliten zahlen, wenn die USA das Monopol auf Weltraumraketen hätten? Unter solchen Aspekten erscheint auch das Projekt Ariane in einem anderen Licht.

Kann Westeuropa dieser geballten staatlich geförderten Initiative etwas entgegensetzen und wie? Reichen dafür die – zumindest verspäteten – EG-Initiativen ESPRIT und FAST aus?

Exkurs Japan

Die Funktion des Ministeriums für Internationalen Handel und Industrie (MITI – Ministry for International Trade and Industry) ist nur auf der historisch gewachsenen engen Verflechtung zwischen Staat und Wirtschaft zu erklären. ,,Es ist die Aufgabe des MITI, die Industriepolitik Japans festzulegen. Es entscheidet, welche Industrien schrumpfen und welche wachsen werden. In den späten fünfziger Jahren entschied das MITI, daß die Konsumelektronik wie eine Welle der Zukunft Japan durch die späten sechziger Jahre tragen würde. Es war das MITI, das in den späten siebziger Jahren den Wert fortgeschrittener Halbleiter erkannte und die ölintensiven Aluminium- und Chemieindustrien reduzierte. Und es ist das MITI, das entschied, Japan habe das nationale Ziel, bis 1990 30 Prozent des Weltmarktes und 18 Prozent des US-Marktes für seine neue Computerindustrie zu gewinnen.''[46]

Die Außenwirtschaftssteuerung

Die Polarität Protektionismus versus Freihandel existiert bereits seit Jahrtausenden und wird immer wieder mit Begründungen aufgrund der jeweiligen ökonomischen Ziele zu neuen Kompromissen geführt.

Die Tendenzen zum Protektionismus im Außenhandel einerseits und die intensiven Bestrebungen zur Förderung des Außenhandels andererseits erzwingen eine gespaltene Betrachtung der Wirtschaftssteuerung innerhalb eines Landes und zwischen mehreren Staaten.

Zumindest bei den ostasiatischen Staaten, allen voran Japan, zeigt sich die Tendenz, im Interesse der Außenhandelsförderung den inländischen Wettbewerb stark zu reduzieren und gemeinsam alle Kraft auf Auslandsmärkte zu verlegen. Hier liegt auch das Schlagwort von Japan als Großunternehmen – Japan Incorporated.

Die Trennung zwischen nationalen und für den Außenhandel geltenden Steuerungskonzepten dürfte sich eher noch verschärfen.

Von nicht zu unterschätzender Bedeutung auf den Wettbewerb innerhalb eines Landes sind weiter die Grade der internationalen Verflechtung und dabei wiederum die Grade der Freiheit und des Protektionismus bei den internationalen Waren- und Leistungstransaktionen.

46) Nussbaum, Bruce: Das Ende unserer Zukunft – Revolutionäre Technologien drängen die europäische Wirtschaft ins Abseits, (Kindler-Verlag) München 1984, S. 259.

Die supranationale Regionalisierung der Marktsteuerung

Zwischen Nationen mit vergleichbarem Steuerungskonzept und einem hohen Konsens über die zwischenstaatliche Arbeitsteilung besteht in der Regel ein überdurchschnittlich reger Außenhandel. Befinden sich mehrere solcher Länder in unmittelbarer Nachbarschaft, spricht man von Regionenblocks. Ein solcher Regionenblock sind die EG, das Comecon oder Teile des pazifischen Raumes.

Die Regionalstrategie bedeutet Freihandel innerhalb eines solchen Regionenblocks und Kontrakte mit Tauschwirtschaftselementen zwischen den Blocks.

Die Idee der Regionalisierung würde langfristig auch ein Zurückholen von Industrien aus der dritten Welt zur Folge haben. Hier tauchen aber auch kaum angedachte moralische Probleme eines Entzugs von Wirtschaftskraft aus diesen Ländern auf.

III. Das Finanzsystem und das Währungssystem

Die Haushaltsdefizite sind überwiegend durch das Vertrauen gegenüber dem in der Depression der dreißiger Jahre entstandenen Konzept von John Maynard Keynes hervorgerufen worden. Keynes hatte die Forderung aufgestellt, daß zur Ankurbelung der Konjunktur Staatsausgaben beitragen müssen, um die Nachfrage wieder anzuregen. Im Zeitablauf würde sich das Problem der Defizite durch höhere Beschäftigung, höhere Einkommen und höhere Steuern von selbst lösen. Die Schwierigkeiten wurden dadurch verschärft, daß die Anforderungen an den Staat – Schlagwort Sozialstaat – unabhängig von der Konjunktursteuerung rapide gestiegen sind. Je mehr Leistungen geboten wurden, desto höher wurden die Ansprüche. Trotz dieser Leistungen sank die Steuermoral, diese beschleunigte die Staatsdefizite noch einmal mehr.

Der Weg der Inflationierung durch eine Politik des leichten Geldes, sprich Geldschöpfung, ist ein oft gewählter Ausweg. In der Bundesrepublik Deutschland wurde dagegen in den letzten Jahren der Weg des Investitionsrückschnitts und in gewissem Umfange auch des Personalabbaus gewählt. Der heutige Verzicht auf Staatsinvestitionen wird sich bei erheblichem Bevölkerungsrückgang vermutlich langfristig noch nicht einmal in allen.Lebensbereichen negativ auswirken.

Kritisch bleibt der Anteil des Staates am Bruttosozialprodukt. Geld- und Fiskalpolitik sind somit primär die Konsequenz der politischen Vorstellungen über die höchstzuträgliche Staatsquote am Bruttosozialprodukt.

IV. Die Optionen

Die augenblicklichen ökonomischen und politischen Schwierigkeiten sind Ausdruck eines Verlustes gemeinsamer Auffassungen über die Grundpositionen in unserem Wirtschaftssystem. Eigentlich haben wir einen Verlust des Gemeinsinns, des common sense, d.h. über die Vorstellungen darüber, wie es weitergehen sollte, zu beklagen. Es entsteht bei immer mehr Problemen eine Art Orientierungslosigkeit. Dies führt dazu, daß man teilweise sogar versucht, konkurrierende und divergierende Ziele gleichzeitig zu verfolgen.

Zu einem bestimmten Zeitpunkt in einem bestimmten Zeitraum läßt sich in einer Gesellschaft nur eine ganz bestimmte Ausprägung und Form von Marktwirtschaft verfolgen. Das Funktionieren einer Gesellschaft beruht somit in irgendeiner Form auf einer Ideologieübereinstimmung. Alle müssen sich einig sein, daß man das Gesellschaftsspiel mit diesen Regeln spielt. Oder alle müssen sich einig sein, daß man die Regeln dieses Gesellschaftsspiels ändert, z.B. die bisher anerkannten demokratischen Prinzipien oder das anerkannte Wettbewerbskonzept.

Bei jeder veränderten Auffassung über die Wettbewerbskonzeption werden die Chancen und Risiken für die Wirtschaftspartner neu verteilt.

Mit den Aussagen zu Arbeitsteilung, Eigentum, Medien und Ausbildung sind bereits einige Festlegungen getroffen worden, die die Konzepte der Wirtschaftssteuerung mitbestimmen.

Man wird die Facetten der Kooperations- oder Kartellierungsbereiche einerseits und der Konzentrationsbereiche andererseits genauer analysieren müssen, und zwar im Hinblick auf die Vielfalt der Dimensionen des Wettbewerbs. Beispiele sind: der Informations- und der Kommunikationswettbewerb, dabei auch der Marktkommunikationswettbewerb, der Standortwettbewerb oder der Kapitalwettbewerb und der Managementwettbewerb.

Die weltweiten Dimensionen des Wettbewerbs werden deutlich, wenn man das Konzept der staatlich induzierten oder geförderten präkompetitiven Kooperation, z.B. im Sinne von Gemeinschaftsforschung aber wettbewerblicher Produktion und Marktbearbeitung, betrachtet.

Die wünschenswerten Grade des Wettbewerbs wie auch der Kooperation bestimmen das nationale und internationale Wirtschaftssystem.

Man muß somit fragen, wieviel „Sozialdarwinismus" benötigt wird, um die Anreize zur Weiterentwicklung des Gesellschaftssystems und der Wirtschaft zu schaffen, und in welchem Umfange durch Einsicht und Verständnis ähnliche Wirkungen ohne die Bedingungen des Wirtschaftskampfes erreicht werden könnten. Dabei ist zu beachten, daß sich keineswegs für alle Wirtschaftsbedingungen das gleiche Steuerungskonzept eignen muß. Die angelsächsischen, die romanischen Länder und die Bundesrepublik Deutschland haben unterschiedliche Spielarten des Wettbewerbs entwickelt, wie auch die Abweichungen der Gewinne der Unternehmen, z.B. in den USA und in der Bundesrepublik Deutschland, zeigen.

Weiter ist vor einer zu vereinfachten Sicht der Koalitionen in Form von Korporation wie auch Kooperation und deren ökonomischer Bedeutung zu warnen. Vorteilen der Interessenharmonisierung durch Kooperation zwischen Unternehmen können Nachteile des Überziehens egoistischer Interessen gegenüberstehen.

Daraus ergibt sich die folgende Konsequenz: Je stärker der Verlust der Liberalität in der Marktwirtschaft, desto notwendiger sind neuartige Abstimmungsprozesse zwischen Wirtschaftspolitik und Gesellschaftspolitik mit der Unternehmenspolitik. Hier liegen die Grundlagen oder Zwänge zu einer Weiterentwicklung der konzertierten Aktion oder einer Neuorientierung der Wettbewerbspolitik. Man wird die Theorie der Kooperation erweitern müssen.

Letztlich ist die Funktionsfähigkeit der Interessenvertretungen in einer Gesellschaft von deren Verhalten im Allgemeininteresse oder im gegen die Allgemeinheit gerichteten Partikularinteresse abhängig. Hier sind im Zeitablauf Werte- und Verhaltensänderungen festzustellen. Erfolge bei einer gesellschaftlichen Selbstbedienungsmentalität führen zu noch mehr Egoismus, die Bereitschaft des Umdenkens mit Verzichtshaltungen und dem Streben nach einem möglichst guten Ausgleich der Interessen würde eine Koalitionspolitik mit gesellschaftlicher Verantwortung kennzeichnen. Hat das Wettbewerbsprinzip dafür genügend Intelligenz? Oder: Wie ist das Wettbewerbsprinzip zu stützen und zu gestalten, um in dieser Richtung zu wirken?

Mitbestimmung und Partizipation: Man kann die Auffassung vertreten, daß für eine Marktwirtschaft das derzeitige hybride Mitbestimmungskonzept zu viel oder zu wenig ist, d.h. entweder Rückschnitt oder Ausbau notwendig sind. Der Trend zu mehr Mitbestimmung dürfte nicht aufzuhalten sein, zumal er unter dem weniger fordernden Konzept der Partizipation dem künftigen Werteverhalten entsprechen dürfte.

Die supranationale Regionalisierung ist abzulehnen, weil sie die internationale Integration beeinträchtigt. Man muß somit alle Wege für eine weltweite Wirtschaftsverflechtung fördern.

Die Beteiligung des Staates an Wirtschaftsprozessen kann nicht unabhängig von den zu erwartenden Entwicklungen in der EG sowie von der Entwicklung der Beziehungen zwischen Staat und Wirtschaft in anderen Ländern beurteilt werden.

Das Steuersystem: Für die Funktionsfähigkeit der gewünschten Arbeitsteilung zwischen Staat und Nichtstaat, vor allem gegenüber der Wirtschaft und den privaten Haushalten, ist das Steuersystem wie auch das System der Subventionen eine wichtige Einflußgröße.

Die Steuerdiskussion in der Bundesrepublik Deutschland wird durch die amerikanischen Bestrebungen beeinflußt, den Höchsteinkommenssteuersatz von 50 % auf 35 % zu senken.

Beim Steuersystem müssen wir lernen, nicht nur nach wirtschaftspolitischer Opportunität, sondern vielmehr nach gesellschaftlicher Durchsetzbarkeit – sprich Steuerehrlichkeit – zu unterscheiden. So kann Staats- und Steuerverdruß bereits heute sinnvolle Steueränderungen verhindern.

Völlig neue steuerpolitische Probleme entstehen aus der Internationalisierung der Kapitalanlagen und damit aus einer Möglichkeit, sich der inländischen Besteuerung von Kapitaleinkommen zu entziehen. Hier kann wohl nur eine weltweit harmonisierte Quellensteuer Abhilfe schaffen, und zwar für alle Kapitalanlagealternativen – u.U. mit unterschiedlichen Steuersätzen, je nachdem, ob man das Bankensystem oder die Investitionen der Unternehmen unmittelbar fördern will.

Eine Maschinensteuer – eher als Automatisierungs- und Robotersteuer gedacht – wie auch eine ebenfalls denkbare Informations- und Kommunikationssteuer, würden durch Veränderung der Kostenbedingungen, genauer der Kostenproportion zwischen menschlicher Arbeit und Nichtarbeit, auf die Faktorproportionen durchschlagen und kurzfristig sicher zur Entlastung auf dem Arbeitsmarkt beitragen können. Langfristig wird dadurch jedoch die Innovation und die zukunftsträchtige Investition besteuert.

Das Währungssystem: Auf der Amsterdamer Tagung der Mont Pèlerin Society im April 1977 wurde auf dem Hintergrund der Bekämpfung der Inflation das weitgehend tabuisierte Problem der Aufhebung des staatlichen Monopols der Notenbanken diskutiert, ein Gedanke, der auf Herbert Spencer (1851) zurückgeht. Diese Diskussion war durch von Hayek im Jahre 1976 angeregt worden.[47)]

Damit wurde ein Dogma der Liberalen, die Anerkennung des Staatsmonopols der Währung, aufgegeben. Dabei geht von Hayek davon aus, daß die Notenbanken durch Erhöhung der Geldmenge bei der Steuerung der Inflation versagt hätten. Gefordert wird daher ein privatwirtschaftlicher Wettbewerb der Notenemission, ein System multipler Währungen (multiple current currencies).

---

47) Vgl. Hayek, Friedrich von: Denationalisation of Money, hrsg. v. The Institute of Economic Affairs, Hobart Paper Special, London 1976.

Man kann vermuten, daß die Stärkung des Wettbewerbs zwischen bestehenden Währungen einen Teil dieser Vorteile mit sich bringen könnte.

Man wird auch weiter darüber nachdenken müssen, wie in Anbetracht der neuen Medien neue Währungskonzepte entstehen können.

Man sollte nicht zuletzt ehrlicherweise auch stets darauf hinweisen, daß die Bedingungen flexibler Wechselkurse im Rahmen des EWS nicht bestehen.

Option A

Im Falle der Bevölkerungsbedingungen von Szenario I wird die Zentralisierung weit überproportional zunehmen, vor allem wenn die Volumenrückgänge der Inlandsnachfrage hoch sind. Gleichzeitig wird man versuchen, neue Konzepte der Selbstbestimmung und Selbständigkeit zu schaffen, deren ökonomische Tragfähigkeit jedoch weitgehend durch Integration in Kooperationssysteme gesichert werden dürfte.

Dezentralisierungsbestrebungen werden auch im Rahmen der Mammutkonglomerate in Richtung der vieldiskutierten Intrapreneursteuerung erfolgen.

Im Falle von Option A dürften alle Berufsverbände mehr als bisher damit beschäftigt sein, ihren Beitrag zum unumgänglichen Strukturwandel, d.h. zu einer Reduzierung der Zahl der Unternehmen und auch der Kapazitäten durch wie auch immer geartete politische Maßnahmen, zu leisten.

Zu den neuen Aufgaben der Gewerkschaften dürften nach der Jahrtausendwende vor allem Maßnahmen zur Förderung der Technisierung und Automation gehören, um die Wirtschaftskraft der deutschen Unternehmen, insbesondere die Exportfähigkeit, nicht zu stark absinken zu lassen. Weiter werden sich die Gewerkschaften in Anbetracht der weiterentwickelten Mitbestimmungs- und Miteigentumskonzepte darum kümmern müssen,

- die Erstarrungsgefahren durch eine ungeeignete Organisation der Mitbestimmung zu reduzieren,
- die Fragen der Fungibilität und der Eigentumsübertragung von Miteigentum an Unternehmen auf Arbeitnehmer zu klären.

Politisch unverantwortlich und wirtschaftlich schädlich wäre eine Fortsetzung des Besitzstandsdenkens der früheren Tarifpolitik, die unter veränderten Bedingungen für alle Beteiligten unzweckmäßig wird.

Die bei Option A vermutlich rasch zunehmende Vertikalisierung könnte dazu führen, daß in Verbindung mit den neuen Medien mindestens faktisch Situationen eintreten, die weitgehend der Preisbindung der Zweiten Hand entsprechen. Dies würde vermutlich auch durch die kräftige Oligopolisierung gefördert.

Option B

Auch hier sei nochmals herausgestellt, daß die kulturelle Herkunft der zusätzlichen Einwohner eine wichtige Einflußgröße der ökonomischen Steuerung sein wird.

Die Konzentrations- und Vertikalisierungszwänge dürften eher schwächer sein als bei Option A.

Generell dürften die Zwänge für einen Wandel der gesamtwirtschaftlichen Steuerungsprinzipien eher geringer sein als unter Option A, da das dabei erwartete Wirtschaftswachstum mehr Freiheitsgrade enthält und damit auch vergleichsweise mehr Freiheit und damit geringere Eingriffe bei der gesamtwirtschaftlichen Steuerung ermöglicht.

Bei Option B werden die Verbände vor allem eine Integration der hohen Zahl der Ausländer als Unternehmer wie Arbeitnehmer zu fördern haben. Die Bewältigung von Minderheitsinteressen durch eigene Gremien wie auch die Beschränkung der Konflikte zwischen den Minderheiten dürften eine große Bedeutung erhalten.

Bei Option B wird zu fragen sein, ob das Konzept der Einheitsgewerkschaft sich aufrecht erhalten lassen wird oder ob die in der Bundesrepublik Deutschland lebenden Ausländer nicht eigene Organisationen zur Vertretung ihrer Interessen anstreben, deren Aufgaben dann auch über die der heutigen Gewerkschaften hinausgehen dürften.

H. Die politische Steuerung

I. Die Grundlagen

Im Gegensatz zur nordamerikanischen Demokratie, die weitgehend auf einer einheitlichen Ideologie basiert, ist in den Staaten Westeuropas eine tendenziell kräftige Ideologiespaltung in das bürgerliche und in das sozialdemokratische bzw. sozialistisch-kommunistische Lager zu verzeichnen.

Die Bundesrepublik Deutschland gehört zu den Staaten, bei denen die Ideologiespaltung ziemlich genau bei der Hälfte der Bürger liegt.

Die Konsequenzen dieser Ausgangsbedingungen bedeuten zunächst einmal eine kräftige Spaltung von Zielen und Interessen und damit eine Gesellschaftspolitik mit hohen inneren Widersprüchen und darauf beruhenden Widerständen.

Man muß somit die Frage stellen, welche Kategorie der Ideologiedifferenzierung in einer Demokratie langfristig tragbar ist, d.h. wie stark Ideologiepolarisierungen in einer Nation die gesellschaftliche und wirtschaftliche Entwicklung hemmen dürfen. Hier könnten zu einer besseren Beurteilung nicht zuletzt die Wechsel zwischen Verstaatlichung und Privatisierung in Frankreich und in Großbritannien Anregungen vermitteln. Man wird somit in Zukunft auch fragen müssen, was Ideologiedifferenzen gesellschaftlich und wirtschaftlich „kosten" sollen.

Die Art der politischen Steuerung im Rahmen einer Demokratie ist somit auch davon abhängig, wie die Ideologiedifferenzen und Ideologiepolarisierungen bewältigt werden sollen.

Bei den europäischen Parteien gibt es ideologische Verfestigungen bis hin zur Sklerose. Eine Abkehr von Althergebrachtem wird erschwert, weil ideologisch oft als Verrat empfunden.

In den Vereinigten Staaten kann man seine Meinung ohne parteipolitische Sanktionen ändern, wenn man neue Erkenntnisse hat.

Man beschränkt sich bei den europäischen Ideologien weitgehend darauf, neue Probleme mit alten Konzepten zu bewältigen, wie u.a. die Auffassungen zur Überwindung von Strukturschwächen zeigen.

Es gibt nur zwei Möglichkeiten des Übergangs zu neuen gesellschaftspolitischen Lösungen:

1. die Überzeugung der Bürger von der Notwendigkeit von Änderungen,

2. den Zwang bei der Durchsetzung von notwendigen Änderungen.

Nur der erste Weg ist demokratisch.

Die erste wirtschaftliche Nachkriegsphase in der Bundesrepublik Deutschland muß mit dem Ende der siebziger Jahre als abgeschlossen gelten. Sie war nicht nur die Phase des Wiederaufbaus, sondern auch die Phase der ideologischen Relativierung.

Wir haben uns angewöhnt – und dies trotz eines generell gestiegenen ökonomischen Sachverstandes – im politischen Raum Lösungen zu fordern, die nicht realistisch sind; das zentrale Beispiel: Erhalten oder sogar Stärken des sozialen Netzes bei einem realen Wirtschaftswachstum von 3 %, Preisstabilität und Abbau der Arbeitslosigkeit, und alles gleichzeitig. Man muß die Menschen zuverlässiger über das Machbare informieren. Die Kardinalfrage der Weiterentwicklung der politischen Systeme besteht darin, in welchem Umfange die Bürger bereit sind, politische Lügen vor Wahlen zu ertragen. Kann man eine Zeit erwarten, bei der realistische Programme Zugkraft gewinnen, oder bleibt es im Kampf um Wählerstimmen bei fast masochistischer Neigung zur Lüge: mundus vult decipi – die Welt lechzt nach der Lüge.

Die Parteiendemokratie westeuropäischer Prägung stößt an Grenzen ihrer Funktionsfähigkeit. Ökonomisch unverantwortbare Wahlversprechen und politisches Machtstreben haben zu einer hochdefizitären Haushaltspolitik geführt.

Ungeklärt bleibt zur Zeit die Zuständigkeit der Politik. Bestimmte Aufgaben werden zusätzlich gefordert, so das Grundgeld, bei anderen Aufgaben von der Volkszählung bis zur Erweiterung eines Flughafens oder dem Bau von Autobahnen wird den Politikern die Zuständigkeit entzogen. Ohne eindeutigere Klärung von Zuständigkeiten schwindet die Entscheidungsfähigkeit des Systems.

Die institutionsinternen Konflikte

Verständlicherweise muß es auch in den großen Institutionen unterschiedliche Meinungen geben. So unterscheidet man bei den Gewerkschaften Pragmatiker und Ideologen. Letztere haben seit Mitte der achtziger Jahre in der Bundesrepublik Deutschland, erstere in Großbritannien und in den USA das Übergewicht. Bei den Grünen sind es die Fundamentalisten und die Realisten. Festzulegen sind die institutionsinternen Konfliktregelungsmechanismen durch Anerkennung von Mehrheiten oder anderen Ritualen oder es muß die Spaltung der Institutionen mit Fortsetzung der Konflikte vollzogen werden.

II. Die Optionen

Die Weiterentwicklung der Demokratie wird nur durch eine systematische Abkehr von unerfüllbaren Wahlversprechen möglich sein. Die Funktionsfähigkeit der Demokratie ergibt sich daraus,

- ,,daß kein demokratisch legitimiertes Verfassungsorgan existiert, das das Parlament daran hindern könnte, dem Drängen von Interessengruppen auf Gewährung von Privilegien nachzugeben, und
- daß die Parlamentsmehrheit, um im Besitz der Mehrheit zu bleiben, in Konkurrenz mit der Minderheit alles tun muß, um die Unterstützung durch Interessengruppen mittels Gewährung von Privilegien zu erhalten bzw. zu gewinnen.''[48)]

Als freiheitliche Lösungsalternativen bieten sich einerseits Kompetenzbeschränkungen durch die Neufassung, andererseits Neuverteilungen der Kompetenz an. Die erstgenannte Lösung würde z.B. Grenzen der Besteuerung oder der staatlichen Schuldenaufnahme umfassen. Auch an einen Einsatz des Referendums wäre zu denken. Im ersten Fall können Erstarrungen aufgrund einer schwierigen Dynamisierung von Vorschriften oder auch die Mängel der isolierten Einzelentscheidungen als Gegenargumente erwähnt werden. Eine Spielart der zweiten Lösung hat F.A. von Hayek vorgeschlagen: ,,Sein Vorschlag beinhaltet eine vertikale Aufteilung der Gesetzgebungskompetenz auf zwei Kammern. Aufgabe des Verfassungsgerichts wäre es, die Einhaltung der Kompetenzabgrenzung zu überwachen. Der ersten Kammer würde die Entwicklung von vorrangigen, auf Beständigkeit angelegten allgemeinen Rechtsregeln anvertraut (Grundsatz- und Richtliniengesetzgebung), der zweiten dagegen die laufende Gesetzgebung und die Kontrolle der Regierung. Entsprechend der Unterschiedlichkeit ihrer Aufgaben wären die Kammern auch nach verschiedenen Prinzipien demokratisch zu wählen und demgemäß zusammengesetzt.

Hauptziel dieser Aufgabenteilung wäre es, die zweite Kammer unter Regeln zu stellen, über die sie nicht selbst verfügen kann. Auf diese Weise und auf die Bundesrepublik angewandt würde der bisherigen Entwicklung entgegengewirkt, daß das Gebot der Allgemeingeltung grund-

---

48) Streit, Manfred E.: Zur politischen Ökonomie von Reformen wohlfahrtsstaatlicher Institutionen, in: Siebert, Horst (Hrsg.): Perspektiven der deutschen Wirtschaftspolitik, (Verlag W. Kohlhammer) Stuttgart-Berlin-Köln-Mainz 1983, S. 165 – 178, S. 177, S. 178; vgl. dazu auch Rupp, Hans Heinrich: Zweikammersystem und Bundesverfassungsgericht – Bemerkungen zu einem verfassungspolitischen Reformvorschlag Friedrich A. von Hayeks, in: Ordo, Jahrbuch für die Ordnung von Wirtschaft und Gesellschaft, 30. Bd., (Gustav Fischer Verlag) Stuttgart-New York 1979, S. 95 – 104.

rechtsbeschränkender Gesetze bis zur Reduktion auf das wenig griffige Willkürverbot durch Maßnahme- und Ad-hoc-Gesetze mit gruppenbegünstigenden Haupt- und Nebenzwecken ausgehöhlt wird."[48]

Die gesellschaftspolitischen Handlungszwänge werden bereits in Kürze eine Dynamik erhalten, die mit den bisherigen Ritualen der Entscheidungsfindung und insbesondere der Problemlösung sowie der Durchsetzung nicht zu bewältigen sind. Dies bedeutet, daß man mindestens zusätzliche oder sogar neue Formen der politischen Entscheidungsbildung benötigt. Zu denken wäre an eine Neugliederung der Aufgaben des Bundesrates, der mehr Verantwortung für die Lösung von Langfristaufgaben erhalten könnte.

Man könnte auch daran denken, Verbände, Gewerkschaften und Unternehmen unmittelbarer an die Parlamente zu binden oder in die Parlamente zu integrieren. Dies ist bisher nur indirekt der Fall.

Vielleicht empfiehlt sich auch eine Orientierung in Richtung der Sozialpartnerschaft, wie sie in Österreich praktiziert wird. Man könnte dies auch eine Neuschaffung der in ihrem Grundgedanken aus Japan adaptierten Konzertierten Aktion nennen.

Das Konzept der Sozialpartnerschaft beruht auf zahlreichen gesellschaftlichen Übereinkommen, die darauf ausgerichtet sind, das wirtschaftliche Wachstum zu steuern und zu kontrollieren. Sie beruht auf einem verschlungenen System von Konsultationen im Sinne von Diskussionen, Verhandlungen, Kompromissen und Konsens zwischen den wichtigsten Partnern für soziale Entscheidungen. Die jeweiligen Interessenvertretungen, die nicht konkurrieren, hierarchisch angeordnet und funktionell differenziert organisiert sind, werden teilweise vom Staat anerkannt und sogar eingesetzt. Im Gegenzug zur Gewährung eines Repräsentationsmonopols innerhalb ihrer Kategorien verpflichten sich die Interessenvertretungen, Kontrollen bei der Auswahl ihrer Führungspersönlichkeiten zuzulassen und sich bei der Artikulierung ihrer Forderungen und Unterstützungen an bestimmte Spielregeln zu halten.

Die Sozialpartnerschaft wird auch als „ein besonderer, demokratischer Fall von Neokorporatismus" bezeichnet.[49]

Zum Beispiel hat die OECD jüngst ein Expertenteam aus Frankreich, den Niederlanden, Schweden und der Bundesrepublik nach Österreich gesandt, um diese Einrichtung sorgfältig zu prüfen, und dieses Team kam zu folgendem Schluß: „Die österreichische Sozialpartnerschaft scheint ein System zu sein, das im großen und ganzen gut funktioniert und das bis jetzt seine erklärten Ziele der industriellen Harmonie, der

---

49) (Vgl.) Textor, Robert B.: Österreich 2005 – Einflüsse der mikroelektronischen Revolution, (Verlag Orac) Wien 1983, S. 13, S. 13 f.

Vollbeschäftigung und ein angemessenes Wirtschaftswachstum mit der dazugehörigen Steigerung des Lebensstandards erreicht hat. Eine bedeutende Veränderung dieses Systems kann daher nicht empfohlen werden."[49]

Zu erwägen wäre außerdem eine Neuorganisation der Verbände und ein geläuterter langfristig orientierter Lobbyismus mit einer verstärkten unmittelbaren Integration in die Entscheidungsprozesse. Auch eine total parallele Unterrichtung von Kabinett und Opposition – möglichst ein Schattenkabinett der Opposition – könnte hilfreich sein.

Zu erwägen wären auch ein durch unterschiedliche Wahlverfahren zustande kommendes Kurzzeitparlament (5 Jahre) und ein Langzeitparlament mit Regeneration in Stufen und maximal 15jähriger unterbrochener oder ununterbrochener Zugehörigkeit der Abgeordneten.

In den politischen Programmen müßten etwa für ein Jahrzehnt oder länger die Prioritäten, die Institutionen, die Budgets, die Problemlösungsverfahren, die gewollten außerparlamentarischen Kontrollen und möglichst auch die zu beteiligenden Menschen genannt werden.

Unerläßlich erscheint vor allem, daß Probleme, zu deren Lösung viele Jahre erforderlich sind, konsequent nach einer einmal als richtig erachteten Zweckmäßigkeit – ohne dabei die Flexibilität aufgrund neuer Erkenntnisse aus dem Auge zu verlieren – zur Lösung gebracht werden. Zu solchen Aufgaben gehören Umweltsanierung, Trinkwasserversorgung, Innovationsförderung und Kriminalitätssteuerung bzw. -bewältigung.

Die Finanzhaushalte

Im Rahmen einer weiterentwickelten mittelfristigen Finanzplanung, die auf einen Zeitraum von ca. zehn Jahren ausgelegt sein sollte, sind für alle Langfristaufgaben die Ausgaben, der damit realistisch erreichbare Lösungszustand und die Aufbringung der Mittel zu fixieren. Veränderungen der Prioritäten durch unerwartet hinzutretende Aufgaben sind möglichst frühzeitig einzubeziehen und in ihren Wirkungen auf die Verschlechterung der Lösungen bei den ursprünglich vorgesehenen Aufgaben zu analysieren und der Öffentlichkeit transparent zu machen.

Die Zusammensetzung der Parlamente

Die Vereinseitigung der Zusammensetzung der Parlamente muß aufgegeben werden. Von den insgesamt 1 910 Abgeordneten des Bundestages und der elf Länderparlamente stammen 769 (über 40 %) aus dem öffentlichen Dienst, 612 davon sind Beamte oder Richter (32 %).[50]

Das Parlament ist in seiner Zusammensetzung hinsichtlich des beruflichen Know-hows und der Interessenlage nicht mehr repräsentativ.

Die Ursache dieses Mißstandes dürfte eindeutig in den unterschiedlichen Risikostrukturen der Berufsgruppen liegen. So liegt die Schiefe der beruflich-soziologischen Zusammensetzung an dem Null-Risiko der Parlamentarier, die auf Zeit aus einer Position des öffentlichen Dienstes ausscheiden, nach Beendigung ihres Mandats auch wieder dorthin zurückkehren können.

Um diesen Mißstand zu beheben, müßte das berufliche Risiko der aus dem öffentlichen Dienst stammenden Parlamentarier erhöht oder dem beruflichen Risiko der privatwirtschaftlich Tätigen ein erhöhter Anreiz gegenübergestellt werden.

Man wird wohl in Zukunft auch präziser fragen müssen, wen wir als Abgeordneten ertragen wollen oder müssen.

Dazu sei eine Feststellung von Manfred Schreiber, dem früheren Polizeipräsidenten von München, wiedergegeben: ,,Es muß nur beiläufig daran erinnert werden, daß die Abgeordnete der Grünen im Europäischen Parlament, Frau Heinrich, Handgranaten und Tretminen in die Bundesrepublik transportierte und dafür ein Jahr und neun Monate Freiheitsstrafe erhielt, daß die Abgeordneten der Grünen im Europäischen Parlament Härlin und Klöckner in erster Instanz wegen öffentlicher Aufforderung zu Straftaten und Werbung für eine terroristische Vereinigung zu zweieinhalb Jahren Haft verurteilt wurden. Der Abgeordnete der Grünen im Hessischen Landtag Keppel wurde 1980 gar wegen Flugzeugentführung zu 42 Monaten Haft verurteilt; als Fraktionsassistent der Grünen hat er inzwischen vom Hessischen Justizminister die Erlaubnis erhalten, alle Gefängnisinsassen unkontrolliert besuchen zu können.''[51]

---

50) Vgl. o.V.: Kurzinformationen aus Gesetzgebung und Verwaltung, in: Der Volks- und Betriebswirt, 53. Jg., 1983, Nr. 3, S. 6

51) Schreiber, Manfred: ,,Weil Boris in Monaco versteuert, verschweigt Meier sein Sparbuch'', in: Die Welt, Nr. 300, 27. Dezember 1985, S. 4.

Ideologische Polarisierungen

Es stellt sich die Frage, welchen Grad an ideologischer Polarisierung politische Parteien benötigen, um vital zu bleiben. Durch die Polarisierung von Kapitalismus und Sozialismus sind nach Schaffung des Deutschen Reiches im Jahr 1871 ganz wesentliche gesellschaftspolitische Entwicklungsschübe ausgegangen.

In einer Entwicklungsphase, in der jeder Arbeitnehmer Wohnungseigentümer und Eigentümer an den Produktionsmitteln werden kann, benötigen wir neue Inhalte und Ausrichtungen der Polarisierung. Vermutlich benötigen wir auch mehr Relativität bei den Polarisierungen.

Die derzeitige Polarisierung zwischen Ökologie und Ökonomie ist teilweise nur scheinbar vorhanden, und wo sie besteht, dürfte sie bald überwunden werden. Wo könnte eine gesellschaftspolitisch dynamisierende Polarisierung liegen? Z.B. in der Form Individualität versus Kooperation, Freiwilligkeit versus Zwang, Wachstum versus Rückgang der Einwohner, oder Bereichsdenken versus ganzheitliches Denken?

Das Anpassungstempo der politischen Parteien an die Realitäten durch Forderung von rechtlichen Novellierungen, die teilweise heutigem Recht hart zuwiderlaufen, und damit das Nachgeben gegenüber Bewußtseinsänderungen mit oder ohne gesellschaftlicher Zuträglichkeit sind ein Kernproblem der Zukunftsträchtigkeit unserer Demokratie.

Die Wertedynamik der Politiker

In der berühmten Rede ,,Politik als Beruf" hat Max Weber im Jahre 1919 Unsachlichkeit im Sinne mangelnder Kenntnis sachlicher Zusammenhänge und Verantwortungslosigkeit bei der Aufstellung politischer Programme als Todsünden der Politik bezeichnet. Die von Max Weber damals festgestellte Diskrepanz zwischen Gesinnungsethik und Verantwortungsethik gilt genauso für die derzeitige Situation unseres Sozialstaates, wie Ernst Günter Vetter feststellt:

,,Dadurch wurden die Bedachten im Laufe der Jahre immer mehr zum Mißbrauch verlockt. Da die Gelder für soziale Wohltaten nicht vom Himmel fallen, sondern von den Mitgliedern der Gesellschaft aufgebracht werden müssen, ist der Mißbrauch der Leistung ein Betrug an der Gesellschaft, von unmoralischer Politik provoziert. Das ethische Problem besteht heute also nicht mehr so sehr im Schutz der Armen und Wehrlosen vor Ausbeutung und Knechtung, sondern im Schutz der Gesellschaft vor jenen, die weder über den Maßstab für Gerechtigkeit in der eigenen Brust verfügen noch die moralischen Skrupel haben, den von der Gesellschaft und den Gesetzen gezogenen Rahmen des sozialen Anstands zu respektieren.

Das gilt ebenso für den Mißbrauch der sozialen Leistungen durch den einzelnen wie den Mißbrauch der Machtposition durch organisierte Gruppen, die zum Beispiel in Lohnkämpfen für die von ihnen vertretenen Interessen einen unverhältnismäßig hohen Anteil aus dem Sozialprodukt herausschneiden. Das muß zwangsläufig zu Lasten anderer, nicht so mächtig im Verteilungskampf repräsentierter Schichten gehen. Hier tritt ein ganz neues Problem der Ethik in der Wirtschaftsgesellschaft auf: die Ausbeutung der Gesellschaft durch die organisierte Macht einzelner Gruppen und durch die von der Gesellschaft subventionierten, nur noch scheinbar schwachen Mitglieder dieser Gesellschaft selbst."[52]

Seit Jahrhunderten ist die Moral in der Politik, vor allem auch in der Wirtschaftspolitik eher auf ein Durchwursteln und eine Machterhaltung mit allen Mitteln gerichtet als auf eine Wahrung der Interessen der Bürger. Aufgrund dieser Auffassung sind auch Äußerungen über die Notwendigkeit eines Staatsbankrotts alle hundert Jahre zu verstehen.[53] Ähnlich verhält es sich mit der naturereignishaften Beurteilung der Inflation.

Dazu kommt eine von allen Parteien mehr oder minder intensiv betriebene Ablenkung der Bürger von den wahren Problemen durch Verordnungen und Gesetze auf Nebenschauplätzen, durch Herunterspielen der wahren Probleme und durch Verketzerung all derer, die eine andere Meinung zu äußern wagen – wozu auch immer.

Die politischen Parteien oder die aus ihnen entwickelten bzw. sie ablösenden Programmgruppen müßten vor Wahlen gezwungen werden, jeweils ein in sich finanzierbares harmonisiertes soziales und wirtschaftliches Programm für 5 Jahre, 10 Jahre und 15 Jahre vorzulegen, damit der Bürger in der Lage ist, die Auswirkungen der heute teilweise ohne Transparenz über die langfristigen Konsequenzen diskutierten Programme klar zu erkennen.

Die Identitätskrise der politischen Parteien ist in Anbetracht der Erkenntnis der Ohnmacht zu Problemlösungen auch eine Ideologiekrise.

---

52) Vetter, Ernst Günter: Wirtschaft und Moral, in: Frankfurter Allgemeine Zeitung, 26. Jg., Nr. 117, 21. Mai 1983, S. 15.

53) Vgl. Terhalle, Fritz: Die Finanzwirtschaft des Staates und der Gemeinden, (Duncker & Humblot) Berlin 1948, S. 263; vgl. auch Schmölders, Günter: Der Wohlfahrtsstaat am Ende – Adam Riese schlägt zurück, 3. Aufl., (Wirtschaftsverlag Langen-Müller/Herbig) München 1983, S. 120.

Neue politische Gruppierungen

So bleibt zu fragen, ob die parteipolitischen Gruppierungen in links und rechts aufgrund einer Sitzordnung in der Französischen Nationalversammlung nach der Revolution von 1789 in Zukunft Bestand haben können.

Es zeigen sich in den entwickelten Industriestaaten neue Orientierungen, z.B.

- Eigentumsegoismus versus Sozialorientierung,
- Gegenwartsorientierung versus Zukunftsorientierung,
- Ökologieorientierung versus Ökonomieorientierung.

Die Zahl der Gruppen, deren Interessen in einer Gesellschaft aus Gründen der Wählergewinnung berücksichtigt werden, nimmt stark zu, z.B. Jugendliche bzw. junge Erwachsene, Einwohner in strukturschwachen Gebieten usw.

Diese Segmentierung fördert tendenziell den Ausbau der Staatstätigkeit und wirkt Privatisierungsbestrebungen entgegen.

Politische Entscheidungsprozesse außerhalb des Parlaments und der Regierung verändern die Machtausübung in der parlamentarischen Demokratie.

Die Steuerung durch die Größe der Bürokratie

Eine „schlanke" und eine „fette" Verwaltung führen zu unterschiedlichen bürokratischen Verhaltensweisen. Für die Effizienz bilden sich unterschiedliche Kriterien heraus. Mehr Köpfe bedeuten stets irgendwie mehr Macht gegenüber Wirtschaft und Gesellschaft.

Verwaltungsfeudalismus

Je unübersichtlicher der Rechtsrahmen, desto mehr Macht entwickelt sich bei allen amtlichen und halbamtlichen Behörden. Die immer breiter werdende Grauzone wird kasuistisch mehr oder minder willkürlich ausgefüllt; die allgemeine Rechtssicherheit sinkt.

Die Flexibilisierung der Steuerung

Ein wichtiges Instrument der flexiblen gesellschaftlichen Steuerung könnten eine Art Sunset-Laws sein, d.s. in den USA Gesetze und Verordnungen, die nur für eine vorgegebene Zeit gelten und dann wieder überprüft werden müssen.

Option A

Unter den Bedingungen von Option A dürften die Veränderungen der politischen Steuerung primär auf eine Absicherung von mehr Kontinuität bei Sachentscheidungen, z.B. durch ein Langzeitparlament, ausgerichtet werden.

In Anbetracht des eher exponentiellen Problemwachstums nach der Jahrtausendwende dürfte auch eine neue Welle der Solidarität auftreten, die neue Perspektiven für den Parlamentarismus bewirkt.

Die Frage der gerechten Vertretung aller Interessen im Parlament wird bereits heute gestellt. Dazu dürften noch in diesem Jahrhundert Ansätze zu Lösungen diskutiert und u.U. sogar durchgesetzt werden.

Option B

Für Option B, mit einer angenommenen starken Zuwanderung von Ausländern beginnend noch gegen Ende dieses Jahrhunderts, werden Fragen ausgebauter Volksgruppenrechte sowie die politische Mitwirkung von starken Minderheiten in den Vordergrund treten. Manche politische Probleme werden sich denen der Vereinigten Staaten annähern.

J. Die Gerechtigkeit

Der gesellschaftliche und wirtschaftliche Wandel wird auf den einzelnen Wirtschaftspartner oder Bürger unterschiedliche Auswirkungen haben. Jeder Strukturwandel kann als ungerecht empfunden werden. Der in oft langen Phasen Leistungsfähige verliert seinen bisherigen Status, seine Macht, seine Position oder seine Branche fällt zurück, er verliert oft wieder viel von dem, was er früher gewonnen hatte. Der Newcomer mit Fortune gewinnt in kurzer Zeit Macht, Status, Einkommen und Kapital. Es gibt bisher keine Wachstums- und Umstrukturierungstheorie, die die tieferen Triebkräfte und die sozialen Implikationen der Veränderungen integriert.

Zum Problem der Gerechtigkeit gehört auch die Zuteilung von Risiken durch die Politik, z.B. die Festlegung von Standorten für die Lagerung von Atommüll.

Zum Problem der Gerechtigkeit gehört weiterhin auch die Zuweisung von Erwerbschancen.

Die Wirkungen des Wandels

Wer die Lasten des ökonomischen und gesellschaftlichen Wandels trägt, ist Verlierer. Die Aktiven im Wandlungsprozeß sind keineswegs immer die Gewinner. Es gibt Gewinner der Anpassung, ohne daß diese etwas dafür tun. Die vom Verlust Bedrohten versuchen, den Wandel zu behindern. In einer auf Mehrheitsentscheidungen beruhenden Demokratie ist diese Behinderung weit verbreitet. Daher wird allgemein gefordert, daß die Verlierer und Geschädigten des Wandels durch Bildung und andere Hilfen neue Chancen erhalten. Der Verzicht auf eine Einbeziehung der noch nicht vom Wandel betroffenen Jugend wirkt destabilisierend.

Die Kosten des wirtschaftlichen Wandels sind hoch. Es gibt Umwertungen in den Preisrelationen, die Umwertungen des Realkapitals und des Fähigkeitskapitals bewirken. Darauf beruhen Berufswechsel oder Wanderung sowie sozialer Aufstieg und Abstieg. Es entstehen Zufallsgewinne und Zufallsverluste. Die Aufhebung von alten Sozialisationsmustern führt zu einem Verlust von Verhaltenssicherheit – die Zufriedenheit wächst kaum und der Verteilungskampf wird fortgesetzt.[54)]

---

54) Vgl. Siegenthaler, Hansjörg: Die aktuelle wirtschaftspolitische Diskussion in historischer Perspektive, in: Borner, Silvio: Schweizerische Stabilisierungs- und Finanzpolitik,

Bei jedem bewußt herbeigeführten Wandel geht es letztlich um die gewünschte Effizienz und die angestrebte Verteilung.

Der Strukturwandel in der Industrie ist durch Kapazitätsabbau in einigen Branchen und durch Kapazitätsanbau in anderen Branchen gekennzeichnet. Kapitalverlusten auf der einen Seite steht der Zwang zur Aufbringung von Kapital in anderen Bereichen gegenüber.

Die klassische Theorie der Kompensation, nach der durch technischen Fortschritt zwar ein kurzfristiges Freisetzen von Arbeit möglich ist, langfristig in einer Marktwirtschaft jedoch Produktionskraft und Kaufkraft sich nicht auseinanderentwickeln, kann kaum mehr uneingeschränkt aufrecht erhalten werden.

Das Freezing[55)]

Die Anpassungsprobleme gelten als um so ausgeprägter, je höher das Tempo des Wandels ist. Jede Drosselung von Tempo erhöht die Arbeitslosigkeit. Dennoch entstehen zunehmend Überlegungen einer Drosselung des ökonomischen Tempos – das Freezing, z.B. in Form des Regional World IV Modell aus Wisconsin, USA.

Aber auch Verlangsamung des Wandlungstempos bringt Ungerechtigkeiten mit sich.

Im Falle der Interessenpolarisierung und des Besitzstandsdenkens fehlt es an der Einsicht, daß wir uns in einem Null-Summen-Spiel befinden, in dem jede Maßnahme dazu führt, daß einer Gruppe etwas genommen werden muß, was eine andere Gruppe, dazu gehört auch die öffentliche Hand, erhalten soll.

In vielen Bereichen dürfte es sich sogar um ein Negativ-Summen-Spiel handeln, bei dem aufgrund der realen Bedingungen nur durch den Verzicht aller etwas zu bewirken ist.

Mit der Vermeidung von Vorleistungen und dem Schutz aller erworbenen Rechte dürfte man kaum weiterkommen.[56)]

Diessenhofen 1978, zit. nach Blattner, Niklaus: Gewinner und Verlierer im wirtschaftlichen und technischen Wandel, Beitrag zum GDI-Symposium Westeuropa auf dem Weg in die Informationsgesellschaft, 18. – 20. Juni 1984 in Rüschlikon, Manuskript, S. 6 f.

55) Freezing wird im übrigen auch noch in dem weiteren Sinne einer Rüstungsbegrenzung verwandt.

56) Vgl. Thurow, Lester C.: Die Null-Summen-Gesellschaft, (Verlag Franz Vahlen) München 1981, S. 8 ff.

Die Festlegung der Umverteilungskriterien

Die soziale Steuerung einer Gesellschaft beruht in erheblichem Maße auf Umverteilung. Die ideologische Grundlage der Umverteilung war lange Zeit das Subsidiaritätsprinzip, d.h. ein Humanprinzip der Nächstenliebe, mit dem Bedürftigen zu einem menschenwürdigen Dasein verholfen werden sollte. Dieses Grundprinzip ist durch die stete Ausweitung des sozialen Wohlfahrtsstaates an seine immanente Grenze gekommen.

Umverteilung erfolgt durch gesetzgeberische Regelungen, z.B. durch

1. Gesetze zur Abschöpfung von Kaufkraft, z.B. Energiespargesetze für den Wohnungsbau, die den Wert und Preis je qm Wohnfläche erhöhen,
2. Gesetze zur Lenkung von Kaufkraft, z.B. Stützung des Wohungsbaus durch Steuern und Subventionen.

Bei der Umverteilungssteuerung im Bereich der Soziallasten wird heute allgemein auch eine stärkere Flexibilisierung gefordert. Dies kann Rückwirkungen auf die verteilenden Institutionen selbst haben. So wird empfohlen, die Verteilung den Gemeinden oder lokalen Freiwilligenorganisationen zu überlassen. Damit soll sowohl der Standard der Sozialleistungen als auch die Wirksamkeit ihrer Durchführung verbessert werden.[57)]

Zu überprüfen sind modulare Systeme, die der zukünftigen Flexibilisierung der Arbeitswelt entsprechen. Man benötigt ein personalmodulares Steuerungssystem sowie u.U. aufgrund unterschiedlicher Sicherheitsbedürfnisse differenzierte Sozialversicherungskonzepte.

Jeder soziale Wandel führt zu einer Umwertung von Sachkapital und Berufsfähigkeit (Realkapital und Fähigkeitskapital)[58)], dies mit leistungsunabhängigen Begünstigungen und Benachteiligungen. Die Frage bleibt dabei, wer nach Abschluß eines solchen Prozesses was gewonnen hat.

---

57) Vgl. Van Lennep, Emile: Aussichten für die wirtschaftliche Entwicklung Europas, in: Heertje, Arnold (Hrsg.): Investieren in die Zukunft Europas, (Basil Blackwell) Oxford 1983, S. 1 – 48, S. 42.

58) Vgl. Siegenthaler, Hansjörg: Die aktuelle wirtschaftspolitische Diskussion in historischer Perspektive, in: Borner, Silvio (Hrsg.): Schweizerische Stabilisierungs- und Finanzpolitik: Grundlagen und Vorschläge für eine Reform der lang-, mittel- und kurzfristigen Finanzpolitik, (Rüegger) Diessenhofen 1978, S. 77 – 98, S. 91.

K. Die Paradigmenforschung als Hilfsmittel zur Gestaltung der Gesellschaft

Die Paradigmenforschung befaßt sich einmal mit der Beurteilung bestehender und zum anderen mit der Entwicklung neuer Paradigmen, d.h. einen breiten Konsens findende neue Theorien.

Beispiele für weit verbreitete Paradigmen sind:

1. das Paradigma der universellen Geltung der ökonomischen Rationalität mit weitgehend autonomer Entwicklung von Wissenschaft und Technik,
2. das Paradigma, daß technisch-ökonomische Entwicklungen nur auf der Grundlage von bestimmten Ziel- und Wertvorstellungen und nicht autonom erfolgen,
3. das Paradigma einer gelungenen Verzahnung von technischer Fortschrittsentwicklung mit sozialen und ökonomischen Interessen.[59)]

Das erste Paradigma ist ökonomisch zentriert und reduziert die Werte des Menschen auf die Identifikation von Glück mit ökonomischer Sicherheit. Die Erfüllung dieser Werte kann im übrigen durch technischen Fortschritt verbessert werden. Das zweite Paradigma fragt nach Nutzen und Zerstörung einer technischen Entwicklung. Das dritte Paradigma sucht nach der besten Alternative, dem günstigsten Kompromiß zwischen Fortschritt und sozialer Entwicklung.

Neue Paradigmen sind auch das kybernetische Denken oder das vernetzte Denken. Dieser Aspekt wurde unter Analyse der Naturstörung und -zerstörung besonders intensiv von Frederic Vester herausgearbeitet, primär mit der Forderung, sich die Folgewirkungen von Eingriffen zu verdeutlichen und sich intensiv um Erkenntnis der Zusammenhänge zu bemühen.[60)]

Man muß die Wachstumsparadigmen analysieren. Und zwar mit der Frage, ob politische Stabilität mindestens Stabilität des Individualwohlstandes voraussetzt oder auch Rückgänge des Wohlstandes verkraftet werden können.

---

59) Vgl. Müller, Klaus: Der sogenannte Sachzwang – Strukturbedingungen des Wandels oder Ideologie, Vortrag im Gottlieb Duttweiler-Institut, Rüschlikon/Zürich 1985, S. 2 ff.

60) Vgl. Vester, Frederic: Neuland des Denkens – Vom technokratischen zum kybernetischen Zeitalter, (Deutsche Verlagsanstalt) Stuttgart 1980.

Man wird sich auch mit der Entwicklungsfähigkeit der Paradigmen des Marxismus, vor allem mit der Konsequenz der Dialektik auf der Zeitachse auseinanderzusetzen haben.

Die Frage nach dem primären Werturteil muß beantwortet werden: Was geschieht, wenn wir uns einig sind, ein bestimmtes Ziel erreichen zu wollen?

Die Inkonsistenz zwischen Wirtschaftstheorie und Politik wird vor allem durch die ökonomische Theorie der Politik zu überwinden versucht. Eine zentrale Hypothese der Politik betrifft die Verfolgung von Zielen des Gemeinwohls durch den Staat. Dies bedeutet u.a. Optimierung der Bedingungen für die Tätigkeit der Unternehmen, eine Annahme, die faktisch nur sehr bedingt zutrifft. Die klassische Wirtschaftstheorie vernachlässigt die Prozesse der demokratischen Willensbildung.

Kausaldenken versus Rückkopplungsdenken: Das klassische ätiologische Prinzip, d.i. das Prinzip der Kausalität von Ursache und Wirkung, von unabhängiger Basisgröße und davon abhängiger Einflußgröße, ein klassisches Kernprinzip der Sozial- und Naturwissenschaften, gilt nur bedingt. Dies bedeutet, daß ein gesellschaftliches Phänomen zeitweise bestimmte andere gesellschaftliche Phänomene beeinflußt, zeitweise aber auch die gesellschaftlichen Phänomene zurückwirken. So kann zeitweise das Einkommen die Nachfrage nach Waren und Diensten bestimmen, zeitweise wird das Streben nach Einkommen durch den Wunsch nach bestimmten Waren und Diensten determiniert. Solche gegenseitigen Beeinflussungen können sogar zeitlich parallel erfolgen. So ist oft nicht festzustellen, ob eine Quantitätsdynamik Qualitätsveränderungen bewirkt oder ob qualitativer Wandel die Quantitätsdynamik mitbestimmt.

Zukunftsträchtige Modelle und Paradigmen des biologischen, technischen, gesellschaftlichen und damit auch wirtschaftlichen Wandels beruhen auf der *flexiblen Optimierung von Übergängen* zu einem von Zeit zu Zeit immer wieder hinausgeschobenen Zeithorizont. Der für einen bestimmten Zeitpunkt festgelegte Zustand ist seinerseits – ob er erreicht wird oder nicht – wieder nur eine Momentaufnahme des Übergangs. Biologische Entwicklungssprünge und technische sowie soziale Innovationen beschleunigen die Übergänge wie auch den Paradigmenwechsel.

Eine entwicklungsorientierte Theorie über Wirtschaft und Gesellschaft rückt nicht einen ohnedies fiktiven Gleichgewichtszustand ins Zentrum der Analyse, sondern strebt – zunächst unbewußt – nach einer Verbesserung von Veränderungen im Zeitablauf. Wegen der Komplexität des realen Geschehens sind dabei vor allem auch die Beziehungen zwischen Veränderungen und Trends unterschiedlicher gesellschaftlicher und technischer Faktoren zu berücksichtigen. Die Aufgabe besteht somit in einer Einflußnahme auf Größen zur Steuerung vieler Faktoren bzw. zur Anpassung der Entwicklung der beeinflußbaren Faktoren an die nicht beeinflußbaren bzw. als nicht beeinflußbar geltenden Faktoren.

Von besonderer Bedeutung ist bei Zukunftsaussagen somit die zuverlässige Abschätzung der *Innovationseffekte* und der *Beharrungseffekte* sowie die Beschleunigungs- und Verzögerungswirkungen für die Entwicklungstendenzen. So gibt es in der Bundesrepublik Deutschland z.B. im Hinblick auf die neuen Medien beachtliche Verzögerungseffekte.

L. Zu einer neuen Gesellschaftsordnung

In Anbetracht vieler Unkenntnisse und Unsicherheiten ist es schwierig festzustellen, mit welcher Gesellschaftsordnung wir die Zukunft vergleichsweise am besten bewältigen würden.

Es zeigt sich immer wieder neu, daß wir in der Gesellschaft nicht wissen, was wir wissen, immer dann, wenn als absolut sicher Empfundenes sich als großes Risiko erweist oder wenn Ereignisse eintreten, an die niemand gedacht hat oder die jenseits aller Erwartungen liegen.

Wir wissen auch vielfach nicht, was wir wollen, oder auch was eine Gesellschaft wollen soll. Schwierigkeiten über das Gewollte treten immer dann auf, wenn Grundziele und Grundwerte konkretisiert werden sollen. Aber auch bei den Grundwerten gibt es bereits Dissens. Wir wissen nicht präzise genug, was wir wollen sollen. Wenig wissen wir auch darüber, was wir konkret tun müssen, wenn wir etwas Bestimmtes wollen. Wenn wir die Belastung beim Weg zum Ziel spüren, variieren wir eher das Ziel als den Weg.

Wir drücken uns auch oft genug davor, genau zu wissen, was wir tun müssen, wenn wir etwas Bestimmtes wollen. Wir machen uns lieber etwas vor.

Mit solchen Problemen ist der Weg jeder bestehenden und auch künftigen Gesellschaftsordnung gepflastert.

Vermutlich gibt es nur Gesellschaftsordnungen für bestimmte Zeiträume. Die Menschen finden in jeder historischen Pause die jeweils geeigneten Grundorientierungen.

Man muß daher emotionsfrei diskutieren, welchen Herausforderungen die Gesellschaft sich gegenübersieht, und wie diese am besten bewältigt werden können. Dabei muß man sogar die etablierten Institutionen zur Diskussion und zur Disposition stellen. Etwa in der Form: Mit welchem Konzept der gesellschaftlichen Steuerung kommt man in den nächsten Jahrzehnten am weitesten? Wo sind Konflikte erwünscht, und wo soll man Konflikte abbauen?

Dies kann nicht ohne Auseinandersetzung mit der *Wertedynamik* geschehen. Jede Gesellschaftsordnung wird durch die Anerkennung oder Akzeptanz von Wertegefügen bestimmt. Dabei dürfen sich diese Werte nicht beliebig verändern, wenn man die Gesellschaftsordnung beibehalten will.

Richard Löwenthal hat in einem Vortrag vor dem Europäischen Forum in Alpbach im Jahre 1978 auf ein natürliches Gleichgewicht und den inneren Zusammenhang der grundlegenden Werte einer Zivilisation hingewiesen. Man dürfe keinen Wert auf Kosten der anderen einseitig überbetonen und vor allem nicht zur Hochstilisierung eines alleinigen höchsten Wertes greifen. Als Werteverzerrungen der heutigen Gesellschaft bezeichnet Löwenthal die Überbewertung von materiellem Erfolg des einzelnen und die Überbewertung der Nation. So sei der Fortschrittsglaube von einer Ausrichtung an allen westlichen Werten zunehmend auf eine beschränkte Orientierung am materiellen Wohlstand reduziert worden.[61)]

Hier hat auch die auf das Individuum bezogene Metapher des sekundären Analphabetentums von Hans Magnus Enzensberger ihren Platz. Weltbildverlust und Bindungsverlust münden in Entfremdung und Sinnverlust.

Die Herausforderungen werden klar in den Raum gestellt: ,,Die konkrete Herausforderung für die Legitimität der westlichen Demokratien, soweit sie aus Tendenzen des Wertwandels und nicht aus der Gefahr prozeduralen Versagens entspringt, liegt nach meiner Überzeugung in dieser Richtung. Die Frage ist, ob es den politisch und geistig führenden Gruppen gelingen wird, den durch die veränderten Existenzbedingungen notwendig werdenden Wandel zugleich zu akzeptieren und in den Grenzen der Kontinuität der westlichen Grundwerte zu halten. Wird es möglich sein, den Kern des Leistungsprinzips, die positive Wertung der Arbeit, nicht in verbalen Formeln, sondern in konkreten Entscheidungen von einer einseitig gewinn- und konsumorientierten Verzerrung zu befreien und gerade dadurch zu bewahren und wieder allgemein glaubhaft zu machen? Wird es möglich sein, das angesichts der wachsenden Weltbevölkerung noch immer unentbehrliche Wirtschaftswachstum einer wirksamen öffentlichen Kontrolle seiner Richtungen zu unterwerfen, die Rohstoff- und Energievergeudung und Umweltzerstörung zuerst national und schließlich international zurückdrängt? Wird es möglich sein, eine funktionierende internationale Ordnung mit Einschluß der notleidenden Mehrheit der Menschheit zu schaffen und die dafür notwendigen Opfer den fortgeschrittenen Industrieländern demokratisch akzeptabel zu machen? Wird es schließlich möglich sein, die in diesem Sinne an Hand der gegenwärtigen Aufgaben neu gedeuteten grundlegenden Werte des Westens in der Erziehung wieder glaubhaft zu vermitteln?''[61)]

Hermann Lübbe hat den Unterschied zwischen Zielkrise und Steue-

61) Vgl. Löwenthal, Richard: Wertwandel und Legitimität in der westlichen Industriegesellschaft, in: IBM-Nachrichten, 28. Jg., 1978, H. 243, S. 339–346, S. 341, S. 346.

rungskrise des sozialen Wandels herausgearbeitet: Die Steuerungskrise kennzeichnet die Schwierigkeiten, den Fortschritt mit möglichst geringen Nebenfolgen zu steuern; es handle sich heute weniger um Fortschrittshemmungen an sich. Die Zielkrise beruhe darauf, daß man die Forderungen überziehe und zu viel gleichzeitig anstrebe.[62] Man muß sich jedoch klar werden, welche der bisherigen gesellschaftlichen Ziele, die weiterhin aktuell bleiben, mit welcher Priorität verfolgt werden sollen.

„Gerade der Gemeinplatzcharakter unserer geltenden Ziele von der sozialen Sicherheit bis zum Frieden ist es, der uns eine realistische, panikfreie Gefahreneinschätzung erlaubt. Wir kennen dann insoweit die Übel, die uns bedrohen, und die pragmatische Orientierung an zu verhindernden angehbaren bekannten Übeln ist politisch stets sicherer als die ideologische Orientierung an Vorstellungen unbekannten künftigen Glücks."[62]

Bekenntnisfähigkeit

Eine Gesellschaft kann nur auf der Grundlage von Zustimmung zu und Vertrauen in ihr Wertgefüge und ihre Ideologie funktionieren. Selbst wenn man die Schwächen der eigenen Ideologie kennt, muß man, solange man keine bessere hat, daran festhalten. Erst wenn man Besseres auch in seinen Wirkungen abschätzen kann, sollte man etwas ändern.

Das Gegenteil von Bekenntnis ist die Verweigerung, meist unter dem Hinweis auf die gesellschaftspolitische Notwendigkeit, alte Herrschaftsstrukturen aufzubrechen.

Der Zeitgeist und die Weltanschauung

Alles politische Handeln folgt einer Ideologie, die im Zeitablauf Wandlungen unterliegt. Die Diskussion um den Zeitgeist beweist, daß ideologischer Änderungsbedarf besteht. So wird Landwirten wie Arbeitnehmern mehr Zurückhaltung bei ihren Forderungen auferlegt, gegenüber Unternehmern aber mehr Innovations- und Investitionsbereitschaft angeregt.

---

62) (Vgl.) Lübbe, Hermann: Sozialer Wandel als Herausforderung unserer Intelligenz, in: HPI Hochschulpolitische Informationen, Nr. 17, 1. September 1978, S. 11–14, S. 14.

Ein Beispiel für die Beeinflussung einer Weltanschauung durch den Zeitgeist ist das Verhalten der Gewerkschaften und Verbände. Während mehrerer Jahrzehnte hat sich das rücksichtslose Durchsetzen der Interessen – wie sicher auch rückblickende Analysen in späteren Jahren bestätigen werden – weitaus überwiegend bewährt. Die Kampfstrategien der Sozialoligopole erwiesen sich als tragfähig.

Auf das Ambivalenzproblem der Politik hat Hermann Rudolph hingewiesen: Wahrnehmungen änderten sich. Stabilität werde Unbeweglichkeit, Sicherheit werde Fesselung und Enteignung, Konsens werde gar als Nötigung zur Zustimmung empfunden, dies alles mit beunruhigenden Konsequenzen für die Politik selbst.

„Bei dieser Veränderung der Politik sind alle Mitspieler, Politiker wie Bürger – und der Wandel der Einstellungen und Erwartungen der Bürger, ihrer Wahrnehmung der Politik und ihres Selbstverständnisses als Teilnehmer an ihr macht nicht den geringsten Teil davon aus.

Am Ende ist es diese Veränderung, die schwerer wiegt als das, was die Politiker wirklich tun, versäumen oder falsch machen. Sie hat die Politik in eine eigentümliche, zwielichtige Distanz gerückt und sie zunehmend diffuser werden lassen. Je eifriger sie agiert, desto weniger vermag die Politik den Eindruck zu erwecken, sie hätte festen Grund unter den Füßen. Je konkreter sie in ihren Entscheidungen wird, je stärker sie sich zu Gesetz, Abwägung und Rechtsstaat verdichtet – und damit jedermann Ansprüche und Sicherheit gibt –, desto mehr entgleitet ihr das öffentliche Interesse. Je nachdrücklicher sie sich auf die Herstellung von Kompromissen fixiert, die möglichst vielen gerecht werden, desto brüchiger wird die Zustimmung, desto größer die Verstimmung, die sie erntet.“[63)]

Ein wichtiger Bereich der Weltanschauung und des Zeitgeistes ist die Beurteilung der Lebensbedingungen durch die Bürger. Darauf beruht auch die Wahrnehmung von politischen Erfolgen und Mißerfolgen.

Der Kenntnisstand: Die Wahrheit hängt mit dem Erkenntnisstand zusammen. Man muß oft entscheiden, obwohl man nichts weiß. Man kann auch ohne Wissen intuitiv richtig entscheiden. Ob man richtig entschieden hat, stellt sich oft erst später heraus. Die Frage der Ethik und Moral taucht daher erst im Zusammenhang mit der bewußten Lüge auf.

Dazu hat Carl Friedrich von Weizsäcker – mit Blick auf die Politik – einige interessante Fragen gestellt:

---

63) Rudolph, Hermann: Die Herausforderung der Politik – Innenansichten der Bundesrepublik, (Deutsche-Verlags-Anstalt) Stuttgart 1985,.S. 57.

„1. Wie findet der Politiker selbst die Wahrheit, die er wissen muß, um richtig zu handeln?
2. Kann er die erkannte Wahrheit den andern, z.B. seinen Wählern, offen sagen?
3. Kann er vermeiden, die Halbwahrheiten oder Unwahrheiten, die er anderen meint sagen zu müssen, auf die Dauer selbst zu glauben?

Zur ersten Frage: Eine allgemeine Methode, politisch wichtige Wahrheit zu erkennen, gibt es nicht ...

In allgemeinen Wahlen stehen wenige, heute meist nur zwei mögliche Regierungsmannschaften und Programme zur Auswahl. Wahrheiten, die keine Mehrheiten der Wähler hinter sich bringen können, wird keine von beiden gern öffentlich auf ihr Programm setzen. In seltenen Stunden großer nationaler Gefahr mögen sich beide zusammentun, um gemeinsam die unpopuläre Wahrheit zu vertreten, die keine gegen die andere zu vertreten wagt; das sind die, ich wiederhole, seltenen Augenblicke, in denen eine große Koalition gerechtfertigt, weil notwendig sein mag. Ständig aber sind zwei Korrektive unerläßlich.

Das eine Korrektiv ist die öffentliche Äußerung der unpopulären Wahrheiten und Meinungen durch solche Personen, die kein Regierungsamt anstreben. Hier ist die Aufgabe der Erzieher, der Analytiker, der Presse, manchmal auch der Kirche. Solche Äußerungen sollen es den Parteien leichter machen, sich in Wahl und Regierungspraxis zu dem zu bekennen, was sie selbst wissen oder wissen sollten.“[64)]

Für die *künftige Gesetzgebung* sind als Hauptrisiken zu nennen:

– der Erlaß von Gesetzen, deren Wirkungen man nicht abschätzen kann und will,
– das Risiko der kritischen Unehrlichkeitsgrenze,
– das Risiko zur Interessenusurpation durch die Lobby.

Als kritische Unehrlichkeitsgrenze sei das Phänomen bezeichnet, daß Einflußträger bestimmte Ziele ansteuern, von denen nicht die Rede ist. Vielmehr werden andere Ziele, die wegen der Zielkomplementarität u.U. auch erreichbar sind, in den Begründungen ausschließlich in den Vordergrund gestellt.

In den Vereinigten Staaten gibt es ein Gesetz, das vorschreibt, bei neu zu erlassenden Rechtsvorschriften eine Analyse über die Folgen vorzulegen. Eine weitere Lösung sind die erwähnten Sunset-Laws, die eine Verpflichtung zur Beschränkung der Geltungsdauer von Gesetzen zum Gegenstand hat. Dieses Vorgehen soll einmal die Exekutive gegenüber

---

64) Weizsäcker, Carl Friedrich von: Gedanken über unsere Zukunft, (Vandenhoeck & Ruprecht) Göttingen 1966, S. 55–57.

der Legislative stärken, zum anderen Gesetzeskontrollen ermöglichen und erforderliche Gesetzesanpassungen beschleunigen.

Wie erreicht man ein Verhalten, das nicht minimalistisch ist: ,,Eine Politik, die den einzelnen an Gruppenidentitäten bindet, zwingt ihn, sich so zu verhalten, wie er es von den anderen befürchtet, sie erzeugt also eine Solidarisierung auf dem schlechtesten gemeinsamen Nenner. Eine Politik, die dem einzelnen freistellt, seinen eigenen Interessen zu folgen, und zusätzlich bestimmte Anreize gibt, ist dagegen weit eher in der Lage, das individuelle Verhalten dem Gemeinschaftsinteresse anzunähern.''[65]

Wichtig erscheint vor allem, daß das Recht funktionsfähig bleibt. So müßte die Rechtsprechung sich zu den Grenzen bestimmter Paragraphen des Kartellgesetzes äußern, statt dessen entsteht eine zunehmende Flut von kollektiven Selbsthilfeeinrichtungen zwischen Konkurrenten und halboffiziellen Schieds- und Schlichtungsstellen. Dies kann nicht die langfristige Lösung sein.

Durch den Entscheidungsverzicht der Gerichte im Wirtschaftsrecht, z.B. im Kartellrecht, fällt die Entscheidungsmacht der Kartellbehörde zu, die ihr aber nicht zukommt. So fehlt eine klare Judikatur, wodurch die Unternehmen veranlaßt werden, sich bei den Kartellbehörden vorher des Wohlwollens über Fusionsvorhaben zu versichern, um Untersagungen vorwegzukommen. Es erhalten so Institutionen Macht, die sie nicht haben sollten und u.U. dürften. Die Rechtsprechung wird abgewertet.

Die Rechtsprechung drückt sich vor Entscheidungen. Sie verzögert Entscheidungen, so daß immer weniger klar ist, was noch Recht ist.

Sicherzustellen ist dabei auch der höchsterreichbare Grad der Eindeutigkeit und Einfachheit der Institutionen. Eine Institutionenhypertrophie entsteht durch die Umgliederung der Aufgaben der klassischen Institutionen, z.B. der Ersatz der Entscheidungen von Gerichten durch Schlichtungsstellen und gemeinsame Lösungen der Wirtschaft.

Welches ist der optimale Organisationsgrad von Interesse und Macht? ,,So spielen organisierte Interessen im politischen System eine Rolle, die sich weniger aus ihrer tatsächlichen gesellschaftlichen Bedeutung erklären läßt als daraus, daß ihnen von seiten der Politik ,gesellschaftliche Relevanz' bescheinigt wird. Sie genießen daher auch politische Privilegien, die von verstärkter Medienresonanz bis zu halbstaatlichem Status reichen.''[65]

Wie sichert man Konsistenz des Verhaltens mit einem Wechselbad

65) (Vgl.) Zoller, Michael: Die verhinderte Selbständigkeit, in: Frankfurter Allgemeine Zeitung, 28. Jg., Nr. 114, 18. Mai 1985, S. 15.

zwischen Vernunft und Unvernunft des Verhaltens und der Entscheidungen? Was steckt hinter dem weit verbreiteten Streben, etwas bis zum letzten auszureizen und später dafür teuer zu bezahlen?

Scharfsinnig beobachtet Rüdiger Altmann: „Die latenten Anspruchskonflikte sind inzwischen ritualisiert: Die Repräsentanten der Abhängigkeit spielen ihre Rolle wie in einer Comédie sociale des industriellen Systems. Sobald sich der Knoten schürzt, treten sie in Konfliktmasken auf. Die Anspruchsgegner erscheinen mit ihrem Gefolge von Warnern und Gutachtern. Der Konflikt wird mit taktischen Scharaden eröffnet: einerseits mit der Demonstration des möglichen Ernstfalls, andererseits mit dilatorischen Gesten. Ob dann der Streit ausgetragen wird oder ob er unterbleibt – am Ende steht der Kompromiß. Die Anspruchsträger entledigen sich der Konfliktmasken, darunter erscheint das Gesicht des Opportunismus. Die Gegenspieler und ihre Bedenkenträger zerstreuen sich mit unbestimmten Gesten.“[66)]

Ein weites Gebiet sind die u.a. durch Werte, Wahrnehmung, Lernen und Einstellung geprägten Verhaltensweisen.

Die Neuorientierung des Egoismus vom individuellen Wohlergehen auf gemeinschaftliches Wohlergehen wäre dabei besonders wichtig. Weiter wären die wünschenswerte Gleichheit und die noch tragbaren Unterschiede zu definieren.

Welcher Kompromiß soll angestrebt werden zwischen der Idee der Gleichheit und dem babylonischen Vorurteil: „Wer nicht arbeitet, soll auch nicht essen“[67)]?

Welcher Kompromiß muß angestrebt werden zwischen Entscheidungszwang bei hohen Risiken und Verantwortung für risikoreiche Entscheidungen?

Welcher Kompromiß ist zu finden zwischen Erhaltung von Hergebrachtem und Innovationen – wie schnell soll Fortschritt sein dürfen?

Und noch allgemeiner:

Wo benötigen wir unbedingt Konflikte und wo Kooperation?

Welche Arbeitsteilung zwischen Institutionen ist für den Konflikt und die Kooperation zweckmäßig?

Im Rahmen der Sozialpolitik wäre zu fragen, wie individuelle statt kollektive soziale Besitzstände gefördert werden können, um den einzelnen vom Fortbestand einer bestimmten Institution, von Arbeitsplatz, Unternehmen oder Interessenverband unabhängiger zu machen.[65)]

---

66) Altmann, Rüdiger: Das Recht auf Abhängigkeit, in: Frankfurter Allgemeine Zeitung, 28. Jg., Nr. 98, 27. April 1985, Beilage: Bilder und Zeiten, o. S. (S. 1).

67) Adler-Karlsson, Gunar: Der Kampf zwischen der „Idee der Gleichheit“ und dem „Babylonischen Vorurteil“, in: GDI Impuls, 1. Jg., 1983, Nr. 1, S. 41–45, S. 41.

Die Harmonisierung politischer und wirtschaftlicher Steuerung

Politische Entscheidungen beeinflussen die Wirtschaft und Entscheidungen der Unternehmen haben Rückwirkungen auf die Politik. Die Beziehungen zwischen Wirtschaftspolitik und Sozialpolitik werden bereits dadurch dokumentiert, daß der Staat verfügbare Mittel entweder der Wirtschaftsförderung oder u.a. auch der sozialen Versorgung zukommen lassen kann. Jedenfalls kann das gleiche Geld keinesfalls zweimal ausgegeben werden.

Die Zielharmonisierung

Wenn wir Ziele und Instrumente zur Weiterentwicklung unserer Gesellschaft festlegen und durchsetzen können, müssen wir uns über die Wege, die zu einem tragfähigen Konsens hinsichtlich der wünschenswerten Ziele und Instrumente führen, einigen. Die neuen gesellschaftspolitischen Grundentscheidungen müssen teilweise außerhalb der bisherigen Kontaktstrukturen, Hierarchien und Protokolle entwickelt werden.

Wenn auf der einen Seite eine Beteiligung am internationalen Technologiewettbewerb nur durch Europäisierung von Unternehmen erreichbar scheint, wie die Entwicklungen bei Philips und Thomson-Brandt beweisen, dann darf man stark ansteigende Konzentrationsgrade nicht beklagen, sondern muß sie sogar fördern.

Die politisch begründeten Konjunkturzyklen

Gegen Ende einer Legislaturperiode strebt jede demokratische Regierung mit eher kurzatmigen Instrumenten nach einer Konjunkturbelebung unter Einsatz der Geld- und Fiskalpolitik.

Dabei wird aber vernachlässigt, daß die Politik einen Ausgleich zwischen vielfältigen Interessen finden muß, auf die die Ökonomie verzichtet: Beispiele für relevante Standpunkte sind

- Landwirte,
- Unternehmer,
- Arbeitnehmer,
- Steuerzahler,
- Rentner,
- Konsumenten.

So hat Bruno S. Frey darauf aufmerksam gemacht, daß aus ökonomischer Sicht eine direkte Unterstützung von Landwirten der naheliegende Vorschlag zur Überwindung ihrer schwachen Einkommensbedingungen sei. Faktisch werden jedoch Subventionen an alle gegeben, die armen Bauern wenig helfen, die besser gestellte Bauern aber noch wohlhabender machen. Wegen der politischen Gewichtung der Bauern wird von der bisherigen Subventionierungspraxis eher mit Mühe abgewichen, obwohl die Bürger als Steuerzahler und Konsumenten darunter leiden.[68)] Ökonomische Analysen sind nicht falsch, sie sind jedoch politisch oft genug undurchsetzbar.

Individuelles Machtstreben in der Verwaltung fördert Budgetmaximierung und Budgetüberziehung gegen jede Vernunft.

So werden von Parteien Wählerpräferenzen als Grundlage der Wirtschaftspolitik berücksichtigt. Die Parteienkonkurrenz tritt neben den ökonomischen Wettbewerb.

Da keine Gestaltung der Realität ideologiefrei sein kann, werden die Begründung von bisherigen Prozessen im Sinne der Diagnose und die therapeutischen Gestaltungsvorschläge mit einer bestimmten Brille betrachtet.

Wer sehr relativierte Eigentumswerte verfolgt, für den ist Diebstahl kein Delikt. Wer an bisher gültigen gesellschaftspolitischen Unverzichtbarkeiten festhält, der wird mit Verfügbarkeitsrechten kleinlich sein müssen.

Wer marxistisch denkt, wird anders analysieren und therapieren als ein Liberaler.

So ist auch die Frage zu stellen, wie sich das Strategiepatt der Parteien langfristig auf die Partner selbst oder auf die Macht anderer Institutionen auswirkt, die durch Alternativen das Vakuum überbrücken.

Viele bestehende Institutionen versagen bei der Kompromißfindung im Hinblick auf komplizierte Probleme.

Die Informationsrevolution und die Demokratie: Bei den Einflüssen der Informationsdynamik auf die Demokratie sind mindestens die folgenden Fragen zu stellen:

1. Kann das Parteienprinzip aufrecht erhalten werden?
2. Ergeben sich – auch bei Beibehaltung des Parteiensystems – andere Entscheidungsprozesse?
3. Ergeben sich neue Institutionen?

---

68) Vgl. Frey, Bruno S.: Die Grundannahmen der neuen politischen Ökonomie, in: Neue Zürcher Zeitung, 205. Jg., Nr. 525, 21./22. Dezember 1984, S. 13 f.

4. Wird die Legitimationsschwäche durch Verlust der Anerkennung des Prinzips der politischen Ordnung infolge der Informationsrevolution gestärkt?
5. Gibt es neue Prozesse des Interessenausgleichs?

Verstellung der Erkenntnis durch Sprache: Wenn der Kapitalismus als Wohlstandsmaschine bezeichnet wird, ist damit seine extreme Ambivalenz gekennzeichnet. In der unsichtbaren Hand von Adam Smith steckt eine weitreichende Ideologie.

Wenn ein Ökonom dem anderen in seiner Analyse Aberglaube vorwirft oder gar Eigenbrötlerei und Demagogie, dient dies der Festigung von Vorurteilen.

Daneben gibt es eine enorme Kontextverwirrung. Wenn ein Nationalökonom das Wort Planung verwendet, wird er angegriffen. Wenn ein Betriebswirt dies tut, ist das eine völlig normale Angelegenheit. Dem Volkswirt wird sofort eine Anhängerschaft zur sozialistischen Planwirtschaft unterstellt.

Weiter wird behauptet, daß der Markt nicht in der Lage sei, Sinn und sozialen Wert von Produkten zu bestimmen.

Man muß durch Erarbeitung einer neutralen Fachsprache versuchen, die babylonische Sprach- und Ideologieverwirrung aufzulösen.

Die Bereitschaft zur Transparenz: Unter der Bereitschaft zur Transparenz wird verstanden, daß Menschen mehr Willen entwickeln, mögliche Erkenntnisse über Zusammenhänge zu erarbeiten und darüber sowohl – soweit als möglich – ideologieunabhängig als auch ideologiebezogen zu diskutieren.

Bisher ist vielfach eine Einseitigkeit der Diskussionsbereitschaft zu beklagen, die zu ungeeigneten Bewertungen veranlassen kann.

Im Bereich der Militärforschung ist man in bezug auf die Wirkungen einer kriegerischen Maßnahme wohl am vergleichsweise offensten. Man rechnet recht präzise mit der unterschiedlichen Anzahl der Toten und Verletzten bei alternativen Arten und Mengen von einzusetzendem Kriegsmaterial. Man äußert sich offen über die vermutete Zahl der Toten bei konventionellem und nuklearem Waffeneinsatz. Man kann daraus die Gesetzmäßigkeit ableiten, daß für Situationen im Ausnahmezustand eine hohe Bereitschaft zur Transparenz besteht. Man ist bereit, sich die Schrecklichkeiten zu verdeutlichen.

In vielen anderen Lebensbereichen wird die Analyse verkürzt und oft genug bewußt verfälscht. Die Entscheidungsträger oder die Medien und die Wissenschaft bringen nicht den Mut auf, den Bürgern oder betroffenen Gruppen der Gesellschaft reinen Wein einzuschenken.

Die Bevölkerungsveränderungen können nicht ohne die Einbeziehung biologischer und verhaltensmäßiger Wandlungen betrachtet werden: Man wird sich in Zukunft in Offenheit und Würde mit den genetischen Auswahlprozessen auseinandersetzen müssen. Dabei muß man sich z.B. der Frage stellen, wie die Vererbung von Krankheiten gelöst werden soll.

Es ist unbestritten, daß Genußmittel mäßig genossen den Lebenswert erhöhen. Auf der anderen Seite ist nicht auszuschließen, daß bei übertriebenem Genuß gesundheitliche Schädigungen auftreten können. Die zu lösende Grundfrage ist und bleibt dabei, mit welcher Legitimation und mit welcher Eingriffshärte, z.B. mit Verboten, die Gesellschaft gegen den übermäßigen Verzehr von Genußmitteln vorgehen soll.

Jede Gesellschaft entscheidet somit durch ihre Freiheitsgrade bei der Genußmittelentnahme über die Güterabwägung zwischen Hedonismus einerseits und begrenzten Variationen der Lebensdauer andererseits. Gleichzeitig wird damit über die Höhe der Gesundheitskosten und die Soziallasten in einer Gesellschaft entschieden.

Untersuchungen[69] zeigen, daß die Verkürzung der Lebensdauer durch Rauchen (bis zu fünf Jahre) Einsparungen an Sozialkosten bringt, die höher sind als die Kosten, durch die Raucher das Gesundheitssystem belasten. Noch in einem Hearing vor einem Bundestagsausschuß 1984 wurden derartige Gedankengänge als makaber bezeichnet. Sind sie das? Müssen wir weiterhin sichere Erkenntnisse unter den Teppich kehren, weil die Gesellschaft sie nicht zur Kenntnis nehmen will? Und warum nicht?

Die Wirkungen von mehr Transparenz: Mehr Transparenz dürfte bei allen Schwierigkeiten, die damit verbunden sind, Wissen zu ertragen, die Gesellschaft immer mehr beeinflussen.

Das Problem der Transparenz betrifft im übrigen auch die politischen Grundauffassungen der Nationen. Ein positives Beispiel ist die Teilnahme an militärischen Manövern von Angehörigen anderer Staaten.

Die Beteiligung an Entscheidungsprozessen: Man muß klären, an welchen Entscheidungen Individuen beteiligt werden müssen und für welche Entscheidungen Institutionen, so Unternehmen, Verbände, Regierung zuständig sind.

---

69) Vgl. auch Social Science and Medicine, Bd. 17, Nr. 23, S. 1907–1914, zit. nach : Leu, Robert E.: Schaub, Thomas: Raucher sind keine Sozial-Schädlinge, in: Dokument + Analyse, 13. Jg., 1984, Nr. 11, S. 13.

Die Probleme wurden von Tinbergen im Hinblick auf die UNO aufgezeigt. Die vierzigjährige Erfahrung habe gezeigt, daß das Konzept „ein Mitglied, eine Stimme", nicht funktioniere. Das andere Extrem, bei dem die Zahl der Stimmen allein durch die finanziellen Beiträge festgelegt wird, sei ebenfalls nicht optimal.[70)] Der Vorschlag einer Gestaltung des Stimmrechts nach dem Entwicklungsstand der Länder oder nach der Zahl der erwachsenen Einwohner hat ebenfalls Mängel.

Es könnte sein, daß die neue *Gesellschaftsordnung durch mehr Parallellösungen* zur Bewältigung von Aufgaben gekennzeichnet ist. Derartige Ansätze wurden in diesem Buch immer wieder angedeutet. Man kann dabei z.B. komplementäre, kooperative und konfliktäre Parallelität unterscheiden. Eine komplementäre Parallelität würde vorliegen, wenn in einer Region hierarchisch weiter aufgefächerte politische Entscheidungsgremien für unterschiedlich weitreichende Probleme zuständig sind, von der Entscheidung für ein Stadtviertel bis zu Entscheidungen von nationaler Bedeutung. Kooperative Parallelitäten würden in der Wirtschaft die Abstimmung zwischen unterschiedlichen Unternehmen oder Unternehmensgruppen kennzeichnen.

So könnte man zur Versorgung der Konsumenten unterscheiden:

1. einen Sektor der Selbstversorgungswirtschaft in Weiterentwicklung der Schattenwirtschaft,
2. einen Sektor der kooperativen gemeinschaftlich organisierten Grundversorgungswirtschaft,
3. einen Sektor der wettbewerblich konzipierten Zusatzversorgungswirtschaft.

In einigen Bereichen könnten staatliche Versorgungsaufgaben in die beiden letztgenannten Sektoren integriert werden.

Gunar Adler-Karlsson[71)] hat in anderer Form eine Doppelwirtschaft vorgeschlagen:

1. eine staatlich regulierte Basisexistenzbedarfswirtschaft – einen sozialistischen Basissektor,
2. einen freien kapitalistischen Überflußsektor.

70) Vgl. Tinbergen, Jan: How Do We Manage the Global Society, in: Didsbury, Howard F. (Hrsg.): The Global Economy, (World Future Society) Bethesda, Maryland, 1985, S. 3 – 15, S. 7.

71) Vgl. Adler-Karlsson, Gunar: Der Kampf zwischen der „Idee der Gleichheit" und dem „Babylonischen Vorurteil", in: GDI Impuls, 1. Jg., 1983, Nr. 1, S. 41 – 45, S. 41.

Dieses Szenario wirft eine Reihe von Fragen auf: Wer definiert das materielle Existenzminimum? Ist es die Folge eines allgemeinen gesellschaftlichen Konsenses? Wie wird die Sicherheit dieses Minimums in ökonomischen Krisenzeiten gewährleistet? Letztlich ist das Szenario ein Versuch, sozialistische Verteilungsgerechtigkeit zu realisieren (jeder nach seinen Bedürfnissen) und gleichzeitig das kapitalistische Prinzip (jeder nach seiner Leistung) zu erhalten – wobei sich jeder für das eine oder andere Prinzip entscheiden kann.

Als Alternativen für die Grundversorgung bieten sich dabei an:

1. ein unternehmerisches Modell mit festgelegten Spannen und Preisen,
2. ein Staatsversorgungssystem,
3. ein Konsumentenmodell auf der Grundlage von Kapitaleigentum aller Konsumenten und festgelegten Entnahmerechten.

Klaus Haefner hat ähnlich für einen Grundversorgungsbedarf von 500 DM je Monat und Bürger einen Marktentnahmewert einschließlich der derzeitigen Steuerbelastung und auf der Basis der derzeitigen Kostenstrukturen von 360 Mrd. DM errechnet.[72)]

Auf unterschiedlich angestrebten Versorgungsniveaus beruhen die Optionen für den angestrebten materiellen oder ideellen Lebensstandard. Der möglichen Unterscheidung von Einkommensniveaus entsprechen auch Polarisierungen der Arbeit zur Einkommenserzielung und alle anderen Tätigkeiten, die nicht auf Arbeitserzielung orientiert sind.

Ein Beispiel für eine konfliktäre Parallelität wäre die Entscheidung für mehr Einkommensarbeit oder mehr Sozial- oder Kulturtätigkeit ohne Einkommen. Als weitere konfliktäre Parallelität lassen sich Aktivitäten zur Erhaltung des Althergebrachten und die Aktivitäten in innovativen Bereichen erwähnen.

Veränderungen in der Aufgabenteilung zwischen Staat und Wirtschaft und Veränderungen in der Eigentumsordnung und in den wirtschaftlichen Steuerungsprinzipien führen zu neuartigen Szenarien, die neue Alternativen der Arbeit und des Einkommens zum Gegenstand haben.

Sie sind Ausdruck einer relativierten Einstellung zum Materialismus der Wohlstandsgesellschaft und orientieren sich an den Bedürfnissen des Einzelnen.

Ein Problem ist die *Synchronisierung der gesellschafts- und wirtschaftspolitischen Entwicklung.*

---

72) Vgl. Haefner, Klaus: Mensch und Computer im Jahre 2000 – Ökonomie und Politik für eine human computerisierte Gesellschaft, (Birkhäuser Verlag) Basel 1984, S. 198–203.

So hat Lothar Zimmermann, zuständig beim DGB für die Medien, festgestellt: „Seit der rasenden Entwicklung der Medien, seit Informationspolitik zur Produktionskraft geworden ist, stimmen die Rhythmen nicht mehr. Das parlamentarische System und das Tarifvertragssystem kommen mit der Entwicklung nicht mehr mit. Wir hinken hinter Technik fünf bis sieben Jahre hinterher. Zur Akzeptanz der Technologien gehört soziale Phantasie."[73]

Oft wird eine *Anpassungsfähigkeit an kurzfristige Veränderungen* gefordert. Dies ist zweifellos bei einer Kurzfristbetrachtung richtig. Darauf darf jedoch nur ein Teil der Kraft verwendet werden. Genauso wichtig ist die Bewältigung von langfristigen Wandlungen, wie nachgewiesen wurde. Hier fehlt es an Bereitschaft und Entschlußkraft. Die Unternehmen, aber auch die Politiker und Verbände, werden immer noch primär am Tageserfolg gemessen. Für die Betrachtung von Langfristdenken gibt es keine Belohnungen, sondern Bestrafungen.

Jede Arbeit und jedes gesellschaftlich ausgerichtete menschliche Streben beruht auf Anstrengung (Input) und Belohnung (Output). Bei dem Bemühen um Lösung komplexer Probleme entsteht die Schwierigkeit, die Belohnungen zur geeigneten Zeit zu garantieren. Da der Mensch aber primär durch unmittelbare Erfolge und Belohnungen motiviert wird, sind für Langfristprobleme neue Motivationsrituale unerläßlich.

Bei den großen Aufgaben wird man einen Zeithorizont von mindestens etwa 15 bis 20 Jahren in rollierenden Systemen, d.h. mit einer Anpassung und Weiterführung in regelmäßigen Abständen von ein bis drei Jahren, vorsehen müssen. Dies bedeutet auch, daß parteipolitische Programme auf einen Zeithorizont von 15 bis 20 Jahren mit den jeweiligen Aktivitäten und Realisationspunkten, d.h. den Meilensteinen, auf der Zeitachse festzulegen sind.

In welchem Umfange wird rationale Planung durch Sachzwänge zum Abbau erkannter Mängel zunichte gemacht?

Die gesellschaftspolitischen Grundfragen

Für welche Option wir uns auch bewußt entscheiden mögen oder in welche Richtung wir uns weniger bewußt bewegen mögen, für Weiterentwicklungen der Gesellschaftsordnung sind in Anbetracht der veränderten Probleme in der natürlichen Umwelt, bei veränderten Wertvorstel-

73) Schwab-Felisch, Hans: Moralität statt Weinerlichkeit, in: Frankfurter Allgemeine Zeitung, 27. Jg., Nr. 112, 14. Mai 1984, S. 27.

lungen der Menschen und bei technischen Innovationen, die vor allem auch die Information und Kommunikation auf eine neue Grundlage stellen, mindestens Entscheidungen in folgenden Bereichen erforderlich:

1. Welche gesellschaftspolitischen Grundvorstellungen bestehen über die Lebensgestaltung und – so langfristig wie möglich – die Überlebenssicherung der Gesellschaft?
2. Welcher Wille und welche Macht sollen sich aufgrund welcher Entscheidungsprozesse in der Gesellschaft durchsetzen?
3. Welche Verhaltensweisen sind generell zur Sicherung der Funktionsfähigkeit des Systems erforderlich?
4. Welche Institutionen mit welchen Aufgaben werden benötigt?
5. Wie lösen diese Institutionen ihre Aufgaben?
6. Welche Beziehungen zwischen den Institutionen sind zur Steuerung und zur Kommunikation erforderlich?
7. Wie werden die Ergebnisse der gesellschaftlichen Aktivitäten gemessen und beurteilt?
8. Wie können erkannte Mängel durch Umgliederung von Institutionen und von Macht beseitigt werden?

Die erste Frage bezieht sich auf die gesellschaftliche Ethik. Wille und Macht sind in unterschiedlicher Präzision institutionalisiert. Sie finden sich in der Ordnungsideologie wie auch im Rechtsrahmen.

Die Regelung der politischen Willens- und Entscheidungsbildungsprozesse in einer Gesellschaft ist von kulturellen Gegebenheiten, vom zugrundeliegenden Menschenbild und dem Problemlösungsbewußtsein abhängig. Determinierend ist ferner der Grad von Konsens und Konflikt, der bei der Lösung von Problemen institutionell festgelegt wird. So ist ein Kollegialsystem auf Konsens konzipiert, ein die Mehrheit garantierendes System mit Wechselspiel zwischen Regierung und Opposition ist eher konfliktär angelegt.

Es müssen auch in einem repräsentativen System neue Wege gefunden werden, um über die bisherigen Abstimmungsverfahren hinaus den Willen der Bürger besser zu erfahren, z.B. die Meinung zu Zusatzbelastungen durch Erhöhung der Steuern und Abgaben bei Beibehaltung der bekannten Problemlösungsverfahren.

Die Unterschiede zwischen Gesinnungsethik und Verantwortungsethik dürften als Generationenproblem weiterhin bestehen bleiben. Die Entartung in Richtung auf den Gesinnungsfanatiker einerseits und den korrupten Opportunisten andererseits ist nicht auszuschließen, wobei sich Opportunisten erfolgreich im Kleid des Fanatikers bewegen können. Hier liegt der Ansatz für gesellschaftliche Verzerrungen.

Die derzeitige Entkoppelung von Rechten und Pflichten muß zurückgeführt werden, teils durch Neuzuteilung von Rechten, teils durch Neuabgrenzung von Pflichten. Die Harmonisierung von Rechten und Pflichten bleibt die Grundlage jeder funktionsfähigen Organisation.

Allgemein dürfte nicht nur bei der wirtschaftlichen sondern auch bei der politischen Machtstrukturierung gelten: Je stärker der Verlust der Liberalität (in der Marktwirtschaft), desto notwendiger sind neuartige Abstimmungsprozesse zwischen Wirtschaftspolitik, d.h. gesamtwirtschaftlichen Entscheidungen, und Gesellschaftspolitik mit der Unternehmenspolitik.

Neue Institutionen

Wiederholt wurde angeregt, die Zukunftsbewältigung durch Definition neuer oder Inangriffnahme vernachlässigter Aufgaben und durch Schaffung neuer Institutionen zu verbessern.

In den USA liegt ein Gesetzentwurf für ein „Office of Critical Trends Analysis" vor, das den Präsidenten auf die langfristigen Auswirkungen von Gesetzen, Verordnungen und Regierungsmaßnahmen aufmerksam machen und in Zukunftsfragen beraten soll. Alle vier Jahre soll ein Bericht der Regierung über „Critical Trends on Alternative Futures" mit einem Zeithorizont von 20 Jahren wichtige Entwicklungen in den Bereichen Wirtschaft, Technologie, Politik, Umwelt, Bevölkerungsentwicklung und Gesellschaft mit ihren Auswirkungen darstellen. Einem ergänzenden Beratungsgremium „Advisory Commission on Critical Trends Analysis" sollen Mitglieder des Senats und des Repräsentantenhauses, die Leiter bestimmter Bundesbehörden sowie vom Präsidenten ernannte Persönlichkeiten aus Privatwirtschaft, Gewerkschaften, Wissenschaft, Kommunen und Organisationen angehören.[74)]

Zukunftsorientierte Berichterstattung: Ein Beispiel ist der Nora-Bericht in Frankreich zur Informations- und Kommunikationsdynamik.

Futurologische Datenbanken über alle Lebensbereiche müßten an einer Stelle zusammengefaßt werden. Die Ergebnisse wären allen Interessenten zugänglich zu machen.

Die Glaubwürdigkeit zukunftsorientierter Aussagen ließe sich erhöhen, wenn neben interessengerichteten Gruppierungen Institutionen mit Fachkompetenz stärker als bisher an die Öffentlichkeit herantreten wür-

---

74) Vgl. o.V.: Zukunftsberatung für die amerikanische Regierung, in: Manager Magazin Trendletter, Nr. 4, 20. Januar 1986, S. 1.

den, so die statistischen Ämter, das Umweltbundesamt in Berlin, die Bundesanstalt für Arbeit in Nürnberg, das Bundesgesundheitsamt in Berlin sowie wissenschaftliche Institute.

Hier abschließend noch ein Beispiel, das zu denken geben sollte: Japan und China haben eine Kommission zur Klärung der Fragen des 21. Jahrhunderts eingerichtet, die insbesondere die gemeinsam interessierenden Fragen bearbeiten soll. Wo gibt es eine ähnliche Institution in der westlichen Welt? Oder: Welche bestehenden Institutionen, z.B. OECD oder UNO, beschäftigen sich intensiv genug mit langfristigen Zukunftsfragen?

Sechstes Kapitel

Der Mensch als Betroffener und Gestalter des Wandels – Handlungszwänge und Handlungsoptionen

A. Der Gegenstand

Von den bisher dargestellten Herausforderungen und Konsequenzen wird jeder Mensch betroffen und Menschen müssen den Wandel gestalten und bewältigen.

Wie werden die Menschen der Zukunft denken? Wollen sie den Wandel wirklich? Und: Wollen sie den Wandel bewältigen? Wie wollen sie den Wandel bewältigen?

Alles Streben und Bemühen ist weltweit von der Hoffnung getragen, daß Menschen durch das Handeln in einer durch die aktive Lebensphase begrenzten Zeitspanne insgesamt gesehen für sich selbst und die Gemeinschaft die über die eigene Existenz hinausreichenden langfristigen Überlebensbedingungen erhalten oder verbessern wollen.

Alle Bereiche des Handelns werden durch menschliches Verhalten, insbesondere durch die Einstellungen im Sinne einer Beurteilung, d.h. eines Fürwahr- oder Fürfalschhaltens, bestimmt. Dabei beeinflussen starke kulturelle Unterschiede Handlungsbereitschaft und Handlungsrichtung.

Man kann im Hinblick auf die Entwicklung zumindest von zwei Positionen ausgehen: einmal von einer in den nächsten Jahrzehnten nicht erreichbaren oder nur geringen ideologischen Umorientierung mit einer Verfestigung der bestehenden Ideologien oder zum anderen von der Entwicklung einer neuen interkulturellen Ideologie, die Elemente bisheriger Religionen und Gesellschaftsordnungen integriert.

Die folgenden Probleme müßten aufgrund der unterschiedlichen sozialen und kulturellen Bedingungen auf der Welt auch unterschiedlich beantwortet werden. Hier erfolgt eine weitgehende Beschränkung auf die Bedingungen in Westeuropa und dabei speziell in der Bundesrepublik Deutschland. Die Bilder und Vorstellungen über die nahe und ferne, auch weltweite Umwelt sowie über das Eigenbild sind Komponenten der Einstellungen, die menschliches Verhalten bestimmen.

Zunehmend werden an Stelle der institutionellen Ordnungen, die heute durch Marktmechanik und Staatsmechanik geprägt sind, personalistische Problemlösungen gefordert. So weist Klaus Mackscheidt darauf hin, daß durch die institutionelle Mechanik Solidarverpflichtungen entfallen. Der sozialen Mediatisierung (im Sinne einer mittelbaren Einbindung) der ökonomischen Vorgänge in traditionellen Gesellschaften entspräche in der heutigen Gesellschaft eine Eigengesetzlichkeit der Ereignisse und Vorgänge. Der Mensch konkurriere mit dem Ordnungssystem.[1)]

Die Erwartungen und Hoffnungen auf die Ausrichtung der Weiterentwicklung werden wesentlich durch das zugrunde gelegte *Menschenbild* bestimmt, das teilweise eher an heutigen Wünschen als an künftigen Notwendigkeiten ausgerichtet ist.

Das Menschenbild wird in beachtlichem Umfange von Vorurteilen der Menschen geprägt. Aus der Gefangenschaft des Denkens auszubrechen ist schwer. Dazu einige Beispiele:

1. Erkennen die Menschen die Prognostik mit Szenarien und strategischen Optionen an oder nicht?
2. Finden die Menschen sich mit der Wertedynamik ab oder nicht?
3. Glaubt man an Gleichmacherei oder Unterschiedlichkeit?
4. Verteidigen die Menschen eine ideologische Position oder lassen sie sich feige und opportunistisch treiben?
5. Vertraut man den Experten oder begegnet man der Expertokratie mit Ablehnung und Mißtrauen? Glaubt man Experten vertrauen zu können?
6. Sieht man im technischen Fortschritt Vorteile oder nicht?
7. Sind sich die Menschen klar darüber, daß Eliten benötigt werden oder nicht?
8. Welche Art von nationalem Egoismus halten die Menschen für wünschenswert oder tragfähig? Dies gilt nicht nur national und supranational, z.B. für Entscheidungen in der EG, sondern weltweit.
9. Gilt Nationalbewußtsein als ein Wert oder nicht? Wie viele Nationen soll es geben? Ist Supranationalbewußtsein, z.B. Europabewußtsein, erwünscht?
10. In welchem Umfange müssen Institutionen die Angst schüren und sie bewußt oder mutwillig ausnutzen? Wollen Menschen mehr Sicherheit? Welche Unsicherheiten benötigen Menschen für ihr Handeln?

Der Mensch muß weit mehr als bisher erkennen und bei seinem Entscheiden und Handeln berücksichtigen, daß er in seine biologischen Voraussetzungen eingebunden ist, die ihn in seinen individuellen und auf die Gesellschaft ausgerichteten Lebensäußerungen mitbestimmen. Die Steuerbarkeit des Verhaltens hat Grenzen.

---

1) Vgl. Kirsch, Guy; Mackscheidt, Klaus; Herder-Dorneich, Philipp; Dettling, Warnfried: Jenseits von Markt und Macht – eine Ordnung für den Menschen, (Nomos Verlagsgesellschaft) Baden-Baden 1982, S. 57.

Die Entwicklungsprozesse in der Gesellschaft verschieben die Chancen und Risiken der Lebensgestaltung innerhalb gewisser Grenzen wie seit eh und je.

Je nach Veranlagung und Begabung kann der gesellschaftliche, mediale und technische Fortschritt andere Qualitäten als bisher erforderlich machen und dadurch andere Menschen als bisher begünstigen.

Es spricht manches für die Hypothese von Hartmut E. Arras, daß reflexive Menschen, die stärker auf die linke Hirnhemisphäre ausgerichtet sind, gegenüber denen mit stärkerer rechter Hemisphäre, d.h. mit der Fähigkeit zur globalen Betrachtung, als Entscheidungsträger an Bedeutung zurückzutreten. Dadurch gewinne letztlich das weibliche Element wegen der geschlechterspezifischen Veranlagungsunterschiede als Einflußgröße auf Entscheidungen in der Gesellschaft an Bedeutung.[2)]

Man kann auch von einer wachsenden Androgynität des Entscheidens und Handelns sprechen. Eine solche Entwicklung entbehrt nicht der Ambivalenz, wie die generelle Verunsicherung im Hinblick auf die geschlechtsspezifischen Werte und Rollen zeigt.

---

2) Vgl. Arras, Hartmut E.: Szenarien: Zukunft in Bildern, in: Afheldt, Heik: Bilder einer Welt von morgen – Modelle bis 2009, (Poller Verlag) Stuttgart 1985, S. 49–103, S. 63.

B. Die Werte und die Wertedynamik in der Gesellschaft

I. Der Gegenstand

Werte[3] beeinflussen die Einstellungen, die Ziele und das Verhalten der Menschen, d.h. das Verhalten beruht zu einem erheblichen Umfang auf Werten. Werte durchziehen alle Lebensbereiche, d.h. sie sind in allen Rollen eines Menschen relevant, so daß sie nur teilweise einzelnen Hauptlebensbereichen, z.B. Arbeit, Freizeit, Einkaufen oder Wohnen, zugeordnet werden können. Gesellschaftlich werterelevant sind vor allem Erwartungen und Lebensansprüche.[4] Werte werden am Verhalten gemessen, so daß z.B. die Verhaltensdynamik teilweise auch als Wertedynamik verstanden werden kann.

Wertedynamik bedeutet eine Veränderung der Wertehaltungen der Menschen in einer Gesellschaft im Zeitablauf. Früher Vernachlässigtes wird heute höher geschätzt, Waren und Dienste, die man angestrebt hat, verlieren ihren Sinn.

Relativ einheitliche Wertehaltungen beruhen auf einer gemeinsamen kulturellen und zivilisatorischen Basis. Die Wertehaltung bestimmt die Arbeitseinstellung, die Einstellung zu individuellem und gesellschaftlichem Wohlstand, die Freizeittätigkeit, das Geburtenverhalten wie auch demnächst sicher stärker das Sterbeverhalten, die Kindererziehung und den sozialen Konsens. Veränderte Wertehaltungen werden einmal durch demographische und wirtschaftliche nationale wie internationale Umfeldbedingungen sowie zum anderen durch psychische Faktoren mitbestimmt.

Das Wertesystem ist wesentlich durch die biologischen Bedingungen, denen der Mensch zwangsläufig unterliegt, geprägt. Der Mensch kann biologische oder psychologische Gesetzmäßigkeiten, denen er unterliegt, nur bedingt oder zumindest in seinem jetzigen Entwicklungsstadium überhaupt nicht beeinflussen, z.B. die Neugier und den Erkenntnis-

3) Vgl. dazu bereits Tietz, Bruno: Die Grundlagen des Marketing, 3. Bd.: Das Marketing-Management, (Verlag Moderne Industrie) München 1976.

4) Vgl. Steinmann, Gunter; Büscher, Reinhard; Pfister, Jürgen: Gesellschaftlicher Wertwandel und makroökonomisches Zielsystem – Der Einfluß von Werten und Wertänderungen auf Inhalt, Rang und Verwirklichung einiger wirtschaftspolitischer Ziele, in: Klages, Helmut; Kmieciak, Peter (Hrsg.): Wertwandel und gesellschaftlicher Wandel, (Campus Verlag) Frankfurt a. M.-New York 1979, S. 97 – 121, S. 103.

trieb und den zumindest teilweise daraus resultierenden Sammel- und Besitztrieb.[5] Daraus erwachsen Grenzen für die Wertedynamik. Arthur Koestler hat auf die Spaltung von Glauben und Vernunft, von rationalem Denken und irrationalen Glaubenssätzen bei den Werten und Verhaltensweisen der Menschen hingewiesen. Die nach wie vor kräftigen irrationalen Glaubenssätze haben archetypische Wurzeln: man fühle emotional, daß sie stimmen. Darauf beruhe die Schizophysiologie des Gehirns.[6]

Werte werden auch durch psychologische Verhaltensmerkmale bestimmt, so durch Wissen und Lernen, Einstellungen sowie Erwartungen.

Umwelteinflüsse führen teilweise bereits in frühester Jugend zu Prägungen, deren Überwindung sich oft genug als unmöglich erweist.

Eine interessante Hypothese über Verhaltensunterschiede in Japan im Vergleich zu westlichen Kulturen betrifft die frühkindliche Erziehung. Japanische Kinder schlafen traditionellerweise auf tatami, d.s. Bodenmatten, auf der gleichen Fläche und im gleichen Raum wie die Eltern. Wenn das japanische Kind sich nicht wohl fühlt, kriecht es einfach zu den Eltern. Das westliche Kind muß aus seinem Kinderbett heraus erst schreien und rufen, um von der Mutter aufgenommen zu werden. Darauf wird in Japan die Anerkennung der Abhängigkeit von einer höheren Autorität im Gegensatz zum westlichen Individualismus zurückgeführt.[7]

Bei starker Wertedynamik und zunehmendem Wertepluralismus ergeben sich auch stark veränderte gesellschaftliche Rahmenbedingungen. Dagegen ist in einer Zeit hoher Werte- und Ideologiestabilität auch das Verhalten aller Entscheidungsträger stabil oder ändert sich mehr in vorgezeichneten Bahnen, eben im Rahmen der durch einheitliche Werte vorgegebenen Schwankungsbreiten.

Die Menschen verändern in jeder ihrer gesellschaftlichen Rollen, z.B. als Konsumenten, Arbeitnehmer, Unternehmer oder Bürger, ihre Werte

---

5) Vgl. auch Bilz, Rudolf: Paläanthropologie – Der neue Mensch in der Sicht einer Verhaltensforschung, (Suhrkamp Verlag) Frankfurt a. M. 1971, siehe auch: Löbsack, Theo: Die letzten Jahre der Menschheit, (C. Bertelsmann Verlag) München 1983, S. 130–140.

6) Die Konsequenzen von Koestler sind in höchstem Maße beunruhigend und sehr pessimistisch. Als einzigen biologischen Ausweg zur Milderung der Auswirkungen einer vor etwa 50 000 bis 100 000 Jahren stehengebliebenen Evolution sieht Koestler die Einführung einer chemisch-medikamentösen Steuerung, vgl. Koestler, Arthur: Der Mensch – Irrläufer der Evolution, (Scherz Verlag) Bern-München 1978, S. 115 ff.

7) Vgl. Fields, George: Die Auswirkungen sich verändernder kultureller Werte auf den japanischen Markt, in: C-ES, 29. Jahreskongreß, Tokyo, 2. bis 5. Juni 1985, (Berichtsband) S. 2.

und damit ihre Einstellungen und Verhaltensweisen. Wenn Ladendiebstahl und Unterschlagung wie in dem schweizerisch-französischen Film „Jonas“ von Tanner als Hilfsmaßnahme zu einer vom Staat nicht zufriedenstellend gelösten Einkommensumverteilung herausgestellt werden – der zwar eine Sanktion, aber eine als ungerecht dargestellte folgt –, dann ist dies ein Ausdruck für die Wertedynamik.

Die Bestrebungen zu einer nachträglichen Legalisierung von Straftaten, wie das Beispiel des Amnestiegesetzentwurfs von 1984 in der Bundesrepublik Deutschland zeigt, sind Signale eines gewandelten Rechtsbewußtseins der Politiker und einer allen Bürgern bewußt werdenden und u.U. sogar von ihnen gutgeheißenen „neuen Moral“.

Der Einfluß der Werte auf die wirtschaftliche, kulturelle und soziale Entwicklung ist spätestens seit der Analyse der Ethik des Protestantismus von Max Weber bekannt. Noch heute bestimmen Werte des Protestantismus, wie die positive Einstellung zur Arbeit, das Leistungsprinzip und das wirtschaftliche Wachstum, unsere Gesellschaft in beachtlichem Umfange mit. Aber an diesen Werten entzündet sich auch die Gesellschaftskritik. Man muß somit die Wertedynamik auch unter dem Aspekt der Stabilität der Werte und der Zeiträume, in denen Werteveränderungen eintreten, betrachten.

Die Wertedynamik beeinflußt die quantitativ-materiellen Bedingungen, und von diesen gehen wiederum Rückwirkungen auf die Werte aus. Z.B. beruht die derzeitige Umweltbelastung auf einer Unterentwicklung des Wertes Umweltbewußtsein bei den Menschen in der Vergangenheit. Das Aufkommen des Wertes Umweltbewußtsein verändert zwangsläufig auch die Produktionsprozesse sowie die Produkte und damit die Auswirkungen auf die Produktpreise. Der Trend zum sozialen Umweltschutz bedeutet eine Sensibilisierung für gewachsene Traditionen und Institutionen.[8)] Die Auswirkungen solcher Werte werden durch die Identifikation der Menschen bestimmt.

Das Unbehagen bestimmter Gruppen gegenüber dem Versagen der parlamentarischen Parteiendemokratie mündet in Angriffe auf etablierte Werte, auch auf die etablierten Institutionen des Angebots von Handelswaren. Warum richtete man gerade Zerstörungen in der Bahnhofstraße in Zürich, der Fressgasse in Frankfurt oder auch Einzelhandelsgeschäften in Münster und in anderen Orten an? Die Gruppen der jungen Generation, die gegen das bestehende Gesellschaftssystem physisch vorgehen, haben den Wert von Marketing und Handel in ihrer Schlüs-

---

8) Vgl. Dettling, Warnfried; Weidenfeld, Werner: Die schleichende Krise der Republik, in: Die Zeit, 33. Jg., Nr. 29, 14. Juli 1978, S. 14.

selstellung klar erkannt: sie greifen an der Schnittstelle zwischen kapitalistischem Waren- und Diensteangebot und Marktentnahme der Konsumenten an.

Die Wertedynamik ist auch vom technischen Fortschritt abhängig. Zur Ermittlung und Beurteilung der Wertedynamik der Jugend werden als Sozialisationsfaktoren nicht nur Eltern, Schule und Gleichaltrige, sondern auch das Fernsehen herangezogen.

Ein Wertephänomen ist der Fortschrittsverdruß in der Bundesrepublik Deutschland. Man kann ihn am Falle des elektronischen Banking darstellen. Während in der Bundesrepublik Deutschland auf der Basis falscher, da nicht überinstitutionell und langfristig konzipierter Kosten- und Nutzeninformationen über die Kosten und nicht über die Realisierung einer Lösung gestritten wird, befindet sich Japan voll in der Realisationsphase.

Zum Realitätsbezug der Werte: Nicht alle angestrebten Werte sind realisierbar. Man will oft mehr als ökonomisch möglich ist. Zusätzlich werden Alibi-Werte geschaffen mit bewußter Verdrängung, nach dem Motto: Es wird schon gutgehen. Die Verdrängung der Beteiligungsnotwendigkeit an der Lösung von Problemen der dritten Welt ist hier ebenso zu nennen wie die Verdrängung der Finanzierungszwänge im sozialen Wohlfahrtsstaat, d.h. man will mehr staatliche Leistungen, ist aber nicht bereit, höhere Steuern bei höheren Ansprüchen an den Staat zu entrichten.

Verstärkt setzt sich auch eine bewußte Auswahl von Werten und Zielen durch. Man steuert nach Werteprioritäten und mit klarer Vorstellung von Leistung und Gegenleistung. Beispiele dafür sind:

- eine zunehmende Familienplanung, um nicht zu viel persönliche Unabhängigkeit aufzugeben,
- eine bewußte Einkommenssteuerung, damit Freizeitaktivitäten finanziert werden können,
- eine verringerte Arbeitseinsatzbereitschaft („Fürs Denken werde ich nicht bezahlt!") mit bewußtem Verzicht auf beruflichen Aufstieg.

Zur Messung und Bewertung der Wertedynamik: Analysiert man die Bedeutung der Wertedynamik für die Gesellschaft, so muß man wissen, welche Werte in einer Gesellschaft problemlos nebeneinander gelebt werden können – z.B. weitgehend unterschiedliche Konsumstile, Freizeitstile, auch Arbeitsstile – und wann unterschiedliche Werte zu einer Spaltung der Gesellschaft beitragen, z.B. divergente Eigentums- oder Arbeitsvorstellungen, auch ein divergentes Ökologiebewußtsein.

Werte sind nicht neutral, sondern haben im Hinblick auf unterschiedliche Ziele positive oder negative Wirkungen. So kann geringe Leistungsbereitschaft auf die Arbeitsproduktivität negativ wirken, auf die Umweltbelastung dagegen positiv.

Die Meßbarkeit vieler Werte ist begrenzt. Beispielsweise ist die Selbstverwirklichung ein wenig aussagefähiger Wert, weil er sich in sehr vielfältigen gesellschaftlichen und wirtschaftlichen Merkmalen ausdrücken kann.

Interdependenz zwischen Werten und anderen gesellschaftlichen Elementen: Jedes Element des gesellschaftlichen Zukunftsmodells hat Wirkungen auf die Werte und wird durch Wertewirkungen mitbestimmt. Zu den besonders kontroversen Phänomenen gehören die Einflüsse der neuen Medien auf die Werte und das Verhalten der Menschen. Sogar gleiche Wirkungen finden eine unterschiedliche Beurteilung.

Während die Vielfalt der Informationen von den einen als sinnlose Überflutung mit der Gefahr absinkender Konsensfähigkeit betrachtet wird, versprechen sich andere eine bessere demokratische und lokale Willensbildung durch mehr Transparenz. Während die einen sich davon eine gut informierte Öffentlichkeit versprechen, die Entscheidungsprozesse in Regierung und Verwaltung besser versteht, vermuten andere die Gefahr einer Entmündigung durch rasche Abrufbarkeit der Informationen, weil sie die Kontrollmechanismen, z.B. aufgrund der Erfahrung der Betroffenen, ausschalte.[9)]

Generell tut man sich schwer bei der langfristigen Beurteilung individueller und gesellschaftlicher Wertedynamik und den daraus zu ziehenden Konsequenzen. Die teilweise erst schwachen Signale werden nicht ernst genommen, obwohl sie fundamentale Langfristwirkungen haben werden, wie die Wertedynamik im Hinblick auf das Geburtenverhalten zeigt.

Zur Wertedynamik gehören auch die Fragen der Eheschließung und der Scheidung. Die Eheschließung wird zunehmend in Frage gestellt, die Scheidung wird sozial immer mehr akzeptiert. Die nichtehelichen Lebensgemeinschaften werden zur Normalität und nehmen zu.

Unsere sich atomisierende Gesellschaft wird mehr und mehr von Menschen und ihren individuellen Werten geprägt, und in zweiter Linie erst von Gruppenwerten und dann erst von Gemeinschaftswerten.

Zur Wertedynamik gehört somit auch das durch veränderten moralischen Konsens, aber auch durch veränderte Lebensauffassungen betrof-

---

9) Vgl. zu dem Spektrum der Widersprüchlichkeit Ronneberger, Franz; Meister, Ursula; Reith, Manuela: Neue Medien – Ihre Vorteile und Risiken für die Struktur der demokratischen Gesellschaft und den Zusammenhalt der sozialen Gruppen, (Universitätsverlag) Konstanz 1982, S. 84 – 90.

fene Pluralismusverständnis. Gemeinsame gesellschaftspolitische Ziele zerbröckeln; ein zunehmender Gruppenegoismus fördert die Verunsicherung. Einmal mehr sind in diesem Zusammenhang auch die Akzeptanzbarrieren zu erwähnen, die teilweise auf Überforderung der Menschen beruhen, z.B. die Barrieren gegenüber den neuen Medien.

II. Beispiele für Werte

Die allgemeine Wertedynamik ist die Grundlage für Sozialinnovationen: zentrale Beispiele dafür sind die Mitbestimmung oder allgemeiner die Mitbeteiligung in der Wirtschaft, deren Konsequenzen auf die Funktionen der politischen und wirtschaftlichen Institutionen in einer Demokratie noch kaum abgeschätzt werden können.[10)]

Die derzeitige Wertedynamik in unserer Gesellschaft läßt sich durch folgende Beispiele kennzeichnen:

(1) Die Verunsicherung nimmt auf allen Gebieten zu. Indizien sind:

- starke Zweifel an der Fähigkeit zur Bewältigung ökonomischer, sozialer und politischer Probleme,
- eine zunehmende Kritik an den bisherigen Markt- und Wettbewerbsprinzipien als Steuerungskonzept der Wirtschaft,
- die Infragestellung von Wachstum als Fortschritt.

In enger Verbindung damit stehen

- das Vereinfachungsstreben aufgrund der allgemeinen Komplexität und wegen des fehlenden Einsichtsvermögens in wirtschaftliche und gesellschaftliche Vorgänge, d.h. ein generelles Streben nach Vereinfachung, insbesondere nach einer vereinfachten Weltsicht,
- ein höherer Stellenwert persönlicher Kontakte,
- die Übertragung der Marktentnahmeentscheidungen auf Institutionen wegen Verunsicherung, wie sie sich z.B. in der wachsenden Bedeutung von Tests zeigt,
- eine Neuorientierung des Verhältnisses von Rationalität und Emotionalität aufgrund zunehmender Sensibilität, wie sie sich z.B. auch in einer veränderten belletristischen Nachfrage zeigt.

Nicht zu unterschätzen ist in diesem Zusammenhang vor allem der Wert der Antikomplexität, d.h. das Vereinfachungsstreben. Hierauf beruht

---

10) Vgl. auch Goldberg, Walter: Herausforderungen in Chancen wandeln – Die Bedeutung von Sozialinnovationen für das Management, in: IBM-Nachrichten, 27. Jg., 1977, Nr. 238, S. 309–316.

z.B. bei Bürgern und Konsumenten die Affinität zu profilierten politischen Konzepten. In die gleiche Richtung zielen Bevorzugungen klarer Betriebstypen des Handels, klarer Kennzeichnungen von Waren oder der Erfolg von Gattungsmarken (no names) als Abwehr überladener und nicht mehr verständlicher Markenideologien.

Der generelle Rückgang des Vertrauens in die Lösbarkeit eigener und gesellschaftlicher Probleme hat zu einem erhöhten Bedürfnis nach Informationen bei allen Entscheidungen, mitbedingt auch durch den veränderten Bildungs- und Informationsstand, geführt.

Aus der allgemein stärkeren Unsicherheit resultiert auch ein erhöhtes Mißtrauen, das die Tendenz zu Isolierung und Rückzug in sich selbst fördert. Solche Unsicherheiten haben weitere Wirkungen:

- Das no-future Syndrom ist eine der größten Infragestellungen unseres Wertesystems.
- Die ,,innere Kündigung'' bei vielen Arbeitnehmern kennzeichnet das nicht mehr vorhandene Verständnis der Arbeitswelt, was teilweise vom Management mitverursacht ist.
- Gleicherweise gefährlich ist der Eskapismus der im Beruf Engagierten, die einseitig orientiert auf alten Schienen weiterfahren, ohne die Veränderungen zu erkennen und sich umzustellen.

Man wird daher auch manche ,,Reise nach innen'' als Kapitulation vor den Problemen auffassen können, die in der individuellen und sozialen Umwelt wahrgenommen werden.

(2) Die Freizeit ist zum Lebensmittelpunkt geworden, d.h.:

- Die Arbeit hat ihre Funktion als primärer Lebensinhalt verloren.
- Man beschäftigt sich intensiver mit der Freizeit und ihrer Gestaltung als mit der Arbeit.
- Es wird nach mehr zusammenhängender Freizeit im Laufe eines Tages und weiterer Entlastung von Hausarbeit, verbunden mit zusätzlichen Alternativen bei der Freizeitgestaltung, gestrebt.
- Die Zahl der freien Tage mit neuen Formen der Bildung, der Freizeitgestaltung und des Tourismus nimmt zu.
- Der Wert ,,Priorität der Arbeit'' geht zurück bis hin zur Tendenz, Jugend- und Jungakademikerarbeitslosigkeit als weniger gravierend zu betrachten.

(3) Die soziale Stellung der Frau befindet sich in einem kräftigen Wandel, und zwar mit folgenden Konsequenzen:

- einem veränderten Selbstverwirklichungsstreben der Frauen, primär im Beruf und erst sekundär in der Familie,

- einer verstärkten Arbeitsplatznachfrage von Frauen,
- mehr Teilzeitbeschäftigung für Frauen.

Die Neubewertung der geschlechtsspezifischen Aufgaben wird durch das Ergebnis einer Befragung junger Frauen (1983) bestätigt. Danach forderte die Mehrheit der Frauen, daß ihre Männer die Hälfte der Hausarbeit übernehmen sollten.[11]

(4) Die soziale Stellung des Mannes unterliegt ebenfalls Wandlungen. Ein neues Schlagwort ist: Männerbewegung. Die veränderte Stellung des Mannes drückt sich vor allem in

- einem Verzicht auf die traditionelle Männerrolle,
- partnerschaftlichem Denken und Handeln,
- höherer Sensitivität, aber auch geringerem Durchsetzungsstreben

aus.

(5) Mehr Gesundheitsbewußtsein wird vor allem durch Öko- und Bio-Information und durch Freizeitorientierung, aber auch durch ein neues Bewußtsein über Körperlichkeit gefördert. Damit sind verbunden

- eine stärkere Nachfrage nach gesundheitsorientierten Waren und Diensten,
- die Substitution von Medikamenten durch Gesundheitsnahrungsmittel.

So wird zunehmend auch eine Ökoethik gefordert.

Das Umweltbewußtsein führt zu einer Umwertung von Qualitäten bei den Waren, die nicht nur die Risiken bei Lebensmitteln oder die Verträglichkeit bei Textilien, sondern auch die „Sauberkeit" des Produktionsprozesses umfassen. Der wachsende Trend zur biologischen Umwelt äußert sich auch in einer verstärkten Affinität zu Garten, Haustieren und Blumen.

Die Gesundheitswelle gewinnt beachtlichen Einfluß auf die Nahrungs- und Genußmittelnachfrage. Schlagworte wie Ernährungsfehlverhalten oder Wohlstandskrankheiten müssen ernst genommen werden. Die Ernährungsberichte der Deutschen Gesellschaft für Ernährung sind eine heftige Anklage gegen den heutigen Ernährungshedonismus.

(6) Der Rückgang der Mobilität bezüglich Wohn- und Arbeitsort ist gleichzeitig die bewußte Beschränkung auf eine gewohnte Umgebung. Stark verändert hat sich insbesondere die Mobilität bei Berufstätigen. Nach empirischen Untersuchungen waren 1950 noch über ein Viertel der

---

11) (Vgl.) Tietz, Bruno: Konsument und Einzelhandel, Strukturwandlungen in der Bundesrepublik Deutschland von 1970 bis 1995, 3. Aufl., (Lorch-Verlag) Frankfurt a.M. 1983, S. 26 ff., S. 240 ff., S. 276 f.

berufstätigen Männer bereit, aus Berufsgründen umzuziehen, Ende der siebziger Jahre nur noch weniger als ein Zehntel.[12] Man macht in neuartiger Form Nutzenvergleiche zwischen Einkommenssteigerungen im Vergleich zu zusätzlichen Kosten am neuen Arbeitsplatz. Der soziale Nutzen der Einbindung in die jetzige Freizeitumgebung wird gegen die sozialen Kosten des Aufbaus neuer Freundeskreise abgewogen.

(7) Das Streben nach Vermenschlichung der Technik nimmt kräftig zu, so auch das Streben nach „sanfter Technik". Daraus ergeben sich Konsequenzen auf die Arbeitsplätze.

(8) Die Umwertung des Rechtsempfindens führt in eine zunehmende Legalitätskrise unseres Rechtsstaates. Indizien für das veränderte Rechtsempfinden im ökonomischen Bereich sind

- das veränderte Diebstahlsverhalten und die veränderte Bewertung durch die Rechtsprechung,
- die veränderte Zahlungsmoral bei Teilzahlungskäufen und deren veränderte Bewertung durch die Gerichte.

Zur Legalitätskrise im ökonomischen Bereich gehört aber nicht nur die Bagatellisierung des Ladendiebstahls. Unternehmen, die sich in Schwierigkeiten manövriert haben und dann Staatshilfen fordern – und meist auch erhalten –, sind hier genauso zu erwähnen.

(9) Die Entproblematisierung der Waren- und Diensteversorgung folgt den klassischen Sättigungsgesetzen, d.h. sie wird tendenziell zu einer Routineangelegenheit. Wer herstellt und wer verteilt, wird uninteressanter. Routineeinkäufe werden von Konsumenten mehr und mehr als Last empfunden. Hier liegen die Chancen für neue Formen des Einzelhandels.

(10) Die Langfristorientierung gewinnt bei ökonomischer Freiheit Vorrang vor der Kurzfristorientierung. Die Menschen orientieren sich – bei hohem Sicherheitsstreben – generell langfristiger als bisher. Gefördert wird dabei z.B. bei Konsumenten das Qualitätsdenken, aber auch der Konsumverzicht durch Sparen und Versicherungen.

(11) Das Informationsbewußtsein wächst aufgrund der veränderten Bildungsbedingungen und Medienverfügbarkeit. Die bewußte Informationsverarbeitung fördert auch neue Formen der Kritik gegenüber allen Institutionen, wie Unternehmen, Gemeinden, Staat, Interessengruppen. Gleichzeitig sucht man aber auch Informations- bzw. Beurteilungssolidarität.

(12) Das Streben nach individuell bestimmter Selbstverwirklichung nimmt zu. Festzustellen sind einerseits

12) Vgl. auch Lübbe, Hermann: Der Wertewandel und die Arbeitsmoral, in: Frankfurter Allgemeine Zeitung, 26. Jg., Nr. 287, 10. Dezember 1983, S. 15.

- generelle Verluste bezüglich
  - Arbeitsbereitschaft,
  - Anpassungsbereitschaft,
  - Glaubensbereitschaft

andererseits aber auch

- höhere Selbstbewußtseinsgrade, d.h. Bewußtsein von
  - Entfremdung,
  - Selbstverwirklichung,
  - Spiritualität.

(13) Zunehmende Anforderungen an Sicherheit durch den Staat kennzeichnen eine geringere Risikobereitschaft, aber auch eine verringerte Leistungsbereitschaft. Stichwort: der betreute Bürger.

(14) Das zwischenmenschliche Kontaktbedürfnis nimmt zu und erhält einen höheren Stellenwert. Daraus resultieren bereits Überlegungen zu einer Trennung zwischen rationaler Arbeits- und Wirtschaftswelt einerseits und einer emotionalen und altruistischen Privatsphäre andererseits.

Aus der allgemeinen Werteverunsicherung erwachsen auch die Chancen für neue Sekten. Die Religiosität gewinnt wieder Bedeutung bis hin zu differenzierten Spielarten des Buddhismus und des Konfuzianismus.

III. Die Wertedynamik in neuen Ideologien

Die freiwillige Einfachheit[13]*:* Im Jahre 1979 hatte das Stanford Research Institute ermittelt, daß das Lebensprinzip der freiwilligen Einfachheit – voluntary simplicity – bereits Menschen aus allen Einkommensschichten erfaßt hat. Dieses Konzept soll nach mehreren übereinstimmenden Schätzungen – zunächst in den Industriestaaten – innerhalb einer Generation etwa 50 % der Bevölkerung umfassen, und dies mit fundamentalen Konsequenzen auf Wirtschaftswachstum und Wirtschaftsstruktur. Teilweise wird sich dadurch eine Abkehr von heutigen Besitzmustern ergeben.

Der Begriff der freiwilligen Einfachheit kennzeichnet einen bestimmten Lebensstil: äußere Einfachheit verbunden mit innerem Reichtum, eine Renaissance der Ideologie der Puritaner und Quäker, vermischt mit Elementen fernöstlicher Philosophien und Religionen.

---

13) Der Begriff der freiwilligen Einfachheit mit materieller Genügsamkeit wurde bereits im Jahre 1936 durch Richard Gregg geschaffen; vgl.: u.a. Stachowiak, Herbert; Ellwein, Thomas; Herrmann, Theo; Stapf, Kurt (Hrsg.): Bedürfnisse, Werte und Normen im Wandel, Band I: Grundlagen, Modelle, Prospektiven, Band II: Methoden und Analysen, (Wilhelm Fink/Ferdinand Schöningh Verlag) München-Paderborn-Wien-Zürich 1982.

Dieser Trend zum einfacheren Leben wurde bereits 1977 durch Marktforschungsuntersuchungen von Louis Harris bestätigt:

- 79 % der Amerikaner waren der Meinung, man solle den Leuten eher beibringen, einfacher zu leben, als nach höherem Lebensstandard zu streben.
- 76 % waren der Meinung, daß man eher lernen sollte, Zufriedenheit aus nichtmateriellen Erfahrungen als aus der Befriedigung durch mehr Waren und Dienste zu ziehen.

Nach einer Untersuchung des gleichen Autors aus dem Jahre 1975 waren

- 92 % der Amerikaner gegen den jährlichen Wechsel der Automodelle,
- 90 % gegen den jährlichen Modewechsel,
- 73 % für das Verbot selten genutzter Wohnräume und damit zu großer Wohnhäuser.

Diese Trends führen dann auch zu fast phantastisch anmutenden Schätzungen über den Anteil der Befürworter der voluntary simplicity bei der erwachsenen Wohnbevölkerung der USA.[14)]

In enger Beziehung damit sind auch Versuche zu sehen, eine einfache Aufteilung in konservativ und alternativ, u.U. auch progressiv, vorzunehmen. Im Hintergrund steht dabei die Differenzierung von Erich Fromm[15)] in Haben und Sein. Nur die Gruppe der Haben-Menschen strebt intensiv nach Waren – bis hin zur Extravaganz und zum Anheben der Individualität durch Kunst. Die Gruppe der Sein-Menschen lehnt dagegen den Konsum ab oder ist zurückhaltend und rein funktional orientiert. Der Selbstverwirklichung durch Waren und vom Markt bezogene Dienste steht ein weitgehender Verzicht auf Marktentnahme, oft sogar ein Haß oder eine Verachtung der Marktentnahme, gegenüber. Die Fernwirkungen dieser Wertehaltung sind nicht nur für den Konsum, sondern

14) Bei den Berechnungen dürften die quantitativen Effekte aufgrund der Einwanderungsdynamik übersehen worden sein:

Gegenstand	Angaben in %		
	1977	1987	2000
volle Befürworter	3,3	14,7	30,0
teilweise Befürworter	6,7	20,6	30,0
Sympathisanten	40,0	29,4	12,5
Indifferente oder Gegner	50,0	35,3	27.5

Quelle: Clarke, Robin: Building for Self-Sufficiency, (Universe Books) New York 1976.

15) Vgl. Fromm, Erich: Haben oder Sein: Die seelischen Grundlagen einer neuen Gesellschaft, (Deutsche Verlags-Anstalt) Stuttgart 1976.

auch für die zukünftige Arbeits- und Freizeitgestaltung von fundamentaler Bedeutung.

Eine inzwischen beliebte Unterscheidung innerhalb der Wertediskussion betrifft materialistische und postmaterialistische Wertestrukturen; letztere dürften heute in Westeuropa bei 25 % der 15- bis 24jährigen anzutreffen sein.

Übersicht 6.1

Die Verteilung ausgewählter Wertetypen nach Altersgruppen in sechs europäischen Ländern[1] im Jahre 1982

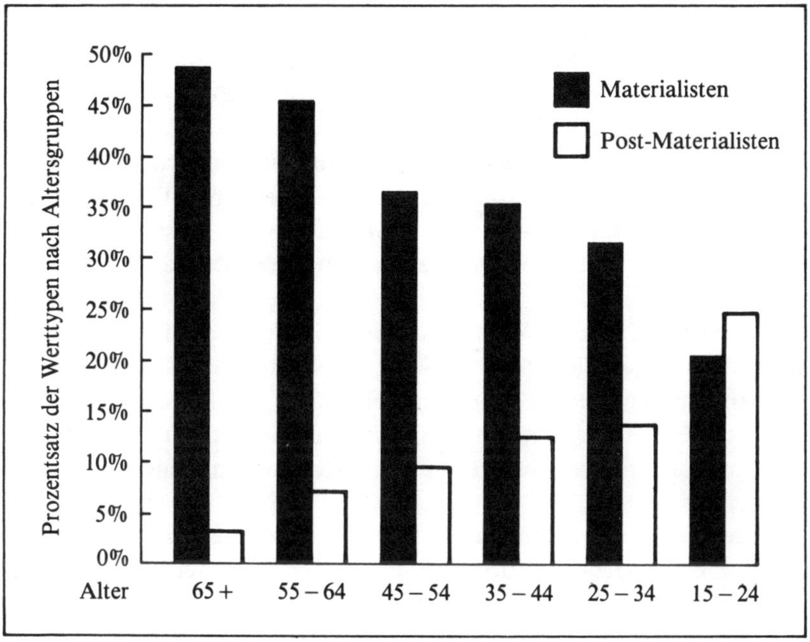

1) Belgien, Bundesrepublik Deutschland, Frankreich, Großbritannien, Italien, Niederlande.

Quelle: Inglehart, Ronald; Fitkau, Hans-Joachim; Kessel, Hans: Wertewandel in Industrienationen, Berlin 1982, Manuskript S. 2; zit. nach CDU-Bundesgeschäftsstelle (Hrsg.): Erneuerung der sozialen Marktwirtschaft – Materialien zur Diskussion der Stuttgarter Leitsätze, Bonn 1984, S. 5.

Der neue Mystizismus: Ein noch weitreichenderer Aspekt der Wertedynamik in unserer nachindustriellen Gesellschaft ist die Renaissance des Mystizismus. Die darauf fußende New-age-Bewegung ist durch eine radikale Abkehr vom klassischen Wissen und Denken geprägt. Die Wurzeln liegen in asiatischen Religionen.

Das klassische wissenschaftliche Denken beruht auf Abstraktion durch Definitionen, Aufstellung von Beziehungen zwischen Phänomenen der realen Welt und damit Kausalität. Der Mystiker dagegen begreift die Umgebung, z.B. die Natur, durch unmittelbare Erfahrung. Den Kern des Mystizismus bildet die Auseinandersetzung mit Paradoxien, um dadurch immer wieder auf die Grenzen der Logik und des logischen Denkens hinzuweisen.[16)]

Marilyn Ferguson beschreibt in ihrem Werk ,,Die sanfte Verschwörung'' faktisch schon eingetretene Veränderungen unserer Werte und stellt Forderungen und Normen über noch wünschenswerte Veränderungen auf. Neue, horizontal expandierende Netzwerke von Gruppen sollen die Transformation der Gesellschaft bewirken. Ausgangspunkt sei der fundamentale Wertewandel bei den an einer gesellschaftlichen Veränderung Interessierten. Sie müssen Methoden ersinnen, mit denen sie den Paradigmenwechsel bei anderen fördern können.[17)]

Man mag über das Transformations-Paradigma auf der Grundlage der Selbstbestimmung wegen seiner mythologischen, transzendentalen Grundlagen – neuartige Vorstellungen über die menschliche Natur und menschliches Potential – geteilter Meinung sein. Ansätze dazu sind aber bereits weit verbreitet, wenn auch teilweise noch eher in geschlossenen Gruppen.

Weiter werden neue Wohlstandsdefinitionen gefordert, die von der Anhäufung materiellen Reichtums absehen und menschlichen Reichtum in einem umfassenderen Sinn innerhalb eines ökologischen Rahmens verstehen.[18)] Diese Überlegungen münden in die Frage nach den bereits seit Plato und Aristoteles diskutierten richtigen und falschen Bedürfnissen.

Abgelehnt werden vom neuen Mystizismus auch Existenzkampfideologien, z.B. das Konzept des Überlebens des Stärkeren.[18)]

Die New-age-Bewegung mit altruistischer Individualität[17)] oder einer Verbindung von Naturwissenschaft und Mystik[18)] könnte einen weitgehenden sozialen Paradigmenwechsel begründen. Das Pendel bewegt sich in den nächsten Jahrzehnten vermutlich in Richtung Spiritualität. Mit Recht bezeichnet Gert Gerken[19)] die derzeitige Infragestellung bzw.

---

16) Vgl. auch Capra, Fritjof: Das Tao der Physik – Die Konvergenz von westlicher Wissenschaft und östlicher Philosophie, 2. Aufl., (Scherz Verlag) Bern-München-Wien 1984, S. 40 ff.

17) Vgl. Ferguson, Marilyn: Die sanfte Verschwörung – Persönliche und gesellschaftliche Transformation im Zeitalter des Wassermanns, 3. Aufl., (Sphinx Verlag) Basel 1983, S. 239 ff.

18) Vgl. Capra, Fritjof: Wendezeit – Bausteine für ein neues Weltbild, (Scherz Verlag) Bern-München-Wien 1983, S. 253, S. 43, S. 339.

Auflösung bisheriger Werte als stille Kulturrevolution. Diese Reise nach innen beginnt auch die Konsumwelt zu verändern, in der Waren ihre bisherige Funktion und ihren Wert der Sinnerfüllung im Leben verlieren.

Keineswegs im Gegensatz zur Spiritualität steht aber die Akzeptanz der neuen Medien. Spiritualität und technischer Fortschritt schließen sich nicht aus, wie die Network-Gruppen in den USA zeigen, wo geistig verwandte Gruppen hohe mediale Kontakte durch die neuen Medien pflegen.

Neue Wirtschaftsstrukturen: Im Hinblick auf die zukünftige Gestaltung unserer Wirtschaft ist zu fragen, welche Effizienz wir gesamthaft und als Voraussetzung für Leistungen an den einzelnen Bürger anstreben. Elektrizitätswerke, Stahlwerke, Chemieunternehmen, Einzelhandelsunternehmen und Banken haben gewachsene Strukturen. Es entstehen in vielen Bereichen enorme Risiken, wenn die Wirtschaftsstrukturen zu rasch geändert werden. Zu warnen ist vor allem vor einer Ökonomieromantik.

So bedingt die Aufrechterhaltung eines bestimmten Versorgungsniveaus bestimmte Marktbearbeitungsstrukturen und bestimmte Managementstrukturen. Der derzeitigen ökonomischen Effizienz werden zur Zeit praktisch ausschließlich Vorschläge von Gesellschaftsordnungen mit geringerer ökonomischer Effizienz gegenübergestellt – meist mit der Gefahr beachtlicher Schrumpfung.

Wenn weiterhin ökonomische Kompetenz und Effizienz angestrebt werden, muß gegen Autoren wie Capra und andere[20] eingewandt werden, daß durch ihre Vorschläge die Wirtschaftskraft auf etwa die Hälfte des derzeitigen Niveaus rückläufig werden würde, und zwar ohne eine Senkung der Arbeitszeit und bei gleichbleibender Zahl der Erwerbstätigen!

Zu entscheiden ist daher darüber, ob das Streben nach Stabilisierung des heutigen Versorgungsniveaus fortgesetzt werden soll oder ob zumindest ein ökonomischer und vermutlich auch ein sozialer Rückschritt im Sinne von Bescheidenheit das neue Ziel sein soll.

Der Mystizismus folgt dem Leitsatz: ,,Der Mythos ist die größte Annäherung an die absolute Wahrheit, die auf begrifflicher Ebene möglich

---

19) Vgl. Gerken, Gert: Sozialer Wandel, in: Thompson, Walter J. (Hrsg.): Die Dynamik des Wertewandels in unserer Gesellschaft – Protokoll eines Symposiums, veranstaltet für die Deutsche Bank von J. Walter Thompson, Frankfurt a. M. 1984, S. 64–96, S. 65.

20) Vgl. Capra, Fritjof: Wendezeit – Bausteine für ein neues Weltbild, (Scherz Verlag) Bern-München-Wien 1983; Ferguson, Marilyn: Die sanfte Verschwörung – persönliche und gesellschaftliche Transformation im Zeitalter des Wassermanns, 3. Aufl. (Sphinx Verlag) Basel 1983.

ist" (F. Capra). Diese Aussage wird von K. Steinbuch als Ansatzpunkt für einen Rückfall der Kultur in die Zeit vor der Aufklärung bezeichnet – ohne moderne Technik und ohne Medizin.[21)]

Als Indiz für den Rückschritt kann eine Abrüstung im Arbeitsleben wegen mangelnder Einsatzbereitschaft konstatiert werden.[22)]

Eine relativierte Arbeitseinstellung mit Elementen des neuen Mystizismus hat aber zur Konsequenz, daß sich die klassische Produktivität drastisch kürzt. Die als Kompensation erhoffte Steigerung der Kreativität braucht nicht eine zwangsläufige Folge davon zu sein.

IV. Die kulturellen Bezüge der Werte

Die Kernfrage der Wertedynamik mündet in die Frage nach ihren langfristigen Auswirkungen auf Wirtschaft und Gesellschaft. Es geht um die Kraft, die sich durch den Wertewandel für die Zukunftsbewältigung entwickelt. Vielleicht kann zunächst ein Blick auf die Wertebedingungen in den USA und in Japan weiterhelfen.

In den Vereinigten Staaten entwickelt sich trotz zahlreicher interner und externer Probleme auf der Basis des aus der Kolonialzeit vorherrschenden pragmatischen Liberalismus immer wieder das Bewußtsein und die Fähigkeit, die Ärmel hochzukrempeln und durch Privatinitiative weiterzukommen. Daran konnten bisher auch die sanften New-age-Konzepte nichts ändern. Die Beschäftigung mit dem eigenen Ich und mit neuen antimaterialistischen Wertgehalten nimmt jedoch auch in den USA zu. Die traditionellen Werte in Familie und Gesellschaft, insbesondere solche, die die Prinzipien von Autorität und Führung verkörpern, werden stark relativiert werden.[23)]

Die wirtschaftlichen Erfolge Japans sind nur auf dem Hintergrund einer funktionsfähigen kulturellen Basis zu verstehen. Eine Grundlage der japanischen Werteorientierung ist das Gruppendenken im Gegensatz zu unserem Individualdenken. Den Ausgangspunkt dafür hat die Selbstfindung der japanischen Nation nach Ausweisung der Christen und die Isolation von der übrigen Welt im Jahre 1641 gebildet. Zur Ab-

21) Vgl. Steinbuch, Karl: Vortrag anläßlich der Rotary Distriktkonferenz 1985 in Saarbrücken, 4. Mai 1985, Manuskript S. 9.

22) Vgl. Noelle-Neumann, Elisabeth: Wir rüsten ab – im Arbeitsleben, in: Frankfurter Allgemeine Zeitung, 28. Jg., Nr. 21, 25. Januar 1985, S. 10 f.

23) nach Fritsch, Bruno: Wir werden überleben – Orientierungen und Hoffnungen in schwieriger Zeit, (Günter Olzog Verlag) München-Wien 1981, S. 120 f.

wehr des Christentums wurde in dieser Zeit das Fünf-Familien-System geschaffen, nachdem sich überall jeweils fünf Familien zusammenschließen mußten, die jede Christenfamilie zu melden, d.h. zu denunzieren hatten.

Ambivalente und polyvalente Ideologiemuster: In China gab es den kollektivistischen Konfuzianismus als Regierungs- und Verwaltungsreligion und den individualistisch-mystischen Taoismus wie auch den Buddhismus als Weltanschauungen von Volk und Hof.

Die Ambivalenz des Taoismus kommt darin zum Ausdruck, daß einerseits diesseitiges Glück und langes Leben als erstrebenswert gelten, andererseits aber auch das abgeschiedene Einsiedlerdasein.

Die Disziplin des Konfuzianismus ist mit der der preußischen Verwaltung vergleichbar und von hoher rationaler Prägung. Der Taoismus hat dagegen mehr emotionale Komponenten. In Japan förderte er in der abgewandelten Form des Schintoismus Kaiserkult und Nationalismus.

Im übrigen entspricht im Konfuzianismus der Wert der Bildung dem Wert des Besitzes in der protestantischen Prädestinationsethik, dokumentiert in beruflicher Position und beruflichem Aufstieg.

Weiter bleibt zu beachten, daß in Japan aus der individualistisch-mystischen Volksreligion des Taoismus als Schintoismus die Religion der kaiserlichen Familie wurde. Daher gilt der japanische Kapitalismus als nationalistisch, paternalistisch und anti-individualistisch und Michio Morishima ist der Auffassung, daß Individualismus und Liberalismus noch immer in weiter Ferne seien.

Bemerkenswert ist dazu auch seine feinsinnige Analyse der Beziehungen zwischen Buddhismus, Konfuzianismus und Schintoismus in Japan: ,,Schließlich scheint es noch bemerkenswert zu sein, daß es in Japan keine größere religiöse Revolution gegeben hat. Die Japaner bereicherten ihr geistiges Leben, indem sie ihren verschiedenartigen Religionen (oder ihren ethischen Lehren) unterschiedliche Wichtigkeit beimaßen. Wenn die Nation in Gefahr war, betonten sie die Elemente des Schintoismus, nach weitreichenden Veränderungen in ihrem Herrschaftssystem den Konfuzianismus. Damit erwarben sie eine ideologische Stütze, welche die Probleme, denen sich ihr Land gegenübersah, lösen half. Tatsächlich hat nicht ein einzelnes Glaubenssystem, sondern eine wechselhafte Mischung der drei Weltanschauungen Japans kulturellen und wirtschaftlichen Fortschritt begünstigt.''[24]

---

24) Morishima, Michio: Warum Japan so erfolgreich ist, (C. H. Beck Verlag) München 1985, S. 28.

In Gesellschaft, Wirtschaft und Politik Japans zählt nur die Gruppe, und anerkannt wird, wer die Gruppe fördert. Darauf beruhen auch die Konfliktbewältigungsmuster.[25] Das Gruppendenken ist auch der Hintergrund des japanischen Vorschlagswesens und der Qualitätszirkel in den Unternehmen. Entscheidend ist es vor allem auch bei geeigneter spezialisierter Auswertung hochqualifizierter Leistungen, durch die das Einzelgängertum des westlichen Genies kompensiert wird. Die gesellschaftliche Kontrolle ist auch im privaten Bereich für einen Westeuropäer unwahrscheinlich intensiv.

Die Wertedynamik in Japan wird nicht zuletzt durch den Zen-Buddhismus geprägt. Der ursprüngliche Begriff des Zen, das im zwölften Jahrhundert aus China nach Japan kam, ist Chan, d.i. Meditation. Den schwierigen Zugang zu Zen für einen Europäer vermittelt in hervorragender Form Daisetz T. Suzuki, der die Einzigartigkeit des Zen in Japan auf die systematische Schulung des Geistes zurückführt.

„Nach der Grundidee des Zen sollen wir mit den innersten Kräften unseres Wesens in Fühlung kommen, und zwar auf dem kürzestmöglichen Wege, ohne Rückgriff auf irgend etwas Äußeres oder Zusätzliches. Daher verwirft Zen alles, was auch nur eine entfernte Ähnlichkeit mit einer äußeren Autorität aufweist. Zen hegt ein unbedingtes Zutrauen zum innersten Wesen des Menschen. Alle Autorität im Zen kommt von innen. Das gilt im strengsten Sinne des Wortes. Auch der Verstand wird nicht als letztgültig oder vollkommen angesehen. Im Gegenteil, er hindert den Geist an seinem unmittelbarsten Umgang mit sich selbst. Der Intellekt erfüllt seine Sendung, wenn er als Mittler auftritt, und Zen hat nichts mit einem Mittler zu tun, es sei denn in dem Augenblick, wo es sucht, sich anderen Menschen mitzuteilen. Aus diesem Grunde sind alle Bücher nur vorläufige Versuche, nichts Endgültiges. Die Lebensfülle, so wie sich wirklich lebt, ist das, was Zen zu erfassen sucht, und zwar auf dem kürzesten und lebendigsten Wege. Zen verkündet von sich selbst, daß es der Geist des Buddhismus ist, in Wirklichkeit ist es der Geist aller Religion und Philosophie. Wird Zen im Tiefsten verstanden, so erreicht der Geist den vollkommenen Frieden, und ein Mensch lebt, wie er leben sollte. Was wollten wir Höheres wünschen?“[26] Zen ist an der ursprünglichen und schöpferischen Erfassung der Realität orientiert.

Ein typisches Beispiel für die philosophisch-kulturellen Bindungen in Japan bestätigt die seit April 1980 bestehende kleinste japanische Uni-

---

25) Vgl. auch Matsubara, Hisako: Weg zu Japan – West-östliche Erfahrungen, (Albrecht Knaus Verlag) Hamburg 1983.

26) Suzuki, Daisetz T.: Die große Befreiung – Einführung in den Zen-Buddhismus, 10. Aufl. (Otto Wilhelm Barth Verlag) München-Wien 1983, S. 58 f.

versität unweit Tokios, die von Konosuke Matsushita als private Einrichtung gegründet worden ist, die „Matsushita School of Government and Management". Täglich wird im Chor die Verpflichtung erneuert: „In tiefer Liebe zu unserem Land und Volk, auf der Suche nach philosophischen Prinzipien für Staat und Wirtschaft, ausgehend von einem neuen Verständnis des Menschen versuchen wir, Wohlstand und Glück der Menschheit zu mehren und den Frieden in der Welt zu fördern."[26]

Gerade diese Überlegungen dürften beweisen, daß Japan auch mehr und mehr in der Lage sein könnte, sich bei Erfindungen an die Spitze von Entwicklungen zu setzen. Begrenzungen aufgrund bisheriger Organisationsstrukturen dürften leichter überwunden werden, als es von vielen für möglich gehalten wird, dies auch deswegen, weil Japaner es in der ersten Stufe der Schaffung neuer Technologien rasch erreicht haben, bei zahlreichen Produkten mit den USA und europäischen Industrieländern gleichzuziehen.

Die Beispiele USA und Japan beweisen jedes auf seine Weise, daß die Lebendigkeit und Dynamik einer Gesellschaft durch die Tragfähigkeit ihrer Gesellschaftsphilosophie bestimmt werden.

Internationaler Vergleich von Werten: Selbst in den Industriestaaten zeigen sich kräftige Unterschiede der Werte. So ergaben Untersuchungen, daß 84 % der Amerikaner, 79 % der Briten, 37 % der Japaner und nur 13 % der Deutschen stolz auf ihren Beruf sind. Stolz auf die eigene Nation verspürten rd. 8o % der Amerikaner, die Hälfte der Briten, 41 % der Italiener, 3o % der Japaner und 20 % der Deutschen.[27]

Eine internationale Studie über die Werte der Jugend der Welt, 1984 vom Büro des japanischen Premierministers veröffentlicht, brachte zwischen Japan und der Bundesrepublik Deutschland folgende Unterschiede zutage: In beiden Ländern ist die Verpflichtung gegenüber der Gesellschaft nur schwach ausgeprägt. Dagegen identifiziert sich die japanische Jugend mit traditionellen Werten, ist jedoch mit ihrem gegenwärtigen Schicksal unzufrieden, während die deutsche Jugend traditionelle Werte ablehnt, dagegen mit dem Schicksal zufrieden ist. Man spricht in Japan heute auch von einer Ohne-mich-Generation mit einer Überbewertung materiellen Wohlstands.

---

27) Vgl. Stürmer, Michael: Einleitung in: Wo ist die Sprache, die verbindet . . ., Bertelsmann Colloquim 1985, (Bertelsmann Lexikothek Verlag) Gütersloh 1985, S. 13 – 18, S. 15 f.

In diesen Zusammenhang gehört auch das positive Denken (positive thinking)[28] in den USA und in Japan gegenüber dem weitgehend negativen Denken in Mitteleuropa.

V. Der Wertepluralismus

1. Gruppen- und Individualwerte

Da Werte Denkhaltungen von Individuen oder Gruppen sein können, muß man zwischen gesellschaftlich weitgehend verbindlichen Werten, Gruppenwerten und individuellen Werten unterscheiden. Der Grad der Allgemeingültigkeit von Werten ist in einer pluralistischen Gesellschaft begrenzt. Man wird als Beispiel für eine allgemeine soziale Wertehaltung vielleicht die Ablehnung von Rauschgift oder die Ablehnung der Vernichtung von Nahrungsmitteln nennen können.

Zusammengehörigkeitsgefühl und Gemeinschaftssinn: Ein gesellschaftlich akzeptierter Wertepluralismus basiert auf der allgemeinen Überzeugung, daß es zu grundlegenden Fragen eine Übereinstimmung gibt. Je geringer die Übereinstimmung, desto schwächer ist das Zusammengehörigkeitsgefühl und der Sinn für eine Gesellschaft als Gemeinschaft.

Man kann sich dies am Beispiel der Kontaktbereitschaft der Wirtschaft gegenüber Studenten der Wirtschaftswissenschaften verdeutlichen. Die Wirtschaft, die Verbände und sogar der Deutsche Industrie- und Handelstag, klagen – mit Recht – darüber, daß die Ausbildung zu theoretisch und zu wenig praxisorientiert sei. Versucht man aber, praxisorientierte, mit Unternehmenskontakten verbundene Seminar- und Diplomarbeiten zu vergeben, so stößt man auf sehr wenig Bereitschaft. Was will die Wirtschaft eigentlich? Wenn Studenten praxisorientert sein sollen, muß sie bereit sein, qualifizierte Mitarbeiter zu stellen, die die Ausbildungsfunktion gegenüber Studenten mit wahrnehmen helfen.

Ähnlich ist die Situation beim Angebot von Praktika. Ohne die Bereitschaft, in einem gegenüber heute weitaus höheren Umfange Praktika bereitzustellen, bleibt die Kenntnis der Studierenden über die Arbeitsbedingungen, mit denen sie in Zukunft zu rechnen haben, begrenzt. Man

---

28) Vgl. auch Afheldt, Heik: Bilder einer Welt von Morgen – Modelle bis 2009, (Horst Poller Verlag) Stuttgart 1985, S. 13.

muß sich überlegen, ob gesellschaftlich die rechtzeitige Arbeitsplatzinformation nicht günstiger ist als die Frustration von Universitätsabsolventen aus Gründen der Mißverständnisse über die gegenseitigen Leistungserwartungen und die Bereitschaft zur Integration in die Arbeitswelt.

Durch die Verlagerung vieler Funktionen von der Familie auf die Gesellschaft haben früher allgemein anerkannte Werte an Bedeutung verloren, d.h. der Common sense hat sich abgeschwächt. „Gesichtslose Professionellen-Solidarität setzt sich an die Stelle der personalen, Gegenseitigkeitsrelationen begründenden Solidarität in Familie, Nachbarschaft und Arbeitsplatz. Wir erleben die systematische Entsolidarisierung der Gesellschaft durch die Professionalisierung der Solidarität."[29)]

Die gruppenbezogene Wertedynamik hat solche Wertewandlungen zum Gegenstand, die sich auf bestimmte Gruppen beziehen. Als Beispiel seien die Werteunterschiede von Konsumenten aufgrund von Alters- und Bildungsstand im Zeitablauf erwähnt, d.h. die Tatsache, daß in einigen Gruppen heute noch Werte angestrebt werden, die von anderen längst aufgegeben worden sind.

Letztlich bestimmen die in unserer Zeit herrschende Gewichtung von Gruppenwerten und deren Änderungen die Verhaltensstrukturen unserer Gesellschaft. Beispiele für Wertepole mit unterschiedlichen Abstufungen und Schattierungen sind

- Mobilität oder Immobilität,
- starkes oder schwaches Demokratiebewußtsein,
- hohe oder geringe Informations- und Kommunikationsbedürfnisse.

Walt Whitman Rostow hat ein Phasenmodell der wohlstandsspezifischen Werte geschaffen, das er als Buddenbrook-Dynamik bezeichnet:[30)]

- erste Generation: Konsumaskese und Kapitalanhäufung,
- zweite Generation: Konsumfreudigkeit und Prestigeerwerb,
- dritte Generation: Flucht in ästhetisierende, künstliche Innerlichkeit oder Gewöhnung an den größeren Freiheitsspielraum.

---

29) Guggenberger, Bernd: Die Wiedergewinnung des Sozialen – Die Illusion des Wohlfahrtsstaates und die Krise der Arbeitsgesellschaft, in: Frankfurter Allgemeine Zeitung, 26. Jg., Nr. 186, 3. August 1983, Beilage Bilder und Zeiten.

30) Vgl. Der Bundesminister für Forschung und Technologie (Hrsg.): Politik, Wertewandel, Technologie – Ansatzpunkte für eine Theorie der sozialen Entwicklung, (Econ Verlag) Düsseldorf-Wien 1982, S. 234; vgl. Meyer-Larsen, Werner: Das Ende der Nachfrage, (C. Bertelsmann Verlag) München 1984, S. 83 ff.

Gerade hier stellt sich die Frage, in welche Richtung sich das Pendel bewegt, d.h. in welchem Ausmaß die drei Generationentypen in unserer Gesellschaft vertreten sind.

Die Buddenbrook-Dynamik ist jedoch keine allgemeine Gesetzmäßigkeit. Die Schweiz scheint zu beweisen, daß man über mehrere Generationen hinweg Wohlstand gut verkraften kann. In der Bundesrepublik Deutschland müßte dies wohl noch weitgehend gelernt werden.

Die Bewertung des Wertewandels kann nur durch geeignete Typologien erfolgen. Dabei ist die Eignung einer Typologie vom angestrebten Analysezweck abhängig. Bei ökonomisch-gesellschaftlicher Orientierung einer Typologie des Wertewandels werden heute etwa folgende Typen unterschieden:

- Traditionalisten 30 %,
- Eskapisten 20 %,
- Hedonisten 20 %,
- Verantwortliche, Leistungsorientierte 30 %.

Die Suche nach der Identität: Die Vielfalt der Werte und die Widersprüche zwischen den Werten führen zu einer individuellen Anpassung des eigenen Wertegefüges und damit auch des eigenen Weltbildes an die Umwelt. Im Gegensatz dazu steht das Wahrnehmen und Lernen veränderter Werte und die Suche nach Identität. Dieses Identitätsstreben prägt auch das Verbraucherverhalten, primär das Einkaufsverhalten und sekundär den Lebensstil. Ralph Glasser stellt treffend fest: „Man kann sich das im übertragenen Sinne etwa so vorstellen, als ob der Käufer bestimmte Radarsignale aussenden und aus den Echos ein geistiges Bild seiner derzeitigen Identität aufbauen würde, das er mit dem der gedachten idealen Identität vergleicht und die Wahl so trifft, daß sie zu dieser paßt.“[31)]

Und Klages ergänzt, „daß der innere Kreiselkompaß, durch den die Menschen während der bisherigen Geschichte aufgrund feststehender Werte gesteuert und auf Kurs gehalten wurden, durch eine innere Radarantenne ersetzt wird, welche eine dauernde Anpassung der Werte an wechselnde Forderungen und Erwartungen der Umwelt ermöglicht.“[32)]

Das Streben nach mehr Einsicht und mehr Selbsterkenntnis anstelle von Selbstkontrolle[33)] im Sinne von Anpassung führt zu einer veränder-

---

31) Glasser, Ralph: Motivation und Lebenssinn, in: gdi topics, 4. Jg., 1973, Nr. 6, S. 75–78, S. 76

32) Klages, Helmut: Unsicherheit als Lebenselement, in: Moderner Markt, 1973, Nr. 6, S. 76–80, S. 77.

33) Vgl. Ferguson, Marilyn: Die sanfte Verschwörung – Persönliche und gesellschaftliche Transformation im Zeitalter des Wassermanns, 3. Aufl., (Sphinx Verlag) Basel 1983.

ten Lebensgestaltung. Bestimmte Verhaltenspolarisierungen, einerseits das Streben ,,Zurück zur Natur" und andererseits die Bereitschaft zur Nutzung neuer Technologien, drängen so zu einer unerwarteten Symbiose.

2. Zur Polarisierung und Dialektik der Werte

Zur Polarisierung der Werte: In einem einzigen Menschen können höchst widersprüchliche Werte vereint sein, z.B. die Anspruchsinflation auf der einen Seite und der Konsumverzicht auf der anderen Seite. Die Zunahme der Ansprüche und deren Definition als gewissermaßen unverzichtbare Rechte äußern sich z.B. durch den

- Anspruch auf Bildung,
- Anspruch auf Arbeit,
- Anspruch auf hohes Einkommen bei Arbeit und bei Nichtarbeit,
- Anspruch auf Mitwirkung und Mitbeteiligung.

Im Gegensatz dazu steht die Anspruchssenkung mit Konsumabkehr oder Konsumabwehr bei anderen Gruppen im Rahmen der freiwilligen Einfachheit.

Von besonderer Bedeutung ist daher in Anbetracht der Vielfalt und der Widersprüchlichkeit der Ansprüche das Verkraften von Widersprüchen und vermutlich auch das dauerhafte Umgehenlernen mit Widersprüchen, das im übrigen erhebliche Anforderungen an Toleranz und Ausbildung stellt.

Die Gesellschaft ist auf dem Weg zur Widerspruchsgesellschaft und zur gesellschaftlichen Schizophrenie. Den überzogenen widersprüchlichen Werten und Verhaltensweisen durch Kommunikation zu begegnen, ist eine der zentralen Herausforderungen. Zu den unzuträglichen Werteschizophrenien gehört schließlich auch, daß auf der einen Seite Ladendiebstahl und abflachende Gesetzestreue beklagt werden, auf der anderen Seite Hinterziehungen von Steuern und Sozialabgaben u.a. im Rahmen der Parallelwirtschaft als normal gelten.

Man muß in diesem Zusammenhang darauf hinweisen, daß sich teilweise auch eine Wiederbesinnung auf klassische Werte einstellt, da sich das Bewußtsein über mehr Gemeinsinn als Grundlage für das Zusammenleben verstärkt.

Die Ambivalenz der Werte ist vor allem bei der Beurteilung des technischen Fortschritts von wirtschaftlicher und ökonomischer Relevanz.

Auf die Frage „Glauben Sie, daß die Technik alles in allem ein Segen oder ein Fluch für die Menschheit ist?" antwortete ein repräsentativer Querschnitt der Bevölkerung der Bundesrepublik Deutschland sowie West-Berlins im Alter zwischen 16 und 24 Jahren noch 1966 zu 83 % „Ein Segen", während sich damals nur 1 % für die Antwort „Ein Fluch" entschloß. 1980 war die Zahl der vom Segen der Technik Überzeugten drastisch auf 38 % abgesunken, und 9 % hielten die Technik für einen „Fluch".

Ein durchaus analoges Bild ergibt sich aus der Auszählung der Antworten auf die demoskopische Frage „Glauben Sie, daß der Fortschritt der Technik das Leben für die Menschen immer einfacher oder immer schwieriger macht?" 1966 fanden deutsche Jugendliche noch zu 68 % „immer einfacher" und lediglich 20 % „immer schwieriger". 1980 hatte sich diese Relation auf 48 % zu 34 % verändert. Die Erwachsenen überboten diesen Trend sogar noch. Sie hielten 1980 die Technik nur noch zu 40 % für einen Lebensvereinfachungsfaktor und zu 42 % für einen Faktor, der das Leben kompliziert.[34)]

Bereits im Jahre 1970 wurde auf dem Kongreß der Zukunftsforscher in Kyoto von der Multi-Channel-Society mit alternativen Erlebnis- und Zukunftsoptionen gesprochen.

Der Wertepluralismus führt zu teilweise diametral entgegengesetzten Wertestrukturen, z.B. betontes Familienstreben mit eher bescheidener materieller Ausstattung der Eltern bei den einen sowie Individualhedonismus mit hohem materiellem Ausstattungsstreben und Verzicht auf Kinder bei den anderen.

Der Wertewandel hat in unserem täglichen Leben zu einem eigentlichen Auseinanderdriften von Arbeitswelt und Freizeit geführt. Eine neue Arbeits- und eine neue Konsummoral sind im Entstehen. Bernd Guggenberger knüpft daran weitgehende Schlußfolgerungen: „Die expansive Arbeitsgesellschaft braucht diese Chamäleonmoral, sie braucht den Charakterwechsel nach Feierabend. Er ist das Scharnier, über welches sich die Arbeit in die Freizeitsphäre hinein verlängert: einmal, weil eine wachsende Anzahl von Menschen in diesem Bereich arbeitet und Dienstleistungen erbringt; zum anderen, weil wir alle als Konsumenten solcher Dienstleistungen für diesen Bereich ‚Mehrarbeit' leisten. Nur wenn es gelingt, die Freizeit zu entkommerzialisieren, wird sie den Namen wirklich verdienen. Nur in einer Gesellschaft souveräner, selbst-

34) Vgl. Lübbe, Hermann: Wertewandel und Arbeitsmoral, in: IBM-Nachrichten, 34. Jg., 1984, Nr. 274, S. 7–11, S. 8.

aktiver ‚Konsumenten' kann allgemeine Arbeitsverknappung Wohltat werden."[35)]

Wir sollten uns nicht allzusehr darüber wundern, daß die heutige Jugend kein stabiles Wertegefüge hat, denn sie verkraftet solche Werteschizophrenien nicht.

Aus dieser Basispolarisierung über zu verfolgende Werte erwachsen entsprechend kontroverse Auffassungen über wichtige Sachfragen in unserer Gesellschaft, z.B.

- Kontroversen über die Ressourcennutzung,
- Kontroversen über die Energiekonzepte,
- Kontroversen über das Leistungsprinzip,
- Kontroversen über die Funktionen des Staates und damit über staatliche Eingriffsrechte.

Zur Dialektik der Werte: Die bewußte Polarisierung von Werten ist bereits in den alten Kulturen weit entwickelt gewesen. Der typische Fall ist die Spaltung des Buddhismus in China, die sich im sechsten Jahrhundert im Konfuzianismus und im Taoismus niederschlug. Durch den Konfuzianismus mit seinen durchdachten organisatorischen Vorgaben wurden die Voraussetzungen für das Fuktionieren eines Weltreiches geschaffen, die auch die Regeln des menschlichen Zusammenlebens in den Familien und damit das Erziehungssystem prägten. Der Konfuzianismus wurde zur ethischen Grundlage des bereits vorher bestehenden chinesischen Familiensystems und der Ahnenverehrung. Der Taoismus – von Laotse geschaffen – dagegen war auf die Selbstbesinnung und Selbstbestimmung durch Naturbeobachtung und somit individualistisch und intuitiv ausgerichtet. Diese Ethik wurde eher von älteren Menschen verfolgt.[36)]

Nach allem bisher Gesagten sind Werte somit dialektisch: Die Förderung eines Wertes stellt zugleich andere Werte in Frage. Ein Beispiel: Emanzipation der Frau bedeutet ökonomische Unabhängigkeit. Emanzipation ist aber u.U. auch die Infragestellung der Familie.

Bezüglich der Dialektik Freiheit und Sicherheit weist Leszek Kolakowski nach, daß diese Werte nicht absolut zu erreichen sind. Man muß zwischen Freiheitsgraden und Sicherheitsgraden einen Kompromiß fin-

35) Guggenberger, Bernd: Die Wiedergewinnung des Sozialen – Die Illusion des Wohlfahrtsstaates und die Krise der Arbeitsgesellschaft, in: Frankfurter Allgemeine Zeitung, 26. Jg., Nr. 186, 13. August 1983, Beilage Bilder und Zeiten.

36) Vgl. auch Capra, Fritjof: Das Tao der Physik – die Konvergenz von westlicher Wissenschaft und östlicher Philosophie, 2. Aufl., (Scherz Verlag) Bern-München-Wien 1984, S. 105–121.

den. ,,Der in unserer Zivilisation verbreitete Infantilismus, der uns dazu neigen läßt, daß wir immer weniger soziale und staatliche Intervention in unser Privatleben und unsere Geschäfte möchten, gleichzeitig aber mehr und mehr Schutz, mehr und mehr Verantwortung für unser Leben von derselben Organisation verlangen, ist einer unserer gefährlichsten inneren Feinde. Die ersehnte Freiheit von Pflichten, von Aufsicht, von Kontrolle, endlich von Gesetz könnte uns nur ein vollkommenes anarchistisches Paradies liefern, während wir die vollkommene Sicherheit und den allumfassenden Schutz nur von einer streng totalitären Ordnung erwarten können. Und wir wollen beides! Und beides natürlich werden wir nie haben.''[37)]

Präzise hat Erich Hoppmann auf die neuen Arten von Moral aufmerksam gemacht, die die Gesellschaft beherrschen. Solidarität und Nächstenliebe im Bereich der privaten Sphäre und Egoismus mit starker Leistungsorientierung in der Machtsphäre.[38)]

In der Großgesellschaft gäbe es keine gemeinsamen Ziele und Zwecke. In ihr können Menschen mit einander widersprechenden Zielen zusammenleben. ,,Die Großgesellschaft erfordert jene moralischen Grundsätze, die die Marktordnung hervorgerufen haben, nämlich die Anerkennung von Vertragstreue, die Respektierung des Eigentums, die Haftung für angerichtete Schäden, die Hochschätzung der Leistungsbereitschaft gegenüber anonymen Marktpartnern, die moralische Wertschätzung des persönlichen Verantwortungsbewußtseins, das Einstehen für die Konsequenzen des eigenen Handelns.''[38)]

VI. Die Phasen der Wertedynamik

Man kann für die Zeit nach dem Zweiten Weltkrieg in der Bundesrepublik Deutschland folgende *Phasen der Wertedynamik* erkennen:

1945 bis 1965: Es herrscht ein fast uneingeschränktes Fortschrittsstreben und ein ungebrochener Glaube an die Parallelität zwischen materiellem und sozialem Fortschritt. Motto: Wohlstand für alle.

1965 bis 1973: Das erste Aufbegehren der Jugend gegen die etablierten Werte erreicht seinen Höhepunkt mit den Studentenunruhen im Jah-

---

37) Kolakowski, Leszek: Wiedergeburt des Abendlandes?, in: Neue Zürcher Zeitung, 204. Jg., Nr. 66, 19./20. März 1983, 37.

38) (Vgl.) Hoppmann, Erich: Zwei Arten der Moral, Diskussionsbeiträge des Instituts für Allgemeine Wirtschaftsforschung, Abteilung für die Wirtschaftspolitik, Albert-Ludwigs-Universität, Freiburg i. Br., 8. Februar 1982, S. 1–18, S. 2, S. 17.

re 1968. Es beginnt der Wertewandel mit einer relativierten Betrachtung des Wohlstandes, des Gesellschaftssystems und seiner sozialen Gerechtigkeit.

Seit 1973: Durch den Erdölschock von 1973 tritt die Begrenztheit der Ressourcen ins Bewußtsein. Der Rohölpreis je Tonne steigt von 60,10 DM im Jahre 1970 auf 616,40 DM im Jahre 1982 an. Die Sensibilisierung für ökologische Probleme gewinnt zunehmende Bedeutung. Vor allem bei jungen Menschen ist durch die Ökologieprobleme der Mensch-Natur-Dialog zum eigentlichen Faktor der Gemeinsamkeit – vielleicht der Beginn eines neuen Common sense – geworden.

Mit den siebziger Jahren beginnt nach der Hippie-Welle und der Welle der antiautoritären Erziehung in den sechziger Jahren die Phase des Dagegenseins in Form eines manifesten Widerspruchs. Zur gleichen Zeit setzt auch die Relativierung der bisherigen Arbeits- und Leistungsethik ein. Motto: Raumschiff Erde.

Seit 1979: Die Arbeitslosigkeit steigt von 876 000 (Jahresdurchschnitt 1979) auf rd. 2,2 Mill. im Jahre 1985 an. Es gibt über 600 000 Arbeitslose unter 25 Jahre (Ende 1983).

Erstmalig nach dem Zweiten Weltkrieg (1980 bis 1983) erfolgt ein Rückgang der Realeinkommen.

Der Übergang des Lebensmittelpunktes von der Arbeit zur Freizeit fördert das Entstehen der Doppelwirtschaft mit zunehmender sozialer Akzeptanz, wie bereits aus dem Begriffswandel deutlich wird:

- schwarzer Kreislauf,
- grauer Kreislauf,
- Schattenwirtschaft,
- Parallelwirtschaft,
- Doppelwirtschaft.

Ein weiteres Begriffspaar in diesem Zusammenhang ist formale Produktion und informale Produktion.

Es ergeben sich auch *Wertephasen durch den Generationenwechsel*, wie das Beispiel der Wertedynamik von Arbeitnehmern und Unternehmern in Unternehmen und sonstigen Organisationen zeigt. Die Generation des Wiederaufbaus ist bereits weitgehend abgetreten. Die Zwischengeneration hat ein bereits verändertes Leistungsstreben. Die junge Generation ist noch auf der Suche nach neuen Werten. Sie stellt mehr und mehr das unternehmerische Tun in Frage. Es folgt eine Generation, deren Vorstellungen über das Erstrebbare und über das Machbare verändert sind, weil tradierte Werte angezweifelt und neue Werte mit anderer Prioritätenskala gesucht werden.

Empirische Untersuchungen bestätigen den Wertewandel. So zeigen sich von 1967 bis 1981/83 folgende Veränderungen von Werten:

Wert	Anteil der Befragten in %	
	1967	1981/83
Toleranz	59	72
Suche richtiger Freunde	53	61
Freier Wille, Selbständigkeit	28	52
Hedonismus, Lebensgenuß	27	38
Anpassungsbereitschaft	61	45
Etwas Leisten (Basis: 1974)	54	39

Quelle: Klipstein, Michael von: Gewandelte Werte – erstarrte Strukturen, Freie Universität Berlin, Forschungsstelle Sozialökonomik der Arbeit, Berlin 1985.

Man könnte in Anlehnung an Gossen[39], der die Gesetze des abnehmenden Grenznutzens formulierte, von einer Entwicklung zur Gossen-Gesellschaft sprechen: Immer weniger wird als anzustrebender Lebenswert erkannt. Was erreicht wird an Lebenswerten, gilt gegenüber früheren Zeiten als selbstverständlicher und damit unbedeutender.

39) Vgl. Gossen, Hermann H.: Entwicklung der Gesetze des menschlichen Verkehrs und der daraus fließenden Regeln für menschliches Handeln, Neue Ausgabe, (Verlag von R. L. Prager) Berlin 1889.

Übersicht 6.2

Ausgewählte Tendenzen der gegenwärtigen Wertedynamik in der Bundesrepublik Deutschland

Werte	Gewichtung[1]					
	1	2	3	4	5	6
Orientierung des Verhaltens (Führungsverhalten) an ethischen Zielen				T →		N
Menschlichkeit (Humanität)/Würde des Menschen			T →		N	
Liberalität und Toleranz (z.B. gegenüber Randgruppen und Minderheiten)			T →		N	
Gerechtigkeitsstreben (z.B. in der Gleichbehandlung gleicher Tatbestände)				T →	N	
Eigentum/Besitzstreben				N ←	T	
Prinzip von Leistung und Gegenleistung			N ←		T	
Selbständigkeit und Individualität					T →	N
Selbstverwirklichung in der Arbeit				T →		N
Selbstverwirklichung außerhalb der Arbeit		T →			N	
Sicherheitsstreben				T N		
Sozialer Nutzen der Arbeit		T →			N	
Demokratie (z.B. Beteiligung an Entscheidungen/ Selbstbestimmung)			T →			N
Status, Macht, Hierarchie (Streben nach sozialem Aufstieg)				N ←	T	
Streben nach sozialen Kontakten/ Gemeinschaftsgefühl			T →		N	
Information und Kommunikation		T →			N	
Freie Meinungsäußerung			T →		N	

1) 1 = weniger wichtig, 6 = sehr wichtig; 2, 3, 4, 5 = Abstufungen;
T = Traditionelle Werte, N = Neue Werte.

Quelle: Hehl, Gerhard: Führungskräfte für die 90er Jahre, in: Jugend '85, 1985, Nr. 1, S. 48–51, S. 48.

Wertephasen aufgrund des technischen Fortschritts: Weitere Wertephasen ergeben sich durch die Akzeptanzdynamik von Innovationen, z.B. aufgrund der Akzeptanz der neuen Medien und der Computertechnik, denn auch die Technik verändert Einstellungen.

Individuelle Wertephasen: Aus den USA, von Christopher Lash, stammt das Schlagwort vom Zeitalter des Narzißmus als übersteigerter Selbstbezogenheit und Selbstverwirklichung und vor allem Überheblichkeit – auch Überheblichkeit im Hinblick auf die Problemlösungskraft des einzelnen oder der Bürger überhaupt. Daraus erwächst Selbstbefangenheit, diese mündet in Zukunftsangst bzw. Sinnleere und dann unmittelbar in Fluchtverhalten, vom Freizeitstreß bis zum Drogenkonsum.[40)]

VII. Die Wahrnehmung der Wertedynamik und die Gestaltung der Werte

Nach Frederic Vester beruht das Festhalten an alten, nicht mehr sinnvollen gesellschaftlichen Werten auf der Angst vor dem Umlernen. Man vertraut auch darauf, daß einmal gelernte feste Normen und Werte, an denen sich das Verhalten orientieren kann, auch von anderen Menschen befolgt werden.[41)]

Eine Gesellschaft mit widersprüchlichen Werten – wie die pluralistische Gesellschaft – steht vor bisher wenig analysierten Problemen. Noch gibt es zu viele kontroverse exploratorische, aber auch als repräsentativ konzipierte Analysen zur Wertestruktur und Wertedynamik. Die Antizipation der Werteentwicklung und die Substitution und Komplementarität der Werte sind erst wenig erkannt. Es spricht vieles dafür, daß neue soziale Gruppen aufgrund der Wertedynamik definiert werden müssen, um politisches, soziales und wirtschaftliches Verhalten besser verstehen zu können.

---

40) Vgl. auch Müller, Kurt: Zeitgeist und Freiheit, in: Neue Zürcher Zeitung, 203. Jg., Nr. 5, 9. Januar 1982, S. 9.

41) Vgl. Vester, Frederic: Wertwandel und seine Konsequenzen, in: Schäkel, Uwe; Scholz, Jürgen (Hrsg.): Neue Wege der Leistungsgesellschaft, Wertwandel und seine Konsequenzen im Unternehmen, (Windmühle Verlag und Vertrieb von Medien) Essen 1982, S. 23.

C. Die Probleme des menschlichen Verhaltens

I. Die Grundlagen

Das Verhalten der Menschen in einer Gesellschaft wird durch ein komplexes Bündel von Gesetzmäßigkeiten bestimmt. Dazu gehören individuelle Eigenschaften, Verhaltensmuster, Einflüsse des gesellschaftlichen Systems und Wechselwirkungen zwischen Mensch und Gesellschaft.

Dabei dürfte das übergeordnete Prinzip der Ambivalenz des Verhaltens und Handelns von besonderer Tragweite sein. Man kann die Auffassung vertreten, daß die konkreten Ausprägungen der Ambivalenz die bisher erörterten Szenarien und Optionen in ganz besonderem Maße beeinflussen.

Von Einfluß ist überdies das Rollenverhalten, d.h. das situationsspezifische Verhalten, das in enger Beziehung zur individuellen Ideologie steht (codes of belief).[42)]

II. Ausgewählte Ambivalenzprobleme

Die Ambivalenz zwischen Denken und Handeln

Man kann eine Entscheidung intensiv durchdenken oder einfach agieren, ohne sich die Folgewirkungen zu verdeutlichen.

Denkzeit und Bedenkzeit werden oft abgelehnt, weil sie zu Verzögerungen führen, oder weil sie Anstrengungen erfordern und Kosten verursachen.

Man macht sich aber im Gegenzug oft nicht klar, welche Ressourcen eingesetzt werden müssen, um die Fehler zu beseitigen, die man durch unbedachtes Handeln gemacht hat.

Diese Vorgehensweise wird im übrigen dadurch erleichtert, daß die Schuldigen für die Kosten von Fehlentscheidungen oft nicht zur Rechenschaft gezogen werden.

42) Vgl. Sennett, Richard: Verfall und Ende des öffentlichen Lebens – Die Tyrannei der Intimität, (S. Fischer Verlag) Frankfurt a. M. 1983, S. 48.

Die Ambivalenz des individuellen Handelns

Da jedes Handeln auch Nichthandeln in Richtung anderer Alternativen bedeutet, ist es stets ambivalent. Das individuelle Risikobewußtsein wird auch die Risikobereitschaft bestimmen, die Wahl der Alternative. Mit der Wahl einer Alternative wirkt man als Entscheidungsträger auf das Umfeld ein. Und auch die Entscheidungswirkungen sind ambivalent, sie können Dritte begünstigen und benachteiligen.

Die Ambivalenz der Tätigkeit des Managers wird von Edzard Reuter plastisch dargestellt. Es gäbe, so meint Reuter, kein intellektuelles Streben ohne Selbstgefährdung: ,,Denn dieses Streben wird sich darauf richten, die praktischen Grenzen, die rationaler Kritik gesetzt sind, endgültig zu überwinden. Wollte unser Geist aber dafür einen Kanon fester Wertehierarchien oder eine neue Ideologie der Harmonie anstelle pluralistischer Vielfalt schaffen, würde er sich im Ergebnis selbst zur Ohnmacht verdammen, er würde so zum Wegbereiter für autoritäre und populistische Herrschaftsstrukturen. Solche Herrscher entscheiden sich im Zweifel gegen jedes freie Wort. Bedeutende Unternehmungen, nicht nur Staaten, sind auf diese Weise ruiniert worden.

Umgekehrt läßt sich ein Unternehmen zu ungewöhnlicher Leistung bringen, wenn seine verborgenen Besonderheiten richtig erfaßt werden. Durch technokratische Analyse allein ist das aber ebensowenig zu schaffen wie durch jenes unternehmerische ‚Gespür', das angeblich aus dem Magen kommt. Schöpferische Vorstellungskraft ist in der Tat unersetzlich, doch sie wird zu einem Lockruf der Sirenen, wenn kritische Vernunft nicht ihre Meßlatte bleibt. Das aber heißt: Wie in einer Gesellschaft oder einem Staat Vernunft nur um die Bedingung der Offenheit zu haben ist, so muß auch der Informations-, Analyse- und Denkapparat einer Unternehmung offen und genutzt sein, damit falsche Entscheidungen vermieden werden können.''[43]

Es bleibt somit die Frage, in welcher Richtung Handeln gefördert oder behindert werden soll.

Durch Irreleitung wurden die Werte Pflichtgefühl, Treue oder auch Solidarität soweit abgewertet, daß sie heute für das Handeln kaum mehr tragfähig sind.

---

43) Reuter, Edzard: Zwischen Management und Mythos, in: Die Zeit, 40. Jg., 1985, Nr. 13, S. 39 f.

Zur Ambivalenz der Konflikte

Das gesellschaftliche Zusammenleben von Menschen wird durch Verhaltenstypen bestimmt, wie Gregory Bateson scharfsinnig analysiert hat. Er unterscheidet u.a. zwischen Konkurrenzverhalten und komplementären Herrschafts-Unterwerfungs-Systemen.

,,In England und Amerika, wo Kinder und Erwachsene einem fast unaufhörlichen Sperrfeuer der Mißbilligung ausgesetzt sind, wenn sie die komplementären Muster an den Tag legen, gelangen sie unvermeidlich dahin, die Ethik des ,fair play' zu akzeptieren. Als Reaktion auf die Herausforderung durch Schwierigkeiten können sie nicht, ohne sich schuldig zu machen, nach unten treten.[a]

Für die britische Moral war Dünkirchen ein Ansporn und kein Dämpfer.

In Deutschland aber fehlt es auffallend an eben diesen Klischees, und die Gemeinschaft ist hauptsächlich auf der Basis einer komplementären Hierarchie im Sinne von Herrschaftsunterwerfung organisiert. Das Herrschaftsverhalten ist scharf und deutlich entwickelt; doch das Bild ist nicht völlig klar und muß noch weiter untersucht werden. Ob eine reine Herrschaft-Unterwerfung-Hierarchie jemals als ein stabiles System existieren könnte, ist zweifelhaft. Es scheint, als werde die Unterwerfungsseite des Musters in Deutschland verschleiert, so daß offen unterwürfiges Verhalten fast genauso stark tabuisiert ist wie in Amerika oder England. Anstelle der Unterwerfung finden wir eine Art von Kadavergehorsam.''[44] Das Beispiel im Journalismus ist die ,,Schere im Kopf''.

Aus den konfliktären Beziehungen und dem präferierten Problemlösungsmechanismus zwischen Menschen leitet Bateson den Nationalcharakter bei Völkern der westlichen Zivilisation ab. Amerikaner und Engländer seien durch das symmetrische Muster gekennzeichnet, die Deutschen durch ,,Tabuisierung offen unterwürfigen Verhaltens''.[44] Aufgrund dieser Überlegungen hat Bateson während des Zweiten Weltkrieges im übrigen die Bedingungen für einen tragfähigen Friedensvertrag entwickelt. Was wäre nach dem Desaster von Weimar für beide Seiten tragbar und dauerhaft gewesen? Der fast ein halbes Jahrhundert währende Verzicht auf einen Friedensvertrag kennzeichnet ein allgemein

44) Bateson, Gregory: Die Ökologie des Geistes, (Suhrkamp Verlag) Frankfurt a. M. 1981, S. 145 f., S. 154.

a) Es ist jedoch möglich, daß in gewissen Bereichen dieser Nationen komplementäre Muster in einiger Häufigkeit auftreten – besonders bei Gruppen, die längere Zeit unter Untersicherheit und Ungewißheit gelitten haben, z.B. rassische Minderheiten, Notstandsgebiete, die Wertpapierbörse, politische Kreise usw.

anzutreffendes Verhalten, Nichtregelungen zur Bewältigung von Konflikten einer Regelung vorzuziehen.

Viele gesellschaftliche Probleme würden sich leichter lösen lassen, wenn mehr über Psychologie oder Soziologie der Konflikte und die Konfliktbewältigungsrituale bekannt wäre.

Die zentralen Hypothesen sind in diesem Zusammenhang die generelle Orientierung auf ein trotz der Konflikte wieder erreichbares Gleichgewicht der Gesellschaft und die Gegenposition der Unmöglichkeit von Gleichgewichten wegen des Wertepluralismus und der Parzellierung der Sozialstruktur.

Der Konflikt gilt in der Demokratie als gesellschaftliche Triebkraft, die die Orientierung des einzelnen und von Gruppen fördert und der Entfremdung entgegenwirkt. Bisher ist jedoch nicht genügend bekannt, wann Konflikte in gesellschaftspolitischen Umwälzungen umschlagen.

Die Ambivalenz der Gemeinschaft

Die Ambivalenz des friedlichen gesellschaftlichen Zusammenlebens in der modernen Gemeinschaft erfordert gemeinsame Phantasie – bis hin zu gefühlsmäßigen Übereinstimmungen und gleicher Motivationsstruktur. Diese Phantasien sind der Bindungsfaktor der Gemeinschaft, wie Richard Sennett feststellt:

„Unpersönliche ethnische Beziehungen schaffen keine wirkliche Bindung – genausowenig wie unpersönliche Klassenbeziehungen; man hat das Gefühl, das ‚Wir' schließe nur solche Menschen ein, die man als Personen kennt. Je begrenzter diese Vorstellungswelt, desto größer die Zahl der gesellschaftlichen Interessen und Probleme, auf die man sich nicht einläßt, die man nicht an sich heranläßt. Es handelt sich dabei nicht um Gleichgültigkeit, sondern um eine Weigerung, die absichtliche Verengung des Erfahrungsfeldes, das sich das kollektive Selbst absteckt. Die Konsequenzen dieser Lokalisierung gehen allerdings weit über den politischen Bereich hinaus. Im Grunde geht es hier darum, welches Maß an Risikobereitschaft die Menschen aufbringen können. Je verengter die Vorstellungen vom Selbst bei jemanden sind, desto weniger Risikobereitschaft wird er beweisen. Die Weigerung, sich mit der Realität jenseits des Nahbereichs zu beschäftigen, sie aufzunehmen und den eigenen Zwecken dienstbar zu machen, ist in gewisser Hinsicht ein universeller Zug menschlichen Verhaltens – die Angst vor dem Unbekannten."[45]

45) (Vgl.) Sennett, Richard: Verfall und Ende des öffentlichen Lebens – Die Tyrannei der Intimität, (S. Fischer Verlag) Frankfurt a. M. 1983, S. 349, S. 359, S. 349 f.

Man kann diesen Einbindungsritualen nur schwer entrinnen. Wer sich ändere, so Sennett, verrate die Gemeinschaft mit der Wirkung der Entfremdung von ihr.

„Daraus folgt nun freilich nicht die Infragestellung dieses Außen, sondern seine Verdrängung, eine Abkehr vom Außen hin zur wachsamen Gemeinschaft mit denen, die ‚Verständnis' haben. So ist das eigentümliche Sektierertum der säkularen Gesellschaft beschaffen. Es resultiert aus der Umwandlung der unmittelbaren Gemeinschaftserfahrung in ein Prinzip von Gesellschaft. Psychologisch kann man sich zwar die umfassenden Kräfte der Gesellschaft vom Leib halten, aber leider sind sie damit noch nicht verschwunden.

Schließlich scheint das Gefühlsleben in der modernen Gemeinschaft ‚erhaben' über den Bereich des Handelns. Das Handeln der Gemeinschaft beschränkt sich auf die Pflege ihres Gefühlshaushalts, d.h. auf die ‚Säuberung' der Gemeinschaft von jenen, die nicht wirklich dazugehören, weil sie nicht so empfinden wie die anderen. Die Gemeinschaft kann von außen nichts aufnehmen, kann sich nicht im Zugrriff auf die Außenwelt erweitern, weil sie sich dadurch verunreinigen würde. So gerät die Kollektivpersönlichkeit in einen direkten Gegensatz zum Kern von Geselligkeit, zum Austausch, und die psychologisch fundierte Gemeinschaft gerät in Widerstreit mit der Komplexität von Gesellschaft."[45)]

Daraus ergibt sich die geradezu fatale Erkenntnis, daß ein zu intaktes Gemeinschaftsleben die Sterilität fördert, die es beheben will,[45)] daß die Dynamik in einer Gesellschaft auf einer Gemeinschaft mit Konflikten beruht.

Man kann hier bemerkenswerte Parallelen zu dem soeben dargestellten Konfliktkonzept erkennen.

Die Ambivalenz der Weltsicht

Die Überbetonung der Rationalität der Weltsicht und des Handelns – letztlich der Weltanschauung –, wie sie vor allem durch Descartes geprägt wurde, hat eine nicht nur technisch-ökonomische sondern auch eine menschliche Fortschrittsgläubigkeit entstehen lassen, die unsere biologischen Grenzen und die Grenzen unserer gesellschaftlichen Systeme überspielen wollte.

Auch hier bestätigt sich eine mehrfache Ambivalenz, einmal die Ambivalenz zwischen ideologischer Enge und Spezialisierung gegenüber natur- und menschenbezogener Ganzheitlichkeit, eine Ambivalenz zwischen Rationalität und Emotionalität und auch eine Ambivalenz zwischen Technizität und Menschlichkeit.

Die Ambivalenz des Generationenproblems

Vieles spricht dafür, daß sich Generationenunterschiede im Denken und Handeln mit einer Verlangsamung des gesellschaftlichen Wandels wieder reduzieren, d.h. die feststellbaren kräftigen Generationenkonflikte sind teilweise durch das rasche Veränderungstempo begründet.

Durch den Generationenkonflikt werden zerstörerische Kräfte freigesetzt aber auch dynamische Kräfte der positiven Weiterentwicklung hervorgerufen.

Bei Überforderung der Menschen, deren Dimension auch durch Übersättigung bestimmt wird, sinkt die Innovationsbereitschaft einer Gesellschaft durch Generationenwechsel.

Die Auffindung der individuell für zweckmäßig gehaltenen Einordnung in die Gesellschaft, d.i. die Frage nach Leistungsbereitschaft und Nichtleistungslebensgestaltung, bedarf heute bei jungen Menschen stets länger werdender Zeiträume.

Die Menschen erkennen, daß jede Neuerung das Bestehende in Frage stellt, daß durch jede Neuerung Eigentum, Rechte und Informationen neu verteilt werden. Die Bereitschaft zu diesem Lebensabenteuer wird immer geringer. Man will nicht verlieren, was man hat.

Eine Auseinandersetzung mit der Phase der Selbstbesinnung und Selbsterkenntnis junger Menschen ist weit mehr als eine Führungsfrage in Unternehmen und Institutionen.

In dem heutigen generationenspezifischen Verhalten äußern sich die Ergebnisse bestimmter antiautoritärer Erziehungsformen. Dies ist die Ambivalenz der Erziehung.

III. Von der Ambivalenz zur Schizophrenie

Die Ambivalenz wird kritisch, wenn eine klare Ausrichtung auf eine Alternative und ein verkraftbarer Kompromiß nicht gefunden wird. Dies sei an einem Beispiel aus der Wirtschaft erläutert: Auf der einen Seite erhöht man die Ansprüche der Menschen durch Werbung und Marktkommunikation, auf der anderen Seite fordert man von ihnen Bescheidenheit bei den Vergütungen.

Im Hinblick auf die Ambivalenz von Arbeit und Freizeit glaubt Horst Opaschowski, ein Sinn-Vakuum ausmachen zu können:

„Die Menschen aber sitzen gleichsam zwischen zwei Stühlen. Sie erleben den gegenwärtigen Wertewandel, der sich aus der Schere zwischen persönlichem Bewußtsein und offizieller Daseinsregelung ergibt, als Ungleichgewicht. Viele reagieren darauf mit Unsicherheit oder doppelter Moral, indem sie zwischen informell-privatem Verhalten (Selbstdarstellung) und öffentlich-offiziellem Verhalten (Darstellung nach außen) unterscheiden. Der öffentlich kaum registrierte Wertekonflikt bewirkt, daß die Arbeit ihren traditionellen Sinngehalt nicht mehr in vollem Umfange besitzt und die Freizeit ihren innovatorischen Sinnanspruch für die Gesellschaft noch nicht einlösen kann. Die Menschen wurden bisher mit diesem doppelten Sinn-Vakuum alleingelassen. Die Kluft zwischen privater Sinngebung (zum Beispiel familiäre Erziehung) und öffentlicher Sinngebung (zum Beispiel staatliche Erziehung in der Schule) wird immer größer."[46)]

Wichtig sind subtile Analysen über schizophrene Aspekte der freiwilligen Einfachheit, bei der man teilweise das außerordentlich hohe erreichte Versorgungsniveau erhalten und nicht absenken will. Die Tendenz zur Einfachheit in Kleidung und Wohnen ist oft mit höchsten Ansprüchen an weltumgreifende Bewegungsfreiheit verbunden. In diesem Zusammenhang wäre zu klären, in welchem Umfange freiwillige Einfachheit mit den derzeitigen gesellschaftlichen Werten übereinstimmt oder davon abweicht.

Das Konzept der postmateriellen Werte bedarf generell der Auslotung.

Von zentraler Bedeutung sind weiter die Akzeptanzforschung und die Diffusionsforschung. So ist zu analysieren, welche Menschen in welcher Position und aus welcher Erfahrung heraus den technischen Fortschritt ablehnen und das Konzept des „freezing" verfolgen. Man muß herausfinden, inwieweit durch die Ambivalenz des technischen Fortschritts Akzeptanzbarrieren unüberwindbar werden.

---

46) Opaschowski, Horst W.: Folgen des Wertewandels: Lebensorientierungen zwischen Arbeitsethos und Mußidee, in: Weger, Hans-Dieter; Heidemann, Fred J.: Unternehmensführung vor neuen gesellschaftlichen Herausforderungen – Ergebnissse einer Arbeitstagung, (Verlag Bertelsmann Stiftung) Gütersloh 1985, S. 50–55, S. 50.

IV. Wandel der Verhaltensmuster

Ambivalenz und Schizophrenie führen zu neuen Verhaltensmustern. Beispielhaft seien genannt

1. die Ablehnung von Zwang,
2. die Flucht in die Anonymität.

Anonymität versus Bekanntheit

Menschen sind eher bereit, sich der Anonymität einer Institution zu unterwerfen als Personen.

So werden die Härten des Wettbewerbs anerkannt, das vergleichbare Verhalten eines Unternehmens beim Herauslösen von Mitgliedern aus einem Kooperationssystem dagegen nicht.

Ein Konkurs gilt als ein systemimmanent hinzunehmendes Ereignis; das begründete Herauslösen eines Partners aus einer Verbundgruppe wird als unerträgliche Machtausübung des Systemträgers des Kooperationssystems empfunden.

Die Ablehnung von Zwängen

Die bisherige gesellschaftliche Entwicklung wurde in der Argumentation weitgehend durch Hinweise auf Sachzwänge gesteuert. Man argumentierte mit der Alternativenlosigkeit von Entscheidungen, und damit mit Entscheidungszwängen, ohne genaue Begründungen zu geben. Hier ist ein Wandel in Richtung auf Begründungszwänge zu erwarten.

Die Konsequenz ist die zunehmende Forderung nach Legitimierung von Verhaltensweisen in allen Lebensbereichen.

Zur Bewältigung der Ambivalenz

Die Überlegungen zur Wertedynamik, insbesondere zur Bewältigung der Werteambivalenz, haben gezeigt, daß man nicht alles gleichzeitig haben kann, sondern sich in einer Richtung, in einer Kompromißrichtung, entscheiden muß.

Wenn man in der Wirtschaft erforderliche Umstrukturierungen mit Wachstum durch Egalisierung als Ausdrucksform von Gerechtigkeit ersetzen will, dann ersetzen Verteilungskämpfe die Innovation.

Wer dem Risiko und der Chance des Neuen durch Besitzstandserhaltung entgehen will, erhöht die Risiken in der Zukunft.

Die Aufrechterhaltung alter Strukturen und ein Verzicht auf die Annahme wirtschaftlicher und gesellschaftlicher Herausforderungen stört oder zerstört den Fortschritt.

D. Die Ideologien als Orientierungshilfe

I. Der Überblick

Jede Ideologie bedeutet eine Orientierungshilfe. An die akzeptierten Ideologien hält man sich selbst, die verworfenen Ideologien dienen nicht zuletzt als Grenzpfähle für die akzeptierten wie auch als Stütze für eigenes Verhalten und Handeln.

Jede Ideologie beruht auf Werten, sie enthält rationale und emotionale Elemente. Die akzeptierten Ideologien bestimmen das praktische Handeln. Je mehr die Ergebnisse des Handelns den verfolgten Werten entsprechen, desto größer ist die Stabilität der Ideologie.

Gesellschaftspolitische Ideologien schlagen verständlicherweise auch auf die Vorstellung von Kultur und von Zivilisation durch. So sprechen die Konservativen eher von einer Kunst- und Literaturkultur, die Grünen von einer Umweltkultur, die Medienmacher von Medienkultur, Christen oder Schiiten von Religionskultur.

Ideologien unterliegen im Zeitablauf einem Wandel. Er betrifft

1. die weitgehend ideologieunabhängigen allgemeinen Ausgangsbedingungen,
2. die Werteakzeptanz,
3. die Handlungseffizienz.

Die Veränderung der gesellschaftlichen Bedingungen geschieht durch Ideologien, von denen viele oder alle Menschen berührt werden. Ein Beispiel ist die Umgliederung von Aufgaben der Familie auf den Staat: die Emanzipation von der Familien- und Nachbarschaftshilfe durch das staatliche soziale Netz. Dies führte individuell zur Entsolidarisierung und förderte die Ideologie des Sozialstaates, deren Geschichte keineswegs als abgeschlossen gelten kann, wie die Überlegungen zu den hier vorgelegten Optionen beweisen.

Bemerkenswerterweise – und hier zeigt sich ein weiteres Ambivalenzphänomen – hat der Ausbau des sozialen Netzes die Zufriedenheit der Bürger weniger erhöht als erwartet. Andernfalls wäre der Sozialneid nicht so groß, ein in seiner Dimension typisch deutsches Phänomen und aus der Unterentwicklung gesellschaftlicher Fairneß zu erklären. Er ist Ausdruck dafür, daß man nicht verstehen will, daß trotz aller berechtigter Kritik soziale Unterschiede u.a. auch auf natürlichen Unterschieden beruhen.

Die Ideologiephasen und ihre Konsequenzen

Seit eh und je hat es Ideologiephasen gegeben, die von Gegenphasen abgelöst wurden, worauf Hegel seine Theorie der Dialektik der historischen Entwicklung begründete. Der Phase der Aufklärung, in der während der französischen Revolution die Göttin Vernunft in der Kathedrale Notre Dame von Paris gekrönt wurde (!), folgte die Restaurationszeit. Sie wurde abgelöst von einer Phase naturwissenschaftlichen Fortschrittsglaubens, die in einer Reaktion endete, die mit dem ,,Untergang des Abendlandes" von Oswald Spengler im Jahre 1911 einen Gegenpol fand, der durch den Nationalfanatismus des Nationalsozialismus abgelöst wurde.

Der allgemeine Wachstumsglaube der Phase nach dem Zweiten Weltkrieg wurde – in der breiten Öffentlichkeit – gebrochen durch die Veröffentlichung des Club of Rome im Jahre 1973. Heute sind Ökologieideologien vorherrschend.

Intellektualität und Ideologie

Soziale und ökonomische Ideologien werden von Intellektuellen geschaffen, beurteilt und kritisiert oder verworfen.

So hat Armin Gutowski auf der Tagung der Mont Pélerin-Gesellschaft im Jahre 1984 sicher nicht zu unrecht den Verdacht ausgesprochen, daß eine Befürwortung der Wohlfahrtsökonomie von Feinden der Marktwirtschaft mit dem Interesse an ihrer Zerstörung wie vom Profitieren an den durch sie bewirkten Umverteilungseffekten ausgeht.[47]

Ein Grund für die Ablehnung einer Gesellschaftsform, z.B. der sozialen Marktwirtschaft, könnte die Erwartung größerer individueller Macht in zentralistischeren Systemen sein.

II. Zum Ideologiepragmatismus

Aus der Wertedynamik und dem technischen Fortschritt, vor allem aus der Akzeptanz des technischen Fortschritts, ergeben sich Einflüsse auf

---

47) Gutowski, Armin: Obstacles to Restoring a Market Economy: A View from Germany, in: Lenel, Hans O. u. a. (Hrsg.): ORDO, Jahrbuch für die Ordnung von Wirtschaft und Gesellschaft, Bd. 36, (Gustav Fischer Verlag) Stuttgart-New York 1985, S. 11–16.

die Beziehung zwischen Mensch und Gesellschaftssystem. Das Wollen und Streben der Menschen prägt die Eignung eines Gesellschaftssystems. So gibt es Werte, bei deren Bedeutungszunahme ein Weg zu mehr Staat und mehr Zentralismus vorgezeichnet ist. Bei anderen Werteprioritäten würde dagegen das Marktprinzip gefördert.

Der Ideologiepragmatismus beruht auf dem Konzept der aufgrund der Ambivalenz des Handelns zu treffenden Güterabwägung für eine Alternative oder einen Kompromiß. Dabei taucht dann auch immer wieder die Frage auf, was man einer Gesellschaft an Wandlungsbereitschaft zumuten soll und zumuten kann, was sie ertragen müßte und was sie vermutlich tatsächlich erträgt.

Gemeinsinn versus Egoismus

Die Weiterentwicklung der Gesellschaft wird zunächst durch den vorherrschenden bzw. angestrebten Kompromiß zwischen Gemeinsinn und Egoismus begründet.

Damit verbunden ist auch die Frage nach der Substitution der Primärgemeinschaften, so Familie, Nachbarschaft, Gemeinde, durch Sekundärgemeinschaften, so Verbände, Gewerkschaften, Versicherungen. Dadurch sind neue Formen der Solidarität entstanden.

Der Gemeinsinn wird durch die Gestaltung der Gegenseitigkeit, d.h. das Anstreben von gegenseitiger Abhängigkeit, begründet. Ein Beispiel ist der Leistungsaustausch durch Zahlung von Steuern und Gegenleistungen des Staates.

Es bleibt zu fragen, wie Egoismus und Gemeinsinn die gesellschaftliche Kreativität und Vitalität hemmen oder fördern.

So stellt Kolakowski fest: „Einerseits ist so eine Gesellschaft entstanden, wo die mit Gleichgültigkeit gegen andere verbundene Habsucht die dominierende Motivation zu sein scheint; und die Habsucht ist eine – naturwüchsige, aber entartete – Erscheinungsweise des Selbstbestätigungsbedürfnisses. Auf der anderen Seite gibt es eine totalitäre Ordnung, die ihren Mitgliedern eine vollkommene Sicherheit und Einheit dadurch verspricht, daß sie alle zum Staatseigentum macht. Keine dieser Gesellschaftsformen ist aber imstande, das Versprochene zu erfüllen, ja jede hat sich bis zur Vernichtung ihrer eigenen Prämisse umgestaltet."[48]

48) Kolakowski, Leszek: Wiedergeburt des Abendlandes?, in: Neue Zürcher Zeitung, 204. Jg., Nr. 66, 19./20. März 1983, S. 37.

Der heutige *Pluralismus* kann sich zu einigen Polarisierungen der Interessenähnlichkeit reduzieren und damit zu einer tiefen Spaltung der Gesellschaft mit unterschiedlicher Beteiligung und unterschiedlicher Form der Mitwirkung in der Wirtschaft wie in der Politik führen.

Müssen sich andere, offenere Entscheidungsprozesse über neue wünschenswerte Einstellungen entwickeln, damit große gesellschaftliche Konflikte zu vermeiden sind? Ein Beispiel für Unterlassung war die kernenergiepolitische Entscheidung zugunsten der Atomenergie, wobei die Ängste großer Bevölkerungsteile schlicht übergangen worden sind.

Wünschenswert wäre eine Prioritätenfolge der politischen Hauptziele zur Schaffung eines neuen Gemeinsinns. Die politische Auseinandersetzung würde sich dann vor allem auf die Wahl des einzuschlagenden Weges beschränken.

Individuelle versus gesellschaftliche Schutzinteressen

Die Abwägung von individuellen und gesellschaftlichen Schutzinteressen bedarf der Klärung. So gibt es bestimmte technisch bedingte Belästigungen, bei denen eine Kompromißfindung besonders wichtig ist. Fluglärm und sonstiger Transportlärm stören. Aber fast jeder, der sich gestört fühlt, möchte auf die Transportmittel nicht verzichten und nutzt sie intensiv. Es werden auch in Zukunft neue Flughäfen, Schienenstränge und Fabriken gebaut werden müssen. Es gibt daher nur die Wahl zwischen zuträglicheren und unzuträglicheren Standorten, wenn man Wirtschaft und Verkehr aufrechterhalten will. Unter dieser Voraussetzung helfen keine Antihaltungen weiter, sondern nur die Suche nach der Alternative, die individuell die geringsten Belästigungen mit sich bringt. Wir haben uns zu sehr angewöhnt, Dinge gleichzeitig zu fordern, die sich nicht miteinander verbinden lassen. Auch hier ist eine enorme Aufklärungsarbeit zu leisten.

Die Konsens- und Reformfähigkeit

Die Fähigkeit einer Gesellschaft zu Reform und Weiterentwicklung hängt primär von ihrer Konsensfähigkeit ab bzw. wird durch eine zu starke Interessenpartikularisierung und damit den Kampf um möglichst geringe Beeinträchtigung der eigenen Position begrenzt, wenn nicht sogar auf Zeit unmöglich.

Eine wachsende Pluralisierung von Interessen hat immer mehr Interessenvertretungen und Institutionen entstehen lassen. Durch die große Zahl von divergenten Zielen ist aber auch die Anzahl der erforderlichen Verhandlungen stark angestiegen. Es stellt sich daher die Frage, ob eine weitere Inflation von Interessenvertretungen die Kompromißbildung und Konsensfähigkeit nicht noch mehr verschlechtert.

Eine weitere Gefahr besteht darin, durch unterschiedliche Institutionen, so durch Markt, Parlamente oder Verbände, das gleiche Problem lösen zu wollen und dadurch widersprüchliche Entscheidungen zu fällen, weil die Entscheidungsträger ihre Entscheidungsgrundlagen und -wirkungen nicht kennen und Kompetenzfragen ungelöst bleiben.

Weltbürgertum und Nachbarschaftsorientierung

Das Bewußtsein einer weltweiten Einbindung des Menschen mit der Möglichkeit zur Nutzung weltweiter Kommunikationsnetzwerke wird von einer gleichzeitigen Rückbesinnung auf enge Lebensbereiche in Nachbarschaft und Familie begleitet sein.

Familie versus Nichtfamilie

Die Gewichtung des Zusammenlebens in Familien bzw. der Familienkontakte gegenüber der Bezugsfindung zu anderen Gruppen, d.h. die Kombination Familie – Gruppe(n) wird für die Lebensgestaltung zu einer zentralen Frage werden.

In der Schweiz hat man diesen Entkopplungsprozeß zwischen Staat und Nachbarschaft längst nicht so weit getrieben. Hier ist immer noch die Heimatgemeinde verantwortlich für ihre Bürger und somit eine erweiterte Nachbarschaft. Dies erhält soziale Bindungen und reduziert das Interesse an mehr Sozialstaat.

Von der Betrügermentalität zur Transaktionsgerechtigkeit

Die Ausnutzung und Überspitzung der sozialen Systeme ist ein Ausdruck genereller Betrügermentalität. Hier ist in besonderem Maße eine Rückkehr zum Verständnis des Leitsatzes erforderlich, daß von nichts nichts kommen kann, und etwas Vorhandenes nur einmal verteilt werden kann.

Steigender Individualegoismus führt zu steigenden Anforderungen an den Altruismus der anderen, die Voraussetzung für noch stärkere Erreichung der Individualziele. Sozialziele treten zurück.

Die Forderung nach Glaubwürdigkeit

Für eine Weiterentwicklung der Gesellschaft ist insbesondere der Nachweis von Glaubwürdigkeit der Entscheidungsträger stabilitätsprägend.

Jugendliche hinterfragen bei allen Geschehnissen der Umwelt sowie bei jeder Veranlassung zu eigenem Tun noch den Sinn. Es entsteht das Problem der nachpubertären Warum-Frage, die durch Schaffung von Einsichten in Zusammenhänge und Schaffung von mehr Wahlfreiheiten wenigstens teilweise gelöst werden kann. Man spürt Defizite der Persönlichkeitsentwicklung durch Elternhaus und Schule.

Die Anerkennung von Macht und Machtträgern

Für die Zukunft ist die Klärung der Anerkennung von Macht durch die Menschen und die dieser Anerkennungsbereitschaft gemäße Organisation von Machtträgern unerläßlich.

Daneben gibt es sicher auch so etwas – und nicht nur bei Künstlern wie Peter Handke, der dieses Wort geprägt hat – wie Ekel vor der Macht.

Die Relativierung unseres Handelns wird durch die *Situationsbezogenheit* der Eignung von Instrumenten und Maßnahmen zur Steuerung der Gesellschaft bestimmt. Es gibt eben bedauerlicherweise nicht generell räumlich wie zeitlich richtige und falsche Entscheidungen, sondern nur im Kontext der jeweiligen Bedingungen. Zeitweise spricht alles für die eine und zeitweise für eine andere Richtung.

Anreize und Beiträge

Ein allgemeines Konzept zur Erklärung und Vorhersage der Handlungsbereitschaft von Menschen ergibt sich aus der Theorie der Anreize und Beiträge.

Wie gering das Potential an Führungskräften in Politik und Wirtschaft sowie generell in der Gesellschaft ist, stellt man fest, wenn für neue Aufgaben fähige Leute gesucht werden oder wenn Ausfälle zu überwinden sind. Je weniger Bereitschaft besteht, sich für Führungsaufgaben zur Verfügung zu stellen, desto höher werden die Anforderungen an die Führungskräfte. Von ihrer Freiheit – vor allem ihrer unbeeinflußten Arbeitsmöglichkeit – einerseits und ihrem gesellschaftspolitischen Engagement andererseits ist aber die Entwicklungsfähigkeit von Wirtschaft und Gesellschaft in sehr weitgehendem Maße abhängig.

Das Problem der Entscheidungskompetenz

Die Qualität der Entscheidungen ist von der Art des Professionalismus und der Kompetenz abhängig. Dazu gehört neben der Fachkompetenz die im allgemeinen sehr viel kontroversere Frage der Humankompetenz, eine Frage der Persönlichkeit, insbesondere des ganzheitlichen Denkens und des Engagements.

E. Das Menschenbild als Werteproblem

Ein realistisches Menschenbild, d.h. die Kenntnis der dominierenden Werte, ist eine unabdingbare Voraussetzung für eine erfolgreiche gesellschaftliche Steuerung, da hiervon die Reaktionen der Bürger auf die Steuerungsimpulse abhängen. Andererseits wandelt sich deren Weltanschauung im Zeitablauf und ist somit auch für die Zwecke gesellschaftlicher Steuerung beeinflußbar.

Das angestrebte emanzipatorisch-rationale Menschenbild ließ sich im erwarteten Umfang nicht durchsetzen. Hinsichtlich der Emanzipation durch Bildung wurde keine neue Schicht von Begabten erschlossen, man ist vielmehr über die Grenzen des intellektuellen Potentials der Nation hinausgegangen.

Hinsichtlich der Rationalität wurde das Ziel verfehlt, daß die Menschen ihre Rechte im Gesundheitswesen und Sozialwesen nicht mißbrauchen.

Man muß sich vielleicht einmal die Frage stellen, ob die Menschen nicht überfordert worden sind.

Beweise für Überforderung sind:

- das Bedürfnis nach einfacheren, klareren geistigen Orientierungen, die mehr Halt in der Verunsicherung geben,
- das Aussteigerdenken, weil die Problemkomplexität zu groß geworden ist,
- neue religiöse und soziale Gruppen aufgrund eines nicht befriedigten Geborgenheitsgefühls,
- das Streben nach Einfachheit bei der jungen Generation.

Dabei tauchen weitergehende Fragen auf, deren Lösung auch von der Wertedynamik in anderen Staaten abhängt:

1. Soll das Bewußtsein über nationale Stärken gefördert werden oder über europäische Stärken – dies im Lichte des derzeitigen EG-Debakels?
2. Welche Innovationsfähigkeit und Innovationskraft soll verstärkt werden?

Erforderlich ist somit eine neue Ideologie oder eine Präzisierung bestehender Ideologien.

Wo das Christentum seine konkrete Verbindlichkeit für den einzelnen verloren hat, muß eine diesseitsorientierte Ideologie geschaffen werden, die ähnlich dem kategorischen Imperativ die Forderung aufstellt, die Erde durch das eigene Handeln weder ökologisch noch gesellschaftlich in eine gefährliche Situation zu bringen. Diese Ideologie kann auch in einer Revitalisierung des Christentums bestehen.

Kant hat in der ,,Kritik der praktischen Vernunft" im Jahre 1788 formuliert: ,,Handele so, daß die Maxime deines Willens jederzeit zugleich als Prinzip einer allgemeinen Gesetzgebung gelten könne."[49]

Der Wertewandel schwächt oder hebt die bisherige Identifizierung auf. Er ist selbst das hervorragende Phänomen der Verunsicherung wie auch der Neuorientierung.

Wir müssen die Kenntnisse darüber stärken, welche Identifikation wir benötigen, um die Herausforderung der gestellten Aufgaben annehmen zu können.

Alle Institutionen, Unternehmen, Parteien oder Organisationen benötigen in einer Zwischenphase eine Institutionsideologie oder Systemphilosophie für sich selbst. Diese Ideologien sollten von möglichst hochkonsensfähigen Grundwerten getragen sein. Aus diesen Ideologien könnte sich dann nach einer Übergangsphase die neue Gesellschaftsphilosophie entwickeln.

Durch das heutige Leben von der ,,Hand in den Mund", an das man sich generell gewöhnt hat, ist das Problem entstanden, heute Überzeugungen dafür aufzubauen, daß Verzichtsleistungen für Maßnahmen erforderlich sind, die sich erst in länger als einem Jahrzehnt auswirken.

In Politik und Wirtschaft entstehen immer wieder neue Schwerpunkte, die einander ablösen, weil die Kraft, alles gleichzeitig anzupacken, nicht ausreicht. Die Begrenztheit des intellektuellen Potentials und des Führungspotentials geht soweit, daß eine Nation wohl auch nicht zwei Führungsmannschaften hat.

Diese Begrenztheit der Ressourcen erfordert eine Besinnung auf die Prioritäten und eine systematische Durchsetzung der Lösung der vorrangigen Probleme. Eine Festsetzung von Prioritäten bedeutet indirekt aber auch das offene Eingestehen von Mängeln und Engpässen.

Das Menschenbild mit unterschiedlichen Graden der Rationalität und Emotionalität bestimmt auch das Gesellschaftsbild mit mehr egoistischer oder altruistischer Einstellung. Das Streben nach einer Reduzierung individueller und gesellschaftlicher Urängste würde eine Neuorientierung des Menschenbildes bedeuten.

Zum Menschenbild gehört auch die Ideologie über die Autonomie-

49) Kant, Immanuel: Kritik der praktischen Vernunft, in: Cassirer, Ernst u.a. (Hrsg.): Immanuel Kants Werke, Bd. 5, (Verlag Bruno Cassirer) Berlin 1922, S. 35.

und Integrationsgrade, d.h. darüber, inwieweit Individualität oder Gegenseitigkeit und Gemeinschaftsorientierung erstrebenswert sind.

Das Verantwortungsbewußtsein

Eine Schwierigkeit besteht darin, die Menschen aus der bestehenden Ordnung durch Überzeugung in eine veränderte Ordnung zu führen. Wir sehen noch zu oft ein, was sein soll, und machen trotzdem ,,im alten Gleis weiter''.

Die Schwierigkeiten vieler Entscheidungsprozesse beruhen darauf, daß die Entscheidungsträger für ihre Entscheidungen häufig nicht haftbar gemacht werden. Dazu ein Beispiel: Die private unternehmerische Fehlinvestition führt normalerweise zum Ausscheiden aus dem Markt und damit zu einer Sanktion des Fehlers. Die öffentliche Fehlinvestition bleibt fast immer ohne Folgen für die Veranlasser.

Aus unterschiedlichen Gründen sind zahlreiche Menschen nicht bereit, Verantwortung für die Lösung der entstehenden Probleme zu übernehmen. Viele sind durch die großen Erfolge der Vergangenheit gelangweilt[50)] und desinteressiert. Andere erkennen die anstehenden Probleme und hoffen, die Intelligenz der Zeit selbst oder ein immanenter, von Entscheidungen unabhängiger Über-Verstand würde die Dinge schon in die richtige Richtung lenken. Wieder andere sind bereit, sich am allgemeinen ,,Durchwursteln'' zu beteiligen und verzichten dabei bewußt auf eine Erhöhung ihres materiellen Wohlstandes und ihrer Machtbefugnisse. Bei einer vierten Gruppe bewirkt die Erkenntnis, daß nur radikales Denken und starke Eingriffe noch wirken können, zum Eskapismus, d.h. zu einem Verzicht auf Engagement in Beruf und Politik. Sie ziehen sich aus der Gesellschaft zurück.

Die Förderung der Entscheidungsqualifikation

Verantwortungsbewußtsein, die stete Lernbereitschaft, die Auseinandersetzung mit widersprüchlichen Zielen und Instrumenten der Gesellschaftspolitik, sind eine wesentliche Voraussetzung für eine Verbesserung der Entscheidungen. Die Überwindung der Biertischkompetenz ist nur durch viel Fleiß möglich. Ohne ein gewisses Mindestmaß an Kenntnissen bleibt man für Bewertungen, Beurteilungen und Entscheidungen disqualifiziert.

---

50) Vgl. Boulding, Kenneth Ewart: The Meaning of the Twentieth Century – The Great Transition, (Harper & Row) New York-Evanston-London 1964.

Insbesondere junge Menschen müssen sich über die Vielfalt der von ihnen zur erfolgreichen Gesellschaftsgestaltung erforderlichen Lernprozesse klar sein. Die dafür notwendige Lebensgestaltung und damit die langfristig geeignete Lebensgestaltung mit einer Abwägung zwischen Gestaltungswilligkeit, d.h. Arbeit, und Gestaltungsverzicht ist mit dem Wunsch nach einer bestimmten Option für eine Gesellschaft vorgeprägt, und zwar weitaus stärker, als man dies zur Zeit oft meint.

Neuorientierung des gesellschaftlichen Pflichtbewußtseins

Die künftigen Aufgaben in unserer Gesellschaft dürften nur durch eine in weiten Bereichen härtere und intensivere Arbeit der Begabten gelöst werden können. Es dürfte sich als ein großer und verhängnisvoller Irrtum herausstellen, der anstehenden Probleme ohne Fleiß und Energie Herr werden zu wollen. Mangelnde Verzichtsbereitschaft und eine Ablehnung des Hintanstellens individueller Interessen führen zu einer Verschärfung vieler Probleme.

Ein weiteres Hauptproblem liegt in der Überforderung der Jugend. Die Älteren sind nicht bereit, die teilweise als richtig erkannten Maßnahmen zu ergreifen, bereiten die jungen Menschen nicht auf die Probleme vor und erwarten von der Jugend, daß sie aus sich heraus die Verbesserung der Welt bewirke.

Die Konsequenzen

Aus dem Gesagten folgt nicht zuletzt, daß utopische Menschenbilder – welcher Ausrichtung auch immer – zu illusorischen Vorschlägen für eine Neuordnung der Gesellschaft führen. Man muß den Menschen in einer Entwicklungsphase der Gesellschaft von dem „Gesellschaftsspiel", das sich in dieser Phase als vergleichsweise vorteilhaft erweist, überzeugen und ihn zum Mitspielen und Mitwirken motivieren. Gelingt dies nicht, wächst die Systemlabilität. Auf lange Sicht war Politik gegen den Menschen nie möglich. Seit eh und je ist aber genauso problematisch zu erkennen, was der Mensch wollen soll und was nicht.

Das Verständnis der Menschen und für Menschen, so wie sie sind, ist die tragende Säule des gesellschaftlichen Realismus der vorgetragenen Szenarien und Optionen. Es wird nur so viel davon Wirklichkeit werden, wie die nächste Generation will, wobei traditionelle Sachzwänge für das Handeln immer weniger gelten – genauso wie die Erfahrung der Älteren als immer weniger wertvoll empfunden wird.

Schlußbemerkung

Dieses Buch muß bereits veraltet sein, wenn es erscheint, obwohl es einen weiten Griff in die Zukunft versucht.

Es ist konzipiert als ein Denkraster, das immer wieder aktualisiert werden muß und das auch um nicht einbezogene Probleme ergänzt werden kann.

Jedermann wird aufgrund seiner Ausbildung, Erfahrung und detaillierten Interessen andere Schwerpunkte setzen. Die Relevanz der Aussage ist in erheblichem Ausmaß davon abhängig, wo man steht und in welchem Bereich man neue Entscheidungen zu treffen hat.

Auf jeden Fall wird sich niemand der Erkenntnis entziehen können, daß er mit seinem Tun für ein bestimmtes Zukunftsszenario optiert, u.U. auch für ein anderes als die hier vorgestellten.

Für die Nutzung der hier vorgetragenen zukunftsbezogenen Informationen ist es wichtig, alle im konkreten Falle entscheidungsrelevanten Aussagen auf ihren Realitäts- und Wahrscheinlichkeitsgehalt hin zu untersuchen und bei neuen Erkenntnissen das daraus abgeleitete eigene Zukunftsmodell immer wieder anzupassen. Dies erscheint mir ein Weg, bewußte Zukunftsbewältigung zu lernen.

Der vorliegende Versuch ist im Ansatz interdisziplinär, aber nur bedingt ganzheitlich. Für ganzheitliche Betrachtungen sozialer Phänomene fehlen die geeigneten Methoden, d.h. die geeigneten wissenschaftlichen Werkzeuge. Bei einzelnen Sachgebieten konnten nicht alle relevanten Aspekte aufgezeigt werden. In solchen Fällen muß nach einer Schwächenanalyse der berücksichtigten Einflußgrößen bzw. Gesetzmäßigkeiten die Einbeziehung der geeigneten Einflußgrößen erfolgen.

Präzisere Informationen im Detail können dazu beitragen, zusätzliche Trends zu erkennen, gesehene Trends differenzierter zu betrachten oder die Kraft und Geschwindigkeit von Trends präziser zu beurteilen. Man muß sich mit der Tatsache abfinden, daß es keine Methode gibt, die einen zuverlässigen Einblick in die Zukunft eröffnet. Es dürfte jedoch bei zukunftsorientierten Analysen bereits ein weitreichendes Ergebnis sein, wenn sich ein Konsens darüber entwickelt, daß bestimmte Entwicklungen, deren Eintreten einen hohen Wahrscheinlichkeitsgrad hat, abgelehnt werden.

Wenn man die wichtigen Trends beeinflussen will, müssen sich alle zuständigen Entscheidungsträger auf Ziele und Maßnahmen der Veränderung einigen.

Man muß sich dafür sensibilisieren, daß in der Bundesrepublik Deutschland die Gefahr besteht, durch die Wirkungen der veränderten Einstellungen der Bevölkerung relativ an sozialer und wirtschaftlicher Kraft gegenüber anderen Staaten zu verlieren. Das Ringen um eine gesellschaftliche Weiterentwicklung bedarf einer neuen Kategorie von Anstrengung.

Anhang

Literaturverzeichnis

Die Literatur wird nach allgemeinen Darstellungen und nach Kapiteln gegliedert. Dabei wird jedes der für die Kapitel ausgewählten Werke nur einmal aufgenommen, auch wenn es sich inhaltlich auf mehrere Kapitel bezieht. Das Verzeichnis wird auf Klassiker und aktuelle Quellen, durch die weitere Werke erschlossen werden können, beschränkt. Englischsprachige Literatur wird – falls vorhanden – in der deutschen Übersetzung zitiert.

Hinzuweisen ist bei weitergehendem Interesse auf die Bibliographien und kurzen Inhaltsangaben in dem monatlich herausgegebenen Future Survey der World Future Society (4916 St. Elmo Avenue, Bethesda, MD 20814-5089).

Von der gleichen Institution wird in unregelmäßiger Folge eine Bibliographie herausgegeben: The Future – A Guide to Information Sources.

Allgemeine Darstellungen und Erstes Kapitel

Afheldt, Heik; Rogge, Peter G. (Hrsg.): Marktsättigung oder Ideenlosigkeit – Prognos-Forum Zukunftsfragen, (Orell Füssli Verlag) Zürich 1984

Albert, Hans (Hrsg.): Theorie und Realität, (J. C. B. Mohr [Paul Siebeck]) Tübingen 1964

Altenpohl, Dieter: TP Die Zukunftsformel – Möglichkeiten und Grenzen der Technologie-Planung, (Umschau Verlag) Frankfurt 1975

Amery, Carl: Das Ende der Vorsehung, (Rowohlt Taschenbuch Verlag) Reinbek bei Hamburg 1972

Ardrey, Robert: Der Gesellschaftsvertrag, (Verlag Fritz Molden) Wien-München-Zürich 1971

Armstrong, Scott J.: Long-Range Forecasting – From Crystal Ball to Computer, (John Wiley & Sons, Inc.) New York-Chichester-Brisbane-Toronto 1978

Atteslander, Peter: Die letzten Tage der Gegenwart oder das Alibi-Syndrom, (Scherz-Verlag) Bern-München-Wien 1971

Ayres, Robert U.: Technological Forecasting and Long-Range Planning, (McGraw-Hill) New York 1969

Baade, Fritz: Der Wettlauf zum Jahre 2000, 6. Aufl., (Gerhard Stalling Verlag) Oldenburg-Hamburg 1964

Baier, Kurt; Rescher, Nicholas (Hrsg.): Values and the Future, (The Free Press) New York, (Collier-Macmillan) London 1969

Balkhausen, Dieter: Die elektronische Revolution, (Econ Verlag) Düsseldorf-Wien 1985

Basler, Ernst: Strategie des Fortschritts, (Verlag Huber) Frauenfeld-Stuttgart 1972

Beckwith, Burnham Putnam: The Next 500 Years, (Exposition Press, Inc.) New York 1967

Bell, Daniel: The Coming of Post-Industrial Society – A Venture in Social Forecasting, (Heinemann Educational Books Ltd.) London 1974

Bell, Daniel: Die Zukunft der westlichen Welt – Kultur und Technologie im Widerstreit, (S. Fischer Verlag) Frankfurt a. M. 1976

Bertaux, Pierre: Mutation der Menschheit, Zukunft und Lebenssinn, (List Verlag) München 1971

Bestushew-Lada, Igor: Die Welt im Jahr 2000 – Eine sowjetische Prognose für unsere Zukunft, (Dreisam-Verlag) Freiburg i. Br. 1984

Binswanger, Hans Christoph; Geissberger, Werner; Ginsburg, Theo (Hrsg.): Der NAWU-Report: Wege aus der Wohlstandsfalle – Strategien gegen Arbeitslosigkeit und Umweltkrise, (S. Fischer-Verlag) Frankfurt a. M. 1978

Bloch, Ernst: Das Prinzip Hoffnung, (Suhrkamp Verlag) Frankfurt a. M. 1959

Botkin, James W.; Elmandjra, Mahdi; Malitza, Mircea: Das menschliche Dilemma – Zukunft und Lernen, Bericht für die achtziger Jahre des Club of Rome, (Verlag Fritz Molden) Wien-München-Zürich-Innsbruck 1979

Brepohl, Klaus: Telematik – Die Grundlage der Zukunft, (Gustav Lübbe Verlag) Bergisch Gladbach 1983

Bright, James R. (Hrsg.): Technologial Forecasting for Industry and Government, (Prentice-Hall, Inc.) Englewood-Cliffs, N. J., 1968

Bright, James R.: Practical Technology Forecasting – Concepts and Exercises, 5. Aufl., (The Industrial Management Center, Inc.) Austin, Texas-North Edgecomb, Maine, 1980

Capra, Fritjof: Der kosmische Reigen – Physik und östliche Mystik – ein zeitgemäßes Weltbild, 7. Aufl., (Otto Wilhelm Barth Verlag), München 1983 (englische Erstausgabe 1977)

Capra, Fritjof: Wendezeit – Bausteine für ein neues Weltbild, (Scherz Verlag) Bern-München-Wien 1983

Capra, Fritjof: Das Tao der Physik – Die Konvergenz von westlicher Wissenschaft und östlicher Philosphie, 2. revidierte und erweiterte Auflage, (Scherz Verlag) Bern-München-Wien 1984

Chaunu, Pierre: Die verhütete Zukunft, (Seewald Verlag) Stuttgart 1981

Cetron, Marvin; O'Toole, Thomas: Begegnungen mit der Zukunft: eine Prognose über das Leben bis ins 21. Jahrhundert, (VAP, Verlag für Außergewöhnliche Publikationen) Wiesbaden 1983

Commission des Communautés Européennes (Hrsg.): FAST: 1984 – 1987 – Objectifs et Programme de Travail, Bruxelles 1984

Cornish, Edward: The Study of the Future – An Introduction to the Art and Science of Understanding and Shaping Tomorrow's World, 4. Aufl., (World Future Society) Washington, D. C., 1982

Cornish, Edward (Hrsg.): Communications Tomorrow – The Coming of the Information Society, (World Future Society) Bethesda, MD 1982

Dahrendorf, Ralf: Lebenschancen – Anläufe zur sozialen und politischen Theorie, (Suhrkamp Verlag) Frankfurt a. M. 1979

Delfgaauw, Bernard: Geschichte als Fortschritt, 1. Bd.: Die Entstehung des Menschen, Prolegomena, Critica, (Verlag J.P. Bachem) Köln 1962; 2. Bd.: Die Geschichte des Menschen, Statica, Dynamica, (Verlag J. P. Bachem) Köln 1965; 3. Bd.: Die Ewigkeit des Menschen, Metaphysik der Geschichte, Theologie der Geschichte, (Verlag J. P. Bachem) Köln 1966

Didsbury, Howard F. (Hrsg.): The Global Economy – Today, Tomorrow and the Transition, (World Future Society) Bethesda, MD 1985

Diebold, John: Automation – Ein Klassiker der Management-Literatur mit einer aktuellen Einführung, (Verlagsgesellschaft Rudolf Müller) Köln-Braunsfeld 1984

Diebold, John: Die Zukunft machen, aus dem Amerikanischen übersetzt von Ursel Reineke, (Econ Verlag) Düsseldorf-Wien 1984

Ducrocq, Albert: Le Future aujourd'hui, 1985 – 2000 – Les quinze années qui vont changer votre vie quotidienne, (Librairie Plon) Paris 1984

Enrick, N. L.; Schäfer, W.: Quantitative Marktprognose, (I. H. Sauer-Verlag) Heidelberg 1972

Ewald, William R. (Hrsg.): Environment and Change, (Indiana University Press) Bloomington-London 1968

Ferguson, Marilyn: Die sanfte Verschwörung – Persönliche und gesellschaftliche Transformation im Zeitalter des Wassermanns, 3. Aufl., (Sphinx Verlag) Basel 1983

Flaskämper, Paul: Bevölkerungsstatistik, (Verlag Richard Meiner) Hamburg 1962

Flechtheim, Ossip K.: Futurologie – Der Kampf um die Zukunft, 2. Aufl., (Verlag Wissenschaft und Politik) Köln 1971

Forrester, Jay W.: World Dynamics, (Wright-Allen Press, Inc.) Cambridge, Mass., 1971

Forrester, Jay W.: Industrial Dynamics, 7. Aufl., (The M. I. T. Press) Massachusetts Institute of Technology, Cambridge, Mass., 1972

Fourastié, Jean: 40 000 Stunden, (Econ Verlag) Düsseldorf-Wien 1966

Fourastié, Jean: Essais de Morale Prospective, (Editions Conthier) Paris 1966

Frei, Daniel (Hrsg.): Wege aus der Weltwirtschaftskrise, (Verlag Rüegger) Diessenhofen 1984

Friedrichs, Günter; Schaff, Adam (Hrsg.): Auf Gedeih und Verderb – Mikroelektronik und Gesellschaft, Bericht an den Club of Rome, (Europaverlag) Wien-München-Zürich 1982

Fucks, Wilhelm: Formeln zur Macht, (Deutsche Verlags-Anstalt) Stuttgart 1965

Fucks, Wilhelm: Mächte von Morgen – Kraftfelder, Tendenzen, Konsequenzen, (Deutsche Verlags-Anstalt) Stuttgart 1978

Fuller, Buckminister R.: Synergetics – Explorations in the Geometry of Thinking, 3. Aufl., (Macmillan Publishing Co., Inc.) New York 1978

Georgescu-Roegen, Nicholas: demain la décroissance, (Pierre-Marcel Favre) Paris-Lausanne 1979

Gergely, Stefan M.: Mikroelektronik – Computer, Roboter und Neue Medien erobern die Welt, (R. Piper Verlag) München-Zürich 1983

Gordon, William J. J.: Synectics, (Harper & Row, Publishers) New York-Evanston-London 1961

Gottlieb Duttweiler Institut (Hrsg.): Hemmende Strukturen in der heutigen Industriegesellschaft, (gdi-Verlag) Rüschlikon-Zürich 1969

Haefner, Klaus: Mensch und Computer im Jahre 2000 – Ökonomie und Politik für eine human computerisierte Gesellschaft, (Birkhäuser Verlag) Basel-Boston-Stuttgart 1984

Heimendahl, Eckart (Hrsg.): Zukunft im Kreuzverhör, (Bertelsmann Sachbuchverlag) Wien 1970

Heiss, Robert: Utopie und Revolution – Ein Beitrag zur Geschichte des fortschrittlichen Denkens, (R. Piper Verlag) München 1973

Helmer, Olaf: Social Technology, (Basic Books) New York 1966

Herrera, Amilcar O.; Scolnik, Hugo D.: Grenzen des Elends – Das BARILOCHE-Modell: So kann die Menschheit überleben, (S. Fischer Verlag) Frankfurt a. M. 1977

Huxley, Aldous: Dreißig Jahre danach – oder Wiedersehen mit der „Wackeren Neuen Welt", 2. Aufl., (R. Piper Verlag) München 1960

Jantsch, Erich: Technological Planning and Social Futures, (Cassell/Associated Business Programmes) London 1972

Jordan, Pascual: Schöpfung und Geheimnis, 2. Aufl., (Gerhard Stalling Verlag) Oldenburg-Hamburg 1971

Jouvenel, Bertrand de: Jenseits der Leistungsgesellschaft, 2. unveränderte Aufl., (Verlag Rombach) Freiburg i. Br. 1972

Judson, Horace Freeland: Fahrplan für die Zukunft – Die Wissenschaft auf der Suche nach Lösungen, (R. Piper Verlag) München-Zürich 1981

Jungblut, Michael: Der Wohlstand entläßt seine Kinder – Wege aus der Krise, (Deutsche Verlags-Anstalt) Stuttgart 1983

Jungk, Robert (Hrsg.): Menschen im Jahre 2000, (Umschau-Verlag) Frankfurt a. M. 1969

Jungk, Robert: Der Jahrtausend-Mensch, (C. Bertelsmann Verlag) München-Gütersloh-Wien 1973

Jungk, Robert; Krauch, Helmut (Hrsg.): Die Zukunft aus dem Computer? – Eine Antwort auf ,,Die Grenzen des Wachstums'', (Hermann Luchterhand Verlag) Neuwied-Berlin 1973

Jungk, Robert; Mundt, Hans Josef (Hrsg.): Deutschland ohne Konzeption? – Am Beginn einer neuen Epoche, (Verlag Kurt Desch) München-Wien-Basel 1964

Jungk, Robert; Mundt, Hans Josef (Hrsg.): Der Griff nach der Zukunft – Planen und Freiheit, (Verlag Kurt Desch) München-Wien-Basel 1964

Jungk, Robert; Mundt, Hans Josef (Hrsg.): Der Weg ins Jahr 2000, (Verlag Kurt Desch) München-Wien-Basel 1968

Kahn, Herman: Die Zukunft der Welt (1980–2000), (Verlag Fritz Molden) Wien-München-Zürich-New York 1979

Kahn, Herman; Wiener, Antony J.: Ihr werdet es erleben, (Verlag Fritz Molden) Wien-München-Zürich 1968

Kaiser, Reinhard (Hrsg.): Global 2000 – Der Bericht an den Präsidenten, 2. Aufl., (Zweitausendeins) Frankfurt a. M. 1980

Lesourne, Jacques; Godet, Michel: Les mille sentiers de l'avenir – La fin des habitudes, (Editions Seghers) Paris 1985

Löbsack, Theo: Die letzten Jahre der Menschheit – Vom Anfang und Ende des Homo sapiens, (C. Bertelsmann Verlag) München 1983

Massé, Pierre: Le Plan ou l'Anti-hasard, (Gallimard) o. O. 1965

McLuhan, Marshall: Understanding Media: The Extensions of man, (The New American Library, Inc., McGraw-Hill Book Company) New York 1963

McLuhan, Marshall: Wohin steuert die Welt? – Massenmedien und Gesellschaftsstruktur, (Europaverlag) Wien-München-Zürich 1978

Meadows, Dennis L.; Meadows, Donella H.: Das globale Gleichgewicht – Modellstudien zur Wachstumskrise, (Deutsche Verlags-Anstalt) Stuttgart 1974

Meadows, Dennis; Meadows, Donella; Zahn, Erich; Milling, Peter: Die Grenzen des Wachstums – Bericht des Club of Rome zur Lage der Menschheit, (Deutsche Verlags-Anstalt) Stuttgart 1972

Menke-Glückert, Peter: Friedensstrategien, (Rowohlt Taschenbuch Verlag) Reinbek bei Hamburg 1969

Menninger, Dieter; Gülicher, Gottfried: Wechseljahre im Beruf, (Econ-Verlag) Düsseldorf-Wien 1972

Naisbitt, John: Megatrends – 10 Perspektiven, die unser Leben verändern werden, (Hestia Verlag) Bayreuth 1984

Nora, Simon; Minc, Alain: Die Informatisierung der Gesellschaft, (Campus Verlag) Frankfurt a. M.-New York 1979

Nussbaum, Heinrich von (Hrsg.): Die Zukunft des Wachstums – Kritische Antworten zum ,,Bericht des Club of Rome'', (Bertelsmann Universitätsverlag) Düsseldorf 1973

Organisation for Economic Co-Operation and Development (Hrsg.): Interfutures Facing the Future, Mastering the Probable and Managing the Unpredictable, Paris 1979

Pauwels, Louis; Bergier, Jacques: Aufbruch ins dritte Jahrtausend – Von der Zukunft der phantastischen Vernunft, (Scherz Verlag) Bern-München 1962

Pforte, Dietger; Schwencke, Olaf (Hrsg.): Ansichten einer künftigen Futurologie, (Carl Hanser Verlag) München 1973

Picht, Georg: Prognose-Utopie-Planung, (Ernst Klett Verlag) Stuttgart 1967

Popper, Karl R.: Die offene Gesellschaft und ihre Feinde, (Francke Verlag) Bern 1957

Preiser, Erich: Die Zukunft unserer Wirtschaftsordnung, 4. Aufl., (Vandenhoeck & Ruprecht) Göttingen 1968

Reichenbach, Hans: Der Aufstieg der wissenschaftlichen Philosophie, (F. A. Herbig Verlagsbuchhandlung, Walter Kahnert) Berlin 1951

Rifkin, Jeremy: Entropie – Ein neues Weltbild, (Hoffmann und Campe Verlag) Hamburg 1982

Röpke, Jochen: Die Strategie der Innovation – Eine systemtheoretische Untersuchung der Interaktion von Individuum, Organisation und Markt im Neuerungsprozeß, (J. C. B. Mohr [Paul Siebeck]) Tübingen 1977

Servan-Schreiber, Jean-Jacques: Die amerikanische Herausforderung, (Rowohlt Taschenbuch Verlag) Reinbek bei Hamburg 1970

Steinbuch, Karl: Falsch programmiert, (Deutsche Verlags-Anstalt) Stuttgart 1968

Steinmann, Günther (Hrsg.): Economic Consequences of Population Change in Industrialized Countries – Proceedings, Paderborn, West Germany, June 1983, (Springer Verlag) Berlin-Heidelberg-New York-Tokyo 1984

Sue, Roger: Vivre en l'an 2000 – Votre vie quotidienne. . . dans quinze ans!, (Editions Albin Michel) Paris 1985

Thost, Wolfgang: Mitbestimmungskonzepte und Planungssysteme – Untersuchung der Einflußmöglichkeiten auf Entscheidungen in der Unternehmung durch gesetzliche und organisatorische Mitbestimmung, (Verlag Peter Lang) Frankfurt a. M.-Bern 1983

Thurow, Lester C.: Die Null-Summen-Gesellschaft – Einkommensverteilung und Möglichkeiten wirtschaftlichen Wandels, (Verlag Franz Vahlen) München 1981

Tietz, Bruno: Die Herausforderung des ökologischen Marketing – Konsequenzen für die Marktkommunikation und die Werbung, in: Werbeforum, Schriftenreihe des BDW Bund Deutscher Werbeberater e. V., Bonn, H. 8, Bonn 1978

Tinbergen, Jan: Wir haben nur eine Zukunft – Der RIO-Bericht an den Club of Rome, (Westdeutscher Verlag) Opladen 1977

Toffler, Alvin: Der Zukunftsschock, 6. Aufl., (Scherz Verlag) Bern-München-Wien 1982

Vester, Frederic: Denken, Lernen, Vergessen – Was geht in unserem Kopf vor, wie lernt das Gehirn, und wann läßt es uns im Stich?, (Deutsche Verlags-Anstalt) Stuttgart 1975

Vester, Frederic: Neuland des Denkens – Vom technokratischen zum kybernetischen Zeitalter, (Deutsche Verlags-Anstalt) Stuttgart 1980

Weck, Hannelore; Pommerehne, Werner W.; Frey, Bruno S.: Schattenwirtschaft, (Verlag Franz Vahlen) München 1984

Wegehenkel, Lothar (Hrsg.): Symposium Umweltprobleme als Herausforderung der Marktwirtschaft – Neue Ideen jenseits des Dirigismus, (Hanns Martin Schleyer-Stiftung) Stuttgart 1983

Weizenbaum, Joseph: Kurs auf den Eisberg oder nur das Wunder wird uns retten, sagt der Computerexperte, (Pendo-Verlag) Zürich 1984

Zapf, Wolfgang (Hrsg.): Lebensbedingungen in der Bundesrepublik – Sozialer Wandel und Wohlfahrtsentwicklung, (Campus Verlag) Frankfurt a. M.-New York 1977

Zwicky, Fritz: Entdecken, Erfinden, Forschen im Morphologischen Weltbild, (Droemer Knaur) München-Zürich 1966

Zweites Kapitel

Afheldt, Heik (Hrsg.): Bilder einer Welt von Morgen – Modelle bis 2009, (Horst Poller Verlag) Stuttgart 1985

Afheldt, Heik; Rogge, Peter G. (Hrsg.): Geht uns die Arbeit aus?, (Horst Poller Verlag) Stuttgart 1983

Altvater, Elmar; Baethge, Martin u. a.: Arbeit 2000 – Über die Zukunft der Arbeitsgesellschaft, (VSA-Verlag) Hamburg 1985

Bechmann, Arnim: Leben wollen – Anleitungen für eine neue Umweltpolitik, (Kiepenheuer & Witsch) Köln 1984

Beus, J. G. de: Mut zum Überleben – Die Herausforderung unserer Kultur, (Droste Verlag) Düsseldorf 1985

Drucker, Peter F.: Weltwirtschaftswende – Tendenzen für die Zukunft, (Wirtschaftsverlag Langen-Müller/Herbig) München 1984

Fetscher, Iring: Modelle der Friedenssicherung, (R. Piper Verlag) München 1972

Frei, Daniel (Hrsg.): Umstrittene Weltwirtschaftsordnung, (Schulthess Polygraphischer Verlag) Zürich 1977

Gerwin, Robert: Die Welt-Energieperspektive – Analyse bis zum Jahr 2030, (Wilhelm Goldmann Verlag) München 1982

Gottlieb Duttweiler Institut (Hrsg.): Arbeitslosigkeit – Beschäftigung – Freizeit: Welche Zukunft?, Internationale Tagung vom 13.-15. April 1983, Rüschlikon-Zürich 1983

Gottlieb Duttweiler Institut (Hrsg.): Westeuropa auf dem Weg in die Informationsgesellschaft, Rüschlikon-Zürich 1984

Graß, Rolf-Dieter: Ausweichwirtschaft – Abgrenzungen, Ausprägungen, Ausmaße, (Verlag Peter Lang) Frankfurt a. M.-Bern-New York-Nancy 1984

Grathwohl, Manfred: Energieversorgung – Ressourcen, Technologien, Perspektiven, (Walter de Gruyter) Berlin-New York 1978

Gretschmann, Klaus; Heinze, Rolf G.; Mettelsiefen, Bernd: Schattenwirtschaft – Wirtschafts- und sozialwissenschaftliche Aspekte, internationale Erfahrungen, (Vandenhoeck & Ruprecht) Göttingen 1984

Gruhl, Herbert: Ein Planet wird geplündert – Die Schreckensbilanz unserer Politik, (S. Fischer Verlag) Frankfurt a. M. 1975

Habermayer, Wolfgang: Internationale Rohstoffabkommen als Beispiel des Nord-Süd-Dialoges, (Verlag Peter Lang) Frankfurt a. M.-Bern-New York 1985

Haefner, Klaus: Die neue Bildungskrise – Herausforderung der Informationstechnik an Bildung und Ausbildung, (Birkhäuser Verlag) Basel-Boston-Stuttgart 1982

Heertje, Arnold (Hrsg.): Investieren in die Zukunft Europas, (Basil Blackwell) Oxford 1983

Krause, Florentin; Bossel, Hartmut; Müller-Reißmann, Karl-Friedrich: Energie-Wende – Wachstum und Wohlstand ohne Erdöl und Uran, (S. Fischer Verlag) Frankfurt a. M. 1980

Linde, Hans: Theorie der säkularen Nachwuchsbeschränkung 1800 bis 2000, (Campus Verlag) Frankfurt-New York 1984

Mumford, Enid; Ward, T. B.: Computers: Planning for People, (B. T. Batsford Ltd.) London 1968

Netzer, Hans-Joachim (Hrsg.): Die Gesellschaft der nächsten Generation, 2. Aufl., (Verlag C. H. Beck) München 1969

Pestalozzi, Hans A.: Nach uns die Zukunft – Von der positiven Subversion, 12. Aufl., (Kösel Verlag) München 1982

Pestalozzi, Hans A.: Die sanfte Verblödung – Gegen falsche New-Age-Heilslehren und ihre Überbringer – Ein Pamphlet, (Hermes Verlag) Düsseldorf 1985

Solomon, Norman B.; Schuhmacher, Erwin: Technologie Transfer – Europas Industrie zieht um, (Eugen Diederichs Verlag) Düsseldorf-Köln 1977

Späth, Lothar; Dräger, Heinrich (Hrsg.): Zielsetzung Partnerschaft – Die weltwirtschaftliche Bedeutung von Auslandsinvestitionen und Technologietransfer, (Verlag Bonn Aktuell) Stuttgart 1985

Tietz, Bruno: Die elektronischen Technologien und Medien in Marketing und Vertrieb, hrsg. v. Gottlieb Duttweiler Institut, Rüschlikon-Zürich 1984

Zeitlhofer, Hubert: Krise der Eliten – Europäische Industriegesellschaften und ihre Bodenordnungen, (Jugend und Volk Verlagsgesellschaft) Wien-München 1985

Drittes Kapitel

Allerbeck, Klaus; Hoag, Wendy J.: Jugend ohne Zukunft? – Einstellungen, Umwelt, Lebensperspektiven, (R. Piper Verlag) München 1985

Arbeitsgruppe Bevölkerungsfragen: Bericht über die Bevölkerungsentwicklung in der Bundesrepublik Deutschland, 2. Teil: Auswirkungen auf die verschiedenen Bereiche von Staat und Gesellschaft, Bonn o. J.

Birg, Herwig u. a.: Kohortenanalytische Darstellung der Geburtenentwicklung in der Bundesrepublik Deutschland, in: IBS-Materialien, hrsg. v. Institut für Bevölkerungsforschung und Sozialpolitik an der Universität Bielefeld, 1984, Nr. 10

Birg, Herwig u. a.: Arbeitsmarktdynamik, Familienentwicklung und generatives Verhalten – Eine biographietheoretische Konzeption für Untersuchungen demographisch relevanter Verhaltensweisen, in: IBS-Materialien, hrsg. v. Institut für Bevölkerungsforschung und Sozialpolitik an der Universität Bielefeld, 1984, Nr. 16

Brepohl, Klaus: Die Massenmedien – Ein Fahrplan durch das Zeitalter der Information und Kommunikation, (Nymphenburger Verlagsbuchhandlung) München 1974

Deutscher Bundestag (Hrsg.): Bericht über die Lage der Psychiatrie in der Bundesrepublik Deutschland – Zur psychiatrischen und psychotherapeutisch/psychosomatischen Versorgung der Bevölkerung, Unterrichtung durch die Bundesregierung, Bundestagsdrucksache 7/4200, Bonn 1975

Deutscher Bundestag (Hrsg.): Anhang zum Bericht über die Lage der Psychiatrie in der Bundesrepublik Deutschland – Zur psychiatrischen und psychotherapeutisch/psychosomatischen Versorgung der Bevölkerung, Unterrichtung durch die Bundesregierung, Bundestagsdrucksache 7/4201, Bonn 1975

Deutscher Bundestag (Hrsg.): Zukünftige (Kern-) Energiepolitik – Ergebnisse parlamentarischer Meinungsbildung und Entscheidungsfindung, Bericht des Ausschusses für Forschung und Technologie, Aussprache und Beschluß des Plenums, Bonn 1982

Felderer, Bernhard: Wirtschaftliche Entwicklung bei schrumpfender Bevölkerung – Eine empirische Untersuchung, (Springer Verlag) Berlin-Heidelberg-New York-Tokyo 1983

Glaubrecht, Helmut u. a.: Arbeitszeit im Wandel – Neue Formen der Arbeitszeitgestaltung, 2. Aufl., (Rudolf Haufe Verlag) Freiburg i. Br. 1985

Härtel, Hans-Hagen; Langer, Christian: Internationale Wettbewerbsfähigkeit und strukturelle Anpassungserfordernisse, (Verlag Weltarchiv) Hamburg 1984

Härtel, Hans-Hagen; Thiel, Eberhard: Analyse der strukturellen Entwicklung der deutschen Wirtschaft – Strukturbericht 1983, Forschungsauftrag des Bundesministers für Wirtschaft, (Verlag Weltarchiv) Hamburg 1984

Jugendwerk der Deutschen Shell (Hrsg.): Jugend '81 – Lebensentwürfe, Alltagskulturen, Zukunftsbilder, Bd. 1, Bd. 2, Bd. 3, Hamburg 1981

Kahn, Herman; Redepenning, Michael: Die Zukunft Deutschlands – Niedergang oder neuer Aufstieg der Bundesrepublik, (Verlag Fritz Molden) Wien-München-Zürich-New York 1982

Mackensen, Rainer u. a. (Hrsg.): Leben im Jahre 2000 und danach – Perspektiven für die nächsten Generationen, (arani-Verlag) Berlin 1984

Mettler, Peter H. (Hrsg.): Multinationale Konzerne in der Bundesrepublik Deutschland, (Haag + Herchen Verlag) Frankfurt a. M. 1985

Mitscherlich, Alexander: Die Unwirtlichkeit unserer Städte, (Suhrkamp Verlag) Frankfurt a. M. 1965

Schmid, Josef: Bevölkerungsveränderungen in der Bundesrepublik Deutschland – Eine Revolution auf leisen Sohlen, (Verlag W. Kohlhammer) Stuttgart-Berlin-Köln-Mainz 1984

Tietz, Bruno: Konsument und Einzelhandel, Strukturwandlungen in der Bundesrepublik Deutschland von 1970 bis 1995, 3. Aufl., (Lorch Verlag) Frankfurt a. M. 1983

Zapf, Wolfgang (Hrsg.): Lebensbedingungen in der Bundesrepublik – Sozialer Wandel und Wohlfahrtsentwicklung, (Campus Verlag) Frankfurt a. M.-New York 1977

Ziegler, Armin: Annahmen über zukünftige Entwicklungen – Entscheidungsgrundlagen für morgen, Schönaich 1983

Viertes Kapitel

Bornschier, Volker: Wachstum, Konzentration und Multinationalisierung von Industrieunternehmen, (Verlag Huber & Co.) Frauenfeld 1976

Borschberg, Edwin (Hrsg.): Unternehmenswachstum im kühleren Wirtschaftsklima, (Verlag Peter Lang) Bern-Frankfurt a.M.-Las Vegas 1977

Crosby, Andrew: Creativity and Performance in Industrial Organization, (Tavistock Publications) London-New York-Sydney-Toronto-Wellington 1968

Daniells, Lorna M.: Business Forecasting for the 1980's-and Beyond – A Selected, Partially Annotated Bibliography, (Baker Library, Harvard University) Boston 1980

Kneschaurek, F.; Graf, H.G.: Wirtschafts- und Markt-Prognosen als Grundlage der Unternehmenspolitik, hrsg. v. St. Galler Zentrum für Zukunftsforschung, St. Gallen 1984

Michalski, Wolfgang: Industriegesellschaft im Wandel, Probleme, Lösungsmöglichkeiten, Perspektiven, (Verlag Weltarchiv) Hamburg 1977

Schäfer, Wolf (Hrsg.): Schattenökonomie – Theoretische Grundlagen und wirtschaftspolitische Konsequenzen, (Vandenhoeck & Ruprecht) Göttingen 1984

Schaff, Adam: Wohin führt der Weg? – Die gesellschaftlichen Folgen der zweiten industriellen Revolution, (Europaverlag) Wien-München-Zürich 1985

Solman, Paul; Friedman, Thomas: Gewinner, Verlierer, Überlebende – Erfahrungsberichte über Aufstieg und Fall von Unternehmen, (Verlag Moderne Industrie) Landsberg a.L. 1983

Tietz, Bruno: Zur Theorie und Praxis des futurologischen Marketings, in: Meffert, Heribert (Hrsg.): Marketing heute und morgen – Entwicklungstendenzen in Theorie und Praxis, (Betriebswirtschaftlicher Verlag Dr. Th. Gabler) Wiesbaden 1975, S. 41 – 86

Ulrich, Hans: Management-Philosophie für die Zukunft – Gesellschaftlicher Wertewandel als Herausforderung an das Management, (Verlag Paul Haupt) Bern-Stuttgart 1981

Wagenführ, Horst: Industrielle Zukunftsforschung, (Verlag Moderne Industrie) München 1970

Weger, Hans-Dieter; Heidemann, Fred J. (Hrsg.): Unternehmensführung vor neuen gesellschaftlichen Herausforderungen, (Verlag Bertelsmann Stiftung) Gütersloh 1985

Weinwurm, Ernest H.; Weinwurm, George F.: Long-Term Profit Planning, (American Management Association, Inc.) New York 1971

Fünftes Kapitel

Arndt, Helmut: Kapitalismus, Sozialismus, Konzentration und Konkurrenz, (J.C.B. Mohr [Paul Siebeck]) Tübingen 1976

Arndt, Helmut: Wirtschaftliche Macht – Tatsachen und Theorien, 2. Aufl., (Verlag C.H. Beck) München 1977

Atteslander, Peter: Die Grenzen des Wohlstands – An der Schwelle zum Zuteilungsstaat, (Deutsche Verlags-Anstalt) Stuttgart 1981

Bell, Daniel; Kristol, Irving (Hrsg.): Die Krise in der Wirtschaftstheorie, (Springer Verlag) Berlin-Heidelberg-New York-Tokyo 1984

Borner, Silvio: Wissenschaftliche Ökonomik und politische Aktion – Eine politische Ökonomie der professionellen Beratung der Wirtschaftspolitik, (Verlag Paul Haupt) Bern-Stuttgart 1975

Bowles, Samuel; Gordon, David M.; Weisskopf, Thomas E.: Beyond the Waste Land, A Democratic Alternative to Economic Decline, (Anchor Press/Doubleday) Garden City-New York 1983

Brittan, Samuel: Die Ökonomie der Freiheit – Plädoyer für eine liberale Wirtschaft, (Campus Verlag) Frankfurt-New York 1976

Dahrendorf, Ralf: Lebenschancen – Anläufe zur sozialen und politischen Theorie, (Suhrkamp Verlag) Frankfurt a.M. 1979

Dahrendorf, Ralf: Die Chancen der Krise – Über die Zukunft des Liberalismus, 2. Aufl., (Deutsche Verlags-Anstalt) Stuttgart 1983

Ehrenberg, Herbert; Tietmeyer, Hans: Wohlstand und Stabilität bei begrenztem Wachstum (II), Walter-Raymond-Stiftung, Kleine Reihe, H. 13, Köln 1976

Fetscher, Iring: Demokratie zwischen Sozialdemokratie und Sozialismus, (Verlag W. Kohlhammer) Stuttgart-Berlin-Köln-Mainz 1973

Fetscher, Iring: Herrschaft und Emanzipation – Zur Philosophie des Bürgertums, (R. Piper Verlag) München 1976

Fritsch, Bruno: Wachstumsbegrenzung als Machtinstrument, (Deutsche Verlags-Anstalt) Stuttgart 1974

Fritsch, Bruno: Wir werden überleben – Orientierungen und Hoffnungen in schwieriger Zeit, (Günter Olzog Verlag) München-Wien 1981

Giersch, Herbert: Konjunktur- und Wachstumspolitik in der offenen Wirtschaft, 2. Bd.: Allgemeine Wirtschaftspolitik, (Dr. Th. Gabler-Verlag) Wiesbaden 1977

Giersch, Herbert (Hrsg.): Wie ist es zu schaffen – Agenda für die deutsche Wirtschaftspolitik, 2. Aufl., (Deutsche Verlags-Anstalt) Stuttgart 1983

Gilder, George: Reichtum und Armut, (Deutscher Taschenbuch Verlag) München 1983

Glotz, Peter: Manifest für eine Neue Europäische Linke, (Wolf Jobst Siedler Verlag) Berlin 1985

Gorz, André: Ökologie und Politik – Beiträge zur Wachstumskrise, (Rowohlt Taschenbuch Verlag) Reinbek bei Hamburg 1977

Gorz, André: Abschied vom Proletariat, (Rowohlt Taschenbuch Verlag) Reinbek bei Hamburg 1983

Gorz, André: Wege ins Paradies – Thesen zur Krise, Automation und Zukunft der Arbeit, (Rotbuch Verlag) Berlin 1984

Havemann, Robert: Morgen – Die Industriegesellschaft am Scheideweg, Kritik und reale Utopie, (Fischer Taschenbuch Verlag) Frankfurt a.M. 1982

Hawrylyshyn, Bohdan: Wegweiser in die Zukunft – Unterwegs zu besser funktionierenden Gesellschaften, aus dem Englischen übersetzt von Ina Wismer, (Pergamon Press) Frankfurt-Oxford-New York-Toronto-Sydney-Paris 1982

Hayek, Friedrich A. von: Entnationalisierung des Geldes, (J.C.B. Mohr [Paul Siebeck]) Tübingen 1977

Heilbroner, Robert L.: The Limits of American Capitalism, (Harper & Row, Publishers) New York 1966

Inglehart, Ronald: The Silent Revolution – Changing Values and Political Styles Among Western Publics, (Princeton University Press) Princeton, New Jersey, 1977

Jungk, Robert; Mundt, Hans Josef (Hrsg.): Wege ins neue Jahrtausend – Wettkampf der Planungen in Ost und West, (Verlag Kurt Desch) München-Wien-Basel 1964

Kirsch, Guy u.a.: Jenseits von Markt und Macht – Eine Ordnung für den Menschen, (Nomos Verlagsgesellschaft) Baden-Baden 1982

Kirzner, Israel M.: Wettbewerb und Unternehmertum, (J.C.B. Mohr [Paul Siebeck]) Tübingen 1978

Klages, Helmut: Die unruhige Gesellschaft – Untersuchungen über Grenzen und Probleme sozialer Stabilität, (Verlag C.H. Beck) München 1975

Kleinewefers, Henner: Reformen für Wirtschaft und Gesellschaft – Utopien, Konzepte, Realitäten, 2. Aufl., (Campus Verlag) Frankfurt a.M.-New York 1985

Krauch, Helmut (Hrsg.): Systemanalyse in Regierung und Verwaltung, (Verlag Rombach) Freiburg i.Br. 1972

Kruthaup, Franz H.: Barter-Business – Die Vermittlung und Verrechnung von Marktumsätzen durch Tauschhandelsbetriebe, (Verlag Peter Lang) Frankfurt a.M.-Bern-New York 1985

Leontief, Wassily W. u.a.: Die Zukunft der Weltwirtschaft – Bericht der Vereinten Nationen, (Deutsche Verlags-Anstalt) Stuttgart 1977

Lepage, Henri: Der Kapitalismus von morgen, (Campus Verlag) Frankfurt a.M.-New York 1979

Lindner, Roland (Hrsg.): Verspielen wir die Zukunft? – Gespräche über Technik und Glück, (Edition Interfrom) Zürich 1982

Lobkowicz, Nikolaus (Hrsg.): Irrwege der Angst, Chancen der Vernunft, Mut zur offenen Gesellschaft, (Hanns Martin Schleyer-Stiftung) Köln 1983

Loebl, Eugen; Roman, Stephen: Die Verantwortungsgesellschaft – Der Ausweg aus der Krise, (Wirtschaftsverlag Langen-Müller/Herbig) München 1983

Löwenthal, Richard: Gesellschaftswandel und Kulturkrise – Zukunftsprobleme der westlichen Demokratien, (Fischer Taschenbuch Verlag) Frankfurt a.M. 1979

McLuhan, Marshall: Wohin steuert die Welt? – Massenmedien und Gesellschaftsstruktur, (Europaverlag) Wien-München-Zürich 1978

Mesarović, Mihajlo D.; Macko, D.; Takahara, Y.: Theory of Hierarchical, Multilevel, Systems, (Academic Press) New York-London 1970

Mishan, E.J.: Die Wachstumsdebatte – Wachstum zwischen Wirtschaft und Ökologie, (Klett-Cotta) Stuttgart 1980

Molitor, Bruno: Marktwirtschaft und Wohlfahrtsstaat, (Verlag Weltarchiv) Hamburg 1982

Moore, Barrington: Ungerechtigkeit – Die sozialen Ursachen von Unterordnung und Widerstand, (Buchclub Ex Libris) Zürich 1985

Müller-Armack, Alfred: Genealogie der Sozialen Marktwirtschaft – Frühschriften und weiterführende Konzepte, (Verlag Paul Haupt) Bern-Stuttgart 1974

Myrdal, Gunnar: Politisches Manifest über die Armut in der Welt, (Suhrkamp Verlag) Frankfurt a.M. 1970

Nussbaum, Bruce: Das Ende unserer Zukunft – Revolutionäre Technologien drängen die europäische Wirtschaft ins Abseits, (Kindler Verlag) München 1984

Odegard, Holtan P.: The Politics of Truth: Toward Reconstruction in Democracy, (The University of Alabama Press) University Alabama 1971

Odum, Howard T.: Environment, Power, and Society, (Wiley-Interscience, A Division of John Wiley & Sons, Inc.) New York-London-Sydney-Toronto 1971

Offe, Claus: Strukturprobleme des kapitalistischen Staates – Aufsätze zur Politischen Soziologie, 2. Aufl., (Suhrkamp Verlag) Frankfurt a.M. 1983

Olson, Mancur: Aufstieg und Niedergang von Nationen – Ökonomisches Wachstum, Stagflation und soziale Starrheit, (J.C.B. Mohr [Paul Siebeck]) Tübingen 1985

Parsons, Talcott; Smelser, Neil J.: Economy and Society – A Study in the Integration of Economic and Social Theory, 5. Aufl., (Routledge & Kegan Paul, Ltd.) London 1972

Peccei, Aurelio u.a.: Der Weg ins 21. Jahrhundert – Alternative Strategien für die Industriegesellschaft, 2. Aufl., (Verlag Molden-S. Seewald) München 1983

Peccei, Aurelio; Ikeda, Daisaku: Noch ist es nicht zu spät, (Verlag Molden-S. Seewald) München 1984

Porter, Michael E.: Wettbewerbs-Strategie (Competitive Strategy) – Methoden zur Analyse von Branchen und Konkurrenten, (Campus Verlag) Frankfurt 1983

Pousset, Henri: Mögliche globale Wirtschaftsstrategie im 3. Jahrtausend, (Haar + Herchen) Frankfurt a.M. 1986

Pross, Harry: Politische Symbolik – Theorie und Praxis der öffentlichen Kommunikation, (Verlag W. Kohlhammer) Stuttgart-Berlin-Köln-Mainz 1974

Reuter, Edzard: Vom Geist der Wirtschaft – Europa zwischen Technokraten und Mythokraten, (Deutsche Verlags-Anstalt) Stuttgart 1986

Rommel, Manfred: Abschied vom Schlaraffenland – Gedanken über Politik und Kultur, (Ullstein Verlag) Frankfurt a.M.-Berlin-Wien 1984

Rosenkind, Aron H.: Werte und Macht – Eine empirische Analyse der Wertsysteme von Führungskräften und Arbeitnehmervertretern im Einflußbereich der Mitbestimmung, (Planungs- und Organisationswissenschaftliche Schriften) München 1981

Roth, Wolfgang: Der Weg aus der Krise – Umrisse einer sozialökologischen Marktwirtschaft, (Kindler Verlag) München 1985

Rougemont, Denis de: Die Zukunft ist unsere Sache, (Klett-Cotta) Stuttgart 1980

Rudolph, Hermann: Die Herausforderung der Politik – Innenansichten der Bundesrepublik, (Deutsche Verlags-Anstalt) Stuttgart 1985

Schlemmer, Johannes (Hrsg.): Neue Ziele für das Wachstum, (R. Piper Verlag) München 1973

Schmidt, Helmut: Weltwirtschaft ist unser Schicksal – Wie eine weltweite Depression vermieden werden kann, (Robinson Verlag) Frankfurt a.M.-Hamburg 1983

Schmölders, Günter: Der Wohlfahrtsstaat am Ende – Adam Riese schlägt zurück, 3. Aufl., (Wirtschaftsverlag Langen-Müller/Herbig) München 1983

Schüller, Alfred (Hrsg.): Property Rights und ökonomische Theorie, (Verlag Franz Vahlen) München 1983

Schumacher, E.F.: Die Rückkehr zum menschlichen Maß, Alternativen für Wirtschaft und Technik, 6. Aufl., (Rowohlt Taschenbuch Verlag) Reinbek bei Hamburg 1981

Šik, Ota: Humane Wirtschaftsdemokratie – Ein Dritter Weg, (Albrecht Knaus Verlag) Hamburg 1979

Šik, Ota: Ein Wirtschaftssystem der Zukunft, (Springer-Verlag) Berlin-Heidelberg-New York-Tokyo 1985

Späth, Lothar: Wende in die Zukunft: Die Bundesrepublik auf dem Weg in die Informationsgesellschaft, (Spiegel-Verlag) Hamburg 1985

Stützel, Wolfgang: Marktpreis und Menschenwürde – Thesen zur Wirtschafts- und Bildungspolitik, (Verlag Bonn Aktuell) Stuttgart 1981

Toffler, Alvin: Die dritte Welle – Zukunftschance – Perspektiven für die Gesellschaft des 21. Jahrhunderts, (Wilhelm Goldmann Verlag) München 1983

Weizsäcker, Carl Friedrich von: Gedanken über unsere Zukunft, (Vandenhoeck & Ruprecht) Göttingen 1966

Weizsäcker, Carl Friedrich von: Diagnosen zur Aktualität – Beiträge, (Hanser Verlag) München-Wien 1979

Weizsäcker, Carl Friedrich von: Wahrnehmung der Neuzeit, (Carl Hanser Verlag) München-Wien 1983

Willgerodt, Hans; Bartel, Karl; Schillert, Ullrich u.a.: Vermögen für alle, (Econ-Verlag) Düsseldorf-Wien 1971

Sechstes Kapitel

Barr, Frank E.: Melanin and the Mind-Brain-Problem, Institute for the Study of Consciousness, Berkeley 1982

Bateson, Gregory: Ökologie des Geistes – Anthropologische, psychologische, biologische und epistemologische Perspektiven, (Suhrkamp Verlag) Frankfurt am.M. 1981

Berger, Peter L.; Berger, Brigitte; Kellner, Hansfried: Das Unbehagen in der Modernität, (Campus Verlag) Frankfurt-New York 1975

Bertaux, Pierre: Mutation der Menschheit – Zukunft und Lebenssinn, (List Verlag) München 1971

Böhnisch, Wolf: Personale Widerstände bei der Durchsetzung von Innovationen, (C.E. Poeschel Verlag) Stuttgart 1979

Botkin, James W.; Elmandjra, Mahdi; Malitza, Mircea: Das menschliche Dilemma – Zukunft und Lernen, (Verlag Fritz Molden) Wien-München-Zürich-Innsbruck 1979

Bourdieu, Pierre: Die feinen Unterschiede – Kritik der gesellschaftlichen Urteilskraft, 2. Aufl., (Suhrkamp Verlag) Frankfurt a.M. 1983

Bundesminister für Forschung und Technologie (Hrsg.): Politik – Wertewandel – Technologie – Ansatzpunkte für eine Theorie der sozialen Entwicklung, (Econ Verlag) Düsseldorf-Wien 1982

Bundesministerium für Jugend, Familie und Gesundheit (Hrsg.): Die verunsicherte Generation – Jugend und Wertewandel, (Leske + Budrich) Opladen 1983

Corning, Peter A.: The Synergism Hypothesis – A Theory of Progressive Evolution, (McGraw-Hill) New York 1983

Dobzhansky, Theodosius: Dynamik der menschlichen Evolution, (S. Fischer Verlag) Hamburg 1965

Fromm, Erich: Die Revolution der Hoffnung – Für eine humanisierte Technik, (Rowohlt Taschenbuch Verlag) Reinbek bei Hamburg 1974

Glaser, Hermann: Im Packeis des Unbehagens – Eine persönliche Bilanz des Generationenkonflikts, (Verlag J.H.W. Dietz Nachf.) Berlin-Bonn 1982

Hall, Edward, T.; Reed Hall, Mildred: Hidden Differences – Studies in International Communication: How to communicate with the Germans, hrsg. v. Gruner + Jahr AG & Co., Anzeigenabteilung Stern, Hamburg 1983

Hall, Edward T.; Reed Hall, Mildred: Verborgene Signale – Studien zur internationalen Kommunikation: Über den Umgang mit Amerikanern, hrsg. v. Gruner + Jahr AG & Co., Anzeigenabteilung Stern, Hamburg 1983

Hall, Edward T.; Reed Hall, Mildred: Verborgene Signale – Studien zur internationalen Kommunikation: Über den Umgang mit Franzosen, hrsg. v. Gruner + Jahr AG & Co., Anzeigenabteilung Stern, Hamburg 1984

Hall, Edward T.; Reed Hall, Mildred: Verborgene Signale – Studien zur internationalen Kommunikation: Über den Umgang mit Japanern, hrsg. v. Gruner + Jahr AG & Co., Anzeigenabteilung Stern, Hamburg 1985

Jungk, Robert; Mundt, Hans Josef (Hrsg.): Das umstrittene Experiment: Der Mensch, (Verlag Kurt Desch) München-Wien-Basel 1966

Kaufmann, Richard: Die Menschenmacher, (S. Fischer Verlag) Hamburg 1964

Koeck, Wolfgang: Keine Angst vor morgen, (Econ-Verlag) Düsseldorf-Wien 1972

Koestler, Arthur: Der Mensch – Irrläufer der Evolution – Die Kluft zwischen unserem Denken und Handeln – eine Anatomie menschlicher Vernunft und Unvernunft, (Scherz Verlag) Bern-München 1978

Kofler, Leo: Geistiger Verfall und progressive Elite – Sozialphilosophische Untersuchungen, (Germinal Verlag) Bochum 1981

Lehr, Ursula: Psychologie des Alterns, 4. Aufl., (Quelle & Meyer) Heidelberg 1979

Lorenz, Konrad: Der Abbau des Menschlichen, (R. Piper Verlag) München-Zürich 1983

Mast, Claudia: Aufbruch ins Paradies? – Die Alternativbewegung und ihre Fragen an die Gesellschaft, (Edition Interfrom) Zürich 1980

Molden, Otto (Hrsg.): Zu den Grenzen der Freizeit – Europäisches Forum Alpbach 1976, (Verlag Fritz Molden) Wien-Zürich-Innsbruck 1977

Molden, Otto (Hrsg.): Konflikt und Ordnung – Europäisches Forum Alpbach 1977, (Verlag Fritz Molden) Wien-München-Zürich-Innsbruck 1978

Molden, Otto (Hrsg.): Wissen und Macht – Europäisches Forum Alpbach 1978, (Verlag Fritz Molden) Wien-München-Zürich-Innsbruck 1979

Molden, Otto (Hrsg.): Der Mensch in der unvollkommenen Gesellschaft – Europäisches Forum Alpbach 1979, (Verlag Fritz Molden) Wien-München-Zürich-Innsbruck 1980

O'Neill, Gerard K.: 2081 – A Hopeful View of the Human Future, (Simon and Schuster) New York 1981

Peacock, James L.; Kirsch, Thomas A.: The human direction, (Meredith Corporation) New York, N.Y., 1970

Pross, Helge: Was ist heute deutsch? – Werteorientierungen in der Bundesrepublik, (Rowohlt Taschenbuch Verlag) Reinbek bei Hamburg 1982

Schmölders, Günter (Hrsg.): Wirtschaftstheorie als Verhaltenstheorie – Ein Symposium der Forschungsstelle für empirische Sozialökonomie, (Duncker & Humblot) Berlin 1969

Scitovsky, Tibor: Psychologie des Wohlstands – Die Bedürfnisse des Menschen und der Bedarf des Verbrauchers, (Campus Verlag) Frankfurt a.M.-New York 1977

Sennett, Richard: Verfall und Ende des öffentlichen Lebens – Die Tyrannei der Intimität, (S. Fischer Verlag) Frankfurt a.M. 1983

Stachowiak, Herbert; Ellwein, Thomas; Herrmann, Theo; Stapf, Kurt (Hrsg.): Bedürfnisse, Werte und Normen im Wandel, 1. Bd.: Die Grundlagen, Modelle und Prospektiven, (Wilhelm Fink/Ferdinand Schöningh) München-Paderborn-Wien-Zürich 1982

Stachowiak, Herbert; Ellwein, Thomas; Herrmann, Theo; Stapf, Kurt (Hrsg.): Bedürfnisse, Werte und Normen im Wandel, 2. Bd.: Methoden und Analysen, (Wilhelm Fink/Ferdinand Schönigh) München-Paderborn-Wien-Zürich 1982

Suzuki, Daisetz Teitaro: Die große Befreiung – Einführung in den Zen-Buddhismus, 10. Aufl., (O.W. Barth Verlag) Wien 1983

Tulku, Tarthang: Raum, Zeit und Erkenntnis – Aufbruch zu neuen Dimensionen der Erfahrung von Welt und Wirklichkeit, (Scherz Verlag) Bern-München-Wien 1983

Vester, Frederic u.a.: Neue Wege der Leistungsgesellschaft – Wertwandel und seine praktischen Konsequenzen im Unternehmen, hrsg. v. Institut für Management-Entwicklung, (Windmühle Verlag und Vertrieb von Medien) Essen 1982

Abkürzungsverzeichnis

ADAC: Allgemeiner Deutscher Automobil-Club
AG: Aktiengesellschaft
AI: Artificial Intelligence
AOK: Allgemeine Ortskrankenkasse

BIGFERN: Breitbandiges Integriertes Glasfaser-Fernmelde-Netz
BIP: Bruttoinlandsprodukt
BIZ: Bank für Internationalen Zahlungsausgleich
BMFT: Bundesministerium für Forschung und Technologie

CAD: Computer aided design
CAM: Computer aided manufacturing
CIM: Computer integrated manufacturing
CNC: Computerized numerically controlled
COBRA: Commerzbank Balance Reporting and Analysis
Comecon: Council for Mutual Economic Aid

DGB: Deutscher Gewerkschaftsbund
DGHS: Deutsche Gesellschaft für Humanes Sterben
DIW: Deutsches Institut für Wirtschaftsforschung, Berlin

EAN: Europäische Artikelnumerierung
EBM-Waren: Eisen-, Blech- und Metallwaren
ECU: Europäische Rechnungseinheit
EDV: Elektronische Datenverarbeitung
ERP: European Recovery Program
ESPRIT: European Strategic Program for Research and Development in Information Technology
ESU: Electronic Services Unlimited
EWS: Europäisches Währungssystem

FAO: Food and Agriculture Organization of the United Nations
FAST: Forecasting and Assessment in the field of Science and Technology
FTZ: Fernmeldetechnische Zulassungsnummer

GATT: General Agreement on Tariffs and Trade
GDI: Gottlieb Duttweiler Institut
GIZ: Gesellschaft für innerbetriebliche Zusammenarbeit
GKV: Gesetzliche Krankenversicherung

IBM: International Business Machines
IMF: International Monetary Fund
IT: Informationstechnologie
IW: Institut der deutschen Wirtschaft
IWF: Internationaler Währungsfonds

JAPIC: Japan Project Industry Council
Jarol: Japan Robot Leasing

LAN: Local area network

MIT: Massachussetts Institute of Technology
MITI: Ministry for International Trade and Industry

MPI: Japanisches Ministerium für Post und Fernmeldewesen
MYRA: Multi-Year Rescheduling Arrangement

NASA: National Aeronautics and Space Administration
NAWU: Neue Analysen für Wachstum und Umwelt
NC: Numerically controlled
NE: Nicht-Eisen
NIC: Newly industrializing country
NOPEC: Nicht-OPEC
NRR: Nettoreproduktionsrate

OCDE: Organisation de Coopération et Développement Economique
OCR: Optical character recognition
OECD: Organization for Economic Co-Operation and Development
OPEC: Organization of the Petroleum Exporting Countries

PLATO: Programmes Logic for automated Teaching Operating
POS: Point of Sale
PR: Public Relations

RAM: Random Access Memory

SB: Selbstbedienung
SDI: Strategic Defense Initiative
SKE: Steinkohleeinheiten

TÜV: Technischer Überwachungsverein

UNCTAD: United Nations Conference on Trade and Development
UNESCO: United Nations Educational, Scientific and Cultural Organization
UN: United Nations
UNO: United Nations Organization

VDI: Verein Deutscher Ingenieure
VR: Volksrepublik
VW: Volkswagen

WAN: Wide area network
WSI: Wirtschafts- und Sozialwissenschaftliches Institut

Stichwortverzeichnis